Sarah Schulz
Joschua und Melchisedek

Beihefte zur Zeitschrift für die alttestamentliche Wissenschaft

Herausgegeben von
John Barton, Reinhard G. Kratz, Nathan MacDonald,
Sara Milstein und Markus Witte

Band 546

Sarah Schulz

Joschua und Melchisedek

Studien zur Entwicklung des
Jerusalemer Hohepriesteramtes
vom 6. bis zum 2. Jahrhundert v. Chr.

DE GRUYTER

ISBN 978-3-11-079341-3
e-ISBN (PDF) 978-3-11-079345-1
e-ISBN (EPUB) 978-3-11-079347-5
ISSN 0934-2575

Library of Congress Control Number: 2023931188

Bibliografische Information der Deutschen Nationalbibliothek
Die Deutsche Nationalbibliothek verzeichnet diese Publikation in der Deutschen Nationalbibliografie;
detaillierte bibliografische Daten sind im Internet über http://dnb.dnb.de abrufbar.

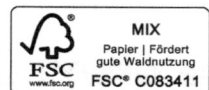

MIX
Papier | Fördert
gute Waldnutzung
FSC
www.fsc.org
FSC® C083411

Vorwort

Die vorliegende Untersuchung wurde im Wintersemester 2021/22 vom Fachbereich Theologie der Friedrich-Alexander-Universität Erlangen-Nürnberg als Habilitationsschrift angenommen. Für den Druck wurde sie geringfügig überarbeitet.

Mein erster Dank gilt den Mitgliedern des Fachmentorats, dem Vorsitzenden Prof. Dr. Henrik Pfeiffer (Erlangen), Prof. Dr. Christoph Berner (Kiel) und Prof. Dr. Jürgen van Oorschot (Erlangen), sowie den externen Gutachtern, Prof. Dr. Reinhard Müller (Göttingen) und Prof. Dr. Markus Witte (Berlin).

Bei der Korrektur und der Vorbereitung der Druckfassung wurde ich von Veronika Bibelriether, Katharina Müller und Mirjam Seifert unterstützt. Dafür danke ich ihnen sehr herzlich. Die Entstehung des Buches haben darüber hinaus viele weitere Menschen engagiert begleitet. Stellvertretend seien hier Ruth Denkhaus, PD Dr. Nadine Hamilton, Peter Posor, Prof. Dr. Katharina Pyschny, Manuel Schäfer und Dr. Martin Schott genannt.

Den Herausgebern der Reihe danke ich für die Aufnahme der Arbeit in die *Beihefte zur Zeitschrift für die alttestamentliche Wissenschaft*, Sophie Wagenhofer, Alice Meroz und Florian Ruppenstein vom Verlag DeGruyter für die verlegerische Betreuung.

Erlangen, im März 2023   Sarah Schulz

https://doi.org/10.1515/9783110793451-201

Inhalt

1 Einleitung

1.1 Thema und Fragestellung der Arbeit

Über mehrere Jahrhunderte hinweg bildete das Amt des Jerusalemer Hohepriesters eine der Konstanten der judäisch-jüdischen Geschichte. Entstanden im Zusammenhang mit dem Bau des Zweiten Tempels oder kurz danach, existierte es nahezu ununterbrochen fort bis 70 n. Chr. Während dieser langen Phase veränderte sich das Profil des Amtes zusammen mit den politischen, wirtschaftlichen und sozialen Strukturen in Judäa, das unter der Herrschaft und dem Einfluss wechselnder Mächte stand. Dass sich das Amt des Jerusalemer Hohepriesters im Lauf der Zeit zu einem politischen Führungsamt entwickelte – einem Amt, dessen Inhaber nicht nur exklusive Autorität in kultischen Angelegenheiten hatte, sondern darüber hinaus hegemoniale Macht für sich beanspruchen konnte, die es ihm ermöglichte, politische Prozesse zu steuern und zu beeinflussen – lässt sich spätestens im Rückblick von der Herrschaft der Hasmonäer aus betrachtet feststellen.

Im Einzelnen bleiben einige Fragen jedoch schwer zu beantworten. Kontrovers diskutiert wird etwa, wann diese Entwicklung einsetzte und wie sie vonstattenging: Verlief der Prozess linear, indem das Hohepriesteramt sukzessive Kompetenzen an sich zog, sprunghaft, indem es zu einem bestimmten Zeitpunkt im Lauf der Geschichte zu einer plötzlichen Transformation des Amtes kam, oder schwankend, indem sich abhängig von den politischen Kontexten, in die der Jerusalemer Hohepriester eingebunden war, Phasen mit größerem und geringerem politischen Einfluss des Amtes abwechselten? Umstritten ist ferner, wodurch die Entwicklung ausgelöst wurde und was sie vorantrieb: War die Politisierung des Hohepriesteramtes intrinsisch motiviert und handelte es sich um eine judäisch-jüdische Kampagne, in deren Hintergrund innere Auseinandersetzungen oder auch Emanzipationsbestrebungen des Hohepriesters gegenüber den jeweiligen fremden Herrschern standen? Oder wurde der Prozess extrinsisch angestoßen, etwa indem der Hohepriester von den fremden Herrschern oder ihren lokalen Repräsentanten zur Übernahme administrativer Aufgaben ermächtigt oder ihm in Form von politischen Ämtern institutionalisierte Autorität übertragen wurde? Ein übergreifendes, methodisches Problem betrifft schließlich die Bestimmung des Verhältnisses von Text und historischer Realität. Welchen Wert als historische Quelle und welche Aussagekraft mit Blick auf die Entwicklung des Hohepriesteramtes die verschiedenen zur Rekonstruktion herangezogenen biblischen Quellen haben, kann nur von Fall zu Fall beurteilt werden und ist entsprechend umstritten: Spiegelt der jeweilige Text die Realität, indem er die politischen Entwicklungen entweder flankiert oder mit einigem zeitlichen Abstand reflektiert? Oder handelt es sich um Vorstellungen

https://doi.org/10.1515/9783110793451-001

und Konzepte, die eher die Ideale der Verfasser denn die politischen Verhältnisse abbilden?

Gerade in jüngerer Zeit rückt die Entwicklung des Jerusalemer Hohepriesteramtes stärker in den Fokus der alttestamentlichen Forschung,[1] sei es im Rahmen von Darstellungen der Geschichte Israels, exegetischer Untersuchungen für diese Frage relevanter, vor allem pentateuchischer oder prophetischer Texte[2] oder monographischer Studien zu Teilaspekten des Themas bzw. bestimmten Phasen der Entwicklung des Amtes.[3] Eine vollständige Geschichte des Jerusalemer Hohepriesteramtes „Von Joschua bis Kaiaphas" hat bislang nur James VanderKam vorgelegt, der angesichts der umstrittenen Quellenlage wohl zurecht vermutet: „The character of the surviving material may, in fact, supply the reason why scholars have not written a history of these high priests."[4]

Die verstärkte Auseinandersetzung mit dem Thema hat eine Fülle von Theorien und Hypothesen hervorgebracht, was ebenfalls auf die problematische Quellenlage zurückzuführen ist: Die Rekonstruktionen beruhen zum einen auf einem relativ fest umrissenen Set von biblischen Texten, die sich jedoch durch eine große inhaltliche Vielfalt auszeichnen und mit Blick auf die Stellung und Funktion des Hohepriesters häufig alles andere als eindeutig sind, zum anderen auf wenigen verfügbaren extrabiblischen Quellen, deren Aussagekraft und historischer Wert in Bezug auf die Fragestellung umstritten sind.

1.2 Überblick über Hauptlinien und Tendenzen der Forschung

Etwas vereinfacht dargestellt lässt sich die bisherige Forschung zur Entwicklung des Jerusalemer Hohepriesteramtes bereits anhand des Zeitpunktes, ab dem mit einem politischen Erstarken des Hohepriesters gerechnet wird, in drei Strömungen ein-

---

1 Zuvor wurde die Entwicklung des Jerusalemer Hohepriesteramtes bereits am Rande im Rahmen von Darstellungen der Geschichte Israels oder exegetischer Studien zu den einschlägigen Texten thematisiert, stand aber nicht im Fokus der Untersuchungen. Eine Ausnahme stellt Bevans 1904 erschienene Studie „Jerusalem under the High Priests" dar.
2 Vgl. u. a. Oswald, Hohepriester, mit Bezug auf Esr/Neh, den priesterlich geprägten Pentateuch, Gen 14, Ps 110 und Jes 61; Pyschny, Führung, mit Bezug auf Num 16 f.; Frevel, Ending; ders., Leadership, zu diversen pentateuchischen Texten; ferner Achenbach, Vollendung, mit Fokus auf dem Pentateuch; ders., König, zu Jes 61.
3 Vgl. u. a. Goodblatt, Principle, zum Thema „priesterliche Monarchie"; Mulder, Simon, zu Sirach; Brutti, Development, für die vorhasmonäische Zeit; Cataldo, Theocratic Yehud, für die Perserzeit; Babota, Institution, zu den Hasmonäern.
4 VanderKam, Joshua, viii.

teilen. Vor allem in der älteren Forschung wurde häufig angenommen, dass das Hohepriesteramt bereits in der frühen und mittleren Perserzeit den Rang eines politischen Leitungsamtes einnahm. Da außerbiblische Quellen für diese Zeit fehlen, beruht die Hypothese allein auf der Interpretation einschlägiger biblischer Quellen. Eine zweite, tendenziell stärker in der jüngeren Forschung verbreitete Strömung ist von einem kritischeren Umgang mit den biblischen Quellen geprägt. Auf der Grundlage vereinzelter außerbiblischer Quellen betrachtet sie die ausgehende Perserzeit bzw. den Übergang von der Perserzeit zur hellenistischen Zeit als transformative Phase, in der sich das Jerusalemer Hohepriesteramt zu einem politischen Führungsamt entwickelte. Die biblischen Texte werden als Quellen für die Rekonstruktion der historischen Entwicklung entsprechend differenzierter beurteilt. Je nachdem, zu welchem Ergebnis die Korrelation biblischer und außerbiblischer Quellen führt, bereiten die biblisch realisierten Konzepte eines politisch starken Hohepriesteramtes die Transformation vor, flankieren oder reflektieren sie, oder aber bilden ein Ideal ab, das mit der Realität wenig zu tun hat. Diese letzte Option schlägt die Brücke zu einem dritten Zweig der Forschung, der damit rechnet, dass sich das Amt des Jerusalemer Hohepriesters erst (relativ spät) im Verlauf der hellenistischen Zeit zu einem politischen Führungsamt entwickelte. Auch dieses Urteil basiert auf der Zusammenschau von außerbiblischen und biblischen Quellen, wobei gegenüber den außerbiblischen Quellen aus der Perserzeit, darüber hinaus aber auch der frühen hellenistischen Zeit größere Skepsis herrscht. Was die Beurteilung der einschlägigen biblischen Texte angeht, die nach wie vor (spätestens) in die mittlere und ausgehende Perserzeit datiert werden, bleibt auch hier die Möglichkeit, sie als „Utopien" zu betrachten, die die Vorstellung eines politisch agierenden Hohepriestertums als der Realität zuwiderlaufendes Ideal entwickeln. Alternativ kann ihnen von vornherein abgesprochen werden, dass sie überhaupt ein solches Ideal transportieren. Im Folgenden sollen die drei Strömungen in Grundzügen entfaltet werden.

1.2.1 Jehud als Dyarchie bzw. Hierokratie

Als geradezu traditionell kann die Annahme gelten, der Hohepriester sei nach dem Untergang des davidischen Königtums an dessen Stelle getreten und habe die entstandene Machtlücke gefüllt.[5] Sie geht mit einem großen Vertrauen in die historische Aussagekraft einiger biblischer Quellen einher, allen voran Hag und Sach 1–8:

---

5 Vgl. auch VanderKam, Joshua, vii: „Modern scholars often write that the high priests were not only the religious leaders of the Jewish nations but were also its civil heads. With the disappearance of

[T]he sole national chief was Joshua the high priest, on whom, accordingly, the political representation also of the community naturally devolved. [...] The hierocracy towards which Ezekiel had already opened the way was simply inevitable. It took the form of a monarchy of the high priest, he having stepped into the place formerly occupied by the theocratic king.[6]

Eine Art Variante zu dieser Hypothese stellt die verbreitete Annahme dar, dass die Provinz Jehud in der frühen Perserzeit zunächst dyarchisch organisiert gewesen sei und sich erst im Lauf der Zeit aus der Dyarchie eine Theokratie bzw. Hierokratie[7] entwickelt habe.

---

rulers from David's line after Zerubbabel, we are told, a political vacuum resulted, and the high priests came naturally to fill the void."
6 Wellhausen/Robertson, Prolegomena + Israel, 494 f. Vgl. auch Anderson, History and Religion, 156 f.: „For [Zechariah], as for Haggai, Zerubbabel is the servant of Yahweh, the ‚Branch' of David's line [...], but Joshua the high priest is more prominent here than in Haggai's oracles. This is a pointer to the growing influence of the high priest in the affairs of the Palestinian Jewish community, of which, in time, he became the civil as well as the religious head." Ferner Schürer, Geschichte, Bd. 1, 181: „Schon im Anfang war den Juden gestattet worden, sich als religiöse und politische Gemeinde neu zu organisiren [sic!]. Die Form aber, in welcher das jüdische Staatswesen nach dem Exil wiederhergestellt wurde, war eine wesentlich andere als ehedem. Es war von nun an ein Priesterstaat. [...] Ja ein Priester bildete auch das politische Oberhaupt der Gemeinde." Vgl. auch Tournay, Le psaume cx, 20: „On sait qu'après l'exil, le grand prêtre en vint à exercer à Jérusalem et en Juda les fonctions quasi monarchiques de chef de la communauté israélite."
Mit Blick auf die Frage, ob es nach dem Verlust der politischen Selbständigkeit ein Machtvakuum gegeben habe, das gefüllt werden konnte und musste, ist die Fremdherrschaft ein schwer zu kalkulierender, letztlich aber entscheidender Faktor. Ob in der Perserzeit (oder zu einem anderen Zeitpunkt in der vorhasmonäischen Zeit) von einer (Teil-)Autonomie Judäas ausgegangen werden kann, erscheint fraglich. Gegenüber Maximalpositionen wie der These Weinbergs einer „Bürger-Tempel-Gemeinde", wonach der Jerusalemer Tempel analog zu babylonischen Tempeln in der Perserzeit eine teilautonome und selbstverwaltete Einheit darstellte, ist man in der gegenwärtigen Forschung jedenfalls aus guten Gründen skeptisch. Vgl. etwa Fried, Priest, 233, die eine Autonomie Jehuds verneint: „Persian-period Judah was not self-governing: There were no assemblies, no Jewish lay bodies to advise the governor, no sanhedrins. There was no vehicle for local control. Neither was Judah a theocracy. Local officials, whether priest or lay, held little real power." Vgl. auch Cataldo, Theocratic Yehud, 65 f.: „There seems to be little question that the Persian imperial government governed its empire through an administrative system whose first priority was loyalty to the imperial government. The way that it punished rebellious territories – in part by removing symbols that expressed national, religious, or cultural identity – suggests rather strongly that the imperial government did not tend to grant autonomy to those under its empire. Rather, what we seem to see is a tolerance for local cultures and religions as long as the territory's highest priority remained, or was expressed as, loyalty to the empire."
7 Im Zusammenhang der Beurteilung der gesellschaftlichen Stellung und des politischen Einflusses des Jerusalemer Hohepriesters in der Perserzeit und darüber hinaus werden häufig die Begriffe „Theokratie" oder „Hierokratie" bemüht. Die Schwierigkeit bei der Verwendung dieser Termini besteht darin, dass unterschiedliche Autoren Verschiedenes damit bezeichnen. So ist etwa für die

If there is one word to characterize the nation of Judah throughout the Second Temple period, it is „theocracy." During most of this time the country was ruled by priests, primarily the high priest. [...] This theocratic rule began during the Persian period when the administration was at first a dyarchy, that is, joint rule between a governor appointed by the Persians (who was often, if not always, Jewish) and the high priest. Whether that practice continued throughout the Persian period is unknown.[8] Under Greek rule, however, the Jewish official responsible for the nation in the eyes of the Seleucid and Ptolemaic governments was the high priest himself.[9]

---

vorliegende Fragestellung Assmanns Definition einer „identitären Theokratie", die in diesem Zusammenhang bisweilen verwendet wird (vgl. Assmann, Ägypten, 332 f., herangezogen etwa von Achenbach, Vollendung, 135), zu weit gefasst, als dass sie das Phänomen der Politisierung des Hohepriesteramtes angemessen beschreiben könnte. Denn ein Hohepriester als Diener Gottes, der den Willen Gottes vertritt, übt selbst keine Herrschaft aus. Die von Cataldo, Theocratic Yehud, 119 f., zugrunde gelegte Definition von „Theokratie" ist hingegen zu eng gefasst, da sie zu stark von der politischen Autonomie Judäas abhängt, die in der gesamten vorhasmonäischen Phase nicht ohne Weiteres vorausgesetzt werden kann: „[I]n a theocracy, the (legitimated) authority of a society's dominant religion controls a society's politics and economy. [...] When a society legitimates a theocracy, the religious institution [...] becomes the centralized decision-making social-political institution." Nach der von Wellhausen vorgeschlagenen definitorischen Unterscheidung von „Theokratie" und „Hierokratie" („Theokratie als Verfassung ist Hierokratie." [Prolegomena, 420]. Und als Erläuterung dazu: „Die mosaische Theokratie, das Residuum eines untergegangenen Staates, ist selbst kein Staat, sondern ein unter ungünstigen Bedingungen durch eine ewig denkwürdige Energie geschaffenes, unpolitisches Kunstprodukt; sie hat die Fremdherrschaft zur notwendigen Ergänzung." [Prolegomena, 421]) wäre das von Cataldo beschriebene System als „Hierokratie" zu bezeichnen. Die Unterscheidung erscheint sinnvoll. Ein biblisches Ideal einer Theokratie ab der Perserzeit steht, anders als das Ideal (oder die faktische Existenz) einer Hierokratie, nicht zur Debatte. Diese verschiedenen Facetten des Begriffs bzw. der Begriffe (und des dadurch bezeichneten Phänomens) müssen bei der Untersuchung im Blick behalten werden. Dies gilt für die aus den Quellen rekonstruierte faktische gesellschaftliche und politische Situation, aber auch für den literarisch bezeugten Anspruch priesterlicher Kreise. Ein theokratisches Ideal, das Tempel und Kult ins Zentrum rückt, führt recht ungezwungen zum Konzept eines politisch starken Hohepriestertums, ist aber nicht zwingend damit gleichzusetzen. M.a.W.: Es besteht ein qualitativer Unterschied zwischen der kultzentrierten (theokratischen) Konzeption von P und der damit einhergehenden Stellung des Hohepriesters (politische oder gar königliche Implikationen sind nicht oder kaum vorhanden; s. dazu u. IV 1.3) und explizit hierokratischen Konzepten wie etwa der Krönung des Hohepriesters in Sach 6,9–15.

Was schließlich die Definition von „Hierokratie" betrifft, scheint es zu kurz gegriffen, die politische Autonomie zur *conditio sine qua non* zu erheben. Zwar sind die Fremdherrschaft und die daraus resultierende fehlende (oder eingeschränkte) Autonomie Judäas bei der Untersuchung der Entwicklung des Hohepriesteramtes zu einem politischen Führungsamt als limitierende Faktoren zu berücksichtigen. Sie beeinflussen die Fragestellung aber erst einmal nicht. Hierokratie kann verstanden werden als *(durch die Fremdherrschaft begrenzte) verfassungsmäßige Ausübung hegemonialer Macht des Hohepriesters.*

8 Die Entscheidung in dieser Frage hängt u. a. davon ab, ob man auch nach Nehemia noch mit der Existenz eines persischen Statthalters rechnet. Biblisch werden nach Nehemia keine Statthalter mehr erwähnt, was u. a. Weinberg, Citizen-Temple-Community, 118–126, zu der Annahme verleitet,

Bei beiden Optionen basiert die Rekonstruktion der politischen Verhältnisse im Jehud der frühen Perserzeit ausschließlich auf der optimistischen Interpretation biblischer Quellen. Auch wenn hierfür verschiedene Texte veranschlagt werden, stechen Hag und Sach 1–8 unter den biblischen Zeugen hervor, insofern das Zweiprophetenbuch am ausführlichsten über die Verhältnisse während der Restauration des Tempels Auskunft gibt. Beide Hypothesen – die anfängliche dyarchische Organisation Jehuds sowie die allmähliche Übernahme königlicher Würde und Funktionen durch den Hohepriester – speisen sich vor allem aus dem (durchaus komplexen) Nebeneinander des Statthalters Serubbabel, der in Hag 2,20–23 als Messias deklariert wird, und des Hohepriesters Joschua, dem an einigen Stellen des Zweiprophetenbuches umfassende, den rein kultischen Bereich transzendierende Kompetenzen attestiert werden.[10]

1.2.2 Die ausgehende Perserzeit und frühe hellenistische Zeit als transformative Phase

In der gegenwärtigen Forschung zeichnet sich die Tendenz zu einer kritischeren Beurteilung der historischen Aussagekraft und Zuverlässigkeit der biblischen Quellen und, damit zusammenhängend, eine stärkere Zurückhaltung gegenüber der

---

es habe keinen Statthalter mehr gegeben und die politische Autorität sei vollständig auf den Hohepriester übergegangen. Die außerbiblischen Quellen widerlegen diese Annahme: Die Existenz späterer Statthalter ist durch die Erwähnung Bagohis in der Elephantine-Korrespondenz sowie die Nennung von Statthaltern auf Bullen und Münzen belegt.

9 Grabbe, Judaism, 607. Vgl. auch Bevan, Jerusalem, 5: „Who was the chief of the Jewish state? In the early days of the Return we find a civil and a religious chief ruling side by side, Zerubbabel, a descendant of the old royal family, and Joshua the high priest. [...] But this double headship did not go on. The house of David disappears from sight. The high-priest presently holds the supreme office without rival." Vgl. ferner Hanson, Religion, 498: „The history of the growth and transmission of the book of Zechariah thus gives us a glimpse of the development of the Jewish community from a dyarchy under a Davidic prince and a Zadokite priest to a hierocracy under a Zadokite functioning as high priest." Ferner Dyck, Theocratic Ideology, 1 f.: „Insofar as ‚rule by God' meant in effect ‚rule by priests' Judah was a theocracy for most of the Second Temple period. Indeed for much of this period Judah was ruled by the high priest, either in a dyarchy with governors appointed by the Persians or as the sole ruler and representative of the people as was the case under the Ptolemies." Von einer etablierten „priestly monarchy" seit der Mitte des 4. Jh. v. Chr. geht auch Goodblatt, Principle, 12, aus.

10 Herangezogen werden in diesem Zusammenhang die das prophetische Spruchgut rahmenden narrativen Passagen in Hag, die Serubbabel und Joschua gemeinsam als gleichrangige Adressaten des Propheten und Verantwortliche für den Wiederaufbau des Tempels erwähnen, sowie die Ätiologie des Hohepriesteramtes in Sach 3 und die im vorliegenden Zusammenhang reichlich kryptische Krönung des Hohepriesters in Sach 6,9–15.

Annahme eines politisch einflussreichen Hohepriestertums zumindest zu Beginn der Perserzeit ab.[11] Häufig wird jedoch angenommen, dies habe sich mit der ausgehenden Perserzeit oder der frühen hellenistischen Zeit geändert. Für die Rekonstruktion der neuralgischen Phase der Geschichte des Hohepriesteramtes am Übergang von der Perserzeit zur hellenistischen Zeit werden neben biblischen Quellen die ab dem Ende des 5. Jh. v.Chr. vereinzelt zur Verfügung stehenden externen Quellen herangezogen. Konkret handelt es sich dabei vor allem um die Korrespondenz zwischen den Judäern von Elephantine und den Autoritäten in Jehud (insbesondere TAD A4.7 und TAD A4.8) aus dem ausgehenden 5. Jh. v.Chr., einige Münzen aus Jehud, die in der späten Perserzeit oder der frühen hellenistischen Zeit vom Jerusalemer Hohepriester geprägt worden sein könnten, sowie ein nur als Zitat bei Diodorus Siculus (Diod. 40.3,1–6) erhaltenes Zeugnis über den Ursprung des Judentums aus der Feder des Hekataios von Abdera, entstanden Ende des 4. Jh. v.Chr. Wolfgang Oswald etwa setzt mit seiner Untersuchung bei diesen drei Quellen an und rechnet auf dieser Basis mit einem politisch einflussreichen Hohepriestertum ab dem Ende der Perserzeit. In einem zweiten Schritt korreliert er diesen Befund mit kontemporären biblischen Texten, konkret Esr/Neh, den priesterlichen Passagen im Pentateuch, Gen 14, Ps 110 und Jes 61, und kommt zu dem Schluss, dass auch diese ein politisch orientiertes, „quasiköniglisches"[12] Hohepriestertum bezeugen.

Zu demselben Ergebnis kommt auch Reinhard Achenbach. Im 5. Jh. v.Chr. sieht er noch alle politische Autorität beim Statthalter:[13] „Der Hohepriester nahm zwar im 5. Jh. eine hohe Stellung in der jüdischen Gesellschaft Jerusalems ein, hatte aber keine politische Führungsposition."[14] Aus biblischen und außerbiblischen Quellen schließt Achenbach, dass sich dies jedoch im Laufe des 4. Jh. v.Chr. geändert habe. Der numismatische Befund weise darauf hin, dass es im 4. Jh. v.Chr. zu einer „Begünstigung der lokalen Tempelautoritäten in Jerusalem"[15] gekommen sei. Außerdem sei davon auszugehen, dass „[i]n spätpersischer Zeit die hohepriesterliche Familie die oberste politische Repräsentanz der Juden nach innen und nach außen übernommen [habe]".[16] Dem faktisch politisch erstarkenden Hohepriestertum

---

11 Vgl. etwa Bedford, Temple Funding, 342: „At the time of the temple rebuilding the authority of the Jerusalem priesthood was limited to their brief to re-establish that cult as a legitimate enterprise. They had social status related to their roles and responsibilities in the temple, but that did not translate into political power."

12 Oswald, Hohepriester, 318.

13 Vgl. Achenbach, Satrapie, 110 ff.

14 Achenbach, Vollendung, 133.

15 Achenbach, Satrapie, 118.

16 Achenbach, Vollendung, 137, unter Berufung auf Ant. 11,302–303. Für die folgende Zeit führt er Hekataios als Beleg an.

korrespondiere in den biblischen Texten die Tendenz zu einer königlichen Charakterisierung des Jerusalemer Hohepriesters. Unter anderem aus der simultanen Krönung eines messianischen Sprosses und des Hohepriesters in Sach 6,9–15 schließt er, „dass im Verlauf der Perserzeit die messianische Konnotierung des den Zion vor Gott repräsentierenden Hohenpriesters zunahm".[17]

Wo von einer sukzessiven Zunahme des politischen Einflusses des Jerusalemer Hohepriesters in der Perserzeit und zu Beginn der hellenistischen Zeit ausgegangen wird, werden die literarischen Entwürfe eines politisch orientierten Hohepriestertums bisweilen früher angesetzt als die faktische Politisierung des Amtes. Entsprechend hätten nicht die politischen Entwicklungen die Texte geprägt „but rather the other way around".[18] In dieser Weise positioniert sich, was die Perserzeit angeht, auch VanderKam in seiner eingangs erwähnten Studie zur Entwicklung des Hohepriesteramtes. Er spricht sich gegen eine Zunahme des faktischen politischen Einflusses des Jerusalemer Hohepriesters in der Perserzeit aus, sieht den theoretischen Anspruch biblisch aber durchaus bereits verwirklicht. Zu Beginn seiner Untersuchung führt die Besprechung der den ersten Hohepriester Joschua betreffenden biblischen Texte, Esr 1–6 und vor allem Hag und Sach 1–8, zu dem Ergebnis:

> [T]he first high priest of the Second Temple, Joshua/Jeshua, was not only a leader in the return to Zion and the efforts to rebuild the temple but, at least in the estimation of Zechariah, also enjoyed a status that put him on a kind of equal footing with the Davidic heir and governor Zerubbabel. Since Zerubbabel was the civil ruler, Joshua seems not to have exercised such authority outside the sphere of the sanctuary.[19]

Diese Hierarchisierung sieht VanderKam im Verlauf der gesamten Perserzeit durch biblisch-historiographische und außerbiblische Quellen historisch bestätigt. Relativ zu Beginn der hellenistischen Zeit sei es jedoch zu einer schrittweisen Politisierung des Jerusalemer Hohepriesteramtes gekommen:

> The few surviving texts regarding the third century picture the high priest in contact with foreign monarchs; he conducts affairs of state besides carrying out his cultic functions. [...] We

---

17 Achenbach, Satrapie, 113, Anm. 43. Vgl. ausführlich dazu, vor allem unter Berufung auf Jes 61, auch Achenbach, König.
18 Frevel, Leadership, 106, der sich auf Pyschny, Führung, 323, bezieht: „Die im Hintergrund [sc. von Num 17,16–28] stehende Agenda [ist] eine durch und durch priesterliche, die nicht unbedingt eine faktisch bereits etablierte Theokratie oder Hierokratie voraussetzt, sondern vielmehr ein Plädoyer oder eine Legitimationsbasis für theokratische und hierokratische Führungsstrukturen reflektieren [sic!], die sich allmählich Bahn brechen."
19 VanderKam, Joshua, 42.

may safely say that there is no indication of an office of governor in Jerusalem and some evidence, however shaky, for high priests who ruled the state.[20]

Für die Perserzeit, die als neuralgische Phase der Entwicklung des Hohepriesteramtes im Fokus seiner Monographie steht, wird dieses Ergebnis durch Jeremiah Cataldo bestätigt. Er geht der Frage nach, inwiefern von Jehud als einer Theokratie[21] gesprochen werden könne, und kommt zu dem eindeutigen Resultat, dass Jehud keine Theokratie gewesen sei. Weder sei von einer (Teil-)Autonomie der Provinz innerhalb des Perserreiches auszugehen, noch gäbe es Hinweise auf ein politisch starkes Hohepriestertum. Dieses Ergebnis basiert vor allem auf der Evaluation außerbiblischer Quellen (Elephantine-Korrespondenz, Siegel und Bullen, Jehud-Münzen). Als biblische Quellen zieht Cataldo insbesondere Hag und Sach 1–8 sowie Esr und Neh in Betracht und sieht dort, vor allem in Sach, wie auch VanderKam das *Ideal* einer Theokratie perserzeitlich durchaus belegt. Sein Fazit lautet somit: „[A]part from the propositions of the biblical texts (cf. Hag 1:1; Zech 3:1–10; 6:11–13), there is no compelling evidence that supports high-priestly control over the political institution and systems in Yehud."[22] Die biblischen Texte reflektierten nicht die realen Gegebenheiten, sondern „an idealized restoration of a nation governed by Yahweh".[23]

1.2.3 Die Politisierung des Hohepriesteramtes in der seleukidischen Zeit

Sehr viel optimistischer mit Blick auf die historische Auswertbarkeit der biblischen Texte votiert wiederum Deborah Rooke in ihrer Monographie, die neben VanderKams Untersuchung die einzige weitere Studie darstellt, die zwar nicht die gesamte Geschichte des Jerusalemer Hohepriesteramtes, aber mit dem Zeitraum von der vorexilischen bis zur hasmonäischen Zeit doch den größten Teil derselben abdeckt. Da sie im Gegensatz zu sämtlichen bislang dargestellten Positionen das Ideal eines politisch orientierten Hohepriestertums in den einschlägigen biblischen Texten *nicht* verwirklicht sieht, führt die optimistische Interpretation der biblischen Quellen sie zu einer skeptischen Position hinsichtlich der Frage nach der Entwicklung des Hohepriesteramtes zu einem politischen Führungsamt. Mit einem nennenswerten politischen Einfluss des Jerusalemer Hohepriesters rechnet Rooke nicht vor der Amtszeit Jasons, die 175 v.Chr. begann.

---

20 VanderKam, Joshua, x.
21 Zur (problematischen) Definition dieses Begriffs bei Cataldo s.o. Anm. 7.
22 Cataldo, Theocratic Yehud, 176.
23 Cataldo, Theocratic Yehud, 186.

Rookes Studie wird im Folgenden etwas detaillierter besprochen. Denn erstens stehen ihre Ergebnisse in großen Teilen quer zu den bisher skizzierten Linien der Forschung zur Entwicklung des Jerusalemer Hohepriesteramtes und zweitens kann eine Evaluierung der methodischen Probleme der Studie als eine Art Kompass für die vorliegende Arbeit dienen.

Die Studie hebt an mit der Untersuchung priesterlich geprägter pentateuchischer Texte, da diesen für die Frage nach der Entwicklung des Hohepriesteramtes große forschungsgeschichtliche Relevanz zukomme.[24] Im Anschluss daran werden die ältesten königszeitlichen und sodann die exilischen Quellen traktiert. Zu ersteren zählt Rooke vor allem die Melchisedek-Texte Gen 14,18–20 und Ps 110,4, zu letzteren Ez und das Dtn bzw. dtr. Texte. Der Schwerpunkt liegt auf dem dritten Hauptteil, der der Perserzeit gewidmet ist und die klassischen Quellen behandelt: Hag und Sach 1–8 (für die Zeit des Wiederaufbaus des Tempels), Esr/Neh und Elephantine (für die Mitte des 5. Jh. v. Chr.), Chr, Josephus und die Jehud-Münzen. Der vierte und letzte Hauptteil widmet sich schließlich überblicksartig den außerbiblischen Quellen der hellenistischen Zeit bis zu den Hasmonäern.

Rooke kommt zu dem Ergebnis, dass im Pentateuch wie auch in den Quellen aus der staatlichen Zeit, der exilischen Zeit und der Perserzeit die Zuständigkeiten des Hohepriesters auf den kultischen Bereich beschränkt bleiben. Der Oberpriester der staatlichen Zeit sei ein königlicher Beamter gewesen, während der Monarch selbst die Oberaufsicht über den Kult beansprucht und auch als Stellvertreter des Volkes gegenüber der Gottheit fungiert habe. Auch der tempelzentrierte Entwurf in Ezechiel setze letztlich nicht auf eine priesterliche, sondern nach wie vor auf eine, wenn auch degradierte, königliche Führungsgestalt. Ebenso bleibe die Zuständigkeit des Hohepriesters im Konzept der Priesterschrift auf den kultischen Bereich beschränkt. Durch die gesamte Perserzeit hindurch habe sich daran nichts geändert. In Hag und Sach 1–8 begegne Joschua zwar gemeinsam mit Serubbabel, die Hoffnungen ruhten jedoch einseitig auf Letzterem. Esr und Neh hingegen bezeugen, dass die in den davidischen König gesetzten Erwartungen auf den Statthalter übergegangen seien, der als politische Führungsfigur fungiere, während die Zuständigkeit des Hohepriesters immer noch auf den kultischen Bereich beschränkt bleibe. Die Elephantine-Korrespondenz stütze diesen Befund, ebenso wie die Jehud-Münzen.

---

24 Vgl. Rooke, Heirs, 6: „[T]he scholarly tendency has been to interpret references to high priesthood elsewhere in the Old Testament in the light of the perceived picture of high priesthood in P. It is therefore vital that P's picture of high priesthood is correctly established, so as to avoid the distorting influence which an incorrect assessment of P will inevitably exert on interpretations of the high priesthood outside the Priestly corpus."

[T]he high priest continued to be limited in his importance and influence throughout the period of Persian domination, not only by the presence of the Persian governors mentioned above, but also by the lack of any concept that the high priesthood could be an appropriate successor to the Davidic line.[25]

Auch den herangezogenen Quellen aus der hellenistischen Zeit vor Antiochus IV. Epiphanes (u. a. die späten Jehud-Münzen, Hekataios, Tobiadenroman, Aristeas-brief, Sir) kann Rooke keine Hinweise auf eine politische Autorität des Jerusalemer Hohepriesters entnehmen. Geändert habe sich dies, wie gesagt, erst mit der Amts-zeit Jasons. Rooke betont jedoch, dass auch Jasons politische Autorität nach wie vor keine „intrinsische" gewesen sei. Sie habe auf einer Ermächtigung durch die Se-leukiden beruht und sei um den Preis der Abhängigkeit von diesen erkauft worden. Erst der makkabäische Widerstand habe der Abhängigkeit des Jerusalemer Hohe-priesters von den seleukidischen Herrschern, die zu einem hohen Grad an Einmi-schung der Fremdherrscher in innerjüdische Angelegenheiten geführt habe, ein Ende bereitet und ein neues Konzept von Hohepriestertum hervorgebracht. Auch wenn es sich bei den Hasmonäern zweifellos um politische und militärische An-führer gehandelt habe, betont Rooke jedoch, dass auch hier die politische Autorität dem Amt des Hohepriesters nicht inhärent gewesen sei. Stattdessen sei die Hohe-priesterwürde Jonathan und Simon erst im Nachhinein von den Seleukiden ver-liehen worden. Nicht nur chronologisch, sondern auch konzeptionell steht die po-litische Führung bei den Hasmonäern nach Rooke im Vordergrund:

[T]he style of leadership exercised by Jonathan and Simon seems to have followed that of the pre-exilic monarchs, who similarly had both royal and priestly responsibilities, but whose priestly responsibilities for the nation arose out of their kingship rather than their monarchic duty of government arising from their priestly status.[26]

Zwar läuft die These Rookes einigen Tendenzen der neueren Forschung zur Ent-wicklung des Hohepriesteramtes zuwider, doch werden die meisten ihrer Ergeb-nisse im Einzelnen durchaus durch andere Studien gedeckt.[27] Was die Perserzeit angeht, so wurden mit VanderKam und Cataldo bereits zwei Exegeten genannt, die nicht von einem politischen Erstarken des Jerusalemer Hohepriesters in dieser

---

25 Rooke, Heirs, 239.
26 Rooke, Heirs, 326.
27 Zu den ohnehin wenig strittigen Ergebnissen dieser Untersuchung gehört die Annahme der Existenz eines „chief-priest" als königlichem Beamten in der vorexilischen Zeit. Auch die Sonder-rolle, die Ezechiel in dieser Sache einnimmt, ist offensichtlich. Zu unkritisch erscheint freilich die pauschale Datierung des Buches in die exilische Zeit. Insbesondere der bemerkenswerte Verfas-sungsentwurf am Ende des Buches dürfte spätere Debatten spiegeln (vgl. etwa MacDonald, Rule).

frühen Phase der Geschichte des Amtes ausgehen. Ein Unterschied zu Rooke besteht freilich darin, dass sie zumindest das Konzept eines politisch orientierten Hohepriestertums in einigen biblischen Texten aus der Perserzeit literarisch bereits verwirklicht sehen, diese Entwürfe aber nicht als Reflex der aktuellen politischen Situation werten. Doch auch für die nächste Phase, die hellenistische Zeit bis zu Antiochus IV. Epiphanes, wird die Frage nach der Entwicklung des Hohepriesteramtes zu einem politischen Führungsamt in der Forschung durchaus noch kontrovers diskutiert. Elias Bickerman z.B. geht davon aus, dass Judäa noch in seleukidischer Zeit als Aristokratie organisiert war und der Hohepriester keine (offizielle) innerjüdische politische Leitungsfunktion hatte, auch wenn er punktuell administrative Aufgaben übernehmen konnte.[28] Maria Brutti, die sich in einer monographischen Studie auf der Grundlage von Hekataios, Josephus, dem Aristeasbrief, Sir, Makk und Dan eingehend mit der Entwicklung des Jerusalemer Hohepriesteramtes in der vorhasmonäischen hellenistischen Zeit beschäftigt, kommt zu einem ähnlichen Ergebnis. Entscheidend für die Rekonstruktion der Entwicklung des Amtes in dieser Phase ist vor allem die Beurteilung von zwei Quellen, die für gewöhnlich im Zusammenhang einer möglicherweise bereits erfolgten Politisierung des Amtes diskutiert werden: dem meist in die ptolemäische Zeit datierten Tobiadenroman (Ant. 12,158–236), der eher beiläufig erwähnt, dass der Jerusalemer Hohepriester Onias II. für die Entrichtung einer Steuer an den König verantwortlich gewesen sei und über *prostasia* verfügt habe, und eine schließlich die Heliodor-Affäre auslösende Auseinandersetzung Onias' III. mit einem gewissen Simon, der *prostates* über den Tempel war (2 Makk 3). Während Rooke einen politischen Einfluss des Hohepriesters in beiden Fällen in Abrede stellt, betont Brutti, dass es schwer sei, auf der Grundlage der fragmentarischen und tendenziösen historiographischen Quellen eine eindeutige Entscheidung zu treffen.[29] In jedem Fall habe sich die politische Organisation Judäas in der hellenistischen Zeit dynamisch entwickelt:

---

28 Vgl. Bickerman, Jews, 143f. Dass der Jerusalemer Hohepriester dennoch nach und nach an Ansehen gewann, sei insbesondere auf die Allianz mit den Fremdherrschern zurückzuführen. „As we have noted, foreign overlords tended to favor the native clergy for reasons of policy. [...] On his side, a Levitical High Priest had every reason to side with an overlord who kept David's seed out of the way and thus left the Zadokites without rivals in Jerusalem. Moreover, as we have also noted, the High Priests, at least under the Ptolemies, were responsible for collecting the royal taxes in Judea. It is significant that Joseph the Tobiad denounced the tax operations of the High Priest Onias II in order to damage his alliance with the Ptolemies. Let us add that the tax farming of the Oniads must have made them the richest house in Jerusalem, and that wealth, royal favor, hereditary prestige, and the sacredness of the office combined to win for the High Priest the natural leadership of the Chosen People."

29 Vgl. Brutti, Development, 253f.

> [W]e can deduce from the sources that the high priests generally remained as important figures in Judea. However, other figure [*sic!*] alongside them also acquired power, like the Tobiads, and ended up becoming a new class of mediators between the subjects and the state.[30]

Was die Charakterisierung des Hohepriesters in den Quellen angeht, sieht sie am Ende dennoch eine Dominanz der kultischen Aspekte:

> The sources depict the high priest at the beginning of the Hellenistic era – that is, before the dominion of Antiochus IV Epiphanes – primarily as an idealized figure, a mediator between God and his people, a benefactor of the people, guardian of the sanctuary and interpreter of the Torah.[31]

Größere Klarheit und Einmütigkeit herrscht in der Forschung tatsächlich erst mit Blick auf die nächste Phase der Entwicklung des Jerusalemer Hohepriesteramtes. Unabhängig davon, ob und, wenn ja, inwiefern man bereits vorher mit einem politisch starken Hohepriesteramt rechnet, ist nicht zu bestreiten, dass die Politisierung des Hohepriesteramtes unter den sog. Hellenisierern Jason, Menelaus und Alkimus eine neue Qualität erlangte. Für Jason, der das Amt erstmals von den Seleukiden kaufte und somit zum seleukidischen Agenten wurde, sind größere politische Ambitionen und Befugnisse bezeugt als für seine Vorgänger.[32] Bei der Bewertung dieser Entwicklung muss jedoch, wie Rooke betont, die Abhängigkeit des Jerusalemer Hohepriesters von den seleukidischen Herrschern berücksichtigt werden. Auch lässt sich nicht bezweifeln, dass sich mit den Hasmonäern erneut ein Wechsel vollzog, insofern sie gegenüber den Seleukiden mehr Autonomie hatten und neben dem Amt des Hohepriesters weitere politische Ämter auf sich vereinigten. Aufgrund der komplexen Ämterkumulation bleibt indes auch hier schwer zu beurteilen, inwiefern dies zu einer Neuprofilierung des Hohepriesteramtes führte. War mit der Ernennung zum Hohepriester politische Autorität verbunden[33] oder war dies nicht der Fall, wie Rooke annimmt?

Unabhängig von den im Folgenden zu beleuchtenden methodischen Schwächen der Untersuchung Rookes fordern die Ergebnisse zu einer kritischen Prüfung der verbreiteten Annahme heraus, wonach sich das Jerusalemer Hohepriesteramt bereits ab der Perserzeit oder der frühen hellenistischen Zeit zu einem politischen

---

30 Brutti, Development, 255.
31 Brutti, Development, 257.
32 Vgl. u. a. auch Regev, Hasmoneans, 109 f.
33 Dafür votiert z. B. Babota, Institution, 141 ff., der sich im Rahmen seiner Monographie eingehend mit dem hasmonäischen Hohepriestertum beschäftigt. Er geht davon aus, Alexander Balas habe Jonathan zum seleukidischen (und nicht zum Jerusalemer) Hohepriester eingesetzt.

Führungsamt entwickelte – für wie implizit oder subtil man den Beginn dieses Prozesses auch immer halten mag.

1.3 Problemanalyse und Vorgehen der Arbeit

Insbesondere die Studie Rookes ist von einigen methodischen Problemen geprägt, die die Relevanz der eingangs benannten, in der Forschung kontrovers diskutierten Fragen nach dem Zeitpunkt, ab dem die Politisierung des Hohepriesteramtes einsetzte, dem Verlauf des Prozesses sowie seinem Auslöser und Antrieb für einen historisch reflektierten Umgang mit den biblischen und außerbiblischen Quellen noch einmal eindrücklich vor Augen führen.

Was die Frage nach der Motivation der Politisierung des Hohepriesteramtes betrifft, eignet sich die Kritik an einem methodischen Kurzgriff Rookes, um den Horizont der vorliegenden Untersuchung abzustecken. Rookes minimalistische Position steht in engstem Zusammenhang mit der stark limitierenden Funktion, die die Fremdherrschaft für die Beurteilung der historischen Entwicklung des Hohepriesteramtes in ihrer Studie einnimmt.[34] So kommt sie etwa im Hinblick auf die Auseinandersetzung zwischen Onias III. und Simon, dem *prostates* über den Tempel, die letztlich die Heliodor-Affäre nach sich zog, zu dem Schluss: „[T]o see Onias as the sole ruler of his people, left to govern undisturbed despite the Seleucid domination, would be a rather naïve reading of the source."[35] Das Problem auf diese Weise zuzuspitzen, entbehrt indes ebenfalls nicht einer gewissen Naivität. Denn die Politisierung des Hohepriesteramtes ist keineswegs an die politische Autonomie gegenüber den Fremdherrschern gebunden, was auch Eckhardt bereits gegen Rooke geltend gemacht hat:

> Ihr [*sc.* Rookes] häufigstes Argument [*sc.* gegen ein politisch orientiertes Hohepriesteramt in vorhasmonäischer Zeit] ist die Fremdherrschaft: die Existenz persischer oder ptolemäischer Satrapen und Gouverneure. Bei dieser Herangehensweise ist der Schluss, erst in der Hasmonäerzeit sei der Hohepriester die höchste Autorität in Judäa geworden, so notwendig wie banal. Die Frage ist, ob die judäische Selbstverwaltung, soweit sie gestattet war und funktionierte, einen höheren Funktionsträger vorsah als den Hohepriester.[36]

Das Problem ist auf diese Weise zwar sehr viel klarer gefasst. Allerdings hieße es ebenfalls, die Dimension der Fragestellung unsachgemäß zu verkürzen, würde man

---

34 Eine ähnliche Problematik, allerdings begrenzt auf die Perserzeit, erwächst aus der oben erwähnten engen Definition von „Theokratie", die Cataldo seiner Untersuchung zugrunde legt.
35 Rooke, Heirs, 237.
36 Eckhardt, Ethnos, 162.

die Entwicklung des Hohepriesteramtes als einen rein innerjudäischen Prozess betrachten. Eine sachgemäße Herangehensweise an die komplexe Frage hat die Entwicklung des Hohepriesteramtes einzubetten in das teils sehr komplexe Kräfteverhältnis zwischen den politischen Strukturen und Autoritäten der jeweiligen fremden Herrscher, anderen judäischen Autoritäten und dem Jerusalemer Hohepriester selbst. Die Analyse der biblischen wie (vor allem) der außerbiblischen Quellen muss daher berücksichtigen, in welchem Verhältnis der Jerusalemer Hohepriester zu anderen judäischen Autoritäten (sofern von der Existenz solcher ausgegangen werden kann) sowie zu den fremden Herrschern und deren lokalen Repräsentanten stand. Ferner ist zu prüfen, ob es Hinweise auf eine Ermächtigung des Hohepriesters durch Perser, Ptolemäer oder Seleukiden bzw. Autonomiebestrebungen der judäischen Autoritäten/des Hohepriesters gegenüber den fremden Herrschern gibt.

Die Frage nach dem Beginn und dem Verlauf des Prozesses der Politisierung des Hohepriesteramtes betrifft grundsätzlich ebenfalls sowohl biblische als auch außerbiblische Quellen. Forschungsgeschichtlich ist in diesem Zusammenhang jedoch ein Primat der biblischen Quellen erkennbar, deren Bewertung meist über den Beginn der (wenn auch unter Umständen erst einmal theoretischen) Entwicklung entscheidet. Bei der Beurteilung der biblischen Quellen kommt Rooke zu einem Ergebnis, das quer zur sonstigen Forschung steht. Auch wenn die konsequente Bestreitung der Existenz biblischer Konzepte eines politisch starken Hohepriestertums nicht überzeugt, heißt das nicht, dass Rookes Interpretation in jedem einzelnen Fall unzutreffend sein muss, und so fordern die Ergebnisse zumindest zu einer erneuten kritischen Interpretation der relevanten Texte heraus. Dabei gilt es wiederum, sich die methodischen Probleme der Studie im Umgang mit den biblischen Texten bewusst zu machen und sie zu vermeiden. Neben der zu einlinigen Interpretation der Texte, die aus inhaltlichen Gründen nicht überzeugen kann, sind in methodischer Hinsicht mit Blick auf die biblischen Quellen in Rookes Studie (aber keineswegs nur in dieser!) vor allem zwei Aspekte problematisch: die Datierungen, die zu unkritisch erfolgen und die Texte pauschal als Primärquellen behandeln, und der Verzicht auf eine literargeschichtliche Differenzierung, die der Komplexität der Texte gerecht würde. So werden etwa Hag und Sach 1–8 in Gänze der Zeit der Restauration des Tempels zugeschlagen, in der sie narrativ situiert sind. Dabei verwehrt sich das Zweiprophetenbuch, ähnlich wie auch Esr und Neh, die flächig als Zeugen für das 5. Jh. v. Chr. herangezogen werden, allein schon aufgrund der großen Vielfalt der enthaltenen, teils konträren Führungskonzeptionen einer historischen Interpretation, die die Möglichkeit einer literarischen Entstehungsgeschichte nicht in Betracht zieht. Auch die undifferenzierte Auswertung der Melchisedek-Texte Gen 14,18–20 und Ps 110,4 für die staatliche Zeit steht einem großen Teil der neueren kritischen Forschung entgegen, die diese Texte erheblich später ansetzt. Zudem ist auch hier konzeptionell zwischen dem Priesterkönig Melchisedek von Salem in Gen 14,18–20 und der Verheißung an den davidischen König, Priester nach der Weise Melchisedeks zu sein (Ps 110,4), zu unterscheiden. Die Probleme betreffen nicht nur die Studie Rookes, sondern gelten (abgestuft) für einen großen Teil der Forschung. Die relevanten Texte werden insgesamt zu wenig differenzierend in der Perserzeit verortet, der dadurch für die Bildung von Theorien und Hypothesen zur Entwicklung des Hohepriesteramtes entscheidende Bedeutung zukommt. Unabhängig davon, wie man die Politisierung des Hohepriesteramtes historisch beurteilt, wird zumeist von einem relativ frühen Vorliegen biblischer Konzepte eines politisch orientierten Hohepriestertums ausgegangen. Dies hat zur Folge, dass dort, wo mit einer allmählichen und eher spät einsetzenden Politisierung des Hohepriesteramtes gerechnet wird, die Entwicklung der literarischen Konzepte und ihre Realisierung u.U. zeitlich weit voneinander abrücken. Rookes Position, die den biblischen Texten jegliche Aussagekraft mit Blick auf die Politisierung des Hohepriesteramtes abspricht, stellt keine sinnvolle Alternative dazu dar, wie meist gesehen wird und was auch die vorliegende Studie bestätigen wird.

Aussichtsreicher erscheint indes eine konsequent literargeschichtliche Analyse der relevanten biblischen Texte. Indem die breit vertretene frühe und flächige perserzeitliche Entstehung der Texte infrage gestellt wird, eröffnet sich die Möglichkeit einer differenzierteren Bestimmung des Verhältnisses von biblischen und außerbiblischen Quellen. Vorstellbar wäre dann beispielsweise auch, dass eine komplexe und langwierigere Entwicklung des Hohepriesteramtes durch biblische Texte mehr oder weniger synchron flankiert bzw. in ihnen reflektiert wurde.

Die vorliegende Arbeit stellt die literarhistorische Rekonstruktion der Entwicklung biblischer Konzepte des Jerusalemer Hohepriesteramtes in den Vordergrund und an den Beginn der Untersuchung. Basierend auf der Analyse exemplarischer, für das Thema relevanter biblischer Texte lässt sich zunächst schlaglichtartig die literarische Entwicklung bestimmter Bilder, Vorstellungen, Ideale und Ideologien nachzeichnen, die priesterliche Kreise entwickelten oder applizierten, um ihre Ansprüche, seien diese realistisch oder nicht, theoretisch zu legitimieren (= theoretischer Ansatz).

Aufgabe der literarischen Analyse ist es, kritisch zu prüfen, wann die einzelnen Texte entstanden sind, und dort, wo es für die redaktions- und/oder kompositionsgeschichtliche Beurteilung notwendig ist, auch den größeren literarischen Kontext zu berücksichtigen. Entscheidend ist sodann die Frage, welche Informationen sich den Texten zur Zeit ihrer Entstehung über die Stellung und Funktion des Hohepriesteramtes im judäischen Gemeinwesen entnehmen lassen, bzw. welche Agenda den Texten zugrunde liegt: Spiegeln sie die gesellschaftliche und politische Situation oder entwerfen sie ein Ideal und sind als politische Theorie aufzufassen?

Für eine historische Interpretation der Texte müssen die literar- und redaktionsgeschichtlichen Ergebnisse durch sozial- und wirtschaftsgeschichtliche Perspektiven unterlegt werden. Um die literarischen Konzeptionen sowie ihre politischen, sozial- und wirtschaftsgeschichtlichen Hintergründe zu erhellen, sind somit in relativ großem Umfang Parallel-, Bezugs- und Seitentexte heranzuziehen.

Die religionshistorische Frage nach der Entwicklung des Jerusalemer Hohepriesteramtes kann ihr Ziel nicht in der literargeschichtlichen Rekonstruktion biblischer Konzepte erreichen. Sie muss darüber hinaus in einem zweiten Schritt die historische Perspektive in den Fokus rücken, indem sie die in den biblischen Texten enthaltenen Vorstellungen (zumindest punktuell) durch die Korrelation mit den zur Verfügung stehenden externen Quellen auf ihren Realitätsgehalt hin überprüft (= historischer Ansatz).

Wie der Überblick über die Forschungspositionen gezeigt hat, sind die externen Quellen für sich genommen alles andere als eindeutig. Bei sämtlichen Quellen ist etwa umstritten, ob sie tatsächlich einen gestiegenen Anspruch oder Einfluss des Jerusalemer Hohepriesters innerhalb des judäischen Gemeinwesens bezeugen. Viele der Quellen sind tendenziös.[37] Aufgrund der fehlenden Klarheit in beiden Bereichen ist die Korrelation von biblischen und außerbiblischen Quellen grundsätzlich anfällig für Fehl- und Überinterpretationen. Qualitative Unterschiede sind daher sorgfältig zu eruieren und zu berücksichtigen. So ist zu fragen, ob und inwiefern dem Hohepriester tatsächlich politische Autorität übertragen wird, die den kultischen Bereich transzendiert, indem sie (den Anspruch auf) eine Ausübung hegemonialer Macht impliziert. Dort, wo diese Überschreitung des kultischen Bereichs stattfindet und dem Hohepriester politisch-administrative Funktionen zugeschrieben werden, ist in der oben erwähnten Weise die Rolle der jeweiligen fremden Herrscher und deren Verhältnis zum Jerusalemer Hohepriester mit einzubeziehen. Liefern die (außerbiblischen) Quellen Indizien für ein faktisches Autonomiestreben des Hohepriesters gegenüber den fremden Herrschern und ihren lokalen Vertretern bzw. finden sich in den biblischen oder parabiblischen Quellen Strategien, die eine interne Legitimation eines politisch starken Hohepriestertums etablieren oder reflektieren? Oder beruht die Übernahme politischer Funktionen durch den Hohepriester auf der Ermächtigung durch die fremden Herrscher und somit einer externen Quelle der Legitimation?

---

37 Insbesondere Josephus macht keinen Hehl aus seiner biographisch bedingten (vgl. Vita 1) Vorliebe für das Priestertum. Er hält das Amt des Hohepriesters für „the most important institution of Early Judaism with regard to cult, prophecy, salvation, and worldly policy" (Thoma, High Priesthood, 196).

1.4 Auswahl der biblischen Quellen

Die vorliegende Untersuchung stellt jene Texte ins Zentrum, die den Jerusalemer Hohepriester am stärksten mit hegemonialer Autorität oder sogar königlicher Würde in Verbindung bringen, und daher in der Forschung häufig den Rang von Kronzeugen für eine Politisierung des Hohepriesteramtes einnehmen. Dies sind einerseits diejenigen Passagen in Hag und Sach 1–8, die den Hohepriester Joschua in ein komplexes Beziehungsgeflecht mit dem zumindest punktuell messianisch überhöhten Statthalter Serubbabel und einer ominösen zukünftigen Herrschergestalt davidischer Herkunft namens „Spross" einbinden, und andererseits jene Texte, die Melchisedek, den Priesterkönig von Salem, behandeln: Gen 14,18–20 und Ps 110,4.[38]

Dass sämtlichen dieser Texte mit Blick auf die Frage nach der Entwicklung des Hohepriesteramtes zu einem politischen Führungsamt große Relevanz attestiert wird,[39] darf nicht darüber hinwegtäuschen, dass darin im Einzelnen sehr unterschiedliche Vorstellungen des (politisch agierenden) (Hohe-)Priestertums zum Ausdruck kommen, die es bei der Interpretation zu berücksichtigen gilt. An einigen Stellen wird mit der Übertragung königlicher Prädikate und Funktionen auf die Figur des Priesters gearbeitet, was eine, im wahren Sinn des Wortes, monarchische Stellung des Hohepriesters implizieren könnte.[40] An anderen Stellen steht der Hohepriester *neben* anderen politischen Führungsgestalten (vornehmlich davidischer Herkunft), was eher auf eine dyarchische Struktur hinweisen könnte.[41] In Ps 110,4

---

38 Wie bereits der Überblick über die Hauptlinien der Forschung gezeigt hat, spielen Hag und Sach 1–8 fast immer eine zentrale Rolle bei der Rekonstruktion der politischen Verhältnisse in Jehud. Die Melchisedek-Texte spielt neben Oswald, Hohepriester, u. a. Hieke, Leadership, 75, als Belege für ein politisch starkes Hohepriestertum ein. Neben den Joschua- und Melchisedek-Texten werden im Zusammenhang der Politisierung des Jerusalemer Hohepriesteramtes bisweilen ausgewählte pentateuchische Texte traktiert. Zwar wird insbesondere in den priesterlich geprägten Teilen des Pentateuch die Rolle der Priester für die Gesellschaft intensiver und flächiger thematisiert als anderswo. Was die Politisierung des Amtes angeht, sind die Aaron betreffenden Aussagen indes weniger explizit. Die in diesem Kontext bemühten pentateuchischen Texte stehen daher nicht im Fokus der vorliegenden Untersuchung, werden aber am Rande berücksichtigt. S.u. IV 1.3.

39 Bisweilen wird sogar ein direkter Zusammenhang zwischen den Joschua- und den Melchisedek-Texten hergestellt. Vgl. Schreiner, Psalm cx, der hinter Ps 110,4 und Sach 6,9–15 dieselbe Agenda vermutet.

40 Vgl. etwa die Verbindung von Königs- und Priesteramt in der Person des Melchisedek (Gen 14,18–20), oder auch die Ausstattung Joschuas mit einer Krone in Sach 6,9–15 bzw. einem mutmaßlich königlich konnotierten Turban (צָנִיף) in Sach 3.

41 Vgl. etwa das Nebeneinander von Joschua und Serubbabel in den narrativen Rahmenversen in Hag, die Erwähnung von zwei „Ölsöhnen" in Sach 4 oder das undurchsichtige Verhältnis von Joschua und dem „Spross" in Sach 6,9–15.

schließlich wird in singulärer Weise das Priestertum „nach der Weise Melchisedeks" auf den davidischen Messias übertragen. Diese disparaten Vorstellungen, die sich mit den beiden Figuren verbinden, lassen von vornherein zweifelhaft erscheinen, dass sämtlichen Texten, die Joschua und Melchisedek erwähnen, ein und dieselbe Agenda zugrunde liegen sollte.

Ungeachtet ihrer forschungsgeschichtlichen Relevanz für das Thema wurden die Joschua- und Melchisedek-Texte in diesem Kontext bislang noch nie zusammenhängend analysiert. Gerade angesichts der Vielfalt der darin enthaltenen Vorstellungen eines politisch orientierten Hohepriesteramtes erscheint eine konzentrierte Auseinandersetzung mit ihnen jedoch sinnvoll. Denn die Wahrnehmung und Evaluierung der verschiedenen enthaltenen Tendenzen und Facetten kann zu einem differenzierten Verständnis der literarischen Entwicklung (zumindest der Idee) eines politisch orientierten Hohepriestertums beitragen.

1.5 Aufbau der Untersuchung

Am Beginn steht die Analyse der biblischen Quellen, die mit Hag und Sach 1–8 anhebt (2). Da dem Zweiprophetenbuch für die Perserzeit häufig der Status einer Primärquelle und somit ein großer historischer Wert attestiert wird, ist dessen Analyse für die Rekonstruktion der literarischen Entwicklung des Hohepriesteramtes richtungsweisend. Der Hohepriester Joschua und der Statthalter Serubbabel werden (anders als z. B. Aaron und meist auch Melchisedek) nicht als bestimmte Ideale verkörpernde literarische Figuren gesehen, sondern als historische Persönlichkeiten. Die Bereitschaft, die Texte als unmittelbaren Reflex der politischen Entwicklungen zu werten, ist daher, wie bereits der Forschungsüberblick gezeigt hat, überaus groß.

Insgesamt gibt es zwar wenig Gründe, an der Historizität Joschuas und Serubbabels und damit zusammenhängend einer zur Zeit der Restauration des Tempels einsetzenden Überlieferung in den Büchern Haggai und Sacharja zu zweifeln. Spätestens die vielfältigen Qualifizierungen Joschuas und Serubbabels als Führungsfiguren erfordern jedoch eine kritische Analyse des Textes, die mit der Möglichkeit rechnet, dass Notizen über historische Personen im Zuge literarischer Bearbeitung konzeptionell erweitert wurden.

Eine literarhistorisch differenzierte Analyse setzt voraus, dass die relevanten Texte in ihren jeweiligen Kontexten wahrgenommen werden. Da die Hohepriestertexte in Hag und Sach 1–8 auf komplexe Weise mit Aussagen über Serubbabel, den Statthalter davidischer Abstammung, und einer ominösen zukünftigen Herrscherfigur namens „Spross" verwoben sind, müssen in diesem Bereich sämtliche Texte, die einen der drei Protagonisten erwähnen, besprochen werden. Neben den

Rahmenpassagen in Hag 1,1–3.12–15; 2,1f. sowie Sach 3 und Sach 6 finden daher auch Hag 2,20–23 und Sach 4 Berücksichtigung.

Im Anschluss an die Analyse der relevanten Passagen des Zweiprophetenbuches werden am Ende des Kapitels Esr 1–6 in den Blick genommen, die einen alternativen Bericht über den Wiederaufbau des Jerusalemer Tempels bieten. Als wichtiger Seitentext zu Hag und Sach 1–8 sind sie auf ihr literarisches und inhaltliches Verhältnis zum Zweiprophetenbuch hin zu befragen.

Daran schließt die Besprechung der Melchisedek-Texte Gen 14,18–20 (3.1) und Ps 110,4 (3.2) an. Beide Texte verbindet die außergewöhnlich große Spanne an vorgeschlagenen Datierungen. Erwogen werden sowohl Frühdatierungen zur Zeit Davids als auch Spätdatierungen in der hasmonäischen Zeit, was stark voneinander abweichende Interpretationen Melchisedeks als historische oder ideale Priesterfigur nach sich zieht. Auch hier kann nur eine detaillierte historisch-kritische Exegese Aufschluss geben, die die Texte als Ganze in den Blick nimmt und die Melchisedek-Passagen in ihrem jeweiligen literarischen Kontext, also Gen 14 und Ps 110, beurteilt. Die Untersuchung setzt mit Gen 14 als mutmaßlich älterem Text ein. Nach einer Rekonstruktion der Entstehungsgeschichte von Gen 14 in Grundzügen werden der kompositionsgeschichtliche Ort und die Intention der Melchisedek-Passage in Gen 14,18–20 bestimmt. Da der Fokus auf dem von Abraham entrichteten Zehnten liegt, wird die wirtschaftliche Situation des Tempels und seines Personals zur mutmaßlichen Zeit der Entstehung der Passage, der fortgeschrittenen Perserzeit, berücksichtigt. Im Zentrum stehen hierbei Neh 5 und Neh 13, Jes 61 sowie die Fragen nach der Finanzierung des Zweiten Tempels und der Pragmatik der biblischen Abgabenforderungen.

Auch die Untersuchung von Ps 110 beginnt mit einer knappen Analyse des gesamten Psalms. Im Anschluss daran wird der Pragmatik von Ps 110,4 nachgegangen. Aufgrund des anzunehmenden späten literargeschichtlichen Ortes des Verses steht dabei die Frage nach der Verbindung der Hasmonäer zur Melchisedekfigur im Vordergrund. Strategien der hasmonäischen Herrschaftslegitimation und Indizien für eine Bezugnahme der Hasmonäer auf Melchisedek werden dabei ebenso berücksichtigt wie mögliche Bezugs- und Seitentexte in 1 Makk 14 und Jub 30–32.

Im Anschluss an die Behandlung der biblischen Quellen folgt die Analyse der externen Quellen (4). Ihre Auswahl richtet sich nach dem durch die biblischen Texte abgedeckten Zeitraum – im Fall der Joschua- und Melchisedek-Texte umfasst dieser die Zeit von der Restauration des Tempels bis zur hasmonäischen Zeit. Konkret stehen einige wenige archäologische Zeugnisse (insbesondere die sog. Jehud-Münzen) und in etwas größerem Umfang apokryphe (Makk, Sir) und außerbiblische judäisch-jüdische oder hellenistische Schriftzeugnisse (Elephantine-Korrespondenz, Hekataios, Josephus, etc.) zur Verfügung.

Am Ende der Arbeit werden die Ergebnisse in einer Zusammenfassung gebündelt (5).

2 Joschua ben Jehozadak in Hag und Sach 1–8

2.1 Befund und Vorgehen

Bereits auf den ersten Blick fallen sowohl die Gemeinsamkeiten als auch die Unterschiede zwischen Hag und Sach 1–8 ins Auge. Der chronologische Rahmen, der beide Bücher umspannt und eint, verbindet Material, das in der Substanz höchst unterschiedlich ist: Während der Fokus in Hag auf dem Tempelbau liegt, dominiert in Sach 1–8 eine universale Perspektive; Hag besteht zudem aus mehreren Prophetenworten, Sach 1–8 im Kern aus Visionen. Recht problemlos ließe sich dieser Befund durch die Annahme erklären, dass die Bücher zunächst selbständig entstanden und dann schrittweise miteinander verbunden worden sind. Der disparate Eindruck wird auch dadurch bestätigt, dass verschiedene Individuen erwähnt und mit bestimmten Führungskompetenzen ausgestattet werden, die meist im Zusammenhang mit dem Tempelbau stehen. Die wiederkehrende Nennung des Statthalters Serubbabel und des Hohepriesters Joschua als Adressaten des Propheten und gemeinsam Verantwortliche für den Tempelbau in den Rahmenversen des Haggaibuches erweckt nur oberflächlich den Eindruck einer geschlossenen Konzeption. An diversen anderen Stellen in Hag und Sach 1–8 werden die beiden Protagonisten unabhängig voneinander erwähnt und mit ganz unterschiedlichen Kompetenzen und Aufgaben bedacht. Durch die punktuelle Erwähnung eines namenlosen Sprosses in Sach 3 und Sach 6, der über analoge Stellen in Jer als Davidide zu identifizieren ist, wird der Sachverhalt weiter verkompliziert: Die den drei Führungsfiguren zugeschriebenen Kompetenzen sind vielfältig und, ebenso wie ihr Verhältnis zueinander, häufig alles andere als eindeutig, teils gar widersprüchlich. Dies könnte darauf hinweisen, dass die Herrschaftsvorstellungen im Zweiprophetenbuch sukzessive ausgestaltet wurden und sich dynamisch entwickelt haben.

Da die für die Rekonstruktion der Entwicklung des Hohepriesteramtes relevanten Aussagen über den Hohepriester Joschua in einem engen, diskursiven Verweisgefüge mit denjenigen über Serubbabel und dem ominösen, für die Zukunft verheißenen Spross stehen, werden in der folgenden Analyse sämtliche Passagen der Prophetenbücher berücksichtigt, die eine (oder mehrere) der Führungsgestalten erwähnen. Dies sind neben den Texten, die explizit oder implizit Aussagen über die Funktion und den Rang des Hohepriesters Joschua treffen und ihn in eine mitunter nur schwer zu bestimmende Beziehung mit Serubbabel oder dem Spross setzen (die das Spruchgut des Buches Haggai rahmenden Passagen in Hag 1,1.12.14; 2,2.4, sowie Sach 3,1–10 und Sach 6,9–15), auch die messianische Verheißung an Serubbabel in Hag 2,20–23 und die Leuchtervision in Sach 4, in die zum einen zwei Worte an bzw. über Serubbabel eingefügt wurden, und die zum anderen aufgrund

https://doi.org/10.1515/9783110793451-002

der Erwähnung zweier „Ölsöhne" am Ende der Vision bisweilen dyarchisch interpretiert wird. In einem ersten Schritt sind die „Karrieren" dieser drei Personen literargeschichtlich zu rekonstruieren.[1] Erst im Anschluss an die literarische Analyse
lässt sich nach möglichen Implikationen für die Entwicklung des Hohepriesteramtes in der Perserzeit (und darüber hinaus) fragen.

2.2 Serubbabel und Joschua in Hag und Sach 1 – 8

Neben der großen Vielfalt an Funktionen und Aufgaben, die Joschua und Serubbabel
zugeschrieben werden, könnte die unregelmäßige Verteilung von Filiationen und
Titeln der beiden Führungsgestalten ein Indiz dafür liefern, dass sich die Herr-
schaftskonzeptionen in Hag und Sach 1 – 8 sukzessive entwickelt haben. Der Befund
stellt sich im Fall Serubbabels weitaus komplexer dar als im Fall Joschuas. Alle Stellen,
die Joschua erwähnen, kennzeichnen ihn als Hohepriester: Hag 1,1.12.14; 2,2.4; Sach
3,1.8;[2] 6,11. Zusätzlich wird überall außer in Sach 3 die Filiation Joschuas erwähnt.
Serubbabel hingegen wird in Hag 2,4 und Sach 4,6.9 f. nur mit Personennamen genannt. In Hag 1,12; 2,23 steht zusätzlich die Filiation ohne den Statthaltertitel, in Hag
2,21 der Titel ohne die Filiation, in Hag 1,1.14; 2,2 stehen Filiation und Statthaltertitel.

Tabelle 1: Verteilung von Filiation und Titel bei Joschua

	Filiation	Titel
Hag 1,1	X	X
Hag 1,12	X	X
Hag 1,14	X	X
Hag 2,2	X	X
Hag 2,4	X	X
Sach 3,1.8	–	X
Sach 6,11	X	X

---

1 Wie sich zeigen wird, sind diese Passagen für die Entstehungsgeschichte von Hag und Sach 1 – 8
zentral, insofern sie deren maßgebliche Stadien abbilden. So entsteht durch die Analyse jener
Passagen zumindest in Grundzügen auch ein Eindruck von der Redaktionsgeschichte des Zweiprophetenbuches.
2 Das Fehlen des Titels in Sach 3,3.6 ist nicht erklärungsbedürftig. Innerhalb des Berichts über die
Entsühnung Joschuas wird der Hohepriestertitel aus stilistischen Gründen nicht bei jeder Erwähnung wiederholt.

Tabelle 2: Verteilung von Filiation und Titel bei Serubbabel

	Filiation	Titel
Hag 1,1	X	X
Hag 1,12	X	–
Hag 1,14	X	X
Hag 2,2	X	X
Hag 2,4	–	–
Hag 2,21	–	X
Hag 2,23	X	–
Sach 4,6.9 f.	–	–

Da hinter der unregelmäßigen Verteilung der Informationen kein System erkennbar ist, liegt es nahe, die Abweichungen literargeschichtlich zu erklären. Im Folgenden sind daher zunächst all jene Stellen in ihrem Kontext zu betrachten und literargeschichtlich zu beurteilen, die von dem vollständigen Formular, also der Erwähnung von Serubbabel und/oder Joschua mit Filiation und Titel, abweichen: Hag 1,12; 2,4.20–23; Sach 3,1–10; Sach 4,1–14.

2.2.1 Serubbabel und Joschua im Haggaibuch

An fünf Stellen in Hag werden Serubbabel und Joschua gemeinsam erwähnt: Hag 1,1.12.14; 2,2.4. Während in Hag 1,1.14; 2,2 jeweils die identische Reihung „Serubbabel, Sohn des Schealtiel, Statthalter, und Joschua, Sohn des Jehozadak, Hohepriester" belegt ist, bietet Hag 1,12 für Joschua die Filiation und den Titel, für Serubbabel jedoch nur die Filiation, während der Titel fehlt. In Hag 2,4 ist erneut das volle Set an Informationen für Joschua belegt, bei Serubbabel fehlen nun jedoch sogar Titel *und* Filiation. Bis auf Hag 2,4 werden in der Regel sämtliche der genannten Stellen dem Grundbestand des Buches abgesprochen und zum redaktionellen Rahmen gerechnet, der um die älteren Sprüche des Propheten Haggai gelegt wurde.[3] Die Unterschiede zwischen Hag 1,12(a) und den restlichen Versen werden also redaktionsgeschichtlich nicht berücksichtigt, während im Fall von Hag 2,4 aus den Abweichungen literarkritische Schlüsse gezogen werden. Der Vers wird aufgrund

---

3 Vgl. etwa Kratz, Judentum, 87; Wöhrle, Sammlungen, 288–294; Hallaschka, Haggai, 133–136.

seiner Charakteristika entweder insgesamt einer noch späteren Hand,[4] oder (in einer um den Hohepriester reduzierten Form) dem Grundbestand des Prophetenspruchs zugeschrieben.[5]

Für den vorliegenden Zusammenhang bedeutsam und redaktionsgeschichtlich ebenfalls umstritten ist sodann der letzte Spruch des Prophetenbuches, Hag 2,20–23. Er fällt in formaler und inhaltlicher Hinsicht auf, da er sich nur auf Serubbabel (in 2,21 mit Titel, in 2,23 mit Filiation) konzentriert und Joschua gar nicht erwähnt. Während Wöhrle den Grundbestand des Spruchs (V.23) wie fast sämtliche Exegeten vor ihm noch zur Zeit des Tempelbaus ansetzt,[6] gehen Kratz und Hallaschka von einer späteren Entstehung aus.[7]

Um die Spur weiter zu verfolgen und den Abweichungen redaktionsgeschichtlich auf den Grund zu gehen, werden die relevanten Stellen im Folgenden im Kontext der einzelnen Sprüche des Prophetenbuches analysiert, die jeweils durch eine Datierung als geschlossene Einheit voneinander abgrenzbar sind: Hag 1,1–15a, Hag 1,15b–2,9[8] und Hag 2,20–23.[9]

2.2.1.1 Hag 1,1–15a: Aufruf zum Tempelbau

In Hag 1,1–15a wird der eigentliche Prophetenspruch in V.4–11 gerahmt durch erzählende Passagen in V.1–3 und in V.12–15a. Zahlreiche Spannungen durchziehen den gesamten Abschnitt und weisen darauf hin, dass eine bloße literarkritische Differenzierung zwischen Prophetenspruch und Rahmen zu kurz greift, und stattdessen mit literarischen Nahtstellen auch innerhalb der einzelnen Teile zu rechnen ist. Der Spruch selbst und die beiden Teile des Rahmens werden daher zunächst nacheinander besprochen.

---

4 Vgl. Kratz, Judentum, 88 f., und Hallaschka, Haggai, 63 f.

5 Vgl. Wöhrle, Sammlungen, 181 f.

6 Vgl. Wöhrle, Sammlungen, 309–313.

7 Vgl. Kratz, Judentum, 88; Hallaschka, Haggai, 116 f. (zur Zeit der Diadochenkriege); daneben auch Sérandour, Récits; Schott, Sach 9–14, 38 ff.

8 Hag 1,15b scheint eher an den Beginn des zweiten Prophetenwortes als an das Ende des ersten zu gehören. Mit Blick auf die Abfolge von Jahr/Monat/Tag entsprechen Hag 1,15b; 2,1 dann Hag 1,1; vgl. Hallaschka, Haggai, 15 f.

9 Hag 2,10–14 bleiben hier außer Acht, da sie für die Frage nach der Entwicklung der Herrschaftsvorstellungen in Hag nicht weiter relevant sind. Diese Entscheidung dürfte auch redaktionsgeschichtlich gerechtfertigt sein, da es sich um einen gegenüber den restlichen Sprüchen späteren Nachtrag zu handeln scheint. Hag 2,10 weicht in der Formulierung von den Datierungen in Hag 1,1–3 und Hag 1,15b–2,2 ab (bei Darius fehlt der Königstitel, abweichende Reihenfolge Tag/Monat/Jahr) und kann daher als Einleitung zu einem sekundären Wort 2,11–14 aufgefasst werden; vgl. u. a. Hallaschka, Haggai, 90 ff.

V.4 nennt eingangs das Thema des Spruchs und ist daher zu dessen Grundbestand zu rechnen. Der Prophet weist auf den Missstand hin, dass die Angeredeten in getäfelten Häusern wohnen,[10] während der Tempel in Trümmern liegt. Dies geschieht wohl in der Absicht, die Angeredeten für sein Projekt zu gewinnen und zum Tempelbau zu motivieren.[11] Ein Minimalbestand des Wortes würde neben V.4 nicht mehr als V.8 erfordern, der mit einer konkreten Arbeitsanweisung an V.4 anschließt:[12] Nachdem sie auf die missliche Lage aufmerksam gemacht worden sind, werden die Adressaten in V.8a zum Tempelbau aufgefordert. V.8b ergänzt die für einen Prophetenspruch erwartbare theologische Dimension und das Ziel des prophetischen Wortes: Jahwe wird an dem Tempel Gefallen haben und sich darin rühmen lassen/als herrlich erweisen.[13]

V.5 eröffnet mit der als Gottesspruch deklarierten Formel „Richtet euer Herz auf euren Weg" eine neue Einheit, die im vorliegenden Text bis V.7 reicht, wo dieselbe Formel den Zusammenhang abschließt. Diese Rahmung mit Kratz und Hallaschka als ein Stilmittel des Redaktors zu werten, der folglich V.5–7 ergänzt habe,[14] ist keineswegs alternativlos. An dem redaktionellen Charakter von V.6 besteht zwar kein Zweifel: V.6 geht inhaltlich nicht nur über die Botschaft Haggais in V.4 und V.8 hinaus, sondern steht in leichter Spannung dazu. Die Adressaten befinden sich in V.6 in einer Situation, in der sie Hunger, Durst und Kälte leiden und keinen Besitz an-

---

10 Die getäfelten Häuser, in denen die Angesprochenen wohnen, könnten auf einen elitären Kreis der Gesellschaft weisen.

11 Für sich genommen muss V.4 nicht unbedingt im Sinn einer Anklage verstanden werden. Diese Deutung legt sich allerdings im Licht des späteren V.2 nahe, der das gesamte Prophetenwort als Gerichtswort deklariert. S. dazu im Folgenden.

12 Auf diese Weise rekonstruiert Kratz, Judentum, 90 ff., die Grundschicht; im Anschluss an ihn auch Hallaschka, Haggai, 51. Vgl. auch bereits Budde, Text, 11, der V.8 hinter V.4 stellt, sowie Beuken, Haggai, 186.

13 V.8b ist grammatikalisch uneindeutig. Die Form ארצה kann als Imperfekt oder Kohortativ verstanden werden. Für die Form ואכבד (Imperf. Nif., *Ketib*) ist ein Kohortativ Nif. als Qere belegt (ואכבדה). Es spricht nichts dagegen, beide Verbformen als Imperfekt und somit im Sinne einer Verheißung Jahwes zu verstehen. Jahwe sagt somit zu, dass er Wohlgefallen am Tempel haben werde. Eine spezifischere Bedeutung im Hinblick auf die dort zu verrichtenden Opfer ist möglich: „[I]n cult-related contexts this root connotes ‚delighting in' with reference to the reception or acceptance of a sacrifce." (Kessler, Haggai, 135). Die zweite Aussage steht komplementär dazu. Sie ist entweder in dem Sinne zu verstehen, dass Jahwe im Tempel seine Herrlichkeit offenbaren wird (= dass seine Herrlichkeit dort gegenwärtig sein wird; vgl. Marti, Dodekapropheton, 383; Beuken, Haggai, 185; Steck, Haggai, 366 f.), oder in dem Sinne, dass er sich dort (durch die dargebrachten Opfer) rühmen lassen will; vgl. Kessler, Haggai, 135. In jedem Fall soll wohl die Zusage Jahwes im Horizont der prophetischen Initiative zum Wiederaufbau des Tempels motivierend wirken. Eine wirtschaftliche Notlage, wie sie V.5–7 zum Ausdruck bringen, ist nicht zwingend impliziert.

14 Vgl. Kratz, Judentum, 89 f.; Hallaschka, Haggai, 51.

zuhäufen vermögen, was nicht recht zum sorglosen Wohnen in getäfelten Häusern nach V.4 passen will. Einfacher zu erklären und daher redaktionsgeschichtlich naheliegender als eine redaktionelle Rahmung des Verses erscheint jedoch die Annahme, dass V.5 einmal das ursprüngliche Gotteswort in V.8 eingeleitet und V.7 im Zuge der Eintragung von V.6 diesen Anschluss als redaktionelle Aufnahme von V.5 wiederhergestellt hat.

Der redaktionelle V.6 nimmt die suggestive Frage aus V.4, ob die Adressaten es für richtig befänden, dass der Tempel noch in Trümmern liege, zum Anlass, ihnen die wirtschaftlichen Folgen ihrer Priorisierung vor Augen zu führen und diese damit eindeutig als falsch zu deklarieren. Die Aufforderung zum Tempelbau in V.8 steht im Anschluss daran nun in einem ursächlichen Zusammenhang mit der zuvor geschilderten Notlage. Allein durch die Befolgung des Aufrufs zum Tempelbau besteht für die Adressaten Aussicht auf Besserung der desolaten Verhältnisse, da diese offenbar aus dem bislang ausgebliebenen Engagement für den Wiederaufbau des Tempels resultieren. Insgesamt entsteht so zwar der Eindruck, das Verhalten der Adressaten wirke sich direkt auf ihr Ergehen aus. Der Zusammenhang zwischen dem Tempelbau und der aktuellen Lage der Adressaten bleibt jedoch eher assoziativ.

V.9 – 11 setzen daher noch einmal neu an und bringen die Verbindung zwischen der nun eindeutig als Schuld qualifizierten Vernachlässigung des Tempelbaus und der Notlage sehr viel deutlicher zum Ausdruck. V.9 überführt dabei die suggestive Frage aus V.2 in einen expliziten Vorwurf an die Adressaten: Jeder sorgt für sein eigenes Haus, während der Tempel verwüstet daliegt. Zwischen V.8 und V.9 ist ein Bruch nicht von der Hand zu weisen.[15] V.9 schließt weder grammatikalisch noch sachlich glatt an V.8 an.[16] Zwar setzt V.9 die Jahwerede aus V.8 fort. Formal sind beide Verse allerdings deutlich voneinander abgegrenzt: V.8 bildet mit יהוה אמר einen formalen Abschluss, während in V.9 der markante Beginn mit Inf. *abs.* einen Neueinsatz markiert. Zudem fällt V.9 mit der Beschreibung des gegenwärtigen, kritischen Zustands hinter den heilvollen Ausblick für die Zukunft in V.8 auffällig zurück. Die Situation in V.9 ist identisch mit derjenigen in V.6 – trotz aller Mühen der Adressaten bleibt der Erfolg aus –, nur dass der Missstand jetzt explizit auf Jahwes Handeln zurückgeführt und mit einer Anklage verbunden wird. V.6 f.9 – 11 könnten

---

15 Vgl. Wöhrle, Sammlungen, 295; Hallaschka, Haggai, 49. Vgl. außerdem Steck, Haggai, 357, der in V.9 – 11 ein weiteres Wort des Propheten vermutet, das einen anderen Adressatenkreis hat als V.4 – 8 (Rückkehrer anstelle von Daheimgebliebenen). Gegen Reventlow, Propheten, 10.
16 Vgl. Hallaschka, Haggai, 49, mit Budde, Text, 11.

gemeinsam oder auch in mehreren Etappen ergänzt worden sein.[17] Eine Entscheidung dieser Frage ist für den vorliegenden Zusammenhang von untergeordneter Relevanz.

Der narrative Vorspann in V.1–3 steht in mehrfacher Hinsicht in Spannung zum Prophetenspruch in V.4 f.8, trägt aber auch in sich deutliche Zeichen redaktioneller Arbeit. Zunächst fällt auf, dass V.1 explizit Serubbabel und Joschua als Adressaten nennt, wohingegen sich V.4 an das Volk (oder einen elitären Teil desselben) richtet. V.2 geht von derselben Voraussetzung aus wie V.1, indem er das Volk explizit (und in pejorativer Weise)[18] von den beiden angeredeten Führungspersonen absetzt: Der folgende, Serubbabel und Joschua durch Haggai indirekt als Jahwespruch mitgeteilte Ausspruch des Volkes stellt dieses in Opposition zum Propheten und seinen Adressaten. Während Haggai im folgenden Prophetenspruch um die Gunst der angeredeten Elite für sein Projekt, den Tempelbau, wirbt, nimmt V.2 die abschlägige Entscheidung des Volkes im Sinne einer Überschrift des Ganzen bereits vorweg: Dieses Volk hat sich längst gegen den Tempelbau entschieden. Die folgende Initiative des Propheten erhält dadurch in Bezug auf das Volk eine kritischere Note als ursprünglich intendiert gewesen sein muss.[19] Die Voranstellung von V.2 verleiht der Frage des Propheten an das Volk in V.4 endgültig den Charakter einer rhetorischen Frage.[20] Die Mitteilung der negativen Einstellung des Volkes gegenüber dem Tempelbau ist nur sinnvoll, wenn sich daraus (zumindest implizit) Konsequenzen für das Volk ergeben. V.2 zielt daher sicherlich auf eine bereits erweiterte Form des Prophetenwortes, die die mit dem ausbleibenden Tempelbau verbundene wirtschaftliche Notlage (V.6 f.) und/oder den expliziten Vorwurf an das Volk (V.9[–11]) schon kennt.

---

17 Vgl. etwa Hallaschka, Haggai, 49–52, der V.5–7 für eine gegenüber V.9–11 ältere Fortschreibung der Grundschicht hält, und auch innerhalb von V.9–11 noch einmal mit sukzessiver Bearbeitung (V.10; V.11) rechnet.

18 Eine pejorative Tendenz schwingt auch bereits in der Bezeichnung „dieses Volk" mit; vgl. Hallaschka, Haggai, 17; gegen Marti, Dodekapropheton, 382.

19 Die Vorschaltung von V.2 hat somit nicht bloß die Funktion „das Grundproblem zu benennen, das V. 4 ff bestimmt" (Hallaschka, Haggai, 17), sondern verändert die Aussage des gesamten folgenden Prophetenspruchs.

20 Auch Hallaschka, Haggai, 43 f. (im Anschluss an Elliger, Buch II, 93, und Beuken, Haggai, 29–31), rechnet Hag 1,2 zum (redaktionellen) Rahmen und nicht zum Spruchgut. Gegen Wöhrle, Sammlungen, 290, der V.3 zum Rahmen rechnet und V.2 demgegenüber für einen Teil des alten Prophetenspruchs hält; vgl. auch Leuenberger, Haggai, 104. Ein ursprünglicher Zusammenhang von V.2 und V.4(ff.) wäre jedoch nicht spannungsfrei, da V.2 über das Volk redet, V.4(f.) hingegen das Volk in der 2. P. Pl. anredet. Zum Spruchgut rechnen V.2 auch Steck, Haggai, 360 f.; Wolff, Haggai, 23 f.; Reventlow, Propheten, 12; Kessler, Haggai, 109; Rückl, Leadership.

V.2 trägt den Gedanken ein, dass der Prophet mitsamt den beiden Führungsgestalten Serubbabel und Joschua als seinen Adressaten in Opposition zum Volk
tritt. Auch im Grundbestand ist der Prophetenspruch jedoch bereits auf eine Situationsangabe angewiesen. Sollte er als Äußerung des Propheten erkennbar und
für sich tradierbar sein, musste mitgeteilt werden, wer auf wessen Geheiß das Volk
adressiert. Diese Informationen liefern sowohl V.3 als auch V.1, wobei sich die Dublette der Eintragung des jüngeren Prophetenwortes in V.2 verdanken dürfte. Entweder wurde also V.1 im Zuge der Ergänzung von V.2 als neue Einleitung vorangestellt, oder aber V.3 wurde in der Art einer redaktionellen Wiederaufnahme
zwischen dem ursprünglichen Prophetenspruch und dem redaktionellen Vorbau
platziert. Geht man mit Kratz und Hallaschka von einem relativ hohen Alter der
Datierung aus, was eine gewisse Plausibilität hat,[21] wäre anzunehmen, dass der
literarische Bruch mitten durch V.1 verläuft: Die ältere Einleitung in V.1a.bα.γ*(nur
לאמר) wurde nachträglich um die Adressaten in 1bβ.γ*(außer לאמר) (und im selben
Zug um V.2 f.) ergänzt.[22]

Einer ausführlicheren Besprechung bedarf der hintere Part des narrativen Rahmens in V.12a–15a. Zwischen dessen einzelnen Teilen, aber auch zwischen hinterem
und vorderem Rahmen besteht ein komplexes Beziehungsgefüge. Nach dem Prophetenspruch (in seiner vorliegenden oder einer auf den Grundbestand reduzierten
Gestalt) ist eine Reaktion der Angeredeten erwartbar. Die Aussagen in V.12 wirken
diesbezüglich allerdings verdächtig dublettenhaft.[23] Nach V.12a hören Serubbabel,
Joschua und der Rest des Volkes auf die Stimme Jahwes, die sie im Prophetenwort
vernommen haben, nach V.12b fürchtet sich das Volk vor Jahwe. Die Furcht des
Volkes vor Jahwe wird organisch durch die in V.13 anschließende Zusage göttlichen
Beistands fortgesetzt, sodass von einem ursprünglichen Zusammenhang von
V.12b.13 ausgegangen werden kann. In welchem sachlichen Zusammenhang die
grundsätzlich zustimmende Haltung des Volkes gegenüber dem Prophetenwort
(V.12a) und seine Furcht vor Jahwe (V.12b) stehen, bleibt hingegen unklar. Der Eindruck, dass V.12a und V.12b.13 sachlich unausgewogen nebeneinanderstehen, wird
durch terminologische Differenzen verstärkt. V.12a spricht vom „ganzen Rest des

---

21 Vgl. Kratz, Judentum, 89, der auf die altorientalische Praxis der Archivierung von Prophetensprüchen mit Datierung hinweist; Hallaschka, Haggai, 48.62 f. Als Beleg für die Datierung eines
neuassyrischen Prophetenspruchs kann das Kolophon in NAP 09 = K 1292+DT130 genannt werden.
Vgl. dazu Weippert, Prophetien, 11, der vermutet: „Vielleicht darf man darüber hinaus aus K 1292+
schließen, dass die mit vergleichbaren Unterschriften versehenen Spracheinheiten der Sammelta-
feln [sc. die sonst vor allem die Autorenangabe enthalten] ebenfalls datiert waren."
22 Vgl. auch Hallaschka, Haggai, 48.
23 Vgl. auch Kessler, Haggai, 113; Hallaschka, Haggai, 32.

Volkes" (העם שארית כל), V.12b hingegen begnügt sich schlicht mit „Volk" (עם). Während Haggai in V.12a (wie andernorts) Prophet Jahwes ist, nennt ihn V.13 einen Boten Jahwes. Dies könnte dafür sprechen, dass zwischen V.12a und V.12b eine literarische Naht verläuft, die V.12a von V.12b.13 abhebt, wie auch häufig gesehen wird.[24] Entgegen der Meinung Wöhrles, der V.12a (zusammen mit V.14)[25] zur chronologischen Redaktion des Haggai-Buches und V.12b.13 zum alten Spruchgut rechnet,[26] dürfte sich in V.12a jedoch die ältere Reaktion des Volkes erhalten haben. Während V.12a nicht mehr konstatiert als die grundsätzliche Zustimmung des Volkes zur Prophetie Haggais (und der damit implizierten Aufforderung zum Tempelbau) und somit auch bereits den Grundbestand des Wortes sinnvoll abschließen könnte, scheinen V.12b.13 mehr vorauszusetzen. Das Volk verfällt aufgrund der ergangenen Prophetie in Furcht und erhält daraufhin die Zusage göttlichen Beistands. Beides ist nur sinnvoll, wenn das Verhältnis zwischen Jahwe und dem Volk in irgendeiner Weise bereits belastet ist – eine Vorstellung, die die Ergänzung von V.6 f. und/oder V.9(–11) in den Zusammenhang einträgt. Die Beistandszusage dürfte zudem (gerade im Kontext des erweiterten Prophetenwortes, das einen Konflikt zwischen Jahwe und Volk voraussetzt und vielleicht sogar bereits die abschlägige Entscheidung des Volkes gemäß V.2 kennt)[27] sachlich auf die vorausgehende Mitteilung der Bereitschaft des Volkes angewiesen sein. Besser vorstellbar ist daher, dass im Anschluss an die grundsätzliche Bereiterklärung der Adressaten, den Willen Jahwes zu befolgen (V.12a), eine spätere Hand Furcht und Beistandszusage (V.12b.13) ergänzt hat.

V.12a hebt sich jedoch nicht nur von V.12b.13 ab, sondern auch von V.14.[28] Zwar kann durch die identische Figurenkonstellation in V.12a und V.14 leicht der Eindruck entstehen, als seien beide Verse aus derselben Feder geflossen. Ein erheblicher Unterschied besteht jedoch, wie eingangs notiert, in der Erwähnung (V.14) bzw. dem Fehlen (V.12a) des Statthaltertitels im Zusammenhang mit Serubbabel. Das Fehlen des Titels in V.12a intentional zu erklären, scheint unmöglich.[29] Allerdings lässt sich die Abweichung auch nicht relativieren, indem man beispielsweise annimmt, das

24 Vgl. etwa Wöhrle, Sammlungen, 290 f.

25 Zu den damit verbundenen Problemen s. im Folgenden.

26 Vgl. neben Wöhrle, Sammlungen, 290 f., auch Leuenberger, Haggai, 105.

27 Dafür könnte die übereinstimmende Bezeichnung „Volk" sprechen. Wöhrle rechnet den das Volk anklagenden V.2 bereits zur Grundschicht.

28 Gegen Wöhrle, Sammlungen, 291; Hallaschka, Haggai, 45 ff.

29 Vgl. Kessler, Haggai, 137, der sich von den entsprechenden Vorschlägen von Wolff, Haggai, 34 („Der Titel ‚Statthalter von Juda' mag zu sehr an persische Bevollmächtigung erinnern"), Meyers/Meyers, Haggai, 50 („sign of the ascendency of the high priest over the governor"), und Floyd, Nature, 482 („Such variation [sc. der an einigen Stellen fehlende Statthaltertitel für Serubbabel] creates a growing contrast between Zerubbabel and Joshua, so as to prepare for the qualitatively different position that is assigned to Zerubbabel at the climactic conclusion to the narrative (ii 23)"), absetzt.

Fehlen des Titels in V.12a erkläre sich gerade durch die Erwähnung des Titels in V.14 als „Ergänzung und Gegenstück zu 12a".[30] Denn der Zusammenhang zwischen V.12a und V.14 erweist sich bei näherem Hinsehen als äußerst fragil. Ein enger Bezug zwischen den beiden Versen lässt sich jedenfalls nicht daraus ableiten, dass V.14 nach dem Handeln des Volkes in V.12a nun das Handeln Jahwes nachtrage.[31] Nach V.12a handelt das Volk nicht, sondern hört erst einmal nur auf die Botschaft des Propheten. Folglich lässt V.12a kein Handeln Jahwes erwarten, sondern schafft zunächst die Basis für ein anschließendes Handeln *des Volkes*. Während der Beginn des Projektes mit dem Hören der Botschaft in V.12a bereits impliziert sein könnte, ermöglicht nach V.14[32] erst die Geisterweckung den Baubeginn, sodass zumindest eine leichte Spannung zwischen V.12a und V.14 nicht von der Hand zu weisen ist. Es ist somit davon auszugehen, dass V.12a älteren Ursprungs ist als V.12b.13 einerseits und V.14 andererseits.[33]

Zu klären bleibt, wie sich V.12a und V.14, die jeweils Serubbabel und Joschua erwähnen, zum vorderen Rahmen in V.1bβ.γ*(außer לאמר).2f. verhalten. Wie gegenüber V.14 weist V.12a auch gegenüber V.1f. konzeptionelle Eigenheiten auf. Zunächst fällt auf, dass auch V.1 (wie V.14) den Statthaltertitel für Serubbabel erwähnt. Zudem passt die gemeinsame Adressierung von Serubbabel, Joschua und dem „Rest des Volkes" in V.12a nicht zu der in V.1f. entworfenen Gegenüberstellung von Volk und Anführern. Von V.1f. aus betrachtet ist es somit auch nicht sinnvoll, dass Serubbabel und Joschua nach V.12a auf Jahwes Wort hören. Denn gemäß V.1f. sind sie nicht Teil der angeklagten Adressaten, sondern werden vom Propheten im Vorfeld über deren Fehlverhalten informiert. V.1bβ.γ*(außer לאמר).2f. und V.12a dürften somit nicht in einem Zuge verfasst worden sein.[34] Besser vorstellbar ist eine konzeptionelle Überformung der älteren Vorstellung in V.12a durch V.1bβ.γ*(außer לאמר).2f., die dem älteren Spruch im Sinne einer Einleitung vorangestellt wurden. Demnach würde V.12a im älteren Zusammenhang zwar die Personen Serubbabel

---

30 Hallaschka, Haggai, 32f., Anm. 122. Vgl. auch die Einschätzung von Kessler, Haggai, 141, das Fehlen des Titels an dieser Stelle sei „of no discernible import". Nach Leuenberger, Haggai, 135, fehlt der Titel „ohne erkennbaren Grund".

31 So aber Hallaschka, Haggai, 37.

32 Die Datierung in V.15a gehört sicher zu V.14. In diesem Zusammenhang erweckt sie den Eindruck, als sei eine gewisse Zeit verstrichen, bevor der Tempelbau in Angriff genommen wurde. Nach V.12 hingegen würde sie keinen Sinn ergeben. Die Adressaten haben vermutlich gleich auf das Wort gehört und nicht drei Wochen später. V.15a schaltet den Baubeginn in V.14 in das ältere Datierungssystem (1,1* und 1,15b; 2,1, s. dazu im Folgenden) ein.

33 Die relative Chronologie von V.12b.13 und V.14 ist schwer zu bestimmen, für den vorliegenden Zusammenhang aber auch unerheblich.

34 Gegen Hallaschka, Haggai, 47, der V.1–3 und V.12a.14 derselben Hand zuschreibt, da sie „eng aufeinander bezogen" seien.

und Joschua erwähnen, ohne auf eine vorherige Einführung derselben zurückzublicken. Abhängig davon, welchen redaktionsgeschichtlichen Horizont die Einfügung von Hag 1,12a hat,[35] stellt die fehlende Einführung der Personen jedoch nicht zwingend ein Problem dar. Jedenfalls trifft nicht zu, dass ohne V.1–3 nicht klar würde, was die Umstände von V.12a(.14) seien, wie Hallaschka meint.[36] Das ältere Prophetenwort genügt als Kontext für V.12a völlig. Für die weitere Untersuchung ist jedoch im Blick zu behalten, welche kompositionsgeschichtliche Funktion sich mit dieser ersten und mutmaßlich ältesten Erwähnung der beiden Protagonisten in Hag 1,12a verbindet. Zudem muss erklärt werden, woher die auffällige Zusammenstellung der Informationen kommt: Warum trägt nur Joschua einen Titel, Serubbabel aber nicht? Woher kommt der Rest des Volkes?

Weist man 1,12a einem älteren entstehungsgeschichtlichen Stadium des Buches zu als 1,1 und 1,14, wäre Serubbabel im Buch Haggai (und auch im Buch Sacharja, wie sich im Folgenden zeigen wird) zunächst jedenfalls nicht als Statthalter im Blick gewesen. Ungeachtet der Frage nach der Historizität der Person wäre somit anzunehmen, dass die Verbindung von Serubbabel mit dem Amt des Statthalters nicht historisch ist. Die Ergänzung dieses Amtes dürfte also sachliche Gründe haben, denen im Folgenden weiter nachgegangen werden muss. Vorab lässt sich jedoch bereits sagen, dass sich die Verbindung Serubbabels mit dem Statthalteramt nicht allein aus 1,14 erklären lässt, da nicht ersichtlich wird, welchen Mehrwert die Information hier bieten sollte. Vielmehr ist anzunehmen, dass die Zuschreibung des Titels in 1,14 bereits in einem größeren Verweisgefüge steht. Die Erwähnung der beiden Führungspersonen im Rahmen der Überschrift des gesamten Buches in 1,1 könnte dem schon eher gerecht werden (zumal weitere vergleichbare Stellen auf dieselbe Hand zurückgehen dürften), sodass 1,14 entweder jünger oder (wogegen nichts spricht) gleichen Entstehungsdatums wie 1,1bβ.γ*(außer לאמר).2 f. sein könnte.

Fazit: Der Kern des Prophetenwortes in Hag 1,4 f.8 wurde (eventuell sukzessive)[37] um die negativen Konsequenzen des vernachlässigten Tempelbaus erweitert (V.6 f.;

---

35 Darüber lässt sich an dieser frühen Stelle nicht entscheiden. V.12a funktioniert sowohl als ursprünglicher Abschluss des alten Prophetenwortes in seinem Grundbestand als auch als frühe Fortschreibung desselben. Die Identifikation des zunächst unspezifischen Adressatenkreises mit dem Hohepriester Joschua, Serubbabel und dem Rest des Volkes am Ende des Wortes erfolgt an ungewöhnlicher Stelle, was eher für einen Nachtrag sprechen könnte.

36 Vgl. Hallaschka, Haggai, 47.

37 Vgl. die verhältnismäßig komplexe Rekonstruktion der Entstehungsgeschichte von Hallaschka, Haggai, 48 ff.

V.9[–11]).[38] Ursprünglich tut der Prophet der angeredeten Elite den göttlichen Wunsch nach Wiederaufbau des Tempels kund und weist in diesem Zusammenhang auf den Missstand hin, dass die Angeredeten in vornehmen Häusern wohnen, während der Tempel in Trümmern liegt. Sie sollen den Tempel wiedererrichten, damit Jahwe sich darin verherrlichen kann. Dieser kurze Spruch könnte als Prophetenwort (für sich genommen oder im Verbund mit weiteren Sprüchen Haggais) tradiert worden sein. Womöglich war er von Anfang an mit einer Datierung (V.1a.bα.γ*[nur לאמר]) versehen.

Eine frühe redaktionsgeschichtliche Einordnung legt sich auch für 1,12a nahe. Die Adressaten, die nun mit Serubbabel, dem Hohepriester Joschua und dem Rest des Volkes identifiziert werden, sind willens, dem Aufruf Haggais zu folgen. Die Erwähnung dieser Personen *am Ende* des Spruchs könnte dafür sprechen, dass der Teilvers gegenüber dem Grundbestand des Wortes nachgetragen wurde. Zwar muss von irgendwoher bekannt sein, wer diese Personen sind, doch scheint 1,12a diese Informationen nicht aus der vorderen Rahmenpassage (V.1bβ.γ*[außer לאמר].2 f.) zu haben. Im Unterschied zu 1,1 und 1,14 ist Serubbabel in 1,12a (noch) nicht als Statthalter der Provinz Jehud im Blick. Auch die auffällige Bezeichnung des Volkes als „Rest des Volkes" lässt sich durch 1,1 nicht erklären. Anders als in 1,2 ist das Volk zudem nicht als Gegenüber von Prophet und Anführern vorgestellt, sondern gehört (wie im älteren Prophetenspruch) zu den Adressaten. Schließlich scheint im Gegensatz zu 1,1f. und 1,12b.13 in 1,12a kein vorausgehendes Fehlverhalten des Volkes impliziert zu sein.

Das um 1,12a erweiterte Prophetenwort wäre dann entsprechend weiteren Bearbeitungen unterzogen worden. Durch die exklusive Adressierung der beiden Führungsgestalten Serubbabel und Joschua in V.1bβ.γ*(außer לאמר) und die Einfügung des Prophetenwortes in V.2[39] wird das Volk in Opposition zum Propheten und den beiden Verantwortlichen gestellt. Diese werden nun durch die Bearbeitung von V.1f. zu Empfängern einer Art „Insider-Prophetie". Im selben Zug könnten V.14.15a ergänzt worden sein, die nun auch den Baubeginn mit den beiden Anführern und dem „ganzen Rest des Volkes" verbinden. Der ältere Abschluss in 1,12a bekommt dadurch den Anschein einer Umkehr des Volkes; der Eindruck wird durch V.12b.13 noch verstärkt. Aufgrund der Umkehr des Volkes kann sich die Wende zum Heil vollziehen: Jahwe erweckt den Geist der beiden Anführer und des bekehrten Volkes,

---

38 Der redaktionsgeschichtliche Ort dieser Bearbeitung im Verhältnis zu V.12a und den jüngeren Rahmenpassagen ist schwer zu bestimmen, für den vorliegenden Zusammenhang aber auch von untergeordneter Relevanz.

39 V.3 wurde im selben Zug als redaktionelle Wiederaufnahme von V.1 formuliert, die einen glatten Anschluss des in V.4 beginnenden Prophetenwortes ermöglicht.

sodass bald, nachdem die Prophetie ergangen ist, das Bauprojekt in Angriff genommen werden kann.

Für die Frage nach der Entwicklung der Herrschaftsaussagen in Hag und Sach
1–8 ergeben sich aus der Analyse des ersten Prophetenwortes einige interessante
Aspekte, die für die weitere Untersuchung im Blick zu behalten sind. Die Erwähnungen Serubbabels und Joschuas in Hag 1,1–15a liegen nicht sämtlich auf einer
Ebene. Zwischen der ältesten Nennung der beiden Protagonisten in 1,12a und den
späteren Erwähnungen in 1,1bβ.γ*[außer לאמר].2f. und 1,14.15a lassen sich einige
sachliche Verschiebungen feststellen. Während 1,12a beide als Anführer des Volkes,
aber dennoch Teil der Gemeinschaft charakterisiert, treten sie in der späteren Ergänzung von 1,1bβ.γ*(außer לאמר).2f. als exklusive Empfänger des ersten, das Volk
anklagenden Prophetenwortes in Opposition zu demselben.[40] Vor allem aber fällt
auf, dass bei Serubbabel in 1,12a, anders als bei Joschua, für den Filiation und Titel
belegt sind, der Titel fehlt und nur Name und Filiation mitgeteilt werden. Die
Identifikation Serubbabels als Statthalter scheint sich also späterer Überformung zu
verdanken. Dies bestätigt vorab den Eindruck einer komplexen Entwicklung der
Herrschaftsvorstellungen in Hag und Sach 1–8 und wirft insbesondere die nun
weiterzuverfolgende Frage auf, woher der Verfasser von 1,12a die Kenntnis von
Serubbabel und Joschua, dem Hohepriester, als hervorgehobenen Führungsgestalten hatte.

2.2.1.2 Hag 1,15b–2,9: Der frühere und der künftige Tempel

Auch im zweiten Prophetenspruch des Buches, Hag 1,15b–2,9, ist wieder zwischen
dem eigentlichen Spruch (2,3–9) und der narrativen Einleitung (1,15b–2,2) zu unterscheiden.

Hag 2,3–9 sind literarisch nicht aus einem Guss. V.3–5 haben den Tempelbau
zum Gegenstand und lassen durchweg das Bemühen erkennen, die Angeredeten zu
diesem Projekt zu ermutigen. Trotz des aktuell desolaten Zustands des Tempels (V.3)
wird Serubbabel, Joschua und dem Volk Mut zugesprochen und göttlicher Beistand
zugesagt (V.4). Ein Rekurs auf den Exodus und die Zusage der Gegenwart des göttlichen Geistes münden in einer Aufforderung, furchtlos zu sein (V.5). Ihren einzig
sinnvollen Zielpunkt findet diese Passage in V.9a,[41] der den Adressaten zur Moti-

---

40 Dass das Volk in Hag 1,14 (und Hag 2,2, s. dazu im Folgenden) wieder in den Adressatenkreis mit
einbezogen ist, dürfte schlicht daran liegen, dass es aus älteren Passagen bereits als ausführender
Part des Tempelbaus bekannt war. Hag 1,12a gibt einen ersten Hinweis darauf; vgl. im Folgenden vor
allem Hag 2,4.
41 V.9b ist gegenüber V.9a leicht als Nachtrag zu identifizieren. Thematisch sprengt der Vers den
Rahmen der bisherigen Haggai-Prophetie, die für die verhandelte Frage nach dem vom Tempel

vation den überaus glücklichen Ausgang des Projekts verheißt: Obwohl der aktuelle Zustand des Tempels in schroffem Gegensatz zu der vergleichsweise herrlich erinnerten Gestalt des Vorgängerbaus steht (V.3), wird die Herrlichkeit des zu errichtenden Tempels am Ende größer sein als die des ersten. Durch diesen Vergleich zwischen dem ersten und dem zweiten Tempel sind V.9a und V.3 eng aufeinander bezogen. Zwar folgt daraus nicht automatisch, dass alles, was dazwischen steht, später eingeschoben wurde,[42] doch ist zumindest eine Unterbrechung des Gedankengangs durch 2,6 – 8 nicht von der Hand zu weisen.[43] V.6 – 8 knüpfen an das Motiv der zukünftigen Herrlichkeit in V.9a an, führen diese aber auf eine andere Ursache zurück. Von V.6 – 8 aus gesehen resultiert sie nicht aus dem erfolgreich ausgeführten Bauvorhaben, sondern aus einer Völkerwallfahrt zum Tempel, in deren Rahmen die Nationen ihre Reichtümer nach Jerusalem bringen. Die Verbindung der Völkerwallfahrt mit einer Erschütterung des Kosmos und der Nationen weist in den Bereich des Völkerkampfmotivs und dürfte somit nicht vor-hellenistischen Ursprungs sein.[44] Aus traditionsgeschichtlichen Gründen ist somit anzunehmen, dass V.6 – 8 später entstanden sind als das ursprüngliche Prophetenwort, das nicht allzu spät in der Perserzeit verfasst worden sein dürfte.[45]

Was die bisweilen vertretene zusätzliche Aussonderung von V.4 f. angeht,[46] scheinen anders als im Fall von V.6 – 8 Zweifel angebracht. Hallaschka etwa stellt

---

ausgehenden Frieden keinen Anlass bietet; vgl. Kratz, Judentum, 88; Hallaschka, Haggai, 60 f.; Leuenberger, Haggai, 154 f. Sinnvoll erscheint diese Verheißung jedoch entweder vor dem Hintergrund der ebenfalls redaktionellen Vorstellung einer aus einem umstürzenden kosmischen Geschehen resultierenden Völkerwallfahrt zum Zion in V.6 – 8 (vgl. Hallaschka) oder vor dem Hintergrund der agrarischen Mangelsituation, die redaktionell in das erste Prophetenwort in Hag 1 eingefügt wurde (Wöhrle, Sammlungen, 302, der jedoch von der literarischen Einheitlichkeit von V.9 ausgeht). Für den vorliegenden Zusammenhang sind der Nachtrag und sein redaktionsgeschichtlicher Ort von geringer Bedeutung.

42 Vgl. etwa Kratz, Judentum, 88; Hallaschka, Haggai, 63 ff.

43 Vgl. Kratz, Judentum, 88; Wöhrle, Sammlungen, 300 ff.; Hallaschka, Haggai, 66 f.; Leuenberger, Haggai, 155 f. Zum Verhältnis von Hag 2,6 – 8 und Hag 2,22 s. u. Anm. 69.

44 Die weithin anerkannte These, dass die Vorstellung eines universalen Völkergerichts das Ende der Perserzeit voraussetzt und reflektiert, geht auf Steck zurück: „Der Weiterschritt vom summativen Völkergericht in der Reihung der Fremdvölkerorakel zum totalen Weltgericht mit kosmischen Ausmaßen ist am ehesten Reflex auf den bedrohlichen Zusammenbruch der Welt-Ordo-Erfahrung der Perser- und noch der Alexanderzeit." (Steck, Prophetenbücher, 119). Für eine hellenistische Datierung votieren auch Wöhrle, Abschluss, 139 ff.; Hallaschka, Haggai, 67 ff. Gegen z. B. Lux, Völkertheologie, 111 ff., der Hag 2,6 – 8 (und auch Hag 2,21 – 23) als Reflex auf die aus dem Gaumata-Aufstand resultierenden Unruhen zu Beginn der Herrschaft Darius' I. deutet.

45 Vgl. Hallaschka, Haggai, 68 ff., und s. im Folgenden.

46 Vgl. Hallaschka, Haggai, 62 f., im Gefolge von Kratz, Judentum, 88.

fest: V.4 f. „trennt [...] die Frage V 3 von ihrer Beantwortung in 6–9". [47] Abgesehen davon, dass die Kategorien „Frage" und „Antwort" nicht recht zutreffen, da V.3 als rhetorische Frage keiner Antwort im eigentlichen Sinne bedarf (und V.9 eine solche entsprechend auch nicht unterbreitet), ist dies an sich kein literarkritisches Indiz, da die Antwort ja nicht zwingend unmittelbar auf die Frage folgen muss. Im Gegensatz zu V.6–8 eröffnen V.4 f. kein neues Thema und unterbrechen den Zusammenhang somit inhaltlich jedenfalls nicht. Als literarkritisches Argument genügt auch nicht die Feststellung, dass „keines der sonst den Abschnitt beherrschenden zentralen Stichwörter"[48] vorkommt. Die Überschneidungen zwischen V.3 und V.9a verdanken sich der Gegenüberstellung der Verhältnisse im Sinne von „Jetzt (= Problem) – Dann (= gelöstes Problem)". V.4 steht als Bindeglied zwischen diesen beiden Vergleichspunkten und eröffnet den Lösungsweg.[49] Entsprechend weist er zwar nicht das V.3 und V.9a gemeinsame Vokabular auf, doch rechtfertigt dies nicht die Annahme eines Nachtrags. Eine Grundschicht bestehend aus V.3.9a würde vielmehr die Frage unbeantwortet lassen, wie man vom miserablen Ist-Zustand (V.3) zur verheißungsvollen Perspektive für die Zukunft (V.9a) gelangen sollte. Die Ermutigung der Bauleute und die Zusage göttlichen Beistands beim Bauprojekt erklären diese unerwartete Wende zum Guten hingegen ungezwungen.[50] Die Erwähnung Serubbabels und Joschuas in diesem Vers rechtfertigt es somit nicht, ihn literargeschichtlich in die Nähe der Rahmenverse des Haggaibuches zu rücken. Zumindest in einem Grundbestand dürfte V.4 zum ursprünglichen Prophetenwort zu rechnen sein.[51]

---

47 Hallaschka, Haggai, 62.
48 Hallaschka, Haggai, 63.
49 Hallaschkas Beschreibung als „Problemstellung" (V.3) und „Problemlösung" (V.9a) (Haggai, 74) ist etwas irreführend. V.9a kündigt vielmehr an, dass das Problem in naher Zukunft gelöst sein wird (vgl. so auch Hallaschka, Haggai, 61). Die eigentliche Lösung (= den Lösungsweg) hingegen unterbreitet V.4.
50 Zur verbindenden Funktion von V.4 f. bereits auf der Ebene der Grundschicht vgl. auch Wöhrle, Sammlungen, 298 f., der das ansonsten unerklärte Moment jedoch stärker in der Betonung der Nichtigkeit der gegenwärtigen Gestalt des Tempels sieht: „Überhaupt schließen die in 2,4–5* vorgetragenen Aufforderungen an Serubbabel und das Volk, daß sie handeln sollen, gut an die Beschreibung des erbärmlichen Zustands des Tempels in 2,3 an. Ohne diese Aufforderungen wäre die Intention der Darstellung, daß der Tempel ‚wie nichts' aussieht, überhaupt nicht verständlich."
51 Dann besteht auch grundsätzlich kein Anlass, dem ursprünglichen Prophetenwort einen Grundbestand von V.5 abzusprechen. Die Zusage des göttlichen Beistands am Ende von V.4 wird durch die Aussage, dass Jahwes Geist inmitten der Gemeinschaft bleiben wird, sinnvoll flankiert. Die abschließende Aufforderung an die Bauleute, sich nicht zu fürchten, korrespondiert mit der Ermutigung in V.4. Sicherlich späten Ursprungs ist hingegen V.5aα, der den Sinai-Bund in den Zusammenhang einträgt und in LXX fehlt. Auch Wöhrle, Sammlungen, 300, der sich hierbei auf Wellhausen, Propheten, 175; Marti, Dodekapropheton, 385, u. a. bezieht, hält den Verweis auf den

Anlass zu einer literarkritischen Entscheidung bietet innerhalb von V.4 indes die eigentümliche Aufzählung der Adressaten. Zwar begegnet eine Reihung von Serubbabel, Joschua und dem Volk auch in Hag 1,12.14; 2,2 und ist somit innerhalb von Hag recht geläufig. Hag 2,4 unterscheidet sich jedoch in einigen signifikanten Details von jeder der genannten Stellen. Während Hag 1,14 und 2,2 Serubbabel mit Filiation und Statthaltertitel versehen und Hag 1,12 neben dem Eigennamen wenigstens noch die Filiation mitteilt, fehlen in Hag 2,4 bei Serubbabel sowohl Titel als auch Filiation. Bei Joschua wird beides erwähnt, was zwar mit sämtlichen anderen Stellen in Hag und Sach 1 – 8 übereinstimmt, innerhalb einer an ihn adressierten Rede jedoch merkwürdig wirkt. Zudem fällt auf, dass bei Joschua die den übrigen Spruch strukturierende Gottesspruchformel fehlt. Beides zusammen rechtfertigt die Annahme, dass Joschua in den Zusammenhang nachgetragen wurde.[52] Aller-

---

Exodus in V.5aα für sekundär. Vgl. auch Hallaschka, Haggai, 56, und Leuenberger, Haggai, 154, der daneben auch die Geistzusage in V.5aβ zur Redaktion rechnet.

Die Präsenz des göttlichen Geistes in V.5aβ erinnert an die Epexegese in Sach 4,6aβ–10a*. Hier wie dort wird das Gelingen des Bauvorhabens auf den göttlichen Geist zurückgeführt, sodass eine intendierte Bezugnahme zwischen diesen beiden Stellen anzunehmen ist. S. dazu u. 2.2.2.1.3, insb. S. 53 f. Entgegen der Einschätzung Hallaschkas, Haggai, 58, scheint die Konzeption von Hag 1,14 aber gerade nicht mit Hag 2,4 übereinzustimmen. Dort ist es nicht Jahwes Geist, der den Erfolg des Projektes verbürgt, sondern das Erwecken des Geistes aller Bauleute durch Jahwe, das den Beginn der Arbeiten bewirkt. Die kaum zu leugnenden Bezüge zwischen Hag 2,4 f. und Hag 1,12b.13 hingegen, auf die Hallaschka verweist (Mitseinsformel und Furcht des Volkes bzw. die Aufforderung, sich nicht zu fürchten), können ebenso gut für einen Bezug von Hag 1,12b.13 auf die ältere Stelle Hag 2,4 f. geltend gemacht werden wie andersherum.

52 Vgl. Wolff, Haggai, 53; Reventlow, Propheten, 20; Wöhrle, Sammlungen, 291 f.; Leuenberger, Haggai, 153. Hallaschka, Haggai, 63 f., zieht aus den Abweichungen von Hag 2,4 gegenüber sämtlichen anderen Stellen ebenfalls redaktionsgeschichtliche Schlüsse und nimmt an, dass es sich bei Hag 2,4 um einen gegenüber den übrigen Rahmenversen späteren Nachtrag handelt. Die offensichtlichen Spannungen innerhalb des Verses selbst werden dabei freilich nicht berücksichtigt. Auch die Abweichungen von Hag 2,4 gegenüber den anderen Stellen lassen sich auf diese Weise nicht befriedigend erklären. Im Anschluss an Kratz führt Hallaschka die auffällige Kombination der Nennung Serubbabels mit bloßem Eigennamen und Joschua mit Titel und Filiation auf eine bewusste Übernahme von Sach 3, Sach 4,6 – 10 und Sach 6,11 zurück. Kratz, Judentum, 89, erklärt den Sachverhalt folgendermaßen: „Daß Serubbabel nur mit Namen und Joschua mit Filiation und Titel genannt sind, entspricht der Praxis in den Zusätzen in Sach 3; 4,6 – 10 und 6,11 und trägt dem Umstand Rechnung, daß es offenbar mehr auf den Priester (und den Messias) als auf den Statthalter ankommt, auch wenn dieser stets an erster Stelle genannt ist." In der Endgestalt des Zweiprophetenbuches ist diese Tendenz kaum von der Hand zu weisen (s. im Folgenden die Analysen von Hag 2,20 – 23; Sach 3 und Sach 6,9 – 15). Ob das dezente Fehlen von Titel und Filiation in Hag 2,4 und Sach 4 bei Serubbabel in sachlichem Zusammenhang mit der Aufwertung des Hohepriesters (oder des Messias) steht, ist jedoch zu bezweifeln. So aber auch Sauer, Serubbabel, 204 ff.

dings ist damit der Mindestbestand des Verses erreicht. Die Erwähnung Serubbabels ist unbedingt zum Grundbestand des Verses zu rechnen,

> da sonst nicht verständlich wäre, warum der an das Volk gerichtete Imperativ von חזק im Singular, der Imperativ von עשה am Ende des Verses jedoch im Plural steht. Dies erklärt sich nur, wenn sowohl Serubbabel als auch das Volk zunächst je für sich mit einem Imperativ im Singular angesprochen werden, im Folgenden dann aber beide zusammengenommen mit einem Imperativ im Plural.[53]

Mit der bloßen Nennung des Eigennamens Serubbabel und der innerhalb von Hag singulären Bezeichnung des Volkes als „Volk des Landes" ist Hag 2,4 durch und durch originell. Die im Vergleich mit den übrigen Stellen in Hag reduzierte Auflistung der Adressaten erklärt sich am besten durch die Annahme eines frühen redaktionsgeschichtlichen Ortes innerhalb des Prophetenbuchs. Die Erwähnung Serubbabels und des Volkes in Hag 2,4 wäre demnach älter als die übrigen Rahmenpassagen, die Serubbabel, Joschua und das Volk nennen.[54] Joschua wäre in Hag 2,4 dann eingetragen worden, um diese Stelle an die anderen anzugleichen.

Was den narrativen Vorspann in Hag 1,15b–2,2 angeht, dürfte analog zu Hag 1,1f. auch hier zwischen der Datierung in Hag 1,15b; 2,1 und der demgegenüber jüngeren Erwähnung von Serubbabel, Joschua und dem Rest des Volkes in Hag 2,2 literarkritisch zu differenzieren sein.[55] Die Reihenfolge der Angaben entspricht der Datierung in 1,1abα.γ*(nur לאמר), allein die Monatsangabe ist anders formuliert. Was die redaktionsgeschichtliche Beurteilung der Datierung angeht, sind mehrere Optionen denkbar. Sie kann gemeinsam mit der Datierung aus Hag 1,1 verfasst worden sein. Da Hag 2,3 analog zu Hag 1,4 eine Frage an eine nicht näher bestimmte 2. Pers. Pl. formuliert, kann der Grundbestand des zweiten Prophetenwortes jedoch auch einmal direkt an 1,8 angeschlossen haben. Demnach ist auch vorstellbar, dass der zweigipflige Spruch zunächst nur mit *einer* Datierung zu Beginn versehen war und erst in einem zweiten Schritt durch die Einfügung von 1,15b; 2,1 aufgesprengt wurde. Zwar lassen sich diese frühen redaktionsgeschichtlichen Hintergründe nicht mehr erhellen, doch kann zumindest angenommen werden, dass die Datierung in 1,15b; 2,1 mindestens so alt ist wie der frühe Nachtrag 1,12a, da ein direkter Anschluss von 2,3 an 1,8 überhaupt nur so lange funktioniert, wie kein narratives Element dazwi-

---

53 Wöhrle, Sammlungen, 292, der auf Zweifel diesbezüglich bei Wolff, Haggai, 53; Tollington, Tradition, 22f., verweist.

54 Vgl. auch Leuenberger, Haggai, 153.162f.

55 Vgl. Kratz, Judentum, 89; Hallaschka, Haggai, 63. Zwar fehlen handfeste literarkritische Indizien, doch schließt V.3 glatt an V.1 an.

schensteht. Sobald Hag 1,12a an das Ende des ersten Spruches tritt, benötigt die folgende prophetische Äußerung eine Einleitung. Als solche kommt wiederum nur Hag 1,15b; 2,1 in Betracht.[56]

In dem Moment, in dem die Datierung den zweiten Spruch als solchen kennzeichnet und einleitet, wird jedenfalls der Eindruck einer fortschreitenden Handlung erweckt, die ursprünglich nicht intendiert gewesen sein muss.[57] Auswirkungen auf die Aussage der beiden Sprüche hätte eine Aufspaltung durch die zweite Datierung indes kaum. Zunächst ergeht der Aufruf zum Tempelbau (1. Spruch), sodann erfolgt die konkrete Aufforderung zum Baubeginn (2. Spruch). Die Gegenüberstellung von gegenwärtiger und zukünftiger Gestalt des Tempels soll in diesem Zusammenhang die Adressaten motivieren. Einst war der Tempel herrlich, jetzt liegt er in Trümmern, aber durch Jahwes Beistand wird er noch herrlicher werden als der erste Tempel. An dieser Höhenlinie ändert sich auch dadurch nichts, dass die Datierungen diese beiden Ereignisse zeitlich voneinander abheben oder die Zustimmung des Volkes in 1,12a zwischengeschaltet wird. Ein wertfreies Verständnis des zweiten Spruchs wird jedoch durch die Eintragung von 1,14.15a erschwert, die den Beginn des Tempelbaus bereits auf den 24.6., also um gut einen Monat, vorverlegt. Aus dieser Perspektive reflektiert der zweite Spruch bereits die ersten Schwierigkeiten beim Tempelbau.[58]

Die Aufzählung der Adressaten der Prophetie in Hag 2,2 entspricht in der Formulierung exakt Hag 1,14. Da sich die Unterschiede zwischen 1,1 f. einerseits und 1,14; 2,2 andererseits erklären lassen, spricht nichts dagegen, sämtliche Verse in Hag, die Serubbabel und Joschua (und das Volk) als Verantwortliche für das Projekt nennen (1,1bβ.γ*[außer לאמר].2 f.; 1,14.15a; 2,2) auf eine gemeinsame Bearbeitung zurückzuführen. Hag 1,1 f. setzen das Volk von Serubbabel und Joschua ab und betonen so zu Beginn des Buches, dass die eigentlichen Verantwortlichen Serubbabel und Joschua sind. Die Verse definieren somit in einer Art Überschrift, dass die Prophetie den beiden Führungspersonen gilt, und verleihen ihr damit einen „offiziellen Anstrich".[59] Hag 1,14 und 2,2 nennen im Zusammenhang des Tempelbaus trotzdem das Volk in einem Atemzug mit den beiden Verantwortlichen, weil die Rolle des Volkes beim Tempelbau aus 2,4 (und 1,12a) bereits vorgegeben war. Die Bearbeitung betont den großen Abstand zwischen Volk und Anführern und legt ersterem mangelnde Motivation für das Bauprojekt zur Last.

---

56 Hag 1,13 scheidet in dieser Funktion wegen seines mutmaßlich jungen Alters aus. S. dazu o. S. 30.
57 Vgl. Wöhrle, Sammlungen, 299.
58 Diese pessimistische Sicht fügt sich sinnvoll zu der ablehnenden Haltung des Volkes gegenüber dem Tempelbau nach Hag 1,2.
59 Kratz, Judentum, 89.

25

Fazit: Die Grundschicht des zweiten Prophetenspruchs bilden Hag 2,3.4*(.5aβ.b?).9a.
Die Verse ermutigen die Angeredeten – einen nicht näher bestimmten und daher
wohl als bekannt vorausgesetzten Serubbabel und das Volk – zum Tempelbau, indem der glückliche Ausgang des Projektes durch göttlichen Beistand in Aussicht
gestellt wird. Der Status des Bauprojektes bleibt dabei unklar: Will der Prophet (wie
in Hag 1) die Angeredeten dazu motivieren, die Bauarbeiten aufzunehmen, oder
haben diese bereits begonnen? Entweder wurde der Spruch gleich inklusive Datierung in 1,15b; 2,1 verfasst oder diese wurde in einem ersten Schritt ergänzt. Im
Anschluss daran passt die Einschreibung von 2,2 (und die Erweiterung von 2,4 um
Joschua) den zweiten Prophetenspruch an die übrigen Rahmenpassagen des Haggaibuches an, die gleichzeitig entstanden sein dürften (1,1bβ.γ*[außer
לאמר].2f.14.15a). Der späte Einschub in V.5aα und eine etwas umfassendere Ergänzung in V.6 – 8 stellen für den vorliegenden Zusammenhang weniger relevante Ergänzungen dar. Letztere steht in engem Zusammenhang mit Hag 2,22.[60]

2.2.1.3 Hag 2,20 – 23: Serubbabel als Messias

Verfolgt man die bisherige Spur weiter und richtet das Augenmerk zunächst auf die
Informationen, die über die adressierten Führungspersönlichkeiten mitgeteilt
werden, sind Hag 2,20 – 23 gleich in mehrfacher Hinsicht auffällig. Wie Hag 2,4 in
seiner ursprünglichen Form erwähnt dieser Spruch nur Serubbabel, nicht aber
Joschua. Anders als dort steht jedoch in 2,21 (nur) der Titel Statthalter (singulär in
Hag/Sach), in 2,23 (nur) die Filiation (wie in Hag 1,12a). Da sich für Hag 1,12a ein
relativ früher Entstehungszeitpunkt nahegelegt hat, muss somit auch für Hag
2,20 – 23 geprüft werden, ob sich Spruchgut rekonstruieren lässt, das Serubbabel
bereits kennt, dabei aber älter ist als die Rahmenpassagen in Hag, die Serubbabel
und Joschua gemeinsam als Verantwortliche für den Tempelbau nennen.

Einen entsprechenden Vorschlag unterbreitet Wöhrle.[61] Ihm zufolge funktionieren Hag 2,20 – 23 analog zu den übrigen Sprüchen in Hag, insofern ein alter Kern
in V.23 nachträglich mit einem chronologischen Rahmen (V.20.21a) versehen worden
sei. Da V.21a ein Wort an Serubbabel ankündige, das erst in V.23 erfolge, hält er
V.21b.22 für einen noch späteren Nachtrag, der den älteren Zusammenhang unterbricht.[62] Die beiden redaktionsgeschichtlich maßgeblichen Vorschläge Wöhrles,
dass V.23 altes Spruchgut bewahrt habe (1) und V.21b.22 eine gegenüber dem Rah-

---

60 S. dazu im Folgenden.
61 Vgl. Wöhrle, Sammlungen, 309 ff.
62 Leuenberger, Haggai, 230 f., vermutet ebenfalls einen engen, gar ursprünglichen Zusammenhang
von V.20.21a und V.23 (noch ohne V.23aα), hält diese Grundschicht des Prophetenwortes aber gegenüber dem Grundbestand der Prophetie Haggais für nachgetragen.

men spätere Ergänzung darstellen (2), sollen im Folgenden nacheinander diskutiert werden.

Ad 1) Entgegen der Einschätzung Wöhrles integriert sich V.23 als eigenständiges Prophetenwort weder literarisch noch sachlich in die restliche Prophetie Haggais. Wie Wöhrle richtig bemerkt, kann man sich des ביום ההוא eingangs des Verses aus syntaktischen Gründen nicht auf literarkritischem Weg entledigen.[63] Auch mit dieser Formel schließt V.23 allerdings an keine Stelle der voranstehenden Prophetie glatt an. Ein Anschluss an die beiden Prophetenworte in Hag 1,4–8*; 2,3–9*, die in der hier vorgeschlagenen Rekonstruktion der Entstehungsgeschichte den ältesten Kern des Buches bilden, scheitert bereits am Fehlen einer Bezugsgröße für die Angabe ביום ההוא. Doch auch in Wöhrles Rekonstruktion, der erheblich mehr Material für die Grundschicht des Buches veranschlagt, ist der rekonstruierte Anschluss von 2,23 an 2,19 alles andere als „schlüssig".[64] Wöhrle zufolge ergänzt V.23 nach V.15–19 einen weiteren Aspekt des Segens, der mit dem Tag der Grundsteinlegung eintritt: Serubbabel wird als davidischer König eingesetzt. Ein Bezug des ביום ההוא auf den Tag der Grundsteinlegung erscheint jedoch schon allein aus dem Grund problematisch, dass besagter Tag in V.15–19 stets als היום הזה bezeichnet wird. Dem Unterschied in der Formulierung dürfte zudem eine sachliche Differenz entsprechen, insofern ביום ההוא ein weiter zukünftiges Geschehen in den Blick nimmt. Dafür spricht nicht nur die geläufige Semantik der Wendung, sondern auch die Tatsache, dass die Ankündigung eines davidischen Königs weit über die erwartete Besserung der wirtschaftlichen Verhältnisse durch den Tempelbau, die V.15–19 schildern, hinausgeht. Folglich lässt sich die Bedeutung von V.23 auch nicht ohne Weiteres auf den Beginn des Tempelbaus beschränken. Wenn Wöhrle die Angabe ביום ההוא mit dem Tag des Baubeginns identifiziert, wird Serubbabel verheißen, dass er an ebendiesem Tag zu Jahwes Siegelring werden würde, „daß also dann die Jer 22,24 dargestellte Verwerfung seines Großvaters vor Gott als aufgehoben gilt".[65] Die Aufhebung der Verwerfung der davidischen Dynastie zielt auf die Restitution derselben. Dass jedoch allein aufgrund der Grundsteinlegung des Tempels „mit Serubbabel die davidische Herrschaft wieder aufgerichtet"[66] würde, ist wohl kaum eine plausible Vorstellung. Seine stark zukünftige, „eschatologische"

---

63 So Wöhrle, Sammlungen, 311, der feststellt, dass Hag 2,23 ohne die Formel „doch recht unvermittelt an Hag 2,15–19* anschließen würde". Gegen Wolff und Nogalski, die V.23 jeweils ebenfalls als altes Prophetenwort beurteilen, das ביום ההוא eingangs des Verses jedoch für eine spätere Ergänzung halten, die im Zuge der Verbindung mit 2,(21b.)22 vorgenommen wurde. Vgl. Wolff, Haggai, 77; Nogalski, Precursors, 234.
64 Wöhrle, Sammlungen, 312.
65 Wöhrle, Sammlungen, 312.
66 Wöhrle, Sammlungen, 312.

Tendenz erhält der Spruch an Serubbabel somit nicht erst durch die (nach Wöhrle redaktionelle) Verbindung des Herrschaftsantritts Serubbabels mit dem Völkergericht in V.21a.22. Sie ist vielmehr bereits in V.23 impliziert.[67]

Geht V.23 somit über das Thema der bisherigen Prophetie Haggais, den Wiederaufbau des Tempels, hinaus, ist eine gemeinsame Abfassung mit den älteren Prophetensprüchen aus inhaltlichen Gründen unwahrscheinlich. Da V.23 zudem literarisch an keine Stelle der vorausgehenden Prophetie glatt anschließt, dürfte es sich auch nicht um einen isolierten Nachtrag handeln. Das Wort ist vielmehr von vornherein auf eine eigene Einleitung in V.20.21a angewiesen. Dass chronologischer Rahmen und Spruch ursprünglich zusammengehören, erweist sich auch durch die Gegenprobe: In Wöhrles Rekonstruktion ist die Ebene der ersten Bearbeitung, die Voranstellung von V.20.21a vor V.23, redaktionsgeschichtlich höchst problematisch, da sich kaum begründen lässt, warum V.20.21a zwischen V.19 und V.23 gestellt worden sein sollten.[68] Anders als in Hag 1,1 – 15a und Hag 1,15b – 2,9 ist im Fall von Hag 2,20 – 23 somit davon auszugehen, dass der chronologische Rahmen zum Zweck des Anschlusses des folgenden Wortes an den voranstehenden Kontext geschaffen wurde. V.20.21a und V.23 sind somit gleichzeitig verfasst worden.

Ad 2) Wöhrle betrachtet V.21b.22 als eine gegenüber V.20.21a.23 spätere Ergänzung.[69] Ein literarkritischer Schnitt zwischen V.21b.22 und V.23 scheint jedoch nicht

---

67 Vgl. auch Reventlow, Propheten, 30: „‚An jenem Tage‘ ist Bezeichnung für den eschatologischen Tag des Heils [...] und nicht nur Verknüpfungsformel."
68 Zur Problematik vgl. auch Hallaschka, Haggai, 107. Die Einschaltung von V.20.21a hätte unter anderem zur Folge, dass dem הההוא ביום in V.23 die Bezugsgröße fehlt.
69 Wöhrle weist dabei auf den unbestreitbaren inhaltlichen Zusammenhang von V.21b.22 mit dem Nachtrag Hag 2,6 – 8 hin und verortet beides auf einer Ebene; vgl. auch Leuenberger, Haggai, 233. Aufgrund der unterschiedlichen Akzentsetzung der beiden Passagen – wie immer man sie redaktionsgeschichtlich erklären will – ist eine gemeinsame Abfassung jedoch nicht übermäßig wahrscheinlich. Hag 2,6 – 8, die ebenfalls offensichtlich in den Zusammenhang nachgetragen wurden (s. dazu o. S. 35), verbinden mit der Erschütterung des Himmels und der Erde eine Erschütterung der Völkerwelt und die Übergabe des Reichtums der Völker an den Jerusalemer Tempel. Bei dieser Vorstellung schwingen Assoziationen an ein Völkergericht und eine Völkerwallfahrt zum Zion mit, auch wenn beides nicht explizit ausgeführt wird. In Hag 2,20 – 23 führt die kosmische Erschütterung zu einem sehr konkreten Vorgehen gegen die Völker seitens Jahwes, der ihre militärische Macht beseitigen wird. Das Ganze zielt, unabhängig davon, wie man im Einzelnen literarkritisch entscheidet, auf die Einsetzung Serubbabels zum Siegelring Jahwes. Grundsätzlich sind beide Richtungen der Abhängigkeit vorstellbar. Die fehlende Konkretheit des Strafhandelns in V.6 – 8 sowie die ein Bewusstsein für die Verzögerung der Ereignisse offenbarende Einleitung in V.6aβ könnten diesen Spruch als kritischen Reflex auf die vollmundige Verheißung V.20 – 23 kennzeichnen: Es dauert noch eine Weile, bis der Himmel und die Erde erschüttert werden; dann werden die Reichtümer der Völker zum Tempel kommen. Einen Messias braucht es nach dieser Vorstellung nicht. Andererseits ließen sich V.6 – 8 auch als erste Reaktion auf eine Verzögerung der angekün-

gerechtfertigt. Wöhrles Beobachtung, dass „das Wort gegen die Völker und das Wort an Serubbabel inhaltlich kaum miteinander verbunden"[70] seien, trifft jedenfalls nicht zu. Wie V.23 speisen sich auch V.21b.22 mit der Vernichtung der königlichen Feinde aus der klassischen Königsideologie.[71] Dies legt einen Bezug zwischen den beiden Aussagen durchaus nahe: Die Vernichtung der Völker stellt die Voraussetzung für den Herrschaftsantritt Serubbabels dar.[72] Die redaktionsgeschichtliche Begründung für den Nachtrag von V.21b.22 fällt bei Wöhrle entsprechend blass aus: „Vermutlich wurde dann 2,21b.22 vor das eigentliche Serubbabel-Wort gestellt, um so die Ehrenbezeichnung des Siegelrings [...] mit dem Gericht an den Völkern in Verbindung zu bringen."[73]

Insgesamt ist somit von der literarischen Einheitlichkeit des Spruchs Hag 2,20–23 auszugehen.[74] Bereits V.20 unterscheidet sich durch die explizite Ankündigung eines zweiten Jahwewortes am Tag der Grundsteinlegung des Tempels von den übrigen Datierungen. Die merkwürdige Formulierung erregt den Verdacht, dass die gesamte Verheißung an Serubbabel nachträglich in das chronologische System eingefügt wurde und somit gegenüber den Rahmenversen in 1,1*.2.14; 2,2 sekundär ist. Demnach hätten dem Redaktor die Erwähnungen von Serubbabel (und Joschua) mit

---

digten Wende zum Heil verstehen, die von V.20–23 aufgenommen und weiter in die Zukunft verlegt wird. Angesichts des mutmaßlich späten Entstehungsdatums von Hag 2,20–23 (s. dazu im Folgenden) ist die zweite Lösung am Ende plausibler.

70 Wöhrle, Sammlungen, 309.

71 Vgl. Reventlow, Propheten, 30, der den sachlichen Bezug zwischen V.21b.22 und V.23 vor allem gegen Wolffs Vorschlag geltend macht, wonach es sich bei V.21b.22 und V.23 um „zwei Prophetensprüche [...] [handle], die [...] lose miteinander verbunden, formgeschichtlich aber recht verschieden" seien (Wolff, Haggai, 77).

72 Eine redaktionsgeschichtliche Alternative zu Wöhrles Rekonstruktion bietet Kratz, Judentum, 88, der V.23 als Nachtrag innerhalb des seinerseits bereits redaktionellen Orakels V.20–22 beurteilt. Er führt als Argument die „für Zusätze kennzeichnende[...] [sic!] Formel ‚An jenem Tag'" an. V.23 würde dann erst redaktionell die direkte Anrede nachtragen, „die man nach V.21 vermißt" – und somit das Problem lösen, das erst durch die literarkritische Rekonstruktion geschaffen wurde. Entsprechend ist die Grundschicht auch das Problem in dieser Rekonstruktion: V.22 stellt einen merkwürdigen Abschluss des Buches dar, zumal unklar bleibt, warum dieses allgemeine Orakel an Serubbabel adressiert ist. Vgl. zur Problematik auch Hallaschka, Haggai, 105. Für den mutmaßlichen Nachtragscharakter von 2,23 gegenüber 2,21 lässt sich auch nicht geltend machen, dass V.23 „den aus den redaktionellen Stücken bekannten Vaternamen" nennt. Denn auch der Statthaltertitel, den V.21 nennt, begegnet nur in den redaktionellen Passagen (und ist nach der hier vorgeschlagenen literargeschichtlichen Lösung sogar später hinzugekommen als die Filiation).

73 Wöhrle, Sammlungen, 311.

74 Vgl. Hallaschka, Haggai, 103ff., mit Petersen, Haggai, 97ff.; Reventlow, Propheten, 29; Boda, Haggai, 161ff.; Kessler, Haggai, 220ff.; u. a.

Filiation und Titel aus den Rahmenversen bereits vorgelegen, sodass die auffällige Verteilung der Informationen über Serubbabel hier keine redaktionsgeschichtlichen Gründe hat, sondern auf eine bewusste Aufteilung beider Elemente „entsprechend der Funktion für den Kontext"[75] zurückzuführen ist. Der auffällige Wechsel in der Bezeichnung Serubbabels (V.21 mit Titel; V.23 mit Filiation) lässt sich denn auch recht ungezwungen erklären. Der Statthaltertitel wird (analog zu den übrigen Erwähnungen in den Rahmenversen von Hag) dort gebraucht, wo Serubbabel als politische Führungsgestalt angesprochen werden soll. Die davidische Abstammung hingegen wird in dem Moment betont, in dem durch seine Einsetzung als Siegelring Jahwes die Verwerfung der davidischen Dynastie aus Jer 22,24 revoziert wird. Dass der Statthaltertitel in V.23 fehlt, ist dann plausibel: Serubbabel ist nun nicht mehr Statthalter, sondern Messias.[76]

Zwar setzt die kompositionsgeschichtliche Verortung von Hag 2,20–23 die Analyse weiterer Texte voraus, doch lässt sich hier bereits festhalten, dass der Text aufgrund seines späten redaktionsgeschichtlichen Ortes innerhalb von Hag entgegen der Ansicht vieler Exegeten kaum zu Lebzeiten Serubbabels entstanden sein wird.[77] Das

---

75 Hallaschka, Haggai, 109.
76 Vgl. Hallaschka, Haggai, 108 f.; Leuenberger, Haggai, 230. Die Siegel-Metapher, die auf Jer 22 zurückverweist, und die Kombination der (für sich genommen geläufigen) Begriffe „Knecht", „nehmen" und „erwählen", die lediglich noch in Ps 78,70, also im Rahmen (später) David-Theologie begegnet, weisen die Passage zweifelsfrei als vollwertige messianische Verheißung aus; vgl. etwa auch Sauer, Serubbabel, 203 f.; Clines, Temple, 66 f. Innerhalb des Orakels präsentiert sich V.23 durch die betonte Einleitung (ביום ההוא) und die auffällige Häufung dreier Gottesspruchformeln als Klimax; vgl. Hallaschka, Haggai, 102 f. Auch die militärische Entmachtung der Könige im Vorfeld stellt die Erwählung Serubbabels in einen messianischen Kontext: Die Entmachtung der Könige der Völker ermöglicht die Königsherrschaft Serubbabels; vgl. etwa Japhet, Sheshbazzar, 77 f. Die messianische Konnotation wird indes bestritten von Willi-Plein, Haggai, 48 f. Kritisch dazu verhält sich auch Rose, Zemah, 238 ff.
77 In der Regel wird für eine Entstehung zu Lebzeiten Serubbabels plädiert; vgl. etwa Elliger, Buch II, 92 f.; Rudolph, Haggai, 53 ff.; Wolff, Haggai, 79; Reventlow, Propheten, 31; Pola, Priestertum, 159; u.v.a. Eine Spätdatierung vertreten hingegen Sérandour, Récits, 16 ff.; Kratz, Judentum, 88; Hallaschka, Haggai, 116 ff.; Schott, Sacharja 9–14, 38. Da die Verbindung messianischer Erwartungen mit einer konkreten historischen Person einen Einzelfall in der atl. Überlieferung darstellt, ist (gerade angesichts der Tatsache, dass sie sich ganz offensichtlich nicht erfüllt haben) der Impuls durchaus nachvollziehbar, den Text noch zu Lebzeiten Serubbabels anzusetzen. Als Auslöser der Umsturzhoffnungen wird dann die sog. Gaumata-Krise unter Darius I. gesehen; vgl. Wolff, Haggai; Lux, Völkertheologie; Boda, Haggai. Nach Steck jedoch setzt die Vorstellung, dass Jahwe in der Art eines Völkergerichts militärisch gegen die Nationen vorgeht, das Ende der *pax persica* voraus (s.o. Anm. 44), und so ergeben sich für die Spätdatierung häufig die ausgedehnten Diadochenkämpfe in der frühen hellenistischen Zeit als Hintergrund der Völkergerichtsidee von V.21a.22; vgl. etwa Hallaschka, Haggai, 117.

Orakel in Hag 2,20 – 23 setzt vieles voraus, sowohl innerhalb als auch außerhalb von Hag: Es handelt sich um einen Nachtrag gegenüber den ihrerseits bereits redaktionellen übrigen chronologischen Angaben in Hag; die Verheißung hat zudem Jer 22,24 und eine (gewachsene) David-Theologie im Rücken. Will man nicht mit extrem kurzfristigen redaktionellen Prozessen rechnen, legt sich demnach ein relativ spätes Datum der Entstehung nahe.[78] Stehen Hag 2,20 – 23 nicht am Beginn der Redaktionsgeschichte von Hag/Sach, ist zugleich davon auszugehen, dass das Orakel nicht die historische Person Serubbabel im Blick hat, sondern der Zeitgenosse Joschuas hier als Chiffre für einen zukünftig erwarteten davidischen Herrscher steht.

2.2.1.4 (Vorläufiges) Ergebnis

In den älteren Passagen von Hag sind Sprüche (1,4 – 11; 2,3 – 9), Datierungen (1,1a.bα.γ*[nur לאמר].15b; 2,1) und Rahmenpassagen (1,1bβ.γ*[außer לאמר].14.15a; 2,2) voneinander zu unterscheiden. Die Rahmenpassagen sind jünger als die Sprüche und die Datierungen. Das literargeschichtliche Verhältnis von Sprüchen und Datierungen ist im Einzelnen nicht eindeutig bestimmbar, zumindest die Kombination von Spruch und Datierung dürfte jedoch relativ alt sein.

Was die Funktion von Serubbabel und Joschua angeht, die für die vorliegende Untersuchung von besonderem Interesse ist, kommt Kratz zu dem Schluss:

> Das Paar Serubbabel und Joschua, ihre Filiation und ihre Titel scheinen in der Überlieferung fest verankert zu sein. Ob die beiden Namen jedoch schon immer mit dem Tempelbau [...] verbunden waren, hängt davon ab, ob sie in der Wortüberlieferung ursprünglich sind.

Kratz' eigene Analyse führt diesbezüglich zu einem negativen Ergebnis.[79] Die vorliegende Untersuchung legt hingegen nahe, dass die Erwähnungen von Serubbabel und Joschua nicht sämtlich auf einer Ebene liegen, sondern sukzessive in das Zweiprophetenbuch eingetragen wurden. Kratz' Votum wäre dann in dreierlei Hinsicht zu korrigieren: 1. Serubbabel und Joschua sind nicht als Paar in der Überlieferung verankert. Vielmehr wird innerhalb des Spruchguts allein Serubbabel erwähnt; 2. Filiation und Titel Serubbabels werden erst im Lauf der Redaktionsgeschichte an die Figur angelagert.[80] 3. Serubbabel ist von Anfang an mit dem Tempelbau verbunden.

---

78 S. dazu u. 2.2.3.2.
79 Vgl. Kratz, Judentum, 69.
80 Joschua wird zumindest in Hag immer mit Filiation und Titel genannt. Sämtliche Erwähnungen Joschuas gehören aber zur Redaktion. Für die Fragen nach dem Ursprung der Figur sowie der Filiation und des Titels müssen die Belege in Sach berücksichtigt werden.

Innerhalb des alten Spruchgutes erwähnt Hag 2,4 Serubbabel ohne Filiation und Titel. An der Spitze des Volkes wird er als leitende Figur beim Tempelbau vorgestellt. Es besteht kein Grund, an der Historizität dieser Notiz zu zweifeln. Daraus folgt nicht zwingend, dass besagter Serubbabel Statthalter der Provinz Jehud war, wie es ihm die spätere Redaktionsgeschichte zuschreibt, doch hat es zumindest eine gewisse Plausibilität, dass es sich um einen persischen Beamten gehandelt hat, der für den Tempelbau verantwortlich war.[81]

Ausweislich der hier vertretenen Redaktionsgeschichte wäre als nächstes Hag 1,12a hinzugekommen. Der Vers erwähnt nun neben Serubbabel den Hohepriester Joschua, beide werden mit einer Filiation versehen. Die Erwähnung der Filiation an dieser Stelle lässt sich vielleicht im Sinne einer historisierenden Einführung der Protagonisten verstehen, die den beiden von andernorts bekannten Personen einen Platz in der Geschichte einräumt. Die Notiz ist kataphorisch zu verstehen: Zu Beginn des Buchs, am Ende des ersten Prophetenspruchs, wird angedeutet, wer im weiteren Verlauf die maßgeblichen Handlungsträger sind: Joschua, Serubbabel und das Volk. Während zwei der Parteien, Serubbabel und das Volk, in Hag 2,4 direkt im Anschluss erwähnt werden, sucht man eine weitere Erwähnung Joschuas auf dieser redaktionsgeschichtlichen Ebene des Haggaibuches vergeblich. Vermutlich hat der Redaktor von Hag 1,12a also bereits Teile von Sach im Blick, die den Hohepriester Joschua erwähnen. Die Frage nach dem kompositionsgeschichtlichen Ort von Hag 1,12a innerhalb des Zweiprophetenbuches ist daher für die weitere Analyse im Blick zu behalten.

Hag 1,1 – 3*.14.15a; 2,2 unterscheiden sich von Hag 1,12a dadurch, dass sie neben dem Hohepriestertitel für Joschua und der Filiation für beide Führungspersonen nun auch den Statthaltertitel für Serubbabel enthalten. Die Stellen dürften auf ein und dieselbe Hand zurückgehen und noch einmal später anzusetzen sein als Hag 1,12a. Dafür lässt sich nicht nur die Erweiterung um den Titel Serubbabels in Anschlag bringen. Auch die Tatsache, dass diese Verse Serubbabel und Joschua erstmals explizit mit dem Tempelbau verbinden,[82] spricht für ein fortgeschrittenes redaktionelles Stadium. Die Zuschreibung des Statthaltertitels an Serubbabel könnte (auf eine noch näher zu qualifizierende Weise) mit dem Hohepriestertitel

---

81 Vgl. Leuenberger, Haggai, 72 f.; Rückl, Leadership. Zur Problematik vgl. auch Kratz, Judentum, 93 – 119.

82 In Hag 1,12a wird nicht die führende Rolle Serubbabels und Joschuas beim Tempelbau konstatiert, sondern lediglich ihre Zustimmung zu den Wiederaufbauplänen des Propheten. In diesem Sinn scheint auch der Redaktor von 1,14 die Aussage von 1,12a verstanden zu haben, der direkt im Anschluss noch einmal hervorhebt, dass der Beginn der Arbeiten erst nach der Geisterweckung erfolgte. Inhaltlich geht der Vers über 1,12a hinaus, insofern er nun in der Tat die drei Parteien explizit die Verantwortung für den Tempel*bau* überträgt.

Joschuas zusammenhängen, dessen Ursprung sich nicht im Rahmen der Redaktionsgeschichte von Hag erklären lässt. Daher kann auch diese Fortschreibung erst im Horizont von Hag und Sach 1–8 kompositionsgeschichtlich beurteilt werden.

Dasselbe gilt entsprechend für den noch späteren Einschub Hag 2,20–23, der Titel und Filiation intentional auf V.21 und V.23 verteilt und somit das volle Set an Informationen bezüglich Serubbabel aus den Rahmenpassagen bereits voraussetzt.

2.2.2 Serubbabel und Joschua im Sacharjabuch

Was die beiden Führungspersönlichkeiten Serubbabel und Joschua und die ihnen zugeschriebenen Funktionen angeht, unterscheidet sich der Befund in Sach deutlich von dem in Hag. Während Serubbabel in Hag sowohl literarhistorisch als auch theologisch die Priorität zukommt – Hag 2,4 nennt ihn bereits im alten Spruchgut als Verantwortlichen für den Tempelbau, Hag 2,20–23 machen ihn zum Empfänger einer vollmundigen messianischen Verheißung –, steht er in Sach im Schatten des Hohepriesters Joschua. Serubbabel wird nur ein einziges Mal in Sach 4 im Zusammenhang des Tempelbaus erwähnt, Joschua hingegen wird in Sach 3 und Sach 6,9–15 mit herrscherlichen Attributen und Funktionen bedacht. Im Vergleich zu Hag wird die Figurenkonstellation in Sach um einen ominösen Spross erweitert, der in Sach 3 und Sach 6 an die Seite Joschuas tritt und ebenfalls königliche Qualität hat.

Mit Blick auf die Rekonstruktion der Entstehungsgeschichte und damit zusammenhängend die literar- und kompositionsgeschichtliche Bewertung der Aussagen über die drei Führungsgestalten wird Vieles kontrovers diskutiert: In welchem Verhältnis stehen Serubbabel und Joschua zueinander, die (anders als in Hag) nie gemeinsam genannt werden? Wie ist das Nebeneinander von Joschua und Spross redaktionsgeschichtlich und theologisch zu beurteilen? Wie verhalten sich im Horizont des Zweiprophetenbuches schließlich Serubbabel als Messias und der königliche Spross zueinander?

2.2.2.1 Sach 4: Serubbabel und die „Ölsöhne"
2.2.2.1.1 Die Literargeschichte von Sach 4
Innerhalb des Sacharjabuches wird Serubbabel, über den man im Haggaibuch wesentlich mehr erfährt als über Joschua, nur ein einziges Mal erwähnt, und zwar in Sach 4. Im Anschluss an die Analyse der relevanten Texte in Hag erscheint es daher sinnvoll, mit der Analyse des Sacharjabuches bei Sach 4 einzusetzen. Die Erwähnung Serubbabels erfolgt innerhalb der Leuchtervision im Rahmen einer Epexegese, deren sekundärer Charakter seit Wellhausen nicht ernsthaft bezweifelt

werden kann.[83] Die literarische Naht verläuft mitten durch V.6. Nachdem V.1 – 3 die verschiedenen Bildelemente der Leuchtervision beschrieben haben und sich der Visionär in V.4 f. nach der Bedeutung der sieben Lampen am Leuchter erkundigt hat, leitet V.6aα die Antwort des Boten auf die Frage des Propheten ein (ויען ויאמר אלי לאמר). Die Auflösung lässt dann jedoch bis zum Ende von V.10 auf sich warten (שבעה־אלה עיני יהוה המה משוטטים בכל־הארץ). Unterbrochen wird der Zusammenhang durch zwei Worte an bzw. über Serubbabel (V.6aβ.b.7; V.8.9[*].[84]10a*[ohne שבעה־אלה]).

Der verbleibende Text der Leuchtervision zeigt weitere Spuren von Bearbeitung. Mit der Aussonderung der Epexegese in Sach 4,6aβ–10a* dürfte deren Grundbestand daher noch nicht erreicht sein. V.12 wirkt bereits durch die Redeeinleitung (ואען שנית ואמר אליו) gegenüber V.11 (ואען ואמר אליו) redundant. Der Eindruck wird dadurch verstärkt, dass V.14 im jetzigen Zusammenhang formal als Antwort auf beide Fragen fungiert, aber nur eines der erfragten Elemente, nämlich die beiden Ölbäume aus V.11, erklärt. Die „Zweigspitzen", nach denen sich der Prophet in V.12 erkundigt, bleiben unberücksichtigt. Es ist somit davon auszugehen, dass V.12 nachträglich in den Zusammenhang von Frage (V.11) und Antwort (V.13 f.) eingefügt wurde.[85]

---

83 Vgl. Wellhausen, Propheten, 182 f.; Marti, Dodekapropheton, 412 f.; Rothstein, Nachtgesichte, 122; Sellin, Zwölfprophetenbuch, 454; Horst, Propheten, 223; Elliger, Buch II, 126; Rudolph, Haggai, 105; Jeremias, Nachtgesichte, 176, Anm. 2; Petersen, Haggai, 238; Schöttler, Gott, 119 – 124; Lescow, Sacharja, 77; Reventlow, Propheten, 56; Laato, Zachariah, 54; Delkurt, Nachtgesichte, 196, Anm. 6; Pola, Priestertum, 67–71; Kratz, Judentum, 80; Wöhrle, Sammlungen, 338; Lux, Zweiprophetenbuch, 205; ders., Himmelsleuchter, 71; Hallaschka, Haggai, 222. Gegen Hanhart, Sacharja (1,1–8,23), 271 ff., der die Vision inklusive der Verheißungen für literarisch einheitlich hält. Eine komplizierte und wenig überzeugende literarkritische Lösung, die nur V.8–10a als Nachtrag erkennt, V.6aβ.b.7 hingegen als Pointe der ursprünglichen Vision hinter V.1–6aα.10b(!) platziert, liefert Beuken, Haggai, 261–270 (leicht modifiziert durch van der Woude, Serubbabel, 143 f.; ders., Zion; Tigchelaar, Prophets, 23 f.; Foornier-Bidoz, Mains, 537–541). Zur Kritik an dieser Lösung vgl. Rudolph, Haggai, 105; Hallaschka, Haggai, 235. Vgl. zur Diskussion der Positionen auch Pola, Priestertum, 68 f.; Wöhrle, Sammlungen, 338, Anm. 56.
84 V.9b könnte nachträglich ergänzt worden sein. Der Vers unterbricht den Zusammenhang von V.9a und V.10. Vgl. etwa Pola, Priestertum, 111; Wöhrle, Sammlungen, 340.
85 Vgl. neben vielen anderen Marti, Dodekapropheton, 414; Rothstein, Nachtgesichte, 124; Sellin, Zwölfprophetenbuch, 452; Beuken, Haggai, 258; Rudolph, Haggai, 109; Reventlow, Propheten, 60; Wöhrle, Sammlungen, 340; Hallaschka, Haggai, 228. Von einer Zugehörigkeit von V.12 zur Grundschicht gehen etwa Hanhart, Sacharja (1,1–8,23), 253, Meyers/Meyers, Haggai, 255, und Rose, Zemah, 188, aus. Welche Intention der Nachtrag verfolgt, ob er V.11 präzisieren oder ergänzen will, ist nicht ohne Weiteres ersichtlich und hängt davon ab, wie das Verhältnis der zwei Ölbäume zu den zwei „Zweigspitzen" der Ölbäume bestimmt wird. Die Frage ist für den vorliegenden Zusammenhang nicht relevant.

Auch der übrige Bestand der Vision ließe sich auf zwei Phasen der Entstehung verteilen.[86] In der vorliegenden Gestalt des Textes ist zumindest auffällig, dass sich an zwei geschaute Elemente, die sieben Öffnungen am Leuchter (V.2) und die beiden Ölbäume rechts und links des Leuchters (V.3), zunächst eine unbestimmte Frage des Visionärs anschließt (V.4): „Was sind diese, mein Herr?" Nachdem der Bote ihm daraufhin die Bedeutung der sieben Öffnungen mitgeteilt hat (V.10), erkundigt sich der Visionär noch einmal sehr viel konkreter nach den beiden Ölbäumen (V.11): „Was sind diese beiden Ölbäume zur Rechten des Leuchters und zu seiner Linken?" Nimmt man die sachlichen und terminologischen Unterschiede zwischen V.3 und V.11 hinzu (in V.3 befinden sich die Ölbäume neben dem Ölgefäß, in V.11 neben dem Leuchter; die Positionsangaben unterscheiden sich auch terminologisch voneinander), ist es möglich, in den sieben Öffnungen einen Nachtrag zu sehen. Dieser würde entsprechend V.2bα[2].β.10a (nur שבע־אלה).10b.11.13.14a*(nur ויאמר) umfassen.[87]

Den Grundbestand der Leuchtervision bildeten demnach (mindestens) V.1.2a.bα[1].3 – 5.6aα.14a*(außer ויאמר).b. Dieser reduzierten Form der Vision dürfte ein verhältnismäßig früher Ort in der Redaktionsgeschichte des Sacharjabuches zuzuschreiben sein. Selbst dort, wo eine gestufte Entstehung des Visionszyklus angenommen wird, wird die Leuchtervision zu dessen ältestem Bestand oder einer ersten, ebenfalls noch in zeitlicher Nähe zum Tempelbau anzusetzenden Erweiterung desselben gerechnet.[88]

Sowohl der Grundbestand der Leuchtervision, die in der Erwähnung zweier ominöser, häufig messianisch interpretierter „Ölsöhne" gipfelt, als auch die Epexegese, die Serubbabels Rolle beim Tempelbau thematisiert, sind im Kontext der Frage nach der Entwicklung der Herrschaftsaussagen in Hag und Sach zu berücksichtigen.

2.2.2.1.2 Die Leuchtervision

Als geradezu klassisch kann der Versuch gelten, die beiden „Ölsöhne" im Grundbestand der Leuchtervision (Sach 4,14) mit den im Kontext genannten Personen Serubbabel und Joschua zu identifizieren.[89] Die „Söhne von Öl" werden in dieser Deutung als gesalbte Würdenträger interpretiert, die Jahwe, seinerseits dargestellt

---

86 Vgl. Schöttler, Gott, 113 ff.; Kratz, Judentum, 85; Hallaschka, Haggai, 228 ff.

87 Vgl. Hallaschka, Haggai, 237.

88 Vgl. Schöttler, Gott, 164 f.; Uehlinger, Policy, 338 ff.; Kratz, Judentum, 81 ff.; Hallaschka, Haggai, 293 ff.

89 Vgl. u. a. Marti, Dodekapropheton, 414; Rudolph, Haggai, 108; Jeremias, Nachtgesichte, 184; VanderKam, Joshua the High Priest, 554; Reventlow, Propheten, 59 f.; Marinković, Tempel, 286; Pola, Priestertum, 78 ff.; Tiemeyer, Rites, 34; Wöhrle, Sammlungen, 338.

im Bild des Leuchters, flankieren. Dies setzt voraus, dass die durch sie repräsentierten Personen Ämter bekleiden, mit denen eine Salbung einhergeht (messianischer König bzw. Hohepriester).[90] Die Zweizahl im vorliegenden Text weckt in der Tat leicht Assoziationen an die beiden mehrfach gemeinsam genannten Führungspersonen. Die zur Zeit der Restauration des Tempels eine (*realiter* existierende oder als Ideal entworfene) Dyarchie implizierende und somit äußerst folgenreiche Deutung der „Ölsöhne" auf Serubbabel und Joschua ist jedoch aus verschiedenen Gründen ganz unwahrscheinlich.

Einer Identifikation der beiden „Ölsöhne" mit dem gesalbten Hohepriester und dem Messiasanwärter steht zunächst einmal entgegen, dass Belege für eine Salbung des Hohepriesters zur mutmaßlich frühen Zeit der Abfassung der Leuchtervision fehlen. Vor allem aber spricht der Terminus יצהר, der gerade nicht das zum Salböl verarbeitete Produkt, sondern das frische und für eine Salbung gänzlich ungeeignete Naturprodukt des Olivenbaumes bezeichnet,[91] grundsätzlich gegen einen implizierten Akt der Salbung.[92]

Alternativ ließen sich die „Ölsöhne" natürlich auch jenseits eines Salbungsaktes auf Serubbabel und Joschua beziehen.[93] Pola etwa schlägt vor, die Wendung im

---

90 Vgl. u. a. Rothstein, Nachtgesichte, 129 f.; Horst, Propheten, 225.

91 Dieser häufig notierten Differenz wurde bisweilen mit dem Vorschlag begegnet, שמן und יצהר als Synonyme zu betrachten; vgl. Köhler, Archäologisches, 219; Rudolph, Haggai, 108, Anm. 13; Ringgren, Art. יצהר, 825. Wie Rooke, Heirs, 137, feststellt, führt Köhler als Belege jedoch nur Dtn 8,8 und 2 Kön 18,32 an, die beide Termini im Zusammenhang mit agrarischen Produkten verwenden. „[T]his shows that שמן (*šemen*) can have an agricultural connotation, but says nothing about יצהר (*yiṣhār*) having connotations of anointing." Sehr ausführlich setzt sich auch Rose, Zemah, 188 ff., mit dieser Frage auseinander und schließt am Ende eine Identifikation ebenfalls aus.

92 Entsprechend hat auch die Suche nach anderen möglichen Kandidaten für eine Salbung die Semantik von יצהר gegen sich. Van der Woude, Serubbabel, 155, identifiziert die beiden „Ölsöhne" mit dem messianischen Fürsten und dem künftigen Hohepriester, „denen in messianischer Zeit Zugang zur himmlischen Ratsversammlung gewährt werden wird". Die Identifikation der beiden „Ölsöhne" mit dem persischen Großkönig und dem Statthalter der Provinz Jehud, die Hallaschka, Haggai, 235 f., im Gefolge von Uehlinger, Policy, 344, vorschlägt, ist zudem inhaltlich problematisch. Zwar liegt angesichts von z. B. Jes 45,1 nahe, „daß ein Perserkönig in der frühnachexilischen Zeit aus jüdischer Perspektive als Gesalbter bezeichnet werden konnte" (235), doch ist nicht anzunehmen, dass das auch für den judäischen Statthalter galt. Ein weiterer Vorschlag für eine personale Deutung der „Ölsöhne" stammt von Boda, Oil, 392 ff., der in ihnen die beiden Propheten Haggai und Sacharja sieht.

93 Vgl. etwa Wöhrle, Sammlungen, 338 f., Anm. 59, der angesichts der semantischen Probleme vage formuliert: „Was immer mit dem Bild der Ölsöhne also genau impliziert sein mag, ob dieses Bild tatsächlich mit Blick auf eine Salbung gewählt wurde oder nicht – die Zweizahl läßt sich wohl nur auf das Nebeneinander von zwei zu unterscheidenden Größen beziehen, weshalb vor dem Hintergrund der frühnachexilischen Zeit die Deutung auf Jeschua und Serubbabel immer noch die wahrscheinlichste sein dürfte."

Sinne der Versorgung des Leuchters mit Öl zu verstehen: Serubbabel und Joschua ermöglichen durch ihr Werk, den Tempelbau, das „permanente Erstrahlen dieses Lichtes"[94]. Diese unter inhaltlichen Gesichtspunkten durchaus erwägenswerte Deutung scheitert jedoch ebenfalls an den semantischen Schwierigkeiten. Auch ein Leuchter funktioniert nicht mit יצהר, sondern mit שמן.

Gegen eine Deutung der „Ölsöhne" auf Serubbabel und Joschua sprechen schließlich auch redaktionsgeschichtliche Gründe. Die bisherige Analyse hat nahegelegt, dass Serubbabel und Joschua erst relativ spät im Verlauf der Redaktionsgeschichte von Hag zu einem Führungsduo wurden. Im Spruchgut ist nur Serubbabel enthalten,[95] die Erwähnungen Joschuas sind sämtlich redaktionell. Zwar sind die weiteren Vorkommen der beiden Figuren in Sach im Folgenden erst näher zu betrachten, doch fällt direkt auf, dass Serubbabel und Joschua in Sach niemals gemeinsam erwähnt werden. Auch Sach liefert also keinen Hinweis auf eine frühe oder gar traditionelle Verbindung der beiden Figuren.

Ist den gemeinsamen Erwähnungen der beiden Führungspersönlichkeiten somit ein später redaktionsgeschichtlicher Ort zuzuschreiben, fallen sie als literarische Bezugsgröße für die Leuchtervision in Sach 4 aus. Zugleich spricht die späte literarische Bezeugung der beiden als Führungsduo dagegen, dass sich darin historische Erinnerungen verdichtet haben. Ohne das eine oder das andere ist eine Identifikation der ominösen „Ölsöhne" mit Serubbabel und Joschua jedoch ausgeschlossen.

Gegen eine dyarchisch-messianische Interpretation des Bildes spricht sodann die Redaktionsgeschichte der Leuchtervision selbst. Die Epexegese in Sach 4,6aβ–10a* erwähnt nur Serubbabel und erschwert mit der Erwähnung lediglich *eines* konkreten Individuums im unmittelbar vorausgehenden Kontext die Deutung der beiden „Ölsöhne" auf diese und eine weitere, nicht genannte Person erheblich.[96]

---

94 Vgl. Pola, Priestertum, 81. Allerdings bleibt unklar, warum dann – nach Polas Auffassung – Sach 3 vorangestellt werden musste, um zu betonen, „daß diese Rolle auch für Josua zutrifft" (Priestertum, 105).

95 Es sei noch einmal daran erinnert, dass in Hag 2,4 sowohl Titel als auch Filiation fehlen und Serubbabel somit zunächst keinerlei herrscherliches, geschweige denn gar messianisches Potential hat.

96 Petersen, Haggai, 244, deutet die Epexegese im Sinne einer Vorrangstellung Serubbabels vor Joschua und somit als Korrektur des gleichrangigen Nebeneinanders, das er hinter 4,14 vermutet. Wöhrle, Sammlungen, 339, Anm. 60, will zwar lieber nicht von „so weitreichenden Konsequenzen" ausgehen, versteht die Epexegese aber ebenfalls als „Begründung für die nachfolgenden Ausführungen über die beiden Ölsöhne", was nicht weniger problematisch ist; vgl. auch Hallaschka, Haggai, 227f. Von der alleinigen Nennung Serubbabels in Sach 4,6ff. aus betrachtet wird man höchstens dann an eine Identifikation der beiden „Ölsöhne" mit Joschua und Serubbabel denken können, wenn Sach 3 bereits der Leuchtervision vorausging. Bei einer (ohnehin nicht sehr wahrscheinli-

Hinzu kommt, dass Serubbabel auch in der Epexegese (wie in Hag 2,4) noch mit bloßem Personennamen genannt wird. Der Titel Statthalter, der ihn zum Inhaber der höchsten Verwaltungsposition auf Provinzebene macht, und die Filiation, die ihn *qua* davidischer Abstammung als Messiasanwärter prädestiniert, fehlen. Wie immer man dies begründen mag,[97] die Redaktion lässt keinerlei Interesse erkennen, Serubbabel als Führungsgestalt oder gar als Messias zu präsentieren. Zumindest der Redaktor der Epexegese dürfte somit die „Ölsöhne" in Sach 4,14 nicht im Horizont einer dyarchischen Herrschaft zweier Gesalbter verstanden haben.

Da jede der vorgeschlagenen personalen Deutungen der „Ölsöhne" aus literarhistorischen und/oder semantischen Gründen problematisch ist, muss nach einer grundsätzlichen Alternative Ausschau gehalten werden.[98]

Ein Vergleich mit Jes 5,1 zeigt, dass ein personales Verständnis der „Ölsöhne" alles andere als zwingend ist. „Wie das Weinberglied (Jes 5,1) den offenbar besonders fruchtbaren Hügel als ,Sohn von Öl' (בן שמן) auszeichnet, so Sach 4,14 die Ölbäume als besonders ,olivensaftreiche' Exemplare."[99] Neben dem Leuchter stünden damit schlicht zwei überaus ertragreiche Ölbäume, die die vom Tempel ausgehende Fruchtbarkeit und Segensfülle symbolisieren,[100] „ein typischer Topos altorientali-

---

chen) literargeschichtlichen Priorität von Sach 3 gegenüber der Epexegese in Sach 4 verschöbe sich das Problem freilich nur von Serubbabel auf Joschua. Beheben ließe es sich nur, wenn man von einer gleichzeitigen Eintragung von Sach 3 und der Epexegese in Sach 4 ausginge, wofür jedoch rein gar nichts spricht. Vgl. aber auch Willi-Plein, Haggai, 95: „Wohl aber dürfte klar sein, dass die Einfügung der Josuapartien, also Kap. 3, und der Serubbabelworte (6aβ–10a) die beiden ,Frischölsöhne' mit Josua und Serubbabel gleichsetzt." Beides führt sie auf den Propheten selbst zurück.

97 Häufig wird angenommen, die hier fehlenden Informationen seien aus ihrem Vorkommen in Hag zu erschließen. Entsprechend wird ihrem Fehlen an dieser Stelle keine Bedeutung zugemessen; vgl. etwa Hallaschka, Haggai, 227. Die anzunehmende gestufte Entstehung derjenigen Stellen in Hag, die Serubbabel und Joschua nennen, sowie das sukzessive Anwachsen der Informationen über diese Personen sprechen jedoch eher dafür, die Epexegese redaktionsgeschichtlich mit dem frühen Stadium der Entstehungsgeschichte von Hag zu korrelieren. S. dazu im Folgenden.

98 Einen alternativen Vorschlag einer personalen Deutung hat u. a. noch Rose, Zemah, 200–207, unterbreitet, der die „Ölsöhne" mit nicht weiter bestimmten Mitgliedern des himmlischen Thronrates identifiziert. Gegen diese Option spricht jedoch die Zweizahl der „Ölsöhne", die bei einem personalen Verständnis der Wendung, wie auch Hallaschka, Haggai, 233, festhält, eine Deutung auf zwei konkrete Wesen nahelegt. Delkurt, Nachtgesichte, 218–220, deutet die beiden „Ölsöhne" auf das Nord- und das Südreich.

99 Schott, Sacharja 9–14, 38. Vgl. auch Rose, Zemah, 194.

100 Vgl. auch Rose, Zemah, 177 ff., und Willi-Plein, Haggai, 94. Mit dieser Deutung bestünde zwischen dem ursprünglichen Visionszyklus in Sach und den Prophetensprüchen in Hag durch den beide Male gegebenen thematischen Zusammenhang von Tempel(bau) und Fruchtbarkeit des Landes von vornherein ein enger Bezug, was dazu angeregt haben könnte, beide Korpora zu einem Prophetenbuch zusammenzubinden.

scher und alttestamentlicher Heiligtumstheologie"[101]. Die Zweizahl verdankte sich dann einfach der Symmetrie des Bildes, im Rahmen der Visionsschilderung ein sicherlich nicht zu vernachlässigender Aspekt. Diese Interpretation wird auch der Semantik des Lexems יִצְהָר gerecht, das regelmäßig im Zusammenhang mit anderen Ernteerträgen steht.[102]

Somit bleibt festzuhalten, dass der Grundbestand der Leuchtervision keinerlei Anspielung auf eine konkrete Herrschaftsform, geschweige denn auf Serubbabel und Joschua als Führungsfiguren, enthält.

2.2.2.1.3 Die Epexegese in Sach 4,6aβ–10a*

Sowohl die literarische Einheitlichkeit als auch der ursprüngliche Ort der Epexegese in Sach 4,6aβ–10a* sind umstritten. Bisweilen wird angenommen, dass die beiden Sprüche an bzw. über Serubbabel sukzessive in die Leuchtervision eingestellt wurden.[103] Die fehlenden Bezüge zwischen der Vision und der Epexegese haben zudem dazu geführt, dass eine Entstehung der beiden Worte außerhalb des Sacharjabuches erwogen wird.[104] Allerdings scheinen beide Worte in engem Zusammenhang mit der Prophetie Haggais zu stehen, was am Ende sowohl gegen eine Entstehung außerhalb des literarischen Kontextes als auch eine sukzessive Einstellung beider Worte in die Leuchtervision sprechen könnte.

Der erste Spruch, der an Serubbabel ergeht, umfasst V.6aβ–7. Der Verweis auf den Geist Jahwes als konstitutives Element des Bauprojekts in V.6 erinnert an das

---

101 Schott, Sacharja 9–14, 38.

102 Vgl. im unmittelbaren Kontext vor allem Hag 1,11. Ferner u. a. Num 18,12; Dtn 7,13; 11,14; 12,17; 14,23; 18,4; 28,51; 2 Kön 18,32; Jer 31,12; Hos 2,10.24; Jo 1,10; 2,19.24; 2 Chr 31,5; 32,28; Neh 5,11; 10,38.40; 13,5.12.

103 Vgl. Hallaschka, Haggai, 222 ff. Zunächst seien V.6aβ–7 eingefügt worden, die mit dem Beginn des Tempelbaus die Thematik aus Hag einspielen. In einem zweiten Schritt sei mit V.8.9a.10 die Vollendung des Tempelbaus hinzugekommen. Entgegen der Ansicht Hallaschkas handelt es sich hierbei allerdings keineswegs um einen „Gedanken […], den der Ergänzer nicht nur innerhalb von Sacharja, sondern auch bei Haggai vermisst haben dürfte" (Haggai, 226). Der Abschluss des Tempelbaus unter Serubbabel wird nicht konstatiert, sondern verheißen. Das zweite Wort über Serubbabel in Sach 4 spiegelt somit die Situation des zweiten Prophetenspruchs in Hag, wonach der Beginn der Bauarbeiten erst einmal mit Enttäuschungen verbunden ist, für die Zukunft aber eine große Herrlichkeit des Tempels verheißen wird. Der Unterschied besteht lediglich darin, dass die Grundsteinlegung durch Serubbabel nach dem zweiten Wort der Epexegese bereits erfolgt ist und nun auch die Vollendung des Baus explizit mit Serubbabels Handeln in Verbindung gebracht wird (was in Hag 2 ebenfalls intendiert sein dürfte, aber eben nicht explizit gemacht wird). Die beiden Passagen entsprechen einander schließlich auch darin, dass sie eine (wohl als bekannt vorausgesetzte) Person namens Serubbabel als Verantwortlichen für den Tempelbau nennen.

104 Vgl. etwa Marti, Dodekapropheton, 412 f.; Laato, Zachariah, 54; Pola, Priestertum, 109 f.; Wöhrle, Sammlungen, 338.

zweite Prophetenwort in Hag, wo den Adressaten, Serubbabel und dem Volk, in Hag 2,4 f.* zur Ermutigung der göttliche Beistand und die Präsenz des göttlichen Geistes zugesichert werden.[105] Die zunächst merkwürdig anmutende Konstellation von V.7 ergibt vor dem Hintergrund mesopotamischer Tempelgründungspraxis einen guten Sinn:[106] Serubbabel als Verantwortlicher für den Tempelbau trägt den Schuttberg des Tempels ab und wird am Ende den die Kontinuität zum Vorgängerheiligtum verbürgenden Anfangsstein hervorbringen.[107] Auch darin entspricht das erste Wort der Epexegese thematisch dem zweiten Prophetenspruch in Hag, in dem es ebenfalls um die Aufnahme des Tempelbaus durch die Bauleute, allen voran Serubbabel, geht. Auch das zweite Wort über Serubbabel (V.8 – 10a[*][108]) erinnert an Hag 2,3 – 9*. Besonders in V.10 spiegelt sich die Jetzt-Dann-Perspektive aus Hag 2, wonach der Tempel den Adressaten jetzt noch in erbärmlicher Gestalt vor Augen steht, für die Zukunft jedoch verheißen wird, dass dieser herrlicher sein wird als der vormalige.

Indem die Epexegese inmitten der Leuchtervision eingetragen wird, entspricht der Ablauf zudem dem im ersten Prophetenspruch in Hag insinuierten Zusammenhang von Wiederaufbau des Tempels und göttlicher Präsenz darin. In Hag 1,8 teilt Jahwe mit, dass er sich im wiedererrichteten Tempel in seiner Herrlichkeit offenbaren werde; der vorliegende, durch die Epexegese aufgesprengte Ablauf der Leuchtervision entspricht dem insofern, als die Fertigstellung des Tempels als Voraussetzung für die im Anschluss dargestellten Segnungen erscheint, der Präsenz Jahwes im Land und der vom Tempel ausgehenden Fruchtbarkeit.[109]

Die gesamte Epexegese lässt sich somit als planvoller Anschluss an die Prophetie Haggais verstehen. Somit ist anzunehmen, dass beide Worte der Epexegese in ihrer vorliegenden Gestalt gemeinsam für ihren literarischen Ort in der Leuch-

---

105 S. dazu o. S. 37.

106 S. dazu Hallaschka, Haggai, 224 f.; Laato, Temple Building, 384 f.

107 האבן הראשה meint den Anfangs- und nicht den Schlussstein; vgl. zuletzt Schott, Sacharja 9 – 14, 26 f., mit Verweis auf Rignell, Nachtgesichte, 157 f.; Laato, Zachariah, 59.63; Hanhart, Sacharja (1,1 – 8,23), 248 f.; Pola, Priestertum, 118 – 122; Hallaschka, Haggai, 225, Anm. 425. Gegen etwa Wöhrle, Sammlungen, 339 f.

108 Bei V.9b handelt es sich nach Meinung einiger Exegeten um einen Nachtrag; s.o. Anm. 84.

109 Vgl. auch Schott, Sacharja 9 – 14, 28, und Hallaschka, Haggai, 238: „Die Worte [*sc.* der Epexegese] wollen nicht erklären, wer die beiden Ölsöhne sind, sondern daß der Tempel gebaut wird, damit Jahwe dort im Kultsymbol des Leuchters präsent sein kann." In Hag tritt der Zusammenhang von Tempelbau und Segen noch einmal besonders deutlich in der Eintragung der Nichtigkeitsfluche zutage (Hag 1,6 f.9[–11]). Diese redaktionelle Ebene von Hag muss dem Redaktor von Sach 4 jedoch nicht zwingend bekannt gewesen sein. Als Anknüpfungspunkt genügt auch Hag 1,8, wonach sich Jahwe im Tempel in seiner Herrlichkeit zeigen will.

tervision verfasst worden sind,[110] um die Visionen in Sach sachlich an die Prophetensprüche in Hag anzubinden. Möglicherweise steht die Epexegese in Sach 4 im Dienst der literarischen Verbindung der beiden Bücher.[111] In dieser Perspektive ließe sich schließlich auch die literarische Auffälligkeit erklären, dass der erste Spruch an Serubbabel ergeht, der zweite hingegen von ihm handelt.[112] Zunächst wird ein Spruch zitiert, der in der Vergangenheit an Serubbabel ergangen ist, und damals die Funktion hatte, ihn zum Beginn des Tempelbaus zu ermutigen. Damit wird die Situation aus Hag in Sach eingespielt. Der zweite Spruch schließt daran an, geht zeitlich aber ein Stück darüber hinaus, um die Brücke zu schlagen zwischen der Prophetie Haggais und der Dramaturgie der Nachtgesichte: Im Zusammenhang der Leuchtervision, die die segensspendende Kraft des wiedererrichteten Tempels thematisiert, wird nun der unmittelbar bevorstehende Abschluss des Projekts konstatiert.

Sollte die Epexegese also darauf zielen, die Prophetie Haggais und die Nachtgesichte sachlich und literarisch miteinander zu verbinden, würde dies einen relativ frühen Entstehungszeitraum nahelegen, wogegen auch nichts zu sprechen scheint. Wie ursprünglich in Hag 2,4 (und im Gegensatz zu den Rahmenpassagen in Hag) wird auch in Sach 4 nur Serubbabel mit dem Tempelbau in Verbindung gebracht. Wie dort fehlen zudem auch hier Filiation und Titel. Die alleinige Erwähnung Serubbabels im Rahmen der Epexegese wird häufig als Reflex des realpolitisch wahrscheinlichen Umstands gedeutet, dass der Statthalter als höchste politische Instanz der Provinz für den Tempelbau verantwortlich war. Das (in diesem Fall freilich besonders auffällige) Fehlen des Titels an dieser Stelle erklärt man dann damit, dass der Statthalter Serubbabel bereits aus Hag bekannt gewesen sei, und zieht daraus die entsprechenden redaktionsgeschichtlichen Schlüsse.[113] In Anbetracht der rekonstruierten Entstehungsgeschichte von Hag, wonach Serubbabel zunächst allein und nur mit Eigennamen in Hag 2,4 erwähnt wurde, liegt es jedoch

---

110 Es ist jedoch keineswegs ausgeschlossen, dass der Redaktor dabei auf ältere Traditionen zurückgegriffen hat. Geht man davon aus, dass eine Person namens Serubbabel eine führende Rolle beim Tempelbau hatte (vgl. Hag 2,4), ist durchaus vorstellbar, dass in den beiden Worten authentisches Spruchgut über jenen Serubbabel aus der Zeit des Tempelbaus enthalten ist (vgl. etwa V.7). Dafür, dass sich zumindest im ersten Wort altes Material bewahrt haben könnte, spricht auch die merkwürdige Redesituation: „[D]er Deuteengel [zitiert] seinem prophetischen Gegenüber ein Wort über Serubbabel aus der Zeit vor Beginn des Tempelbaus" (Schott, Sacharja 9–14, 26, Anm. 46).
111 Vgl. Schott, Sacharja 9–14, 28.
112 Diese Auffälligkeit lässt sich auf literarkritischem Weg nur gewaltsam beseitigen, indem man mit Schöttler, Gott, 121, und Kratz, Judentum, 80, V.6aβ für einen späteren Nachtrag hält. Allerdings ließe sich redaktionsgeschichtlich kaum erklären, warum die überflüssige Wortereignisformel dann von einem Späteren eingefügt worden sein sollte.
113 Vgl. Hallaschka, Haggai, 227; Schott, Sacharja 9–14, 25.

näher, das Fehlen von Filiation und Titel an dieser Stelle damit zu erklären, dass diese Informationen über Serubbabel auch dem Redaktor der Epexegese in Sach 4 noch nicht vorlagen. Aus Hag hätte der Redaktor der Epexegese dann unter Umständen nicht viel mehr gekannt als die beiden Prophetensprüche, die womöglich bereits jeweils mit einer Datierung versehen waren und so den Eindruck einer fortschreitenden Handlung erweckten, an die der Redaktor von Sach 4 anschließen konnte. Möglicherweise geht dann die Datierung aus Sach 1,7, die die Nachtgesichte zeitlich von der Prophetie Haggais abhebt, auf die Hand desselben Redaktors zurück.[114] Jedenfalls bringt sie die beiden Bücher noch einmal explizit in eine zeitliche Abfolge.

Das Ergebnis Hallaschkas erweist sich somit als durchaus zutreffend: „Sie [*sc.* die redaktionellen Worte an bzw. über Serubbabel in Sach 4] übernehmen die Figur Serubbabels aus dem Haggai-Buch ins Sacharja-Buch und greifen von Hag das Motiv der Tempelgründung auf."[115] Im Unterschied zu Hallaschkas Lösung ist jedoch davon auszugehen, dass dies in Hag noch nicht die narrative Rahmung der Prophetensprüche inklusive der gemeinsamen Erwähnungen Serubbabels und Joschuas mit Filiation und Titel voraussetzt.[116]

Die Debatte, ob der Zusatz noch aus der Feder des Propheten selbst oder eines seiner Schüler stammen könnte,[117] lässt zwar keine großen Erkenntnisse erwarten,

---

114 Auch nach Hallaschka, Haggai, 303 f., weisen die terminologischen Unterschiede in Sach 1,7 auf eine gegenüber den Datierungen in Hag 1,1; 1,15b–2,2 spätere Entstehung. Hallaschka verortet Sach 1,7 ebenfalls im Zusammenhang mit der Bücherverbindung, nimmt aber an, dass die Epexegese in Sach 4 noch einmal später entstanden sei und bereits auf die Bücherverbindung zurückblicke. Da die Epexegese jedoch in der oben skizzierten Weise einen sachlichen Zusammenhang zwischen der Prophetie Haggais und den Nachtgesichten Sacharjas herstellt, der der zeitlichen Abfolge entspricht, die Sach 1,7 suggeriert, können beide vielleicht besser auf ein und derselben Ebene verortet werden. Auch Wöhrle, Sammlungen, 372 f., geht davon aus, dass die Datierungen in Hag älter sind als in Sach und schließt daraus, dass Sach redaktionell an Hag angeglichen wurde.

115 Hallaschka, Haggai, 317.

116 An dieser Stelle sei nur darauf hingewiesen, dass die durch Sach 1,7; 4,6aβ–10a* entstandene Perspektive eines Zweiprophetenbuches auch die Redaktionsgeschichte von Hag weiter angeregt haben könnte. Die Erweiterung des ersten Prophetenwortes um die Nichtigkeitsflüche (Hag 1,6 f.9[–11]) könnte sich beispielsweise einer Reinterpretation des Wortes im Licht der Leuchtvision verdanken: Ereignet sich nach Sach 4 in seiner um die Epexegese erweiterten Form die im Symbol der Ölbäume angezeigte Wende zum Segen mit der Fertigstellung des Tempels, liegt die Annahme jedenfalls nicht allzu fern, dass eine Reflexion über den *status ante* zu dem in Hag 1 literarisch fixierten Ergebnis führt. Ferner könnte die merkwürdige Tendenz der Einschreibung Hag 1,14, die durch den vorgezogenen Baubeginn den Eindruck erweckt, als sei das Bauprojekt auf dem Weg zwischen Hag 1 und Hag 2 bereits ins Stocken geraten, ihren Ausgang beim „Tag kleiner Dinge", der von einigen verachtet wurde, genommen haben.

117 Vgl. etwa Pola, Priestertum, 67 f. (mit Literatur in Anm. 47 und 48).110.

ist aber zumindest insofern berechtigt, als es sich bei der Epexegese in Sach 4 um einen der ältesten Nachträge in Sach handeln dürfte. Aus Hag sind nur die beiden ursprünglichen Prophetensprüche bekannt, aus Sach ist nicht mehr vorausgesetzt als ein Grundbestand der Nachtgesichte inklusive Sach 4.

Für die Frage, wie sich die Herrschaftsvorstellungen und -aussagen in Hag und Sach 1–8 entwickelt haben, ist somit, wie die Leuchtervision selbst, auch die Epexegese von geringer Relevanz. Ist von einem frühen redaktionsgeschichtlichen Ort der Epexegese in Sach 4 auszugehen und zielt sie in erster Linie auf die Bücherverbindung, lassen sich aus der Erwähnung Serubbabels in Sach 4 keine weitreichenden historischen oder theologischen Schlüsse ziehen. Die Verbindung Serubbabels mit dem Tempelbau entstammt Hag 2,4, wo sie historische Erinnerungen bewahrt haben dürfte.[118] Durch die Übernahme in Sach 4 wird sie zum literarischen Motiv. Die Bearbeitung lässt kein Interesse erkennen, Serubbabel als Führungsfigur in den Fokus zu rücken. Die Übernahme der Figur Serubbabel und des Themas „Tempelbau" aus Hag in Sach bildet jedoch die Basis, auf der sich in der weiteren Redaktionsgeschichte des Zweiprophetenbuches eine lebhafte Debatte um die angemessene Form von Herrschaft entwickelt.

Im Folgenden werden, beginnend mit dem ersten Vorkommen Joschuas im Verlauf des Prophetenbuches in Sach 3, der Reihe nach sämtliche Texte in Sach besprochen, die den Hohepriester Joschua erwähnen.

2.2.2.2 Sach 3: Eine Ätiologie des Hohepriesteramtes

Wie die Epexegese in Sach 4,6aβ–10a* wird auch die Entsühnung des Hohepriesters Joschua in Sach 3 von einem Großteil der Exegeten dem Grundbestand des Sacharjabuches abgesprochen.[119] Die Auffälligkeiten in Sach 3, die zu diesem Urteil führen, wurden häufig notiert, sodass es hier genügen mag, sie aufzulisten.[120] Sach 3 stört den konzentrischen Aufbau der Visionen, die (ungeachtet ihrer anzunehmenden sukzessiven Entstehung) als Siebenerzyklus um die Leuchtervision als

---

118 Eventuell hat sich auch in den beiden Worten der Epexegese (insbesondere in V.7) authentisches Spruchgut bewahrt, das eine Beteiligung eines gewissen Serubbabel am Tempelbau belegt. S. dazu o. Anm. 110.

119 Vgl. neben vielen anderen Jeremias, Nachtgesichte, 201–203; van der Woude, Serubbabel, 147f.; Delkurt, Nachtgesichte, 146f.; Kratz, Judentum, 81; Wöhrle, Sammlungen, 332ff.; Hallaschka, Haggai, 193ff. Nur wenige Exegeten veranschlagen Sach 3 für den ursprünglichen Zusammenhang an Nachtgesichten, vgl. etwa Beuken, Haggai, 282f.; Rudolph, Haggai, 93f.; Petersen, Haggai, 186ff.; Hanhart, Sacharja (1,1–8,23), 176ff.

120 Vgl. etwa Rothstein, Nachtgesichte, 102f.; Jeremias, Nachtgesichte, 201–203; Delkurt, Nachtgesichte, 147.

zentrale Vision arrangiert sind. Zudem weicht die Visionseinleitung von sämtlichen übrigen Visionen ab: Während die Visionen sonst, abgesehen von einigen Abweichungen im Detail,[121] mit einer Qal-Form von ראה in der 1. Pers Sg. und folgender Partikel הנה anheben (vgl. 1,8; 2,1.5; 4,2; 5,1.[5.]9; 6,1), beginnt Sach 3 mit einer Hif.-Form von ראה in der 3. Pers. Sg. Sodann schaut der Visionär nicht wie sonst ein erst zu enthüllendes Bild, sondern direkt Jahwe im Thronrat. Da die Vision entsprechend aus sich heraus verständlich ist, fehlt auch der Deuteengel. Stattdessen tritt hier der Jahwebote auf, allerdings nicht, wie sonst der Deuteengel, als Gesprächspartner des Visionärs, sondern des Hohepriesters selbst.

2.2.2.2.1 Die Literargeschichte von Sach 3

Die Entstehungsgeschichte von Sach 3,1–10 ist umstritten.[122] Dass der Text das Resultat mehrfacher Bearbeitung ist, lässt sich jedoch kaum bezweifeln. Bereits auf den ersten Blick zerfallen Sach 3,1–10 in zwei Teile: V.1–7 bilden die eigentliche Vision. Darin schildern V.1–5 eine lebhafte Szene im himmlischen Thronrat, an deren Ende der Hohepriester Joschua neu eingekleidet wird. In V.6f. hingegen adressiert der Jahwebote den Hohepriester und nennt ihm eine Reihe von Privilegien und Pflichten, die mit seinem Amt einhergehen. V.8–10 setzen zwar zunächst die direkte Rede an den Hohepriester fort. Die Aussagen betreffen nun jedoch seine eigene Person nicht oder nur am Rande, sodass sich die Verse inhaltlich deutlich von der Vision abheben.

Bereits der erste Teil, V.1–7, weist Spannungen auf, die hin und wieder literarkritisch erklärt wurden. Gleich zu Beginn führen V.1b.2 neben dem Jahweboten und dem Hohepriester recht abrupt Satan und Jahwe als weitere Akteure ein. Satan steht zur Rechten des Hohepriesters als Ankläger bereit, wird aber durch eine göttliche Standpauke direkt in seine Schranken verwiesen. Die Passage bringt keine völlig neue Tendenz in die Erzählung ein, setzt aber einen eigenen Akzent, indem sie mit dem Bild des aus dem Feuer gerissenen Scheites (vgl. Am 4,11) das Ende des Gerichtshandelns Jahwes an der Exilsgeneration betont.[123] Insgesamt ließe sich eine

---

121 Die Abweichungen zwischen den übrigen Visionen dürften teils der Funktion der jeweiligen Vision im ursprünglichen Zusammenhang des Zyklus geschuldet sein (so etwa bei der ersten Vision als Auftakt oder der Leuchtervision als Höhepunkt des Zyklus), teils ebenfalls auf einen späteren literargeschichtlichen Ort hinweisen (so etwa bei der Vision „Frau im Efa", die gegenüber den übrigen Visionen besonders markante Abweichungen aufweist).

122 Eine Übersicht über die vertretenen Positionen bieten Pola, Priestertum, 178 ff., und Hallaschka, Haggai, 206 f., Anm. 325.

123 Vgl. Hallaschka, Haggai, 202 f.: „Mit der Restitution des Hohenpriesters Josua […], der der Exilsgeneration zugerechnet ist, ist das Strafgericht zum Ende gekommen, der Wechsel der schmutzigen Kleider wird zugleich zum Zeichen für den Übergang vom Gericht zum Heil."

literarkritische Aussonderung von V.1b.2 wohl rechtfertigen,[124] zwingend ist sie
freilich nicht. Für die Frage, welche Funktion und Stellung Sach 3 dem Hohepriester
beimisst, ist die Entscheidung letzten Endes nebensächlich. Unabhängig davon, wie
man in diesem Fall votiert, bringt V.2aβ.γ mit der Erwählung Jerusalems einen
neuen Aspekt ein. Der Teilvers dürfte daher in jedem Fall in den Zusammenhang
von V.2 nachgetragen worden sein.[125]

Abgesehen von den Unebenheiten in V.1b.2 ist der weitere Verlauf der Vision in
V.3 – 7 weitgehend spannungsfrei. Problematisch erscheint allein die in mehrfacher
Hinsicht merkwürdige Ausstattung Joschuas mit einem reinen Kopfbund (צָנִיף) in
V.5a.bα¹. Zunächst fällt die ungewöhnliche Szenerie auf: Der Visionär selbst ergreift
das Wort und erteilt im himmlischen Thronrat (!)[126] den Befehl, den Hohepriester
mit einem Turban zu bekleiden.[127] Sodann ergibt sich eine wenig plausible Reihenfolge der Bekleidung dadurch, dass der entkleidete Hohepriester zunächst mit
einer Kopfbedeckung und erst *danach* mit sauberen Kleidern bestückt wird. Insgesamt besteht somit Grund zu der Annahme, dass V.5a.bα¹ und der Rest des Verses
aus unterschiedlichen Federn stammen.[128] Die einfachste und daher naheliegende
Erklärung ist, dass V.5a.bα¹ in den Zusammenhang zwischen V.4 und V.5bα².β eingeschoben wurden. Hallaschka hingegen vertritt eine erheblich komplexere Lösung.[129] Diese wird zwar weiteren Auffälligkeiten in Sach 3,1 – 7 gerecht, wirft jedoch
auch neue Probleme auf und kann somit in letzter Konsequenz nicht überzeugen.
Nach Hallaschka wurde eine Grundschicht bestehend aus V.1a.4b in einem ersten
Schritt um V.3.4a fortgeschrieben. Darauf sei zunächst die Ausstattung mit einem
Turban erfolgt (V.5a.bα¹), im Anschluss daran seien V.5bα².β.6 f. ergänzt worden. Zwei
literarkritische Entscheidungen zu V.5 sind hierbei auseinanderzuhalten: 1) Hallaschka differenziert literarkritisch zwischen V.5bα².β und V.3.4a und spricht beides
der Grundschicht ab. 2) Er vermutet in V.5bα².β.6 f. den gegenüber V.5a.bα¹ *jüngeren*
Nachtrag.

Die beiden Argumente sind (in umgekehrter Reihenfolge) nacheinander zu
prüfen:

---

124 Hallaschka, Haggai, 198 ff., geht von einem Nachtrag aus.
125 Vgl. Hallaschka, Haggai, 201.
126 Vgl. auch Pola, Priestertum, 182. Willi-Plein, Haggai, 86, hält die „plötzliche Einbeziehung des
Visionärs in das Visionsgeschehen" indes für gänzlich unauffällig.
127 Zu V.5 bietet LXX eindeutig die *lectio facilior*; vgl. Hallaschka, Haggai, 210 f. An der 1. Pers. Sg. des
MT ist daher festzuhalten.
128 Vgl. Hallaschka, Haggai, 206; Schott, Sacharja 9 – 14, 41, Anm. 110. Selbst Pola, Priestertum, 181 f.,
der Sach 3 ansonsten für literarisch einheitlich hält, wertet V.5a.bα als Nachtrag. Vgl. hingegen Kratz,
Judentum, 81, der V.5 – 7 insgesamt für einen Nachtrag gegenüber V.1 – 4 zu halten scheint.
129 Vgl. Hallaschka, Haggai, 196 ff.

Ad 2) Eine redaktionelle Fortsetzung von V.3.4 durch V.5a.ba^1 erscheint zunächst einmal unproblematisch. Mit der Aussage des Boten in V.4b ist der Akt der Einkleidung mit Feierkleidern bereits impliziert, V.5a.ba^1 trägt Aufforderung und Ausführung in Bezug auf die Ausstattung Joschuas mit einer Kopfbedeckung nach. Das Problem dieser relativen Chronologie zeigt sich jedoch an anderer Stelle: Bildeten V.3 f.5a.ba^1 bereits einen redaktionell gewachsenen, inhaltlich aber spannungsfreien Zusammenhang, lässt sich nicht erklären, warum ein späterer Redaktor V.5ba^2.β hätte anschließen und somit die merkwürdige Reihenfolge der Bekleidung überhaupt erst hervorrufen sollen. Als „Überleitungsteil […], der als Scharnier zwischen der Einkleidungsszene […] und der Rede des Jahweengels fungiert",^{130} verfehlt V.5ba^2.β seine Funktion jedenfalls komplett. V.6 hätte ebenso gut an V.5a.ba^1 anschließen können. Naheliegender ist es daher, einen ursprünglichen Zusammenhang zwischen V.3 f. einerseits und V.5ba^2.β andererseits anzunehmen, der durch die Eintragung von V.5a.ba^1 aufgesprengt wurde.

Ad 1) V.3 beschreibt das Setting: Der Hohepriester steht mit schmutzigen Kleidern vor dem Boten Jahwes. In V.4a erteilt dieser den Auftrag, man solle Joschua die schmutzigen Kleider abnehmen. Dass dies daraufhin erfolgt ist, belegt V.4ba. Der Bote wendet sich direkt an den Hohepriester und sagt ihm zu, entsühnt zu sein. Das Ausziehen der schmutzigen Kleider symbolisiert dabei die Tilgung von Schuld und Unreinheit.^{131} In V.4bβ kündigt der Bote Joschua an, dass er mit Festkleidern bekleidet werden wird, was in V.5ba^2.β berichtet wird. Die Anlage ist also durchaus kunstvoll. Gegen Hallaschka besteht darum kein Anlass, innerhalb des Zusammenhangs V.3.4.5ba^2.β.6 f. literarkritisch zu differenzieren. Richtig ist, dass V.5ba^2.β in Kenntnis von V.3 f. verfasst worden sein muss, denn ohne eine vorausgehende Erwähnung der „Stehenden" in V.4a würde nicht deutlich, welche pluralische Größe agiert. Abgesehen davon, dass eine Grundschicht bestehend aus V.1a.4b insgesamt eher blass bliebe, halten die von Hallaschka vorgebrachten Gründe für die Aussonderung von V.3.4a einerseits^{132} und V.5ba^2.β.6 f. andererseits^{133} einer kritischen

---

130 Hallaschka, Haggai, 207.
131 Vgl. Jeremias, Nachtgesichte, 207 f.
132 Dass V.3b die Information aus V.1a auffällig wiederholt, wonach der Hohepriester vor dem Jahweboten steht, lässt sich höchstens im Horizont der Satanszene in V.1b.2, die das Szenario erheblich verkompliziert, literarkritisch auswerten. V.1b.2 setzt Hallaschka jedoch später an als V.3.4a. Weder nach V.1a noch nach V.3a bräuchte die Rede des Boten in V.4 eine Vorbereitung durch V.3b, sodass sich auf dieser Ebene mit V.3b schlechterdings nicht argumentieren lässt. Auch die fehlende Einführung der Stehenden stellt gegen Hallaschka kein literarkritisches Indiz dar, denn ihre Erwähnung im Zusammenhang einer Thronratsszene ist alles andere als überraschend. Genauso „urplötzlich" betreten jedenfalls auch der Bote und Joschua selbst die Bühne. Am Ende bleibt als Indiz für eine Aussonderung von V.3.4a lediglich der Wechsel in der Bezeichnung zwischen dem „Boten" und dem „Boten Jahwes". Dieser allein kann freilich die Beweislast nicht tragen.

Prüfung nicht stand. Insgesamt liegt es daher nahe, den gesamten Zusammenhang V.3 f.5bα².β.6 f. für den Grundbestand der Vision zu veranschlagen.

Dahingegen dürfte alles, was nach V.7 steht, der Grundschicht abzusprechen sein.[134] Nachdem die Verheißung an Joschua mit den hohepriesterlichen Pflichten und Privilegien einen vollmundigen Abschluss gefunden hat, verlängert V.8 die Gottesrede künstlich durch eine weitere, formal auffällig mit Imperativ eingeleitete Ankündigung an den Hohepriester, die nun jedoch nicht mehr seine eigene, sondern eine andere Person betrifft, nämlich einen nicht näher charakterisierten „Spross". Ging es vorher um die Aufgaben und Kompetenzen des Hohepriesters, wird der Fokus hier auffällig von ihm weggelenkt: Joschua wird nun von einem Kollegium umringt, das als Wahrzeichen oder Bürgschaft für den angekündigten „Spross" steht.[135]

---

133 Gehören V.3.4a zur Grundschicht, liegt es nahe, aufgrund ihres engen Bezugs zur Ankündigung des Boten (V.4a) auch die Einkleidung des Hohepriesters V.5bα².β zum Grundbestand des Textes zu rechnen. Auch V.6 f. sind unauffällig. Hallaschka bringt als Argument die gegenüber V.1–4 andere Funktion des Boten. „Dort handelte er als Stellvertreter Jahwes innerhalb der Vision. Nun fügt er eine Verheißung hinzu, wobei er sich sogar der Botenformel bedient" (Haggai, 207). Dies ist jedoch gänzlich unauffällig und impliziert keine konzeptionelle Differenz. Beides fällt in den Bereich des bevollmächtigten Wirkens des Jahweboten, der nach der Entsühnung nun eben eine Verheißung gibt.
134 Vgl. Rothstein, Nachtgesichte, 88; Elliger, Buch II, 115–117; Reventlow, Propheten, 54; Tollington, Tradition, 42 f.; Delkurt, Nachtgesichte, 145 f., Anm. 3; Kratz, Judentum, 81; Hallaschka, Haggai, 196–198; Schott, Sacharja 9–14, 42. Gegen Pola, Priestertum, 184 f., der V.8–10 zum Grundbestand rechnet, und Wöhrle, Sammlungen, 336 f., der in Sach 3,8 die ursprüngliche Fortsetzung von 3,6 f. sieht; s. auch die folgende Anm.
135 Die übrigen Belege im *corpus propheticum* legen nahe, dabei von einem davidischen Herrscher auszugehen; vgl. Jer 23,5; 33,15. Wöhrle, Sammlungen, 336, hingegen deutet den angekündigten Spross als eine priesterliche Gestalt. Da der Spross eine zukünftige Gestalt sei, könne es sich nicht um den Davididen Serubbabel handeln. Das Verhältnis von Spross und Serubbabel ist in der Tat schwierig zu bestimmen, s.u. 2.2.3.2. Die Deutung auf einen (ggf. von Serubbabel zu unterscheidenden) zukünftigen davidischen Herrscher lässt sich jedoch nicht einfach mit der Beobachtung ausräumen, dass „anders als in Jer 23,5; 33,15 in Sach 3 von einem Davididen nämlich überhaupt keine Rede" sei (Sammlungen, 336). Wenn über den Bezug auf Jer 23,5; 33,15 auf die Verheißung eines davidischen Herrschers *angespielt* werden soll, ist eine explizite Erwähnung eines davidischen Herrschers nicht nötig. Als Anspielung funktioniert der Bezug jedoch nur, wenn der Gehalt der Stellen, auf die angespielt wird, auch in den rezipierenden Text übertragen wird. Wertet man Sach 3,8 als Bezug auf die Spross-Stellen in Jer, versteht den Spross hier aber *nicht* als davidischen Herrscher, verfehlt die Anspielung ihr Ziel. Eine Übertragung der einst an einen davidischen Herrscher ergangenen Verheißung auf den Priester im Sinne einer „bewusste[n] Korrektur der früheren צמח-Verheißungen" (Sammlungen, 336, Anm. 51) dürfte aufgrund der subtilen Anspielung jedenfalls nicht ohne Weiteres verständlich gewesen sein. Außerdem wäre zu fragen, welchen konzeptionellen Mehrwert die Ankündigung eines zukünftigen Priesters in den Linien von Jer 23; 33 an dieser Stelle haben sollte,

Ein Perspektivenwechsel zwischen V.8 und V.9 spricht ferner für eine gestaffelte Entstehung von V.8 – 10: V.9 wechselt unvermittelt von der Anrede in eine Rede über Joschua, sodass V.8 und V.9 literargeschichtlich voneinander abzuheben sind.

Die Auslegung von V.9 bereitet Probleme, was vor allem an der unklaren Bedeutung des vor Joschua platzierten, gravierten Steines liegt.[136] Wöhrle räumt angesichts der großen Breite an Interpretationsmöglichkeiten ein: „Auf inhaltlicher Ebene läßt sich über diesen Vers kaum etwas sagen, da für den Stein, der vor den Hohepriester gelegt ist, nur Spekulationen, aber kaum sicher zu begründende Deutungen möglich sind."[137] Dies liegt jedoch vor allem daran, dass V.9aβ, der einzige Teil des Verses, der durch seinen unbestreitbaren Bezug zu Sach 4,10 eindeutig Aufschluss über den Verwendungszusammenhang des Steins gibt, häufig als späterer Nachtrag gewertet wird. Diese Entscheidung nötigt jedenfalls dazu, dem Stein *jenseits* der Verbindung mit Sach 4 eine Bedeutung und Funktion innerhalb von Sach 3 zuzuschreiben. In der Tat bleiben sämtliche Versuche diesbezüglich spekulativ, wie die folgenden Beispiele verdeutlichen mögen. Innerhalb von V.8 f. betrachtet etwa Kratz V.8aβ.b.9aβ als Nachtrag.[138] Der von Jahwe gravierte Stein für Joschua sei ursprünglich als „Ornament am hohepriesterlichen Kopfbund"[139] zu verstehen gewesen, erst die Fortschreibung habe den Stein durch den Bezug auf Sach 4,10 in ein „Vorzeichen für Serubbabel" verwandelt. Die Deutung als Diademstein (wahlweise als Verzierung eines anderen Teils des hohepriesterlichen Ornates nach den Beschreibungen von Ex 28; 39)[140] wirft zumindest die Frage auf, warum dieser Zusammenhang nicht explizit gemacht wurde. Jedenfalls wirkt die Formulierung, dass Jahwe den Stein vor Joschua platziert habe, in diesem Kontext

---

wenn Joschua zuvor schon als königliche Figur gezeichnet worden wäre, was Wöhrle anhand seiner Interpretation von Sach 3,7 voraussetzt (s. dazu im Folgenden): „Nach der in Sach 3,1 – 7 ausgeführten Vormachtstellung des Hohepriesters Jeschua wird hier also angesagt, daß nicht nur die gegenwärtige Führungsperson, sondern auch die für die Zukunft erwartete Herrschergestalt eine priesterliche sein wird." Setzt man eine genealogische Konzeption des Hohepriesteramtes voraus, würde man dies nach Sach 3,1 – 7 ohnehin erwarten. Außerdem weist das Spross-Bild eher auf einen Neuanfang im Sinne einer Restitution des davidischen Königtums. In dieser Weise ist es auch an den Jeremia-Stellen zu verstehen.

136 Die sehr vielfältigen Vorschläge zur Deutung dieses Vorgangs listet Pola, Priestertum, 189 ff., auf.
137 Wöhrle, Sammlungen, 337.
138 Vgl. Kratz, Judentum, 81. Aus welchem Grund Kratz V.8 f. als gegenüber V.5 – 7 nachgetragen betrachtet, wird nicht ganz deutlich. Jedenfalls haben auch V.5 – 7 bereits die Funktion, Joschua mit einem priesterlichen Ornat auszustatten, sodass V.8 f. in der Deutung Kratz' lediglich ein eher unwesentliches Detail nachtragen.
139 Kratz, Judentum, 81.
140 Für einen Überblick über die entsprechenden Positionen vgl. Pola, Priestertum, 189 f.

auffällig vage. Wie der Stein von dort an den Kopf des Hohepriesters (oder eine andere Region seines Körpers) gekommen sein sollte, bleibt offen.[141]

Hallaschka gibt in kritischer Abgrenzung von diesen Lösungen daher einer anderen Deutung den Vorzug: Es handele sich bei dem Stein um den „Fundamentstein des Tempels".[142] Eine methodische Schwäche seiner Lösung besteht jedoch darin, dass er V.9aβ als Glosse betrachtet, obwohl V.9 bereits in seiner ursprünglichen Gestalt auf Sach 4 verweise:

> Auch der nähere Kontext von Sach 3,9* spricht für diese Interpretation, wird doch im darauffolgenden Nachtgesicht (epexegetisch) zweimal im Zusammenhang des Tempelbaus von האבן gesprochen. So hat bereits der Ergänzer der Glosse 3,9aβ den Stein in diesem Sinne verstanden, indem er ihn mit einem Stein mit sieben Augen von Sach 4,10 identifizierte.[143]

Die Glosse würde daher die Anspielung lediglich eindeutiger machen. Die weniger verfängliche Lösung besteht dann darin, von vornherein auf einen literarkritischen Schnitt innerhalb von V.9 zu verzichten, wie jüngst Schott vorgeschlagen hat.[144] Dass die Bezugnahme auf Sach 4,10 in Sach 3,9 zu keinem klar verständlichen Text führt, ist dann nicht auf eine Glossierung zurückzuführen, sondern verdankt sich dem bemühten Versuch einer synchronen Interpretation von Sach 4,10.[145]

Der Verfasser von V.9 hat somit von vornherein auf die Identifikation des Steines, der vor Joschua platziert wird, mit dem Stein aus Sach 4,10 abgehoben. Die Intention liegt auf der Hand. Sach 3,9 trägt, vermutlich ausgehend vom Thema Tempel in V.7, nun den Tempel*bau* in das Nachtgesicht ein. In diesem Zusammenhang hat auch die Positionierung des Steines vor Joschua einen guten Sinn. Sie überträgt die Verfügungsgewalt über diesen Stein auf Joschua. Joschua ist dadurch indirekt am Tempelbau beteiligt. Die Abfolge von Sach 3,7 und Sach 4 impliziert darüber hinaus vielleicht eine gewisse Hierarchie der beiden am Tempelbau beteiligten Personen, dem Hohepriester Joschua und Serubbabel. Die Frage, wie Serubbabel an den Stein gelangt ist, spielt in der älteren Epexegese in Sach 4 natürlich keine Rolle. Von Sach 3,9 aus gelesen liegt jedoch die Annahme nahe, dass er ihn von Joschua erhalten hat, dem zuvor von Jahwe die Entscheidungsgewalt darüber ver-

---

141 Zur Kritik an diesen Lösungen und ihren Grenzen s. auch Hallaschka, Haggai, 205 f.
142 Hallaschka, Haggai, 206.
143 Hallaschka, Haggai, 206.
144 Vgl. Schott, Sacharja 9–14, 42 f., Anm. 19.
145 Die Frage nach der Funktion und Bedeutung der sieben Augen auf dem Stein in Sach 3,9 erübrigt sich damit: Der Verfasser von Sach 3,9 hat zwei Informationen aus Sach 4,10 miteinander in Verbindung gebracht, die redaktionell nebeneinander zu stehen kommen, inhaltlich aber nichts miteinander zu tun haben: den Stein im Zusammenhang mit dem Tempelbau und die sieben Augen Jahwes.

liehen worden war. Die Einschätzung von Kratz („dieser Stein wird als Vorzeichen für Serubbabel gedeutet"[146]) trifft es dann nicht präzise. Die Bezugnahme auf Sach 4 in Sach 3,9 hat nicht die Funktion, an dieser frühen Stelle bereits auf das spätere Handeln Serubbabels zu verweisen (was die Bedeutung Serubbabels steigern würde). Vielmehr dürfte es darum gehen, die Entscheidungsgewalt über Serubbabels Bauprojekt auf Joschua zu übertragen. Mit V.9 ist daher „Josua als Tempelbauer im Blick"[147], oder anders gesagt: Sach 3,9 interpretiert Sach 4,6aβ–10a* „neu im Sinne einer Vorrangstellung des Hohenpriesters".[148]

Aus der vorgeschlagenen Deutung von V.9 ergibt sich die relative Chronologie von V.8 und V.9. Zunächst dürfte V.9 die Kompetenzen des Hohepriesters gegenüber der Grundschicht ausgeweitet haben.[149] V.8 wurde dann als nachträgliche Korrektur dieser Sicht vorangestellt. Auch die heilvolle eschatologische Perspektive von V.10 dürfte auf das Konto eines Bearbeiters gehen. In der Regel wird sie entweder mit der Ergänzung von V.8 in Zusammenhang gebracht[150] oder noch einmal später als dieser Vers angesetzt.[151]

Fazit: Abzüglich aller (möglichen) Ergänzungen verbleiben für die Grundschicht von Sach 3 (mindestens) V.1a.3 f.5bα².β.6 f. Sodann finden sich einige für die Frage nach der Entwicklung der Herrschaftsverhältnisse relevante Bearbeitungen, die für die weitere Untersuchung im Blick zu behalten sind: Die Ausstattung Joschuas mit einem Turban in Sach 3,5a.bα¹, die Reinterpretation von Sach 4,6aβ–10a* in Sach 3,9 – beides ließe sich als Aufwertung des Hohepriesters verstehen – sowie die Spross-

---

146 Kratz, Judentum, 81.
147 Reventlow, Propheten, 56.
148 Hallaschka, Haggai, 206; vgl. auch Schott, Sacharja 9 – 14, 42.
149 Bisweilen wird V.9bβ literarkritisch noch einmal vom Rest des Verses abgehoben; vgl. Hallaschka, Haggai, 203, der ihn zur Ergänzung von V.1b.2 rechnet. Nach Schott, Sacharja 9 – 14, 43, hingegen gehört V.9bβ zu V.9a.bα. Die Entfernung der Sünde aus dem Land geht über die Entsühnung Joschuas als Individuum hinaus und könnte konzeptionell mit der Wiederaufnahme des Kultbetriebs zusammenhängen.
150 Vgl. Schott, Sacharja 9 – 14, 42. Auch nach Wöhrle, Sammlungen, 337, ist Sach 3,10 „eine nochmals spätere Zufügung" gegenüber V.9. Er sieht jedoch keinen sachlichen Zusammenhang zwischen V.9 und V.10: „Dabei sind beide Verse ohne weiteren Zusammenhang im sonstigen Sacharjabuch und deshalb als vereinzelte Nachträge zu bezeichnen." Nach der hier vorgeschlagenen Deutung von V.9, wonach der Vers das Thema Tempelbau in Sach 3 einspielt und somit nicht nur mit Sach 4, sondern auch mit Sach 6,9 – 15 im Zusammenhang steht (s. dazu im Folgenden), trifft dieses Urteil nicht zu.
151 Vgl. Schöttler, Gott, 101; Hallaschka, Haggai, 196 f.220.

Bearbeitung in Sach 3,8, die im Sinne einer Korrektur dieser Sicht zu verstehen sein dürfte.[152]

2.2.2.2.2 Das Profil des Hohepriesteramtes nach Sach 3

Die Grundschicht berichtet zunächst, dass der durch das Exil verunreinigte Hohepriester Joschua gereinigt und entsühnt wird, mit dem Ziel, ihn kultfähig zu machen.[153] Nach der Entsühnung, die in der Einkleidung mit „Festkleidern" zum Ausdruck kommt,[154] werden dem Hohepriester Privilegien in Aussicht gestellt für den Fall, dass er bestimmte Bedingungen erfüllt. Während die Entsühnung die Voraussetzung dafür schafft, dass Joschua das Amt des Hohepriesters ausüben kann, werden in V.7 die Konturen dieses Amtes definiert. Die Bedeutung der dort zusammengestellten Rechte und Pflichten ist umstritten, für die Frage, welche Stellung und Funktion die Grundschicht von Sach 3 dem Hohepriester zuschreibt, jedoch essentiell. Bereits syntaktisch ist nicht eindeutig, wo die Protasis endet (nach V.7aα oder nach V.7a) und die Apodosis beginnt (mit V.7aβ oder mit V.7b). Am Ende dürfte die auffällige Reihung וגם ... אתה וגם eher für den Beginn der Apodosis mit V.7aβ sprechen.[155] In diesem Fall müsste Joschua zwei Auflagen erfüllen (in Jahwes Wegen gehen und seinen Dienst versehen), um drei Privilegien zu genießen (Gerichtsbarkeit in Tempelangelegenheiten, Aufsicht über die Vorhöfe und Zugang zum himmlischen Thronrat). Entscheidender als die Frage nach der Syntax ist jedoch die nach der Pragmatik der Liste in V.7: Wie sind die Aufgaben und Funktionen des Hohepriesters mit Blick auf die zugrunde liegende Konzeption des Hohepriesteramtes einzuordnen? Die Aufzählung beginnt mit einer unverkennbar dtr. Forderung („wenn du in meinen Wegen gehst"). Ob dies eher allgemein als Forderung von

---

152 Was Sach 3,8 angeht, wird im Lauf der Untersuchung insbesondere das literargeschichtliche Verhältnis zu Sach 6,12 und Hag 2,20–23 zu prüfen sein, denjenigen Passagen des Zweiprophetenbuches, die ebenfalls einen davidischen Herrscher verheißen.
153 Mit Kratz, Judentum, 81, ist in Erwägung zu ziehen, dass Sach 3 bereits auf die innerhalb von Hag redaktionelle Priestertora Hag 2,10–14 Bezug nimmt, wonach der Opfernde rein sein muss, um reine Opfer darbringen zu können. Dass in Sach 3 eine kultische Unreinheit im Blick ist, bezweifelt Willi-Plein, Haggai, 86, und spricht stattdessen eher vage von einer durch das Exil verursachten „(kollektive[n]) Haftung, unter der Josua bislang mit anderen stand".
154 Im Gegensatz zu anderen Stellen, die den (hohe-)priesterlichen Ornat behandeln (vgl. etwa Ex 28 oder auch Jes 61), weist die Terminologie hier nicht in den Bereich königlicher Kleidung – was angesichts der Tatsache, dass es nicht um eine Investitur, sondern um die Entsühnung des Priesters geht, auch nicht überraschend ist. Die Bezüge weisen stattdessen auf Jes 3,16 ff.: Es handelt sich um Freudenkleider. Die Ausstattung damit zeigt das Ende der Gerichtszeit an.
155 So auch Jeremias, Nachtgesichte, 212–216; VanderKam, Joshua the High Priest, 558; Pola, Priestertum, 174; Tiemeyer, Rites, 251 f.; Schott, Sacharja 9–14, 41; gegen Delkurt, Nachtgesichte, 171; Wöhrle, Sammlungen, 334, Anm. 40; Segal, Responsibilites, 718 f.; Hallaschka, Haggai, 207 f.

Gehorsam resp. eines grundsätzlich toraobservanten Lebens zu verstehen ist, oder auf ein spezielles Verhalten Joschuas, etwa einer Orientierung am ersten Gebot, abzielt,[156] wird sich kaum feststellen lassen.[157] In jedem Fall hat die Forderung als solche allgemeinen Charakter, insofern sie sich kaum auf einen speziell priesterlichen Kontext engführen lässt. Die Einschätzung Tiemeyers dürfte somit zutreffen: „[T]he first condition emphasizes Joshua's expected personal piety and his sole devotion to YHWH."[158] Anders verhält es sich mit der nächsten Auflage („wenn du meinen Dienst versiehst"). Die Wendung kommt besonders häufig in priesterlich geprägten Texten, daneben auch in Chr und Ez vor[159] und bezieht sich vorwiegend auf kultisches Personal (Priester und Leviten),[160] sodass davon auszugehen ist: „[T]he second condition [...] addresses Joshua's professional life."[161] Beschränkt man die Protasis auf diese beiden Elemente, sind Toragehorsam und die korrekte Amtsausübung die Bedingungen für die im Folgenden genannten Privilegien, die das Amt des Hohepriesters konturieren. Die ersten beiden beziehen sich auf konkrete Aufgabenbereiche des Hohepriesters. Zunächst: „Dann sollst du mein Haus richten". Das Verb דין steht sonst nirgends mit unbelebtem Objekt. Da angesichts der sonstigen Verwendung der Wurzel eine juridische Bedeutung dennoch naheliegt, dürfte in Sach 3,7 eine metaphorische Redeweise vorliegen.[162] Das Richten des Tempels bezieht sich dann auf die Rechtsprechung am Tempel.[163] Die zweite Bestimmung („du sollst meine Vorhöfe bewahren") zielt wohl ebenfalls auf die alleinige Verantwortung Joschuas in Tempelangelegenheiten.[164] Schreiben diese beiden Tätigkeiten dem Hohepriester die Oberaufsicht über den Kult – und somit letztlich Souveränität in kultischen Angelegenheiten – zu, bleibt zu klären, wie sich dies zu dem letzten genannten Privileg, dem Zugang zum himmlischen Thronrat,[165] verhält.

---

156 So Tiemeyer, Rites, 252.
157 Häufig begegnet die Formel in allgemeinen Zusammenhängen. Im Kontext eines Verstoßes gegen das erste Gebot steht sie in 1 Kön 11,33; 2 Kön 21,22. Vgl. Hallaschka, Haggai, 207, Anm. 330.
158 Tiemeyer, Rites, 252.
159 Vgl. u. a. Lev 8,35; Num 1,53 f.; 1 Chr 23,32; 2 Chr 13,11; Ez 40,45 f.; 44,14 f.
160 Vgl. etwa Jeremias, Nachtgesichte, 213; Delkurt, Nachtgesichte, 173 f.; Hallaschka, Haggai, 207 f.
161 Tiemeyer, Rites, 252.
162 Vgl. auch 1 Sam 2,10, wonach Jahwe die Enden der Erde richtet.
163 Vgl. Hallaschka, Haggai, 208. Alternativ wäre zu erwägen, ob sich „Haus" hier auf das Personal am Tempel bezieht. Vgl. etwa Tiemeyer, Rites, 253, und auch bereits Targum Jonathan. Eine ausführliche Diskussion der Schwierigkeiten und ihrer Lösungsansätze findet sich bei Segal, Responsibilities, 720 – 722.
164 Vgl. Tiemeyer, Rites, 254; Hallaschka, Haggai, 209. Jeremias, Nachtgesichte, 215, spricht zutreffend von einer „Verwaltungshoheit" in Tempelangelegenheiten; vgl. auch Delkurt, Nachtgesichte, 177.
165 Die Deutung der Aussage im Sinne eines Zutritts zum himmlischen Thronrat ist sehr wahrscheinlich. „Diese Stehenden" dürften als Rückbezug auf die vor dem Boten stehenden und ihm bei

Die Aussage fügt den bisherigen, neben der eingangs geforderten persönlichen Frömmigkeit dezidiert kultisch orientierten Pflichten und Privilegien des Hohepriesters einen neuen Aspekt hinzu und erweitert die bisherigen Bestimmungen erheblich. Nicht nur die Entsühnung, die den Hohepriester dazu befähigt, sein Amt auszuüben, sondern, deren Korrektheit vorausgesetzt, die Amtsausübung selbst ist an den himmlischen Ratschluss gebunden. In dieser Konzeption des Hohepriesteramtes verschwimmen die Grenzen zwischen priesterlichem Amt und prophetischer Autorität. Der Priester steht in direktem Austausch mit der himmlischen Versammlung, der von ihm *rite* besorgte Kult am Zweiten Tempel ist somit unmittelbarer Ausdruck göttlichen Willens.

Unzweifelhaft kommt in dieser Konzeption, die mit gewissem Recht als Ätiologie des Hohepriesteramtes bezeichnet werden kann, eine große Wertschätzung des Amtes zum Ausdruck. Verschiedentlich wird V.7 zudem als Beleg für ein königlich geprägtes Hohepriesteramt herangezogen.[166] Hierfür wird zum einen die Parallele zwischen Sach 3,7aα und 1 Kön 2,3 in Anschlag gebracht, zum anderen werden die anschließend genannten Privilegien im Sinne einer Übertragung ehemals königlicher Aufgaben auf den Hohepriester gedeutet.

Tatsächlich begegnet die Kombination „in Jahwes Wegen gehen" (הלך בדרך) und „Jahwes Dienst versehen" (שמר משמרת) nur in Sach 3,7 und 1 Kön 2,3, dort in Bezug

---

der Einkleidung assistierenden Wesen aus V.4 zu verstehen sein; vgl. Pola, Priestertum, 201. Zur geläufigen Deutung auf den himmlischen Thronrat vgl. auch Hallaschka, Haggai, 209. Eine gänzlich andere Lösung wird von Segal, Responsibilities, 726 ff., vorgeschlagen, der הָעֹמְדִים (Säulen) liest und die Zusage im Sinne von im Tempel wandelnden Nachkommen Joschuas deutet. Boda, Oil, deutet die Aussage auf die Propheten, die Zugang zum Thronrat haben, und deren bleibende Rolle im Tempelkult damit manifestiert wird.

166 Vgl. etwa Jeremias, Nachtgesichte, 216 ff.; VanderKam, Joshua the High Priest, 559; ders. Joshua, 28 f.; Delkurt, Nachtgesichte, 174 ff.; Pola, Priestertum, 199; Schott, Sacharja 9–14, 41. Auch Wöhrle, Sammlungen, 334, deutet die Aufgabenbereiche in Sach 3,6 f. als Zuschreibung „herrschaftliche[r] Funktionen und Vollmachten" an den Hohepriester, „die ihn in den früheren Kompetenzbereich des Königs überführen". Wöhrle kommt jedoch u. a. zu diesem Urteil, weil er V.5 mit in Betracht zieht. In der Tat begegnet צניף nie als priesterliche Kopfbedeckung, sondern (als profanes Kleidungsstück, vgl. Jes 3,23; Hi 29,14, oder) als Kopfbedeckung des weltlichen Herrschers (vgl. Jes 62,3; Sir 11,5; 40,4; 47,6); vgl. Wöhrle, Sammlungen, 335, der hierzu auch auf Jeremias, Nachtgesichte, 210; Petersen, Haggai, 198 f., und Reventlow, Propheten, 53, verweist. V.5a.bα¹ ist jedoch sekundär in den Zusammenhang des Nachtgesichts eingetragen worden und kann daher für die Interpretation der Grundschicht nicht in Anschlag gebracht werden. Grundsätzlich anders entscheidet Tiemeyer, Rites, 252 f., für die sich V.7 allein auf die kultische Observanz des Hohepriesters bezieht. Vgl. auch Rooke, Heirs, 144, die in kritischer Auseinandersetzung mit der Position VanderKams bemerkt: „VanderKam gives no indication [...] as to why making a man cultic official automatically makes him a ruler, or how giving him charge of the Temple courts automatically gives him jurisdiction over any other aspect of government or administration."

auf Salomo. Die exakte Wendung „Wenn du auf meinen Wegen gehst" (Kombination aus אם, der 2. Sg. M. Imperf. von der Wurzel הלך und דרך mit Präp. ב und Suff. 1. Sg. C.) findet sich ferner nur in 1 Kön 3,14, sodass eine enge Verbindung zwischen Sach 3,7 einerseits und dem Beginn der Herrschaft Salomos andererseits nicht von der Hand zu weisen ist. Davon zu unterscheiden sind jedoch die Fragen, ob sich die Ähnlichkeiten einer bewussten Bezugnahme verdanken, und, wenn ja, was daraus für die Interpretation des Verses folgt. Die Wendung „in meinen (= Jahwes) Wegen gehen" ist geläufig und ergeht auch mehrfach als direkte Aufforderung an Israel (vgl. etwa Dtn 5,33; 8,6). Aus der identischen Formulierung in Sach 3,7 und 1 Kön 3,14 lassen sich darum keine allzu weitreichenden Schlüsse ziehen. Auch was die Überschneidung mit 1 Kön 2,3 angeht, wird man zumindest eingestehen müssen, dass die Anspielung deutlicher hätte gemacht werden können. Am Ende spricht einiges gegen eine literarische Bezugnahme,[167] vor allem aber auch gegen die optimistische Deutung Hanharts:

> Im Licht dieser deuteronomistischen Tradition wäre dann die sacharjanische Wesensbestimmung des Hohenpriestertums hinsichtlich seines irdischen Auftrags so zu verstehen, daß die Rechte des Königtums auf den Hohepriester übergehen, das hohepriesterliche Amt zu einem königlichen wird.[168]

Sach 3,7 bezieht sich auf zwei Forderungen an den König Salomo aus 1 Kön 2,3, die jedoch nicht auf einen dezidiert königlichen Aufgabenbereich weisen, sondern eher allgemeingültig sind („Gehen auf Jahwes Wegen") bzw. sogar eher aus dem priesterlichen Aufgabenbereich stammen und nur hier ausnahmsweise in Bezug auf einen König begegnen („Jahwes Dienst versehen"). Die Kombination der beiden Forderungen in Sach 3,7 ist daher trotz der Entsprechung mit 1 Kön 2,3 wenig geeignet, um ein königliches Herrscherbild zu evozieren.

Bleibt ein Bezug auf 1 Kön 2,3 somit letztlich bezweifelbar und in seiner Aussagekraft ohnehin begrenzt, betreffen die beiden im Folgenden genannten Tätigkeiten in der Tat ehemals königliche Aufgaben und Funktionen:[169] Rechtsprechung am

---

167 Es liegt kein wörtliches Zitat vor; Sach 3,7 rekurriert nur auf den ersten Teil von 1 Kön 2,3, präsentiert die dort genannten Elemente jedoch in umgekehrter Reihenfolge. Zudem wird man berücksichtigen müssen, dass zwar die Kombination von דרך/הלך und משמרת/שמר nur an diesen beiden Stellen begegnet, zumindest die beiden Verben jedoch sehr häufig gemeinsam vorkommen. Selbst die Kombination דרך/הלך und שמר ist noch geläufig (Dtn 8,6; 30,16; Jos 22,5; Ri 2,22; 1 Kön 2,3; 3,14; 8,58; 11,38); vgl. Segal, Responsibilities, 727.
168 Hanhart, Sacharja (1,1–8,23), 193.
169 Vgl. etwa Wöhrle, Sammlungen, 334; Hallaschka, Haggai, 208 f.; Schott, Sacharja 9–14, 41; gegen Segal, Responsibilities.

Tempel und „Bewahrung der Vorhöfe", vermutlich zu verstehen als „Verwaltung des rechten (Opfer-)Kults"[170]. Dass die Oberhoheit auch über kultische Angelegenheiten in vorexilischer Zeit beim König lag, steht außer Frage.[171] Das bedeutet jedoch nicht, dass der König die gesamte Rechtsprechung am Tempel persönlich übernommen oder permanent die Einhaltung der Opferpraxis überwacht hat. Dies werden auch bereits in vorexilischer Zeit die am Heiligtum wirkenden Priester in seinem Namen ausgeführt haben.[172] Neu wäre entsprechend in Sach 3 nicht die Zuschreibung der Tätigkeiten an einen Priester, sondern ihre Verlagerung in seinen alleinigen Zuständigkeitsbereich. „Die Verwaltung des Tempels geht in Sach 3,7 nun vollgültig auf den Hohenpriester über."[173] Mit anderen Worten: Die Innovation besteht an dieser Stelle darin, dass ein souveränes Priesteramt etabliert wird, dessen Ausbildung erst durch das Ende des Königtums motiviert wurde und auf das notwendigerweise gewisse ehemals königliche Aufgaben übergingen. Auf eine große Autorität des hohepriesterlichen Amtes in sämtlichen Kult- und Tempelangelegenheiten recht bald in der nachexilischen Zeit (zumindest aus Sicht der Verfasser) kann daraus sicherlich geschlossen werden; von einer programmatischen Übertragung königlicher Aufgaben auf den Hohepriester, mit dem Ziel, das Amt als königliches Führungsamt zu qualifizieren, ist indes nicht auszugehen.[174]

Auch das letztgenannte Privileg spricht schließlich gegen eine Deutung des Verses im Sinne eines königlichen Hohepriestertums: Der Zugang „zwischen diesen Stehenden" meint wohl den direkten Zugang zur himmlischen Versammlung, was vergleichbare Stellen nicht als königliches, sondern vielmehr als prophetisches Privileg kennzeichnen (vgl. Jes 6;[175] Jer 23,18.22; 1 Kön 22).[176] Dies verdeutlicht noch einmal, dass sich die Grundschicht von Sach 3 konzeptionell nicht in der Übertra-

---

170 Hallaschka, Haggai, 209.

171 Vgl. auch Schott, Sacharja 9 – 14, 41, Anm. 114.

172 Vgl. zur Erteilung von Tora durch Priester auch Hag 2; zur Rechtsprechung am Tempel durch Priester vgl. Dtn 17,11; 31,10 ff. Zum Thema vgl. auch Niehr, Rechtsprechung.

173 Pola, Priestertum, 200.

174 Vgl. Rose, Zemah, 250: „On the basis of Zech. 3.7 it can reasonably be argued that the high priest takes over prerogatives which once belonged to the king, but his new authority is at the same time limited: it only comprehends jurisdiction or government and administration of the temple and the temple area." Gegen Jeremias, Nachtgesichte, 222 f., geht es in Sach 3,7 auch nicht darum, eine Höherstellung Joschuas gegenüber Serubbabel zum Ausdruck zu bringen. Jeremias nimmt an, dass Sach 3,7b über Joschua aussagen soll, was Sach 4,14 noch von Serubbabel *und* Joschua zu berichten wusste: den ungehinderten Zugang zur Sphäre des Göttlichen. Die Deutung scheitert daran, dass Sach 4,14 nicht von Serubbabel und Joschua handeln. S. dazu o. 2.2.2.1.2.

175 Wie in Sach 3 setzt der Zugang zum Thronrat auch in Jes 6 die Entsühnung des Visionärs voraus.

176 Im Unterschied zu Sach 3,7 handelt es sich bei den genannten Passagen jeweils um ein punktuelles und einmaliges Ereignis.

gung königlicher Funktionen auf den Hohepriester erschöpft. Vielmehr entwickelt Sach 3 ein originelles Profil des Hohepriesteramtes, das neben priesterlichen Aufgaben auch prophetische Aspekte integriert.[177]

Auch wenn die Grundschicht von Sach 3 das Hohepriesteramt somit selbst noch nicht als königliches Führungsamt charakterisiert, zeigt die weitere Redaktionsgeschichte des Kapitels, dass die Grundschicht durchaus als Basis für die Weiterentwicklung des Hohepriesteramtes zu einem politischen Führungsamt königlicher Prägung dienen konnte.

Die Ergänzungen von V.5a.bα[1] und V.9 tragen maßgeblich zur Profilierung des Hohepriesteramtes als Leitungsamt bei. Trifft die für V.9 vorgeschlagene Deutung zu, wonach der vor Joschua platzierte Stein symbolisiert, dass die Verantwortung für den Tempelbau auf den Hohepriester übertragen wird, resultiert dies nicht nur in einer Hierarchisierung zwischen Joschua und Serubbabel, insofern Joschua nun die Verwaltungshoheit in Tempelbauangelegenheiten zugesprochen wird. Mit dem Tempelbau würde vielmehr auch ein Kernbereich königlicher Herrschaft auf den Hohepriester übertragen, der, anders als die Privilegien in V.7, nicht direkt die Amtsausübung des Hohepriesters betrifft. Vor allem die Ausstattung mit einem Turban (צניף) in V.5, der als königliche Kopfbedeckung zu verstehen sein dürfte,[178] legt nahe, dass hier gezielt königliche Privilegien auf den Hohepriester übertragen werden. Zwar wird dasselbe Kleidungsstück, wie auch die Feierkleider aus V.4, in Jes 3 erwähnt. Deutet man die Ausstattung Joschuas mit dem Turban jedoch einfach im Sinn einer Umkehr der in Jes 3 angekündigten Verhältnisse und somit als Zeichen des überstandenen Gerichts,[179] ist gegenüber der Grundschicht kein Mehrwert der Ergänzung erkennbar. Ausschlaggebend dürfte daher die sonstige Verwendung des Lexems sein. Während צניף in Jes 3,23 noch recht unspezifisch ein Kleidungsstück bezeichnet, das die Hoheit und Würde seines Trägers abbildet, steht es in Hi 29,14 im Rahmen metaphorischer Rede im Verbund mit zwei königlichen Prädikaten: Hiob trug Gerechtigkeit als Kleid und Recht als einen Turban.[180] Als dezidiert königliches Kleidungsstück begegnet צניף schließlich in Jes 62,3 (צניף מלוכה [Qere]). Diese Be-

---

177 Ob man darum so weit gehen sollte, in Sach 3,7 von einer „Prophetwerdung des Hohepriesters" (Pola, Priestertum, 203) zu sprechen, sei dahingestellt.
178 Anders als in der Grundschicht, wo Joschua im Rahmen seiner Entsühnung mit „Feierkleidern" ausgestattet wird, trägt das Anlegen des Turbans deutliche Zeichen einer Investitur, was auch noch einmal den konzeptionellen Unterschied zwischen V.5a.bα[1] und der Grundschicht markiert. Vgl. auch Beuken, Haggai, 284, der (freilich für die gesamte Vision) feststellt: „Diese Kopfzier erhält bei Sacharja so viel Nachdruck, daß man annehmen darf: in der Visionsszene wird Josua als Hoherpriester eingesetzt."
179 Vgl. Hallaschka, Haggai, 211 f.; ders., Clean Garments.
180 Zur Bedeutung vgl. Kessler, Clothing, 339.

deutung ist auch in Sir vorherrschend, wo der Begriff gehäuft verwendet wird (Sir 11,5; 40,4; 47,6). Dass צָנִיף nur in Jes 62,3 im Zusammenhang mit dem König begegnet und es daher „übertrieben [erscheint], hier ein weiteres Indiz für die Übertragung von Königlichem auf das Priesterliche gefunden"[181] haben zu wollen, wie Pola meint, trifft daher nicht zu. Bezieht man Sach 3,9 in die Überlegungen mit ein, lässt sich wie dort auch hinter V.5a.bα¹ das Bestreben vermuten, königliche Attribute auf den Hohepriester zu übertragen.[182] Es spricht dann nichts dagegen, beide Ergänzungen auf denselben Bearbeiter zurückzuführen.[183]

V.8 schließlich verheißt mit dem Spross einen zukünftigen davidischen Herrscher, der hier gezielt zur Korrektur der hohepriesterlichen Herrschaftskonzeption eingesetzt wird. Spätestens mit dieser kritischen Reaktion auf die (zumindest literarische) Kompetenzerweiterung des Hohepriesters steht in Hag/Sach die Frage nach der legitimen Form von Herrschaft im Raum. Die Diskussion wird nicht allein in Sach 3 geführt, sondern erstreckt sich auf weitere Passagen des Buches. Unschwer lassen sich die Tendenzen der beiden Fortschreibungen von Sach 3 – die königliche Zeichnung des Hohepriesters und die konkurrierende Verheißung des Sprosses – auch in Sach 6,9–15 erkennen. Die kompositionsgeschichtliche Beurteilung der redaktionellen Passagen von Sach 3 setzt daher die Analyse dieses letzten noch ausstehenden relevanten Textes voraus. Vorab lässt sich jedoch zumindest bereits das Verhältnis der Grundschicht von Sach 3 zur Epexegese in Sach 4 einerseits und den relevanten Passagen von Hag andererseits bestimmen.

2.2.2.2.3 Der kompositionsgeschichtliche Ort der Grundschicht von Sach 3

Für die in den ursprünglichen Zyklus von Nachtgesichten nachgetragene Vision wird bisweilen ein früher redaktionsgeschichtlicher Ort in Erwägung gezogen. Zwar trägt die Diskussion darüber, ob Sach 3 noch vom Propheten selbst stammt und später von ihm hinzugefügt wurde, oder aus einer anderen, späteren Quelle geflossen ist,[184] naturgemäß nicht viel aus. In der Tat spricht jedoch nichts dagegen, die Grundschicht von Sach 3 als frühe Ergänzung in relativer zeitlicher Nähe zum Wiederaufbau des Tempels zu situieren.[185] Als Ätiologie des Hohepriesteramtes

---

181 Pola, Priestertum, 217. Vgl. auch Delkurt, Nachtgesichte, 164.
182 Vgl. zu dieser Deutung von צָנִיף auch Jeremias, Nachtgesichte, 210; Petersen, Haggai, 198 f.; Reventlow, Propheten, 53; Wöhrle, Sammlungen, 335.
183 S. dazu u. 2.2.3.1, insbesondere S. 92.
184 Vgl. Beuken, Haggai, 282 f.; Jeremias, Nachtgesichte, 223; Willi-Plein, Haggai, 83 ff.
185 Nach Wöhrle spricht die Fokussierung auf den Hohepriester gegen eine frühe Entstehung, da sie der dyarchischen Vorstellung in Sach 6,9–15 und Sach 4,14 entgegensteht: „Denn hier wird das in Sach 4 und Sach 6 erkennbare dyarchische Modell [...] zugunsten eines hierokratischen Modells

passt die Vision gut in die Zeit der Entstehung und Konsolidierung des Amtes und könnte recht unmittelbar nach Abschluss des Bauprojektes verfasst worden sein.[186]

Für ein hohes Alter könnte auch sprechen, dass der Text noch keine Auseinandersetzung mit Herrschaftsfragen erkennen lässt und auch keine Texte innerhalb von Hag und Sach vorauszusetzen scheint, für die dies gilt. Zwar könnte Sach 3 mit Hag 2,10 – 14 bereits einen Zusatz in Hag voraussetzen,[187] doch spricht nichts dagegen, auch diesem einen relativ frühen redaktionsgeschichtlichen Ort einzuräumen. Die abweichend formulierte Datierung in Hag 2,10 weist an dieser Stelle lediglich auf eine gegenüber den Datierungen in Hag 1,1 – 3 und Hag 1,15b – 2,2 spätere Herkunft der Passage. Da die gemeinsamen Erwähnungen von Serubbabel und Joschua in den Rahmenpassagen von Hag später anzusetzen sind als die Datierungen (und Hag 2,20 – 23 wiederum jünger sind als diese gemeinsamen Erwähnungen),[188] könnten Hag 2,10 – 14 (und entsprechend auch Sach 3) noch vor diesen Bearbeitungen ergänzt worden sein. Zusammengenommen legt sich daher die Annahme nahe, dass die Grundschicht von Sach 3 die älteste Erwähnung des Hohepriesters Joschua in Hag und Sach 1 – 8 enthält.

Mit der Epexegese in Sach 4,6aβ – 10a* und der Vision Sach 3 in ihrem Grundbestand dürften folglich die ältesten Erwähnungen von Serubbabel und Joschua in Sach erfasst sein. Ihr literargeschichtliches Verhältnis ist indes nicht leicht zu bestimmen. Bei beiden Texten handelt es sich um relativ frühe Fortschreibungen des ursprünglichen Zyklus an Nachtgesichten. Da die restlichen sieben Visionen konzentrisch um die Leuchtervision in Sach 4 herum angeordnet sind und Sach 3 diese Symmetrie des Zyklus stört, dürfte die Vision in Sach 3 erst in den Zusammenhang eingestellt worden sein, als der Zyklus bereits alle sieben übrigen Visionen enthielt.[189] Die Epexegese in Sach 4 hingegen könnte auch bereits in einen Minimalbestand der Visionen bestehend aus Sach 4 und wenigen weiteren Visionen einge-

---

korrigiert" (Sammlungen, 335). Wie oben dargelegt wurde, ist Sach 4,14 allerdings nicht dyarchisch zu verstehen. Sach 6,9 – 15 hingegen gehören ihrerseits ebenfalls nicht zur Grundschicht von Sach, wie im Folgenden gezeigt wird, sodass sich aufgrund dieser konzeptionellen Differenz ein hohes Alter von Sach 3 nicht ausschließen lässt.

186 Galling, Studien, 164 f., rechnet mit der Entstehung des Hohepriesteramtes erst am Zweiten Tempel. Schaper, Priester, 174 f., Anm. 53, hält hingegen bereits Jehozadak für den ersten Hohepriester; vgl. auch ders., Art. Hohepriester. Gewissheit in dieser Frage lässt sich kaum erreichen. Da auch Joschua außerbiblisch nicht als Hohepriester belegt ist, ist ebenso vorstellbar, dass in Sach 3 das Profil des Hohepriesteramtes nachträglich mit einem zur Zeit des Tempelbaus aktiven Priester Joschua in Verbindung gebracht wurde, um zu demonstrieren, dass die enge Verbindung von Hohepriesteramt und Tempel schon von der Grundsteinlegung an bestand.

187 S. o. Anm. 9.

188 S. dazu o. 2.2.1.3.

189 Vgl. Hallaschka, Haggai, 293.

fügt worden sein. Sach 3 setzt zudem mit Hag 2,10 – 14 womöglich bereits eine redaktionell erweiterte Version von Hag voraus, wohingegen Sach 4 nur eine Kenntnis der beiden ursprünglichen Worte des Propheten erkennen lässt.[190] Aus alldem ergibt sich zunächst nur die Möglichkeit, dass die Epexegese in Sach 4 älter sein könnte als Sach 3. Trifft jedoch die Vermutung zu, dass die Epexegese von Sach 4 im Zusammenhang mit der Bücherverbindung steht,[191] und nimmt ferner Sach 3 auf Hag 2,10 – 14 Bezug und setzt diesen Schritt somit bereits voraus,[192] könnte dies am Ende tatsächlich eher für eine literargeschichtliche Priorität der Epexegese in Sach 4 gegenüber der Vision in Sach 3 sprechen.[193]

Auch Hallaschka geht von dieser relativen Chronologie aus. Problematisch erscheint jedoch seine Annahme, Joschua solle Serubbabel durch die Platzierung von Sach 3 vor Sach 4 vorgeordnet werden, um damit die Überlegenheit des Hohepriesters über den Statthalter zu demonstrieren.[194] Gegen diese Deutung sprechen zunächst die bisherigen Ergebnisse der literargeschichtlichen Analyse: Serubbabel dürfte dem Verfasser der Epexegese in Sach 4, der ihn mit bloßem Namen nennt, überhaupt noch nicht als Statthalter bekannt gewesen sein,[195] und dasselbe gilt entsprechend für den Verfasser der Grundschicht von Sach 3. Selbst wenn man von diesen literarhistorischen Gründen absieht, spricht gegen Hallaschkas Deutung, dass in Sach 3 zunächst keine nicht-kultischen Funktionen auf den Hohepriester übertragen werden, die ihn in Konkurrenz zum Statthalter als Inhaber eines politischen Leitungsamtes stellen könnten. Zwar stehen durch die Vorschaltung von Sach 3 vor Sach 4 mit Joschua und Serubbabel erstmals in der Redaktionsgeschichte des Zweiprophetenbuches zwei Personen nebeneinander, die leitende Funktionen beim Tempelbau bzw. im Tempelkult übernehmen, doch ist nicht von einem Konkurrenzverhältnis auszugehen. Sach 3 berichtet die Entsühnung des exilierten Priesters und entwickelt ein Profil des Hohepriesteramtes als kultischem Leitungsamt, bevor mit der Leuchtervision in Sach 4 der wiederaufgenommene Kultbetrieb in den Fokus rückt. Die Vision von Sach 3 hat somit ihren sinnvollen Ort vor der Leuchtervision, ist aber sachlich weitgehend unabhängig von der Epexegese in

---

190 S. dazu o. 2.2.2.1.3.
191 S. dazu o. S. 54 f.
192 S. dazu o. Anm. 153.
193 So auch Lux, Himmelsleuchter, der für diese relative Chronologie die sachlichen Bezüge zwischen der Epexegese in Sach 4 und Sach 2,5 – 17 anführt.
194 Vgl. Hallaschka, Haggai, 219. Mit anderen Implikationen kommt auch Jeremias, Nachtgesichte, 222 f., zu diesem Ergebnis.
195 Hallaschka hingegen muss voraussetzen, dass der Redaktor der Epexegese aus den entsprechenden Stellen in Hag um das Amt Serubbabels wusste.

Sach 4. Sie zielt nicht darauf, eine Hierarchie zwischen dem Hohepriester Joschua und Serubbabel als Verantwortlichem für den Tempelbau zu etablieren.

2.2.2.3 Zwischenfazit: Serubbabel und Joschua in den frühen Stadien der Redaktionsgeschichte von Hag und Sach 1 – 8

Der Grundbestand von Hag umfasst zwei Prophetenworte, die den vom Propheten geforderten Tempelbau zum Thema haben (Hag 1,4 f.8 und 2,3.4*[.5aβ.b?].9a). Der zweite Spruch erwähnt einen nicht näher charakterisierten Mann namens Serubbabel als Verantwortlichen für das Projekt. Entweder waren die Worte von Beginn an mit Datierungen versehen oder die Datierungen wurden ergänzt, noch bevor es zu weiteren Fortschreibungen kam.

Den ältesten Bestand von Sach bildet eine Reihe von Nachtgesichten, in der die Leuchtervision in Sach 4 womöglich von Anfang an eine hervorgehobene Position einnahm. Durch die Fortschreibung um die Epexegese in Sach 4,6aβ–10a* (und Sach 1,7), die das die Prophetenworte in Hag bestimmende Thema Tempelbau und den von dort bekannten Serubbabel als Verantwortlichen für das Projekt in Sach einträgt, wurden die beiden Bücher in einen literarischen und sachlichen Zusammenhang gebracht. Der Hohepriester Joschua dürfte (vermutlich nicht allzu viel später) im Rahmen der Ergänzung der Vision in Sach 3 erstmals Eingang in das Zweiprophetenbuch gefunden haben. Die Aufgaben des Hohepriesters in Sach 3 profilieren das noch relativ junge Amt als souveränes kultisches Leitungsamt.

Durch die Fortschreibung um Sach 3 stehen in Sach erstmals Joschua (als Hohepriester) und Serubbabel (als Verantwortlicher für den Tempelbau) nebeneinander. Die Einfügung des Verses Hag 1,12a überträgt dieses Szenario aus Sach nach Hag, indem sie Serubbabel und den Hohepriester Joschua, der zuvor in Hag nicht erwähnt wurde, in einem Zuge nennt. Der Vers konstatiert, dass die beiden Individuen sowie der (aus Hag 2,4 vorgegebene) „Rest des Volkes" bereit sind, Jahwes Willen zu tun.[196] Dadurch werden nicht nur die beiden Prophetenbücher enger miteinander verzahnt, Serubbabel und Joschua werden auch eingangs des Zweiprophetenbuches als Protagonisten genannt. Durch die Abgrenzung gegenüber dem Volk entsteht zudem der Eindruck, es handele sich um Führungspersonen. Der Funktion einer Einführung der Protagonisten entspricht es schließlich, dass Hag 1,12a bei beiden Personen eine Filiation ergänzt, die auf dieser Ebene der Entste-

---

196 Zu beachten ist, dass der Hohepriester in Hag 1,12a zunächst noch nicht explizit mit dem Tempel*bau* beauftragt wird. Es wird lediglich seine grundsätzlich zustimmende Haltung gegenüber dem Projekt notiert.

hung des Zweiprophetenbuches kein weiteres Mal begegnet.[197] Die Filiationen wären demnach als redaktionelle Eigenkreation zu betrachten, die an dieser Stelle, wo Serubbabel und Joschua erstmals erwähnt werden, dazu dient, sie als in der Geschichte verankerte und somit „historische" Personen zu kennzeichnen.

Sind die Filiationen redaktionell, stellt sich freilich die Frage, woher die Vaternamen stammen. Als historisch zuverlässig dürften die Angaben dann jedenfalls kaum zu betrachten sein.[198] Beide Namen, Jehozadak und Schealtiel, sind jenseits der genealogischen Verbindung mit Joschua bzw. Serubbabel punktuell in der Chr im Rahmen von Listen belegt. 1 Chr 5 nennt Jehozadak als Sohn Serajas, des exilierten Priesters nach 2 Kön 25,18. Joschua selbst wird in dieser Liste nicht erwähnt. Es liegt nahe, dass der Verfasser von Hag 1,12a mit dieser Genealogie vertraut war und auf sie zurückgriff, um den Hohepriester Joschua in Kontinuität zum vorexilischen Priestertum zu stellen. Die Einschreibung in die Seraja-Linie dürfte nicht zuletzt der genealogischen Legitimierung Joschuas gedient haben.[199]

Etwas komplizierter stellt sich der Befund im Fall Schealtiels dar. 1 Chr 3 nennt ihn als Nachkommen Jojachins,[200] doch ist er nach dieser Tradition nicht der Vater Serubbabels, sondern dessen Onkel. Als Vater Serubbabels wird der jüngere Bruder Schealtiels, ein gewisser Pedaja, angegeben. Wie im Falle Jehozadaks erscheint es plausibel, dass der Redaktor von Hag 1,12a mit den genealogischen Hintergründen

---

197 Auch Hallaschka nimmt ein zunächst separates Wachstum von Hag (ausgehend von zwei Prophetenworten, allerdings ohne die Erwähnung Serubbabels in 2,4) und Sach (ausgehend von einigen Nachtgesichten) an. Zunächst wurden nach Hallaschka die Datierungen in Hag ergänzt, die erstmals eine (gesicherte) Verbindung der beiden Sprüche herstellen. Nach einer „Fluch-und-Segen-Bearbeitung" seien in einem nächsten Schritt im narrativen Rahmen Serubbabel und Joschua in das Buch eingeführt worden (redaktioneller Anteil: 1,1–3.12a.14–15a; 1,15b–2,2), um dem Buch einen „historisierenden Zug" (Haggai, 315) zu geben. Allerdings bleibt schwer zu erklären, woher der Redaktor dieses „historische" Wissen gehabt haben soll. Eine solche Bearbeitung (mit dieser Absicht) ist nur dann (oder zumindest dann besonders) sinnvoll, wenn die Erwähnung der beiden bei den Adressaten auch Erinnerungen an konkrete Personen weckt. Besser erklärbar ist die Entwicklung daher durch die Annahme eines sukzessiven Wachstums, wonach die beiden Personen zunächst unabhängig voneinander erwähnt wurden. Die „Historisierung" besteht dann am Ende nur darin, ihnen mit Hilfe der Filiationen einen Ort in der Geschichte zuzuweisen.
198 Beide Filiationen sind auch in Esra/Neh belegt. Diese Stellen sind jedoch literarisch von Hag/Sach abhängig. S. dazu u. 2.3.
199 Dass der Nachweis einer Abstammung von „Israel" in der Perserzeit ein reales Problem darstellte, wie auch Esr 2,59ff. belegen, ist ohne Weiteres vorstellbar.
200 Da Jojachin durch die Wurzel אסר („gefangen halten", hier als Adjektiv) in 1 Chr 3,17 treffend charakterisiert wird, dürfte nicht von einem Eigennamen („Assir") auszugehen sein. Schealtiel wäre demnach als Sohn des ehemaligen Königs vorgestellt und nicht als dessen Enkel; vgl. Bezzel, Art. Schealtiël.

Schealtiels vertraut war und Serubbabel gezielt in die davidische Linie einschrieb, um wiederum die Kontinuität mit den vorexilischen Strukturen zu markieren. Geht man davon aus, dass dem Redaktor die Liste in 1 Chr 3 bereits bekannt war, hätte er wissentlich einen Widerspruch zu 1 Chr 3,17 kreiert. Der abweichende Vatername müsste dann im Sinne einer Aufwertung Serubbabels verstanden werden: Er wird „in die Erstgeborenenlinie Jojachins gerückt".[201] Inwiefern es hierbei bereits darum geht, Serubbabel als politische Führungsfigur zu charakterisieren, muss am Ende offenbleiben, da es auf dieser Ebene der Redaktionsgeschichte keine weiteren Hinweise darauf gibt. In erster Linie soll wohl mit der davidischen Abstammung Serubbabels und der genealogischen Verzahnung Joschuas mit Seraja demonstriert werden, dass auch nach dem Verlust der politischen Selbständigkeit kompetente Adressaten für die Propheten zur Verfügung stehen, deren Autorität und Legitimation durch die Verbindung mit den vorexilischen Eliten verbürgt sind.

Damit bildet der Vers die Basis für die weiteren literarischen Prozesse im Zweiprophetenbuch, wonach 1) in den Rahmenpassagen von Hag Serubbabel und Joschua zu Adressaten des Propheten wurden, wobei nun auch Serubbabel ein Amt erhielt, und 2) die Kompetenzen beider sukzessive ausgebaut und gegeneinander ausgespielt wurden.

An den Anfang dieser Entwicklung dürften die gemeinsamen Erwähnungen von Serubbabel und Joschua, nun jeweils mit Filiation und Titel in Hag 1,1.14; 2,2 gehören. Verglichen mit den älteren Passagen, die eine der beiden Personen (Hag 2,4*; Sach 3; Sach 4,6–10*) oder beide (Hag 1,12a) nennen, fügen Hag 1,1.14; 2,2 dem Set an Informationen den Statthaltertitel Serubbabels hinzu und betonen somit dessen politische Funktion. Gleichzeitig machen sie beide, Serubbabel und Joschua, zu gleichberechtigten und alleinigen[202] Adressaten der Prophetie Haggais (1,1) und Verantwortlichen für den Tempelbau (1,14; 2,2). In Bezug auf die Funktion des Hohepriesters ist also festzuhalten, dass er hier erstmals explizit mit dem Tempelbau in Verbindung gebracht wird.[203]

---

201 Bezzel, Art. Schealtiël.

202 Das Volk fehlt nun (im Gegensatz zu Hag 2,4, dem Hag 1,12a sachlich entspricht) als Adressat und ist stattdessen als „dieses Volk" Gegenstand des Gotteswortes an Serubbabel und Joschua. Hag 1,1 f. definieren somit in einer Art Überschrift, dass die Prophetie den beiden Führungspersonen gilt, und verleihen ihr damit einen „offiziellen Anstrich" (Kratz, Judentum, 89). In den folgenden Passagen, Hag 1,14 und Hag 2,2, ist das Volk wieder in den Adressatenkreis mit einbezogen, was aber schlicht dem Umstand Rechnung trägt, dass es aus Hag 2,4 bereits als ausführender Part des Tempelbaus bekannt war.

203 Die Ergänzung von Joschua in Hag 2,4 ist dann auf derselben Ebene anzusetzen. Sie passt das Prophetenwort an seine redaktionelle Einleitung in Hag 2,2 an.

Es ist zu überlegen, ob die Rahmenverse nicht nur das Ziel haben, den offiziellen Charakter des Tempelbauprojekts zu unterstreichen, indem dieses nun „in die Hände von offiziellen Vertretern und Führern der jüdischen Gemeinde gelegt wird",[204] sondern darüber hinaus einer bestimmten Agenda mit Blick auf die implizierten Herrschaftsansprüche von Statthalter und/oder Hohepriester verpflichtet sind. Für gewöhnlich wird in den Rahmenversen das Programm einer dyarchischen Herrschaft von Statthalter und Hohepriester gesehen, das als Aufwertung des Hohepriesteramtes zu einem politischen Führungsamt gedeutet wird.[205] Dieser Schluss liegt zunächst einmal nahe: Der Hohepriester steht gleichberechtigt neben dem Statthalter, der faktisch die höchste politische Position in der Provinz Jehud innehatte, und teilt sich mit ihm die Verantwortung für den Tempelbau.

In redaktionsgeschichtlicher Perspektive spricht am Ende dennoch einiges dagegen, dass die Rahmenverse zum Zweck der programmatischen Aufwertung des Hohepriesteramtes verfasst wurden. Da auch der ältere Einschub Hag 1,12a die beiden Personen bereits in einem Atemzug nennt und somit eine gewisse Gleichberechtigung beider impliziert, ist die einzige Neuerung der Rahmenverse, die den Hohepriester betrifft, die geteilte Verantwortung für den Tempelbau. Dieser Gedanke ist in Hag 1,12a durch die gemeinsame Nennung von Serubbabel und Joschua und ihre (gemeinsame) Zustimmung zum Projekt bereits im Kern angelegt, aber noch nicht explizit ausgeführt. Zwar kann diese Akzentverschiebung in den Rahmenversen im Sinne einer impliziten Aufwertung des Hohepriesteramtes gedeutet werden, doch bleibt dies am Ende recht subtil. Dies gilt umso mehr, als der Tempelbau auf dieser Ebene der Redaktionsgeschichte von Hag und Sach 1–8 (noch) keinen Signalcharakter hat.[206]

Vor allem aber spricht gegen ein Verständnis der Rahmenpassagen als hohepriesterliche Programmatik, dass die eigentliche Innovation der Rahmenverse die Ergänzung des Statthaltertitels für Serubbabel ist, die sich allenfalls umständlich als Mittel zum Zweck für eine indirekte Aufwertung des Hohepriesters in Anschlag bringen ließe. Es ist daher die umgekehrte Option in Erwägung zu ziehen, dass die Rahmenverse in erster Linie eine Aussage über Serubbabel als Statthalter treffen und das Statthalteramt durch die Gleichstellung mit dem Hohepriesteramt profilieren wollen. Drei Charakteristika der Figur, die durch die frühere Redaktions-

---

204 Kratz, Judentum, 89.
205 Vgl. etwa Grabbe, Judaism, 607; Bevan, Jerusalem, 5; Wöhrle, Sammlungen, 319 f.; Cataldo, Theocratic Yehud, 176.
206 Anders gelagert ist hingegen die Fortschreibung in Sach 3,9, die dem Hohepriester die Verantwortung für den Tempelbau überträgt, um ihn als (politische) Führungsfigur zu charakterisieren. In ähnlicher Weise werden auch in Sach 6,9–15 Herrschaftsansprüche anhand der Frage verhandelt, wer für den Tempelbau verantwortlich ist. S. dazu im Folgenden.

geschichte des Zweiprophetenbuches vorgegeben waren, könnten dabei leitend gewesen sein: 1) die bereits in den ältesten Teilen des Zweiprophetenbuches bezeugte Verantwortung Serubbabels für den Tempelbau; 2) das in Hag 1,12a begründete enge Verhältnis von Serubbabel und dem Hohepriester; 3) die aus der Filiation folgende davidische Abstammung Serubbabels. Indem die Rahmenverse Serubbabel zum Statthalter machen, entsteht der Eindruck, als sei ihm die Verantwortung für den Tempelbau *qua Amt* übertragen worden. Somit wird dem Statthalter Jehuds eine Funktion übertragen, die in staatlicher Zeit dem davidischen König zukam, was sich kaum anders denn als programmatische Aufwertung des Statthalteramtes verstehen lässt. Der Statthalter Jehuds, der passenderweise davidischer Abstammung ist, tritt als politische Führungsgestalt der Provinz an die Stelle des ehemaligen judäischen Königs. Zudem wird der Statthalter zum Werkzeug des Propheten gemacht und dem Hohepriester als mit dem Jerusalemer Kult verbundener und somit genuin judäischer Führungsfigur gleichgestellt. Die innovative Leistung der Rahmenverse besteht somit darin, dass sie ein persisches Leitungsamt in die judäische Tradition integrieren und das Amt dadurch, im wahren Sinn des Wortes, nostrifizieren. Die Gleichordnung des Statthalteramtes mit dem Amt des Hohepriesters zielte demnach also nicht darauf, das Hohepriesteramt als politisches Führungsamt zu etablieren, sondern darauf, das eigens ergänzte Statthalteramt in gleicher Weise wie das Hohepriesteramt als judäisches Leitungsamt zu profilieren. Eine solche Statthalterprogrammatik ist innerhalb des Alten Testaments nicht singulär. Sie findet sich in ähnlicher Weise in Neh 5 und Neh 13.[207]

* * *

Exkurs: Das Amt des Statthalters nach Neh 5 und Neh 13
Auch ohne eine detaillierte literarische Analyse des Nehemiabuches fällt auf, dass Neh 5 und Neh 13 innerhalb des Nehemia-Berichts (Neh 1–7.11–13) eine Sonderstellung einnehmen. Das zentrale Thema des Buches, der von Nehemia initiierte und verantwortete Wiederaufbau der Jerusalemer Stadtmauer, spielt in diesen Kapiteln keine Rolle. Stattdessen traktieren sie sozioökonomische und religiöse Themen. Die samarischen Gegner Nehemias, die in den umliegenden Kapiteln ein ums andere Mal versuchen den Mauerbau zu torpedieren, fehlen komplett. Stattdessen geraten hier überraschenderweise die „Vornehmen" und „Vorsteher" der

---

207 Zu den ökonomischen Implikationen der beiden Kapitel s. u. 3.1.3.1.

Provinz in die Kritik, die an anderen Stellen das Projekt unterstützen (Neh 2,16 ff.; 4,8.13).[208]

Da Neh 5 und Neh 13 viele Gemeinsamkeiten und übereinstimmende Abweichungen gegenüber der Mauerbauerzählung aufweisen,[209] könnten beide gemeinsam in den Zusammenhang des Nehemia-Berichts eingestellt worden sein.[210]

Aufschlussreich für die vorliegende Fragestellung ist die Beobachtung, dass Nehemia nur in der redaktionellen Passage Neh 5,14 ff. als Statthalter bezeichnet wird.[211] Die ursprüngliche Mauerbauerzählung kennt Nehemia zunächst nur als einen frommen exilierten Judäer, der zum Mundschenk am Hof des Königs aufsteigt und mit der konkreten Mission, die Mauer wiederaufzubauen, nach Jerusalem entsandt wird.[212]

Neh 5,14 ff. unterziehen den bisherigen Bericht einer *relecture:* Erst jetzt erfährt man, dass Nehemia eigentlich bereits die ganze Zeit über Statthalter gewesen ist. Die Datierung in das 20. Jahr des Artaxerxes geht zurück auf die Zeit der Entsendung Nehemias. „Although we are not told *expressis verbis* that Nehemiah was appointed governor at this time, we presume that this must be said somewhere between the lines.“[213] Aus dieser Perspektive werden alle bisherigen Taten Nehemias somit nicht nur auf seinen frommen Enthusiasmus, sondern auch auf die Autorität zurückgeführt, die ihm *qua* Amt zuteil wird. Darüber hinaus modellieren Neh 5,14 ff. am Beispiel von Nehemias vorbildlicher Amtsführung das Statthalteramt als ein judäisches, auf Solidarität und Gleichwertigkeit zielendes Leitungsamt, das in mancher

---

208 Zudem sind die vier Passagen, aus denen Neh 5 und Neh 13 bestehen (5,1 – 19; 13,4 – 14; 13,15 – 22; 13,23 – 31), auffällig parallel strukturiert. Zu Beginn bemerkt Nehemia jeweils einen Missstand, was mit einem Verb der Wahrnehmung ausgedrückt wird (5,6; 13,10.15.23). Er zieht daraufhin die Verantwortlichen zur Rechenschaft, jeweils ausgedrückt mit dem Verb ריב („streiten“), das innerhalb von Esr/Neh nur an diesen Stellen begegnet (5,7; 13,11.17.25). Sodann stellt er den Verantwortlichen eine Frage, die sie überführt (5,9; 13,11.17.26), und löst daraufhin das Problem (5,10; 13,11.19.28). Am Ende wird der Erfolg der Maßnahme festgestellt (5,12; 13,12.21.30) und ein Gebet schließt die Passage ab (5,19; 13,14.22.31).
209 S. die Übersicht in Reinmuth, Bericht, 330 – 333.
210 Es handelt sich dabei sicherlich um Fortschreibungen und nicht um ursprünglich selbständige Texte. Vgl. aber Reinmuth, Berichte, 328 ff.; gegen Williamson, Ezra, xxiv–xxviii; Wright, Identity, 163 ff.; Oswald, Staatstheorie, 230 f.
211 Der Titel begegnet sonst nur noch in Neh 12,26 im Rahmen einer Liste, an deren Ende Esra, der Priester und Schriftgelehrte, und Nehemia, der Statthalter, eine Doppelspitze bilden. Zum sekundären Charakter vgl. etwa Kratz, Judentum, 104; Oswald, Staatstheorie, 253 ff. In den ebenfalls späten Kapiteln Neh 8 – 10 trägt Nehemia an zwei Stellen den (rätselhaften) Titel התרשתא.
212 Die Frage des Königs nach der Dauer der Reise und Nehemias geplanter Rückkehr (Neh 2,6) belegt, dass hier zunächst auch keine dauerhafte Entsendung als Statthalter o. ä. impliziert war; vgl. Wright, Identity, 172.
213 Wright, Identity, 172.

Hinsicht an das in Dtn 17 entworfene Ideal eines Königs erinnert:[214] Der Statthalter erhebt sich nicht über seine Brüder, sondern agiert als *primus inter pares*.[215]

Dass es sich um einen idealen Entwurf handelt, zeigt die Abgrenzung von Nehemias Vorgängern im Amt. Anders als diese verzichtet Nehemia auf die ihm zustehenden Abgaben. Dieses Moment dürfte die realen Schwierigkeiten reflektieren, die die Existenz von Statthaltern für die Jerusalemer Bevölkerung mit sich brachte: An ihn waren Steuern zu entrichten.

Die Idealisierung des Statthalteramtes schreitet mit Neh 5,1–13 und Neh 13 weiter voran.[216] Nach diesen Passagen geht Nehemias Zuständigkeit weit über den Mauerbau hinaus. Seine Tätigkeiten betreffen mit Sozialreformen (Neh 5,1–13), Tempelökonomie (Neh 13,4–14), Sabbatobservanz (Neh 13,15–22) und Mischehen (Neh 13,23–29) nicht nur sämtlich innerjudäische Handlungsfelder bzw. jüdische Interessen: alle seine Taten haben darüber hinaus Entsprechungen in der Tora.[217]

Der Statthalter wird damit nicht nur „als höchste Instanz zur Durchsetzung rechtlich-politischer Entscheidungen verstanden, die keiner Beteiligung anderer

---

214 Vgl. Oswald, Staatstheorie, 237.

215 Weitere Bezüge zum Königtum bestehen in der exorbitanten Haushaltung Nehemias – täglich ein Rind, sechs auserlesene Schafe und Geflügel, zudem alle zehn Tage von allerlei Wein die Fülle – die in 1 Kön 5,2 f. in ähnlicher Weise unter den Meriten des Königs Salomo aufgezählt wird. Und auch die Gastfreundschaft – Nehemia lädt Judäer und Fremde ausgesprochen großzügig an seinen Tisch – symbolisiert sonst häufig die königliche Wohltätigkeit (z.B. in 2 Sam 9,7).

216 Bisweilen wird innerhalb von Neh 5,1–19 weiter literarkritisch differenziert. Wright, Identity, 171 ff., etwa hält 5,14 ff. für älter als 5,1–13. Umgekehrt votiert Kratz, Komposition, 70, der annimmt, der Schuldenerlass sei „vor oder gleichzeitig mit 5,14–19" in den Zusammenhang der Denkschrift nachgetragen worden. Grundlage hierfür sind die Beobachtungen, dass die Sozialreformen in V.1–13 inhaltlich nur lose mit der Selbstlosigkeit Nehemias im Amt des Statthalters in V.14–19 zusammenhängen, und dass sich die Übereinstimmungen mit Neh 13 innerhalb von Neh 5 auffällig auf V.1–13 konzentrieren. Die nicht leicht zu entscheidende Frage nach der Literargeschichte von Neh 5 kann hier auf sich beruhen, da sie für die Beurteilung des Statthalteramtes in Neh am Ende nicht viel austrägt. Grundsätzlich sind sämtliche Optionen denkbar: V.14–19 können gleichalt, älter oder auch jünger sein als V.1–13. Im Fall einer literargeschichtlichen Differenzierung wäre Nehemia also entweder erst zum Statthalter gemacht worden und im Anschluss daran wäre das Amt weiter idealisiert worden, oder Nehemia wäre zunächst stärker idealisiert und anschließend erst zum Statthalter gemacht worden. Mit Blick auf die Profilierung des Statthalteramtes ist die Frage nebensächlich: Am Ende präsentiert Neh das Statthalteramt als ein ideales, torakonformes politisches Leitungsamt.

217 Mit dem Schuldenerlass in Kap 5,1–13 erfüllt Nehemia die Erlassjahr-Bestimmungen aus Dtn 15,2. Die Eintreibung des Zehnten in Kap 13,4–14 entspricht der in der Tora geforderten Praxis der Zehntgabe, z.B. Dtn 14,22 f. In Kap 13,15–22 setzt sich Nehemia für die Heiligung des Sabbats ein, was der im Dekalog geforderten Praxis entspricht. Und auch das Vorgehen gegen die Mischehen in Neh 13,23–29 hat eine legislative Analogie in der Tora (vgl. etwa Dtn 7,1 ff.).

Institutionen bedarf",[218] seine Amtsführung ist auch streng an der Tora orientiert: „Der Statthalter betreibt eine Politik, die de facto auf Toraerfüllung hinausläuft."[219] Ähnlich wie die Rahmenverse in Hag dürfte dies darauf zielen, das „Legitimationsdefizit des Statthalteramtes"[220] als judäischem Führungsamt zu kompensieren.

* * *

Exkurs: Das Statthalteramt in Jehud

Die Analysen legen nahe, dass sowohl Serubbabel als auch Nehemia erst im Verlauf der Redaktionsgeschichte von Hag/Sach bzw. Neh zu Statthaltern der Provinz Jehud gemacht wurden. Die Frage, ab wann Jehud eine persische Provinz mit eigenem Statthalter war, bleibt davon weitgehend unberührt. Die beiden ursprünglich im Rahmen begrenzter Projekte (Tempelbau, Mauerbau) autorisierten Personen werden zu Statthaltern Jehuds ernannt, um das Statthalteramt als judäisches politisches Leitungsamt biblisch zu fundieren und zu legitimieren. Dass das Amt nicht bereits früher in den biblischen Texten erwähnt wird, bedeutet nicht, dass es vorher nicht existiert hat. Der Umstand könnte sich auch einfach mangelndem Interesse verdanken. Der literarhistorische Befund steht zwar Schapers optimistischer Einschätzung entgegen, wonach bereits Scheschbazzar der erste Statthalter Jehuds gewesen sei[221] und die Bezeichnung Serubbabels als Statthalter belege, „daß dieser Begriff als Titel des führenden Reichsbeamten in Juda bereits in der frühnachexilischen Zeit wohletabliert war".[222] Ebenso wenig lässt sich der redaktionsgeschichtlich späte Ursprung des Statthalteramtes innerhalb des Alten Testaments jedoch für Alts These in Anschlag bringen, dass Jehud erst sehr viel später eine persische Provinz geworden sei.[223] Die Frage muss anhand der Bewertung der externen Quellen entschieden werden. Neben den sicheren Bezeugungen eines Statthalters Jehuds in der Elephantine-Korrespondenz (Bagohi) und auf einigen der sog. Jehud-Münzen (Jehezkija), die jedoch erst der fortgeschrittenen Perserzeit bzw. sogar der frühen hellenistischen Zeit entstammen,[224] sind die Stempelsiegel aus Jehud aufschlussreich. Sie lassen sich zeitlich in drei Gruppen einteilen, wobei bereits in der Gruppe der ältesten Siegel drei Typen die Aufschrift „Statthalter" tragen.

---

218 Karrer, Ringen, 169.

219 Oswald, Staatstheorie, 236.

220 Oswald, Staatstheorie, 239.

221 Zu Scheschbazzar s.u. S. 138.

222 Schaper, Priester, 197; mit Japhet, Sheshbazzar, 98; vgl. zur Diskussion auch Willi, Juda, 71f., Anm. 15.

223 Vgl. Alt, Rolle Samarias, 33.

224 S. dazu u. 4.1.2.2.

Zwei der Statthalter sind sogar mit Namen belegt: Achzai und Jehoezer.[225] Somit ist davon auszugehen, dass Jehud bereits am Übergang vom 6. zum 5. Jh. v.Chr. eine persische Provinz mit eigenem Statthalter war.[226] Wie es vor dem Übergang vom 6. zum 5. Jh. v.Chr. aussah, lässt sich kaum rekonstruieren. Externe Quellen für diese Zeit fehlen.[227] Gerade angesichts der intentionalen Erwähnung des Statthaltertitels in den biblischen Quellen ist jedoch zu berücksichtigen, dass die Abwesenheit von Evidenz nicht gleichzusetzen ist mit der Evidenz von Abwesenheit („the absence of evidence is not evidence of absence"[228]).

* * *

Auch wenn die Rahmenverse in Hag somit das Ziel verfolgen, das Statthalteramt in die judäische Tradition zu integrieren, könnte das Hohepriesteramt zumindest indirekt von der Gleichordnung mit dem politischen Führungsamt profitiert haben. Die im Lauf der weiteren Entstehungsgeschichte des Zweiprophetenbuches daran anknüpfenden Positionen in der Debatte um die legitime Form menschlicher Herrschaft ergeben sich ungezwungen aus den Rahmenversen. Die anschließenden Fortschreibungen, die den Hohepriester als königliche Führungsfigur charakterisieren, können durch sie ebenso angeregt worden sein wie die Präsentation Serubbabels als Messias in Hag 2,20–23, für die die Kombination aus der Verantwortung für den Tempelbau, davidischer Abstammung und Bekleidung eines institutionalisierten Amtes eine geeignete Vorlage darstellte. Die Rahmenverse in Hag bilden somit die Basis für die in den späteren entstehungsgeschichtlichen Stadien des Zweiprophetenbuches kontrovers ausgetragene Debatte um die Herrschaftsansprüche von Hohepriester und davidisch-königlicher Figur (Serubbabel als Messias bzw. ein ominöser Spross). In den redaktionellen Passagen von Sach 3 trafen die beiden Positionen literarisch bereits einmal unmittelbar aufeinander: Der Übertragung der Verfügungsgewalt über den Tempelbau auf den Hohepriester (V.9)

---

225 Vgl. Lipschits/Vanderhooft, Yehud Stamp Impressions; Kratz, Judentum, 99, führt darüber hinaus auch Elnatan an. Lipschits/Vanderhooft berücksichtigen die entsprechenden Bullen aufgrund deren unsicherer Herkunft nicht.
226 Vgl. Kratz, Judentum, 93 ff.; leicht abweichend Frevel, Geschichte, 301, der von einer sicheren Belegung des Statthaltertitels erst ab der zweiten Hälfte des 5. Jh. v.Chr. ausgeht, als Belege hierfür jedoch die entsprechend früh datierten Jehud-Münzen anführt.
227 Das sog. Schulamit-Siegel, das die Besitzerin als Ehefrau des Statthalters Elnatan ausweist, ist jedenfalls kein externer Beleg für ein Statthalteramt Serubbabels. Die Genannte ist keineswegs sicher mit der gleichnamigen Tochter Serubbabels nach 1 Chr 3,19 zu identifizieren. Selbst wenn sie mit dieser identisch sein sollte, wäre damit, wie Kratz feststellt, nicht gesagt, „daß der Schwiegervater auch der Vorgänger Elnatans im Amt des Statthalters war." (Kratz, Statthalter, 101).
228 Lemaire, Administration, 58.

stellte ein Späterer die Ankündigung des davidischen Sprosses voran (V.8). Um die Entwicklung im Detail nachvollziehen zu können, ist im Folgenden der letzte hierfür relevante Text des Zweiprophetenbuches zu analysieren, der, da die kontroversen Positionen hier besonders elaboriert und literarisch kleinräumig verhandelt werden, zugleich eine Art Summe der Herrschaftsdebatte im Zweiprophetenbuch darstellt: Sach 6,9–15.

2.2.2.4 Sach 6,9–15: Der gekrönte Hohepriester

Das Stück Sach 6,9–15 „fällt [...] aus dem Rahmen des Visionszyklus heraus".[229] In der Regel wird daher davon ausgegangen, dass Sach 6,9–15 nachträglich an die Nachtgesichte angehängt wurden.[230] Die eigentümliche Stellung der Passage gibt Aufschluss über ihre Funktion innerhalb von Sach 1–8. Die Wortereignisformel in Sach 6,9 korrespondiert mit dem Beginn der Nachtgesichte in Sach 1,7 und markiert so einerseits eine Zäsur, die das Folgende von den Nachtgesichten abhebt.[231] Da keine neue Datierung erfolgt, unterscheiden sich Sach 6,9–15 andererseits in formaler Hinsicht vom Prolog und Epilog (vgl. Sach 1,1; 7,1) und sind anders als diese nicht als eigenständiger Buchteil gekennzeichnet. Aufgrund der formalen Charakteristika legt sich ein Verständnis von Sach 6,9–15 „als [redaktioneller] Abschluß der mit den Nachtgesichten verbundenen Verheißungen"[232] nahe.

Ein Verständnis des Textes in seiner vorliegenden Gestalt wird durch das unübersichtliche Nebeneinander von Joschua, dem Hohepriester, und dem verheißenen Spross erschwert: An den eingangs erteilten Auftrag an den Propheten, er solle den Hohepriester Joschua krönen (V.10 f.), schließt ein an diesen adressiertes Verheißungswort über den kommenden Spross (V.12) merkwürdig an: „[D]ie Krönung [gilt] nur dem Josua, die sie begleitende Rede aber dem ‚Sproß'."[233] Literarkritisch verdächtig ist in diesem Zusammenhang zudem die doppelte Ankündigung in V.12bβ und 13aα¹, er, also der Spross, werde den Tempel bauen. Ferner bleibt unklar, in welchem Verhältnis ein nicht weiter qualifizierter Priester, der nach V.13 einmütig mit dem Spross herrschen soll, zu dem Hohepriester Joschua steht. V.14 schließlich überrascht mit der Information, dass die/eine (?) Krone im Tempel deponiert

---

229 Kratz, Judentum, 81 f.

230 Vgl. neben vielen anderen Pola, Priestertum, 227; Hallaschka, Haggai, 259 ff. Dagegen spricht sich etwa van der Woude, Serubbabel, aus.

231 Die Wortereignisformel begegnet innerhalb der Nachtgesichte ansonsten nur noch in Sach 4,8. Auch dort markiert sie einen Einschnitt, da die Epexegese den Zusammenhang der Leuchtervision unterbricht.

232 Hallaschka, Haggai, 259. Vgl. auch Kratz, Judentum, 84.

233 Nötscher, Kleine Propheten, 155.

werden soll. Der Vers greift damit erstmals wieder den Inhalt der Zeichenhandlung aus V.11 auf, übergeht die Krönung Joschuas jedoch stillschweigend.

Die bisherige Forschung hat verschiedene, bisweilen komplexe Erklärungen für diese Auffälligkeiten gefunden. Die Krönung des Hohepriesters steht spannungsvoll im Kontext, der Serubbabel nicht nur als Verantwortlichen für den Tempelbau (Sach 4), sondern sogar als messianischen Herrscher (Hag 2,20–23) kennt. Daher wird häufig angenommen, auch in Sach 6 sei ursprünglich von Serubbabel die Rede gewesen, und zwar entweder allein, wobei sein Name in einem späteren korrigierenden Eingriff durch den des Hohepriesters Joschua ersetzt worden sei,[234] oder gemeinsam mit Joschua, wobei Serubbabel später korrigierend aus dem Zusammenhang getilgt worden sei.[235] Wird angenommen, eine ursprüngliche Doppelkrönung sei nachträglich korrigiert worden, kommt dem auffälligen Plural עטרות in V.11 eine Schlüsselrolle zu. Wöhrle etwa versteht עטרות konsequent pluralisch und sieht eine Spannung darin, dass zwei Kronen angefertigt werden, um eine Person, nämlich Joschua, zu krönen. Er nimmt daher an, dass die Krönung ursprünglich beiden Führungsfiguren gegolten habe und die Erwähnung Serubbabels aus dem Zusammenhang getilgt worden sei,[236] als die Person verschwand und sich die in ihn gesetzten Hoffnungen zerschlugen.[237] Daneben nennt er ein weiteres Argument, das dagegenspricht, dass von vornherein nur von einer gekrönten Person die Rede gewesen sei:

> Während [...] die zweifache Erwähnung des Tempelbaus in 6,12b.13a noch durch die Annahme einer Glosse oder als betonte Wiederaufnahme erklärbar wäre, ist die weitere Darstellung in 6,13, daß nicht nur der Sproß „auf seinem Thron" [sic!] sondern ebenso ein Priester „auf seinem Thron" sitzen wird, mit der Deutung auf nur eine Person, die gekrönt werden soll, kaum noch vereinbar.[238]

Wöhrle identifiziert damit das größte Problem: die unübersichtliche Rollenverteilung innerhalb des Textes, die belegt, dass er in der einen oder der anderen Weise bearbeitet worden sein muss.[239] Die Annahme einer redaktionellen Reduktion der

---

234 Wellhausen, Propheten, 185; Elliger, Buch II, 128 f.; Sauer, Serubbabel, 199, Anm. 5.

235 Vgl. etwa Jeremias, Nachtgesichte, 218; Wöhrle, Sammlungen, 342–346.

236 Die Doppelkrönung auf der Ebene der literarischen Vorstufe von Sach 6 passt für Wöhrle gut zum Grundbestand der Nachtgesichte, da er die „Ölsöhne" in Sach 4,14 ebenfalls im Sinne eines dyarchischen Nebeneinanders von Hohepriester und Statthalter deutet. Zur Kritik an dieser Interpretation s. o. 2.2.2.1.2.

237 Vgl. Wöhrle, Sammlungen, 343; außerdem Jeremias, Nachtgesichte, 218; Albertz, Religionsgeschichte 2, 482.

238 Wöhrle, Sammlungen, 343 f.

239 Von der literarischen Einheitlichkeit der Passage gehen hingegen u. a. Petersen, Haggai, 273–281; Meyers/Meyers, Haggai, 336 ff.; Reventlow, Propheten, 71–73; Hanhart, Sacharja (1,1–8,23), 405 ff.;

Personen wird den Schwierigkeiten des Textes allerdings nicht gerecht. Die von Wöhrle genannte Dopplung in V.12b.13a bleibt von der Annahme einer Doppelkrönung jedenfalls unberührt und bedarf somit ohnehin einer gesonderten Erklärung. Versteht man die Aussage von V.13 mit Wöhrle im Sinne eines Thronens zweier Gestalten[240] und erklärt diesen Umstand durch die Annahme einer vorausgegangenen Doppelkrönung, entstehen größere Probleme als diejenigen, die man ausgehend von Sach 6,9–15 in der vorliegenden Gestalt zu lösen hat. Sollten in der ursprünglichen Form des Textes Joschua und Serubbabel gekrönt worden sein, die in V.13 dann mit den beiden thronenden Personen identifiziert würden, müsste man erstens annehmen, dass Serubbabel in V.13 als „Spross" bezeichnet würde, ohne dass dies näher erläutert würde. Zudem liegt die Identifikation mit dem zuvor mehrfach erwähnten Serubbabel nicht eben nahe, da die Art, wie der Spross eingeführt wird („Siehe, ein Mann, Spross ist sein Name"), eher auf eine bislang unerwähnte Figur weist[241] und die Fortsetzung des Spruches ein zukünftiges, mit dem Auftreten dieser Figur verbundenes Geschehen im Blick hat. Auch die Identifikation Joschuas mit der zweiten priesterlichen thronenden Figur aus V.13 ist problematisch, müsste man doch annehmen, dass V.13b auf die in V.11 als Hohepriester Joschua eingeführte Person nun als einen (unbestimmten) Priester rekurrieren würde. Die Schwierigkeiten dieser Lösung beschränken sich indes nicht auf die rekonstruierte literari-

---

Pola, Priestertum, 242 ff.; van der Woude, Serubbabel; Rose, Zemah, 171 f.; Rooke, Heirs, 147 ff.; Tiemeyer, Rites, 255; Willi-Plein, Haggai, 116–121, aus.

Exemplarisch sei die Lösung von Pola, Priestertum, skizziert. Seiner Meinung nach fungieren der Hohepriester und sein Kollegium als „eine provisorische Vertretung des erwarteten davidischen Herrschers" (254). Dieser davidische Herrscher wird von einem Priester flankiert, der neben seinem – des Sprosses – Thron steht. Die Krone wird dann im Tempel deponiert: „Der erwartete Herrscher ist mit der Deponierung der Krone im Tempel, aber auch in Gestalt der Priesterschaft mit dem Hohepriester an ihrer Spitze als Zeichen […] im Tempel in verborgener Weise präsent" (255). Zweifel an dieser Lösung weckt bereits die umständliche Art der Darstellung. Zudem bleibt offen, welchen konkreten Effekt die Krönung Joschuas hat. Pola bemerkt die Spannung selbst: „Der Auftrag zeigt also sowohl Merkmale einer symbolischen als auch einer rituellen Handlung. Es ist daher Sach 6,9 ff paradoxerweise als Auftrag zu einer einmalig auszuführenden rituellen Handlung anzusehen" (259). Auch Rooke, Heirs, interpretiert den Text in seiner vorliegenden Form und sieht keine Indizien dafür, dass der Hohepriester als königliche Führungsfigur dargestellt sein sollte. Die Krone deutet sie als Symbol für den Tempel, der den Hohepriester und die Stadt in gleicher Weise schmücke. Den thronenden Spross und den Priester neben dessen Thron identifiziert Rooke mit Serubbabel und Joschua und versteht dies im Sinne einer Hierarchisierung dieser beiden von andernorts bekannten Personen.

240 Diese Deutung ist keineswegs alternativlos. Der Priester könnte sich auch neben dem Thron des Sprosses befinden. S. dazu im Folgenden.

241 Mit Schöttler, Gott, 158; Hallaschka, Haggai, 197; Schott, Sacharja 9–14, 44. Gegen u. a. Hensel, Art. Serubbabel.

sche Vorstufe des Textes, sondern betreffen auch den bearbeiteten Text in seiner vorliegenden Form. Im Zuge der Tilgung Serubbabels aus V.11 wäre nach Ansicht Wöhrles die Bezeichnung „Spross" auf Joschua übergegangen.[242] Identifiziert man Joschua und den Spross in der Endgestalt des Textes, bleibt jedoch ein Moment unverständlich: Der Priester in V.13b, der in der mutmaßlichen Vorstufe Joschua gewesen wäre, würde in dem Augenblick, in dem man Joschua mit dem Spross identifiziert und ihm entsprechend die Herrschaftsaussagen aus V.13a zuschreibt, zu einer anderen, von Joschua zu unterscheidenden priesterlichen Figur. Ein Nebeneinander von zwei (thronenden) priesterlichen Gestalten erscheint jedoch nicht plausibel. Der Redaktor hätte mindestens auch dieses Moment tilgen müssen, damit sein Eingriff einen verständlichen Text hinterlässt. Damit der Text in seiner vorliegenden Gestalt einen Sinn ergibt, muss zwischen Joschua, dem Spross und dem namenlosen Priester unterschieden werden. Die Annahme einer redaktionellen Reduktion der personalen Besetzung von Sach 6,9 – 15 zieht somit sowohl methodische als auch inhaltliche Schwierigkeiten nach sich: Erstens bleibt die Rekonstruktion einer literarischen Vorstufe naturgemäß spekulativ, zweitens, und das wiegt in diesem Fall noch schwerer, sind in dieser Lösung weder die rekonstruierte Vorstufe noch der Text in seiner vorliegenden Gestalt inhaltlich spannungsfrei. Der einzige Vorteil dieser Lösung bliebe, עטרות (in einer Vorform von Sach 6,9 – 15) konsequent als Plural verstehen zu können. Angesichts der gravierenden Schwierigkeiten ist jedoch die an sich unproblematische Alternative eines singularischen Verständnisses zu bevorzugen.[243] Demnach wäre in Sach 6,9 – 15 nur von der Krönung einer einzelnen Person berichtet worden. Die eingangs notierten Unebenheiten des Textes wären entsprechend auf eine redaktionelle Erweiterung der personellen Besetzung statt auf eine Reduktion derselben zurückzuführen.

Zu klären bleibt dann lediglich die Frage, welchem der beiden Protagonisten, Spross oder Hohepriester, die literargeschichtliche Priorität zukommt. Aufgrund der Spannungen, die Sach 6,9 – 15 zum Kontext aufweisen, wurde immer wieder mit Textänderungen gerechnet. Das Nebeneinander von zwei Herrschergestalten, einem Davididen und einem Hohepriester, wurde dann so erklärt, dass die Krönung, was erst einmal naheliegend erscheint, zunächst dem Davididen galt und der Ho-

---

242 Wöhrle schreibt die Bearbeitung entsprechend derselben Hand zu, die auch Sach 3,1 – 8 verfasst haben soll, wo nach Wöhrles Interpretation der Spross ebenfalls auf eine priesterliche Gestalt (allerdings nicht auf Joschua selbst, sondern auf einen seiner Nachkommen!) weist.
243 Entweder handelt es sich um einen archaischen oder archaisierenden Singular; vgl. Beuken, Haggai, 275, Anm. 1; Lipiński, Recherches, 34 f.; Rudolph, Haggai, 127 f.; Reventlow, Propheten, 72, oder ein ursprünglicher Singular wurde nachträglich an die redaktionell entstandene Vorstellung einer Doppelherrschaft von Joschua und Spross angepasst; vgl. Wellhausen, Propheten, 185; Kratz, Judentum, 82.

hepriester nachträglich in den Text eingetragen wurde, um diese Vorstellung zu korrigieren.[244] Wellhausen etwa vertritt eine schlichte Lösung, wonach einfach der Auftrag zur Krönung des Hohepriesters in V.11b zu streichen sei.[245] Das dadurch entstehende Problem, dass dem Singular in V.12 eine Bezugsgröße fehlt, löst er durch die Anpassung des Suffixes in V.12a: Der Prophet sei ursprünglich nicht zu einer Rede an den Hohepriester (אליו), sondern an die zuvor genannten Persönlichkeiten der Gola (אלהם) beauftragt worden, denen mitgeteilt werden sollte, dass Serubbabel ein Spross sein, d. h. „der Gründer einer blühenden Dynastie" werden würde. Die Bearbeitung habe den Text später an die realen Verhältnisse angepasst, denn „der Priester wurde das Haupt der Theokratie, nicht der Davidide".[246]

Mit einem geringeren Texteingriff, zumindest in V.11.12a, kommt Duhm aus.[247] Er rekonstruiert eine Vorform, in der in V.11b anstelle von Joschua einfach Serubbabel erwähnt wurde und die somit durch V.12a in seiner vorliegenden Gestalt problemlos fortgesetzt werden konnte.[248] Er weist jedoch zusätzlich auf das Problem hin, dass der als unbekannte Größe eingeführte Spross („Siehe, ein Mann, Spross sein Name") nicht Serubbabel sein kann, und geht davon aus, dass ursprünglich ein anderes Wort an Serubbabel dort gestanden habe, das dann durch das Spross-Wort ersetzt worden sei.[249] Wie Wöhrles Lösung sind auch Wellhausens und Duhms Rekonstruktionen einer literarischen Vorstufe aufgrund der nötigen Zusatzannahmen und spekulativen Textänderungen problematisch.[250] Von der Hypothese, im ursprünglichen Text sei einmal in irgendeiner Form von Serubbabel die Rede gewesen, ist daher grundsätzlich Abstand zu nehmen. Die Annahme, V.11 habe immer nur entsprechend seiner vorliegenden Form von einer Krönung des

---

244 Eine Auflistung aller Positionen bietet Rose, Zemah, 163 ff.

245 Vgl. Wellhausen, Propheten, 185.

246 Wellhausen, Propheten, 185.

247 Vgl. Duhm, Anmerkungen, 172.

248 Ähnlich votiert auch Redditt, Zerubbabel, 253; ders., Haggai, 40, der diese Änderung jedoch auf einer sekundär redaktionellen Ebene ansetzt. Bei V.11b–13 handele es sich insgesamt um einen Nachtrag, wobei V.11b ursprünglich Serubbabel als Gekrönten genannt habe. Dies sei später dann im Sinne einer Krönung Joschuas geändert worden.

249 Vgl. auch Marti, Dodekapropheton, 420.

250 Sie scheinen ferner auf der Annahme zu beruhen, dass (zu irgendeinem Zeitpunkt) eine Krönung Serubbabels ausgesagt werden musste. Diese resultiert aus einer unmittelbaren Lektüre von Sach 6,9 – 15 im Licht von Hag 2,20 – 23, die aus redaktionsgeschichtlicher Perspektive zumindest nicht alternativlos ist (s. dazu im Folgenden). Zum anderen wäre die mutmaßliche Übertragung der Krönung auf Joschua aber auch gerade angesichts von Hag 2,20 – 23 merkwürdig, da die mit Serubbabel verbundenen Erwartungen nur in Sach 6,9 – 15 korrigiert worden wären, nicht aber in Hag 2,20 – 23. Vgl. zu diesem Problem auch Pola, Priestertum, 243.

Hohepriesters berichtet,[251] mag angesichts des literarischen Kontexts zunächst zwar wenig naheliegend erscheinen, kommt aber gänzlich ohne hypothetische Vorstufenrekonstruktionen aus. Die Erwähnung zweier Herrscherfiguren, Hohepriester Joschua und Spross, wird man dennoch im Sinne eines redaktionellen Nacheinanders erklären müssen; allerdings ist das Verhältnis dann in umgekehrter Richtung zu bestimmen: Der Spross wurde dem Hohepriester nachträglich an die Seite gestellt. Der Weg führt also nicht vom friedlichen Nebeneinander von priesterlichem und politischem Herrscher oder von der Krönung des Davididen zur Alleinherrschaft des Hohepriesters. Vielmehr wurde die Krönung des Hohepriesters durch die Einschreibung eines für die Zukunft erwarteten davidischen Herrschers nachträglich korrigiert.[252]

An die Beauftragung des Propheten, eine Krone herzustellen und Joschua damit zu krönen (V.9 – 11), dürfte dann ursprünglich die Beschreibung dessen königlicher Aufgaben in V.13a angeschlossen haben: Er wird den Tempel bauen, auf seinem Thron sitzen und herrschen. Im Rahmen dieser Aufzählung ist das doppelte והוא in V.13a stilistisch auffällig und erfordert eine Erklärung. Das erste והוא dürfte die Funktion haben, die Aufmerksamkeit des Lesers auf die Tatsache zu lenken, dass nun eine angesichts des literarischen Kontextes unerwartete Information folgt: Er, nämlich der Hohepriester, und nicht etwa Serubbabel, wie man erwarten würde, wird den Tempel bauen.[253] Mit der im Folgenden genannten Ausübung von Hoheit und dem Sitzen auf einem Thron werden zwei explizite königliche Funktionen auf den Hohepriester übertragen.[254] Das voranstehende והוא dürfte hier dazu dienen, das Außergewöhnliche dieses Geschehens zu betonen.[255] Die Dopplung von והוא in V.13a markiert dann keine literarhistorische Zäsur, sodass V.13a neben V.9 – 11

---

251 Vgl. Schöttler, Gott, 152 ff.; Rose, Zemah, 151; Kratz, Judentum, 82; Hallaschka, Haggai, 265; Schott, Sacharja 9 – 14, 43 f.

252 Zu kurz greift hingegen die Aussonderung von V.12 f., die Rose, Zemah, 151, als literarkritische Option diskutiert: Die Symbolhandlung der Krönung Joschuas würde in der Grundschicht nicht erklärt werden („We would have a symbolic action without a prophetic meaning."), ganz abgesehen davon, dass die literarischen Spannungen in V.12 f. gegen die Annahme sprechen, dass beide Verse gemeinsam nachgetragen wurden.

253 Vgl. Schöttler, Gott, 154.

254 Hoheit (הוד) ist im Alten Testament ein königliches Prädikat (vgl. Jer 22,18; Ps 21,6; 45,4; Dan 11,21). Wie in Sach 6,11.13a kombiniert auch Ps 21,4.6 „Krone" (עטרת) und „Hoheit" (הוד) als Attribute des Königs. Das „Sitzen auf seinem Thron" (ישב על כסאו) ist fast ausnahmslos dem König (vgl. Ex 11,5; 12,29; 1 Kön 2,19; 3,6; 16,11; 22,10; 2 Kön 13,13; 2 Chr 9,8; 18,9; Jer 13,13; 22,4; vgl. auch Jer 33,21) und Gott (1 Kön 22,19; 2 Chr 18,18) vorbehalten.

255 Vgl. u. a. Petersen, Haggai, 276 f.; Rose, Zemah, 161; Hallaschka, Haggai, 265; Schott, Sacharja 9 – 14, 44.

komplett zum Grundbestand von Sach 6,9 – 15 gerechnet werden kann. Das Anliegen des Textes ist unmissverständlich: Der Hohepriester soll durch die Übertragung royaler Attribute als königlicher Herrscher charakterisiert werden.

Dieser Sicht stellt ein späterer Bearbeiter in V.12.13b.14 die Verheißung des Sprosses gegenüber.[256] V.12a transformiert die über den Hohepriester gesprochene Ankündigung in eine an ihn ergehende Verheißung – mit dem Resultat, dass sich die Tätigkeiten aus V.13a nicht mehr auf ihn, sondern auf einen anderen, nämlich den in V.12b verheißenen Spross beziehen. Höchst merkwürdig ist die Abfolge von V.12bβ und V.13aα, die zu der Dopplung der Aussage führt, dass er, der Spross, den Tempel bauen wird. Erklärungsbedürftig ist sie vor allem aus dem Grund, dass V.12bα auch direkt durch V.13aα hätte fortgesetzt werden können. Will man nicht von einer Unachtsamkeit des Redaktors ausgehen, muss es also einen sachlichen Grund dafür geben, dass er diese auffällige Spannung im Text produziert hat. Von V.12bβ aus gelesen ist der auffällige Anschluss von V.13a mit והוא vermutlich so zu verstehen, dass nun über dasselbe Subjekt, den Spross, eine neue Gegebenheit mitgeteilt werden soll.[257] Da aber unmittelbar zuvor bereits berichtet wird, dass der Spross den Tempel bauen wird, muss V.13aα aus Sicht des Redaktors einen anderen Zielpunkt haben. Dieser könnte in V.13b liegen, der auf denselben Redaktor zurückgeht. Die Betonung, dass der Spross für den Tempelbau zuständig ist, würde diese Aussage somit in einen direkten und kontrastierenden Vergleich mit der Funktionsbestimmung des nicht näher charakterisierten Priesters in V.13b stellen: Der Spross wird den Tempel bauen (und auf seinem Thron sitzen und herrschen), ein Priester aber wird (nicht den Tempel bauen, sondern) auf bzw. neben seinem Thron sein.[258] Implizit würde somit der Priester aus V.13b gegenüber dem Spross als königlichem Herrscher degradiert. Die komplizierte syntaktische Fügung wäre folglich ein Signal für die erkennbar vollzogene redaktionelle Wende: Gerade weil es nach V.11 einen gekrönten Priester gibt, muss die Position des nicht-priesterlichen Herrschers betont, die Stellung des neben ihm anwesenden Priesters hingegen subtil degradiert werden. Je nachdem, wie man die Präposition על hier versteht, könnte der Priester aus V.13b auf seinem eigenen Thron sitzen, oder aber sich neben dem Thron des Sprosses befinden. Beide Lösungen sind möglich, jeweils aber auch mit kleineren Schwierigkeiten verbunden. Bei der ersten Lösung,[259] wonach der Priester auf seinem eigenen Thron säße, wäre vielleicht eher das Verb „sitzen" (ישב) anstelle des

---

256 V.15, der für die vorliegende Fragestellung weniger relevant ist, wird in der Regel als späterer, eventuell in sich noch einmal gestufter Nachtrag gewertet. Vgl. etwa Hallaschka, Haggai, 263.

257 Vgl. Beuken, Haggai, 277, mit Verweis auf Joüon, Grammaire, 146 a 3.

258 Vgl. zu dieser Lösung Beuken, Haggai, 277 f.

259 Sie wird bevorzugt von u. a. Reventlow, Propheten, 72 f.; Wöhrle, Sammlungen, 344; Hallaschka, Haggai, 266, Anm. 672; Wolters, Zechariah, 190 f.; Schott, Sacharja 9 – 14, 45.

unbestimmten „sein" (היה) zu erwarten.[260] Gegen die zweite, wohl auch von LXX bezeugte Lösung,[261] wonach der Priester neben seinem – nämlich des Sprosses – Thron vorzustellen wäre, wird häufig die dann anzunehmende unterschiedliche Bedeutung der Präposition על bei analogem Gebrauch in zwei aufeinanderfolgenden Aussagen (V.13a; V.13b) angeführt.[262] Der Bedeutungsunterschied zwischen beiden Lösungen ist gering. Die zweite Option bringt die Hierarchie zwischen den beiden Personen deutlicher zum Ausdruck. Allerdings ist die Abstufung auch in der ersten Lösung eindeutig. Der nicht näher bestimmte Priester sitzt zwar auf seinem Thron, es wird jedoch nicht mitgeteilt, dass er herrscht. Stattdessen wird seine Herrschaft klar der des Sprosses beigeordnet. Mit den Worten Schotts:

> V.13bβ deutet das Nebeneinander beider Throne nun in für das Sacharjabuch singulärer Art und Weise als Dyarchie, wobei dies in der literarhistorischen Abfolge einen Verweis der Priesterschaft auf ihren angestammten Kompetenzbereich impliziert.[263]

Auch V.14 ist schließlich zu derselben Bearbeitung zu rechnen. Wurden die Herrschaftsfunktionen auf den Spross verlagert (V.12) und der priesterliche Würdenträger diesem untergeordnet (V.13b), blieb unbedingt die Frage zu klären, was mit der Krone auf dem Haupt des Hohepriesters geschehen sein sollte. Dieses Sachverhalts nimmt sich V.14 auf geschickte Weise an, indem er die Funktion der Krone aus V.11 neu bestimmt:[264] Sie wird als Angeld für den künftigen Davididen im Tempel deponiert. Ausweislich V.14 befindet sich die Krone also nicht mehr auf Joschuas Haupt, sondern im Tempel. Doch auch für die ursprüngliche Funktion der Krone legt sich im Licht der Redaktion eine andere Deutung nahe: Die Krone auf dem Kopf

---

260 Vgl. Beuken, Haggai, 277.
261 Sie wird vertreten von u.a. Beuken, Haggai, 277f., Rudolph, Haggai, 127f., Pola, Priestertum, 226.244; Rooke, Heirs, 148f., und Tiemeyer, Rites. LXX hat „zu seiner Rechten" (καὶ ἔσται ὁ ἱερεὺς ἐκ δεξιῶν αὐτοῦ).
262 Vgl. u.a. Schott, Sacharja 9 – 14, 45, Anm. 132.
263 Schott, Sacharja 9 – 14, 45.
264 In V.14 ist das Wort defektiv geschrieben. MT vokalisiert es als Plural. Der Konsonantenbestand ließe sich u.U. auch als eine (ansonsten im *status absolutus* nicht belegte) Singular-Form עטרת verstehen (auf einen phönizischen Beleg verweisen Meyers/Meyers, Haggai, 362f.). Sachlich dürfte in jedem Fall ein Singular anzunehmen sein (dafür spricht auch die Verbform תהיה). Die Vokalisierung im MT könnte entweder in Anlehnung an V.11 erfolgt sein, oder sich einer nachträglichen Anpassung an die dyarchische Vorstellung von V.13 verdanken (vgl. Schöttler, Gott, 161). Im vorliegenden Text könnte ein pluralisches Verständnis jedenfalls dadurch begünstigt worden sein, dass der Text zu wenige Kronen für zu viele Herrscher bereithält. Wenig plausibel ist angesichts der manifesten literarischen Spannungen indes die Annahme, der Singular der Versionen sei so zu verstehen, dass von den beiden Kronen aus V.11 eine im Tempel deponiert wird (vgl. Petersen, Haggai, 272ff.; Fried, Priest, 204).

Joschuas fungiert nun bereits in V.11 nicht mehr als Insignie der hohepriesterlichen Macht. Von V.14 aus betrachtet wird vielmehr bereits die Krönung Joschuas zum Vorzeichen für die Herrschaft des Sprosses, der Hohepriester wird zum „Empfänger einer stellvertretenden Symbolhandlung".[265]

2.2.3 Redaktionsgeschichtliches Fazit

2.2.3.1 Das redaktionsgeschichtliche Verhältnis von Sach 6,9–15 und Sach 3

Die Grundschicht von Sach 6,9–15 (V.9–11.13a), die den Hohepriester in der Art eines königlichen Herrschers präsentiert, geht konzeptionell deutlich über die Reinigung Joschuas im Rahmen der ursprünglichen Vision in Sach 3 hinaus. Sach 3,7 definiert zunächst die Aufgaben und Kompetenzen des wohl noch relativ jungen Hohepriesteramtes und konstatiert die Souveränität des Hohepriesters in kultischen Angelegenheiten. In diesem Zusammenhang werden Aufgaben auf den Hohepriester übertragen, die in den Zuständigkeitsbereich des Königs fielen, solange der Tempel Staatsheiligtum war. Die Wiedererrichtung des Tempels und die Wiederaufnahme des Kultes nach dem Exil veranlassten die Etablierung (oder die Stärkung) eines souveränen Priesteramtes, das die täglichen Angelegenheiten des Heiligtums verantwortete und dafür Sorge trug, dass der Kult *rite* vollzogen werden konnte. Die in Sach 3,7 dargestellten Funktionen und Aufgaben des Hohepriesteramtes dürften also durchaus realistische Zustände in der Zeit des Zweiten Tempels reflektieren. Gerade das letztgenannte Privileg, der Zugang zum himmlischen Thronrat, steht jedoch deutlich im Zeichen einer programmatischen Überhöhung des Amtes. Allerdings zielt diese nicht darauf, das Hohepriesteramt als politisches Führungsamt zu charakterisieren. Vielmehr soll der *rite* ausgeführte Kult an den göttlichen Ratschluss gebunden werden. Darin werden die Konturen einer (idealen) Gesellschaft erkennbar, die sich durch die Bindung an das Heiligtum als identitäts- und einheitsstiftender Institution definiert.

Mit Blick auf die Frage nach der Entwicklung der Herrschaftsaussagen im Zweiprophetenbuch im Allgemeinen und der Entwicklung des Hohepriesteramtes zu einem politischen Führungsamt im Besonderen kann somit festgehalten werden: Die Übertragung königlicher Prädikate auf den Hohepriester mit dem Ziel, ihn als königliche Führungsfigur zu charakterisieren, steht nicht am Beginn der Literargeschichte des Zweiprophetenbuches (und entsprechend der Entwicklung des Hohepriesteramtes).

---

265 Reventlow, Propheten, 72.

Dieser Schritt wird sodann jedoch in der Grundschicht von Sach 6,9–15 vollzogen, die den Hohepriester als gekrönten und thronenden Herrscher präsentiert und darum eine gegenüber dem Grundbestand von Sach 3 spätere Ergänzung darstellen dürfte. Auf eine spätere Entstehung weist auch – der Logik der bisherigen Redaktionsgeschichte entsprechend – die Erwähnung der Filiation Joschuas in Sach 6,11. Sie lässt vermuten, dass der Verfasser bereits mit den entsprechenden Stellen in der Rahmenerzählung von Hag, mindestens Hag 1,12a, dem mutmaßlichen Ursprung der Filiationen Serubbabels und Joschuas,[266] vertraut war. In Sach 3 hingegen fehlt die Filiation, was, da sachliche Gründe hierfür ausscheiden, darauf hinweisen dürfte, dass Hag 1,12a bei der Abfassung von Sach 3 noch nicht bekannt war.[267]

Ist die Grundschicht von Sach 6,9–15 somit später entstanden als die Grundschicht von Sach 3, stellt sich die Frage, in welchem Verhältnis die relevanten Bearbeitungen von Sach 3, namentlich Sach 3,5a.bα¹.9, zu Sach 6,9–15 stehen.

Sowohl V.5a.bα¹ als auch V.9 stellen innerhalb von Sach 3 die Führungskompetenzen des Hohepriesters heraus und weiten sie gegenüber der Grundschicht aus. V.5a.bα¹ stattet den Hohepriester zu diesem Zweck mit einer Kopfbedeckung aus, die Assoziationen an einen königlichen Herrscher weckt, V.9 überträgt ihm mit der Verfügungsgewalt über den aus Sach 4,10 bekannten Stein die Verantwortung für den Tempelbau. Die Kombination dieser beiden Aspekte königlicher Herrschaft, königliche Kopfbedeckung und Verantwortung für den Tempelbau, erinnert stark an Sach 6,9–15. Zumindest im Hinblick auf den Turban bzw. die Krone wurde dieser Zusammenhang häufig gesehen und unterschiedlich interpretiert. Duhm zieht weitreichende Schlüsse aus der Überschneidung. Er wertet sie als Indiz dafür, dass die Krönung in Sach 6,9–15 ursprünglich Serubbabel gegolten haben muss, da Joschua nach Sach 3,5 bereits eine Kopfbedeckung hat, nämlich den Turban.[268] Hallaschka hingegen nimmt an, die Krönung des Hohepriesters in Sach 6,9–15 sei als (nachträgliche) Steigerung der Einkleidung mit einem Turban aus Sach 3,5 zu verstehen.[269] Gegenüber dieser relativen Chronologie sind Zweifel angebracht. Denn die Kopfbedeckungen in Sach 3,5 und Sach 6,11 unterscheiden sich nur, was den Grad der Explizitheit angeht. Die Funktion und die Qualität als königlich konnotierte Kleidungsstücke bleiben davon unberührt. Im Fall des zweiten Motivs, das

---

266 S. dazu o. S. 30 f.

267 Dafür spricht auch, dass sich, wie oben gezeigt wurde, die Einführung des Hohepriesters in Sach 3 sehr viel stimmiger ergibt als in Hag 1,12a. Der Hohepriester Joschua fand über die Ätiologie des Amtes in Sach 3 Eingang in das Sacharjabuch; Hag 1,12 verankert ihn anschließend im Zweiprophetenbuch.

268 Vgl. Duhm, Anmerkungen, 172.

269 Vgl. Hallaschka, Haggai, 270.

Sach 3 und Sach 6,9 – 15 verbindet, des Tempelbaus, verhält es sich ähnlich. Drückt sich in der Platzierung des Steins vor Joschua in Sach 3,9 die Verantwortung des Hohepriesters für den Tempelbau aus, fügt Sach 6,13a dieser Aussage nichts hinzu, sondern formuliert sie lediglich explizit. Dieser Befund erklärt sich am besten durch die Annahme, dass der ältere Text Sach 3 durch punktuelle Einschreibungen an das in Sach 6 entworfene Konzept eines königlichen Hohepriestertums angepasst wurde. Ob dies nach der Fortschreibung der Nachtgesichte um Sach 6,9 – 15 oder zeitgleich damit erfolgte, lässt sich nicht feststellen, ist letztlich aber auch unerheblich. In der konzeptionellen Geschlossenheit der Grundschicht von Sach 6 und der Redaktion von Sach 3 drückt sich dieselbe redaktionelle Absicht aus. Indem die Grundschicht von Sach 3 redaktionell an Sach 6 angepasst wird, wird der Eindruck vermieden, dass sich im Verlauf der Nachtgesichte eine Entwicklung des Hohepriesteramtes vollzieht: Direkt beim ersten Auftritt wird der Hohepriester (noch sehr subtil) als königlicher Herrscher präsentiert. Dies könnte für den Redaktor vor allem mit Blick auf die Epexegese in Sach 4,6aβ–10a* relevant gewesen sein. Indem die Zuschreibungen königlicher Würde an den Hohepriester in Sach 3 und Sach 6 diese rahmt, wird die Autorität Serubbabels in der oben beschriebenen Weise neutralisiert. Die Zuständigkeit für den Tempelbau hat sich nicht etwa im Lauf der Zeit von Serubbabel auf Joschua verschoben. Die Entscheidungskompetenz liegt vielmehr von vornherein bei Joschua; Serubbabels Funktion ist von Beginn an begrenzt auf die Ausführung des Tempelbaus. Besonders plausibel erscheint diese Neutralisierung der Autorität Serubbabels im Horizont seiner Profilierung als politischer Führungsfigur. Es ist daher wahrscheinlich, dass die Bearbeitung die Statthalterprogrammatik aus den Rahmenversen in Hag bereits voraussetzt (was nicht zwingend bedeuten muss, dass ihre Funktion vorrangig oder ausschließlich darin besteht, dieser Statthalterprogrammatik einen hohepriesterlichen Gegenentwurf gegenüberzustellen).

Die Spross-Bearbeitung in Sach 3,8(.10) sowie in Sach 6,12.13b.14 stellt wiederum eine Korrektur der Vorrangstellung des Hohepriesters dar.[270] Sie trägt in beide Texte, die den Hohepriester als königlichen Herrscher präsentieren, die Erwartung

---

270 Im Gegensatz zu Sach 3,8 wird der verheißene Herrscher in Sach 6,12 ordnungsgemäß eingeführt. Will man daraus literarkritische Schlüsse ziehen, bleibt in der Tat nur die Lösung, Sach 3,8 als Nachtrag gegenüber Sach 6,12 zu beurteilen (vgl. Hallaschka, Haggai, 197; Schott, Sacharja 9 – 14, 44). Da die redaktionellen Prozesse in Sach 3 (erste und zweite Bearbeitung) und Sach 6 (Grundschicht und Redaktion) analog ablaufen, fällt eine Differenzierung aus redaktionsgeschichtlicher Sicht eher schwer.

eines Davididen als rechtmäßigen Herrscher ein.[271] Das Bild aus Sach 6,12 spricht für eine legitimatorische Funktion der davidischen Abstammung: „Der Spross ‚sprosst von unter sich‘, d. h. von seiner Wurzel, dem davidischen Stammbaum – gerade darin unterscheidet er sich von Josua."[272] Der verheißene Davidide steht jedoch nicht einfach als genealogisch legitimierter Konkurrent unverbunden neben dem königlichen Hohepriester. Durch die geschickte Platzierung der Einschreibung wird vielmehr die gegenwärtige Stellung des Hohepriesters in beiden Fällen subtil umgedeutet zu einem Verweis auf die zukünftige Herrschaft des Davididen. In Sach 3 werden die Priester zu „Vorzeichen" für die Herrschaft des Sprosses, in Sach 6 wird die Krönung des Hohepriesters zu einem symbolischen Akt, der auf die Krönung des Sprosses vorausweist.

Mit Blick auf den Herrschaftsdiskurs im Zweiprophetenbuch bleibt damit nur noch das Verhältnis von „Spross" und Serubbabel zu definieren. Die auffälligen Gemeinsamkeiten – beide sind Davididen, beide werden als Herrscher charakterisiert – legen nahe, dass sie in einem direkten Zusammenhang stehen. Auch eine Identifikation erscheint durchaus möglich.[273] Trifft die Rekonstruktion der Entstehungsgeschichte der entsprechenden Passagen im Zweiprophetenbuch zu, ist Serubbabel jedoch nicht von vornherein als Davidide vorgestellt, sondern die davidische Abstammung entwickelt sich erst im Lauf der Redaktionsgeschichte zu einem entscheidenden Aspekt seiner Karriere. Serubbabel wird erstmals in Hag 1,12a mit einer Filiation versehen, die ihn in die davidische Linie einschreibt. Der Einschub macht die aus älteren Passagen von Hag und Sach bekannte, für den Tempelbau verantwortliche Person zu einem der Protagonisten des Zweiprophetenbuchs und weist ihr einen Platz in der Geschichte Israels zu. Die davidische Abstammung hat hier in erster Linie die Funktion, die Kontinuität mit den vorexilischen Verhältnissen zu betonen, impliziert darüber hinaus jedoch sicher, wie auch die Filiation Joschuas, eine gewisse Würde der Person. Dass sich auf dieser Ebene bereits restaurativ-messianische Erwartungen mit der Figur Serubbabel verbinden, ist angesichts seiner in diesem Stadium noch begrenzten Funktion im Zweiprophetenbuch und der Subtilität von Hag 1,12a indes eher unwahrscheinlich. In jedem Fall hat die Erhebung zum Davididen weitere Fortschreibungen angeregt, die Serubbabel als Führungsfigur profilieren. Die Rahmenverse ernennen ihn zum

---

271 Dass es sich bei dem Spross um einen Davididen handelt, kann unzweifelhaft aus einigen messianischen Passagen aus dem Jeremiabuch geschlossen werden (Jer 23,5; 33,15), die hier im Hintergrund stehen dürften.

272 Schott, Sacharja 9 – 14, 45.

273 Vgl. etwa Tiemeyer, Rites, 31 f.; Willi-Plein, Haggai, 119 f.; Hensel, Serubbabel. Häufig wird die Bedeutung des Namens Serubbabel als Argument angeführt, der als hebraisierte Form des akkadischen Namens *zēr-bābili* („Spross Babels") gedeutet wird.

Statthalter und integrieren das Statthalteramt als politisches Leitungsamt in die judäische Tradition. Auf dieser Ebene steht das Statthalteramt in enger Verbindung zum vormaligen davidischen Königtum. Der Statthalter als vom Propheten zum Tempelbau autorisierter und dem Volk vorstehender Davidide wirkt wie ein Nachfolger des davidischen Königs. Die Sprosspassagen gehen mit der Ankündigung eines zukünftigen davidischen Herrschers konzeptionell einen eigenen Weg, weisen damit jedoch engste Berührungen mit Hag 2,20–23 auf, die Serubbabel nicht als Statthalter, sondern als messianische Gestalt in den Fokus rücken. Die redaktionsgeschichtliche Beurteilung von Hag 2,20–23 stellt somit den letzten für die Rekonstruktion der Herrschaftsdebatte im Zweiprophetenbuch relevanten Baustein dar.

2.2.3.2 Der kompositionsgeschichtliche Ort von Hag 2,20–23

Nach der Analyse aller für die Rekonstruktion der im Zweiprophetenbuch geführten Herrschaftsdebatte relevanten Texte sind mit Blick auf die späten Stadien der Redaktionsgeschichte von Hag und Sach 1–8 bislang einige Fragen offengeblieben. Zwar geben sich die Spross-Passagen in Sach 3,8(.10); 6,12.13b.14 unschwer als nachträgliche Korrektur derjenigen Texte zu erkennen, die königliche Attribute auf den Hohepriester übertragen (die Grundschicht von Sach 6,9–15 in Sach 6,9–11.13a sowie eine Fortschreibung der Vision über die Entsühnung Joschuas in Sach 3,5*.9). Ungeklärt ist jedoch nach wie vor die Frage nach dem kompositionsgeschichtlichen Ort von Hag 2,20–23. Wie die Spross-Passagen stellen auch Hag 2,20–23 die Erwartung eines davidischen Herrschers in den Vordergrund. Da eine frühe Entstehung von Hag 2,20–23 oben ausgeschlossen wurde,[274] könnte die messianische Verheißung an Serubbabel ebenso wie die Spross-Passagen als Gegenprogramm zu den programmatischen Hohepriesteraussagen verstanden werden. Da Hag 2,20–23, im Gegensatz zu den Spross-Passagen, die in die programmatischen Hohepriestertexte eingewoben wurden, literarisch unabhängig von diesen steht, ist eine literargeschichtliche Priorität von Hag 2,20–23 gegenüber den Hohepriestertexten, und somit die umgekehrte Richtung der Bezugnahme, jedoch theoretisch ebenfalls vorstellbar. Zunächst ist also das literargeschichtliche Verhältnis von Hag 2,20–23 zu den programmatischen Hohepriesteraussagen zu beleuchten. Die relative Chronologie von Hag 2,20–23 und den Spross-Passagen hängt damit eng zusammen. Ein Problem eigener Art stellt diesbezüglich jedoch das Nebeneinander der Erwartungen eines konkreten zukünftigen Herrschers, Serubbabel, und des unbestimmten „Sprosses" dar. Unabhängig davon, wie man bezüglich der relativen Chronologie von Hag 2,20–23 und den Spross-Passagen entscheidet: Hält man Hag 2,20–23 für einen jungen Text, scheidet die Möglichkeit aus, dass die Ankündigung

---

274 S. dazu o. II 2.2.1.3.

des „Sprosses" auf eine in den historischen Serubbabel gesetzte, aber inzwischen enttäuschte Messiashoffnung reagiert. Der Grund für den Wechsel der Bezeichnung ist daher jenseits dieser historischen Ebene zu suchen.

Der Schlüssel zur Antwort auf beide Fragen, die nach dem literarhistorischen Verhältnis von Hag 2,20 – 23 und den programmatischen Hohepriesterpassagen einerseits sowie die nach dem sachlichen Grund für die unterschiedlichen Bezeichnungen des davidischen Messias andererseits, könnte in Jer 22 als gemeinsamer Bezugsgröße der Texte liegen.

Während die Siegelmetapher in Hag 2,23 in der Forschung häufig als Anspielung auf Jer 22,24 erkannt wird, spielen die Querbezüge zu Jer 22 bei der Interpretation von Sach 6,9 – 15 in der Regel keine Rolle. Wie Hallaschka jedoch bereits festgestellt hat, kommt die Kombination von „Thron" (כסא), „sitzen" (ישב) und „herrschen" (משל), wie sie Sach 6,13 bietet, ansonsten nur noch in Jer 22,30 vor, dort im Kontext der Verwerfung Jojachins.[275] Er erklärt diesen Befund einleuchtend. In Jer 22,30 wird Jojachin angesagt, dass kein Nachkomme mehr auf seinem Thron sitzen und herrschen werde. Ist der Thron des Davididen somit auf ewig verwaist, kann Joschua nach Sach 6,13 diese Lücke ohne Weiteres füllen. „Dann würde die hohepriesterliche Herrschaft mit dem Abbruch der davidischen Dynastie begründet: Deren Erbe hat der Hohepriester angetreten."[276]

Wegweisend für die Kompositionsgeschichte von Hag/Sach wird die Interpretation von Sach 6,13 vor dem Hintergrund von Jer 22,30 vor allem dann, wenn man die Bezugnahme von Hag 2,23 auf Jer 22,24 mit einbezieht. Korrespondiert Sach 6,13 in der beschriebenen Weise mit Jer 22,30, dürfte es kaum dem Zufall geschuldet sein, wenn wenige Kapitel zuvor Hag 2,23 die Siegelmetapher aus Jer 22,24 aufnimmt und die damit verbundene Botschaft korrigiert. Während Jojachin in Jer 22,24 mit dieser Metapher die Verwerfung der Dynastie angekündigt wird, wird Serubbabel in Hag 2,23 verheißen, dass er ביום ההוא wieder Jahwes Siegel sein werde. Die herkömm-

---

275 Vgl. Hallaschka, Haggai, 262, Anm. 641.
276 Hallaschka, Haggai, 265. Nebenbei ließe sich im Rahmen einer interpretierenden Aufnahme von Jer 22,30 in Sach 6,13 die sehr explizite Darstellung des Hohepriesters als königlichem Herrscher zwanglos erklären. Basiert die Zuschreibung königlicher Attribute an den Hohepriester auf der Übertragung eines literarischen Motivs, ist das Konzept eines royalen Hohepriestertums nicht zwingend konkret zu verstehen – sei es in dem Sinne, dass Sach 6,9 – 15 die Entwicklung des Hohepriesteramtes zu einem politischen Führungsamt königlicher Qualität reflektiert, oder in dem Sinne, dass der Text ein solches als Ideal entwirft, auf dessen Verwirklichung man hofft. Nimmt man den Querbezug zu Jer 22 ernst, kann das königliche Hohepriestertum in Sach 6,9 – 15 Mittel zum Zweck sein, um die Autoritätsansprüche des Hohepriesters darzustellen. In jedem Fall spiegeln sich darin sehr weit entwickelte Vorstellungen vom Hohepriesteramt als politischem Führungsamt, die für ein verhältnismäßig spätes Datum der Entstehung sprechen könnten.

liche Deutung dieses Querbezugs im Sinne einer Revozierung der Verwerfung Jojachins erscheint alternativlos. Gerade angesichts des mutmaßlichen Bezugs von Sach 6,13 auf Jer 22,30 erweist sich diese Korrektur mit Blick auf die Herrschaftsaussagen im Zweiprophetenbuch als äußerst folgenreich. Hag 2,23 charakterisiert die Verwerfung der Davididen nach Jer 22 als temporär, insofern diese mit der Erwählung Serubbabels zum Siegel aufgehoben wird. Konnte Sach 6,13 noch problemlos die durch die Verwerfung Jojachins entstandene Leerstelle durch den Hohepriester füllen, schiebt Hag 2,23 dieser Option durch einen weiteren Rekurs auf Jer 22 einen Riegel vor. Die Leerstelle, die durch Jer 22,30 entstanden war, wird durch die Erwählung eines Davididen, der aus der Redaktionsgeschichte von Hag/Sach bereits vorgegeben war, rechtzeitig geschlossen. Die Verheißung an Serubbabel in Hag 2,23 oszilliert dabei geschickt zwischen Gegenwart und Zukunft: Serubbabel ist bereits erwählter Knecht Jahwes, seine Ergreifung als Siegelring Jahwes steht jedoch noch aus. Diese „eigentümliche chronologische Spannung"[277] könnte darauf zurückzuführen sein, dass dem Redaktor, der dem royalen Hohepriester den Davididen Serubbabel als königlichen Herrscher entgegenstellen wollte, sehr wohl bewusst war, dass Serubbabel diese Funktion niemals erfüllt hatte.

> Offenbar verbürgt Serubbabel die bleibende Erwählung der davidischen Linie nach dem Untergang des Königtums. In seiner Person manifestiert sich die Spannung zwischen dem „schon jetzt" des Tempelbaus und dem „noch nicht" des ausbleibenden Heils, die den Motor der Literargeschichte des gesamten Buches bildet: Zwar initiierte er in königlichem Stil den Tempelbau, trat jedoch keine königliche Herrschaft an.[278]

Die Erkenntnis, dass sich die konträren Positionen von Hag 2,20–23 und Sach 6,9–15 einer kontroversen innerbiblischen Exegese von Jer 22 verdanken, bringt Klarheit hinsichtlich der Entwicklung der Herrschaftsaussagen in Hag und Sach 1–8. Hag 2,20–23 wurden, wie auch die Spross-Passagen, in Kenntnis der Grundschicht von Sach 6,9–15 (und entsprechend auch der hohepriesterprogrammatischen Bearbeitung von Sach 3) verfasst. Die Entwicklung ist somit in jedem Fall linear verlaufen: Die programmatischen Hohepriesteraussagen wurden früher als die Erwartung einer messianischen Gestalt in den Zusammenhang des Zweiprophetenbuches eingetragen.[279]

---

277 Schott, Sacharja 9–14, 40.
278 Schott, Sacharja 9–14, 40.
279 Die relative Chronologie von Hag 2,20–23 und Sach 6,9–15 bestätigt noch einmal die rekonstruierte Redaktionsgeschichte von Sach 6,9–15: Die Vorschläge, wonach die Krönung ursprünglich (auch) Serubbabel gegolten haben sollte, setzen sämtlich die Kenntnis von Serubbabel als königlicher Gestalt voraus, die nur Hag 2,20–23 entstammen kann. Setzt man Hag 2,20–23 später an als die Grundschicht von Sach 6,9–15, erübrigt sich diese Option auch aus literargeschichtlichen Gründen.

Als letzte offene Frage verbleibt damit die nach der relativen Chronologie von Hag 2,20 – 23 und den Spross-Passagen. Auch hierfür ist die Interpretation von Sach 6,13 vor dem Hintergrund von Jer 22,30 aufschlussreich. Ein davidisches Gegenprogramm zu den programmatischen Hohepriestertexten kann zu keiner Zeit aus den Spross-Passagen allein bestanden haben. Da erst Hag 2,23 die Möglichkeit einer Fortsetzung der davidischen Herrschaft eröffnet, hinge eine Eintragung des Sprosses ohne Hag 2,20 – 23 vor dem Hintergrund von Jer 22 konzeptionell in der Luft. Die Spross-Passagen sind somit auf Hag 2,23 angewiesen und folglich entweder zeitgleich mit oder später als Hag 2,20 – 23 entstanden.

Dass Hag 2,20 – 23 und die Spross-Passagen als davidisch-messianische Gegenentwürfe zu den programmatischen Hohepriestertexten in Sach 3 und Sach 6 konzeptionell eng aufeinander bezogen sind, ist offensichtlich.[280] Da nach Hag 2,20 – 23 die Herrschaft des Davididen noch nicht vollständig realisiert ist, sind grundsätzlich auch die darauf folgenden Ankündigungen des für die Zukunft erwarteten davidischen Sprosses unproblematisch. Unabhängig davon, ob man die Spross-Passagen für gleichalt oder jünger als Hag 2,20 – 23 hält, muss jedoch erklärt werden, aus welchem Grund die messianische Figur in Sach 3 und Sach 6 plötzlich als „Spross" bezeichnet wird, nachdem in Hag 2,20 – 23 zunächst Serubbabel als (zukünftiger) Herrscher präsentiert worden war. Mit der wechselnden Bezeichnung geht eine Akzentverschiebung einher, über welche die Konnotation, die der Spross in den Sach 3,8 und Sach 6,12 zugrunde liegenden Jeremia-Passagen hat, Aufschluss gibt. Insbesondere Jer 33,14 ff. lassen sich in dem innerbiblischen Geflecht zwischen dem Zweiprophetenbuch und dem Jeremiabuch als explizites Kontrastprogramm zu Jer 22,30 auffassen. Der davidische „Spross" wird hier als Idealtypus des Messias gezeichnet, der den ewigen Bestand der Dynastie garantiert. Im Rahmen eines Gegenprogramms zum thronenden Hohepriester dürfte die Betonung des ewigen Charakters der messianischen Herrschaft des Sprosses ein wichtiger Aspekt gewesen sein, da sie konkurrierende Ansprüche des Hohepriesters ein für alle Mal aushebeln konnte. Für einen expliziten Bezug der Spross-Passagen auf Jer 33,14 ff. könnte auch sprechen, dass sich Sach 6,13 einer Dyarchie von davidischem Herrscher und Priester, wie sie auch in Jer 33,17 f. (davidischer Herrscher und levitischer Priester) begegnet, verpflichtet zu wissen scheint. Neben dem Spross thront ein Priester, zwischen beiden wird friedlich beraten. Auch diese Konstellation könnte sich der Absicht verdanken, mit der ewigen davidischen Herrschaft allen hohe-

---

280 Wie Hag 2,23 gebraucht Sach 3,8 für den Spross den Ehrentitel „Knecht". Nach Sach 6,12 „sprosst der Spross von unter sich" (Schott, Sacharja 9 – 14, 45), d. h. von einer Wurzel her (und unterscheidet sich darin von Joschua). Dieses Bild des Sprossens aus einer Wurzel liegt auf einer Linie mit Hag 2,20 – 23, wonach die davidische Dynastie über Serubbabel in der nachexilischen Zeit eine Fortsetzung findet.

priesterlichen Herrschaftsambitionen ein für alle Mal den Riegel vorzuschieben: Der priesterliche Herrscher wird dem Spross untergeordnet.

Lässt sich der auffällige Wechsel in der Bezeichnung der messianischen Figur somit in die Entwicklung einer zweistufigen messianischen Konzeption einbinden, dürften Hag 2,20 – 23 und die Spross-Passagen gleichzeitig entstanden sein. Hag 2,20 – 23 legen den Grund für messianische Erwartungen, indem Serubbabel die anbrechende Herrschaft der davidischen Linie symbolisiert; die Spross-Passagen lenken die Hoffnung hingegen bewusst auf den davidischen Ewigherrscher als eine Art „neuen Serubbabel".

2.2.3.3 Zusammenfassung: Die Entwicklung der Herrschaftsaussagen in Hag und Sach 1 – 8 im Spiegel der Literargeschichte

Bereits der literarische Kern von Hag, den zwei eventuell bereits durch Datierungen miteinander verbundene und gemeinsam überlieferte Prophetenworte bilden, erwähnt eine nicht näher charakterisierte Person namens Serubbabel im Zusammenhang des Tempelbaus (Hag 2,4). Vor dem Volk des Landes, dem der Prophet sich anschließend zuwendet, wird dieser Serubbabel von Haggai zur Aufnahme der Bauarbeiten ermutigt.

In einem nächsten Schritt wurde jener aus Hag bekannte Serubbabel ebenfalls in der Funktion eines Verantwortlichen für den Tempelbau im Rahmen einer Epexegese in Sach 4 eingetragen (Sach 4,6aβ–10a*). Anders als Hag wusste der Grundbestand von Sach also zunächst weder von Serubbabel noch von dem Tempelbau zu berichten. Thematisch war jedoch eine gewisse Nähe zwischen den ursprünglichen Prophetenworten in Hag mit ihrem Fokus auf dem Tempelbau und dem ältesten Zyklus an Nachtgesichten in Sach immerhin bereits dadurch gegeben, dass mit der Leuchtervision der Tempel(kult) auch im ursprünglichen Zyklus der Nachtgesichte enthalten war. Die Einschreibung Serubbabels in den Zusammenhang des Sacharjabuches diente der engeren sachlichen Verbindung und wohl auch der literarischen Verzahnung der beiden Bücher. Die Bearbeitung war somit zwar maßgeblich für die Redaktionsgeschichte des Zweiprophetenbuches. Mit Blick auf die Entwicklung der Herrschaftsaussagen trägt sie jedoch wenig aus. Die Funktion Serubbabels wurde aus Hag 2,4 übernommen; eine Profilierung Serubbabels als Führungsfigur ist in diesen frühen Stadien der Literargeschichte nicht erkennbar.

Während Serubbabel in Hag und in einem zweiten Schritt auch in Sach zunächst nicht als Amtsperson im Blick ist, wird Joschua im Rahmen einer Art Ätiologie des Hohepriesteramtes in Sach 3 in das Zweiprophetenbuch eingeführt. In diesem Zusammenhang qualifiziert Sach 3,7 das mutmaßlich noch junge Hohepriesteramt in legitimierender Absicht als souveränes kultisches Leitungsamt. Die Übernahme ehemals königlicher Aufgaben im Bereich von Kult und Verwaltung des

Tempels dürfte in diesem Kontext pragmatische Gründe haben. Sie geht mit der Etablierung eines souveränen Priesteramtes zwangsläufig einher, einer Innovation, die erst durch das Ende der Monarchie erforderlich geworden war. Dass ehedem königliche Funktionen auf den Hohepriester mit dem Ziel übertragen würden, das Amt als königliches Führungsamt zu charakterisieren, ist somit nicht anzunehmen.

Dass Sach 3 vor Sach 4 positioniert wird, hat seinen sachlichen Grund darin, dass so die Entsühnung des Hohepriesters, die diesen zur Ausübung seines Amtes befähigt, berichtet wird, bevor in Sach 4 der brennende Leuchter den wiederaufgenommenen Tempelkult symbolisiert. Mit einer gewissen Wahrscheinlichkeit wurde Sach 3 erst vor Sach 4 platziert, als die Leuchtervision bereits um die Epexegese erweitert worden war.[281] Eine Hierarchie zwischen Joschua und Serubbabel ist auf dieser Ebene noch nicht impliziert.[282] Aus der Fortschreibung um Sach 3 resultiert jedoch ein Nebeneinander der zwei Individuen. Sie haben zwar zunächst nicht direkt etwas miteinander zu tun, sind aber dadurch indirekt verbunden, dass beiden eine Funktion im Zusammenhang mit dem Tempel (Tempelbau bzw. Tempelkult) zugeschrieben wird. Damit ist die Basis für die anschließenden Bearbeitungen gelegt, die die Funktionen Joschuas und Serubbabels sowie ihr Verhältnis zueinander mehrmals neu bestimmen.

In Hag 1,12a werden beide erstmals in einem Atemzug genannt und mit einer Filiation versehen. Die beiden Personen, die bislang unabhängig voneinander und erst nach und nach im Verlauf von Hag bzw. Sach erwähnt werden, werden so direkt zu Beginn als Protagonisten des Zweiprophetenbuches präsentiert, was diesem einen geschlossenen Eindruck verleiht. Die Filiationen qualifizieren die beiden Protagonisten als konkrete historische Persönlichkeiten vornehmer Herkunft. Insbesondere die davidische Abstammung Serubbabels dürfte die weitere Profilierung dieser Figur angestoßen haben, ohne dass damit in Hag 1,12a selbst schon herrscherliche Assoziationen verbunden sein müssen.

Was die Funktionen von Serubbabel und Joschua angeht, ist in Hag 1,12a noch nicht der Tempelbau als gemeinsam verantwortetes Projekt im Blick. Zunächst wird nur die grundsätzliche Zustimmung der beiden Führungsfiguren zu diesem Projekt konstatiert. Die konkreten Aufgaben, die den beiden dabei zukommen, erschließen sich auf dieser redaktionsgeschichtlichen Ebene des Zweiprophetenbuches einzig aus ihren späteren Erwähnungen in Hag 2,4/Sach 4 bzw. Sach 3.

Die gemeinsame Verantwortung für das Tempelbauprojekt wird Serubbabel und Joschua erst durch eine weitere Bearbeitung übertragen, die Hag 1,1–3*.14.15a;

---

281 Dafür könnte sprechen, dass die Epexegese in Sach 4 im Zusammenhang mit der Bücherverbindung steht, während Sach 3 womöglich bereits auf Hag 2,10–14 Bezug nimmt. S. dazu o. S. 72 f.
282 Gegen Hallaschka, Haggai, 219. S. dazu o. S. 73.

2,2 umfasst. Diese Verse, die die älteren Prophetensprüche mit einem narrativen Rahmen umspannen, bringen im Wesentlichen zwei Neuerungen: Joschua wird explizit mit dem Tempelbau in Verbindung gebracht, Serubbabel wird mit einem Amt versehen – er ist Statthalter der Provinz Jehud. Der späte redaktionsgeschichtliche Ort des Statthaltertitels für Serubbabel spricht dagegen, die Rahmenverse als Reflex einer faktischen Dyarchie von Statthalter und Hohepriester in Jehud zu werten. In redaktionsgeschichtlicher Perspektive erscheint auch die Annahme, dass eine dyarchische Form von Herrschaft als Ideal präsentiert werden solle, etwa zum Zweck der impliziten Aufwertung des Hohepriesteramtes zu einem politischen Führungsamt, nicht übermäßig wahrscheinlich. Zwar werden die beiden Ämter aneinander angeglichen, indem die Inhaber gemeinsam vom Propheten adressiert werden und die geteilte Verantwortung für den Tempelbau haben. Das innovative Moment dieser Verse stellt jedoch die Ergänzung des Statthalteramtes Serubbabels dar, was dafür spricht, dass es in erster Linie um die Profilierung desselben geht. Indem der Statthalter gemeinsam mit dem Hohepriester als genuin judäischer Führungsfigur vom Propheten adressiert und mit dem Tempelbau beauftragt wird, wird das Statthalteramt als judäisches politisches Führungsamt qualifiziert und legitimiert.

Die Rahmenverse in Hag markieren den Beginn einer literargeschichtlich mehrstufigen Herrschaftsdebatte im Zweiprophetenbuch. Die Kombination aus einem politischen Anführer davidischer Abstammung, der den Tempel baut, und einem Hohepriester, dem mit der Verantwortung für den Tempelbau nach den Privilegien in Sach 3,7 eine weitere ehemals königliche Aufgabe übertragen wird, bot gleichermaßen Anknüpfungspunkte für die Eintragung hohepriesterlicher und messianischer Ideale. Auch wenn das Statthalteramt in der durch die Rahmenverse angestoßenen Herrschaftsdebatte aus dem Blick gerät, spricht die Tatsache, dass im Folgenden die Autoritätsansprüche insbesondere des Hohepriesters (und infolgedessen dann auch des davidischen Herrschers) anhand der Frage verhandelt werden, wer für den Tempelbau verantwortlich ist, für einen direkten Bezug der programmatischen Fortschreibungen auf die Rahmenverse in Hag.

Die folgende Fortschreibung in Sach 3,5*.9*; Sach 6,9 – 15* etabliert das Ideal eines royalen Hohepriestertums und steht somit im Zeichen der Politisierung des Hohepriesteramtes. Die Rahmenverse in Hag dürften hierfür aufgrund der Gleichordnung mit dem Statthalteramt und der geteilten Verantwortung für den Tempelbau als Vorlage gedient haben, auch wenn die Politisierung des Amtes in den Rahmenversen selbst noch nicht im Fokus stand. Mit der hohepriesterprogrammatischen Fortschreibung wird das aus den älteren redaktionsgeschichtlichen Stadien übernommene Motiv des Tempelbaus zur Chiffre für die legitime Ausübung politischer Macht. Im Rahmen einer Aufwertung des Hohepriesteramtes zu einem politischen Führungsamt war die Verlagerung des Tempelbaus in den Zuständigkeitsbereich des Hohepriesters in redaktionsgeschichtlicher Perspektive nahezu unumgänglich. Die in den Rahmenversen von Hag angelegte gemeinsame Verantwortung für den Tempelbau von Hohepriester und Statthalter wurde im weiteren Verlauf des Zweiprophetenbuches bisher nicht eingelöst: Die Epexegese in Sach 4 konstatiert die alleinige Zuständigkeit Serubbabels für den Tempelbau, der nun aus den Rahmenversen als Statthalter bekannt ist. Um das Ideal eines politisch starken Hohepriesteramtes in das Zweiprophetenbuch einzupflegen, musste der Redaktor somit die dominierende Rolle des Statthalteramtes neutralisieren (was nicht zwingend bedeutet, dass das Konzept des royalen Hohepriestertums darauf zielt, die faktischen Autoritätsansprüche des Statthalters einzudämmen). Dies gelang ihm, indem er die Epexegese mit Bearbeitungen rahmte, die dem Hohepriester als königlicher Herrscherfigur die Verantwortung für den Tempelbau übertragen: In Sach 3 trägt der Hohepriester königlichen Kopfschmuck (V.5) und ist für den Tempelbau verantwortlich, insofern er die Verfügungsgewalt über jenen Stein erhält, den Serubbabel später im Zusammenhang des Tempelbaus verwendet (V.9). Sehr viel expliziter ist die Darstellung in Sach 6,9 – 11.13a. Der Hohepriester sitzt auf seinem Thron und herrscht; er ist es, der den Tempel baut.

Das Konzept eines royalen Hohepriestertums in Sach wird auf der Grundlage einer innerbiblischen Korrespondenz mit Jer 22,30 entwickelt: Der Hohepriester kann als königlicher Herrscher an die Stelle des davidischen Königs treten, da dessen Thron auf ewig nachfolgerlos bleibt.

Die spätere Einschreibung von Hag 2,20 – 23 sowie Sach 3,8(.10) und Sach 6,12.13b.14 („Serubbabel-Spross-Redaktion") lässt sich als eine messianische Gegenoffensive verstehen, die (ebenfalls unter Rückgriff auf Jer 22) das Konzept des königlichen Hohepriestertums korrigiert: Der davidische Messias macht dem Hohepriester den Anspruch auf königliche Würden streitig. Entscheidend für diese Wende ist die Eintragung von Hag 2,20 – 23. Der Redaktor entwickelte die vorhandenen Informationen zu Serubbabel, wonach dieser davidischer Abstammung und für den Tempelbau verantwortlich war, konsequent fort und transformierte sie in eine messianische Verheißung. Die Erwählung Serubbabels als Jahwes Siegel revoziert die Verwerfung der davidischen Dynastie aus Jer 22,24. Im Horizont von Jer 22, in dem der Verfasser von Sach 6,9 – 11.13a sein Ideal des royalen Hohepriestertums entwickelte, war dies notwendig, um eine Restitution der davidischen Dynastie nach dem Exil allererst zu ermöglichen. Hag 2,20 – 23 ebneten den Weg für die Verheißung eines davidischen Sprosses als Symbol der zwar noch zukünftigen, aber ewigen davidischen Herrschaft in Sach 3,8(.10) sowie in Sach 6,12.13b.14, die von derselben Hand eingetragen wurde.

Dass sich auch auf dieser Ebene das Augenmerk vor allem auf den Tempelbau richtet, liegt in der bisherigen Redaktionsgeschichte begründet. Nachdem die Zuständigkeit für das Projekt von Serubbabel in Sach 4,6aβ–10a* auf Joschua übertragen worden war (Sach 3,9; 6,13a), wird sie nun dem Spross zugeschrieben. Dies geschieht in Sach 3,8, indem der verheißene Spross in größtmöglicher literarischer Nähe zu Sach 3,9 platziert wird. Ließ sich in Sach 3,9 über Sach 4,6aβ–10a* sowieso nur indirekt erschließen, was Joschua mit dem vor ihm platzierten Stein anfangen sollte, ist nun von Sach 3,8 her gelesen zumindest eine Möglichkeit, dass er den Stein an den Spross weitergibt, der unmittelbar zuvor als Herrscher angekündigt wird. Insgesamt bleibt der imaginierte Ablauf der Ereignisse in Sach 3 allerdings auch auf der Ebene dieser letzten Ergänzung vage. Sehr viel deutlicher erschließt sich der Zusammenhang von Spross und Tempelbau wiederum in Sach 6,12, wo dieser (wie auf der vorausgehenden redaktionellen Ebene Joschua) explizit mit dem Projekt betraut wird.[283] Dass am Ende die Kompetenzzuschreibungen an Hohepriester und Spross nicht einfach unverbunden nebeneinander stehen, verdankt sich der subtilen Abwertung des Hohepriesters durch den Redaktor der Spross-Passagen, die eine Hierarchie von davidischem Herrscher und Hohepriester implizieren. Sach 3,8(.10) und Sach 6,12.13b.14 degradieren die Stellung Joschuas, indem sie ihn zum Vorzeichen für die zukünftige Herrschaft des Sprosses machen: Ausweislich Sach 3,8 fungieren die Priester als Bürgen für die Herrschaft des Sprosses, während in Sach 6 Joschuas Krönung zur Symbolhandlung wird, die auf die zukünftige Herrschaft des Sprosses verweist.

2.2.4 Versuch einer absoluten Datierung

Der Rückschluss von einem literargeschichtlichen Befund auf die realen gesellschaftlichen und politischen Entwicklungen im Hintergrund der Abfassung und Fortschreibung der Texte ist grundsätzlich ein hypothetisches Unterfangen. Im Fall von Hag und Sach 1–8 hat man jedoch zumindest im Bereich der ältesten Erwähnungen von Serubbabel und Joschua relativ festen Grund. Die Nennung Serubbabels im Zusammenhang des Tempelbaus in Hag 2,4 setzt die Kenntnis einer Person dieses Namens mit entsprechender Funktion bei dem Verfasser und seinem Publikum voraus, sodass es keinen Anlass gibt, an der Historizität Serubbabels zu zweifeln. Es könnte sich um einen persischen Beamten gehandelt haben, der mit einer leitenden Aufgabe beim Tempelbau beauftragt war.[284] Der Spruch dürfte somit noch zur Zeit

---

283 Dort wird sogar eine unnötige Dopplung zwischen V.12b und V.13a in Kauf genommen, um zu betonen, dass der Tempelbau eben nicht Sache des Hohepriesters, sondern des Sprosses ist.
284 Dies würde implizieren, dass die Perser zumindest zu einem gewissen Grad in den Wiederaufbau des Jerusalemer Tempels involviert waren, was historisch auch durchaus plausibel ist. Auch die Elephantine-Korrespondenz belegt, dass die Perser in der Frage nach dem Wiederaufbau des Tempels das letzte Wort hatten; s. dazu u. 4.1.2.1. Die Annahme, dass dies in Jerusalem ähnlich war,

des Tempelbaus verfasst worden sein, der Inhalt legt vielleicht sogar einen recht frühen Zeitpunkt zu Beginn des Projektes nahe. Da jener Serubbabel weder als Statthalter noch als Davidide im Blick ist, hat seine Erwähnung zunächst keine weiteren Reflexionen über seine Person ausgelöst. Die Nennung Serubbabels zumindest auch an einer Stelle in Sach verdankt sich der Absicht, die beiden Bücher Hag und Sach, die über das gemeinsame Thema Tempel(bau) inhaltlich verbunden waren, literarisch miteinander zu verzahnen. Da die Epexegese in Sach 4,6aβ–10a* ebenfalls noch nicht viel Material in Hag und Sach voraussetzt, kann auch hier noch von einer frühen Abfassung ausgegangen werden. Eventuell haben sich in den beiden Sprüchen der Epexegese (insbesondere in den Ausrufen in V.7) überlieferungsgeschichtliche Reste eines alten Spruchs erhalten, was ebenfalls eine historische Verbindung Serubbabels mit dem Tempelbau nahelegen würde.

Auch der Bericht über die Entsühnung Joschuas in Sach 3 dürfte nicht allzu viel später entstanden sein. Er reflektiert die Frage, unter welchen Bedingungen der Kult am Tempel wiederaufgenommen werden kann, die in der Zeit des Tempelbaus oder kurz nach dessen Vollendung virulent war. Angesichts des Zusammenhangs von kultischer Unreinheit und fehlendem Tempelkult, den auch Hag 2,10 – 14 voraussetzen, muss geklärt werden, inwiefern der Kult unter der Leitung eines „Unreinen" wiederaufgenommen werden kann. Sach 3 demonstriert, dass der Kult am Zweiten Tempel dank der himmlischen Entsühnung Joschuas von Anfang an durch einen Hohepriester *rite* vollzogen werden konnte. Zu einer relativ frühen Datierung der Vision in Sach 3 passt auch die Beschreibung der hohepriesterlichen Aufgaben in Sach 3,7. Sie könnte darauf hinweisen, dass die Kompetenzen und Funktionen des neu entstandenen souveränen Priesteramtes, die wohlgemerkt den kultischen Be-

---

liegt nahe; vgl. Kratz, Judentum, 72; Japhet, Temple Building, 326 („In fact, the existence of the second temple itself demonstrates Persian approval. There could not have been a temple anywhere in the empire if the Persians had not supported it."). Das Kyros-Edikt muss darum freilich nicht gleich historisch sein. Sowohl die Form eines Memorandums (Esr 6,3 – 5; vgl. TAD A4.10) als auch der Inhalt lassen es aber möglich erscheinen, dass ein solches Dokument aus persischer Feder zur Zeit des Tempelbaus vorlag und theologisch transformiert wurde; vgl. ähnlich auch Kratz, Judentum, 72f. Auch wenn somit von einer grundsätzlichen Unterstützung der Perser für das Projekt auszugehen ist, dürfte sich diese auf die Autorisierung des Wiederaufbaus beschränkt haben. Von einer Finanzierung des Bauvorhabens oder gar des Unterhalts ist eher nicht auszugehen; vgl. Edelman, Origins, 118; Grabbe, Persian Documents, 541. Gegen eine langfristige monetäre Unterstützung der Perser spricht auch der große Stellenwert, den freiwillige Abgaben für den Tempel seitens der Bevölkerung im Alten Testament haben. Vereinzelt werden auch Probleme damit thematisiert (z. B. Neh 13, s. dazu u. 3.1.3.1). Für die Historizität der in Esr 7,12 – 26 belegten Steuerbefreiung gibt es keinerlei Indizien; vgl. aber Schaper, Priester, 75.134f., mit Bezug auf Meyer, Entstehung, 60ff. Die Annahme scheitert schon daran, dass Esr 7 nicht perserzeitlich entstanden sein dürfte; vgl. Grätz, Edikt.

reich zunächst nicht überschreiten, noch definiert bzw. legitimiert werden mussten. Anders als Serubbabel ist Joschua von vornherein als Amtsperson im Blick. Da ein Hohepriester namens Joschua ansonsten nicht bezeugt ist,[285] lässt sich über die Historizität der Person und ihren Status nur schwer urteilen. Wie im Fall Serubbabels spricht aber zumindest nicht viel dagegen, der biblischen Überlieferung zu folgen.

Hag 1,12a verdankt sich wie die Epexegese in Sach 4 vor allem der Absicht, dem Zweiprophetenbuch größere Geschlossenheit zu verleihen. Wie die älteren Erwähnungen Joschuas und Serubbabels ist auch Hag 1,12a noch wenig aussagekräftig im Hinblick auf etwaige implizierte politische Strukturen. Der Vers hebt darauf ab, Serubbabel und Joschua zu Protagonisten des Zweiprophetenbuches zu machen und sie über die Vaternamen in einen größeren geschichtlichen Zusammenhang einzubetten. Da der Redaktor mit den Genealogien in 1 Chr 3 und 1 Chr 5 vertraut gewesen sein dürfte, liegt eine Entstehung in der fortgeschrittenen Perserzeit nahe.

Gewichtig wird die Frage, inwiefern die literargeschichtlichen Prozesse in Hag und Sach 1–8 Rückschlüsse auf die historisch-politische Situation erlauben, im Kontext der vorliegenden Fragestellung in dem Moment, in dem Serubbabel und Joschua als Amtspersonen betrachtet und intentional in ein Verhältnis zueinander gesetzt werden. Ausweislich der rekonstruierten Entstehungsgeschichte ist dies erstmals in den Rahmenversen in Hag der Fall (Hag 1,1–3*.14.15a; 2,2), die Serubbabel und Joschua, nun jeweils mit Titel und Filiation, gemeinsam erwähnen. Wenn es zutrifft, dass Statthalter und Hohepriester einander gleichgeordnet werden, um das Statthalteramt als mit der judäischen Tradition kompatibles Leitungsamt zu etablieren und zu legitimieren, erweist sich auch diese Ebene der Fortschreibung noch als wenig (oder zumindest nicht unmittelbar) relevant für die Frage nach der Entwicklung des Hohepriesteramtes zu einem politisch einflussreichen Leitungsamt. Das Hohepriesteramt ist nach wie vor als religiös-kultisches Führungsamt im Blick, dem das Statthalteramt als politisches Leitungsamt an die Seite gestellt wird. Da eine programmatische Aufwertung des Statthalteramtes nur sinnvoll ist, solange das Amt existiert,[286] liegt eine Entstehung in der ausgehenden Perserzeit, allenfalls noch der frühen makedonischen Zeit nahe.[287] Diese Datierung erscheint auch angesichts der Elephantine-Korrespondenz grundsätzlich plausibel (vgl. insb. TAD A4.7 ‖ A4.8). Der Briefwechsel zwischen den Judäern von Elephantine und dem Statthalter von Jehud erwähnt den Hohepriester unter den Autoritäten Jerusalems.

---

285 Alle weiteren Erwähnungen, auch in Esr 1–6, sind literarisch von Sach 3 abhängig. S. dazu u. 2.3.
286 S. dazu u. 4.1.2.2.
287 Dies gilt entsprechend auch für die oben besprochenen, ähnlich gelagerten Texte Neh 5 und Neh 13.

Dies ist zwar ebenfalls nicht unbedingt im Sinne einer Dyarchie von Statthalter und Hohepriester zu verstehen, belegt aber zumindest, dass Statthalter und Hohepriester als zwei Autoritäten mit unterschiedlichen Kompetenzbereichen gegen Ende des 5. Jh. v. Chr. in Jehud nebeneinander existierten.[288] Die Rahmenverse von Hag ließen sich dann also als Reflex auf die tatsächlichen Gegebenheiten in der fortgeschrittenen oder ausgehenden Perserzeit bzw. der frühen hellenistischen Zeit verstehen.

Da das Hohepriesteramt seinerseits durch die Gleichstellung mit dem Statthalteramt zumindest implizit eine gewisse Aufwertung erfährt, bieten die Rahmenverse eine geeignete Basis für eine Machtverschiebung auf den Hohepriester, die nun von der folgenden Fortschreibung realisiert wird (Sach 3,5*.9*; Sach 6,9 – 15*). Der Tempelbau, der – ungeachtet der in den Rahmenversen zum Ausdruck gebrachten gemeinsamen Verantwortung für das Projekt – Aufgabe des Statthalters Serubbabel war, wird jetzt dem Hohepriester übertragen. Dadurch wird das Hohepriesteramt als politisches Leitungsamt qualifiziert, das vor allem durch die Übernahme der Herrschaftsterminologie aus Jer 22,30 dezidiert königlich konnotiert ist.

Wie oben gezeigt wurde, muss diese Bearbeitung keineswegs als Replik auf die vorausgehende Statthalterprogrammatik in den Rahmenversen von Hag verstanden werden. Sollte das Hohepriesteramt als politisches Führungsamt profiliert werden, war es vielmehr schlicht notwendig, den Einfluss des bislang dominierenden Statthalteramtes zu neutralisieren. Ist die Fortschreibung somit nicht unbedingt als Teil einer Debatte um die Führungsansprüche von Hohepriester und Statthalter zu verstehen, setzt sie die Existenz eines Statthalteramtes nicht zwingend voraus. Inwiefern das entworfene Ideal eines königlichen Hohepriesteramtes Spiegel einer faktischen Politisierung des Amtes ist, lässt sich anhand des literarischen Befunds kaum entscheiden.

Die sachlichen und terminologischen Parallelen jedenfalls könnten für einen relativ späten Entstehungszeitpunkt sprechen. Oben wurde bereits auf terminologische Überschneidungen zwischen Sach 3,5 und Sir 11,5; 40,4; 47,6 hingewiesen (צניף). Daneben begegnet die Vorstellung der Krönung eines Priesters erst wieder in Sir 45,12 (und 1 Makk 10,2).[289] Eine weitere Parallele zu Sir kann darin gesehen werden, dass auch der Hohepriester Simon in Sir 50,1 – 4 mit Angelegenheiten des Tempelbaus betraut wird.[290] Auch in Sir 50 könnte dies als eine Übertragung königlicher Funktionen auf den Hohepriester zu verstehen sein.[291]

---

288 S. u. 4.1.2.1.
289 Vgl. auch Pola, Priestertum, 251.
290 S. dazu ausführlich u. 4.2.3.4.

Die terminologischen, motivlichen und konzeptionellen Überschneidungen legen nahe, die Bearbeitung in Sach 3,5*.9*; Sach 6,9 – 15* in zeitlicher Nähe zu Sir anzusetzen. Das Hohepriestertum, das hier im Blick ist, wäre entsprechend das der Oniaden. Auch eine Entstehung in hasmonäischer Zeit wäre jedoch grundsätzlich denkbar. Die Krönung des Hohepriesters, die Sach 6,9 – 15 vollziehen, deckt sich jedenfalls mit dem Anspruch der Hasmonäer, die das Hohepriesteramt mit der Ausübung politischer Macht und irgendwann auch mit der Königswürde verbanden. In diesem Kontext könnten Sach 6,9 – 15 etwa verfasst worden sein, um den hasmonäischen Anspruch auf die Königswürde zu legitimieren. Die Optionen müssen für die weitere Untersuchung im Blick behalten und vor dem Hintergrund der externen Quellen noch einmal erörtert werden.

Für die „Serubbabel-Spross-Redaktion" (Hag 2,20 – 23; Sach 3,8[.10]; 6,12.13b.14), die dem königlichen Hohepriester aus Sach 3,5*.9*; Sach 6,9 – 15* die Ankündigung eines davidischen Messias (Serubbabel bzw. Spross) entgegenhält, ergibt sich somit zwangsläufig eine sehr späte redaktionsgeschichtliche Einordnung. Für ein spätes Entstehungsdatum sprechen auch die engen Parallelen zu Jer 33,14 – 26,[292] die eine literarische Bezugnahme nahelegen.[293] Diese Ankündigung eines ewigen Bundes mit dem Haus Davids (und den Leviten) in Jer[MT] fehlt in Jer[LXX], was in der Regel durch die Annahme erklärt wird, dass die Passage in Jer[MT] später ergänzt worden und dem Übersetzer von Jer[LXX] nicht bekanntgewesen sei.[294] Daraus ergibt sich zwar keineswegs zwingend die LXX-Übersetzung des Jeremiabuches als *terminus a quo* für die Entstehung von Jer 33,14 – 26. Entscheidend ist vielmehr der Zeitpunkt, an dem sich in der Überlieferungsgeschichte des Jeremiabuches die schließlich in MT bzw. LXX mündenden Textstränge getrennt haben.[295] Da die Leviten-Passagen in Jer

---

291 Die Tätigkeiten Simons entsprechen den Aufgaben, die Sir im Lob der Väter sonst Königen zuschreibt. S. dazu u. 4.2.2.3.4.
292 Sowohl Jer 33,15 als auch Sach 6,8 kombinieren das Substantiv צמח mit der Verbwurzel צמח. Vom Spross wird (im vorliegenden Text) zudem sowohl in Jer 33,14 – 26 als auch in Sach 6,9 – 15 ausgesagt, dass er throne. Eine weitere Übereinstimmung betrifft das friedliche Nebeneinander von Spross und einer priesterlichen Figur, wobei letztere dem davidischen Herrscher klar untergeordnet wird.
293 Vgl. Hallaschka, Haggai, 266, mit etwa Nurmela, Prophets, 64 f., und Rose, Zemah, 121 ff.134 f.140 f. Pola, Priestertum, 97 f., bestimmt das Verhältnis umgekehrt, macht dabei aber das mutmaßlich hohe Alter von Sach 6 zum Argument, das einen Bezug auf den jungen Text Jer 33 ausschließt. Zur Kritik daran s. Hallaschka, Haggai, 268, Anm. 688.
294 Vgl. etwa Schmid, Buchgestalten, 60; Levin, Verheißung, 173, Anm. 80; Erzberger, Kingship, 7.
295 Über diesen Zeitpunkt besteht freilich keine Einigkeit. Schmid, Buchgestalten, 60, hält das Ende des 4. Jh. v. Chr. für plausibel, Levin, Verheißung, 256, geht hingegen ins 2. Jh. v. Chr. hinab.

33,14–26 gemeinhin für einen noch einmal späteren Zusatz gehalten werden,[296] wäre es jedoch zumindest ein weiteres Indiz für eine späte Entstehung, sollte sich die Zuordnung von Spross und Priester in Sach 6 bereits einem Rekurs auf das Nebeneinander von Davids- und Leviten-Bund in Jer 33 verdanken.

Auch unter inhaltlichen Gesichtspunkten spricht einiges für ein spätes Datum der „Serubbabel-Spross-Redaktion", die die Hohepriesterprogrammatik in Sach 3 und Sach 6 dezidiert abweist: Nicht der Hohepriester ist der rechtmäßige Nachfolger des davidischen Königs, sondern der zukünftige davidische Spross. Erneut stellt sich die Frage, ob es sich bei dieser Gegenposition (nur) um ein Phänomen der innerbiblischen Exegese handelt, oder ob damit (zudem) auf ein extrabiblisches Geschehen rekurriert wird. Natürlich ist es grundsätzlich vorstellbar (und angesichts der Fülle literarhistorisch später „messianischer" Texte im Alten Testament auch nicht unwahrscheinlich), dass es den politischen Verhältnissen zum Trotz, die eine politische Selbständigkeit Jehuds über mehrere Jahrhunderte wohl niemals auch nur annähernd greifbar erscheinen ließen, immer noch Kreise gab, in denen die Hoffnung auf einen davidischen Herrscher lebendig blieb. Anders als bei ansonsten vergleichbaren Texten, die einen zukünftigen davidischen Messias ankündigen, weist die Serubbabel-Spross-Redaktion jedoch Herrschaftsaussagen über den Hohepriester zurück. In welcher Situation auch immer man die hohepriesterprogrammatische Redaktion verorten mag, sicherlich wird sie ein gestiegenes Autoritätsbewusstsein des Hohepriestertums reflektieren und dieses auch weiter befördern wollen. Gerade wenn der Hohepriester durch den Rekurs auf Jer 22 an die Stelle des vormaligen davidischen Königs tritt, verbinden sich damit weitreichende Ansprüche des Hohepriesters. Ob sich in der Redaktion selbst bereits die Realität eines gekrönten Hohepriesters spiegelt, bleibt schwer zu beurteilen. Spätestens vor dem Hintergrund der Herrschaft der Hasmonäer jedoch, die hohepriesterliche und königliche Herrschaft in Personalunion vereinten, lässt sich der gekrönte Hohepriester kaum anders denn als Symbol für diese Herrschaft verstehen. In diesem Kontext ergibt die „Serubbabel-Spross-Redaktion" als anti-hasmonäische Delegitimierungsstrategie einen überaus guten Sinn. Sie etabliert den davidischen Messias als Gegenfigur zu dem gekrönten Hohepriester und bindet so den rechtmäßigen Anspruch auf königliche Herrschaft an die davidische Abstammung.[297] Die auffällige zeitliche Dimension der „Serubbabel-Spross-Redaktion", die in der oben beschriebenen Weise zwischen Erfüllung und Verheißung oszilliert, passt ebenfalls gut zu einer anti-hasmonäischen Deutung. Die messianische Zeit ist mit der Erwählung

---

296 Vgl. Veijola, Verheißung, 84 f.; Schmid, Buchgestalten, 59; Levin, Verheißung, 173, Anm. 80 (mit weiteren literarkritischen Operationen innerhalb von 33,14–26).
297 Die Betonung der Notwendigkeit einer davidischen Abstammung des Herrschers in anti-hasmonäischer Absicht findet sich ganz ähnlich in Ps Sal 17. S. dazu u. S. 261 f.

Serubbabels bereits angebrochen, die Vollendung steht jedoch noch aus. Die gegenwärtigen Verhältnisse werden dadurch geschickt als Interim präsentiert: Der Herrschaft des Hohepriesters kommt innerhalb von Gottes Heilsplan nurmehr ein Verweischarakter auf die zukünftige Herrschaft des Sprosses zu.[298]

Am Ende bleibt festzuhalten, dass sämtliche für die vorliegende Fragestellung relevanten Passagen des Zweiprophetenbuches späten Stadien der Entstehungsgeschichte angehören.[299]

Treffen die literargeschichtlichen Beurteilungen zu, lassen sich für die Perserzeit und die frühe hellenistische Zeit aus Hag und Sach 1–8 keine Rückschlüsse auf die Entwicklung des Hohepriesteramtes zu einem politischen Leitungsamt ziehen. Die in der Perserzeit verfasste Grundschicht von Sach 3 definiert das Hohepriesteramt noch als rein kultisch-religiöses Amt. Die Rahmenpassagen in Hag, die spätperserzeitlich oder frühhellenistisch anzusetzen sein dürften, zielen darauf, das persische Statthalteramt im Kontext der judäischen Tradition zu profilieren. Die Fortschreibung in Sach 3 und Sach 6, die den Hohepriester als königlichen Herrscher präsentiert und eine fortgeschrittene Politisierung des Hohepriesters reflektieren dürfte, ist vermutlich wesentlich später entstanden. Damit ist freilich nicht ausgeschlossen, dass die (politische) Autorität des Hohepriesters bereits in der Perserzeit oder der frühen hellenistischen Zeit zunahm. Die untersuchten Passagen aus Hag und Sach erfüllen die ihnen häufig zugewiesene Funktion als Kronzeugen für diese Entwicklung indes nicht.

2.3 Ein alternativer Tempelbaubericht: Serubbabel und Joschua in Esr 1–6

Abschließend ist die alternative Version des Tempelbaus in Esr 1–6 in den Blick zu nehmen, die viele der Grundannahmen des Zweiprophetenbuches teilt – Esr 1–6

---

298 Die Redaktion stellt dabei den Umsturz der Verhältnisse für die nahe Zukunft in Aussicht. Vgl. etwa das *futurum instans* in Hag 2,20 ff. Pola, Priestertum, 213, wertet auch Sach 3,8 im Sinne einer präsentischen Eschatologie. Indem die Priester zum Vorzeichen des Sprosses werden, wird deutlich, dass seine Ankunft unmittelbar bevorsteht.

299 Dazu passt auch die Tatsache, dass sich die Frage nach der legitimen Form menschlicher Herrschaft nicht im Epilog des Sacharjabuches niedergeschlagen hat, der sonst im Hinblick auf die gesamten Nachtgesichte summarischen Charakter hat. „Will man dieses Schweigen nicht als programmatische Absage an irdische Herrschermacht interpretieren, wofür sich kein Anhaltspunkt bietet, könnte es ein erstes Indiz für ein verhältnismäßig spätes Datum dieser Texte [sc. derjenigen Texte, die die Frage nach dem irdischen Herrscher Jerusalems thematisieren] darstellen." (Schott, Sacharja 9–14, 37).

nennen neben den Propheten Haggai und Sacharja auch Serubbabel und Joschua als Verantwortliche für den Tempelbau. Häufig wird der Tempelbaubericht in Esr 1 – 6 daher herangezogen, um im Abgleich mit Hag und Sach die politischen Zustände in der Perserzeit zu erhellen. Klassisch ist in diesem Zusammenhang die These vom „Verschwinden Serubbabels": Aus der fehlenden Erwähnung Serubbabels im Rahmen der Tempeleinweihung am Ende von Esr 6 schließt man, dass Serubbabel noch vor der Vollendung des Tempelbaus von der Bildfläche verschwunden sei, und sich die in ihn gesetzten Hoffnungen somit nicht erfüllt haben.[300] In der Tat ist das Ende der aramäischen Tempelbauchronik erklärungsbedürftig, an dem zwar die Propheten Haggai und Sacharja erwähnt werden, nicht aber Serubbabel und Joschua. Beim Vergleich der Tempelbauversionen in Hag/Sach und Esr müssen jedoch die gravierenden Unterschiede berücksichtigt werden, die vor allem auch die Funktionen und Zuständigkeiten von Gruppen oder Individuen im Zusammenhang des Tempelbaus betreffen. Dies stellt kein einfaches Unterfangen dar, denn die Abfolge der Ereignisse in Esr 1 – 6 ist alles andere als offensichtlich: „Störungen in der Logik des Erzählverlaufs [erschweren] die Lektüre von Esr 1 – 6 und die Rekonstruktion einer plausiblen Chronologie der berichteten Ereignisse erheblich."[301] Könnte allein dies bereits auf ein sukzessives literarisches Wachstum des Berichtes weisen, tritt als spezifisches Problem in Esr 1 – 6 der zweimalige Sprachwechsel hinzu, der ebenfalls eine gestufte Entstehung nahelegt. Die Kapitel gliedern sich in einen aramäischen Mittelteil (4,8 – 6,18) und einen hebräischen Rahmen (1,1 – 4,7 und 6,19 – 22). Dass der Rahmen auf die aramäischen Passagen angewiesen ist, ist offensichtlich. Esr 6,19 – 22 bieten nach Esr 6,16 – 18 einen zweiten Abschluss des voranstehenden Berichts. Esr 1 – 3 bringen die in Esr 5 f. berichteten Ereignisse noch einmal in der sachlich richtigen Reihenfolge vor, sodass auch hier von einer Kenntnis der aramäischen Kapitel Esr 5 f. auszugehen ist. Innerhalb von Esr 4 ist ebenfalls das aramäische Zitat der Korrespondenz (4,8 ff.) auf die hebräische Einleitung in 4,1 – 7 (oder zumindest Teile derselben) angewiesen.[302] Insgesamt ist die

---

300 Vgl. etwa Jeremias, Nachtgesichte, 222 f., der aus dem Fehlen Serubbabels weitreichende Schlüsse für die Entstehungsgeschichte von Hag/Sach zieht: Serubbabel war bei der Tempeleinweihung nicht mehr zugegen, die in ihn gesetzten messianischen Hoffnungen, die sich nach Jeremias in der entsprechend früh datierten Verheißung Hag 2,20 – 23 niedergeschlagen haben, waren also enttäuscht worden. Darum konnte (direkt nach Fertigstellung des Tempels) die Herrschaft auf Joschua übertragen werden (Sach 6). Dass der Hohepriester in Esr 6 ebenfalls fehlt, bleibt in der Argumentation unberücksichtigt. Vgl. ähnlich Schaper, Priester, 211. Niehr, Abgaben, 145, etwa schließt aus der fehlenden Erwähnung Serubbabels im Zusammenhang der Tempelweihe, „daß Serubbabel der persischen Zentralgewalt zu gefährlich geworden und deshalb aus Yehud entfernt worden war". Zur Kritik an der Hypothese vom „Verschwinden Serubbabels" vgl. etwa van der Woude, Serubbabel.
301 Grätz, Chronologie, 216.
302 Vgl. Kratz, Komposition, 55.

Darstellung der Ereignisse in Esr 1–6 jedoch so disparat und spannungsreich, dass die Sprachwechsel zwischen Esr 4,7 und Esr 4,8 bzw. zwischen Esr 6,18 und Esr 6,19 kaum die (einzigen) literarhistorischen Zäsuren innerhalb der Kapitel markieren können.[303]

In Esr 5 f. etwa steht die Ansicht, der Tempelbau sei unter Kyros von dem Statthalter Scheschbazzar begonnen worden, unvermittelt neben der Information, dass Serubbabel und Joschua zur Zeit des Darius auf prophetische Initiative hin das Bauprojekt in Angriff genommen haben[304] – einer Aussage, die inhaltlich den Rahmenversen in Hag entspricht. Weitere Abweichungen, die zum Teil entscheidende Details berühren, bestehen zwischen Esr 1–3 und Esr 5 f. Ein gravierender Unterschied betrifft beispielsweise die Rolle des Scheschbazzar. Während er in Esr 5 f. als Statthalter erwähnt wird, der den Grundstein des Tempels gelegt hat, ist seine Rolle in Esr 1 auf die Rückführung der Tempelgeräte reduziert. Er trägt zudem nicht mehr den Titel „Statthalter", sondern „Fürst Judas". Mit Blick auf den Vergleich zwischen Esr 1–6 und Hag und Sach 1–8 dürfte eine weitere Differenz zwischen Esr 1–3 und Esr 5 f. sogar noch ausschlaggebender sein: Nach Esr 3 sind Serubbabel und Joschua bereits zur Zeit des Kyros aktiv (Joschua und Serubbabel,[305] jeweils mit ihren Brüdern, bauen den Brandopferaltar und nehmen kurze Zeit später zusammen mit diversen anderen beteiligten Gruppen den Wiederaufbau des Tempels in Angriff), wohingegen sie nach Esr 5,1 f., in Übereinstimmung mit der Darstellung von Hag/Sach, zur Zeit des Darius auftreten und auf Geheiß der Propheten mit dem Tempelbau beginnen.

Aufgrund der vielfältigen Differenzen und Spannungen innerhalb des Berichts ist eine redaktionsgeschichtliche Beurteilung sämtlicher Erwähnungen Serubbabels und Joschuas in Esr 1–6 unvermeidbar. Nur auf dieser Basis lässt sich entscheiden, welche Rückschlüsse aus den Texten auf die historische Situation zur Zeit ihrer Entstehung und/oder die Agenda des jeweiligen Verfassers gezogen werden können.

---

303 Unzureichend erscheint daher auch der Erklärungsvorschlag von Fried, Ezra, 20, der Aufbau von Esr 1–6 folge dem eines aristotelischen Epos mit Prolog (Esr 1–3), Umschwung von Glück zu Unglück (Esr 4) und Wendung des Geschicks durch das Auftreten der Propheten (*deus ex machina*, Esr 5 f.).

304 Eine Identifikation Serubbabels mit Scheschbazzar, sei sie historisch (in jüngerer Zeit etwa vertreten von Lust, Identification) oder literarisch (vgl. Pola, Priestertum, 130 f., mit Grabbe, Judaism, 127), scheint auf keiner redaktionellen Ebene von Esr 1–6 beabsichtigt zu sein. Die Annahme löst zudem längst nicht alle Probleme; vgl. Rothenbusch, Tora, 83 f.

305 Nur an dieser Stelle ist die auch aus Hag/Sach geläufige Reihenfolge der beiden Protagonisten umgekehrt. Zur redaktionsgeschichtlichen Erklärung dieses Sachverhaltes s. im Folgenden.

2.3.1 Die aramäische Tempelbauchronik (Esr 5–6)

2.3.1.1 Das redaktionsgeschichtliche Profil von Esr 5–6

Die Forschung zu Esr 5f. ist weitgehend einig darüber, dass ein (relativ betrachtet) alter aramäischer Bericht (die sog. aramäische Tempelbauchronik) den literarischen Kern der Kapitel bildet.[306] Diese ältere Chronik dürfte mindestens den Umfang Esr 5,6–6,14 gehabt haben. Sie stellt ein literarisch selbständiges, unter Umständen aber gewachsenes Stück dar.[307] Zwar kann die Entstehungsgeschichte der Tempelbauchronik hier nicht detailliert behandelt werden. Mit Blick auf die Frage nach der Komposition von Esr 1–6 und ihren Verbindungslinien zu Hag/Sach verdienen jedoch zumindest die Ränder des aramäischen Berichts Aufmerksamkeit. Während mehrheitlich angenommen wird, dass sowohl am Beginn als auch am Ende der Chronik redaktionell gearbeitet wurde, besteht über die Nahtstellen selbst kein Konsens.

Eingangs des Berichts ist vor allem die Erwähnung Serubbabels und Joschuas in Esr 5,2 verdächtig. Die Namen der beiden aus Hag und Sach bekannten Personen werden innerhalb von Esr 5f. nur an dieser Stelle genannt. Ihre Funktion als Adressaten des Statthalters Tattenai steht außerdem in Spannung zum folgenden Bericht, in dem die Ältesten die Verantwortung für den Tempelbau tragen (5,9; 6,8.14; vgl. auch 5,5). Dass Tattenai sich in V.10 nach den Namen seiner Gesprächspartner erkundigt, muss man im Fall von Serubbabel und Joschua zwar nicht *per se* als merkwürdig empfinden.[308] Zumindest in narrativer Hinsicht ist jedoch auffällig, dass in diesem Zusammenhang die Namen der beiden Verantwortlichen nicht noch einmal genannt werden.[309] Eine Identifikation von Serubbabel und Joschua mit den Ältesten, die die Spannung beheben würde, scheint somit zumindest in V.10 nicht intendiert zu sein. Der Eindruck könnte allenfalls durch die Nennung der Ältesten in V.5 entstehen, doch bleibt auch hier der Zusammenhang eher spannungsvoll und die Verbindung verdächtig assoziativ. Tattenai wendet sich in V.3f. an Serubbabel und Joschua. V.5 erwähnt anschließend zum ersten Mal die Ältesten als Bauherren – in der Funktion also, die sie auch in den hinteren Teilen der Tempelbauchronik

306 Vgl. etwa Gunneweg, Esra, 31; Kratz, Komposition, 57; Pakkala, Ezra the Scribe, 3; Grätz, Chronik, 417–419.
307 Kratz etwa hat vorgeschlagen, innerhalb des Berichts selbst zwischen der Kyrossequenz in Esr 5,11–6,5 und der Darius-Korrespondenz in Esr 6,6–13 zu unterscheiden; vgl. Kratz, Komposition, 60.
308 So aber Oswald, Staatstheorie, 249, der davon ausgeht, dass Tattenai die Namen der „Dyarchen" hätten bekannt sein müssen. Die literarische Analyse der relevanten Passagen in Hag und Sach hat jedoch ergeben, dass beide erst (relativ spät) im Lauf der Redaktionsgeschichte zu Führungsfiguren stilisiert worden sind.
309 Vgl. Rothenbusch, Tora, 84.

haben. Die Erwähnung der Ältesten in V.5 erfolgt somit gänzlich unvorbereitet.[310] Es bleibt unklar, in welchem Verhältnis Serubbabel und Joschua zu den Ältesten stehen. Stehen sie an der Spitze der Ältesten?[311] Werden sie mit diesen identifiziert?[312]

Unabhängig davon, wie man in dieser Frage entscheidet, überrascht die Erwähnung Serubbabels und Joschuas im Zusammenhang des Tempelbaus in Esr 5,2, denn laut Esr 5,16 hat der Statthalter Scheschbazzar den Grundstein des Tempels gelegt.[313] Wie die Analyse gezeigt hat, werden Serubbabel und Joschua in Hag und Sach 1–8 erst im Lauf der Redaktionsgeschichte zu einem Paar, das gemeinsam vom Propheten Haggai adressiert wird und für den Tempelbau verantwortlich ist. Wenn sie in Esr 5,2 also geradezu beiläufig mit der Aktivität der Propheten Haggai und Sacharja (vgl. 5,1) und der Aufgabe des Tempelbaus in Verbindung gebracht werden, muss dies als Rekurs auf Hag und Sach 1–8 verstanden werden. Wie immer man diese Bezugnahme von Esr 5,2 auf Hag/Sach am Ende interpretieren mag, der aramäischen Tempelbauchronik scheint eine eigene Konzeption des Tempelbaus zugrunde zu liegen, die durch Esr 5,2 auf eine noch näher zu bestimmende Weise an Hag/Sach angepasst wird.

Liegt somit die Annahme nahe, dass Serubbabel und Joschua dem älteren Tempelbaubericht erst nachträglich vorangestellt wurden, stellt sich die Frage, wo dieser ursprünglich einmal begonnen hat.

Die aramäische Tempelbauchronik präsentiert sich im Wesentlichen als eine Aneinanderreihung von Dokumenten: einem Schreiben des Tattenai an den König Darius (5,6–17), der daraufhin nachforscht und das Kyros-Edikt ausfindig macht (6,1–5), und der entsprechenden Replik des Darius an Tattenai (6,6–12). Ein kurzer Bericht, dass das Dekret des persischen Königs befolgt wurde (6,13 f.)[314], schließt die Tempelbauchronik sinnvoll ab. Der Vers Esr 5,6, mit dem die Wiedergabe der „Quellen" abrupt einsetzt, stellt indes keinen suffizienten Beginn einer Erzählung dar. Häufig wird daher der Versuch unternommen, zumindest Teile der voranstehenden narrativen Passage für die ursprüngliche Einleitung der Tempelbauchronik zu veranschlagen. Aufgrund der Probleme, die V.1 f. mit Blick auf die Tempelbau-

---

310 Vgl. auch Heckl, Neuanfang, 122.
311 So Heckl, Neuanfang, 161.
312 So Grätz, Chronik, 408.
313 Der Statthalter begegnet ein weiteres Mal in Esr 6,7, dort jedoch in anderer Funktion. Während „jener Scheschbazzar" (5,16) zur Zeit des Kyros den Grundstein gelegt hatte, übernimmt der „Statthalter der Judäer" in 6,7 nun neben den Ältesten zur Zeit des Darius eine führende Rolle beim Tempelbau. Darin spiegelt sich eindeutig eine fortgeschrittene Konzeptionierung des Statthalteramtes (vergleichbar den fortgeschrittenen literargeschichtlichen Ebenen von Hag/Sach oder auch Neh 5 und Neh 13). Von einem Nachtrag geht auch Grätz, Chronik, 407, Anm. 11, aus. Vgl. auch Rothenbusch, Tora, 87.
314 Zur Literargeschichte von V.13 ff. s. im Folgenden.

chronik bergen, wird ein möglicher Einstieg in die Erzählung in diesem Zusammenhang bisweilen in V.3 gesehen.[315]

Esr 5,3–5 unterscheiden sich zwar in einigen Details von der Tempelbauchronik in Esr 5,6–6,14*,[316] leiten die in V.6 beginnende Wiedergabe der Dokumente aber insgesamt sinnvoll ein. Unabhängig davon, wie man Esr 5,3–5 im Verhältnis zu Esr 5,6–6,14* am Ende literargeschichtlich beurteilt, erscheint es somit plausibel, dass V.3–5 älter sind als die Erwähnung Joschuas und Serubbabels in V.2. Da dem Pronominalausdruck עֲלֵיהֹן in V.3 ein Bezugswort fehlt, kann die Tempelbauchronik jedoch zu keinem Zeitpunkt (weder ursprünglich noch auf einer fortgeschrittenen redaktionellen Ebene) mit V.3 begonnen haben. Somit stellt sich weiterhin die Frage nach deren ursprünglichem Anfang.

Oswald hat vorgeschlagen, V.1 und V.2 literarkritisch voneinander zu trennen und allein V.2 als Nachtrag zu betrachten.[317] Diese Lösung würde sowohl den Spannungen zwischen V.2 und V.3–5 gerecht werden als auch das syntaktische Problem in V.3 lösen. Veranschlagt man neben V.3–5 auch V.1 für die ursprüngliche narrative Einleitung, hätte das עֲלֵיהֹן aus V.3 mit den Propheten oder den Judäern aus V.1 eine Bezugsgröße. Dennoch liegt es aus sachlichen wie literarischen Gründen nicht nahe, literarkritisch zwischen V.1 und V.2 zu trennen. Oswald nimmt mit Blick auf die altorientalischen Parallelen an, dass die Erwähnung Haggais und Sacharjas

---

315 Vgl. Grätz, Chronik, 418; Rothenbusch, Tora, 82–86; Heckl, Neuanfang, 160 f.; Bortz, Identität, 174. Rothenbusch und Heckl rechnen mit einem Wegfall der ursprünglichen Einleitung, da Esr 5,3 auf zuvor Berichtetes zurückverweist.

316 In V.4 fragt Tattenai nicht mehr wie in V.9 f. nach den Namen der Adressaten, sondern nach den Namen der Bauenden, die somit, anders als in V.9, von den Adressaten unterschieden werden (können). Auch V.5 deckt sich nicht vollständig mit der folgenden Tempelbauchronik. Die Aussage, dass das Projekt nicht gestoppt werden solle, bis eine Entscheidung des persischen Königs vorliege, unterstellt dem Tattenai die Absicht, das Projekt zum Erliegen bringen zu wollen, die aus der Tempelbauchronik selbst so nicht erschlossen werden kann. Dort geht es zunächst nur darum, die Rechtmäßigkeit des Vorhabens zu erforschen. Im Fall einer negativen Entscheidung wäre vermutlich der Baustopp als Konsequenz impliziert. V.5 rückt diese Option schon vor Beginn der Erkundungen in den Fokus und verschiebt somit gegenüber der Tempelbauchronik die Perspektive.
Die Abweichungen könnten dafürsprechen, dass V.3–5 nicht aus derselben Feder geflossen sind wie die entsprechenden Passagen der Tempelbauchronik. Ein Indiz dafür könnte auch V.4 liefern. Gesetzt den Fall die *lectio difficilor* אמרנא ist ursprünglich, dürfte V.4 sorglos nach dem Vorbild von V.9 gestaltet worden sein. Anders als dort ergibt die 1. P. Pl. an dieser Stelle jedenfalls wenig Sinn. Geht man von unterschiedlichen Verfassern aus, könnten V.3–5 der Tempelbauchronik direkt im Zuge ihrer Komposition hinzugefügt oder aber zu einem späteren Zeitpunkt redaktionell vorangestellt worden sein. Die Entscheidung hängt davon ab, wie man den literarischen Charakter und die Entstehungsgeschichte von Esr 5,6–6,14* beurteilt. Diesen Fragen kann hier nicht im Detail nachgegangen werden.

317 Vgl. Oswald, Staatstheorie, 248 f.

für den ursprünglichen Bericht notwendig sei, „denn ohne Beauftragung durch die Gottheit kann und darf nach altorientalischen und auch nach alttestamentlichen Vorstellungen [...] kein Tempel gebaut werden".[318] Gerade in diesem Zusammenhang wäre jedoch eine Fortsetzung von 5,1 durch 5,2 naheliegend. Denn allein V.2 stellt explizit einen Zusammenhang zwischen dem Wirken der Propheten und dem Tempelbau her.

Die Abfolge von V.1 und V.2 ist auch mit Blick auf die Vorlage Hag/Sach organisch und naheliegend. V.1 f. spielen gemeinsam in konzentrierter Form die Konstellation von Hag und Sach 1 – 8 ein: Die Propheten Haggai und Sacharja weissagen, daraufhin machen sich Serubbabel und Joschua ans Werk. Eine literarkritische Trennung der beiden Verse ist daher *per se* unwahrscheinlich, zumal Indizien für eine literarische Naht zwischen V.1 und V.2 fehlen.

Oswald setzt mit der literarkritischen Argumentation bei Esr 6,14 an. Aus dem alleinigen Vorkommen der beiden Propheten in Esr 6,14 schließt er, dass Serubbabel und Joschua zur Zeit der Abfassung des Verses noch nicht bekannt waren und, *ergo*, die Propheten in Esr 5f. insgesamt (also auch in 5,1) älter sind als die „Dyarchen".

Will man von einer literarischen Zusammengehörigkeit von 5,1 und 5,2 ausgehen, hat man in der Tat die Reduktion des Personals in 6,14 zu erklären. Die Gründe für die Abweichung müssen jedoch keineswegs literarhistorischer Natur sein. Die Konzentration auf die Propheten am Ende der Tempelbauchronik könnte auch einfach inhaltliche Gründe haben. Auch Grätz macht die Abweichung zwischen 5,1f. und 6,14 zum literarkritischen Argument, differenziert jedoch nicht wie Oswald zwischen 5,1 und 6,14 einerseits und 5,2 andererseits, sondern zwischen 5,1f. und 6,14. Er hält die Erwähnung von Haggai und Sacharja im Verbund mit Serubbabel und Joschua in 5,1f. für naheliegender, da dieses Set an Personen aus Hag/Sach bekannt sei. Die Erwähnung der beiden Propheten im Zusammenhang mit den Ältesten in 6,14 sei im Vergleich dazu weniger organisch. Grätz zieht daraus den Schluss, dass 6,14 nach 5,1f. gestaltet wurde und somit später anzusetzen ist.[319] Die Beobachtung ist zweifellos richtig, der redaktionsgeschichtliche Schluss indes keineswegs zwingend. Naheliegender erscheint ein minimaler literarkritischer Schnitt innerhalb von 6,14. Die Ältesten aus V.14aα sind als Verantwortliche für den Tempelbau substantiell in der Tempelbauchronik verankert. V.14aβ könnte demgegenüber (gemeinsam mit 5,1f.) nachgetragen worden sein,[320] damit die Propheten, deren Wirken dem Bericht durch die Redaktion vorangestellt worden war, auch am

---

318 Oswald, Staatstheorie, 249.
319 Vgl. Grätz, Chronik, 406 ff.
320 Vgl. auch Rothenbusch, Tora, 87 f.

Ende noch einmal Erwähnung finden. Die Aussage des Verses in seiner vorliegenden Gestalt ist jedenfalls umständlich und merkwürdig, sodass ein literarkritischer Schnitt gerechtfertigt scheint. Der Fortschritt der Bauarbeiten wird auf die Weissagung Haggais und Sacharjas zurückgeführt, ihre Vollendung hingegen auf den Gott Israels sowie Kyros und Darius.[321] Ohne die Erwähnung der Propheten ergibt sich ein stimmiger Zusammenhang: Die Bauarbeiten der Ältesten schreiten voran und diese vollenden den Bau. Am Ende werden die Verantwortlichen angegeben: auf Geheiß des Gottes Israels sowie Kyros und Darius.

Da die Erwähnung Serubbabels und Joschuas in V.2 in Spannung zum Folgenden steht und daher redaktionell sein dürfte, mit V.3 keine ältere Erzählung begonnen haben kann und von einem literarkritischen Schnitt zwischen V.1 und V.2 abzusehen ist, wird bisweilen angenommen, dass V.3–5 Teil der ursprünglichen (oder zumindest einer älteren) Einleitung des Tempelbauberichts waren und die Eintragung von V.1 f. die ursprüngliche Einleitung verdrängt hat.[322] In methodischer Hinsicht ist die Annahme einer weggefallenen Einleitung problematisch und kann daher nur die *ultima ratio* darstellen. Im Fall von Esr 5,1 f. ist sie zudem vermeidbar, denn bei näherem Hinsehen zeigen sich einige literarische Auffälligkeiten, die ein literargeschichtliches Wachstum innerhalb der Verse nahelegen und eine Rekonstruktion des ursprünglichen Erzählanfangs erlauben könnten. In V.1 werden die Propheten Haggai und Sacharja auf exakt dieselbe Weise qualifiziert wie in Hag und Sach (und wie in Esr 6,14!) – Haggai mit dem Titel „der Prophet", Sacharja mit der Filiation „Sohn des Iddo". Die anschließende Charakterisierung beider als „Propheten" (נביאיא bzw. נבייא) ist syntaktisch merkwürdig und sachlich überflüssig. Erklären ließe sich die Auffälligkeit dadurch, dass nur Haggai und Sacharja in den Vers eingetragen wurden und der Rest zur ursprünglichen Einleitung gehörte: Die Propheten weissagten den Judäern in Juda und Jerusalem im Namen des Gottes Israels, der über ihnen war. Diese Einleitung könnte durch Teile von V.2 fortgesetzt worden sein. Innerhalb von V.2 überrascht im vorliegenden Zusammenhang vor allem die Erwähnung der Propheten Gottes in V.2b. Ihre Identität als Unterstützer Serubbabels und Joschuas bleibt (vor allem angesichts der konkurrierenden Erwähnung von Haggai und Sacharja in V.1) kryptisch. In Fortsetzung der rekonstruierten ursprünglichen Form von V.1 dürfte es sich einfach um die dort erwähnten Propheten handeln. Sie unterstützen die Adressaten nun bei der Ausführung des (implizierten) prophetischen Auftrags, dem Tempelbau. Die Grundschicht von V.2 bestünde dem-

321 Das letzte Glied der Aufzählung, Artaxerxes, dürfte nachgetragen worden sein. Die Erwähnung des Königs sprengt den Rahmen der Tempelbauchronik. Vgl. Oswald, Staatstheorie, 249; Rothenbusch, Tora, 60; gegen Heckl, Neuanfang, 155.
322 Vgl. Rothenbusch, Tora, 86; Heckl, Neuanfang, 160 f. Bortz, Identität, 175, bleibt in dieser Frage unentschlossen.

nach aus V.2aβ.b. V.2aα wäre entsprechend als spätere Ergänzung zu betrachten, die gemeinsam mit den Propheten Haggai und Sacharja in V.1 nun die Protagonisten aus Hag und Sach einträgt. Auf das Setting von Hag und Sach könnten V.1 f. auch bereits in der ursprünglichen Form angespielt haben: Die Propheten weissagen und die Judäer beginnen daraufhin mit dem Tempelbau. Zu verstehen wäre das (analog zu Hag und Sach) als absoluter Baubeginn, was dem weiteren Bericht auch nicht widerspricht. Demnach erkundigt sich Tattenai, wer den Bau genehmigt habe. Nachforschungen dazu ergeben, dass Kyros im ersten Jahr seiner Regierung den Befehl gegeben habe, den Tempel wiederaufzubauen. In jener Zeit erfolgten die Rückführung der Tempelgeräte sowie die Grundsteinlegung durch den Statthalter Scheschbazzar. Spannungsvoll im Zusammenhang steht allein Esr 5,16b, die Notiz, dass seit den Tagen Scheschbazzars ununterbrochen am Tempel gebaut worden sei. Sie passt weder zu dem Setting in 5,1 f.*, wo das Auftreten der Propheten eine initiierende Funktion in Bezug auf den Tempelbau haben dürfte,[323] noch zu dem Ablauf von Esr 1–6 insgesamt. Die in Esr 1–4 berichteten Ereignisse unterscheiden sich zwar in vielen Details von Esr 5 f., weichen aber zumindest chronologisch nicht davon ab: Esr 1–3 bieten eine alternative Version der Ereignisse bis zur Grundsteinlegung, im Anschluss daran überbrückt Esr 4 die Zeit bis zum Wiederaufbau des Tempels unter Darius mit einem Baustopp, d. h. die Unterbrechung der Bauarbeiten, die in Esr 5 f. (ohne V.16b) impliziert ist, erhält nun eine explizite Erklärung. Betrachtet man Esr 5,16b als Nachtrag,[324] ist der Rest des Berichts spannungsfrei. Dass die Erwähnung der Ältesten in V.5 nach wie vor unvorbereitet erfolgt, ist auf dieser Ebene unproblematisch. Eine Einführung der Ältesten in ihrer Funktion als Repräsentanten des Volkes ist nicht erforderlich, solange sie nicht in Konkurrenz zu Serubbabel und Joschua stehen.

Auch die Varianz zwischen V.4 und V.9 f. stellt im rekonstruierten Grundbestand der Chronik kein Problem dar. V.4 greift auf die Frage Tattenais aus V.10 voraus, bietet diese jedoch in abweichender Form. Während Tattenai die Adressaten in V.10 nach ihrem Namen fragt, erkundigt er sich in V.4 bei den Adressaten, also den in V.2 genannten Judäern, nach den Namen der Bauenden. Die Formulierung ermöglicht eine Unterscheidung zwischen den Adressaten und denjenigen, deren Namen erfragt werden. Die Antwort der Angeredeten wird nicht mitgeteilt, V.5 legt jedoch die Identifikation der Verantwortlichen mit den Ältesten nahe. Die oben genannten

---

323 Dafür spricht auch die Verbwurzel שרה, die im Pa'el die Bedeutung „beginnen" haben dürfte. Heckl, Neuanfang, 118, legt mit Verweis auf Williamson, Ezra, 76, dar, dass die Wendung mehrdeutig ist und nicht zwingend im Sinne eines absoluten Baubeginns verstanden werden muss: „Ausgehend von der Bedeutung ‚lösen' im Pa. ließe sich bei שׁרי auch an eine dem Kontext entsprechende Fortsetzung des Baus denken." Beide Deutungen passen zur Tempelbauchronik.
324 Zur möglichen Intention der Ergänzung s. im Folgenden.

Schwierigkeiten bei der Verhältnisbestimmung zwischen Serubbabel und Joschua und den Ältesten ergeben sich im vorliegenden Text allein dadurch, dass nun Serubbabel und Joschua die Adressaten Tattenais in V.4 sind.

Derselbe Redaktor, der Esr 5,1 f. um die Propheten Haggai und Sacharja sowie um Serubbabel und Joschua ergänzt hat, wird auch Haggai und Sacharja in Esr 6,14 eingetragen haben.[325] Vordergründig hat die Redaktion, vor allem in Esr 5,1 f., zunächst einmal die Funktion, die Tempelbauchronik mit Hag/Sach zu verzahnen, indem die von dort im Kontext des Tempelbaus bekannten Personen hierher übertragen werden. Welches konzeptionelle Interesse die Redaktion darüber hinaus verfolgt, ist schwer zu bestimmen. Durch die Aussage, Serubbabel und Joschua haben auf Geheiß der Propheten mit dem Tempelbau begonnen, treten V.1 f. zwar eindeutig in Spannung zur Tempelbauchronik, die die Ältesten für das Projekt verantwortlich macht. Dennoch geht es sicher nicht darum, Serubbabel und Joschua an die Stelle der Ältesten zu rücken und somit (implizit) das Konzept der Tempelbauchronik zu kritisieren, denn dafür wird die Führungsrolle der beiden zu wenig konsequent durchgehalten. Insbesondere ihr Fehlen am Ende der Tempelbauchronik fällt diesbezüglich ins Gewicht. In Esr 6,14 hat der Redaktor auf eine weitere Erwähnung Serubbabels und Joschuas verzichtet. Wohl aber war ihm daran gelegen, noch einmal auf die Rolle der Propheten hinzuweisen. Durch die Bearbeitung von Esr 6,14 führt er den (aus dem Grundbestand vorgegebenen) Erfolg des Tempelbauprojekts auf die Verkündigung Haggais und Sacharjas zurück. Die Rolle der Propheten wird im Unterschied zu derjenigen Serubbabels und Joschuas also durchaus betont. Sicherlich ist die Redaktion in der einen oder anderen Weise als „Korrektur an der staatsloyalen Haltung in Esr 5,6 ff. und 6,3 ff." aufzufassen, insofern „sie den Tempelbau nicht allein auf Erlasse der persischen Könige, sondern auf die Initiative der jüdischen Propheten und ihre fortgesetzte Unterstützung des Unternehmens, d.h. auf Gott selbst, zurückführt".[326] Nicht leicht zu erklären ist in diesem Zusammenhang jedoch die auffällig unbestimmte Rolle Serubbabels und Joschuas, die zugleich titel- und funktionslos bleiben. Erklärungsbedürftig ist ihre Eintragung vor allem mit Blick auf die genannten Widersprüche, die dafür in Kauf genommen werden. Da sich der Sinn der Eintragung aus Esr 5f. allein nicht erschließt und Serubbabel und Joschua auch in Esr 1–4 begegnen, wird man die Möglichkeit in Betracht ziehen müssen, dass Esr 5f. auf der Ebene der Redaktion

---

325 Die hier vorgeschlagene literarkritische Rekonstruktion des ursprünglichen Erzählanfangs hat gegenüber der Annahme eines Wegfalls der Einleitung somit auch den Vorteil, dass von einem formal einheitlichen Vorgehen des Redaktors ausgegangen werden kann, der in 5,1 f. wie auch in 6,14 jeweils punktuell in den bestehenden Text eingegriffen hat.
326 Kratz, Komposition, 60.

bereits mit anderen, voranstehenden Teilen von Esr 1–6 in einem direkten litera-rischen Zusammenhang stehen.[327] Dies gilt umso mehr, als Esr 5,1 in der vorlie-genden Form mit *waw* + Perf. keinen sonderlich eleganten Beginn einer Erzählung darstellt.[328]

Bevor Esr 1–3 und Esr 4 besprochen werden, ist jedoch ein kurzer Blick auf das Ende der Tempelbauchronik zu werfen, an dem offensichtlich ebenfalls redaktio-nell gearbeitet wurde. Esr 6,14* (ohne die Erwähnung der Propheten Haggai und Sacharja) ist sicherlich Bestandteil der Tempelbauchronik. Mit diesem Vers, der über den glücklichen Abschluss des Bauprojekts informiert, könnte die Tempel-bauchronik einmal geendet haben. Esr 6,15 wirkt als Fortsetzung dazu jedenfalls leicht dublettenhaft, da erneut die Vollendung des Baus konstatiert und nun, im Unterschied zu V.14, mit einer exakten Datierung verbunden wird. Dies muss zwar nicht *per se* für einen gegenüber V.14 späteren literargeschichtlichen Ort von V.15 sprechen. Rothenbusch etwa wertet 6,15 als „gravitätische[n] Abschluss des Be-richts".[329] Besonders relevant dürfte das exakte Datum indes mit Blick auf die im Folgenden geschilderte Einweihung des Tempels gewesen sein,[330] die V.13 f. nicht organisch fortsetzt. Zu dem Personenwechsel bzw. dem Wechsel des *genus verbi* zwischen V.14 und V.15 tritt in V.16 ff. als weitere Auffälligkeit das gegenüber V.14 geänderte Personal. Hier agieren nicht mehr die Ältesten der Judäer, sondern Priester, Leviten und die aus dem Exil Heimgekehrten, die nun zudem nicht mehr als „Judäer", sondern als „Israeliten" bezeichnet werden. In der Regel wird daher davon ausgegangen, dass V.(15.)16–18 von einer anderen Hand stammen.[331]

Esr 6,19–22 sind demgegenüber sicherlich noch einmal später anzusetzen.[332] Die Sprache wechselt unvermittelt ins Hebräische, die Monatsangabe in V.19 un-terscheidet sich formal von derjenigen in V.15, thematisch steht die Passage mit dem „inklusiven Passa" isoliert. Schließlich passt auch der „König von Assur" konzep-tionell nicht zu den ansonsten eher konkreten historischen Bezügen der übrigen Kapitel.[333]

---

327 Gegen Kratz, Komposition, 57, der davon ausgeht, dass Esr 1–4 dem Redaktor von Esr 5,1 f. (bzw. 5,1–5) noch nicht bekannt waren.
328 Kratz, Komposition, 56: „Der Anfang mit waw-cop. + pf. in 5,1 [...] ist kein schöner Anfang, aber der Beginn einer Erzählung, die bis 6,15 reicht."
329 Rothenbusch, Tora, 84.
330 Vgl. auch Gunneweg, Esra, 113, der aus diesem Grund ebenfalls V.15–18 in Gänze für nachge-tragen hält.
331 Vgl. etwa Bertheau, Bücher, 7; Bertholet, Bücher, XV; Gunneweg, Esra, 113; Kratz, Komposition, 59.
332 Vgl. auch Kratz, Komposition, 59; Rothenbusch, Tora, 85.
333 Vgl. Rothenbusch, Tora, 86.

2.3.1.2 Redaktionsgeschichtliches Fazit und Überlegungen zum historischen Ort von Esr 5–6

Eine ältere Fassung der Tempelbauchronik hat einmal Esr 5,1–6,14* umfasst. Unter Umständen ist sie selbst bereits das Produkt sukzessiver redaktioneller Tätigkeit. Für den Zusammenhang von 5,1–5* mit dem folgenden Bericht hat die Analyse einige Indizien für diese Annahme geliefert, für das Korpus der Tempelbauchronik bedürfte sie einer Bestätigung durch weitere Untersuchungen.

Trotz des relativ hohen Alters dürfte die Tempelbauchronik wenig Historisches enthalten.[334] Die zur Tempelbauchronik zusammengestellten Dokumente, die Briefe von Tattenai bzw. Darius und ein Memorandum von Kyros, sind für sich genommen sicher nicht authentisch.[335] Auch was den unter Kyros begonnenen Tempelbau angeht, sind Zweifel an der historischen Zuverlässigkeit angebracht. Hag 1, wonach der Tempel zur Zeit des Darius noch in Trümmern lag, widerspricht dieser Sicht nicht zwingend, wenn die Maßnahmen unter Kyros auf die Rückführung der Geräte und die Grundsteinlegung beschränkt waren,[336] verrät aber zumindest keine Kenntnis dieser frühen Phase der Restauration. Da Hag 1 an den Beginn der prophetischen Überlieferung im Buch Hag gehört und somit zeitnah zu den berichteten Ereignissen entstanden sein dürfte, ist die Darstellung in historischer Hinsicht grundsätzlich vertrauenswürdig. Die Tempelbauchronik hingegen könnte eher der Darstellung von Jes 44 als den historischen Verhältnissen verpflichtet sein und im Dienst einer (prophetischen) Agenda stehen, die betonen will, dass der Anfang der persischen Herrschaft und der Beginn der Heilszeit zusammenfallen.[337]

---

334 Vgl. Gunneweg, Esra, 85; Kratz, Komposition, 61 ff.; Schwiderski, Handbuch; Grätz, Chronik u.v.a. Gegen Schaper, Priester, 49 ff., der der traditionellen Auffassung von Meyer, Entstehung, 8 ff., folgt und von der Zusammenstellung authentischer Dokumente ausgeht.

335 Vgl. u. a. Schwiderski, Handbuch.

336 Japhet, Temple Building, 334 f., bringt die Grundsteinlegung (allerdings in Esr 3) mit dem mesopotamischen *kalû*-Ritual in Zusammenhang, in dessen Rahmen ein Stein aus den Ruinen des ersten Tempels ausgesondert und beweint wird, der später, wohl gegen Fertigstellung des Baus, in den wiedererrichteten Tempel integriert wird („Transferring the essence of the old temple to the new structure", 335). Auf diesen ausgesonderten Stein (*libittu maḫrītu*) könnte auch Sach 4,7 Bezug nehmen. Vgl. auch Laato, Temple Building, 385 f. In Spannung zu Esr 3 bzw. Esr 5 steht in diesem Zusammenhang jedoch das Bild des Berges, das darauf deutet, dass Serubbabel erst den Schutt abtragen muss, um besagten Stein freizulegen. Auch Sach 4,9 scheint unmissverständlich die Grundsteinlegung mit Serubbabel in Zusammenhang zu bringen. Sollte in den beiden Sprüchen der Epexegese älteres Traditionsgut verarbeitet sein, wäre zumindest nicht auszuschließen, dass ursprünglich ein früheres Datum der Ereignisse als im heutigen Zusammenhang der Nachtgesichte intendiert war.

337 Vgl. Bortz, Identität, 174. Zu den zahlreichen historischen Unstimmigkeiten in Esr 5 f. vgl. Grätz, Chronik. Japhet, Temple Building, 329, weist auf die Parallele der Wiedererrichtung des Tempels Esagila im ersten Jahr des Königs Asarhaddon hin. „In both cases the date is typological, and in both

Auch das Set an Verantwortlichen für den Tempelbau weist auf eine Entstehung in fortgeschrittener, mutmaßlich hellenistischer Zeit. Was die Konstellation angeht, so könnte man sich auf den ersten Blick zwar an die ältesten literarischen Stadien von Hag erinnern fühlen: Wie dort Serubbabel (mutmaßlich ein persischer Beamter) und das Volk gemeinsam für den Tempelbau verantwortlich sind (vgl. Hag 2,4), sind es in der Tempelbauchronik Scheschbazzar als Statthalter und an seiner Seite die Ältesten. In beiden Fällen sind am Tempelbau also ein persischer Beamter und Repräsentanten des Volkes beteiligt. Im Unterschied zu Hag agieren diese jedoch nicht nebeneinander, sondern nacheinander. Außerdem haben die Ältesten in der Tempelbauchronik eine leitende Funktion, anders als der nicht näher bestimmte „Rest des Volkes" in Hag. Folgt man Grätz, so handelt es sich beim Gremium der Ältesten um eine hellenistische Institution.[338]

Durch eine Bearbeitung in Esr 5,1 f. wird das Setting der Tempelbauchronik an Hag/Sach angeglichen, was mit Blick auf den folgenden Bericht nicht spannungsfrei gelingt. Dass der Redaktor in 5,1 und 6,14 Haggai und Sacharja erwähnt und das Projekt dadurch unter prophetische Ägide stellt, weist auf eine prophetische Agenda hin. Die Propheten initiieren das Projekt und sind am Ende auch am Erfolg beteiligt. Mit welcher konkreten Intention Serubbabel und Joschua hier genannt werden, die funktionslos bleiben und deren Erwähnung inhaltlich in Spannung zur Tempelbauchronik steht, beziehungsweise ob sich über die Angleichung an Hag/Sach hinaus überhaupt eine Absicht mit ihrer Nennung verbindet, bleibt zu klären.

Auch am Ende wurde die Tempelbauchronik erweitert. Esr 6,(15.)16–18 (aram.) und Esr 6,19–22 (hebr.) stellen zwei sukzessiv entstandene redaktionelle Abschlüsse dar.[339]

2.3.2 Der Beginn des Tempelbaus (Esr 1–3)

Esr 1–3 berichten die Ereignisse vom Kyros-Edikt bis zum Beginn des Tempelbaus und entfalten somit narrativ die Retrospektive in Esr 5,11–16a. Dabei setzen sie

---

rebuilding is used or interpreted as a sign of the god's reconciliation with his people due to his pleasure in the new (foreign) ruler."
338 Vgl. Grätz, Chronik, 420 („Seine Herausbildung verdankt sich allem Anschein nach erst dem Verlust des provinzialen Status von Judäa spätestens zu Beginn der ptolemäischen Zeit und der damit verbundenen Verwaltungsreform."); vgl. auch Rooke, Heirs, 261; Japhet, Temple Building, 328. Auch Heckl, Neuanfang, 167 ff., geht von einer hellenistischen Abfassung der Tempelbauchronik aus. In externen Quellen ist die Gerusia sogar erst in der frühen seleukidischen Zeit belegt. Erstmals erwähnt wird sie in einem Brief Antiochus' III. (Ant. 12,138–144); s. dazu u. 4.2.3.1.
339 S. dazu im Folgenden.

erkennbar eigene Akzente. Unmittelbar im Anschluss an das Kyrosedikt, das nicht nur wie in Esr 5 f. sachlich, sondern nun auch narrativ am Beginn des Projektes steht, tritt auch hier Scheschbazzar auf. Er legt allerdings nicht den Grundstein des Tempels, sondern führt lediglich die Tempelgeräte zurück. Nach der Rückkehrerliste in Esr 2 erfolgt in Esr 3,1 – 7 der Bau des Brandopferaltares durch Joschua und Serubbabel, der in Esr 5 f. keine Entsprechung hat. Dann beginnt der Tempelbau mit der Grundsteinlegung unter Führung von Serubbabel und Joschua (3,8 ff.), die anders als in Esr 5 f. nun jedoch zur Zeit des Kyros aktiv sind.

Spätestens von Esr 4 aus betrachtet erscheinen Esr 1 – 3 als eine Art Vorspann zu den Ereignissen der Tempelbauchronik. Esr 4 füllt die zeitliche Differenz zwischen Esr 1 – 3 (Zeit des Kyros) und Esr 5 f. (Zeit des Darius) mit einem Baustopp und manifestiert somit die Vorstellung von zwei Bauphasen, die auch in Esr 5 f. seit jeher bereits impliziert waren (Grundsteinlegung durch Scheschbazzar zur Zeit des Kyros, 5,11 – 16a; Aufnahme der eigentlichen Bauarbeiten auf prophetische Initiative zur Zeit des Darius, 5,1 f.). In der Regel wird Esr 4 jedoch als nachträglicher Einschub gewertet.[340] Lässt man Esr 4 daher zunächst einmal außer Acht, stehen Esr 1 – 3 und Esr 5 f. in einem nicht ganz spannungsfreien Verhältnis zueinander. Die Schilderung der Ereignisse endet in Esr 1 – 3 in der Zeit des Kyros, setzt aber in Esr 5 f. zur Zeit des Darius wieder ein. Gerade weil in beiden Phasen Serubbabel und Joschua aktiv am Tempelbau beteiligt sind, würde man eine Erklärung für den langen Stillstand des Projektes erwarten.

Da auch Esr 1 – 3 für sich genommen komplex und vielschichtig sind, ist eine literargeschichtliche Orientierung zumindest zu den für die vorliegende Frage relevanten Passagen von Esr 1 – 3 erforderlich, insbesondere zu Esr 3,1 – 7, dem Bau des Brandopferaltares, und zu Esr 3,8 – 13, der Grundsteinlegung. Im Anschluss daran ist das redaktionsgeschichtliche Verhältnis von Esr 4 zu Esr 1 – 3 einerseits und Esr 5 f. andererseits zu beleuchten. In diesem Horizont lässt sich dann auch sinnvoll die Frage nach möglichen übergreifenden redaktionsgeschichtlichen Linien zwischen Esr 1 – 3 und Esr 5 f. stellen.

2.3.2.1 Das redaktionsgeschichtliche Profil von Esr 1 – 3

Bereits auf den ersten Blick fallen zwei gravierende Abweichungen der Darstellung in Esr 1 – 3 gegenüber Esr 5 f. auf. Im Unterschied zur Tempelbauchronik legt Scheschbazzar, der nun als „Fürst Judas" (Esr 1,8 – 10) bezeichnet wird, nicht mehr den Grundstein des Tempels, sondern führt lediglich die Tempelgeräte zurück. Er-

---

340 Vgl. zuletzt Bortz, Identität, 174, mit Kratz, Komposition, 66; Grätz, Chronologie, 216 – 219; Rothenbusch, Tora, 58. S. dazu auch im Folgenden.

klärungsbedürftig ist zudem das gegenüber Esr 5 f. zeitlich nach vorn verlagerte Auftreten Serubbabels und Joschuas. Während diese in Esr 5,2 zur Zeit des Darius mit den Bauarbeiten beginnen, sind sie ausweislich Esr 3 bereits zur Zeit des Kyros aktiv. Sie legen zwar nicht selbst die Fundamente, fungieren aber als eine Art Projektleiter.

Bortz vermutet zwischen diesen beiden Spezifika von Esr 1–3 einen direkten Zusammenhang. Die von Esr 5 f. abweichende Funktion Scheschbazzars dürfte in der Tat damit zusammenhängen, dass in Esr 1–3 jemand anderes für die Grundsteinlegung vorgesehen ist. Ob dies jedoch ursprünglich mit der in Esr 1–3 aufgenommenen prophetischen Tradition zusammenhängt, wonach Serubbabel und Joschua für den Tempelbau verantwortlich sind, wie Bortz meint, ist fraglich.[341] Denn bei näherer Betrachtung der beiden relevanten Partien, dem Bau des Brandopferaltares in Esr 3,1–7 und dem Beginn des Tempelbaus in Esr 3,8–13, zeigt sich, dass Serubbabel in Esr 3,2 sowie Serubbabel und Joschua in Esr 3,8 nur lose im Kontext verankert sind.

Nach Esr 3,1–3 beginnen Joschua und Serubbabel, jeweils mit ihren Brüdern, im siebten Monat – auszugehen ist zunächst einmal von dem siebten Monat des zuletztgenannten Jahres, also dem ersten Jahr des Kyros aus Esr 1,1 – mit dem Bau des Brandopferaltares „an seiner alten Stätte" (3,3) in Jerusalem.

Die Erwähnung von „Brüdern" (3,2) hat ihren naheliegenden und sinnvollen Ort im Zusammenhang mit dem Priester Joschua, wobei explizit nicht dessen leibliche Brüder, sondern Priesterkollegen gemeint sind (ישוע בן־יוצדק ואחיו הכהנים). Die Nennung von Brüdern Serubbabels hingegen mutet merkwürdig an, zumal diese nicht näher qualifiziert werden. Wenn schließlich V.3 konstatiert, das Subjekt von V.2 bringe auf dem Altar Opfer dar, stellt dies nur in Bezug auf die Priester, nicht aber in Bezug auf Serubbabel eine sinnvolle Aussage dar. Dies könnte darauf hinweisen, dass Serubbabel und seine Brüder nach dem literarischen Vorbild von Joschua und seinen Brüdern konstruiert und nachträglich in den Zusammenhang eingetragen worden sind. Dafür könnte nicht zuletzt die singuläre Reihenfolge sprechen, in der die beiden Individuen genannt werden. Nur hier wird, im Gegensatz zu sämtlichen anderen Stellen in Esr und Hag, Joschua vor Serubbabel genannt.

Betrachtet man die Erwähnung Serubbabels und seiner Brüder als Nachtrag, berichteten Esr 3,2–5 ursprünglich, dass die Priester (mit Joschua an ihrer Spitze) den Brandopferaltar wiederaufbauen und Opfer darauf darbringen.

---

341 Vgl. Bortz, Identität, 106.

Ein weiteres Mal, nun im Zusammenhang mit dem Tempelbau, werden Serubbabel und Joschua gemeinsam in Esr 3,8 erwähnt. Die Aufzählung der Verantwortlichen ist gegenüber Esr 3,2, aber auch gegenüber anderen Notizen über den Tempelbau, erheblich erweitert. Der Vers wirkt insgesamt überladen. Serubbabel, Joschua und der Rest ihrer Brüder, nämlich die Priester und Leviten sowie alle Rückkehrer, beginnen mit dem Wiederaufbau des Tempels, indem sie die Leviten einsetzen, um die Bauarbeiten zu leiten.

Bereits auf den ersten Blick fällt auf, dass die Leviten in V.8 mit einer Doppelfunktion betraut sind: Sie sind Bauherren (Einsetzende) und Bauleiter (Eingesetzte) zugleich. V.8bβ schließt zudem syntaktisch nicht glatt an das Vorangehende an. Das Verb חלל in V.8bα steht im vorliegenden Zusammenhang ohne Objekt. Weder das Einsetzen der Leviten in V.8bβ (zu punktuell) noch der Baubeginn in V.10a (anderes Subjekt)[342] kommen als Bezugsgröße für das Beginnen in Frage.[343] Eine geeignete Bezugsgröße wäre hingegen der Infinitiv לנצח, der gleich zwei Mal (V.8bγ; V.9aβ) vorkommt. „Dass hier eine Dopplung vorliegt, die analog formuliert wurde, ist unverkennbar."[344] Dass der Infinitiv bei abweichender Formulierung (Leiten der Arbeit in V.8bγ bzw. der Arbeiter in V.9aβ) wiederholt wird, legt in der Tat eine diachrone Lösung nahe. Unkompliziert lassen sich sämtliche Spannungen beheben, wenn man 3,8bβ.γ.9aα als Einschub betrachtet, der die führende Rolle der aus 2,40 bekannten Leviten beim Tempelbau betont.[345] V.9aβ hätte folglich ursprünglich an V.8bα angeschlossen.[346] Die in V.8bα als Subjekt fungierenden Individuen und Gruppen beginnen damit, die Arbeiter am Haus Gottes anzuleiten.

Auch die lange Subjektreihe in V.8bα ist verdächtig. In der Regel wird sie zwar für literarisch einheitlich gehalten, eine leichte Spannung mit Blick auf den folgenden Bericht ist allerdings nicht von der Hand zu weisen: Die Erwähnung Serubbabels und Joschuas an exponierter Stelle zu Beginn der Liste scheint nicht recht zu dem späteren kollektiven Vorgehen in Esr 3,10 zu passen, wonach das Fundament von den nicht näher definierten „Bauenden" gelegt wird.

Hinzu kommt, dass sämtliche Stellen, die Serubbabel und Joschua zuvor in Esr 1–3 erwähnen, redaktionell sein dürften. Esr 2,2a listet elf Namen von Personen auf, die offenbar als Anführer verstanden werden sollen. Eingangs der Liste stehen Serubbabel und Joschua, was an sich erst einmal unverdächtig erscheint. Dennoch gibt es Gründe, an der Integrität des Verses zu zweifeln: An V.1, der eine suffiziente

---

342 Vgl. aber die Rekonstruktion von Kratz, Komposition, 65, und Rothenbusch, Tora, 223.226.
343 Vgl. Bortz, Identität, 163 f.
344 Bortz, Identität, 162.
345 Vgl. dazu und zu der in 3,9 vermutlich bereits vorausgesetzten Textverderbnis in 2,40 Bortz, Identität, 74.165.
346 V.9b wird in der Regel als redaktionell angesehen. Vgl. Bortz, Identität, 87, mit vielen anderen.

Einleitung für die mit V.2b beginnende Liste darstellt, schließt V.2a mit einem אשר-
Satz syntaktisch auffällig an und bringt nach V.1aα (ואלה בני המדינה העלים משבי הגולה)
die unerwartete und unnötige Zusatzinformation, unter wessen Führung die
Rückkehrer aus der Verbannung gekommen sind. V.2a dürfte daher nachträglich
zwischen V.1 und V.2b eingeschoben worden sein.[347]
Für Esr 3,2 ff. wurde oben bereits eine literarkritische Differenzierung vorgenommen, wonach ursprünglich nur Joschua und seine Brüder am Bau des Brandopferaltares beteiligt waren, nicht aber Serubbabel und dessen Brüder. Die weitere
Analyse wird darüber hinaus nahelegen, dass Esr 3,2 ff. gegenüber Esr 3,8 ff. sogar
insgesamt redaktionell sind.[348]

Zusammengenommen liegt somit der Schluss nahe, dass Serubbabel, Joschua und
„der Rest ihrer Brüder" [349] in V.8bα redaktionell sind. Folglich sind V.8a.bα*(ohne
זרבבל בן־שאלתיאל וישוע בן־יוצדק ושאר אחיהם).9aβ als ursprünglich zu betrachten. Die
Priester, Leviten und alle, die aus der Verbannung nach Jerusalem gekommen waren, begannen demnach im zweiten Monat des zweiten Jahres nach ihrer Ankunft
in Jerusalem, die Arbeiter des Werkes am Haus Gottes anzuleiten. V.10a liefert mit
der Grundsteinlegung durch die Bauleute die erwartbare Fortsetzung und ist daher
ebenfalls zum ursprünglichen Bestand zu rechnen. Wie auch sonst in Esr 1–3 agiert
in Esr 3,8 ff. somit ursprünglich das Volk, das sich in Familienhäupter, Priester und
Leviten unterteilt (vgl. neben 3,12 auch 1,5). Durch die Erweiterung kommt die ursprünglich als Subjekt fungierende Reihe (Priester, Leviten und Heimkehrer) als
Apposition zu dem „Rest ihrer Brüder" zu stehen.

Im Fortgang des Berichts erscheint sodann der doppelte Jubel des Volkes verdächtig.
In V.12 brechen Priester, Leviten und Familienoberhäupter angesichts der Grundsteinlegung in Jubel aus. V.11b konkretisiert den Jubel (nun des gesamten Volkes) als
kultischen Jubel. Die Reaktion des Volkes wird hervorgerufen durch den Lobpreis
der Priester und Leviten mit Musik und Gesang (V.10b.11a). V.10b.11 betonen somit
gegenüber V.12 die kultische Dimension des Tempelbaus. Bortz weist darüber hinaus
auf einige sachliche Spannungen zwischen Esr 3,10b.11 und dem Nahkontext hin: Die
Gleichsetzung der Leviten mit den Söhnen Asafs läuft deren klarer Unterscheidung
in Esr 2,40 f. zuwider; die Erwähnung König Davids als Autorität passt nicht zur

---

347 Vgl. etwa Bortz, Identität, 114 f., mit Kratz, Komposition, 64.
348 S. dazu im Folgenden.
349 Die redaktionelle Eigenformulierung in Esr 3,8 „Serubbabel, der Sohn Schealtiels, Joschua, der
Sohn Jehozadaks, und der Rest ihrer Brüder" erinnert an die Aufzählung der Verantwortlichen aus
Hag 1,12.14 („Rest des Volkes"), trägt aber gleichzeitig der Erwähnung der Brüder Joschuas (und
Serubbabels) in dem redaktionellen Vers Esr 3,2 Rechnung.

Konzeption des autonomen Gottesvolkes, die Esr 1–3 entwickeln. Insgesamt liegt somit die Vermutung nahe, dass V.10b.11 gegenüber der Grundschicht von Esr 3,8ff. ebenfalls nachgetragen wurden.[350] Den ursprünglichen Abschluss dürfte dann V.12 gebildet haben.[351] Der Vers lässt deutlich erkennen, welche Organisation der Gesellschaft dem Verfasser vorschwebte: Die Autoritäten sind Priester, Leviten und Sippenoberhäupter. Ein Hoherpriester ist ebensowenig im Blick wie ein hoher persischer Beamter.

Offen ist nach wie vor die Frage nach dem redaktionsgeschichtlichen Verhältnis von Esr 3,8ff. zu Esr 3,2ff. In der rekonstruierten ursprünglichen Form des Berichts in Esr 3,2ff. baut Joschua mit seinen priesterlichen Brüdern den Brandopferaltar. Im Vergleich zu Esr 3,8ff. bringen Esr 3,2ff. also eine neue Führungsfigur in den Text ein. Esr 3,2ff. sind darüber hinaus in literarkritischer Hinsicht insofern auffällig, als sie „in vielem die Tempelgründung von 3,8ff vorweg[nehmen]",[352] dabei aber mit der Betonung der Opfer einen eigenen Schwerpunkt setzen. Da der Altarbau sonst nirgends eine Rolle spielt und die Passage somit insgesamt relativ unverbunden im Zusammenhang steht, werden Esr 3,1–7 gegenüber Esr 3,8ff. bisweilen in Gänze als Nachtrag gewertet.[353] Eine reduzierte literarkritische Variante hat Bortz vorgeschlagen. Demnach bilden Esr 3,6f. die ursprüngliche Einleitung zum folgenden Tempelbaubericht. Folglich wären allein 3,1–5 redaktionell davorgeschaltet worden.[354] Diese Lösung erscheint sinnvoll. Womöglich kann der redaktionelle Anteil darüber hinaus sogar noch um V.1 reduziert werden, der berichtet, dass sich die Israeliten, die (wie in 2,70) in ihren Städten sind, im siebten Monat geschlossen in Jerusalem versammeln. Dort beginnen sie am ersten Tag des Monats Opfer darzubringen. V.6 weist ausdrücklich auf den Umstand hin, dass die Fundamente des Tempels zu dieser Zeit noch nicht gelegt waren. Die Bestellung der Bauarbeiter und der Beginn des Baus in V.7ff. schließen daran sinnvoll an. Mit V.1 wird noch einmal der starke Zusammenhalt der Israeliten herausgestellt, die „wie ein Mann" agieren. Der Fokus liegt darüber hinaus auf der großen Relevanz des Kultes. Er wird unmittelbar nach der Ankunft in Jerusalem und noch vor dem Beginn des Tempelbaus wiederaufgenommen. Damit ist impliziert, dass der alte Brandopferaltar, der noch

---

330 Vgl. dazu ausführlich Bortz, Identität, 169f.

351 V.13 scheint die verschiedenen Arten des Jubels aus V.11b (Volk) und V.12 (Priester, Leviten und Sippenoberhäupter) zu kennen und versucht, sie miteinander in Einklang zu bringen.

352 Kratz, Komposition, 64.

353 Vgl. Kratz, Komposition, 64f. Gelegentlich wird innerhalb von Esr 3,1–7 noch einmal mit Fortschreibungen gerechnet. Vgl. etwa die Diskussion um den redaktionellen Charakter von V.4f. bei Bortz, Identität, 155f. Dies kann hier auf sich beruhen.

354 Vgl. Bortz, Identität, 156.

an seinem Ort stand, weiterbenutzt wurde.[355] Genau daran könnte ein Späterer Anstoß genommen haben – etwa weil er den Altar für verunreinigt hielt – und daher vor der Opfernotiz den Bau des Brandopferaltares eingetragen haben.

Hält man den Bau des Brandopferaltares für redaktionell, bleiben für den Grundbestand von Esr 3 folglich V.1.6 f.8 f*.10a.12. Er setzt Esr 2 nahtlos fort: Am Ende der Rückkehrerliste lenkt Esr 2,68 den Fokus auf den Tempelbau. Nach 2,70 befinden sich die Israeliten wie in 3,1 in den Städten; wie dort haben auch hier in 3,8* Priester und Leviten eine exponierte Stellung.[356] Es entsteht so ein geschlossener Zusammenhang von Esr 1*, Esr 2* und Esr 3,1.6 ff.*:[357] Kyros veranlasst die Rückkehr (Esr 1), ansonsten treten die Perser in Esr 1–3 nicht in Aktion. Die Rückkehrerliste in Esr 2 verrät einiges über die Struktur der Gesellschaft, die dem Verfasser von Esr 1–3 vorschwebte: Sie ist organisiert in Sippen mit ihren Oberhäuptern, daneben stehen Priester und Leviten als hervorgehobene Vertreter des Volkes. Nach der Rückkehr (Esr 3) versammelt sich das ganze Volk nach Jerusalem, nimmt direkt den Opferbetrieb wieder auf und beginnt mit dem Wiederaufbau des Tempels, dessen Grundsteinlegung am Ende von den Autoritäten (Priester, Leviten und Sippenoberhäupter) bejubelt wird. Esr 1–3 entwerfen so das Ideal einer autonomen Tempelgemeinde: Das in Priester, Leviten und Familienhäupter gegliederte Volk kehrt als Gottesvolk heim. „Von der Anerkennung des persischen Großkönigs einmal abgesehen, fällt […] auf, dass Esr 1–3 an keiner Stelle das verwaltungstechnische Gefüge des persischen Jehuds im Blick zu haben scheinen."[358]

Mit dieser im Vergleich zur aramäischen Tempelbauchronik oder auch der Darstellung in Hag/Sach begrenzten Rolle der Perser könnte schließlich auch das Fehlen des Statthaltertitels bei Scheschbazzar zu tun haben. Die initiierende Rolle des Kyros wurde übernommen, aber bereits beim Titel Scheschbazzars zeigt sich die gegenüber Esr 5 f. (und Hag/Sach) grundlegend andere Perspektive auf das Projekt Tempelbau: Scheschbazzar ist nicht mehr der vom Perserkönig eingesetzte Statt-

---

355 Vgl. dazu auch ausführlich Schaper, Priester, 164 ff.

356 Die zweite Hälfte von V.70a (והשתתים והשוערם והנתינים בעריהם) ist redaktionell. Sie ergänzt weiteres Kultpersonal; vgl. Karrer, Ringen, 85; Bortz, Identität, 144 f.

357 Mit Blick auf die Redaktionsgeschichte von Esr 1–3 bedeutet dies, dass es *prima vista* keinen Grund gibt, die Liste in Esr 2 als redaktionellen Nachtrag zu isolieren. So aber Kratz, Komposition, 63 f.; Karrer, Ringen, 293; Wright, Rebuilding, 301; gegen Rothenbusch, Tora, 91; Bortz, Identität. Dies gilt auch dann, wenn die Erwähnung Serubbabels und Joschuas in 2,2 und Esr 3, die Rudolph als Hauptargument für die feste Verankerung von Esr 2 im Kontext anführt (vgl. Rudolph, Esra und Nehemia, 11), redaktionell sein sollte. Der Frage, ob in Esr 2 älteres quellenhaftes Material verarbeitet wurde, muss hier nicht nachgegangen werden.

358 Bortz, Identität, 183.

halter, sondern Fürst Judas. Aus dem politischen Amt des Statthalters wird ein Amt „wahrscheinlich mit sakraler Funktion".[359]

Die Agenda von Esr 1–3* ist also zumindest implizit zunächst eine priesterliche. Priester und Leviten (in dieser Abstufung) beanspruchen eine exponierte Stellung im Gottesvolk. Die große Hochschätzung der Priester spiegelt sich auch in dem unrealistischen Verhältnis von Priestern und Leviten in der Rückkehrerliste Esr 2: Die Anzahl der Priester übersteigt die Anzahl des restlichen Tempelpersonals um mehr als das Fünffache. Die Liste unterstreicht somit zum einen die herausragende Bedeutung der Priester, zum anderen aber auch „das große Prestige dieser zurückgekehrten Gemeinde, die nicht nur mit Reichtum (V.69), Vieh und Fülle (V.64–67) gesegnet ist, sondern auch eine übergroße Anzahl an hochrangigen Kultspezialisten vorweisen kann".[360]

Auch die frühen Fortschreibungen in Esr 3 sind noch ganz dieser priesterlichen Agenda verpflichtet bzw. bauen sie in der einen oder anderen Weise aus: Nach Esr 3,2–5 errichten die Priester mit Joschua an der Spitze den Brandopferaltar; Esr 3,10b.11 schildern die Grundsteinlegung als kultische Angelegenheit; Esr 3,8*.9* betonen die Rolle der Leviten beim Tempelbau. Das Konzept kollektiver Führung bleibt davon zunächst unberührt.

Dies ändert sich jedoch mit der Eintragung von Serubbabel und Joschua in Esr 3. In V.2 wird Serubbabel eingefügt, in V.8 Serubbabel und Joschua. Es liegt nahe, beides ein und demselben Redaktor zuzuschreiben. Betrachtet man diese redaktionelle Erweiterung erst einmal für sich, also unabhängig von der erneuten Erwähnung Serubbabels und Joschuas in Esr 5,2, könnte der Ausbau des Sets analog zu Hag/Sach natürlich allein schon aus dem Grund nahegelegen haben, dass Joschua ben Jehozadak in Esr 3,2 im vorliegenden Text bereits erwähnt wurde. Allerdings zieht die Aufstockung des Personals im Vergleich zu den vorausliegenden entstehungsgeschichtlichen Ebenen eine erhebliche Modifikation des bislang vorherrschenden Programms nach sich: Die Ergänzung Serubbabels verwässert die priesterliche Agenda, die Beteiligung der aus Hag/Sach als kultischer und politischer Führungsfigur bekannten Individuen Serubbabel und Joschua hebt das Konzept des souveränen Gottesvolkes aus den Angeln.

Die Intention der Eintragung Serubbabels bzw. Serubbabels und Joschuas in Esr 3 bleibt indes, ähnlich wie auch auch in Esr 5,2, schwer zu bestimmen. Da wie in Esr

---

359 Grätz, Chronik, 417. In Ez 40ff. ist jedenfalls das Amt des נשׂיא mit der vorausgesetzten Hierokratie vereinbar.
360 Bortz, Identität, 243. Angesichts der verschwindend geringen Zahl der Leviten in der Liste überrascht sodann deren zentrale Funktion in Esr 3,8f. Diese konzeptionelle Differenz ist ein weiteres Indiz für den redaktionellen Charakter der Leviten-Ergänzung in Esr 3,8f.

5,2 auch in der Bearbeitung in Esr 3,2.8 die Titel der beiden fehlen, liegt ein direkter Bezug zwischen den Ergänzungen grundsätzlich nahe. Über ihre Intention sowie ihr redaktionsgeschichtliches Verhältnis zueinander ist damit freilich noch nicht viel gesagt. Sowohl für Esr 5 f. (prophetische Agenda) als auch für Esr 3 (Erwähnung Joschuas ohne Titel auf einer vorausliegenden entstehungsgeschichtlichen Ebene) ließe sich die Auslassung der Titel erklären.

Bevor weiter nach dem literargeschichtlichen und sachlichen Zusammenhang der Eintragungen Serubbabels und Joschuas in Esr 3 und Esr 5 f. gefragt werden kann, ist das Verhältnis von Esr 1–3 und Esr 5 f. in ihrer ursprünglichen Form (also vor den entsprechenden redaktionellen Ergänzungen) zu beleuchten.

2.3.2.2 Das Verhältnis von Esr 1–3* und Esr 5–6

Da Esr 1–3 die Retrospektive aus Esr 5,11–16a narrativ entfalten, ist von einer Kenntnis der aramäischen Tempelbauchronik seitens des Verfassers von Esr 1–3 auszugehen.[361] Esr 1–3 setzen jedoch bereits im Grundbestand gegenüber der Vorlage eigene Schwerpunkte und weichen in einigen Details von ihr ab. Im Unterschied zu Hag/Sach, aber in Übereinstimmung mit Esr 5 f. beginnt auch nach Esr 1–3 der Tempelbau unter Kyros, allerdings erfolgt die Grundsteinlegung nicht durch den Statthalter Scheschbazzar, sondern durch nicht näher qualifizierte Bauleute, die von Priestern, Leviten und Volk angeleitet werden (Esr 3,8 ff.*). Besagter Scheschbazzar trägt nun anders als in Esr 5 f. zudem den Titel „Fürst Judas" (Esr 1,8).

Diese alternative Version der Ereignisse, die zur Grundsteinlegung des Tempels geführt haben, lässt sich im Sinne einer Korrektur des aramäischen Berichts verstehen. Zugunsten der kollektiven Verantwortung des Volkes für den Tempelbau treten die Perser in den Hintergrund. Nicht mehr der Perserkönig (Esr 6,8 ff.), sondern das Volk kommt für die Finanzierung des Projektes auf (Esr 2,68 f.); die Grundsteinlegung erfolgt nicht mehr durch den von Kyros eingesetzten Statthalter Scheschbazzar (Esr 5,14 ff.), sondern ebenfalls durch Vertreter des Volkes (Esr 3,8 ff.*).

Chronologisch ist eine Abfolge von Esr 1–3 und Esr 5 f. widerspruchsfrei. Esr 1–3 sind in Gänze in der Zeit der Grundsteinlegung situiert, die wie in Esr 5 f. zur Zeit des Kyros angesetzt wird. Liest man Esr 5 f. als Fortsetzung von Esr 1–3, entsteht lediglich eine Lücke zwischen Esr 1–3 (Kyros) und Esr 5 f. (Darius), die narrativ nicht geschlossen wird.

Angesichts dieser narrativen Lücke zwischen Esr 3 und Esr 5 versteht sich die ansonsten naheliegende Deutung von Esr 1–3 als „Prolog" zu Esr 5 f. zumindest

---

361 Vgl. Gunneweg, Esra, 49; Kratz, Komposition, 57; Grätz, Chronik, 415; Rothenbusch, Tora, 108 f.

nicht von selbst.[362] Ein Anschluss von Esr 5f. an Esr 1–3 wäre immerhin denkbar, wenn man voraussetzt, dass Esr 5,1f.* (Propheten weissagen und daraufhin wird mit dem Tempelbau begonnen) die Situation aus Hag und Sach einspielen und somit eine Datierung in der Zeit des Darius implizieren. Wesentlich belastbarer würde die These, dass Esr 1–3 als Prolog zu Esr 5f. verfasst wurden, wenn der narrative Sprung von der Zeit des Kyros in die Zeit des Darius durch eine Datierung markiert würde. Auch wenn dies am Ende hypothetisch bleiben muss, gelingt es mit einer minimalen Textänderung, eine solche Datierung aus dem unmittelbar vorangehenden Vers Esr 4,24 zu rekonstruieren, der das zweite Jahr des Darius erwähnt. Es wäre anzunehmen, dass diese ursprüngliche Datierung der Tempelbauchronik im Zuge der Eintragung von Esr 4 in den neuen Kontext eingepasst worden wäre. Sachlich würde dies nichts daran ändern, dass der Tempelbau im zweiten Jahr des Darius beginnt (als Auftakt zu Esr 5 wäre entsprechend die Präposition בַּ zu erwarten), die Datierung würde nun aber uminterpretiert im Sinne der zeitlichen Begrenzung des Baustopps (Präposition עַד). Für eine ursprüngliche Eröffnung der Tempelbauchronik mit einer in Esr 4,24 verschleierten Datierung könnte die Abfassung des Verses in aramäischer Sprache sprechen. Wie dieser Umstand zu beurteilen ist, hängt letztlich freilich an der Redaktionsgeschichte von Esr 4.[363] Innerhalb von Esr 5 würde die einleitende Datierung, die Darius explizit als persischen König bezeichnet, zumindest die Auffälligkeit beseitigen, dass dieser bei seiner ersten Erwähnung innerhalb des Berichts (V.5) mit bloßem Eigennamen und ohne Königstitel genannt wird.

Werden die Ereignisse aus Esr 5f. (entweder implizit oder explizit) in der Zeit des Darius situiert, lassen sich Esr 1–3 als Vorspann zur älteren Tempelbauchronik verstehen. Esr 1–3 stellen Esr 5f. dann ein alternatives Konzept voran, wonach die frühe Phase des Tempelbaus – die in Esr 5,11–16a retrospektiv beleuchtet wird – ein Projekt des souveränen Gottesvolkes ist, an dessen Spitze Priester stehen. Im Verlauf von Esr 1–3.5f. entsteht so der Eindruck eines dreistufigen Projektes: Rückführung der Geräte (die Zeit vor dem Tempelbau, in der Kyros und Scheschbazzar aktiv

---

362 Der Schwierigkeit kann nicht begegnet werden, indem man Esr 1–4 in Gänze als Prolog zu Esr 5f. versteht (so Rothenbusch, Tora, 82ff.). Serubbabel und Joschua sind in Esr 1–3 redaktionell, der Redaktor von Esr 4 kennt jedoch bereits die Eintragung von Serubbabel und Joschua in Esr 3 (s. dazu im Folgenden). Zwischen Esr 3 und Esr 4 verläuft daher eine weitere literarische Naht.

Eine literarisch selbständige Überlieferung von Esr 1–3 ist ebenfalls keine plausible Alternative, da sich die Frage stellte, wie der Text überliefert worden sein sollte.

363 S. dazu im Folgenden.

waren), Beginn des Baus unter Kyros (Volk und Priester aktiv)[364] und Vollendung des Baus unter Darius (Älteste aktiv).

In den verschiedenen Entwürfen dürften sich die Interessen unterschiedlicher judäischer Gruppierungen in hellenistischer Zeit spiegeln. Ob sich hinter der aramäischen Tempelbauchronik eine Spitze gegen Machtansprüche des Hohepriesters verbirgt, wie Grätz meint, ist jedoch fraglich.[365] Dass der Hohepriester im Rahmen der Tempelbauchronik keine Erwähnung findet, steht zwar der Darstellung im Zweiprophetenbuch in seiner vorliegenden Form entgegen. Dies liegt jedoch vor allem an der sehr expliziten Übertragung königlicher Aufgaben, vor allem des Tempelbaus, auf den Hohepriester in einer Fortschreibung von Sach 3 und der Grundschicht von Sach 6,9–15. Da sich für diese eine Entstehung in der fortgeschrittenen hellenistischen Zeit nahegelegt hat, trägt der Vergleich mit Hag und Sach nicht viel aus – zumindest dann nicht, wenn man die Abfassung der Tempelbauchronik zu einem früheren Zeitpunkt in der hellenistischen Zeit ansetzt, wogegen nichts zu sprechen scheint. Ob es für diese Zeit andere belastbare Belege für ein politisches Erstarken des Jerusalemer Hohepriesters gibt, bleibt zu prüfen. Viel merkwürdiger als in Esr 5 f. mutet jedenfalls in diesem Zusammenhang das Fehlen des Hohepriesters in der alternativen Version Esr 1–3 an, der eine pro-priesterliche Agenda zugrunde zu liegen scheint.

Ein Verständnis von Esr 1–3 im Sinne eines Prologs zu Esr 5 f. ist nur solange plausibel, wie die Protagonisten aus Hag und Sach, Serubbabel und Joschua, noch nicht in beiden Tempelbauberichten erwähnt werden. In der vorliegenden Gestalt des Textes, also inklusive der redaktionellen Erwähnungen der beiden, erschwert deren Doppelnennung in Esr 3 und Esr 5 diese Deutung. Waren Serubbabel und Joschua zur Zeit der Grundsteinlegung unter Kyros *und* zur Zeit der Fertigstellung des Tempelbaus unter Darius aktiv, ist der große zeitliche Abstand zwischen den beiden Phasen merkwürdig. Man würde zumindest eine Erklärung erwarten, aus welchem Grund das von ihnen verantwortete Projekt für mehrere Jahre sistiert

---

364 Die Retrospektive auf den Beginn des Tempelbaus in Esr 5,11–16a ist vor dem Hintergrund von Esr 1–3 aufgrund der eigenen konzeptionellen Schwerpunktsetzung des Vorspanns nicht mehr ganz sachgemäß.

365 Vgl. Grätz, Chronik, 420: „Fasst man die Nachrichten über Gremien der jüdischen Selbstverwaltung aus ptolemäischer Zeit zusammen, dann erscheint ein Ältestengremium [...] in richtender und administrativer Funktion [...], das im hellenistischen Judäa geeignet war, den Einfluss des Hohenpriesters einzuschränken und eine politische Größe mit leider unklarer Zusammensetzung bildete."

wurde. Eine solche liefert offenkundig der von Opponenten erwirkte Baustopp in Esr 4.

Bortz schlägt eine alternative Deutung vor, die es ermöglichen würde, Esr 1–3 auch in der vorliegenden Form, also inklusive der Erwähnungen Serubbabels und Joschuas in Esr 3 (die Bortz für ursprünglich hält), als Prolog zu Esr 5f. zu verstehen. Sie versucht das Problem des unvermittelten Zeitsprungs von Kyros (Esr 1–3) zu Darius (Esr 5f.) zu harmonisieren: Die Datierung in Esr 3,1 folge einer „inneren, relativen Chronologie".[366] Zwar sei man geneigt, sie in Relation zu der vorausgehenden absoluten Datierung zu setzen – also dem ersten Jahr des Kyros aus Esr 1,1. Die Erwähnung Serubbabels und Joschuas erlaube nun aber auch eine Datierung unter Darius. „Entsprechend würde Esr 2 die Zeit zwischen Kyros (Esr 1) und Darius (Esr 3; 5f.) überbrücken." Selbst wenn man von einer solch subtilen Datierung der Ereignisse von Esr 3 in die Zeit des Darius ausgehen wollte, würden sich die Probleme nur verschieben. Zwar ließe sich durch eine Datierung der Ereignisse von Esr 3 in die Zeit des Darius das narrative Problem am Übergang von Esr 3 zu Esr 5 beheben. Sie zöge dafür aber zwei neue Probleme nach sich. Erstens bestünde mit Blick auf die Retrospektive in Esr 5 ein handfester chronologischer Widerspruch. Nach Esr 3 wäre die Grundsteinlegung zur Zeit des Darius erfolgt, nach Esr 5 zur Zeit des Kyros. Zweitens liegt eine Verortung der Ereignisse aus Esr 3 in die Zeit des Darius auch von Esr 4 aus betrachtet nicht eben nahe. Den Versuch, die Datierungen in Esr 3 subtil verschwimmen zu lassen, hätte zumindest der Redaktor von Esr 4 nicht verstanden. Denn er situiert das Auftreten Serubbabels und Joschuas unmissverständlich zur Zeit des Kyros und schließt die narrative Lücke zwischen Esr 3 und Esr 5 mit einem Baustopp.

Alles in allem legt sich somit ein Verständnis des vorliegenden Textes nahe, wonach Joschua und Serubbabel in Esr 1–3 unter Kyros auftreten, in Esr 5f. hingegen unter Darius. In Esr 3 sind sie an der Grundsteinlegung des Tempels beteiligt, nach Esr 5 bauen sie den Tempel.

Nimmt man an, dass ein Grundbestand von Esr 4 gemeinsam mit Serubbabel und Joschua in Esr 3 bzw. Serubbabel, Joschua, Haggai und Sacharja in Esr 5f. in den Zusammenhang eingetragen wurde, lassen sich somit alle Probleme lösen.

Ein knapper Blick auf Esr 4 genügt, um Aufschluss über die literarischen Anschlussstellen und das Profil der redaktionellen Brücke zu geben.

---

366 Bortz, Identität, 150.

2.3.3 Der Baustopp (Esr 4)

2.3.3.1 Die Grundschicht von Esr 4

Innerhalb von Esr 4 erfolgt am Übergang von V.7 zu V.8 erneut ein Wechsel zwischen Hebräisch und Aramäisch, der zwar auf den ersten Blick literarkritisch auffällig erscheint, als literarkritisches Indiz jedoch wiederum zu kurz greift. Spannungen, die eine literarhistorische Lösung verlangen, durchziehen vielmehr bereits den hebräischen Teil (V.1–7). V.4 und V.5 erklären auf unterschiedliche Weise, warum das Projekt zum Erliegen kommt: Weil das Volk des Landes die Hände der Arbeiter schlaff macht (V.4) bzw. weil es Ratgeber gegen sie besticht (V.5). Außerdem stellen V.5 und V.24, die jeweils den Baustopp von Kyros bis Darius notieren, Dubletten dar. Rothenbusch hält aus diesem Grund V.1–5 für älter als V.6–24.[367] Diese literarkritische Lösung erklärt zwar die Dublette, nicht aber die Spannung zwischen V.4 und V.5. Naheliegender erscheint es daher, dass V.1–4.24 einen älteren Zusammenhang darstellen und V.5 nachträglich ergänzt wurde. V.1–4.24 dürften dann die Grundschicht von Esr 4 bilden. In Esr 4,1 treten Gegner auf, die von „denen aus der Verbannung" unterschieden werden und in V.4 somit sachgemäß als „Volk des Landes" bezeichnet werden. Ihre Bitte, sich an dem Bau beteiligen zu dürfen, wird von Serubbabel, Joschua und den Sippenhäuptern mit Verweis auf das Kyrosedikt abgelehnt. Die Gegner bringen daraufhin die Bauarbeiten zum Erliegen, indem sie die Bauenden von der Arbeit abbringen. V.24 konstatiert, dass die Bauarbeiten bis zum zweiten Jahr des Königs Darius ruhten.

2.3.3.2 Das Verhältnis von Esr 4* zu Esr 5–6 und Esr 1–3

Esr 5,1f. setzen Esr 4,24 nahtlos fort.[368] Oben wurde erwogen, dass in 4,24 eine Datierung, die ursprünglich die Tempelbauchronik einleitete, redaktionell verschleiert worden sein könnte. Angesichts der Zweisprachigkeit der rekonstruierten Grundschicht von Esr 4 könnte die aramäische Abfassung von V.24 ein weiteres Indiz für diese Annahme liefern. Der Redaktor hätte die ihm bereits vorgegebenen Sprachgrenzen geachtet und V.1–4, die den hebräischen Bericht aus Esr 1–3 fortsetzen, in Hebräisch verfasst, die bereits vorliegende aramäische Datierung hin-

367 Vgl. Rothenbusch, Tora, 54f.
368 Bortz, Identität, 175, veranschlagt für Esr 5,1f. einen sehr späten redaktionsgeschichtlichen Ort und nimmt an, dass Esr 1–3 und Esr 5,3ff. bereits vor der Eintragung von Esr 5,1f. durch Esr 4,1–5.24 enger miteinander verzahnt worden seien. Ein direkter Anschluss von 5,3 an 4,24 ist indes ausgeschlossen. Dazwischen fehlt notwendig die Information, dass die Bauarbeiten wieder aufgenommen wurden.

gegen in aramäischer Sprache modifiziert, sodass 4,24 den Charakter einer Einleitung zu Esr 5f. behält.[369]

Mit dem von Gegnern erzwungenen Baustopp füllt die Grundschicht von Esr 4 die Leerstelle, die zwischen Esr 1–3 und Esr 5f. in der vorliegenden Form der Kapitel besteht, indem die mehrjährige Baupause der von Serubbabel und Joschua verantworteten Arbeiten nach der Grundsteinlegung erklärt wird. Daher ist davon auszugehen, dass Esr 4,1–4.24 zu der Redaktion gehören, die Serubbabel, Joschua, Haggai und Sacharja in Esr 5f. und Serubbabel und Joschua in Esr 3 eingetragen hat.[370]

Ein zweiphasiger Ablauf des Tempelbaus war durch den Rückblick auf die Zeit des Baubeginns unter Kyros bereits in der aramäischen Tempelbauchronik vorausgesetzt. Durch die Vorschaltung von Esr 1–3, die den knappen Rückblick aus Esr 5 narrativ entfaltete und der Tempelbauchronik voranstellte, rückte dieser Aspekt stärker in den Fokus. Die Einschreibung von Esr 4* hat nun den Effekt, dass die zwei Phasen des Tempelbaus kontrastiert werden. Die erste Phase in der Zeit des Kyros endet mit Esr 4,4 erfolglos, die zweite, die mit 4,24 beginnt, führt am Ende zum glücklichen Abschluss des Projektes. Sie setzt dort ein, wo Hag/Sach beginnen, und überträgt das Erfolgskonzept aus Hag/Sach auf das Tempelbauprojekt in Esr 1–6.[371] Besonders deutlich wird die Kontrastierung der beiden Phasen des Tempelbaus dadurch, dass die Protagonisten aus Hag und Sach in Esr 3 und Esr 5f. eingeschrieben werden. Das Setting des Zweiprophetenbuchs dürfte auch in der ursprünglichen Tempelbauchronik bereits vorausgesetzt sein. Denn das zur Zeit des Darius datierte Auftreten von Propheten, das die Judäer zum Tempelbau animiert (Esr 5,1f.*), lässt sich kaum anders denn als Reflex auf Hag und Sach verstehen.[372] Die Einschreibung von Haggai und Sacharja sowie von Serubbabel und Joschua in den Zusammenhang der Tempelbauchronik, die gerade zu Beginn des Berichts erhebliche Spannungen im Erzählverlauf verursacht, dürfte nicht einfach darauf zielen, den Bezug zum Zweiprophetenbuch explizit zu machen. Ihre volle Wirkung

---

369 Es ist gut vorstellbar, dass in diesem Zusammenhang auch der Beginn von Esr 5,1 angepasst wurde. Der syntaktisch merkwürdige Anfang der Tempelbauchronik, den Kratz, Komposition, 56, moniert, hätte entsprechend nie bestanden.

370 Von einem historischen Kern der Offensive ist somit nicht auszugehen. Vgl. aber z. B. Willi-Plein, Haggai, 39.

371 Auch Krüger, Esra 1–6, 68, stellt fest: „Allem Anschein nach liegt es in der Absicht des Erzählers, einen gescheiterten (3,7ff) und einen erfolgreichen (5,1ff) Versuch des Tempelbaus einander gegenüberzustellen."

372 Dass dies zur Zeit des Darius stattfand, erschließt sich aus dem Fortgang des Berichts. Noch deutlicher würde der Bezug indes, wenn bereits eine ursprüngliche Datierung in 4,24 das Geschehen im zweiten Jahr des Darius situiert hätte.

entfaltet sie erst in der Zusammenschau mit der Erwähnung Serubbabels und Joschuas in Esr 1–3 und mit Esr 4.

Von Esr 4 aus gelesen wird die in der aramäischen Tempelbauchronik vorgegebene Inspektion Tattenais in Esr 5 zum kritischen Moment: Nachdem der Widerstand der Gegner die Arbeit am Projekt zuvor bereits vorübergehend zum Erliegen gebracht hat, droht mit der Ankunft Tattenais wiederum eine Gefährdung des Projekts. Im vorliegenden Zusammenhang weckt vor allem Esr 5,5 den Eindruck einer Offensive des Tattenai: Da das Auge ihres Gottes über den Ältesten der Judäer war, gebot man ihnen nicht Einhalt, bis dass der Sachverhalt hinreichend erforscht worden wäre. Der Redaktor von Esr 4 könnte den Widerstand der Gegner somit aus Esr 5f. extrapoliert haben. Durch die gleichzeitige Eintragung von Haggai und Sacharja in Esr 5,1 steht das „Auge Gottes" aus Esr 5,5 in einem assoziativen Zusammenhang mit der Prophetie Haggais und Sacharjas, sodass zu überlegen ist, ob nicht genau darin auf der Ebene des vorliegenden Textes das Erfolgsmoment liegt, das betont werden soll: Das Projekt steht unter prophetisch vermitteltem göttlichem Schutz. Zu einer solchen prophetischen Agenda des Redaktors passt jedenfalls auch sein Eingriff in 6,14, der Haggai und Sacharja noch einmal als Garanten des erfolgreichen Abschlusses des Tempelbaus erwähnt, Serubbabel und Joschua aber nicht.

Die Intention der Eintragung Serubbabels und Joschuas in Esr 5,2 erschließt sich dann erst durch den Vergleich mit der ersten Phase des Tempelbaus in Esr 1–3. Indem das Personal in beiden Phasen des Tempelbaus vereinheitlicht wird, ist eine unmittelbare Vergleichbarkeit gegeben. Der Kontrast zwischen beiden Phasen wird dadurch noch einmal betont und die prophetische Agenda unterstützt. In beiden Phasen sind Serubbabel und Joschua leitende Figuren. Der Vergleich zeigt, dass das allein jedoch nicht ausreicht, um das Projekt erfolgreich zum Abschluss zu bringen. Solange sie in eigener Initiative handeln, wird das Projekt nicht abgeschlossen. Erst der prophetische Beistand zur Zeit des Darius führt letztlich zum Erfolg.

Der Bericht über die Bauarbeiten zur Zeit des Darius in der aramäischen Tempelbauchronik wird somit durch die Redaktion nicht nur explizit an die Darstellung in Hag/Sach angepasst, sondern die Vorlage wird zugleich modifiziert. Im Gegensatz zu Hag/Sach geht es hier nicht darum, Serubbabel und Joschua als Führungsgestalten zu profilieren und die mit ihnen verbundenen Herrschaftsansprüche zu legitimieren, sondern darum, den Anteil der Propheten an der Fertigstellung des Tempels herauszustellen. Esr 5f. stellen auf dieser Ebene eine Art modifizierende *relecture* von Hag/Sach dar.

Die prophetische Agenda der Redaktion erklärt zugleich, warum Serubbabel und Joschua in Esr 1–6 titellos bleiben.[373] Indem der Redaktor die Titel der beiden, die ihm aus Hag/Sach bekannt gewesen sein müssen, bewusst nicht übernimmt, vermeidet er, dass Amtspersonen, mit denen ein gewisser Autoritäts- oder Führungsanspruch assoziiert werden könnte, neben den Propheten zu stehen kommen.

2.3.3.3 Die weitere Redaktionsgeschichte von Esr 4

Der Vollständigkeit halber sei die weitere literargeschichtliche Entwicklung von Esr 4 zumindest in Grundzügen skizziert. Während die Grundschicht von Esr 4 in V.1–4.24 in der beschriebenen Weise auf eine kontrastive Verzahnung von Esr 1–3 und Esr 5f. abhebt, haben Esr 4,5–23 einen völlig anderen Horizont. Die Verse scheinen darauf zu zielen, chronologische Probleme innerhalb von Esr/Neh zu beheben, und dürften somit auf die Ebene der Buchredaktion gehören. Esr 4,5 nimmt das Ergebnis von Esr 4,24 vorweg: es kommt zum Baustopp bis in die Regierungszeit Darius', des Königs von Persien. Der Sachverhalt ist im Vergleich zu 4,24 offener formuliert, denn die Nennung eines konkreten Datums wie in 4,24 würde eine Fortsetzung der Handlung, also des Tempelbaus, erwarten lassen. Außerdem hat 4,5 eine längere Zeit der Intrigen im Blick, die sich von Kyros bis zu Darius erstrecken. Esr 4,5 erklärt somit, wie es zu einem so langen Baustopp kommen konnte: Die ganze Zeit über waren die Widersacher aktiv. Auf diese Notiz folgt in 4,6ff. ein Intermezzo zum Stadtbau unter Xerxes und Artaxerxes, das dazu führt, dass spätestens die Datierung in 4,24 im Anschluss daran auf Darius II. bezogen werden muss![374]

Um eine alte Quelle handelt es sich sicherlich nicht.[375] Die Korrespondenz mit dem persischen Hof dürfte (inklusive der aramäischen Sprache, die der Verfasser selbst für bemerkenswert hält, vgl. V.7) aus der Tempelbauchronik extrapoliert worden sein.[376] Die Fortschreibung behebt die chronologische Spannung zwischen

---

373 Der Titel fehlt bei Joschua schon im älteren Text im Rahmen des Altarbaus in Esr 3, was eine willkommene Vorlage für den späteren Redaktor gewesen sein dürfte.

374 Berücksichtigt man die stufenweise Entstehung des Textes, entbehrt eine Verlegung des Wiederaufbaus des Tempels in die Regierungszeit Darius' II. somit jeglicher Plausibilität. In Entwürfen, die von der literarischen Einheitlichkeit von Esr 1–6 ausgehen, muss diese Option freilich diskutiert werden; vgl. etwa Japhet, Composition, 204f. Edelman, Origins, datiert den Wiederaufbau des Tempels in die Zeit Artaxerxes I. (465–425 v.Chr.). Zur Widerlegung der These, dass Serubbabel und Nehemia Zeitgenossen gewesen seien, vgl. Klein, Joshua.

375 Vgl. auch Schwiderski, Handbuch, 377, der bezweifelt, dass „das Schreiben jemals außerhalb des Erzählkontextes existiert hat". Darin folgt ihm u. a. Grätz, Chronologie, 218.

376 Zu den Übereinstimmungen zwischen der Tempelbauchronik und Esr 4 vgl. Grätz, Chronologie, 216f.; Heckl, Neuanfang, 172f.

Esr 1–6 und Esr 7–Neh 13. Der Widerstand gegen den Stadtbau könnte Neh 1,3f. im Blick haben, wonach der desolate Zustand der Stadt Entsetzen bei Nehemia hervorruft. Diese Reaktion passt nicht recht zu dem Abschluss des Tempelbaus unter Darius I. Esr 4,21 weist zugleich voraus auf Neh und stellt eine spätere, positive Entscheidung des Artaxerxes in Aussicht.

2.3.4 Die Sprachwechsel in Esr 1–6

Die Sprachwechsel innerhalb von Esr 1–6 sind aufschlussreich für die Redaktionsgeschichte, insofern sie diese indirekt bestätigen.

Dem Redaktor, der Esr 4,1–4.24 zwischen Esr 1–3 und Esr 5f. gestellt und Serubbabel und Joschua in Esr 3 sowie Serubbabel, Joschua, Haggai und Sacharja in Esr 5f. eingefügt hat, lagen eine aramäische Tempelbauchronik in Esr 5f. und ein hebräischer Prolog zu dieser in Esr 1–3 vor. Er berücksichtigt die Sprachgrenze, indem er Esr 3,2*.8*; 4,1–4 in Hebräisch verfasst, die Einleitung der aramäischen Tempelbauchronik in Esr 4,24; 5,1f. hingegen in aramäischer Sprache bearbeitet. Dass die literarkritischen Zäsuren nicht den Sprachwechseln entsprechen, dürfte seinen Grund also darin haben, dass der Redaktor mit vorgegebenem Material arbeitete und unnötige Wechsel der Sprache vermeiden wollte.

Auch der spätere Redaktor, der Esr 4,5–23 einfügt, hält die Sprachgrenzen ein: Den hebräischen erzählenden Teil ergänzt er um V.5–7 in hebräischer Sprache, die (analog zu Esr 5f.) konstruierte aramäische „Quelle" wird vor Esr 4,24; 5f. platziert. Der Sprachwechsel wird auf dieser Ebene nun sogar thematisiert (Esr 4,7).[377]

---

377 Eventuell zeigt sich das Bestreben, überflüssige Sprachwechsel zu vermeiden, auch bereits auf einer früheren redaktionsgeschichtlichen Ebene am Ende der erweiterten Tempelbauchronik in Esr 6,15–18. Im Rahmen der Tempelbauchronik selbst treten Priester und Leviten, die in Esr 1–3 eine herausragende Stellung haben, nicht auf. Esr 6,15–18 lassen sie zumindest nach Abschluss der Bauarbeiten auftreten und kreieren somit redaktionell eine Art ausgleichenden Rahmen. Konzeptionell steht die aramäisch formulierte Passage Esr 6,15–18 somit in engem Zusammenhang mit dem hebräischen Prolog Esr 1–3, insbesondere 3,8. Womöglich stammen Esr 6,15–18 aus der Feder des Verfassers von Esr 3,8, der die Sprache der Tempelbauchronik berücksichtigt und darum Esr 6,15–18 in aramäischer Sprache ergänzt hätte.

Allein der spätere Redaktor von Esr 6,19–22 hätte mit dem Prinzip gebrochen und einen zweiten redaktionellen Schluss der aramäischen Tempelbauchronik in Hebräisch ergänzt.

2.3.5 Fazit: Die implizierten politischen Verhältnisse zur Zeit der Entstehung von Esr 1–6 im Vergleich zu Hag/Sach 1–8

Die zahlreichen Spannungen im Erzählverlauf von Esr 1–6 lassen sich nicht auf die Komposition verschiedener Quellen zurückführen,[378] sondern sind das Ergebnis mehrfacher redaktioneller Bearbeitung. Als „quellenhaft" ist allenfalls die aramäische Tempelbauchronik in Esr 5,1–6,14* zu betrachten, die den ältesten Kern von Esr 1–6 darstellt. Sie enthält zwar wenig Historisches, dürfte zumindest aber einmal literarisch selbständig existiert haben. Auch was die Vorstellung betrifft, der Wiederaufbau des Tempels habe bereits unter Kyros begonnen, sind Zweifel an der Historizität angebracht. Esr 5f. scheinen hier einem Ideal verpflichtet, das den Beginn der Heilszeit mit der Machtergreifung der Perser zusammenlegt und sich prominent auch in Deuterojesaja findet. Die aramäische Tempelbauchronik weicht nicht nur beim Datum des Baubeginns von Hag/Sach ab, sondern weist, abgesehen von dem gemeinsamen Thema, insgesamt mehr Unterschiede als Gemeinsamkeiten mit Hag/Sach auf. Beide Versionen stimmen aber zumindest darin überein, dass sie einen persischen Beamten, Serubbabel bzw. Scheschbazzar, als Verantwortlichen für die Grundsteinlegung kennen. Serubbabel begegnet in Hag/Sach zunächst ohne Titel als verantwortliche Person beim Tempelbau, ein späterer Redaktor schreibt ihm in den (mutmaßlich spätperserzeitlich entstandenen) Rahmenpassagen des Haggaibuches den Statthaltertitel zu. Scheschbazzar trägt in Esr 5f. ebenfalls den Titel Statthalter. Sollte die aramäische Tempelbauchronik wie vermutet hellenistischen Ursprungs sein, könnte der Verfasser die in Hag/Sach redaktionell entstandene Vorstellung, dass Serubbabel als Statthalter den Tempel baut, gekannt haben und Scheschbazzar zu dessen Vorgänger zur Zeit des Kyros stilisiert haben. Zwingend ist diese Annahme freilich nicht; es ist ebenso möglich, dass Esr 5f. diesbezüglich unabhängig von Hag/Sach entstanden sind. Anders als im Fall Serubbabels, für den sich dies aufgrund der Erwähnung im ältesten prophetischen Spruchgut in Hag nahelegt, müsste es sich darum bei Scheschbazzar zwar noch lange nicht um eine historische Person handeln. Allerdings könnten Esr 5f. zusammen mit Hag/Sach zumindest den historisch wahrscheinlichen Umstand spiegeln, dass ein persischer Beamter den Grundstein des Tempels gelegt hat. Gänzlich unplausibel ist es, das Fehlen Serubbabels im ursprünglichen Bericht als tendenziös zu verstehen, wie etwa Rothenbusch vorschlägt: „Am ehesten scheint mir dieses beredte Schweigen der Quelle dadurch bedingt zu sein, dass Serubbabel als *persona non grata* bei den Persern nicht genannt werden sollte."[379] Dies würde voraussetzen, dass er eine

---

378 So etwa Williamson, Ezra, xxiii, und Fried, Documents, 25 f.
379 Rothenbusch, Tora, 105; mit Karrer, Ringen, 94.

bedeutende Figur war, die aufgrund des Tempelbaus noch zu Lebzeiten Hoffnungen auf die Restitution des davidischen Königtums geweckt hat. Diese Annahme wird weder durch die Redaktionsgeschichte von Hag/Sach gedeckt, noch passt sie zur mutmaßlich hellenistischen Entstehung der aramäischen Tempelbauchronik.

Eine weitere Parallele zwischen Hag/Sach und der aramäischen Tempelbau-chronik besteht darin, dass die im Kern vermutlich historische Rückführung des Tempelbaus auf eine persische Initiative zwar berücksichtigt wird, aber nicht das letzte Wort behält. In der Gegenwart, also zur Zeit des Darius, haben in Esr 5 f. die Ältesten die Verantwortung für den Tempelbau übernommen. Wie auf sämtlichen entstehungsgeschichtlichen Ebenen von Hag/Sach und Esr 1–6 werden auch hier anhand der Frage, wer für den Tempelbau verantwortlich ist, Führungsfragen thematisiert. Da die Ältesten der Judäer sonst in diesem Kontext nirgends eine Rolle spielen, könnte die aramäische Tempelbauchronik einfach als Alternative zu Hag/ Sach zu verstehen sein. Während dort der Statthalter und der Hohepriester als Führungsfiguren qualifiziert wurden, indem ihnen die Verantwortung für den Tempelbau zugeschrieben wird, legitimiert die aramäische Tempelbauchronik auf diese Weise das zeitgenössische Gremium der Ältesten. Dass darüber hinaus eine Ablehnung konkurrierender Institutionen, etwa des Hohepriesteramtes, impliziert sein könnte,[380] lässt sich anhand der Texte allein nicht plausibilisieren. Das Fehlen von Priestern in Esr 5 f. würde zwar zu dieser Annahme passen, darf aber auch nicht überbewertet werden. Auffällig ist es allein vor dem Hintergrund der zentralen Rolle, die Priestern in Esr 1–3 oder in den fortgeschrittenen redaktionsgeschicht-lichen Stadien von Hag/Sach zukommt. Dies ist aber auch dort jeweils Ausdruck einer entsprechenden Programmatik. Historisch und unabhängig von den ge-nannten Textbereichen betrachtet ist das Fehlen von Priestern beim Tempelbau erwartbar und daher unauffällig.

Insgesamt präsentiert die aramäische Tempelbauchronik, die von vornherein in Kenntnis von Hag/Sach verfasst worden sein dürfte, somit ein gegenüber sämt-lichen Entstehungsstufen des Zweiprophetenbuches konzeptionell eigenständiges und originelles Programm.

Esr 1–3 bieten eine korrigierende *relecture* der Darstellung der frühen Phase des Tempelbaus unter Kyros und dürften als Prolog zu Esr 5 f. verfasst worden sein.[381]

Auch die Grundschicht von Esr 1–3 ist konzeptionell unabhängig von Hag/Sach. Sie entwirft ein eigenes Konzept des Tempelbaus, das diesen als rein judäisches und

---

380 Die Vermutung äußert Grätz, Chronik, 420.
381 Eine Datumsangabe, die die zeitliche Differenz zwischen Kyros (Esr 1–3) und Darius (Esr 5 f.) markierte, könnte sich in redaktionell verschleierter Form in Esr 4,24 erhalten haben. Das zweite Jahr des Darius entspricht der Datierung des Baubeginns nach Hag.

kollektives Projekt interpretiert. Priester nehmen zwar eine besondere Stellung im Gemeinwesen ein, sind aber ebenfalls immer nur als Kollektiv im Blick.

Dies ändert sich erst durch die redaktionelle Einfügung des Altarbauberichts in Esr 3,2 ff. Zum ersten Mal in der Redaktionsgeschichte von Esr 1–6 wird hier mit Joschua ben Jehozadak einer der beiden aus Hag/Sach bekannten Protagonisten erwähnt. Er baut zusammen mit seinen Brüdern den Brandopferaltar. Im Vergleich mit Hag/Sach, wo Joschua von Beginn an den Hohepriestertitel trägt (Sach 3), überrascht das Fehlen des Titels an dieser Stelle. Sollten Esr 3,2 ff. nicht mit Blick auf Hag/Sach verfasst worden sein, könnten Esr 3,2 ff. und Sach 3 gemeinsam theoretisch als Beleg für die Historizität eines führenden Priesters namens Joschua zur Zeit des Tempelbaus gewertet werden. Zur Skepsis mahnt jedoch neben dem Umstand, dass die Entstehung von Esr 3,2 ff. zeitlich weit von der frühen oder mittleren Perserzeit entfernt ist, die Nennung der Filiation Joschuas, die ihm in Hag/Sach erst im Lauf der Redaktionsgeschichte zuwächst. Am Ende liegt daher die Vermutung näher, dass Esr 3,2 ff. ihr Wissen aus Hag/Sach haben. Das Fehlen des Hohepriestertitels könnte hier dann mit dem Ideal kollektiver Führung zusammenhängen und somit intentional sein. Gegenüber dem Priesterkollektiv der Grundschicht wird nun zwar ein Individuum exponiert. Joschua bleibt als höchster Priester jedoch immer noch *primus inter pares*; er verantwortet das Projekt gemeinsam mit seinen Brüdern.

Der Grundbestand von Esr 4 (V.1–4.24) wurde redaktionell zwischen Esr 1–3 und Esr 5 f. geschaltet.[382] In diesem Zuge wurde der Übergang von Esr 4 zu Esr 5 modifiziert: Die Datierung in Esr 4,24, die ursprünglich die prophetische Initiative in 5,1 eingeleitet haben dürfte, wurde zum Endpunkt eines von Gegnern bewirkten und in der Zeit des Kyros begonnenen Baustopps umfunktioniert. In 5,1 f. wurde zugleich das Setting erweitert. Die Propheten werden nun (explizit) mit Haggai und Sacharja identifiziert, auf ihr Wirken hin werden Serubbabel und Joschua aktiv, die als Anführer der in V.1 erwähnten Judäer ergänzt werden. Auf denselben Redaktor gehen auch sämtliche weiteren Erwähnungen Haggais und Sacharjas (Esr 6,14) bzw. Serubbabels (Esr 3,2 ff.8 ff.) und Joschuas (Esr 3,8 ff.) zurück. Der Baustopp markiert die zwei Phasen des Projektes deutlicher und kontrastiert sie: Die erste wurde durch eine Offensive von Gegnern unterbrochen, die zweite führte trotz der ambitionierten investigativen Maßnahmen des Tattenai am Ende zum Erfolg. Was die Beteiligung Serubbabels und Joschuas angeht, unterscheiden sich die beiden Phasen des Projekts nicht. Der Unterschied besteht jedoch darin, dass in der zweiten Phase die Propheten Haggai und Sacharja beteiligt sind (Esr 5,1 und 6,14). Namenlose Propheten waren auch in der ursprünglichen Tempelbauchronik bereits initiierend

---

382 Der Mittelteil von Esr 4 stellt eine Erweiterung im Horizont der Esra-Nehemia-Komposition dar.

am Projekt des Tempelbaus beteiligt (und auch dort vermutlich bereits mit Haggai und Sacharja zu identifizieren). Diese Funktion, die auch derjenigen Haggais und Sacharjas im Zweiprophetenbuch entspricht, baut der Redaktor subtil aus, indem er Haggai und Sacharja beim Abschluss des Projektes in Esr 6,14 einen Anteil an dessen Gelingen attestiert. Die Eintragung der aus Hag und Sach übernommenen Führungsrolle Serubbabels und Joschuas in beiden Phasen des Tempelbaus steht ebenfalls im Dienst der prophetischen Agenda des Redaktors. Sie betont den Kontrast zwischen beiden Phasen: Ohne prophetischen Auftrag kann der Widerstand der Gegner das von Serubbabel und Joschua verantwortete Projekt vorübergehend stoppen, mit prophetischem Beistand gelingt ihnen trotz der Maßnahmen Tattenais der ungestörte Abschluss. Die beiden Protagonisten des Zweiprophetenbuches, mit denen sich im Lauf der Redaktionsgeschichte von Hag und Sach immer explizitere und weitreichendere Führungsansprüche verbinden, sind hier nicht als Führungsfiguren im Blick.[383] Ihre gemeinsame Erwähnung ist nicht Ausdruck einer irgendwie gearteten dyarchischen Ordnung, sondern Mittel zum Zweck der Darstellung der prophetischen Agenda. Somit bleibt festzuhalten, dass Esr 1–6 zwar von Beginn an in Kenntnis von Hag/Sach verfasst wurden und auf sämtlichen entstehungsgeschichtlichen Ebenen darauf bezogen bleiben. Weder kann der alternative Bericht über den Tempelbau in Esr 1–6 jedoch herangezogen werden, um die politischen Verhältnisse in der Perserzeit zu erhellen, noch ist eine direkte Auseinandersetzung mit den in Hag/Sach vorliegenden Konzepten festzustellen: Die in der Entstehungsgeschichte des Zweiprophetenbuches entwickelten diversen Konzepte von Führung werden in Esr 1–6 weder bestätigt noch korrigiert. Zur Erhellung der literargeschichtlichen Prozesse im Zweiprophetenbuch, der implizierten historischen Hintergründe und letzten Endes der Entwicklung des Jerusalemer Hohepriesteramtes tragen Esr 1–6 somit nicht bei.

---

383 Dadurch lässt sich auch das Fehlen der Titel „Statthalter" und „Hohepriester" ungezwungen erklären.

3 Melchisedek in Gen 14 und Ps 110

3.1 Melchisedek von Salem in Gen 14

Innerhalb des Alten Testaments begegnet die Figur Melchisedek, der die parabiblische Literatur eine reiche Wirkungsgeschichte beschert, lediglich an zwei Stellen: in Gen 14,18–20 segnet Melchisedek als Priester El Eljons in Salem den Erzvater Abraham, Ps 110,4 verheißt dem adressierten Herrscher, dass er „auf ewig" ein Priester nach der Weise Melchisedeks sein werde. Als Ausgangspunkt für die Untersuchung der biblischen Melchisedek-Tradition empfiehlt sich Gen 14, da hier deren Ursprung liegen dürfte. Die Aussage von Ps 110,4, vorausgesetzt man versteht „Melchisedek" auch dort als Eigennamen,[1] ist jedenfalls nur als Rückgriff auf eine bekannte Melchisedek-Tradition verständlich. Solange keine gravierenden Gründe dagegensprechen, liegt es nahe, diese mit Gen 14,18–20 zu identifizieren.[2]

3.1.1 Alter und Entstehung von Gen 14

3.1.1.1 Überblick über die Forschung
„Genesis 14 stands out from the surrounding patriarchal narratives because of its contents and its form."[3] Mit diesem zutreffenden Urteil geht einher, dass Entstehung und Alter des Kapitels umstritten sind. Neben der Beurteilung von Gen 14 als sinnvoll strukturierter und literarisch einheitlicher Erzählung stehen komplexe redaktionsgeschichtliche Modelle. Die Vorschläge zur Datierung des Kapitels (bzw. seines literarischen Grundbestandes) umfassen den Zeitraum vom Beginn der Regierung König Davids bis zur Herrschaft der Hasmonäer.

Die Schwierigkeit, Gen 14 literargeschichtlich zu beurteilen, zeigt sich u. a. bereits daran, dass sämtliche Versuche, das Kapitel im Rahmen der Neueren Urkundenhypothese einer der vier Pentateuchquellen zuzuweisen, schnell als gescheitert beurteilt wurden. Benzingers Vorschlag, Gen 14 auf die beiden Quellen J und E

---

1 Bisweilen wird vorgeschlagen, „Melchisedek" in Ps 110,4 nicht als Eigennamen, sondern als Nominalsatz zu übersetzen. Vgl. Saur, Königspsalmen, 213; Granerød, Abraham, 195 ff. S. dazu u. S. 234 f.
2 Andernfalls müsste man damit rechnen, dass eine Melchisedek-Tradition im Hintergrund von Ps 110,4 steht, die literarisch nicht erhalten ist (vgl. etwa Hardy, Date). Diese Annahme bleibt freilich hypothetisch.
3 Granerød, Abraham, 25.

https://doi.org/10.1515/9783110793451-003

aufzuteilen,[4] hat in der Forschung keine weitere Berücksichtigung gefunden, da die beiden rekonstruierten Quellen nur entfernt an J oder E erinnern.[5] Terminologische Anklänge an die Priesterschrift sind zwar in einigen Passagen von Gen 14 nicht zu übersehen,[6] in literargeschichtlicher Hinsicht jedoch wenig aussagekräftig. Procksch etwa schlägt die Erzählung zwar nicht P zu, sieht aber eine gewisse Nähe und hält ein etwas jüngeres Datum als P für wahrscheinlich.[7] Auch Van Seters weist auf das verwendete P-Vokabular hin, räumt aber zugleich die begrenzte Reichweite dieses Arguments für die literargeschichtliche Einordnung von Gen 14 ein:[8] Eine Zugehörigkeit zu P sei aufgrund konzeptioneller Differenzen[9] in jedem Fall ausgeschlossen. Astour schließlich vermutet eine Entstehung im literargeschichtlichen Umfeld von Dtn und Dtr.[10] Die Texte aus 2 Kön, die er als vermeintlich dtr. Vergleichsmaterial heranzieht (z. B. 2 Kön 18,7b.13), dürften jedoch eher zur Quelle der Königebücher als zu ihrer dtr. Bearbeitung gehören.[11] Gegen eine Entstehung in dtr. Kreisen spricht außerdem, dass Abraham mit den Amoritern, in dtr. Perspektive einem der Vorbewohnervölker des verheißenen Landes, verbündet ist.[12]

Das Eigenprofil von Gen 14 gegenüber den traditionellen Quellen des Pentateuch ist somit unverkennbar. Berührungen zwischen Gen 14 und anderen pentateuchischen Texten, die im Rahmen der Neueren Urkundenhypothese einer der Quellen zugeordnet wurden, könnten jedoch zumindest auf eine Kenntnis dieser Texte weisen und somit indirekt Aufschluss über das Datum der Abfassung von Gen 14 geben. Die Erzählung setzt die Ansiedlung Lots in Sodom und die Bosheit der Bewohner der Stadt voraus und dürfte planvoll in den Zusammenhang der Abraham-Lot-Erzählung in Gen 13.18 f. eingeschrieben worden sein, einen Komplex, der im Rahmen der Neueren Urkundenhypothese für gewöhnlich J zugewiesen wird.

---

4 Vgl. Benzinger, Quellenscheidung. Er rechnet mit einer gemeinsamen babylonisch-kanaanäischen Vorlage von J und E, die auf zweierlei Weise in einen judäischen und einen israelitischen Bericht transformiert worden sei. Neben der Melchisedek-Episode in V.18–20 gehörten zur judäischen J-Fassung V.1–2.4–12. Zur israelitischen E-Fassung gehörten neben der Begegnung Abrahams mit dem König Sodoms in V.17.21–24 („nur daß dieser König bei E nicht der König von ‚Sodom' war. Denn nach dem Süden ist der Schauplatz der Geschichte erst von J verlegt worden." Quellenscheidung, 25.) V.1–2 (ohne die Könige des Toten Meeres).7.11 (ohne „Sodom und Gomorrha").13–16 (ohne Lot).
5 Vgl. zur Kritik daran etwa Emerton, Riddle, 404.
6 Angeführt werden in diesem Zusammenhang vor allem die Begriffe רכשׁ, ביתו ילידי und נפשׁ (i. S. v. „Person").
7 Vgl. Procksch, Genesis, 501.
8 Vgl. Van Seters, Abraham, 304.
9 Dazu zählt z. B. die Verwendung des Namens „Jahwe".
10 Vgl. Astour, Symbolism, 68 ff.
11 Vgl. schon die Kritik daran durch Emerton, Riddle, 405, mit Verweis auf Noth, ÜgSt, 76–78.
12 Vgl. Van Seters, Abraham, 303 f.

Das an einigen Stellen priesterlich gefärbte Vokabular könnte auf eine Kenntnis der Priesterschrift weisen. Die Völker, die Gen 14,5 aufzählt, sind zum großen Teil aus Dtn 2 übernommen: Refaiter, Susiter (= Samsumiter?), Emiter, Horiter.[13] Ginge man von einer Kenntnis sowohl priesterschriftlicher als auch dtr. Texte aus, ergäbe sich automatisch ein recht junges Entstehungsdatum für Gen 14.[14] In der gegenwärtigen Forschung besteht zumindest weitgehend Einigkeit darüber, dass Gen 14 spät in den Zusammenhang der Abraham-Erzählung eingefügt wurde. Dies bedeutet jedoch nicht unbedingt, dass auch die enthaltenen Überlieferungen sämtlich jungen Ursprungs sind. Eine Orientierung über die Redaktionsgeschichte des Kapitels ist daher unerlässlich.

Grundsätzlich sind im Bereich der Redaktionsgeschichte Positionen, die von der literarischen Einheitlichkeit des Kapitels (bisweilen mit, zumeist aber ohne die Melchisedek-Episode in V.18–20) ausgehen,[15] von jenen zu unterscheiden, die mit einem komplexeren literarischen Wachstum rechnen, sei es durch sukzessive Fortschreibung oder durch die Kompilation von Quellen.[16]

---

13 Vgl. Emerton, Riddle, 405; Van Seters, Abraham, 303 f. Gegen Emerton, der eine alte Tradition im Hintergrund vermutet, dürfte es sich bei diesen Völkernamen um eine dtn.-dtr. Eigenkreation handeln.
14 Diese Annahme findet sich in der rezenten Forschung (vgl. etwa Berner, Abraham), ist aber nicht neu. Auch de Vaux, Histoire ancienne I, 208–212; Ha, Genesis 15, 202–204, rechnen mit einer späten, nach-priesterschriftlichen Entstehung, und bereits Gunkel, Genesis, 289, hält das Kapitel für eine „Legende aus der Zeit des Judentums" und vergleicht es mit Werken wie Chronik, Judith, den Testamenten der 12 Patriarchen und dem Jubiläenbuch.
15 Vgl. etwa Gunkel, Genesis; Van Seters, Abraham; Zimmerli, 1. Mose 12–25, 35 (der jedoch aufgrund der brüchigen Erzählweise Vorstufen nicht ausschließt, 42); Blum, Komposition; Granerød, Abraham. Ziemer, Abram, 21, vermutet, dass der zusammengesetzte Eindruck des Kapitels auf die Kombination verschiedener Gattungen durch den Verfasser zurückgehe: „Insgesamt handelt es sich um eine historisierende Erzählung, die sich aus biblischen wie außerbiblischen Traditionen speist. Sie gebraucht formale Merkmale altorientalischer Kriegsberichte und Chroniken sowie israelitischer Rettererzählungen und Heiligtumsätiologien als Stilmittel, um den Erzvater Abra(ha)m in die Weltgeschichte einzuordnen." Allerdings wird nicht deutlich, was dieses „Stilmittel" in Gen 14 bewirken sollte.
16 Westermann, Genesis, 223 ff., identifiziert neben einem Feldzugbericht außerisraelitischer Herkunft in V.1–11 eine Heldenerzählung in V.12–17.21–24 als Quelle, die Abraham ursprünglich nicht erwähnt habe und aus der Richterzeit stamme. Letztere sei zunächst um die in der Davidszeit für diesen Zusammenhang geschaffene Melchisedek-Episode in V.18–20 ergänzt worden, bevor schließlich der Feldzugbericht vorgeschaltet wurde. „Die Zusammenfügung von V.1–11 mit 12–24 ist ‚Schreibtischarbeit' aus der spätnachexilischen Zeit." (227). Ähnlich entscheidet Emerton, Riddle; ders., Problems. Für Ruppert, Genesis II, 186 ff., hat nur der Feldzugbericht quellenhaften Charakter. Er stellt in seiner Rekonstruktion die Grundschicht des Kapitels dar, die um die Heldenerzählung und die Melchisedek-Episode fortgeschrieben worden sei. Seebass, Genesis II/1, 58–60, rechnet mit

Leitend für die Annahme, in Gen 14 seien verschiedene Quellen verbunden worden, ist meist die Wahrnehmung einer „Stilmischung".[17] Die Nahtstelle der beiden Quellen wird dann in der Regel zwischen V.11 und V.12 identifiziert. Sie verbindet einen annalistischen Bericht über den Feldzug der Ostkönige nach Kanaan in V.1–11 mit einer Heldenerzählung über Abraham in V.12(.13)–17.21–24. Meist wird dabei der annalistische Bericht für jünger gehalten als die Heldenerzählung.[18] Das dadurch entstehende Problem, dass der Heldenerzählung ein Anfang fehlt, wird bisweilen damit erklärt, dass der Erzählanfang weggebrochen sei.[19] Eine weniger voraussetzungsreiche Lösung bestünde freilich darin, V.1–11 als natürliche und ursprüngliche Einleitung der Abraham-Erzählung in V.12–24* zu betrachten.[20] Naheliegend ist sie auch aus dem Grund, dass eine Zerlegung von Gen 14 in zwei literarisch unabhängige Blöcke dem komplexen literarischen Befund ohnehin nicht gerecht wird. Die sachlichen und literarischen Spannungen innerhalb des Kapitels verlaufen nicht entlang der Nahtstelle der rekonstruierten Quellen, sondern quer durch diese hindurch. Da V.1–11 zudem mit der militärischen Niederlage Sodoms in einer notwendigen Bedingung für die anschließende Erzählung der Befreiung Lots durch Abraham gipfeln, ist es ratsam, das Kapitel als Ganzes auf Spuren von Bearbeitung zu untersuchen. Als Ausgangspunkt hierfür empfiehlt sich die Melchisedek-Episode in Gen 14,18–20, die vielfältige Spannungen gegenüber ihrem Kontext aufweist und somit – zumindest in literarhistorischer Hinsicht – die am wenigsten umstrittene Passage des Kapitels darstellt.

3.1.1.2 Der literarhistorische Ort der Melchisedek-Episode (Gen 14,18–20)

Gen 14,18–20 unterbrechen den narrativen Zusammenhang auf höchst auffällige Weise. In V.17 zieht der König von Sodom Abraham bereits in das Tal Schawe entgegen, das Königstal genannt wird. Erst in V.21 jedoch ergreift er das Wort und spricht Abraham an. Dazwischen steht die Interaktion zwischen Abraham und Melchisedek. Da V.18 keinen Ort der Begegnung zwischen Abraham und Melchisedek nennt, ist davon auszugehen, dass der König von Sodom und Melchisedek ge-

---

einer umfassenden Vorlage (V.1–24*), die durch eine an P angelehnte Redaktion bearbeitet wurde (u.a. V.11.16a.17.21). Von komplexeren Fortschreibungsprozessen geht auch Baltzer, Jerusalem, 6f., aus.
17 Schatz, Genesis 14, 301.
18 So Emerton, Riddle; Schatz, Genesis 14; Westermann, Genesis 12–36. Von Rad, Das erste Buch Mose, votiert hingegen für die umgekehrte Chronologie.
19 Vgl. Schatz, Genesis, 14. Bei Emerton, Riddle, und Westermann, Genesis, bleibt das Problem gleich gänzlich unberührt.
20 Vgl. etwa Granerød, Abraham; Berner, Abraham.

meinsam in besagtem Tal zugegen sind.[21] Der König von Sodom wohnt somit der gesamten Szene als stummer Zeuge bei.[22]

Das Setting ist hochgradig merkwürdig. Nicht nur die Außenseiterrolle des sodomitischen Königs während der Unterredung zwischen Melchisedek und Abraham verwundert. Auch ein Aufeinandertreffen Melchisedeks und des Königs von Sodom an sich ist – unabhängig davon, wie man das Tal Schawe (= das Königstal) topographisch beurteilt – alles andere als naheliegend: Mindestens einer von beiden müsste einen beträchtlichen Weg zurückgelegt haben. Die Spannungen in V.17–24 erfordern daher eine literarkritische Lösung, was in der Forschung für gewöhnlich auch so gesehen wird. Die meisten Exegeten halten die Passage Gen 14,18–20 für einen Einschub in einen älteren literarischen Zusammenhang, unabhängig davon, ob sie diesen wiederum für literarisch einheitlich oder gewachsen halten.[23]

---

21 Zu den mutmaßlichen lokalen Gegebenheiten s. im Folgenden, bes. Anm. 29.

22 Dies schwächt eine häufig notierte Spannung zwischen der Melchisedek-Episode und der folgenden Unterredung des Königs von Sodom mit Abraham (V.21–24) ab. Da Abraham in V.23 beteuert, dass er nicht den geringsten Teil vom Besitz des Sodomiters nehmen wolle, wird sein Schweigen über die vorherige Zehntgabe häufig als merkwürdig und der Intention der Passage, die moralische Integrität Abrahams zu demonstrieren, nicht gerade zuträglich empfunden. Als Augenzeuge der Interaktion zwischen Abraham und Melchisedek wäre der König von Sodom jedoch über den Vorgang bereits informiert gewesen und es gäbe folglich nichts, was Abraham hätte verschweigen können. Da der König von Sodom am Ende Abraham sowieso die gesamte Beute anbietet, ist es narratologisch auch nicht weiter auffällig, dass er nicht gegen die Zehntgabe widerspricht oder das Fehlen eines Zehntels thematisiert. Vgl. aber Emerton, Riddle, 408; Schatz, Genesis 14, 82 f.; Van Seters, Abraham, 299; Ruppert, Genesis, 226. Wenham, Genesis, 317, hingegen kommt zu dem Ergebnis: „To see a conflict between v 20 and v 21–24 is oversubtle."

23 Vgl. u. a. Smith, Abram, 130; Gunkel, Genesis, 284 f.; Emerton, Riddle; Schatz, Genesis 14, 82 f.; Zimmerli, 1. Mose 12–25, 35; Davidson, Genesis 12–50, 33; Westermann, Genesis, 225; Rooke, Heirs, 82; Granerød, Abraham, 31 ff.; Berner, Abraham. Von der literarischen Integrität der Passage gehen aus: Procksch, Genesis, 501 f.; Wenham, Genesis 1–15, 305 ff.315 ff.; Seebass, Genesis II/1, 42 ff.; Cargill, Melchizedek, 19 ff. Vgl. auch Ziemer, Abram, der seine Grundschicht aus einem synoptischen Vergleich mit dem Genesis-Apokryphon aus Qumran (!) gewinnt. Auch Ziemer stellt zunächst fest, dass Gen 14,18–20 den Kriegszug Abrahams voraussetzen und es sich daher nicht um eine Quelle handeln kann. Er setzt seine Argumentation jedoch fort: „Ohne V.18–20 würde dem Kapitel die kultische Komponente fehlen, die zu einem alttestamentlichen wie altorientalischen Kriegsbericht notwendig dazugehört." (Abram, 20). Angesichts der manifesten literarischen Spannungen, die die Melchisedek-Episode zu ihrem unmittelbaren literarischen Kontext aufweist, vermag diese Erklärung nicht zu überzeugen, zumal Abraham im Falle einer späten Datierung von Gen 14, die auch Ziemer favorisiert, vor dem Hintergrund der vorderen Passagen der Abraham-Erzählung ohnehin bereits als Gesegneter Jahwes in den Krieg gezogen wäre. Die traditionelle Vorstellung vom Gotteskrieg könnte die *Eintragung* der Melchisedek-Episode in den Kontext der älteren Kampferzählung begünstigt haben. Für die Kampferzählung ist die Perspektive des Gotteskrieges jedoch keineswegs erforderlich. Eine in literarhistorischer wie theologischer Perspektive wenig naheliegende Sondermeinung

Neben der Begegnung Abrahams mit Melchisedek scheint auch die Begegnung mit dem König von Sodom nur lose im Kontext verankert zu sein. V.17 steht in Spannung zu V.10: „In V. 11 [*sic!*] kommt der König von Sodom elendiglich in den Pechgruben um, in V. 17 lebt er vergnüglich weiter und begrüßt Abraham bei seiner Rückkehr aus dem Kampf."[24] Dieser Umstand lässt sich nicht auf „lässige Erzählungsart"[25] zurückführen.[26] Im Unterschied zu V.17, wo er allein agiert, ereilt den König von Sodom in V.10 sein Schicksal zudem an der Seite des Königs von Gomorrha.[27] Diese Differenzen weisen darauf hin, dass die Begegnung zwischen Abraham und dem König von Sodom nicht die ursprüngliche Fortsetzung des Kampfberichts darstellt.

V.17.21–24 und V.18–20 dürften somit gegenüber einem älteren Bestand in V.1–16 nachgetragen worden sein. Die relative Chronologie der Fortschreibungen ist eindeutig. Zwar wird bisweilen erwogen, dass V.17.21–24 nachträglich als Rahmen um V.18–20 gelegt worden seien,[28] doch spricht vieles für die umgekehrte Lösung, wonach die Melchisedek-Episode in den Zusammenhang der Begegnung Abrahams mit dem König von Sodom eingefügt wurde. Darauf weist zunächst einmal die Tatsache, dass V.17 und V.21 literarisch wie sachlich einen einwandfreien Zusammenhang bilden: Abraham befindet sich auf dem Rückweg vom Feldzug. Da er mit der Habe Sodoms unterwegs ist, dürfte Sodom sein Ziel sein. Der König von Sodom zieht ihm entgegen und spricht ihn an. Die Melchisedek-Episode unterbricht diesen Zusammenhang und verlängert die Szene um eine weitere Episode. Bevor der König

---

vertritt auch Peter, Segen. Demnach seien nur die Erwähnung Melchisedeks in V.18 sowie des Zehnten in V.20b redaktionell. Der Segen in V.19.20a gehöre zum Grundbestand der Erzählung, sei ursprünglich jedoch vom sodomitischen König über Abraham gesprochen worden.

24 Benzinger, Quellenscheidung, 21.

25 Gunkel, Genesis, 282.

26 Der Widerspruch ließe sich allenfalls durch die Annahme beheben, V.17 habe einen anderen König Sodoms im Blick als V.10, etwa dessen nicht eigens als solchen gekennzeichneten Nachfolger. Ein Verständnis des Textes in diesem Sinn ist freilich gezwungen und alles andere als naheliegend.

27 Gänzlich unwahrscheinlich ist in textkritischer Hinsicht die Lösung von Ziemer, Abram, 58.102, der auf der Grundlage des synoptischen Vergleichs mit dem Genesis-Apokryphon eine Grundschicht von Gen 14 rekonstruiert, in der nur der König von Gomorrha fällt, der König von Sodom aber fliehen kann. Die Version des „rewritten bible"-Dokuments stellt eindeutig eine Glättung des biblischen Textes dar und hat keinesfalls die ursprüngliche Tradition bewahrt. Zu den methodischen Problemen in Ziemers Studie vgl. auch Granerød, Abraham, 83f., und Berner, Abraham, 25.

28 Für eine redaktionelle Rahmung der Melchisedek-Episode durch die Begegnung mit dem König von Sodom votieren Sellin, Melchisedek, 939f. (V.17.21–24 seien „eine in Parallele zu V.18–20 gebildete israelitische Wucherung"); Procksch, 509f. In jedem Fall ist auszuschließen, dass Gen 14,18–20 den literarischen Kern der gesamten Erzählung gebildet haben; vgl. aber Soggin, Abraham, 290. Die Melchisedek-Episode ist auf einen vorausgehenden Sieg Abrahams angewiesen, die übrige Erzählung nimmt zudem in keiner Weise auf sie Bezug oder bereitet sie vor.

von Sodom mit Abraham redet, tritt nun Melchisedek in Aktion. V.18 scheint zudem sachlich auf V.17 angewiesen zu sein, denn ohne V.17 würde nicht deutlich, wo die Szene spielt und wohin Melchisedek seine Gaben herausbringt. Es ist somit davon auszugehen, dass der Redaktor der Melchisedek-Episode den Ort der Begegnung Abrahams mit dem König von Sodom übernommen hat – mit der genannten Konsequenz, dass nun alle drei in besagtem Tal aufeinandertreffen.[29]

Das einzige Indiz, das gegen diese relative Chronologie sprechen könnte, ist der enge Zusammenhang zwischen V.19 und V.22, der durch die Nennung „El Eljons, des Schöpfers des Himmels und der Erde" in beiden Versen zustande kommt. In V.19 begegnet die Gottesprädikation „El Eljon, Schöpfer des Himmels und der Erde" im Kontext des ersten Segensspruchs Melchisedeks. In V.22 schwört Abraham bei demselben „El Eljon, Schöpfer des Himmels und der Erde", der hier zusätzlich mit Jahwe identifiziert wird. In der Tat ist der Schwur Abrahams gegenüber El Eljon ohne den voranstehenden Segen unerklärlich, sodass V.22 auf die Gottesbezeichnung aus V.19 rekurrieren dürfte. Darüber hinaus wird man einräumen müssen, dass eine Entstehung der komplexen Gottesprädikation im Rahmen der Melchisedek-Episode plausibler ist als im Kontext der Begegnung Abrahams mit dem König von Sodom. Der Jerusalemer Priester kann jedenfalls vor der Erwählung der Stadt durch Jahwe, die in Dtn 12 angekündigt und in 2 Sam 24 umgesetzt wird, schlecht Jahwe verehren. Doch selbst wenn die Gottesprädikation ihren ursprünglichen Ort in V.19 hat, folgt daraus keineswegs automatisch, dass V.22 insgesamt (und damit die gesamte Szene der Begegnung zwischen Abraham und dem König von Sodom) jünger ist als die Melchisedek-Episode.[30] Die Kombination von „Jahwe" und der

---

29 Die Identifizierung des Tals Schawe mit dem Königstal könnte auf den Redaktor der Melchisedek-Episode zurückgehen. Das Tal Schawe (= Tal Ebene) begegnet nur hier. Der merkwürdige Name könnte zum Ausdruck bringen, dass es sich um ein besonders tief gelegenes Tal handelt, und somit den geographischen Gegebenheiten in und um Sodom Rechnung tragen. Die Identifizierung mit dem Königstal beabsichtigt wohl, das Tal in die Nähe Jerusalems zu verlegen. Josephus verortet die Stelle, an der Absalom den Gedenkstein errichten ließ und die nach 2 Sam 18,18 „Königstal" heißt, zwei Stadien von Jerusalem entfernt. 1Q20 22,13–14 und 3Q15 erklären „Königstal" mit „Ebene von Bet Kerem". Bet-Kerem (Jer 6,1; Neh 3,14) wiederum identifizieren Keel/Küchler, 598, mit Ramat-Rahel, 4 km südlich von Jerusalem. Vgl. auch Younker, Beth-Haccherem, 687, und Jericke, Ortsangaben, 140 f., außerdem Fitzmyer, Genesis Apocryphon, 173 f. Bei der Verlegung der Zusammenkunft in die Nähe Jerusalems könnte implizit mitschwingen, dass sich der König von Sodom auf den Weg machen muss und eben nicht Melchisedek.

30 Vgl. aber Sellin, Melchisedek, 939. Die übrigen Argumente, die für diese Abhängigkeitsrichtung zwischen V.19 und V.22 vorgebracht werden, sind weniger belastbar oder betreffen nicht direkt das Verhältnis von V.18–20 und V.17.21–24. Die Erwähnung Aners, Eschkols und Mamres in V.24 erinnert an V.13, den Sellin für sekundär hält. Wie Emerton, Riddle, 410, richtig herausgestellt hat, folgt daraus jedoch nicht, dass V.17.21–24 in Gänze sekundär gegenüber dem Kontext sind. Es kann sich ebenso gut auch allein bei V.24 (wie auch V.13) um einen Nachtrag handeln. S. im Folgenden. Die Beob-

Apposition „El Eljon, Schöpfer des Himmels und der Erde" wirkt nicht nur umständlich, sondern ist redundant. Es ist daher anzunehmen, dass V.22 zum Zweck der redaktionellen Angleichung an V.20 um die Gottesprädikation ergänzt wurde und der Erzvater ursprünglich gegenüber Jahwe geschworen hat.[31] Zwar ist der Gottesname „Jahwe" nur in MT bezeugt, doch kann das Fehlen in diversen Textzeugen (LXX, Peschitta, Vulgata, 1Q20) auf eine Angleichung an V.19 zurückgeführt werden. MT dürfte somit als *lectio difficilior* die ursprüngliche Tradition bewahrt haben.[32]

Die Begegnung zwischen Melchisedek und Abraham ist somit erst in den Zusammenhang eingestellt worden, als der Kampfbericht bereits durch die Audienz Abrahams beim sodomitischen König abgeschlossen wurde. Was den Redaktor der Melchisedek-Episode dazu bewogen haben könnte, die Begegnung Melchisedeks mit Abraham an so auffälliger Stelle in den Zusammenhang einzustellen und die damit verbundenen narrativen Probleme in Kauf zu nehmen, ist schwer zu sagen.[33] Womöglich sollte einfach die Komplexität der Erzählung reduziert werden, indem der Redaktor die Situations- und Ortsangabe der vorliegenden Passage übernahm und keinen Nebenschauplatz eröffnete. Die bereits erwähnte implizite Abwertung des

achtung, dass V.17.21–24 zu anderen Teilen als V.18–20 in Spannung stehen, ist zutreffend. Das Problem lässt sich auch nicht ohne Weiteres synchron lösen (vgl. den Versuch Emertons, Riddle, 410, der davon ausgeht, der König von Sodom sei gar nicht tot gewesen). Jedoch betrifft dies nur das literargeschichtliche Verhältnis von V.17.21–24 zur Kampferzählung, nicht aber das zur Melchisedek-Episode.

31 Vgl. z.B. Westermann, Genesis, 238; Ruppert, Genesis, 184; ders., Ostkönige, 432.

32 Die Alternative bestünde darin, die Erwähnung Jahwes im MT auf eine Glossierung des protomasoretischen Textes zurückzuführen, vgl. etwa Gunkel, Genesis, 288; Wenham, Genesis, 318; Granerød, Abraham, 33; Berner, Abraham, 30f. Sie hätte dann wohl die Funktion, den Erzvater die sachgemäße Identifikation von „El Eljon, dem Schöpfer des Himmels und der Erde" und „Jahwe" vollziehen zu lassen. Da aus den genannten Gründen davon auszugehen ist, dass die komplexe Gottesbezeichnung „El Eljon, Schöpfer des Himmels und der Erde" in V.19 entstanden ist, wäre in diesem Fall zu überlegen, ob der gesamte Vers 22a redaktionell ist; vgl. Berner, Abraham, 30f. mit Anm. 25. Die Lösung wäre also ungleich komplexer, zudem würde der an sich organische Zusammenhang von Handerhebung und Schwur (vgl. etwa Dtn 32,40; Ez 20,6.15) literarkritisch auf zwei Hände verteilt. V.22a ist zudem auch inhaltlich nicht ohne Weiteres verzichtbar, demonstriert doch die Adressierung der Gottheit den Kontrast zwischen dem König von Sodom, von dem sich Abraham nicht bereichern lassen will, und derjenigen Autorität, die Abraham stattdessen anerkennt: seinen Gott Jahwe. Er hat ihm Segen verheißen, der sich im Fortgang der Abraham-Erzählung realisiert und Abraham reich macht.

33 Immerhin zeigt die Version des Genesis-Apokryphon (1Q20 22,18–26), wonach die Begegnung Abrahams mit Melchisedek einfach *vor* der Begegnung mit dem König Sodoms stattgefunden hat, zweierlei: dass die Reihenfolge der Ereignisse als merkwürdig empfunden wurde und dass es durchaus eine sinnvolle alternative Anordnung der Erzählmomente gegeben hätte.

sodomitischen Königs, die aus der auffälligen Platzierung des Einschubs resultiert, könnte ein willkommener Nebeneffekt gewesen sein: Indem zunächst Melchisedek mit Abraham in Interaktion tritt, wird der König von Sodom während der gesamten Unterredung auf das Abstellgleis verwiesen.

V.17–24 wurden somit gegenüber dem älteren Beginn des Kapitels in V.1–16 sukzessive nachgetragen. Auf die Hand des Redaktors, der die Melchisedek-Episode in V.18–20 in die Begegnung Abrahams mit dem König von Sodom eingeschoben hat, gehen außerdem zwei Glossierungen zurück: In V.17bβ identifiziert er das Tal Schawe mit dem Königstal, um das Geschehen in die Nähe Jerusalems zu verlegen. In V.22 trägt er die Gottesbezeichnung „El Eljon, Schöpfer des Himmels und der Erde" ein und identifiziert somit Jahwe mit der von Melchisedek verehrten Gottheit. Ein allzu früher redaktionsgeschichtlicher Ort kann der Melchisedek-Episode somit allein schon aus Gründen der relativen Chronologie nicht zugewiesen werden. Weitere Indizien für die Datierung der Melchisedek-Episode ergeben sich aus der Rekonstruktion der Entstehungsgeschichte von Gen 14,1–16.

3.1.1.3 Die Entstehung von Gen 14,1–16

Unabhängig davon, ob man den Feldzugbericht in V.1–11 (oder Teile desselben) für quellenhaft hält, bildet dieser innerhalb von V.1–16 einen Zusammenhang eigener Art. Mit V.11 kommt der in V.1 eröffnete Bogen zum Abschluss: Aus dem Koalitionskrieg gehen die fünf Könige (V.1) als Sieger über die vier Könige (V.2) hervor; V.11 konstatiert den Abzug der Überlegenen mit der Beute der Besiegten. Der Übergang von V.11 zu V.12 stellt entsprechend in sachlicher und literarischer Hinsicht eine Zäsur innerhalb der Erzählung dar. V.12 ahmt V.11 literarisch nach, um Lot und Abraham einzuführen: Während die Sieger in V.11 mit der Beute Sodoms und Gomorrhas von dannen ziehen, nehmen sie in V.12 auch Lot, den Neffen Abrahams, und dessen Habe mit sich. Zwar dürfte die Grundschicht von Gen 14 immer schon einen Feldzugbericht und ein dadurch ausgelöstes Eingreifen Abrahams umfasst haben. Denn der Feldzugbericht kann ohne die Fortsetzung um V.12ff. nicht im Zusammenhang der Abraham-Erzählung gestanden haben und auch umgekehrt setzt alles, was nach V.11 folgt, den voranstehenden Bericht voraus. Allerdings schließt dies weder aus, dass der Verfasser der Grundschicht eine ältere Quelle aufgenommen haben könnte, noch folgt daraus zwingend, dass die Grundschicht literarisch einheitlich sein muss.

V.1–5aα schildern die Ausgangssituation, die zu dem mit V.5aβ einsetzenden militärischen Geschehen führt: Fünf Stadtkönige aus der Region des Toten Meeres verbünden sich gegen Kedorlaomer, dessen Vasallen sie sind. Die Nennung der fünf

Könige in V.2 soll im Kontext ganz offensichtlich als Aufzählung verstanden werden: V.3 betont (nachholend), dass sich all diese, also die zuvor genannten Könige, verbündet hätten. Syntaktisch ist ein solches Verständnis von V.2 jedoch ausgeschlossen. Nur die ersten zwei der fünf Könige werden mit der Präposition את angeführt (V.2a), bei den weiteren drei Königen fehlt diese (V.2b). Zu Beginn von V.2b markiert zudem das Fehlen der Kopula die syntaktische Zäsur. Dies lässt nur den Schluss zu, dass die beiden in V.2a genannten Könige als Objekt des Satzes fungieren, die drei in V.2b genannten Könige hingegen als Subjekt: „Es führten Krieg mit Bera, dem König von Sodom, und mit Birscha, dem König von Gomorrha, Schinab, der König von Admah, Schemeber, der König von Zeboim, und der König von Bela, das ist Zoar."[34]

Die exponierte Position des Objekts könnte dafür sprechen, dass von vornherein der Fokus auf eben diese beiden Könige, den König von Sodom und den König von Gomorrha, gelegt werden sollte. Dies würde immerhin dem Ende des militärischen Berichts in V.10 f. entsprechen, das sich auf das Schicksal dieser beiden Könige konzentriert.[35] Im jetzigen Zusammenhang hingegen, wonach die beiden in einer Koalition von insgesamt fünf Königen ins Feld gezogen waren, überrascht die einseitige Fokussierung auf die Könige Sodoms und Gomorrhas. Zwar ist die Flucht der Übrigen, die V.10b notiert, im vorliegenden Zusammenhang auf die Koalitionspartner zu beziehen, sodass diese zumindest nicht einfach ignoriert werden. Dennoch wirkt die Notiz gegenüber dem bemerkenswert plastisch geschilderten Ende der Könige Sodoms und Gomorrhas, die durch einen Sturz in die Bitumengruben ums Leben kommen, auffällig unbestimmt. Zudem verwundert, dass die Könige aus dem Osten den drei fliehenden Abtrünnigen keinerlei weitere Beachtung schenken, sondern sich mit der Plünderung Sodoms und Gomorrhas zufriedengeben.

Die Indizien sprechen dafür, dass auf einer Vorstufe von V.1–11 einmal nicht von der Strafexpedition der Ostkönige gegen fünf rebellische Städte in der Gegend des Toten Meeres berichtet wurde, sondern von einer auf palästinisches Territorium begrenzten Auseinandersetzung zwischen den Königen von Adma, Zebojim und Bela einerseits und den Königen von Sodom und Gomorrha andererseits, wie es V.2 für sich genommen zum Ausdruck bringt. Das mangelnde Interesse am Ergehen der

---

34 So Berner, Abraham, 31f., mit Procksch, Genesis, 502. Die syntaktischen Auffälligkeiten lassen sich jedenfalls kaum durch die Annahme erklären, der Vers sei bereits „in the first place clumsily" formuliert worden. So aber Emerton, Riddle, 430, der für eine vergleichbare Inkonsistenz bezüglich der Verwendung der Präposition את auf 2 Kön 19,12 = Jes 37,12 verweist. Dort ist allerdings allein schon aufgrund der regelmäßigen Verwendung der Kopula unzweifelhaft, dass es sich um eine Aufzählung handelt.

35 Ruppert, Genesis, 185, nimmt daher an, „daß sich die Strafaktion *ursprünglich nur* gegen *die Könige von Sodom und Gomorra* gerichtet hat". Adma, Zebojim und Zoar seien später, eventuell vor dem Hintergrund von Dtn 29,22, hinzugefügt worden.

übrigen drei Könige fände seine bestechend einfache Erklärung darin, dass diese ursprünglich nicht die Koalitionspartner der Könige von Sodom und Gomorrha waren, sondern deren siegreiche Kontrahenten.

Mit etwas Optimismus lässt sich die Vorstufe, die in V.2 und V.10a fragmentarisch greifbar wird, sogar rekonstruieren. Zwischen der Situationsangabe (V.2) und dem Ausgang der Schlacht (V.10a) müsste lediglich ein Aufeinandertreffen der beiden Parteien berichtet worden sein. Tatsächlich lassen sich hierfür literarkritische Anhaltspunkte finden. So fällt auf, dass der Zusammenhang von V.8 und V.9 nicht ganz glatt ist. V.9 expliziert nachträglich die Präposition אתם aus V.8b: Diejenigen, gegen die sich die zuvor Genannten versammeln, sind aus der Perspektive von V.9 die Könige aus dem Osten. Die nachklappende Erläuterung könnte darauf weisen, dass das אתם ursprünglich auf eine andere Größe bezogen war. Zieht man in Erwägung, dass V.9 redaktionell sein könnte, hat dies Konsequenzen für V.8. Als Fortsetzung von V.8a, der die fünf in V.2 genannten Könige nun syntaktisch eindeutig als Aufzählung wiederholt, funktioniert V.8b nämlich nur, wenn V.9 bereits bekannt ist. Hingegen ließe sich V.8b syntaktisch und sachlich nahtlos an V.2 anschließen. Subjekt und Objekt in V.8b wären mit denen aus V.2 identisch, die Bezüge in V.8b somit unmissverständlich: Sie (= die Könige von Adma, Zebojim und Bela) ordnen sich gegen sie (= die Könige von Sodom und Gomorrha) zur Schlacht.[36] V.10aα liefert im Anschluss daran die entscheidende Hintergrundinformation, dass der Ort des Geschehens über und über von Bitumengruben bedeckt war. V.10aβ offenbart den Charakter der Darstellung: Was in der Form eines, wenn auch minimalen, historischen Berichts über eine militärische Auseinandersetzung zwischen palästinischen Städten daherkommt, ist in Wahrheit bitterböse Polemik gegen die Städte Sodom und Gomorrha. Deren Könige[37] stellen sich dem Kampf erst gar nicht, sondern gehen direkt zur Flucht über und verunglücken auf denkbar unrühmliche Weise in den Bitumengruben am Toten Meer. Die Polemik am Ende korrespondiert mit den sprechenden Namen der Könige am Beginn („Im Bösen" bzw. „Im Schlechten"). V.10a wird sodann sinnvoll durch V.10b.11 fortgesetzt. Die Übrigen, die in das Gebirge fliehen (V.10b), sind auf dieser Ebene die Leute im Gefolge der Könige Sodoms und

---

36 Berner, Abraham, 26 f., rechnet auch V.8aα¹ zur rekonstruierten Vorstufe. Das Ausziehen der Könige Sodoms und Gomorrhas passt jedoch nicht recht zur unmittelbar daran anschließenden Flucht. Der Redaktor, der V.8a ergänzt, hat bereits die Fünferkoalition aus rebellischen Vasallen im Blick, die sich gegen ihre Herren auflehnen und schließlich gegen sie ausziehen.
37 Das Fehlen des Königstitels vor „Gomorrha" ist vielleicht am ehesten auf Haplographie zurückzuführen.

Gomorrhas.[38] Die entvölkerten Städte werden von den Siegern geplündert, die anschließend mit der Beute von dannen ziehen (V.11).

Rechnet man in V.2.8b.10f. mit einer Vorstufe zur vorliegenden Strafexpedition der Ostkönige, wäre eine regionale Auseinandersetzung erst redaktionell zu einem Geschehen weltpolitischen Ausmaßes ausgeweitet worden. Zu dieser Bearbeitung wäre dann in jedem Fall V.1 zu rechnen. Er nennt im Rahmen einer Zeitangabe vier Könige, die nicht zu identifizieren sind,[39] den Horizont des gesamten Geschehens jedoch ohne Zweifel stark erweitern.[40] Sie sind Könige von Schinar (= Babylon), Elam und sogar Gojjim (= Völker).[41] V.3 hat in diesem erweiterten Kontext die entscheidende Funktion, V.2 im Sinne einer Aufzählung einer Fünferkoalition umzudeuten, indem auffällig betont wird, dass sich all jene, also sämtliche in V.2 genannten Könige, miteinander „zur Ebene Siddim verbünden", sich dort also wohl zu konspirativen Verhandlungen treffen. V.4.5aα liefern nachträglich Hintergrundinformationen für dieses neue Setting: Jene fünf Könige sind Vasallen des in V.1 genannten Kedorlaomer, die sich nun gegen ihn auflehnen und damit eine Strafexpedition ihres Herren und seiner Verbündeten provozieren. Daran schließt V.8a in der oben beschriebenen Weise glatt an:[42] Die Rebellen ziehen gegen die heranrückenden Ostkönige zum Kampf aus. Um den Sachverhalt zu verdeutlichen, expliziert V.9a eigens noch einmal die Präposition את aus V.8b, indem die Ostkönige aufgelistet werden; V.9b fasst die nicht ganz übersichtliche Situation noch einmal pointiert zusammen und zementiert so den neuen Ablauf der Ereignisse: Vier Könige kämpfen gegen fünf. Durch die veränderte Konstellation ist die Flucht der „Übrigen" in V.10b nun nicht mehr auf das Volk von Sodom und Gomorrha zu beziehen,

---

38 Die Flucht ins Gebirge dürfte für Sodom und Gomorrha die naheliegende Option gewesen sein (vgl. auch Lots Flucht ins Gebirge in Gen 19).

39 Vgl. etwa Peter, Wahrheit, 97f.; für eine Übersicht über die verschiedenen Deutungsversuche vgl. Ruppert, Genesis, 195ff.

40 Schwer zu beurteilen ist die Frage, ob die Vorschaltung von V.1 einen ursprünglichen Anfang des Berichts verdrängt hat. Ein Einstieg mit Perfekt ist keine Seltenheit. Die Entscheidung hängt vor allem davon ab, wie man die Vorstufe am Ende literarisch beurteilt; s. dazu im Folgenden. Im narrativen Zusammenhang der Abraham-Erzählung würde V.2 nicht glatt an den vorausgehenden Kontext anschließen. In diesem Fall wäre zumindest eine kurze Zeit- oder Situationsangabe zu erwarten („Es geschah zur Zeit..."/„Es geschah nach diesen Dingen...").

41 Ellasar bleibt obskur. Vielleicht kann ein Zusammenhang mit Assur angenommen werden; vgl. Astour, Symbolism, 77f.

42 Das Verb בוא in V.5aα bezieht sich sicherlich auf den Ort des Geschehens, also das Tal Siddim. V.5aα wird daher nicht sinnvoll durch V.5aβ fortgesetzt; vgl. Westermann, Genesis, 230f. Es ist daher von einem weiteren Nachtrag auszugehen, der V.5aβ.γ.b.6f. umfassen dürfte. Er ergänzt eine Reihe von Völkernamen, die die Ostkönige auf ihrem Feldzug besiegen. Die Namen erinnern an die Feinde Israels während der Wüstenwanderung (Num 10–21; Dtn 1–3); vgl. Van Seters, Abraham, 303f.; Berner, Abraham, 34.

sondern auf die drei mit Sodom und Gomorrha verbündeten Könige. Das Subjekt von V.11 sind nun entsprechend die neuen Sieger der Schlacht, die Übermacht aus dem Osten. Wie oben bereits angemerkt wurde, bleibt der Zusammenhang an dieser Stelle merkwürdig, was die vorgeschlagene literarkritische Differenzierung bestätigen könnte. Auf der Ebene der rekonstruierten Vorstufe nehmen die Könige von Adma, Zebojim und Bela Beute von den (kampflos) besiegten Städten Sodom und Gomorrha. Im vorliegenden Text begnügen sich auch die Ostkönige mit der Beute aus Sodom und Gomorrha, die übrigen drei abtrünnigen Könige kommen ungeschoren davon.

Aus der Annahme einer literarischen Vorstufe resultiert ein später redaktionsgeschichtlicher Ort der Ostkönige innerhalb von Gen 14. Bestätigt wird dies durch eine mutmaßliche Ergänzung innerhalb des redaktionellen (!) V.17. Die Notiz in V.17aα[2].β, dass Abraham vom Sieg gegen Kedorlaomer zurückkehrt, unterbricht auffällig den Zusammenhang zwischen dem Auszug des sodomitischen Königs und der Ortsangabe und dürfte daher nachgetragen sein.[43] Ihre Hinzufügung lässt sich redaktionsgeschichtlich nur plausibilisieren, wenn sie eine Information in den Zusammenhang einträgt, die aus dem vorausgehenden Kontext nicht schon selbstverständlich war. Die einfachste Lösung besteht dann darin, die Ergänzung in V.17aα[2].β, wonach Abraham gegen Weltmächte gesiegt habe, derselben Hand zuzuschreiben, die in V.1–11 die Ostkönige eingefügt hat. Entsprechend wäre diese umfassende Bearbeitung später anzusetzen als die Ergänzung der Begegnung zwischen Abraham und dem König von Sodom in V.17*.21–24*.

Rechtfertigen die Indizien somit insgesamt die Annahme einer literarischen Vorstufe von V.1–11 in V.2.8b.10 f., bleibt deren literarischer Charakter schwer zu bestimmen. Unter syntaktischen wie inhaltlichen Gesichtspunkten würde der rekonstruierte Text wohl als Quelle funktionieren, die der Verfasser der Grundschicht von Gen 14 dann aufgenommen hätte.[44] Der Beginn des Berichts mit Perfekt ist jedenfalls unproblematisch.[45] Es handelte sich dann um knappe, aber pointierte bittere Polemik gegen Sodom und Gomorrha, die deren sprichwörtliche Sündhaftigkeit wohl bereits voraussetzte (vgl. auch Gen 13,13; 18 f.). Da diese Sodom-Gomorrha-Quelle nicht im Zusammenhang der Abraham-Erzählung tradiert worden sein könnte, ergäbe sich bei dieser Annahme als Anschlussproblem die Frage nach ihrer Überlieferung. Vorstellbar wäre unter Umständen die Überlieferung im Zusam-

---

43 Vgl. Berner, Abraham, 31.
44 So Berner, Abraham.
45 In ganz ähnlicher Weise ist etwa 2 Kön 15,19 konstruiert. Das Perfekt zu Beginn von V.2 könnte sogar eher für die Übernahme einer Quelle sprechen. Hätte der Verfasser der Grundschicht den gesamten Text verfasst, hätte er womöglich einen glatteren Anschluss an V.1 geschaffen.

menhang einer Sammlung von Sagen über die Städte Sodom und Gomorrha und ihre sprichwörtliche Schlechtigkeit.[46] Auch wenn sich die Existenz einer solchen Quelle nicht beweisen lässt, erscheint diese Annahme am Ende plausibler als die Alternative, bei der größere literarische Spannungen unerklärt blieben. Rechnet man nicht mit dem Vorliegen einer Quelle, muss man annehmen, dass V.1–11* vom Verfasser der Grundschicht von Gen 14 stammen und von vornherein auf das rettende Eingreifen Abrahams zugunsten Lots (V.12–16*) zielten.[47] Die größte Schwierigkeit bei dieser Annahme stellt sicherlich der literarisch auffällige Übergang von V.11 zu V.12 dar. V.12a (ויקחו את לוט ואת רכשו) imitiert auffällig V.11a (ויקחו את כל רכש) und trägt nach, dass auch Lot und seine Habe mit in die Gefangenschaft geführt wurden.[48] Würde man die Auffälligkeiten nicht auf einen literarkritischen Schnitt zurückführen,[49] müsste man mit nachholender Erzählweise rechnen. Sachlich merkwürdig bliebe allerdings, dass V.11 zunächst nur die Plünderung der besiegten Städte, aber keine Deportation im Blick hat. Die Deportation Lots steht somit auffällig isoliert. Nimmt man an, dass V.1–16* aus einer Feder geflossen sind, ist außerdem die Zweigipfligkeit des Mitgeteilten merkwürdig. Der Tod der Könige Sodoms und Gomorrhas stellt eine Pointe für sich dar und wäre als reines Mittel zum Zweck der Einführung des in Sodom ansässigen Lot unnötig ausführlich gestaltet, zumal mit dem Schicksal Lots eine einseitige Fokussierung auf Sodom einhergeht, die im Bericht selbst so nicht angelegt ist. Unabhängig davon, wie man sich im Fall der literarischen Vorstufe der Strafexpedition positionieren mag, dürfte die Grundschicht von Gen 14, jene Version des Textes also, die erstmals in den Zusammenhang der Abraham-Erzählung eingestellt wurde, ohne Ostkönige existiert, Abraham und Lot jedoch bereits enthalten haben.[50] Auf der Ebene der Grundschicht wurde V.11 also durch V.12 fortgesetzt. Die Gegner Abrahams werden in V.12–16 nicht

---

46 Vgl. Berner, Abraham, 28.

47 Da V.17–21 oben bereits als gestaffelte Nachträge zur Grundschicht identifiziert wurden, bleiben für die Grundschicht selbst allenfalls noch V.12–16. S. dazu im Folgenden.

48 Die Information, dass Lot in Sodom wohnte (V.12b), klappt nach und dürfte auf eine spätere Hand zurückzuführen sein; vgl. auch Ziemer, Abram, 138. Sie kennt vermutlich die Ausweitung des Geschehens durch die Eintragung der Ostkönige und könnte damit im Zusammenhang stehen. Denn in diesem Zug werden Sodom und Gomorrha drei weitere Königtümer an die Seite gestellt und die Konstellation wird dadurch unübersichtlicher.

49 Vgl. Ruppert, Genesis, 207; Berner, Abraham, 28.

50 Emerton, Riddle, 407, geht davon aus, dass nur Lot ursprünglich nicht enthalten war, sondern ergänzt wurde, als die Quelle von Gen 14 mit J (oder den bereits „combined sources of the Pentateuch") verbunden wurde. Allerdings ist kaum vorstellbar, dass Abraham in das militärische Geschehen involviert war, ohne dass die Aktion der Befreiung Lots diente. Zur Kritik daran vgl. auch Van Seters, Abraham, 298f. Die Gefangennahme Lots stellt die Motivation für Abrahams Eingreifen dar. Abraham und Lot können daher in Gen 14 literarkritisch nicht getrennt werden.

explizit genannt, sondern müssen aus dem vorangehenden Kontext erschlossen werden. Waren die Ostkönige kein Bestandteil dieser Erzählung, nahm Abraham es somit zunächst mit den drei siegreichen palästinischen Königen auf und eroberte von ihnen die Beute zurück.

Während V.12 integraler Bestandteil dieser Grundschicht ist, da die Deportation Lots ein notwendiges Bindeglied zwischen der Plünderung Sodoms und dem Eingreifen Abrahams darstellt, berichten V.13 und V.14 im Anschluss daran auffällig langatmig, wie Abraham von der Gefangennahme Lots erfährt. Zwar sind die beiden Verse nicht zwingend als Dubletten zu betrachten, denn V.14 (Abraham hört von der Gefangennahme Lots und schreitet zur Tat) lässt sich durchaus als Fortsetzung von V.13 (ein Entkommener erstattet Abraham Bericht) verstehen. Jedoch schließt V.14 auch ohne V.13 sinnvoll an V.12 an, sodass der in mehrfacher Hinsicht auffällige V.13 nachgetragen worden sein könnte. Die Bezeichnung Abrahams als Hebräer ist jedenfalls singulär und folgt merkwürdig auf die namentliche Erwähnung des Erzvaters im vorangehenden Vers. Die Qualifizierung Abrahams als Hebräer könnte zudem darauf zielen, diesen von anderen, nicht-hebräischen Involvierten zu unterscheiden. Dies würde unter Umständen dafür sprechen, dass V.13 bereits die Ausweitung der Kampferzählung kennt. Zu dieser Annahme passt jedenfalls, dass Abraham als Anführer einer Koalition präsentiert wird: Der Entkommene richtet sich direkt an Abraham als Verantwortlichen. Abrahams Bündnis mit Mamre, Eschkol und Aner spielt außerdem im weiteren Verlauf der Erzählung keine Rolle. In V.14 scheint sich das Aufgebot Abrahams vielmehr wieder auf die zu seinem Haus gehörenden Männer zu beschränken. Die drei Verbündeten Abrahams begegnen erst wieder in V.24, der ebenfalls literarkritisch verdächtig ist und daher zusammen mit V.13 nachgetragen worden sein dürfte:[51] Das Gespräch zwischen Abraham und dem König von Sodom gipfelt in V.23 in Abrahams vollmundiger Ablehnung des angebotenen Teils der Beute mit der Begründung, der König von Sodom solle nicht behaupten können, Abraham bereichert zu haben. Gegenüber dieser generellen Aussage liefert V.24 die sehr spezielle und die vorangehende Aussage einschränkende Information, dass die Verbündeten Abrahams ihren Teil erhalten sollten.

Handelt es sich bei V.13 um einen Nachtrag, dürfte V.12 ursprünglich durch V.14 fortgesetzt worden sein. Der Fokus liegt wieder auf Lot. Abraham hört von der Gefangennahme seines Verwandten, versammelt die in seinem Haus geborenen Sklaven, 318 an der Zahl, und jagt den siegreichen Königen nach, um ihnen Lot und die Beute abzunehmen. Zwei Dinge sind indes bemerkenswert: die große Zahl an

---

51 Vgl. Emerton, Riddle, 423, der einen Zusammenhang mit der Eintragung der Melchisedek-Episode für vorstellbar hält, und Berner, Abraham, 27.

Sklaven und die Ortsangabe Dan. Erstere zeigt an, dass auch hier keineswegs die erwartbaren Verhältnisse der Erzväterzeit abgebildet werden, sondern Abraham bereits als überaus potenter und wohlhabender Mann vorgestellt ist. Die Verfolgung der Könige bis Dan setzt, da diese ja nicht auf der Flucht, sondern auf dem Heimweg sind, voraus, dass sie aus dem hohen Norden stammen. Nach V.3 sind zwar alle fünf Könige in der Region des Toten Meeres lokalisiert. Rechnet man jedoch mit einer Vorstufe, die nur von einem innerpalästinischen Konflikt berichtete, könnte dies auch einfach eine nachträgliche Interpretation des Redaktors sein, der die Ostkönige eingetragen hat. Die Verortung aller fünf genannten Könige in derselben Region wäre dann vorgenommen worden, um deren Koalition zu ermöglichen. Die mutmaßliche Vorstufe hingegen setzt nur voraus, dass die *Begegnung* der Parteien am Toten Meer stattfindet, dort also, wo Sodom und Gomorrha lokalisiert werden. Wo ihre Gegner herkommen, wird indes nicht gesagt. Westermann vermutet, dass in Gen 14,2 eine „nachträgliche Kombination einer nördlichen und einer südlichen Tradition" stattgefunden habe,[52] und in der Tat könnte auch Hos 11,8 auf eine Lokalisierung von Adma und Zebojim im Norden weisen. Sodom und Gomorrha und Adma und Zebojim haben gemein, dass es sich um untergegangene Städte handelt. Die Hinzufügung eines weiteren Königs eines fiktiven Ortes namens Bela (= Verschlingung) könnte dazu dienen, diesen Aspekt zu betonen.[53] In Abrahams Verfolgung der siegreichen Parteien bis nach Dan könnten sich dann Gebietsansprüche abbilden. Dan ist der nördlichste Punkt des vereinten Königtums. Wenn Abraham das gesamte Gebiet zwar nicht von Beerscheba, aber doch immerhin von Hebron aus bis nach Dan durchzieht, wird er dadurch als eine Art Vorläufer Davids stilisiert.[54]

Die Aktion kommt mit V.15a zum Abschluss. Abraham überfällt in der Nacht die Könige und schlägt sie. Da die Verfolgung darauf zielte, die Beute zurückzubringen, und dieses Ziel mit Abrahams siegreichem Überfall in V.15a bereits erreicht ist, überrascht die Fortsetzung durch V.15b. Abraham verfolgt die (nun fliehenden) Könige weiter Richtung Norden bis nach „Hoba, das links von Damaskus liegt". Anders als in V.15a ist das Verb רדף nun suffigiert. Es könnte sich bei V.15b daher um einen Nachtrag handeln, der den Einflussbereich Abrahams über die Grenzen des

---

52 Westermann, Genesis, 229. Vgl. auch Zimmerli, 1. Mose 12–25, 36. Zur Kombination der beiden Städtepaare vgl. auch Gen 10,19 und Dtn 29,22.

53 Die Identifikation Belas mit Zoar hingegen dürfte auf eine Glossierung zurückzuführen sein. Sie steht im Dienst der Lokalisierung sämtlicher Könige in der Gegend des Toten Meeres und identifiziert den nirgends in der Tradition belegten König von Bela mit der aus Gen 19 bekannten Stadt Zoar am Toten Meer; vgl. auch Ziemer, Abram, 150.

54 Vgl. Berner, Abraham, 36.

verheißenen Landes hinaus ausdehnen will. Die universale Perspektive passt zur Ostkönigeredaktion.

Der Erzählbogen der Grundschicht kommt mit V.16a.bα zum Abschluss: Abraham bringt die gesamte Beute (V.11) sowie Lot und seinen Besitz (V.12) zurück. V.16bβ hingegen wartet mit einer neuen Information auf: Außer dem Besitz befanden sich neben Lot auch andere Personen unter der Beute, nämlich Frauen und Volk. Syntaktisch ahmt V.16bβ den Anschluss von V.16bα an V.16a (וגם) nach. Allerdings hat וגם an beiden Stellen jeweils unterschiedliche Funktion. Das erste וגם hebt die Hauptperson hervor („und sogar"), das zweite fügt die Frauen und das Volk als weitere zurückgeführte Gruppen an („und außerdem"). Da V.16bβ sachlich wie literarisch nicht glatt an V.16a.bα anschließt, ist eine literarkritische Zäsur gerechtfertigt. Die Notiz scheint den Vorschlag des sodomitischen Königs in V.21 vorzubereiten, der eine Zweiteilung der Beute voraussetzt: Abraham soll die Güter behalten, die Personen aber an den König von Sodom zurückgeben.[55] Sie dürfte daher zusammen mit V.17.21–24* in den Zusammenhang von Gen 14 eingetragen worden sein.

3.1.1.4 Die Redaktionsgeschichte von Gen 14

Gen 14 hat ursprünglich einmal nur von dem heldenhaften Eingreifen Abrahams zur Rettung seines verschleppten Verwandten Lot berichtet. In V.1–16 lässt sich eine Grundschicht rekonstruieren, die aus V.2*(ohne „das ist Zoar").8b.10 f.12a.14.15a. 16a.bα besteht. Sie handelt von einem innerpalästinischen Konflikt zwischen Sodom und Gomorrha und drei Königen, die vermutlich von Norden her gegen diese aufmarschiert waren. Die Flucht der Könige Sodoms und Gomorrhas vor den überlegenen Gegnern endet tragisch durch einen Sturz in die Bitumengruben. Dieser erste Teil (V.2–11*) trägt deutliche Zeichen einer Spotterzählung auf Sodom und Gomorrha: Die Könige haben sprechende Namen, die ihre Schlechtigkeit demonstrieren, sind zu feige, sich dem Kampf zu stellen, und finden ein denkbar beschämendes Ende. Dass es sich dabei um eine Quelle handelt, die der Verfasser der Grundschicht übernommen hat, liegt aus literarischen Gründen nahe und erscheint im Fall von Sodom und Gomorrha aufgrund der Tradition von der Sündhaftigkeit dieser Städte grundsätzlich vorstellbar. Der Verfasser der Grundschicht hätte dann den unrühmlichen Tod der Könige Sodoms und Gomorrhas zum Anlass genommen, die Verschleppung Lots zu berichten. Abraham jagt den Siegern mit seinen zahlreichen Sklaven die Beute ab. Er wird bereits auf dieser Ebene nicht als Wandernomade, sondern in der Art einer königlichen Gestalt gekennzeichnet. Mit einer starken Truppe, bestehend aus 318 in seinem Haus geborenen (!) Sklaven, durch-

---

55 Vgl. Berner, Abraham, 29.

zieht er das gesamte Land bis nach Dan und restituiert die Beute, sodass er am Ende reicher dasteht als zuvor.

An diese Grundschicht dürfte zunächst die Begegnung Abrahams mit dem König von Sodom (V.16bβ.17aα¹.bα.21.22a.b*[ohne „El Eljon, Schöpfer des Himmels und der Erde"].23) angeschlossen worden sein, die ein alternatives Ende der Erzählung bietet.

Während V.16 zunächst allein auf die Restitution der Beute abhebt (שוב ist in diesem Zusammenhang auf das Zurückerobern der Beute zu beziehen), konstatiert V.17, dass der Erzvater die Beute zurückerstattet. Er befindet sich damit im Tal Schawe, vermutlich einer Lokalität in der Nähe Sodoms, wo er dem König von Sodom begegnet. In V.17*.21–23* kommt also die Überzeugung zum Ausdruck, dass die Beute dem König von Sodom zusteht.[56] Dieser ist in der Szene klar als der überlegene Part dargestellt. Überaus großzügig bietet er Abraham den gesamten unbelebten Teil der Beute an. Abrahams entschiedene Ablehnung dieses Angebots demonstriert wohl weniger seinen Edelmut als vielmehr seine Souveränität gegenüber dem König von Sodom. Die Fokussierung auf Sodom zeigt, dass nicht bzw. nicht nur die Bereicherung an weltlichen Gütern das Problem darstellt, sondern ganz konkret deren Herkunft aus Sodom. Die Aussage der Grundschicht, dass Abraham sich (zumindest unter anderem) an dem Hab und Gut des sündigen Sodom bereichert habe, dürfte der Redaktor als anstößig empfunden haben. Der an Jahwe adressierte Schwur hat aber noch eine andere Implikation: Statt an den König von Sodom wendet Abraham sich an Jahwe. Dahinter könnte das Wissen um die Verheißung stehen, die Jahwe Abraham gegeben hat. Die Ablehnung der Beute mit dem konkreten Hinweis darauf, der König von Sodom solle nicht das Geringste mit dem Reichtum Abrahams zu tun haben, könnte diesem Umstand Rechnung tragen und zum Ausdruck bringen, dass Abraham sich dem Geber der Verheißung exklusiv verpflichtet weiß. Sehr viel deutlicher als diese erste Fortschreibung bringt dies die Melchisedek-Episode zum Ausdruck, die die Erfüllung der Verheißung in einen direkten Zusammenhang mit dem priesterlich vermittelten Segen stellt.

Die Ostkönige-Redaktion (V.1.3f.5aα.8a.9.12b.15b) dürfte, ebenso wie die Melchisedek-Episode (V.17bβ.18–20), nach der Ergänzung der Begegnung zwischen Abraham und dem König von Sodom erfolgt sein. Einen Hinweis darauf liefert die innerhalb von V.17 nachgetragene Information in V.17aα².β, dass Abraham vom Sieg gegen Kedor-

---

56 Das verdeutlicht auch Abrahams Aussage in V.23: Er lehnt die Beute ab, denn andernfalls hätte der König von Sodom ihn reich gemacht (indem er großzügig einen Teil der Beute an ihn abtritt).

laomer zurückkehrt, die zur Ostkönige-Redaktion hinzuzurechnen sein dürfte.[57] Die Fortschreibung weitet den innerpalästinischen Konflikt zu einem Geschehen weltpolitischen Ausmaßes aus und lässt somit auch den Erzvater Abraham in neuem Licht erscheinen. Er nimmt es nun nicht mehr mit drei palästinischen Königen auf, sondern mit den Herrschern von Weltreichen. Es ist zu überlegen, ob V.13 und V.24 zu dieser Ebene hinzuzunehmen sind. Die Verse zeichnen Abraham als Anführer einer Koalition mit den Amoritern. Als solcher ist er bekannt, daher richtet sich der Entkommene direkt an ihn. Als „der Hebräer" repräsentiert Abraham sein Volk und demonstriert die Überlegenheit der „Hebräer" über Weltmächte in der Vorzeit.

Zwischen der Ostkönige-Redaktion und der Melchisedek-Episode bestehen keine literarischen oder sachlichen Verbindungen. Beide setzen die redaktionelle Begegnung zwischen Abraham und dem König von Sodom voraus. Das literargeschichtliche Verhältnis dieser beiden Fortschreibungen selbst ist jedoch kaum zu bestimmen.

Mit Blick auf den kompositionsgeschichtlichen Ort der Melchisedek-Episode innerhalb von Gen 14 bedeutet dies, dass sie zweifellos ein fortgeschritten redaktionelles Stadium des Kapitels darstellt, jedoch nicht zwingend das jüngste. Im Folgenden wird daher zunächst der Versuch unternommen, die Grundschicht von Gen 14 als *terminus post quem* für die Einschreibung der Melchisedek-Episode näherungsweise zu datieren. Daran schließt eine literar- und theologiegeschichtliche Einordnung der in V.18–20 enthaltenen Motive an, die u.a. Aufschluss darüber geben soll, ob die Melchisedek-Episode eventuell auf einer älteren Melchisedek-Tradition beruhen könnte.[58]

3.1.1.5 Die Datierung der Grundschicht von Gen 14

Die mutmaßliche Grundschicht in Gen 14,1–16* lässt trotz der äußerst knappen Schilderung der Ereignisse deutliche Vorbehalte gegenüber den Königen Sodoms und Gomorrhas erkennen. Der Grundbestand knüpft damit an das Setting von Gen 13 an und gibt bereits vor Gen 19 einen ersten Hinweis darauf, dass die von Lot getroffene Wahl des Wohnortes entgegen dem Augenschein unglücklich war: Sodom ist Lot zuvor bereits einmal zum Verhängnis geworden, indem er als Bewohner der

---

57 Noch einmal später als die Ostkönige-Redaktion ist die Besiegung der aus Dtn 2 bekannten Völker in V.5–7* anzusetzen. Sie ist für den vorliegenden Zusammenhang von geringer Bedeutung und kann daher hier außer Acht gelassen werden.
58 Vgl. etwa Zimmerli, Abraham; Emerton, Riddle, 409; Schatz, Genesis 14, 162; Blum, Komposition, 463, Anm. 5; von Rad, Das erste Buch Mose, 138 f.

besiegten Stadt deportiert wurde. In kompositioneller Hinsicht fungiert die Erzählung somit als eine Art „Vorbote" der Katastrophe in Gen 19.[59]

Eine Einschreibung in die Abraham-Lot-Erzählung (etwa Gen 13; 18,1–15[.16]; 19; 21,1–7), die mit guten Gründen in der Regel für den ältesten narrativen Zusammenhang innerhalb der Abraham-Erzählung gehalten wird,[60] wäre theoretisch zu einem relativ frühen Zeitpunkt denkbar. Bereits die Darstellung Abrahams in V.12–16* spricht jedoch gegen eine frühe Entstehung. Trotz der aufwändigen Einleitung in V.1–11*, die anderes erwarten lassen könnte, liegt der Fokus in V.12–16* nicht auf Lot, sondern auf Abraham. Die Verschleppung Lots ist Mittel zum Zweck der Darstellung seiner heldenhaften Rettung durch Abraham. Wird der militärisch agierende und am Ende durch die Beute bereichert aus der Szene hervorgehende Abraham (V.16a.bα) hier bereits in stark idealisierter Weise als eine Art königliche Figur dargestellt, setzt dies eine gewachsene Abraham-Tradition voraus und schließt eine frühe Ansetzung aus.

Auch die literarischen Bezüge zum unmittelbaren Kontext legen ein spätes Datum der Abfassung nahe. Dies gilt sowohl in Bezug auf das Kapitel Gen 13, das die Grundschicht von Gen 14 bereits in seiner priesterschriftlichen Gestalt vorauszusetzen scheint (vgl. den Begriff רכש),[61] als auch hinsichtlich des mutmaßlich späten Textes Gen 15, den der Verfasser der Grundschicht von Gen 14 ebenfalls bereits im Blick gehabt haben dürfte. Da sowohl die Richtung der Bezugnahme zwischen Gen 14 und Gen 15 als auch das Alter von Gen 15 umstritten sind, soll diesen Fragen in einem Exkurs nachgegangen werden.

* * *

Exkurs: Das literargeschichtliche Verhältnis von Gen 14 und Gen 15

Die literar- und theologiegeschichtliche Einordnung von Gen 15 bereitet seit jeher Schwierigkeiten. In der älteren Forschung hatte dies seinen Grund vor allem darin, dass sich Gen 15, ähnlich wie Gen 14, kaum einer der Quellenschriften des Pentateuch zuordnen ließ. Bis in die Gegenwart zieht sich die Kontroverse, ob Gen 15 vor- oder nachpriesterschriftlichen Ursprungs ist, womit sich jenseits der Neueren Urkundenhypothese die nicht zuletzt theologisch relevante Frage nach der Priorität des Bundesschlusses entweder in Gen 15 oder in Gen 17 verbindet.

---

59 Vgl. auch Jacob, Genesis, 387; Blum, Komposition, 463. Zimmerli, 1. Mose 12–25, 43, bleibt in dieser Frage unentschlossen.
60 Vgl. Köckert, Geschichte, 120; Blum, Komposition, 282 ff.
61 Vgl. Berner, Abraham, 35 f.

Zumindest in einigen Fragen der Entstehungsgeschichte von Gen 15 zeichnet sich in der gegenwärtigen Forschung ein relativer Konsens ab: Entgegen früherer Versuche, das Kapitel auf zwei Quellen oder zwei Überlieferungsblöcke aufzuteilen,[62] wird in der Regel von dessen weitgehender literarischer Einheitlichkeit ausgegangen.[63] Umstritten bleibt jedoch der literargeschichtliche Status von V.13–16, der – da meist von einer priesterschriftlichen Prägung ausgegangen wird – wegweisend für die Datierung und die redaktionsgeschichtliche Einordnung des gesamten Kapitels ist.[64] Selbstverständlich kann man sich der Verse nicht einfach durch den Verweis auf die Kenntnis von P-Material entledigen, würde dies doch axiomatisch voraussetzten, dass Gen 17 jünger sein muss als Gen 15.[65] Umgekehrt erweist sich die Zugehörigkeit von V.13–16 zur Grundschicht aber ebenso wenig dadurch, dass „mit der literarkritischen Ausgrenzung von V.13–16 Gen 15 noch lange nicht von Anklängen an ‚P‘ gereinigt"[66] sei, da sich die Kenntnis priesterschriftlichen Materials auch an anderen Stellen des Kapitels nahelege. Unter streng literarkritischen Gesichtspunkten jedoch fällt die Entscheidung, ob V.13–16 der Grundschicht zuzuschlagen sind oder nicht, schwer. Verfechter der literarischen Einheitlichkeit von Gen 15 betonen häufig die intensive Verankerung der Passage im Kontext. Dabei werden vor allem drei Beobachtungen geltend gemacht.[67] Erstens seien V.13–16 eng auf V.11 bezogen. Das Herabstoßen von Raubvögeln auf die zerteilten Tiere und ihr Verscheuchen durch Abraham könne im Kontext nur als Bild für die Bedrängnis der Nachkommen durch die Feinde und ihre letztendliche Errettung durch Jahwe verstanden werden. Zweitens entsprächen V.16 und V.7 einander durch die Dekalogreminiszenzen. Die Selbstvorstellung Jahwes in V.7 (אני יהוה אשר הוצאתיך מאור כשדים) spiele eindeutig auf die Eröffnung des Dekalogs an. In

62 Für den Querschnitt zur Aufteilung des Kapitels in Überlieferungsblöcke vgl. etwa Kaiser, Untersuchung; Westermann, Genesis, 255. Für den Längsschnitt, der die Erzählung auf Quellen aufteilt, vgl. etwa Gunkel, Genesis, 177. Für eine detaillierte Übersicht der vertretenen Positionen vgl. die Forschungsgeschichte bei Köckert, Vätergott, 204 ff., und Ha, Genesis 15, 30 ff.
63 Vgl. Van Seters, Abraham, 249 ff.; Köckert, Vätergott, 210 ff.; Römer, Gen 15, 33; Schmid, Erzväter, 175 f.; Blum, Komposition, 377 ff.
64 Als Bezüge zur Priesterschrift werden der Ausdruck רכש (15,14) und die Gen 25,8 (P) vorwegnehmende Ankündigung des Todes Abrahams in „gutem Alter" (בשיבה טובה, 15,15) sowie die abgerundete Aufnahme der 430 Jahre aus Ex 12,40 in den 400 Jahren Ägyptenaufenthalt gewertet; vgl. Schmid, Erzväter, 181; Gertz, Abraham, 66 ff.; Blum, Komposition, 379. Zur Kritik an der Eindeutigkeit dieser Bezüge vgl. Ha, Genesis 15, 94 f.; Ziemer, Abram, 175 ff.
65 So lautet auch Römers nicht ganz unberechtigte Kritik an Blum; vgl. Römer, Gen 15, 37, ferner Schmid, Erzväter, 176, der ebenfalls annimmt, die literarkritische Maßnahme sei „weniger text- als theoriegesteuert".
66 Schmid, Erzväter, 181 f.
67 Vgl. Schmid, Erzväter, 181.

diesem Zusammenhang ließe sich die Ankündigung der Rückkehr ins Land nach vier Generationen (V.16) mit der Heimsuchung der Schuld der Väter bis in die dritte oder vierte Generation (Ex 20,5 ∥ Dtn 5,9) korrelieren.[68] Drittens rekurriere die Einleitung der Vision in V.13 mit „Du sollst wissen" auf die Frage Abrahams in V.8 „Woher soll ich wissen?".

Einer kritischen Prüfung hält nur die erste der drei Beobachtungen stand. Was die Berührungen zwischen V.7 und V.16 angeht, ist zunächst fraglich, ob Gen 15,16 tatsächlich auf den Dekalog anspielt, denn die Übereinstimmungen sind alles andere als belastbar. Selbst jedoch, wenn ein Bezug auf den Dekalog durch den Verfasser von V.16 intendiert gewesen sein sollte, wäre dies in redaktionsgeschichtlicher Hinsicht unter Umständen nicht allzu aussagekräftig. V.16 scheint nämlich innerhalb von V.13–16 merkwürdig platziert und könnte gegenüber V.13–15 nachgetragen worden sein. V.13–15 bieten einen sinnvoll aufgebauten Spannungsbogen. V.13 nennt die Strafe: 400 Jahre Unterdrückung in einem fremden Land. V.14 kündigt die Wende zum Heil an: Auch die Unterdrückernation wird dem göttlichen Gericht anheimfallen, die Gepeinigten werden reich entlohnt mit großem Besitz aus dem fremden Land ausziehen. V.15 bietet einen suffizienten Abschluss der Vision: Dem von Furcht und Schrecken ergriffenen Abraham wird zugesichert, ihn werde das Unheil nicht mehr treffen, sondern er werde als Gerechter in Frieden zu seinen Vorfahren versammelt werden. V.16 trägt konkrete Informationen zum Geschick der Israeliten nach und wirkt somit im Anschluss an den die Vision abschließenden V.15 deplatziert. Auch dürften die genannten vier Generationen in sachlicher Spannung zu den 400 Jahren aus V.13 stehen.

Mit Blick auf den vermeintlichen Bezug zwischen V.13 und V.8 hat sodann Gertz überzeugend dargelegt, dass der Zusammenhang von Frage und Antwort nicht organisch funktioniert. Als Reaktion auf Abrahams Frage erfolgt in der Weise eines bestätigenden Zeichens die auf den folgenden Bundesschluss zielende Aufforderung, Tierkadaver in einer bestimmten Weise zu arrangieren. Aus dem epiphaniehaften Geschehen mit folgendem Bundesschluss erschließt sich Abraham die Zuverlässigkeit Jahwes. In V.13 hingegen bezieht sich das Wissen Abrahams auf die zukünftigen Ereignisse, „wonach in V.8 gar nicht gefragt war".[69] Die Bedeutungsverschiebung dürfte als Zeichen dafür gewertet werden, dass V.13 und V.8 nicht von derselben Hand stammen.

Unbestreitbar ist schließlich jedoch ein enger Bezug zwischen V.11 und V.13–15(.16). Das Herabfahren der Raubvögel auf die Beute mitsamt deren Bewah-

---

68 Vgl. Römer, Gen 15, 35f., und Schmid, Erzväter, der sich anstelle von 15,16 jedoch (vielleicht irrtümlicherweise?) auf 15,13 bezieht.
69 Gertz, Abraham, 71.

rung durch Abraham in V.11 verkommt ohne V.13 – 15(.16) zu einem blinden Motiv innerhalb der Erzählung. Diese enge Verbindung spricht allerdings nicht automatisch für die literarische Einheitlichkeit des gesamten Kapitels. Im Gegenteil dürfte der enge und exklusive Bezug zwischen V.11 und V.13 – 15(.16) – ersterer steht in keinem Zusammenhang mit dem Zerteilen der Tiere und der damit verbundenen Zeremonie, V.13 – 15(.16) berücksichtigen diese ebenfalls nicht, sondern deuten nur V.11 aus – dafür sprechen, dass V.11 und V.13 – 15(.16) in einem Zuge nachgetragen worden sind.[70]

Gemeinsam mit V.11 und V.13 – 15(.16) dürfte zudem auch V.12 der Grundschicht abzusprechen sein, der das Folgende als Vision kennzeichnet. Abraham fällt in einen Tiefschlaf und Jahwe offenbart ihm in diesem Zustand die Bedeutung des Raubvogelangriffs. V.12 ist auf V.17 bezogen: Während in V.17 die Sonne untergegangen ist (Perfekt), beginnt sie in V.12 gerade zu sinken (Inf. *cstr.* mit Präposition ל).[71] Durch V.12 entsteht somit der Eindruck eines zweigeteilten Geschehens: Erst erfolgt die Vision, im Anschluss daran der Bundesschluss.[72] Auf eine literarische Naht könnte auch der Umstand weisen, dass der Übergang zwischen Vision und Bundesschlusszeremonie in einem Detail hakt. Am Ende der Vision wird nicht berichtet, dass Abraham aus dem Tiefschlaf erwacht.[73] In V.17 jedoch scheint sein Wachzustand vorausgesetzt zu sein. Jedenfalls ist die durch den Sonnenuntergang bedingte Finsternis die Voraussetzung für die von Feuerzeichen begleitete Zeremonie, der Abraham doch wohl in wachem Zustand beigewohnt haben dürfte.

Somit wären diejenigen Verse, für die in der Regel mit einer Kenntnis priesterlichen Materials gerechnet wird, sämtlich redaktionell. Für die Grundschicht von Gen 15 ist darum allerdings noch lange nicht von einem hohen Alter auszugehen. Denn auch diese selbst scheint von priesterlichen Texten beeinflusst zu sein und dürfte somit im weitesten Sinne „nach-P" entstanden sein. Die Selbstvorstellung Jahwes in V.7 rekurriert nicht nur auf Ex 20,2 und Dtn 5,6, sondern spielt mit Ur-Kasdim auch den Vers Gen 11,28 ein, der gemeinhin im priesterlichen Milieu verortet wird.[74] Unabhängig von der Frage, wie aussagekräftig und belastbar die Be-

---

70 Von einer gemeinsamen redaktionellen Herkunft von V.11 und V.13 – 16 geht z. B. Gertz, Abraham, 71 f., aus. Vgl. auch Kaiser, Untersuchung, 118; Blum, Komposition, 379. Aufgrund der oben notierten Spannungen zwischen V.13 – 15 und V.16 ist zu überlegen, ob es sich bei V.16 um einen noch einmal späteren Einschub handelt.

71 Vgl. GK[28] §114 f.

72 Vgl. Van Seters, Abraham. 259. Auch Granerød, Abraham, 64 f., wertet dies als Zeichen für den redaktionellen Charakter von V.12 – 16 gegenüber V.17.

73 Vgl. Granerød, Abraham, 65.

74 Vgl. Van Seters, Abraham, 225; Schmid, Erzväter, 181; Köckert, Geschichte, 262. Eine literarkritische Differenzierung innerhalb von Gen 11,27 – 32 wird z. B. erwogen von Carr, Fractures. Gertz, Abraham, 72 f., rechnet in diesem Zusammenhang mit der Möglichkeit, dass der Redaktor von Gen

züge zwischen den in V.9 erwähnten Tieren und den Opfergesetzen in Lev im Einzelnen sind, zeigt das Ritual, das selbst kein Opfer ist (vgl. aber Jub 14!), zudem Anklänge an Opferterminologie[75] und verrät so ebenfalls eine gewisse Nähe zu priesterlichen Traditionen. Vor allem aber erinnert die Darstellung der Landgabe als Bund in der Grundschicht von Gen 15 an die Bundestexte der Priesterschrift (vgl. Gen 17,7 f. und Ex 6,4). Damit ist schließlich auch der theologisch heikelste Punkt der Auseinandersetzung um die vor- oder nach-priesterschriftliche Herkunft von Gen 15 berührt. Wertet man Gen 15 in seinem Grundbestand als Text, der P bereits voraussetzt,[76] ist davon auszugehen, dass Gen 15 intentional Gen 17 vorangestellt wurde. Bei näherer Betrachtung erweist sich diese der Mehrheitsmeinung zuwiderlaufende Annahme sogar als sehr plausibel. Bereits Eerdmans hatte bemerkt: „Der Abschnitt [sc. Gen 15,1–6] sieht aus wie eine Korrektur von Gen. 17,17 ff., wo Abraham die Verheißung mit ungläubigem Lächeln begrüßt.“[77]

Oben wurde die Möglichkeit erwogen, dass bereits die Einschaltung von Gen 14 in den Zusammenhang der Abraham-Erzählung in Kenntnis priesterlichen Materials erfolgte. Allein aufgrund der mutmaßlich nach-P Datierung von Gen 15 lässt sich die Frage nach der relativen Chronologie von Gen 14 und Gen 15 somit nicht beantworten. Im Folgenden sollen daher die Bezüge zwischen Gen 14 und Gen 15 noch einmal beleuchtet und auf ihre Implikationen für das literargeschichtliche Verhältnis der Kapitel befragt werden. Die Breite der in der Forschung vertretenen Optionen zur Bestimmung der relativen Chronologie von Gen 14 und Gen 15 ist auch in dieser Angelegenheit ein verlässlicher Indikator für die Komplexität des Phänomens: Gen 15 wird von Einigen als gegenüber Gen 14 älterer Text gesehen, Andere halten ihn für jünger. Daneben wird eine gemeinsame Abfassung (eines Grundbestands) beider Kapitel vertreten.

Diejenigen Exegeten, die Gen 15 für einen nach-P Text halten, tendieren zu der Annahme, dass Gen 15 in Kenntnis von Gen 14 verfasst worden sei.[78] Die Indizien, die für eine Abfassung von Gen 15 nach Gen 14 oder für eine zeitgleiche Abfassung beider Kapitel sprechen könnten, sind jedoch nicht übermäßig belastbar. Ein deutlicher Bezug besteht zwischen der an ein Königsorakel erinnernden Anrede

---

11,28 durch Gen 15,7 inspiriert worden sein könnte. Auch Kratz, Komposition, 240, sieht in 11,28–30 einen gegenüber 11,27 späteren und somit nach-P Nachtrag.

75 Vgl. dazu Köckert, Vätergott, 272 ff.

76 So etwa Köckert, Vätergott, 204 ff.; Schmid, Erzväter, 172 ff.; auch Römer, Gen 15; Ha, Genesis 15; Granerød, Abraham, 68 ff.

77 Eerdmans, Genesis, 39.90. In seinem Gefolge vgl. Köckert, Geschichte, 127; Römer, Gen 15; Ha, Genesis 15, 102 f.216.

78 Vgl. etwa Römer, Gen 15; Schmid, Erzväter, 176.

Abrahams in 15,1 „Fürchte dich nicht, ich bin dein Schild. Dein Lohn ist sehr groß/ wird sehr groß sein" und der königlichen Schilderung Abrahams in Gen 14,1–16.[79] Interpretiert man Gen 15,1 konsequent im Horizont von Gen 14, ließen sich nicht nur die königliche Anrede und die Funktion Jahwes als Schild im Zusammenhang mit dem militärischen Agieren Abrahams in Gen 14 deuten, auch der große Lohn (dann wohl am ehesten in präsentischer Bedeutung) ließe sich auf die Beute aus Sodom und Gomorrha beziehen.[80] Gen 15,1 würde das Geschehen in Gen 14 im Nachhinein theologisch deuten; eine gemeinsame Abfassung von Gen 14,1–16 und Gen 15 wäre somit denkbar. Problematisch an dieser Deutung ist jedoch, dass es sich in 15,1 um ein Orakel handelt, das sich als solches kaum in einer rein rückwärtsgewandten Funktion erschöpft. Zudem ist auch der Ermutigung „Fürchte dich nicht" ein zukünftiges Moment inhärent. Unabhängig davon, wie man die Zeitstufe in der zweiten Vershälfte bestimmt (präsentisch oder futurisch), ist der Zeitpunkt dieser Verheißung, wenn sie auf Gen 14 bezogen sein soll, daher merkwürdig: Wovor sollte sich Abraham fürchten? Die Gefahr, der der Erzvater in Gen 14 ausgesetzt war, ist immerhin längst gebannt.[81] „Die Worte: Fürchte dich nicht Abram, sind nach dem glänzenden Siege von Gen. 14 besonders schlecht angebracht."[82]

Eine gewisse Rückwärtsgewandtheit muss darum nicht ausgeschlossen werden. Allerdings scheint die Verheißung zwischen Vergangenheit und Zukunft zu oszillieren, was Gen 14 als Referenzpunkt ausschließt. Übersetzt man שכר mit „Lohn" und versteht den Vers als Verheißung künftigen Wohlstands für Abraham, ist damit eine Gegenleistung des Erzvaters impliziert.[83] Zum Zeitpunkt der Verheißung dürfte zumindest diese dann bereits in der Vergangenheit liegen, der Lohn aber noch ausstehen. Naheliegender als Gen 14 als Bezugspunkt im vorausgehenden Kontext dürfte dann Gen 13 sein, wonach Abraham zugunsten seines Verwandten Lot großzügig auf den besseren Teil verzichtet hatte. Für diesen Verzicht würde ihm Jahwe in Gen 15,1 nun einen großen Lohn in Aussicht stellen.[84]

Sollte Gen 15 mit Blick auf Gen 13 verfasst worden sein, wäre der Zusammenhang zwischen der Leistung Abrahams und der Verheißung eines Lohnes durch die

---

79 Vgl. Westermann, Genesis, 258; Berner, Abraham, 37.
80 Vgl. Berner, Abraham, 37.
81 Vgl. Granerød, Abraham, 75.
82 Eerdmans, Genesis, 38. Vgl. auch Van Seters, Abraham, 254; Levin, Jahwe, 239.
83 Vgl. Blum, Komposition, 368.
84 Im Hintergrund der Selbstbezeichnung Jahwes als „Schild" Abrahams stünde somit kein konkretes militärisches Handeln des Erzvaters. „Der kriegerische Anlaß, den das Beistandsorakel einst gehabt hat, ist längst verblaßt. מגן ‚Schild' wird einfach als Metapher der Psalmensprache verwendet (vgl. Ps 3,2; 18,3.31; 84,11; 144,2)." (Levin, Jahwe, 239).

Einschiebung von Gen 14 aufgesprengt worden.[85] Der Verfasser der Grundschicht von Gen 14, der für die Einschaltung in den Zusammenhang der Abraham-Erzählung verantwortlich war, hätte dann an die königliche Anrede Abrahams sowie an die an militärische Handlungen erinnernde Bezeichnung Jahwes als Schild Abrahams in Gen 15,1 angeknüpft und Gen 15 die Schilderung eines königlichen, militärisch erfolgreichen Abraham vorangestellt. Der ursprüngliche Zusammenhang von Verzicht (13) und Lohn (15), der dadurch verlorengegangen war, wurde interessanterweise durch den Redaktor von Gen 14,17.21–23* auf einer späteren Ebene wiederhergestellt, indem er einen weiteren Verzicht Abrahams (dieses Mal den Verzicht auf die Beute des Sodomiters) unmittelbar vor der Zusage in 15,1 platzierte.

Wie im Fall von Gen 15,1 sprechen auch die häufig notierten Bezüge zwischen Gen 15,2 f. und Gen 14 eher für eine literarhistorische Priorität von Gen 15 gegenüber Gen 14. Nachdem das Beistandsorakel Abraham die Gelegenheit zum Einspruch gegeben hat,[86] treibt ihn die Sorge um, dass ein Hausssklave (בן־ביתי) sein Erbe sein wird, da er keinen Nachkommen hat.[87] Dies steht sicher in einem Zusammenhang mit den zusammengerufenen Sklaven in Gen 14 (ילידי ביתו), spricht jedoch nicht *per se* dafür, dass Gen 15 auf Gen 14 reagiert und entsprechend gleichalt oder jünger ist.[88] Denn die existentielle Notsituation, in der sich der klagende Abraham in V.2 f. befindet, erschließt sich nicht aus Gen 14, sondern stellt ein eigenes Motiv dar.[89] Auch der Referenzpunkt von 15,3 dürfte somit jenseits von Gen 14 zu suchen sein. Vorausgesetzt ist ein Setting, in dem Abraham ein großer Besitz verheißen wird und er (noch) keine Nachkommen hat. Gen 15,3 könnte daher auf Gen 13,15 rekurrieren.[90] Dort erhält Abraham die Zusage, Jahwe wolle ihm und seinem Nachkommen

---

85 Vgl. Ha, Genesis 15, 203; Levin, Jahwe, 239; Blum, Komposition, 462–464, Anm. 5; Granerød, Abraham, 45 f. Vgl. auch bereits Jacob, Genesis, 386 ff.

86 Vgl. Levin, Jahwe, 243.

87 Der Zusammenhang von Beistandsorakel und Abrahams anschließender Klage über seine Kinderlosigkeit ist somit organisch. Von einer redaktionellen Überarbeitung von V.1 zum Zweck der Anpassung an das nachträglich vorangestellte Kapitel Gen 14 (so erwogen von Gertz, Abraham, 70 f.) ist indes nicht auszugehen. Literarkritische Indizien, die diese Annahme rechtfertigen würden, fehlen (wie Gertz selbst bemerkt), die Angleichung von Gen 15,1 an Gen 14,20 (מגן) durch die Selbstbezeichnung Jahwes als Schild (מגן) bliebe außerdem sehr subtil.

88 So Berner, Abraham, 37 f.

89 Berner, Abraham, 38, erwägt eine verbindende Funktion der gemeinsam abgefassten Kapitel Gen 14 und Gen 15 zwischen Gen 13 mit den Themen „Reichtum"/„Landbesitz" einerseits sowie Gen 16 ff. mit dem Thema „Erbe" andererseits. Gen 15 kann in der Tat eine solche Brückenfunktion übernehmen, doch ist fraglich, inwiefern das für das innerhalb der Abraham-Erzählung thematisch isolierte Kapitel Gen 14 in gleicher Weise gilt.

90 Vgl. Granerød, Abram, 76. Die mutmaßlich priesterschriftliche Herkunft von Gen 13,15 stellt dabei angesichts der hier vertretenen Spätdatierung von Gen 15 kein Problem dar.

(זרע) das ganze Land geben. Gen 15,3 knüpft daran mit der Klage Abrahams an, dass er keinen Nachkommen habe.

Der Verfasser der Grundschicht von Gen 14, der die Sodom-Gomorrha-Quelle in eine Abraham-Erzählung transformiert und in den Zusammenhang der Genesis, d. h. in diesem Fall vor Gen 15, eingestellt hat, musste bei der Darstellung Abrahams als potentem militärischen Anführer somit auf dessen Kinderlosigkeit Rücksicht nehmen. Die Ausstattung mit einer großen Zahl von Hausklaven unter Rückgriff auf Gen 15,3, wo Abraham einen Hausklaven als möglichen Erben erwähnt, war angesichts dieser Umstände ein gleichermaßen naheliegender wie geschickter Zug.

In dieser Perspektive erklärt sich schließlich auch die merkwürdige Anzahl von 318 Sklaven in Abrahams Gefolge nach Gen 14,14. Wie häufig gesehen wurde, lassen sich die 318 Männer aus Gen 14,14 gematrisch mit dem Namen Elieser aus Gen 15,2 korrelieren. Bisweilen wird dies als Indiz für eine Bezugnahme von Gen 15 auf Gen 14 angeführt.[91] Aus der (dies zufällig ermöglichenden) Zahl 318 in Gen 14 wäre also nachträglich der Name Elieser extrahiert worden. Zwei Dinge blieben bei dieser Lösung problematisch. Die Verwendung der konkreten Zahl 318 in Gen 14,14 müsste jenseits des Bezugs auf Elieser erklärt werden.[92] Zudem wäre zu überlegen, mit welcher Intention der Verfasser von Gen 15,2 auf Gen 14,14 rekurriert haben könnte. Beide Probleme lassen sich umgehen, wenn man von einer gemeinsamen Abfassung von Gen 14,14 und Gen 15,2 ausgeht, die sich aus literarhistorischen Gründen ohnehin nahelegt. Gen 15,2 stellt eine Dublette zu Gen 15,3 dar und dürfte daher sekundär zwischen V.1 und V.3 geschaltet worden sein.[93] Die Ergänzung Eliesers in Gen 15 dürfte auf denjenigen zurückgehen, der Gen 14 im Grundbestand verfasst und vor Gen 15 gestellt hat. Er behebt dadurch eine Spannung hinsichtlich der Anzahl der Sklaven, die (nur) entsteht, wenn Gen 15 zum Zeitpunkt der Einschaltung von Gen 14

---

[91] Vgl. etwa Römer, Gen 15, 40.

[92] Vgl. auch Ziemer, Abram, 66 f., Anm. 261. Eine Erklärung der konkreten Anzahl von 318 Männern fällt schwer. Bisweilen wird erwogen, dass Ri 7 im Hintergrund steht; vgl. etwa Westermann, Genesis, 237. Die Übereinstimmungen sind jedoch nicht sehr belastbar. In Gen 14 hat Abraham 318 Mann bei sich, Gideon hingegen zieht nach Ri 7 mit 300 Männern in die Schlacht. Die Angaben entsprechen einander also nicht exakt, sondern nur ungefähr; vgl. aber Astour, Symbolism, 71. Vor allem aber wird die Pointe von Ri 7, dass Gideon mit einer sehr kleinen Truppe die überaus zahlreichen Gegner bezwingt (eben nicht aus eigener Kraft, sondern durch Beistand Jahwes), in Gen 14 überhaupt nicht reflektiert. Weder wird betont, dass Abrahams Männer wenige sind (es wird nicht ausdrücklich gesagt, ob 318 Männer als viel oder wenig empfunden werden sollen; da es sich um Männer handelt, die in Abrahams Haus geboren sind, liegt ersteres jedoch nahe), noch wird die Größe der feindlichen Truppen herausgestellt oder (außer in der späten Melchisedek-Episode) der Sieg Abrahams theologisch bewertet.

[93] Vgl. Levin, Jahwe, 243, und Berner, Abraham, 37.

in den Zusammenhang der Abraham-Erzählung bereits bekannt war. Die Formulierung in Gen 15,3 scheint zu implizieren, dass ein bestimmter Sklave im Blick ist,
der Abraham beerben wird, was eine Vielzahl von Sklaven nicht eben nahelegt. Will
man den kinderlosen Abraham nun aber als potenten Regenten präsentieren und
ihn zu diesem Zweck mit einer großen Streitmacht ausstatten, die aus Hausklaven
besteht, entsteht unweigerlich eine Spannung zu Gen 15,3.[94] Die Einführung Eliesers
in der Funktion eines Hauptsklaven[95] klärt daher vor Gen 15,3, um welchen Sklaven
es sich bei dem Erben handelt. Die gematrische Korrelation zwischen der Anzahl
der Sklaven in Gen 14 und dem Namen des Hauptsklaven in Gen 15 dürfte dann auf
einen Ausgleich der Spannung zielen, der freilich nicht durch arithmetische Ge-
nauigkeit überzeugt, sondern assoziativ bleibt, insofern sich darin beide Momente
verdichten: die Vielzahl von Sklaven als militärische Truppe und der eine Sklave als
Erbe Abrahams. Die konkrete Anzahl von 318 Sklaven in Gen 14,14 erklärt sich dann
ungezwungen als Resultat der gematrischen Spekulation.

Insgesamt dürften die Bezüge zwischen Gen 14 und Gen 15 somit darauf hinweisen,
dass der Verfasser der Grundschicht von Gen 14 bereits Gen 15 im Blick hatte.[96] Der
Redaktor von Gen 14 hat demnach in Anknüpfung an die königliche Anrede des
Patriarchen in V.1 Gen 15 die Schilderung eines königlich agierenden Abraham
vorangestellt und den militärisch erfolgreichen Abraham in Anlehnung an Gen 15,3
mit einer großen Zahl von Hausklaven als Kampftruppe ausgestattet. Im selben
Atemzug hat er die Spannung zwischen der mutmaßlich geringen Anzahl von
Sklaven, die in Gen 15 intendiert zu sein scheint, und den vielen Sklaven in Gen 14
durch die gematrische Korrelation zwischen den 318 Sklaven und dem Namen des
eigens eingeführten Hauptsklaven Elieser in Gen 15,2 gemildert.[97]

---

94 Bei der Annahme der umgekehrten Chronologie wäre zu erklären, warum man in Gen 15 einfach
klarer formuliert hat.
95 Eventuell steht die Vorstellung eines Hauptsklaven Abrahams aus Gen 24 bereits im Hintergrund.
96 Freilich wird man darum nicht mit Ziemer, Abram, 83, so weit gehen können, Gen 14 als Midrasch
zu Gen 15 zu werten, der die Intention verfolgt, Leerstellen in Gen 15 zu füllen. Problematisch ist vor
allem die Annahme, dass Gen 14 zunächst literarisch unabhängig von der Abraham-Erzählung als
Midrasch zu Gen 15 kursiert sein soll.
97 In sachlicher und redaktionsgeschichtlicher Perspektive wenig aussagekräftig für die Frage nach
dem literargeschichtlichen Verhältnis von Gen 14 und Gen 15 sind die gelegentlich vertretene
Deutung des הנה in 15,16 auf Jerusalem und der Versuch, daraus einen Bezug von Gen 15 auf Gen 14
abzuleiten; vgl. etwa Römer, Gen 15, 41. V.16 ist innerhalb von Gen 15 (vermutlich sekundär) redaktionell. Die Deutung bezieht sich außerdem auf die Melchisedek-Episode als einem der spätesten
redaktionsgeschichtlichen Stadien von Gen 14. Allenfalls könnte man annehmen, dass sich der späte
Redaktor von Gen 15,16 auf eine bereits stark gewachsene Form von Gen 14 bezieht. Allerdings hat
die Deutung auch abgesehen von der erforderlichen redaktionsgeschichtlichen Konkretisierung

Auch die späteren Fortschreibungen von Gen 14 könnten an Gen 15 orientiert sein. Diejenige Bearbeitung, die die Begegnung zwischen Abraham und dem König von Sodom einträgt, liefert mit dem Verzicht Abrahams einen guten Anknüpfungspunkt für den in Gen 15,1 in Aussicht gestellten Lohn. Die Eintragung der Melchisedek-Episode würde schließlich die theologische Dimension des Geschehens, die sich zuvor durch die Fortsetzung durch Gen 15 nur implizit ergeben hätte, explizit nach Gen 14 zurückprojizieren. Vielleicht lässt sich in diesem Zusammenhang in der Wahl des ähnlich klingenden מָגֵן in Gen 14,20 sogar eine Anspielung auf das מָגֵן in Gen 15,1 vermuten.[98]

* * *

Die relative Chronologie von Gen 14 und Gen 15 stützt den bisherigen Befund. Bereits zum Zeitpunkt der Einfügung in die Abraham-Erzählung ist Gen 14 von später Terminologie (רכש) und späten Vorstellungen (Abraham als königlich-militärischer Herrscher) geprägt. Setzt die Grundschicht nun auch noch den „nach-P" Text Gen 15 voraus, legt sich von vornherein ein Abfassungsdatum der redaktionsgeschichtlich noch einmal später anzusetzenden Melchisedek-Episode frühestens in der fortgeschrittenen Perserzeit nahe. Dies schließt freilich nicht aus, dass der Melchisedek-Episode eine ältere Tradition zugrunde liegen könnte.[99] Diese Möglichkeit soll im Folgenden geprüft werden.

---

nicht viel für sich. Abraham betritt in Gen 14 Jerusalem schließlich überhaupt nicht, sondern begegnet den beiden Königen im Niemandsland, dem Tal Schawe/Königstal. Auch wenn sich das הנה grammatikalisch auf den zuletzt genannten Ort beziehen könnte, sollte man daraus keine allzu großen Schlüsse ziehen. Ein ideologisch aufgeladener Ort als Referenzpunkt bietet sich nicht an. Gen 15 selbst erwähnt keinen Ort, vielleicht hatte auch der Redaktor von Gen 15,16 keinen konkreten Ort im Blick, sondern hat das הנה einfach als Kontrast zu dem zuvor erwähnten fremden Land verwendet, im Sinne desjenigen Ortes also, an dem sich das Geschehen gerade ereignet, Abrahams Heimatland.
98 Vgl. Ziemer, Abram, 188; Granerød, Abraham, 75.
99 So etwa Bowker, Psalm cx, 36: „[A]n old tradition survived independently (because of its connection with the cult?) and was incorporated in the Pentateuch at a late stage."

3.1.2 Kompositionsgeschichtlicher Ort und Intention der Melchisedek-Episode (Gen 14,18 – 20)

3.1.2.1 Motive in Gen 14,18 – 20
3.1.2.1.1 Melchisedek, der Priesterkönig von Salem

Das archaisch anmutende Setting der Melchisedek-Passage wird häufig als Indiz für ein hohes Alter von Gen 14,18 – 20 oder zumindest der den Versen zugrunde liegenden Melchisedek-Tradition gewertet.[100]

Die Identifikation Salems mit Jerusalem dürfte alternativlos sein.[101] Dafür spricht nicht nur die frühe Rezeption der Stelle, die die Melchisedek-Tradition in Jerusalem verortet,[102] sondern auch die gemeinsame Erwähnung Salems und Zions im Rahmen eines synonymen Parallelismus in Ps 76,3.[103] Da die Stadt von alters her Jerusalem geheißen haben dürfte, handelt es sich bei Salem jedoch nicht um deren archaische Bezeichnung.[104] Die Verwendung des unüblichen Namens ist somit kein Beleg für ein hohes Alter. Salem dürfte, anders als „Jebus", das zumindest in der dtr. Fiktion den Namen der Stadt vor der Eroberung durch David abbildet, auch nicht bloß einen Archaismus darstellen, sondern darüber hinaus als ein sprechender Kunstname für Jerusalem zu verstehen sein. Der Redaktor der Melchisedek-Episode knüpft damit an die bereits vorliegenden sprechenden Namen in Gen 14 an. Den durch die Namensgebung negativ qualifizierten Königen von Sodom und Gomorrha (ברע und ברשע) setzt der Redaktor die Figur Melchisedek von Salem, einen gerechten König mit friedlicher Residenz, als positiven Gegenpol.

In Anlehnung an die Namen der Könige von Sodom und Gomorrha hätte jedoch auch einfach der positiv konnotierte Name des Regenten, Melchisedek (= „König der Gerechtigkeit" bzw. „Mein König ist gerecht/Gerechtigkeit"), genügt, um ihn mitsamt seinem Regierungssitz in Kontrast zu den Königen von Sodom und Gomorrha zu

---

100 Vgl. etwa Fisher, Abraham; Zimmerli, Abraham.

101 Vgl. etwa Zimmerli, Abraham, 256; Zobel, עליון, 146 ff.; Hayward, El Elyon, 184. Eine originelle Deutung unterbreitet Smith, Abram, 141 ff. Demnach sei שלם nicht als Ortsname, sondern als Adjektiv aufzufassen; bei Melchisedek handele es sich um einen „unterwürfigen König" (מלך שלם). Cargill, Melchizedek, 55 ff., geht davon aus, dass Salem erst in persischer und hellenistischer Zeit im Rahmen einer antisamarischen priesterlichen Kampagne mit Jerusalem identifiziert worden sei.

102 Vgl. neben Ps 110,4 auch 1Q20 22,13 und Ant. 1,180 – 181, s. dazu Rooke, Heirs, 85, sowie Targum Onkelos und Neofiti.

103 Wenig wahrscheinlich ist der Vorschlag von Gammie, Loci, und Emerton, Site, die die Aussage im Sinne eines synthetischen oder antithetischen Parallelismus auf Sichem und Zion deuten. Diese Interpretation erfordert den Umweg über Gen 33,18, wo die Wendung עיר שכם שלם verstanden werden muss als „nach Salem, in die Stadt Sichem".

104 Vgl. die Bezeichnung als „Urusalim" im Zusammenhang der Amarna-Korrespondenz.

stellen. Die positive Konnotation der Stadt wird durch die Bezeichnung als Salem zwar verstärkt, jedoch ist fraglich, ob dies die einzige Motivation für die verklausulierte Erwähnung Jerusalems darstellte. Als weitere Beweggründe kämen zwei Aspekte infrage, die einander nicht unbedingt ausschließen, sondern durchaus ergänzen könnten. Versucht man die positiven Konnotationen, die sich mit Melchisedek von Salem verbinden, in ein Verhältnis zueinander zu setzen und interpretiert folglich den sprechenden Namen Salem in Verbindung mit dem sprechenden Namen Melchisedek, lässt sich eventuell der anschließende Segen als gemeinsamer Fokus bestimmen. Die Gerechtigkeit des Segnenden betonen jedenfalls auch Jes 51,1–8, „Schalom" als Wirkung des Segens begegnet in Num 6,26 und in 1 Sam 25 (sowie implizit in Gen 28 und Gen 33).[105] Durch die Kombination von „Frieden" und „Gerechtigkeit" würde Melchisedek von Salem in dieser Perspektive folglich von vornherein als der ideale Segensmittler präsentiert – was seiner Funktion in Gen 14,18–20 exakt entspräche.[106]

Daneben ergäbe die verkappte Anspielung auf die spätere Hauptstadt insbesondere vor dem Hintergrund der dtr. Erzählung einen guten Sinn. In dtr. Perspektive hat David Jerusalem erobert (2 Sam 5), erst einige Zeit später wird ihm offenbart (2 Sam 24), dass es sich dabei um den erwählten Ort handelt, an dem Jahwe verehrt werden will (Dtn 12). Daraufhin erwirbt er das Land, auf dem später der Tempel errichtet werden wird. Die Vorverlagerung der Bedeutung Jerusalems als Heiligtum in Gen 14 steht also in sachlicher Spannung zum dtr. Narrativ. Die Bezeichnung „Salem" könnte diesem Umstand geschuldet sein. Sie ermöglicht die eindeutige Identifikation mit dem späteren Heiligtum Jerusalem, verhindert aber zumindest, dass Jerusalem bereits „zu früh" im Verlauf der Geschichte explizit Erwähnung findet.[107] Die Formulierung ist so eindeutig wie nötig, dabei aber so wenig konkret wie möglich.

Ebenso wenig wie Salem weist der Name Melchisedek zwangsläufig auf einen alten Ursprung.[108] Zwar ist die enge Verbindung von Jerusalem und „Gerechtigkeit" als traditionell anzusehen.[109] Die Jerusalemer Könige, die Gerechtigkeit im Namen

105 Vgl. zu den außerbiblischen Bezeugungen von „Frieden" als Segensinhalt Leuenberger, Segenstheologien, 459.
106 S. dazu im Folgenden.
107 Vgl. u. a. von Rad, Das erste Buch Mose, 138.
108 So aber Schatz, Genesis 14, 162, der u.a. mit Kutsch, Art. Melchisedek, 843, und Zimmerli, Abraham, 256, zu dem Schluss kommt: „Es scheint sich demnach bei Malkiṣedeq um eine historische Gestalt aus dem Traditionsgut Jerusalems zu handeln." Vgl. auch Seebass, Genesis II/1, 56.
109 Vgl. etwa Jacob, Genesis, 378: „Die beiden Begriffe stehen religionsgeschichtlich und innerlich im Zusammenhang." Vgl. auch Jes 1,1; Jer 31,22; 33,16; Ps 118,19; 106,31. Auf die Erhellung der religionsgeschichtlichen Hintergründe dieser Verbindung kann an dieser Stelle verzichtet werden.

tragen, Adoni-Zedek in Jos 10,1 und Melchisedek in Gen 14,18 – 20, sind darum aber nicht gleich als historische Gestalten anzusehen. In beiden Fällen dürfte es sich um Kunstnamen handeln, die der traditionellen Verbindung von Jerusalem und Gerechtigkeit Rechnung tragen. Aufgrund der großen Ähnlichkeit der beiden Namen kann von einem direkten Zusammenhang ausgegangen werden. Es wäre vorstellbar, dass der aus Jos 10,1 bekannte Name[110] in Gen 14 übernommen und zum Zweck der deutlicheren Kontrastierung mit den übrigen Königen in Gen 14 in „Malki-Zedek" transformiert wurde.

3.1.2.1.2 El Eljon, Schöpfer des Himmels und der Erde

Wie der Name „Salem" für Jerusalem wirkt auch die Bezeichnung der dort verehrten Gottheit, „El Eljon, Schöpfer des Himmels und der Erde",[111] zunächst einmal archaisch. Bisweilen wird angenommen, dass es sich bei El Eljon um eine kanaanäische Gottheit handelt, die im vordavidischen Jerusalem verehrt wurde.[112] Diese Annahme beruht freilich auf Gen 14,18 – 20 als einziger Quelle und ist somit nicht belastbar, zumal religionsgeschichtlich betrachtet einiges dafür spricht, dass es sich um eine künstlich zusammengesetzte Gottesbezeichnung junger Herkunft handelt.[113]

El ist als Vater (= Schöpfer) von Göttern und Menschen der höchste Gott im ugaritischen Pantheon, wird dort aber nie explizit mit Weltschöpfung in Verbindung gebracht.[114] Wo El hingegen als Schöpfer/Besitzer (ʾl qn ʾrṣ) der Erde bezeichnet wird,[115] ist er nicht unbedingt als Höchster Gott vorgestellt. Jedenfalls rangiert er in

---

110 Für ein relativ hohes Alter von Jos 10,1(a) plädiert u. a. Kratz, Komposition, 209.

111 Die zur Auswahl stehenden Bedeutungen von קנה, „erschaffen" und „besitzen", schließen einander nicht aus (zur Sache vgl. Levi della Vida, El ʿElyon, 1; Pope, El, 51 f.; Ringgren, Word, 100 ff.). Als Erschaffer der Erde ist El zugleich deren Besitzer; vgl. Schmid, Jahwe, 181; Spieckermann, Heilsgegenwart, 86, Anm. 37.

112 Vgl. Zimmerli, Abraham, 263; Metzger, Eigentumsdeklaration; Pagolu, Religion, 185 f. Auch Stolz, Strukturen, 149 ff., hält El Eljon für den höchsten Gott im vor-israelitischen Jerusalemer Pantheon. Dahmen/Fabry, Melchisedek, 379, gehen davon aus, El Eljon sei der „Name des vorisraelitischen Lokalgottes von Jerusalem", dessen Kulttradition David bei der Eroberung der Stadt übernommen habe und der dann bald mit Jahwe identifiziert worden sei. Nach Schubert, ʾEl ʾÆljôn, 8, gibt Gen 14 „die Situation der frühen Königszeit wieder, in der die jebusitischen Vorstellungen von ʾEl ʾÆljôn noch deutlich sind".

113 Vgl. Zobel, Art. עליון; Hengel, Judentum, 544 f.; Spieckermann, Heilsgegenwart, 85 f.; Niehr, Gott, 61 ff.

114 Zu den diversen Funktionen Els in ugaritischen Texten vgl. Pope, El.

115 Dies ist der Fall in der Bilingue vom Karatepe (KAI 26 A III 11.18 – 19), einer neupunischen Inschrift aus Leptis Magna (KAI 129 I 1) und vielleicht auch bereits einem Text aus Bogazköy, der neben „Aschertu" einen „Elkunirsa" erwähnt; vgl. Otten, Mythos; daneben auch Pope, El, 52 f.

der Götterliste vom Karatepe (wie auch in derjenigen aus Sam'al) hinter dem Wettergott. Somit ist zunächst festzuhalten, dass die Verbindung von El als Höchstem Gott und Weltschöpfer außerbiblisch nicht belegt ist.[116]

Dass es sich bei Eljon nicht einfach um ein Epitheton Els handelt, wie man angesichts von Gen 14 annehmen könnte,[117] belegt zudem eindeutig eine Inschrift auf Stele I aus Sfire (KAI 222 A, 11). Im Rahmen einer Aufzählung von Vertragsgöttern werden dort El und Eljon erwähnt. Sie sind durch eine Kopula voneinander abgegrenzt und somit als distinkte Gottheiten zu verstehen.[118]

Vor dem Hintergrund der Götterliste von Stele I aus Sfire ist „El Eljon" in Gen 14 als zusammengesetzter Gottesname zu verstehen, dem eine Kontamination zweier Gottheiten zugrundeliegt.[119] Die Verbindung gerade dieser beiden Gottheiten dürfte nahegelegen haben, denn die Art ihrer Erwähnung auf der Stele weist darauf hin, dass sie als komplementäre Gottheiten „im Sinne der den Kosmos im Ganzen tragenden Götter"[120] aufgefasst werden konnten.[121] Die relevante Passage der Liste lautet: „[…] und vor dem Siebengestirn und vor El und 'Eljān und vor dem Himme[l und der Erde und vor dem Meeres]grund und den Quellen und vor dem Tag und der Nacht." Vor dem Siebengestirn, El, dem Himmel, dem Meeresgrund und dem Tag steht jeweils die Präposition „vor". 'Eljān hingegen ist lediglich durch Kopula mit dem vorangehenden El verbunden. Dasselbe gilt für den Himmel und die Erde, den Meeresgrund und die Quellen, den Tag und die Nacht. Die Vermutung liegt auf der Hand, dass die Kopula die dadurch verbundenen Elemente innerhalb der Aufzählung enger zusammengruppiert als diejenigen Elemente, die durch die wiederholte Präposition „vor" aneinandergereiht werden. El und 'Eljān wären demnach also distinkte Gottheiten, bildeten zusammen aber wie die übrigen genannten Paare eine Entität ab.[122] Ihre Zusammenführung in Gen 14,18–20 kann mit gewissem Recht als „closest approach to monotheism throughout the whole book of Genesis"[123] bezeichnet werden.[124] El, der höchste Gott im ugaritischen Pantheon, und

---

116 Vgl. Niehr, Gott, 120.

117 Vgl. etwa Lack, Origines, 44–64; Cross, Myth, 50–52.

118 Vgl. Rendtorff, El; Gese, Lebensbaum. Zu El Eljon und seinen religionsgeschichtlichen Parallelen s. auch Schatz, Genesis 14, 207 ff. Außerdem sind beide Gottheiten (El und Eljon) unabhängig voneinander noch bei Philo von Byblos belegt, auch wenn der religionshistorische Wert einer spätantiken Überlieferung über die phönizische Religion sicher nicht zu hoch eingeschätzt werden darf.

119 Vgl. etwa Levi della Vida, El Elyon; Weippert, Elemente, 203 f.

120 Gese, Religionen, 116.

121 Vgl. Schatz, Genesis 14, 208.

122 Auch die gelegentliche Gegenüberstellung von El und Eljon im Parallelismus membrorum (Num 24,16; Ps 73,11; 77,10 f.; 78,17 f.; 107,11) könnte belegen, dass beide unterscheidbar sind, zugleich aber eng zusammengehören.

123 Levi della Vida, El Elyon, 9.

Eljon, der die Erhabenheit im Namen trägt und in späten (d.h. frühestens perserzeitlichen) Texten des Alten Testaments mit Jahwe als dem einzigen Gott identifiziert wird,[125] wären bereits je für sich genommen geeignet, um die in Salem verehrte Gottheit in die Konzeption des Höchsten Gottes einzupassen. Durch ihre
Kombination und die zusätzliche Verbindung mit der Apposition „Schöpfer des
Himmels und der Erde" entsteht der Eindruck, dass durch die Häufung von Ein-
zigkeitsaussagen in Bezug auf die verehrte Gottheit möglichst viele Aspekte des
Höchsten Gottes zu einer Höchsten Gottheit schlechthin kumuliert werden sollten.
Dies kann als Reflex eines zugrundeliegenden exklusiv monotheistischen Konzepts
gesehen werden. Die Vorstellung, dass dieser von Melchisedek verehrte Höchste
Gott den Himmel und die Erde geschaffen hat, nimmt dann vermutlich eine bereits
bekannte literarische Tradition auf: Sie stammt aus Gen 1 und erlaubt die zwei-
felsfreie Identifikation El Eljons mit Jahwe (die im Anschluss an diese Szene dann
auch Abraham selbst sachgemäß vollzieht).[126] Damit ist nicht nur eine nicht-mo-
notheistische Lesart ausgeschlossen; zusätzlich wird eine Deutung im Kontext nicht-
israelitischer Religion, die bei Nennung nur eines der Gottesnamen naheliegend(er)
gewesen wäre, erschwert.

Die Verehrung des El Eljon in Salem antizipiert die exklusive Verehrung des
einzigen Gottes Jahwe in Jerusalem. Dabei nimmt sie jedoch (wie der Kunstname
„Salem") so weit auf die dtr. Erzählung Rücksicht, dass der Vorgriff auf die spätere
Entwicklung selbst aus dtr. Sicht noch orthodox erschienen sein dürfte, insofern die
explizite Nennung Jahwes vermieden wird. Die hinter dem künstlichen Synkretismus stehende monotheistische Absicht sowie der literarische Rekurs auf Gen 1 und

---

124 Versteht man „El Eljon, Schöpfer des Himmels und der Erde" als künstliches Kompositum, das
die Absicht verfolgt, Komplementarität auszudrücken, liegt es nahe, hinter „Eljon" als Entsprechung
zu El, dem Schöpfer der Erde, einen Himmelsgott zu vermuten (vgl. auch Jes 14,13 f.). Gelegentlich
wird auf eine große Nähe zwischen Eljon und Baal hingewiesen; vgl. Rendtorff, El, Baal, 285; Schatz,
Genesis 14, 207 ff. So vertritt etwa Lack, Origines, die These, dass Eljon bei den Phöniziern eine
Bezeichnung für Baal/Baalšamem war. Auch der Befund aus Ugarit könnte in diese Richtung weisen,
wo Eljon nicht belegt ist, „Erhabener" aber als Epitheton Baals begegnet (KTU 1.16 III 5–8. Die
Verbindung ist ableitbar aus dem Parallelismus „Regen Baals" – „Regen des Erhabenen"). Erscheint
es somit möglich, Eljon religionsgeschichtlich in der Nähe eines Himmelsgottes zu verorten, kann die
Aufzählung Els und Eljons in Sfire analog zu z. B. der Torinschrift vom Karatepe verstanden werden,
die nacheinander „Baal des Himmels und El, der die Erde erschaffen hat" nennt. Auch in dieser
Perspektive würden sich im Gottesnamen El Eljon folglich Aspekte verschiedener höchster Gottheiten verbinden.
125 Vgl. Niehr, Gott, 61 ff.
126 Vgl. auch Ruppert, Genesis, 225. Zur Literargeschichte von V.22 s. o. S. 148 f.

die Kenntnis einer weit entwickelten und umfangreichen dtr. geprägten Erzählung schließen ein hohes Alter aus.[127]

3.1.2.1.3 Der Segen Melchisedeks und der Zehnte Abrahams

Der Segensspruch Melchisedeks wird durch die in V.19b und V.20a verwendete identische Form ברוך in zwei parallele Segenssprüche geteilt. In V.19b ist Abraham formales Subjekt und Empfänger des Segens, in V.20a El Eljon. Diese Reihenfolge der beiden Segenssprüche, die zunächst merkwürdig erscheint, da Abraham vor El El-jon gesegnet wird, erfordert keine komplizierte Erklärung. Der zweite Segensspruch verhält sich wie eine Explikation zum ersten.[128] Die umgekehrte Reihenfolge wäre daher ausgeschlossen.

Innerhalb des ersten Segensspruchs in V.19b ist vor allem das Verständnis der adverbialen Näherbestimmung לאל עליון entscheidend.[129] Meist wird die Präposition ל als Dativ *auctoris* zur Angabe des handelnden Subjekts beim Passiv verstanden („gesegnet von El Eljon").[130] Alternativ könnte die Präposition als *lamed ascriptionis* verstanden werden, das dann die Zugehörigkeit Abrahams zu El Eljon ausdrückte.[131]

---

127 Es dauerte nicht mehr lange, dann wurde „(El) Eljon" im hellenistischen Schrifttum zum Programmnamen Jahwes und zu einer Art Zusammenfassung der jüdischen Gottesvorstellung. In der Bezeichnung Jahwes als „Höchstem Gott", die auch Nichtjuden gut vermittelbar war (vgl. die häufige Verwendung von „Höchster" als Zeus-Epitheton), konnten sich sowohl missionarische als auch apologetische Absichten ausdrücken. Jedenfalls bringt sie zum Ausdruck, dass entgegen monotheistischer wie synkretistischer Tendenzen der zeitgenössisch hellenistischen Kultur Jahwe als höchster und somit wahrer Gott zu verehren ist (vgl. Hengel, Judentum, 542). Eine apologetische Tendenz zeigt sich deutlich etwa in Dan 1–6, wo der heidnische Herrscher die Wunder „Gottes, des Höchsten" anerkennen muss. Aus dem gehäuften Vorkommen dieser Bezeichnung in der zwischentestamentlichen Literatur (vor allem Jub und 1Q20; vgl. Schubert, 'El 'Æljôn; Ziemer, Abram, 119; Berner, Abraham, 45, Anm. 72) sowie der mehrfach belegten (Selbst-)Bezeichnung der Hasmonäer als „Priester des Höchsten Gottes" (vgl. bRosh HaShana 18b; Ant. 16,162; AssMos 6,1; vgl. Delcor, Melchizedek, 123 f.) ergibt sich zwar nicht zwangsläufig eine hasmonäische Abfassung der Melchisedek-Episode (so aber u. a. Soggin, Genesis, 235; Dahmen/Fabry, Melchizedek, 379), von einer relativ späten Datierung (spät-persisch oder hellenistisch) dürfte aber auszugehen sein; vgl. u. a. Delcor, Melchizedek; Van Seters, Abraham; Blum, Komposition, 463; Berner, Abraham.

128 Das *waw* zu Beginn von V.20a ist entsprechend als *waw-explicativum* aufzufassen. Vgl. Seebass, Genesis II/1, 56. S. dazu auch im Folgenden.

129 Vgl. neben Gen 14,19 auch Ri 17,2; Rut 2,20; 3,10; 1 Sam 15,13; 23,21; 2 Sam 2,5; Ps 115,15. Auch außerbiblisch gibt es Belege für die Formel Partizip Passiv Qal von ברך + Objekt + ליהוה; vgl. Scharbert, Abram, 394 ff.; Leuenberger, Segenstheologien, 6 f.

130 Vgl. etwa Seebass, Genesis II/1, 56. Kritisch dazu Wehmeier, Segen, 108 ff.

131 Vgl. Wehmeier, Segen, 108 ff.; Scharbert, Abram; Jenni, Lamed, 77; Ruppert, Genesis, 223 f.; Renz, HAE II/1, 30 f. Leuenberger, Segenstheologien, 7, bleibt am Ende unentschlossen: Die adverbiale

„Die Präp. *l* i.d. Formel *brk l* dürfte so weniger das handelnde Subjekt im Passiv bezeichnen, als die Zugehörigkeit zu dem Gott, vor dem, in Bezug zu dem jemand gesegnet ist."[132] Hinter der Wendung stünde dann die Vorstellung, „dass man ‚vor' der Gottheit jemanden als guten Menschen preist, ihn rühmt, damit die Gottheit daraufhin selbst der betreffenden Person Gutes tut".[133] V.19b würde somit zum Ausdruck bringen, dass Melchisedek seinem Gott El Eljon den Abraham zum Segnen empfiehlt.[134] Diese Deutung passt gut zum Kontext von Gen 14,18 – 20. Zwar bleibt El Eljon als logisches Subjekt der Spender des Segens, doch ist die Rolle Melchisedeks in dieser Interpretation eine andere, da er nicht bloß als Segens*über*mittler fungiert. Wenn „ein unmittelbarer Zusammenhang zwischen dem Segnen und dem Gesegnetsein" besteht und ברך somit auch ein „Bewirken des Gesegnetseins"[135] bezeichnet, handelt es sich bei den Segensworten Melchisedeks in V.19b nicht um eine bloße Bitte um Wohlergehen, sondern um einen deklarativen Sprechakt. Melchisedek ist folglich als Segensmittler aktiv am Geschehen beteiligt.

Da es ferner naheliegend scheint, ברך nicht als Partizip Passiv Qal, sondern als Verbaladjektiv aufzufassen,[136] ist Abraham durch den Segen Melchisedeks ein „Gesegneter" im Sinne von „Segensträger", „mit Segen Erfüllter". In dieser Deutung der Wendung stellen beide Aspekte, die Rolle Melchisedeks als Segensmittler und der Status Abrahams als Segensträger, den ersten Segensspruch in einen engen sachlichen Zusammenhang mit dem zweiten.

Die Segnung der Gottheit, wie sie im zweiten Segensspruch begegnet, ist ein innerhalb wie außerhalb des Alten Testaments breit belegter Vorgang.[137] Versteht man ברוך auch in V.20a als Verbaladjektiv, ergibt sich als Bedeutung der Wunsch Melchisedeks „mit Segenskraft ausgestattet sei El Eljon". Auch hierbei ist von einem deklarativen Vorgang auszugehen: „[D]er Segensvollzug [bewirkt] einen reaktiven Kraftzuwachs Gottes [...] (der abermals zum Menschen zurückströmen kann)."[138] Gen 14,19b.20a ließen sich dann so verstehen, dass das interzessorische Handeln des Priesters diesen Kreislauf der „theologisch-anthropologische[n] Reziprozität von ברך"[139] in Gang hält.

Präzisierung nimmt „eine generelle Näherbestimmung des göttlichen Wirkbereichs vor, ohne einseitig bloß die Wirkursache oder bloß die Zugehörigkeit zu einer Gottheit anzugeben".

132 Renz, HAE II/1, 31. Renz verweist außerdem auf die parallelen Formulierungen *brk qdm* im Aramäischen bzw. *brk lpny* im Hebräischen, die ebenfalls für eine Bedeutung „vor" sprächen.

133 Scharbert, Abram, 396.

134 Vgl. Scharbert, Abram, 388.

135 Renz, HAE II/1, 31.

136 Vgl. Leuenberger, Segen, 9; Renz, HAE II/1, 30.

137 Vgl. Towner, Blessed Be YHWH, 386 ff.; Leuenberger, Segen, 52 f.

138 Leuenberger, Segenstheologien, 481.

139 Leuenberger, Segen, 9; gegen die Reziprozität des Segens spricht sich Wehmeier, Segen, 231, aus.

Durch die beiden Segenssprüche stiftet Melchisedek somit ein enges Verhältnis zwischen Abraham und El Eljon. In V.19b segnet Melchisedek Abraham vor El Eljon, dem Schöpfer des Himmels und der Erde. V.20a fungiert als Erläuterung hierzu: Die Formel ברוך + Gottesname ist ein spontaner persönlicher Ausdruck der Dankbarkeit für ein erfahrenes Gut.[140] Das konkret erfahrene Heil schließt wie hier meist in einem Relativsatz daran an.[141] Melchisedek verwendet die Formel stellvertretend für Abraham, sodass sich diesem erst durch den (zweiten) Segensspruch der Zusammenhang zwischen seinem Sieg und dem Beistand El Eljons erschließt.

Der Segensspruch Melchisedeks hat somit seinen Grund in der erfolgten Rettung, die Wirkung des Segens erschöpft sich aber nicht darin.[142] Wird Abraham durch die Segnung Melchisedeks zum Gesegneten, wirkt dieser Status ab der Gegenwart, aber über diese hinaus.[143] Die in der Rettung vor den Feinden grundgelegte heilvolle Zuwendung El Eljons gegenüber Abraham[144] will der Segen des Priesters in eine dauerhafte segensreiche Beziehung überführen.[145] Was die Pragmatik der Segenssprüche angeht, dürfte der zweite, explizierende Spruch darauf zielen, dem Erzvater die Wirkmächtigkeit des Segens El Eljons zu verdeutlichen.

Damit ist die Kernfrage der Melchisedek-Episode erreicht, in welcher Beziehung der Segen Melchisedeks zu der Zehntgabe Abrahams steht. Die Zehntgabe stellt offen-

---

140 Vgl. Towner, Blessed be YHWH, 388. Vgl. auch Zimmerli, 1. Mose 12–25, 44: „In der demütigen Wendung zum Lobpreis Gottes hin ist auf das gewiesen, was für Abraham schon eine Erfahrung seiner Gesegnetheit geworden ist: die Auslieferung der Widersacher."
141 Vgl. etwa auch den Ausspruch Jitros in Ex 18,10.
142 Versteht man den ersten Segensspruch in der hier vorgeschlagenen Weise als deklarativen Sprechakt, geht die Rettung vor den Feinden dem Segen voraus und kann daher nicht die Wirkung des Segens darstellen. Vgl. aber Zimmerli, Abraham, 258, der von „eine[r] Auswirkung" des Segens spricht.
143 Gegen Leuenberger, Segenstheologien, 207, der feststellt: „Dabei werden die Segensformulierungen durch die narrative Einleitung V.18 sowie den jetzt vorliegenden Rückbezug in der zweiten Segensaussage auf Abrams Kampf eher als gegenwärtige Konstatierungen denn als zukünftige Wünsche gedeutet."
144 Das verwendete Verb מגן könnte in diesem Zusammenhang aufschlussreich sein. Das Ausliefern der Feinde wird im Rahmen des klassischen Jahwekriegs sonst in der Regel mit נתן ביד (vgl. etwa Ri) zum Ausdruck gebracht. Im Vergleich dazu betont מגן vielleicht stärker den Geschenkcharakter der Auslieferung, sodass diese als Gunsterweis El Eljons an Abraham erscheint; vgl. Ruppert, Genesis, 225.
145 Vgl. Mitchell, Meaning, 225, der mit Blick auf die Wirkung des Segens grundsätzlich festhält: „It [sc. der Segen] has the connotation of a favorable relationship between the blesser and the person blessed." (Meaning, 2f.).

sichtlich den Höhepunkt der Begegnung zwischen Melchisedek und Abraham dar.[146] Die Episode ist wenig umschweifig, die Lektion scheint klar:[147] Auf den Segen folgt als angemessene Reaktion die Gabe des Zehnten. Es entsteht nachgerade der Eindruck als hätte sich Melchisedek nur wegen der Aussicht auf den zehnten Teil der Beute[148] „zum Tedeum nach dem Siege eingestellt".[149]

* * *

---

146 Die stark verkürzte Wiedergabe der Episode in Jub 13,28 f. zeigt, dass die Entrichtung des Zehnten bereits in der frühen Rezeption als Pointe der Szene wahrgenommen wurde: Jub berichtet nicht von einer Begegnung zwischen Abraham und Melchisedek, sondern formuliert stattdessen das Zehntgesetz; vgl. Granerød, Abraham, 32.

147 Zwar ist, wie häufig bemerkt wird, syntaktisch in der Tat offen, wer wem zehntet; vgl. etwa Fitzmyer, Melchizedek, 66 f. Unter sachlichen Gesichtspunkten kann jedoch kein Zweifel daran bestehen, dass Abraham der Geber des Zehnten ist, denn der Zehnte wird natürlich an das Heiligtum entrichtet. Vgl. auch Westermann, Genesis, 240, der feststellt, dass die Frage „von der Struktur des Ganzen als eines kultisch bestimmten Wechselgeschehens" beantwortet werde. Gegen Smith, Abram, 134, der annimmt, dass Abraham den Zehnten von Melchisedek empfangen habe („Melchizedek must pay the tithe because he is the weaker party and must bribe the aggressor into departing from the city peacefully"). Eine höchst originale, aber nicht zuletzt aus literargeschichtlichen Gründen wenig überzeugende Lösung schlägt Granerød, Abraham, 243 f., vor: Die Melchisedek-Episode hänge literarisch von Ps 110 ab und verfolge die Absicht, Abraham als Priester einzuführen: Melchisedek steht in dieser Deutung für den Zadokiden, der Abraham als dem Ahnvater der Leviten zehntet, womit eine entsprechende Hierarchie impliziert ist. Die Vorstellung, dass Abraham Priester gewesen sei, begegnet auch im rabbinischen Schrifttum (bNed 32b; BerR 46,5). Vielleicht ist die Reaktion Abrahams in diesem Zusammenhang bewusst offen formuliert; vgl. Ziemer, Abram, 112. Da der Bezug des Personalsuffixes unklar ist, bleibt offen, ob Abraham Melchisedek als Repräsentanten der Gottheit oder El Eljon persönlich zehntet. S. dazu auch im Folgenden. In eine gänzlich andere Richtung geht die Interpretation der Aussage bei Cargill, Melchizedek, 72 ff., der annimmt, dass nicht Abraham Melchisedek den Zehnten entrichtet, sondern Melchisedek (den er für den König von Sodom hält) Abraham zum Dank für die Restitution des sodomitischen Besitzes „von dem Reichtum" (מעשר) angeboten habe.

148 Die offene Formulierung „von allem" muss sich im Kontext auf die Beute beziehen, die Abraham mit sich führt. Die Spannung, die dann zu V.23 besteht, wonach Abraham dem König von Sodom alles zurückgibt, dürfte eher auf eine literarische Naht weisen, als dass sie durch die Annahme zu lösen wäre, Abraham könne nicht von der Beute gezehntet haben, sondern müsse den Zehnten von seinem gesamten Hab und Gut gegeben haben; vgl. aber Soggin, Abraham, 284.

149 Jacob, Genesis, 379.

Exkurs: Abrahams Zehntgabe im Kontext der biblischen und altorientalischen Zehntpraxis

„The whole question of tithing in ancient Israel is one fraught with difficulties."[150] Dieser Eindruck entsteht vor allem durch die vielfältigen und unterschiedlichen Regelungen kultischer Abgaben, die weitgehend unvermittelt nebeneinanderstehen. Der Zehnte ist nur eine von mehreren kultischen Abgaben, die in der Tora gefordert werden. Er begegnet mehrfach im Dtn (12,6f.11f.17f.; 14,22–29; 26,12–15), während das Bundesbuch nur Erstlinge erwähnt (Ex 22,29f.; 23,19).

Selbst wenn mit einer zunehmenden Relevanz kultischer Abgaben in der Perserzeit zu rechnen sein sollte, wie die folgenden Überlegungen zur wirtschaftlichen Situation des Tempels in Jehud nahelegen, könnte der Ursprung der Zehntpraxis bereits in der Königszeit liegen. Als Belege für eine frühe Zehntpraxis werden Gen 14,20; 28,22; 1 Sam 8,15.17 und Am 4,4 diskutiert.[151] Für Gen 28,22 ist wie im Fall von Gen 14,20 nicht mit einem hohen Alter zu rechnen.[152] Die anderen beiden Stellen, 1 Sam 8 und Am 4, könnten hingegen durchaus eine vorexilische Zehntpraxis belegen. Ob es sich bei der Auflistung der Privilegien des Königs in 1 Sam 8,11ff. um ein historisches Dokument handelt, ist zwar fraglich. Die Verse gehören zu den königtumskritischen Passagen des Kapitels, die gegenüber dem Grundstratum der Erzählung sicherlich sekundär sind.[153] Die Rechte des Königs gehen weit über die Forderung des Zehnten hinaus und qualifizieren den König in negativer Art und Weise als einen Despoten, der die besten Äcker für sich beansprucht und die Söhne und Töchter der Angeredeten versklavt. Vorstellbar ist, dass sich das negative Recht des Königs in 1 Sam 8 aus dem „Recht des Königtums" in 10,25a entwickelt hat, das zur (noch wertfreien) Grundschicht von 1 Sam 10 zu rechnen ist.[154] Ungeachtet des mutmaßlich späten redaktionsgeschichtlichen Ortes des Königsrechts in 1 Sam 8 dürfte jedoch mit einem *fundamentum in re* zu rechnen sein. „Die antikönigliche Polemik gegen den staatlichen Zehnten ergibt für ihre (impliziten) Adressaten nur

---

150 Grabbe, Religion, 137.
151 Vgl. etwa Jagersma, Tithes, 119; Crüsemann, Tora, 253f.
152 Bei der entsprechenden Notiz in Gen 28,22b handelt es sich um einen Nachtrag zu dem deuteronomistisch geprägten und seinerseits bereits redaktionellen Gelübde Jakobs in V.20–22a. Vgl. etwa Levin, Jahwist, 219; Becker, Jakob, 167.
153 Die Grundschicht von 1 Sam 8 dürfte in V.1–5.21f. zu suchen sein; vgl. ähnlich auch Lehnart, Prophet, 116f. Müller, Königtum, 120ff., sieht in V.21.22a eine erste, noch königtumsfreundliche Ergänzung der Grundschicht in V.1.3–5.22b. Die königtumskritische Bearbeitung erstreckt sich etwa über V.6.7a.9b–17.19f.
154 Gegen Fischer, Saul-Überlieferung, 176, der 10,25a als nachdtr. Eintrag wertet. Auch Müller, Königtum, 131, weist hingegen darauf hin, dass „Recht des Königs" und „Recht des Königtums" nicht dasselbe sind.

Sinn, wenn sie einen solchen staatlichen Zehnten aus eigener Erfahrung kennen."[155] In 1 Sam 8,11 ff. könnten sich somit historische Erinnerungen an eine Zehntpraxis in vorexilischer Zeit niedergeschlagen haben,[156] die polemisch überformt wurden.

Auf eine Entrichtung des Zehnten in vorexilischer Zeit könnte außerdem Am 4,4 weisen, wo der Zehnte jedoch als Opfergabe vorgestellt zu sein scheint und daher im Rahmen der Kultkritik begegnet.

Da der „zehnte Teil" im gesamten Alten Orient klassisch sowohl für kultische als auch für säkulare Abgaben zu sein scheint,[157] ist ein doppelter Ursprung des Zehnten als Königssteuer und als Opfergabe nicht auszuschließen. Die weitere (literar-)historische Entwicklung der Zehntpraxis muss hier nicht im Detail eruiert werden. Beides, die Steuer aus der Königszeit und die Opfergabe, wäre in nachexilischer Zeit jedenfalls zu einer Art (freiwilliger)[158] Tempelsteuer kombiniert worden, die den Unterhalt der Priester und des Tempels sicherstellen soll. Die sehr vielfältigen und nicht immer zu vereinbarenden Angaben zur Bestimmung des Zehnten in späten Texten (Festmahl, Sozialabgabe, Tempelfinanzierung) dürften auch darauf weisen, dass die Adressaten mit der Zehntpraxis vertraut und daher in der Lage waren, auch diese unterschiedlichen Umdeutungen zu verstehen.

Abrahams Abgabe unterscheidet sich in einem Detail auffällig von sämtlichen übrigen alttestamentlichen Zehntforderungen. Bei dem von ihm entrichteten Zehnten handelt es sich um eine einmalige Gabe, noch dazu nicht von agrarischen Produkten. Die Gabe des Zehnten jenseits des Ertrags vom Grundbesitz der Bauern (in Form von Gold, Silber, Vieh etc.) ist auch aus babylonischen Archiven bekannt.[159] Anders als beim agrarischen Zehnten, bei dem es sich um eine offizielle Steuer handelte, die mit „Abgabenschätzung und [...] Administrierung von Ernte und Transport"[160] einhergegangen sein dürfte, könnte es sich auch hierbei um einmalige, freiwillige Abgaben gehandelt haben. Der Zehnte als *ex-voto*-Spende ist auch aus anderen Gebieten bekannt und z.B. in altsüdarabischen, vor allem mittelsabäischen, und griechischen Texten belegt.[161] In Jerusalem, wo es keine obligatorischen Abgaben an den Tempel gab, ist es naheliegend, dass in finanziellen Notlagen um einmalige Finanzspritzen gebeten wurde. Abrahams Zehntgabe ist somit als sinnvolle Ergänzung zu den übrigen Zehntforderungen zu sehen, die in sich ohnehin keineswegs einheitlich sind. Gegen den Charakter von Gen 14,18 – 20 als

---

155 Kessler, Art. Zehnter.
156 Vgl. auch Schaper, Priester, 96.
157 Vgl. etwa Salonen, Über den Zehnten; North, Art. עשר, 433.
158 Zur Freiwilligkeit der Abgaben und deren Pragmatik s.u. S. 202 ff.
159 Vgl. Jursa, Tempelzehnt.
160 Jursa, Tempelzehnt, 4.
161 Vgl. Jursa, Tempelzehnt, 87, Anm. 314.

Programmschrift für den Zehnten lässt sich daher nicht einwenden, der Zehnte in Gen 14,18–20 sei „kein solcher im Sinne des Kultusgesetzes (von den Bodenerzeugnissen und dem Vieh)".[162]

* * *

Was den Zusammenhang von Segen und Zehntem in Gen 14,18–20 angeht, könnten angesichts der obigen Erwägungen zur Bedeutung des Segens verschiedene Aspekte eine Rolle spielen. Aufgrund der Mehrdimensionalität des Segens und des womöglich bewusst offen gehaltenen Objekts der Handlung zielt die Zehntgabe Abrahams sowohl auf El Eljon als auch auf Melchisedek. In Bezug auf die bereits erfolgte Rettung – Abraham hat seine Feinde mit dem Beistand El Eljons besiegt – ließe sich die Zehntgabe als Ausdruck der Dankbarkeit für den göttlichen Beistand in der Schlacht[163] oder, juristisch gesehen, als angemessene Beteiligung der Gottheit an der Beute verstehen. In Bezug auf die (für die Zukunft erwartete) heilvolle Wirkung des interzessorischen Handelns Melchisedeks ließe sich der Zehnte aber auch als Entlohnung des Priesters verstehen. Mit der Finanzierung des Kultes würde Abraham so nicht zuletzt auch dafür Sorge tragen, dass Melchisedek seiner Arbeit weiterhin nachgehen kann und die segensreiche Beziehung erhalten bleibt.[164]

Ein ähnlicher Zusammenhang von Segen und Kult ermöglichender Gabe findet sich vielleicht in Ri 17,2–4: Die Mutter empfiehlt ihren Sohn Jahwe zur Segnung (ברוך בני ליהוה) und verwendet einen Teil ihres Besitzes für die Herstellung eines Gottesbildes, das ihrem Sohn im Rahmen eines (freilich illegitimen) Privatkultes die kultische Verehrung Jahwes ermöglicht.[165] Auch hier ist impliziert, dass es ohne Kult keinen Segen geben kann. Im Unterschied zu der pervertierten Kultgründungserzählung Ri 17,1–6 steht in Gen 14 Melchisedek als Priester dazwischen, der in seiner Funktion als exklusiver Segensmittler die Gabe empfängt. „[T]he divine blessing can be received only through priestly mediation. Abram's reaction in Gen 14:20b indicates that he obviously acknowledges this priestly claim."[166]

Trifft diese Deutung zu, hat der Segen Melchisedeks im Zusammenhang der Abraham-Erzählung unter Umständen eine große Reichweite. Die Erfüllung des Segens, der Abraham in Gen 12 verheißen wurde, wurde zwar in Gen 13 narrativ

---

162 So aber Jacob, Genesis, 386.

163 Im kultischen Kontext ist z.B. 1 Kön 8,56 vergleichbar: Salomo segnet Jahwe, der seinem Volk Ruhe gegeben hat, und opfert danach Dankopfer. An die Stelle der Opfer tritt in Gen 14 der Zehnte.

164 Eine ähnliche kausale Beziehung zwischen der (vollständigen) Entrichtung des Zehnten und dem Eintreffen von Segen stellt Mal 3,10 her.

165 Vgl. dazu ausführlich Schulz, Anhänge, 137 ff.

166 Berner, Abraham, 45.

vorbereitet, ist bisher jedoch nicht eingetreten: Der verheißenen Mehrung steht nach wie vor die Kinderlosigkeit des Ahnvaters entgegen (Gen 15). Wenn Gen 14,18–20 den Sieg Abrahams über die Feinde an dieser Stelle als gottgewirkte Rettung interpretieren, gibt dies bereits einen Vorgeschmack auf die Wirkmächtigkeit des priesterlich vermittelten Segens, der sich im weiteren Verlauf der Abraham-Erzählung dann vollständig realisiert. Im Kontext der Abraham-Erzählung erfolgt somit in und über Gen 14,18–20 eine theologische Umdeutung bzw. Präzisierung des zentralen Motivs „Segen" im Sinne eines kultischen Segens, der vom Priester erteilt wird.[167]

Mit Blick auf die Datierung der Melchisedek-Episode lässt sich somit abschließend festhalten, dass sich eine späte Entstehung nicht nur aus redaktionsgeschichtlichen Gründen nahelegt. Sie wird zusätzlich gestützt durch die zentralen Motive der Passage – den Kunstnamen Salem sowie die Gottesbezeichnung „El Eljon, Schöpfer des Himmels und der Erde". Damit ist nicht nur von einem späten Datum der Abfassung der Melchisedek-Passage bzw. ihrer Einfügung in den Zusammenhang von Gen 14 auszugehen, sondern von einer späten Entstehung der Melchisedek-Tradition als solcher. Gen 14,18–20 nehmen somit keine ältere Tradition um einen Jerusalemer Priesterkönig auf.

3.1.2.2 Die Intention von Gen 14,18–20

Innerhalb von Gen 14 hat die Eintragung von Gen 14,18–20 zunächst den Effekt, dass die bis *dato* untheologische Kriegserzählung theologisiert wird.[168] Gen 14,18–20 knüpfen an den Sieg Abrahams über die Verfolgten an und interpretieren diesen als göttliche Rettung vor den Feinden, auf die als angemessene Reaktion die Zehntgabe folgt. „By means of the insertion of vv.18–20 and Melchizedek's interpretation of historical events presented there, Abram's pursuit and victory turn out to be a holy war."[169]

---

167 Vgl. auch Westermann, Genesis, 243, der den Unterschied zur ursprünglichen Segensvorstellung in den Vätererzählungen betont (segnende Subjekte sind die Erzväter selbst, vgl. Gen 27; 49; Segen wird verheißen, vgl. Gen 12,1–3). Auch Zimmerli, Abraham, 260, bemerkt: „Die Mediatisierung des Segenswortes durch eine priesterliche Gestalt ist der Abrahamüberlieferung sonst unbekannt."
168 Vgl. Granerød, Abraham, 26.
169 Granerød, Abraham, 27. Als mindestens billigend in Kauf genommener Nebeneffekt dürfte die Herabsetzung des Königs von Sodom zu deuten sein. Durch den Ort der Einfügung zwischen V.17 und V.21 muss dieser erstens warten, bis Melchisedek fertig ist; vgl. Berner, Abraham, 44. Durch den Segen Melchisedeks entsteht außerdem ein Kontrast zu V.23: Nicht der König von Sodom hat Abraham reich gemacht (durch die Beute), sondern El Eljon (durch seinen Segen).

Davon zu unterscheiden ist die Frage, welche Agenda hinter der Eintragung der Melchisedek-Passage in Gen 14 steht und auf welchen Entstehungskontext dies weisen könnte. Durch die gesamte Auslegungsgeschichte hindurch findet sich die Annahme, dass die Melchisedek-Episode die Intention verfolge, die Herrschaft bestimmter Könige zu legitimieren. Häufig begegnet diese These im Rahmen von Frühdatierungen, die Gen 14,18–20 in der ein oder anderen Weise auf den Beginn der Herrschaft Davids beziehen. Vereinzelt steht sie aber auch im Zusammenhang mit einer späten Ansetzung der Passage in der hasmonäischen Zeit. Beide Optionen, die extreme Frühdatierung wie die extreme Spätdatierung (und damit auch die legitimatorische Funktion der Melchisedek-Episode als solche), sind wenig wahrscheinlich.

Wie die bisherige Untersuchung gezeigt hat, ist eine Frühdatierung bereits aus literar-, redaktions- und traditionsgeschichtlichen Gründen auszuschließen.[170] Doch auch unabhängig davon sind sämtliche Deutungen der Melchisedek-Episode im Zusammenhang mit der Regierung Davids aus inhaltlichen Gründen problematisch.[171] Schatz geht beispielsweise davon aus, die Erzählung reflektiere die Tatsache, dass David bei der Eroberung Jerusalems, vielleicht als versöhnende Geste, den jebusitischen Priester Zadok übernommen habe.[172] Gen 14,18–20 wollten demnach zeigen, dass bereits Abraham mit Jerusalem in Verbindung stand und den dortigen Priester anerkannt habe, um die Erhebung der kanaanäischen Stadt mitsamt seinem vorisraelitischen Priester zur Hauptstadt des Reiches zu legitimieren.[173] Neben dem grundsätzlichen Problem, dass der Bericht 2 Sam 5, wonach

---

170 Die Frühdatierung von Gen 14,18–20 geht häufig mit der Annahme eines entsprechend hohen Datums von Ps 110,4 einher. Ps 110,4 wird dabei als Zeuge für ein judäisches Königtum gewertet, das auch priesterliche Aspekte integrierte und diese Funktion von der kanaanäischen Vorbevölkerung, für die Melchisedek als exemplarische Gestalt steht, übernommen hat. Gen 14 soll in diesem Zusammenhang die Übernahme der kanaanäischen Strukturen (bzw. der Gottheit El Eljon, die mit Jahwe identifiziert wurde) legitimieren. Dieses Argument fällt schon mit dem (sehr) späten literargeschichtlichen Ort von Ps 110,4 (s. u. 2.1.3). Vgl. aber auch Blum, Komposition, 463, der zwar eine nachexilische Entstehung annimmt, aber davon ausgeht (mit Verweis auf Gunkel, Genesis, u. a.), „daß die Gestalt Melchisedeks als ‚Priesterkönig‘ in Jerusalem und die von ihm gebrauchten Gottesbezeichnungen zumindest traditionsgeschichtlich vorgegeben waren". Er verweist in diesem Zusammenhang darauf, dass Van Seters (Abraham, 306) „Belege wie Ps 110,4 [...] mit allzu leichter Hand beiseite" schiebe, und scheint – *ergo* – Ps 110,4 für alt zu halten.
171 Zur Kritik daran vgl. Niehr, Gott, 167 ff.
172 Vgl. Rowley, Zadok and Nahushtan, 113 ff.; ders., Melchizedek and Zadok, 464 f.; ders., Melchizedek and David, 485; Schatz, Genesis 14, 322.
173 Vgl. auch Westermann, Genesis, 244: „Ein Zustand in der Gegenwart [*sc.* der Königszeit], nämlich daß die israelitischen Bauern an ein ehedem kanaanäisches Heiligtum den Zehnten ihres Ertrages liefern, wird durch ein Ereignis der Vorzeit, die Segnung Abrahams durch den Priester dieses

David Jerusalem als kanaanäische, von Jebusitern besiedelte Stadt eingenommen habe, nicht viel Historisches enthalten dürfte,[174] birgt die Identifizierung von Melchisedek und Zadok eine weitere Schwierigkeit. Melchisedek ist schließlich nicht nur Priester, sondern auch König. Deutet man das auf die konkrete Situation Davids nach der Eroberung der Stadt, hätte David einen Rivalen, der ebenfalls Anspruch auf den Thron erheben konnte.[175] Rowley versucht daher, den königlichen Aspekt bei Melchisedek herunterzuspielen.[176] Wie Emerton bemerkt, gelingt dies angesichts der Bezeichnung Melchisedeks als „König" freilich nur schlecht.[177]

Berücksichtigt man die Ämterverschmelzung stärker, könnte es im Rahmen einer Frühdatierung alternativ darum gehen, die Übernahme des kanaanäischen Priesterkönigtums durch David zu legitimieren. Melchisedek stünde entsprechend nicht für Zadok, sondern für den kanaanäischen Stadtkönig.[178] Eine ähnlich gelagerte Deutung, die ebenfalls von der konzeptionellen Übernahme kanaanäischer Elemente ausgeht, rückt die kultische Komponente ins Zentrum:[179] Sie nimmt einen Synkretismus von Jahwe und El Eljon an und vermutet hinter Gen 14 die Absicht, die Übernahme der kanaanäischen Gottheit El Eljon durch David zu legitimieren.[180] Emerton entscheidet sich am Ende sogar für eine Kombination dieser Motive, die konzeptionell nah beieinander liegen:

> [I]t is plausible to argue that the person who inserted the Melchizedek passage lived in the time of David, and wanted to give support to David's rule over the Canaanites, to his making Jerusalem the national and religious capital of Israel, to his uniting of the cults of Yahwe and El Eljon, and to his inheriting the royal and priestly status of the Canaanite kings of Jerusalem.[181]

Der Fokus auf der legitimatorischen Absicht der Eintragung von Gen 14,18–20 verstellt den Blick auf den Vorbildcharakter der Melchisedek-Episode, der im Rahmen der Frühdatierung allenfalls als sekundärer Aspekt im Zuge der Rezeption des Textes berücksichtigt wird. Schatz etwa räumt ein: „Den Hasmonäern mag die Be-

---

Heiligtums und die diesen Segen anerkennende Gabe des Zehnten durch Abraham erklärt und legitimiert."

174 Vgl. etwa Hübner, Jerusalem.
175 Vgl. zum Problem Emerton, Riddle, 420.
176 Vgl. Rowley, Melchisedek and Zadok; ders., Melchisedek and David.
177 Vgl. Emerton, Riddle, 421.
178 Vgl. Emerton, Riddle, 422.
179 Vgl. etwa Schmid, Jahwe, 178 ff.; Clements, God, 43 ff.
180 Dagegen sprechen die oben angestellten religionsgeschichtlichen Erwägungen, wonach bereits die Gottesbezeichnung „El Eljon, Schöpfer des Himmels und der Erde" auf einen monotheistischen Kontext weist.
181 Emerton, Riddle, 425. Vgl. ähnlich auch Rooke, Heirs, 90 f.

gegnung Abra(ha)ms mit Malkisedeq von Salem, resp. die Zehntenabgabe des ersteren an den letzteren zur Begründung der Zehntenabgabe an das jerusalemitische Heiligtum gedient haben."[182] Angesichts der großen Schwierigkeiten, die eine Ansetzung in davidischer Zeit mitsamt der vermuteten legitimatorischen Intention bereitet und unter Berücksichtigung der zentralen Stellung des Zehnten in Gen 14,18–20 ist anzunehmen, dass der Text nicht nur in dieser Weise rezipiert, sondern vielmehr in dieser Absicht, also als Programmschrift für die Zehntabgabe, verfasst wurde. Darüber hinaus stellt sich bei Schatz' Vorschlag jedoch die Frage, weshalb der Text gerade in hasmonäischer Zeit in diesem Sinne rezipiert worden sein sollte. Zumindest die Verbindung des Zehnten mit den Hasmonäern wird auch dann nicht wahrscheinlicher, wenn man die Ebene von der Rezeption zur Entstehung des Textes verschiebt. Dies betrifft in gleicher Weise die Interpretation Soggins, der eine hasmonäische Datierung favorisiert und dazu zwei alternative Deutungen vorschlägt:[183] Entweder stehe Melchisedek für die Hasmonäer, die damit versuchen, sich eine priesterliche Abstammung zu verschaffen. Oder Melchisedek repräsentiere (umgekehrt) die Jerusalemer Priesterschaft, die von den Hasmonäern (dann entsprechend repräsentiert durch Abraham) den Zehnten fordere. Die zweite Lösung wird zwar dem Umstand gerecht, dass Gen 14,18–20 auf die Entrichtung des Zehnten als Höhepunkt hinauslaufen. Unplausibel wird sie jedoch spätestens dadurch, dass sie die in vielerlei Hinsicht naheliegende Identifikation Melchisedeks mit den Hasmonäern[184] nicht vollzieht, sondern stattdessen die Gegenpartei mit Melchisedek, die Hasmonäer aber mit Abraham identifiziert.

Bei der ersten Lösung würden die Hasmonäer immerhin mit Melchisedek identifiziert. Unklar bliebe jedoch, wieso der Zehnte im Rahmen der hasmonäischen Herrschaftslegitimation eine derart große Rolle spielen sollte. Der Zehnte wäre als Zeichen für die Anerkennung der Herrschaft Melchisedeks resp. der Hasmonäer durch Abraham zu werten. Allerdings blieben Gen 14,18–20 als Legitimationsurkunde reichlich subtil. Wie gezeigt wurde, geht es der Melchisedek-Episode im Kern nicht um die Qualifizierung Melchisedeks als Herrscherfigur, sondern vielmehr um die Relevanz des priesterlichen Segens, den Abraham empfängt und mit der Entrichtung des Zehnten quittiert. Dies legt die Vermutung nahe, dass Abraham in Gen 14,18–20 als Identifikationsfigur fungiert, deren Handeln zum Nachahmen anregen

182 Schatz, Genesis, 275.
183 Vgl. Soggin, Abraham, 291; ders., Genesis, 234f. Oswald, Hohepriester, 317, gibt zudem berechtigterweise zu bedenken, man könne mit der Datierung von Gen 14,18–20 allein schon aus kanonchronologischen Gründen nicht beliebig weit herabgehen. Gegen eine Bearbeitung der Genesis in der Hasmonäerzeit könnte die Bezeugung der Melchisedek-Episode in LXX und dem Genesis-Apokryphon sprechen.
184 S. dazu u. 3.2.2.2.

soll – was wiederum dafürspricht, hinter Gen 14,18 – 20 eine Kampagne für den Zehnten zu vermuten. Mag somit die Doppelfunktion Melchisedeks als König und Priester auch Assoziationen an die Herrschaft der Hasmonäer wecken,[185] am Ende ist es unwahrscheinlich, dass die Hasmonäer die Melchisedek-Episode zum Zweck der Legitimierung ihrer Herrschaft verfasst haben. Freilich schließt dies nicht aus, dass sie sich in legitimatorischer Absicht darauf berufen haben können. Die oft (und wohl zu Recht) gezogene Verbindung zwischen Melchisedek und den Hasmonäern ist jedoch in jedem Fall in den Bereich der Rezeption von Gen 14,18 – 20 zu verlagern.

Zwischen den beiden Polen der Früh- und der Spätdatierung liegt als moderate und grundsätzlich plausible Alternative die Datierung in der Perserzeit. In diesem Zusammenhang spielt die Figur des Jerusalemer Hohepriesters meist eine zentrale Rolle bei der Interpretation der Passage. Da die Melchisedek-Episode zumindest nicht vor der Perserzeit entstanden sein dürfte, ist in der Tat davon auszugehen, dass Melchisedek als Chiffre für den Jerusalemer Hohepriester steht. Gegenüber der bisweilen vertretenen Annahme, Gen 14,18 – 20 seien verfasst worden, um das Hohepriesteramt als Führungsamt zu legitimieren,[186] ist jedoch wiederum Skepsis angebracht.

Einen eigenwilligen Interpretationsvorschlag unterbreitet Ruppert. Dieser ist im vorliegenden Zusammenhang von Interesse, da er Gen 14,18 – 20 mit der Hohepriesterprogrammatik aus Sach 6 zu korrelieren versucht. Ruppert wertet „Abraham" in Gen 14,18 – 20 als Decknamen für Serubbabel, „Melchisedek" hingegen stehe für Joschua.[187] Wie Sach 6,9 – 15 interpretiert er entsprechend auch Gen 14,18 – 20 als Beleg für die sich auf den Hohepriester richtende Heilserwartung.

> Jedenfalls scheint auch die Melchisedek-Szene in Gen 14 (V.18 – 20) den Vorrang des Priesters vorauszusetzen, insofern „Abraham", d.h. doch wohl Serubbabel (bzw. seine Nachfolger im politischen Amt), „Melchisedek", d.h. dem Hohenpriester, den Zehnten gibt (V.20), ihn somit als den „Höheren" anerkennt. […] Die Melchisedek-Szene […] dient somit als „abrahamitische" Ätiologie dieses damals für kurze Zeit bestehenden bzw. erwarteten Verhältnisses der beiden Amtsträger (und ihrer Nachfolger).[188]

---

185 Der Königstitel dürfte sich dem literarischen Kontext verdanken, in den die Melchisedek-Episode eingestellt wurde.

186 So vermutet etwa Zimmerli, Abraham, 264, dass Melchisedek in Gen 14 als „Ahne […] des königlichen Hohepriestertums" appliziert werde. Vgl. auch Oswald, Hohepriester; Hieke, Leadership, 75.

187 Vgl. Ruppert, Genesis, 192.

188 Ruppert, Genesis, 193.

Abgesehen davon, dass die Identifikation von Abraham und Melchisedek mit Serubbabel und Joschua willkürlich erscheint, hängt die Einordnung von Gen 14,18 – 20 in der frühen (!) Perserzeit bei Ruppert einzig an der Datierung der Passage Sach 6,9 – 15. Dies spricht nicht eben für diese Deutung, hat doch die Analyse für Sach 6,9 – 15 ein erheblich späteres Entstehungsdatum nahegelegt.[189] Selbst wenn man gewillt wäre, die sehr zweifelhafte Identifikation von Abraham und Melchisedek mit Serubbabel und Joschua (unter Umständen auch jenseits der frühen Perserzeit) zu vollziehen, bliebe die von Ruppert vorgeschlagene Deutung letzten Endes aus dem bereits genannten Grund unwahrscheinlich, dass der Zehnte in Gen 14,18 – 20 sicher mehr als ein Mittel zum Zweck ist, um eine Hierarchie zwischen Abraham und Melchisedek auszudrücken.

Dieser letzte Punkt spricht schließlich auch gegen die Lösung Oswalds, der zwar auf gewagte Identifikationen der Protagonisten mit konkreten Individuen verzichtet, aber wie Ruppert zu dem Schluss kommt, dass Gen 14,18 – 20 das Ziel verfolgen, die Hoheitsstellung des Jerusalemer Hohepriesters im judäischen Gemeinwesen zu manifestieren:

> Die Szene Gen 14,18 – 20 will den quasiköniglichen, zadokidischen Hohenpriester des spätperserzeitlichen bzw. frühhellenistischen Jerusalemer Tempels legitimieren, indem erzählt wird, dass bereits der Ahnvater Abram vom königlichen Priester Jerusalems gesegnet wurde und ihm im Gegenzug den Zehnten der Kriegsbeute abgeliefert hat.[190]

Der in der Tat markante Königstitel Melchisedeks kann allein nicht die Beweislast dafür tragen, dass es hier um die Legitimierung des „quasiköniglichen" Hohepriesters geht, sei es *idealiter* oder, wie Oswald anzunehmen scheint, *realiter.* Der Titel ist aus dem Kontext übernommen. Melchisedek trägt ihn ebenso wie die Repräsentanten der umliegenden Städte. Eine große Hochschätzung des Hohepriesters kommt darin zweifelsfrei zum Ausdruck. Dass die Übertragung des Königstitels auf Melchisedek primär die Funktion hat, das Amt als königliches Amt zu qualifizieren, folgt daraus jedoch keineswegs zwingend.

Die legitimatorischen Deutungen der Melchisedek-Episode für die Zeit Davids, für die Perserzeit und für die hasmonäische Zeit erweisen sich als unplausibel und sind

---

189 S. o. 2.2.2.4. Rupperts Urteil dazu beruht auf der reinen Behauptung, der Bearbeiter „dürfte in großer zeitlicher Nähe Sacharjas anzusetzen und in dessen oder Jeschuas Umkreis zu suchen sein" (Genesis, 193), und ist daher zu unkritisch, als dass es seine These erhärten könnte.
190 Oswald, Hohepriester, 318. Vgl. auch Van Seters, Abraham, 308, der die Eintragung der Melchisedek-Episode auf die Absicht der Priester der frühen hellenistischen Zeit zurückführt, ihre politischen Herrschaftsansprüche zu legitimieren. Vgl. auch Astour, Melchizedek.

zudem insuffizient, da keine von ihnen die Tatsache, dass der Fokus der Passage auf der Zehntgabe liegt, integrieren kann. Naheliegender erscheint daher die Interpretation von Gen 14,18–20 als Programmschrift für den Zehnten.[191] Zwar scheidet auch hierbei die in diesem Zusammenhang bisweilen erwogene vorexilische Ansetzung[192] aus redaktions- und traditionsgeschichtlichen Gründen aus. Sinnvoll erscheint die Deutung von Gen 14,18–20 im Sinne einer Ätiologie des Zehnten jedoch im Rahmen einer nachexilischen Datierung.[193]

Abraham fungiert in diesem Zusammenhang als Identifikationsfigur für die Adressaten, die entsprechend dazu angeregt werden sollen, sein Verhalten nachzuahmen. Innerhalb der Abraham-Erzählung ist die Zehntgabe geschickt zwischen der Verheißung der Mehrung (Gen 12) und deren Erfüllung (Gen 21) eingebaut. Gerade angesichts der Platzierung *vor* der Klage Abrahams über seine Kinderlosigkeit (Gen 15) präsentieren Gen 14,18–20 die Rettung Abrahams vor den Ostkönigen und den mit dem Zehnten quittierten Segen Melchisedeks als eine erste Station auf dem Weg zur Erfüllung der Verheißung, der in der folgenden Abraham-Erzählung (aus der Perspektive von Gen 14,18–20 aufgrund des Segens Melchisedeks) zum Ziel kommt. Mit Blick auf die Erfolgsaussichten der Kampagne dürfte dies ein entscheidender Faktor gewesen sein: Gen 14,18–20 charakterisieren im Kontext der Abraham-Erzählung die Entrichtung des Zehnten als unmittelbar heilsrelevant. Um die exklusiv priesterlich vermittelte segensreiche Beziehung zu El Eljon aufrechtzuerhalten, entrichtet der Erzvater den Zehnten an den amtierenden Priester. Aus dieser Perspektive gibt der weitere Verlauf der Erzählung Abraham

---

191 Auch Jub 13 versteht die Melchisedek-Passage in dieser Weise. Der Text macht aus der exemplarischen Zehntgabe Abrahams eine „ewige Ordnung", wonach die Erstlinge der agrarischen Erzeugnisse (!) an den Tempel gehen sollen, und relativiert so die Unterschiede zwischen Gen 14,20 (und 28,22?) einerseits (Zehnter als einmalige Votivgabe) und den Gesetzesbestimmungen zum Zehnten andererseits (regelmäßige Abgabe).
192 Vgl. etwa Westermann, Genesis, 244 (Legitimation des gegenwärtigen Zustands, wonach „die israelitischen Bauern an ein ehedem kanaanäisches Heiligtum den Zehnten ihres Ertrags liefern"); Gunneweg, Biblische Theologie, 120.
193 Vgl. etwa Procksch, Genesis; Rowley, Melchizedek; Delcor, Melchizedek. Da bereits die Grundschicht von Gen 14 mit priesterlichen Traditionen vertraut ist und Gen 14,18–20 ein fortgeschritten redaktionelles Stadium von Gen 14 spiegeln, ist nicht von einer Entstehung vor der mittleren oder späten Perserzeit auszugehen. Jedoch gibt es auch keinen Anlass, von diesem Zeitraum allzu weit abzurücken. Die späten Parallelen zu Gen 14 (z.B. Judit) lassen sich jedenfalls nicht ohne Weiteres für ein Entstehungsdatum in der fortgeschrittenen hellenistischen Zeit in Anschlag bringen; vgl. jedoch Blum, Komposition, 463, mit Bezug auf u.a. Gunkel, Genesis, 289f. Die Vergleichsmomente beziehen sich im Wesentlichen auf die Ostkönigeredaktion, die sich kaum in ein literargeschichtliches Verhältnis zur Melchisedek-Episode setzen lässt und somit auch später als diese angesetzt werden könnte.

Recht und bestätigt die Wirkmächtigkeit des priesterlichen Segens: Abraham bleibt nicht kinderlos, sondern wird zu einem großen Volk.

Diese Botschaft dürfte für die Adressaten durchaus eingängig gewesen sein, zumal die Abraham-Erzählung auf dieser Ebene für die Bewohner Jehuds zahlreiche Identifikationsmöglichkeiten bot. Die bereits erfahrene Rettung vor den übermächtigen Feinden[194] ließe sich im Kontext des perserzeitlichen Jehud auf das Ende des babylonischen Exils beziehen.[195] Auch zu der noch ausstehenden Realisierung des Heils und der gegenwärtig beklagenswerten Situation des Erzvaters lassen sich unschwer Analogien in der Lebenswelt der Adressaten finden. Wie beim Erzvater könnte auch bei ihnen mangelnde Fruchtbarkeit das Problem sein, das sie belastet und davon abhält, eine große und starke Nation zu werden. Angesichts einer anzunehmenden großen Steuerlast in der Perserzeit[196] ist davon auszugehen, dass die überwiegend agrarisch geprägte Gesellschaft Jehuds bei ausbleibender Ernte aufgrund schlechter klimatischer Bedingungen schnell in eine wirtschaftliche Schieflage geraten konnte. Vor dem Hintergrund einer wirtschaftlichen Notsituation der Adressaten ergäbe sodann auch die Zehntkampagne einen überaus guten Sinn. Denn eine fehlende Liquidität der Bauern dürfte die auf freiwilligen Abgaben der Bevölkerung basierende Versorgung des Tempels beeinträchtigt haben. Gen 14,18–20 würden somit die wirtschaftliche Notlage der Bevölkerung und die finanzielle Versorgung des Tempels auf naheliegende und geschickte Weise in einen kausalen Zusammenhang bringen. Die Entrichtung des Zehnten ermöglicht den kontinuierlichen heilbringenden Dienst der Priester und führt daher zu einer

---

194 Die Formulierung des zweiten Segensspruchs („El Eljon, der deine Feinde in deine Hand gegeben hat") ist merkwürdig, da es vorher gar nicht um Abrahams Feinde geht. Auch hier ist vielleicht die Situation der nachexilischen Gemeinde im Blick, die sich mit dem Erzvater identifiziert, insofern das heilsgeschichtlich als Rettung deutbare Ende des babylonischen Exils wie Abrahams Rettung als „Angeld" des durch den Priester erbetenen Segens verstanden werden kann; vgl. Ruppert, Genesis, 225.

195 Eine ähnliche Pragmatik liegt vielleicht auch dem nachgetragenen Hinweis auf den Zehnten am Ende von Gen 28 in V.22b zugrunde. Der Zehnte wird hier an das (seinerseits ebenfalls redaktionelle) Gelübde Jakobs in V.20–22a angehängt, wonach Jakob Jahwe ein Heiligtum in Bet-El errichten wird, falls dieser ihm auf dem vor ihm liegenden Weg beisteht und ihn wohlbehütet an den Ort des Geschehens zurückbringt. Auch diese Aussage ist unmittelbar transparent auf die Situation der heimgekehrten Exulanten. V.22b hat in diesem Zusammenhang die Funktion, den Zehnten als angemessene Reaktion auf den erfahrenen göttlichen Beistand zu qualifizieren, der sich in der Rückkehr aus dem Exil manifestiert.

196 S. dazu im Folgenden.

Verbesserung der Verhältnisse.[197] Damit wird gezeigt, dass die Zehntgabe auch und gerade in wirtschaftlich schlechten Zeiten eine lohnende Investition darstellt.

Die Deutung von Gen 14,18–20 vor dem Hintergrund episodischer Versorgungsengpässe des Tempels und des Kultpersonals erfordert einen Blick auf die sozioökonomischen und politischen Verhältnisse Jerusalems resp. des Tempels in der ausgehenden Perserzeit.

3.1.3 Die wirtschaftliche Situation Jehuds

Hinsichtlich des persischen Steuersystems liegt zwar vieles im Dunkeln.[198] Gute Gründe gibt es jedoch zumindest für die Annahme, dass die von den Persern erhobenen Steuern jederzeit zu sozioökonomischen Spannungen in der Provinz Jehud führen konnten und immer wieder geführt haben. Neh 5,4 etwa belegt, dass die Abgaben zumindest zum Teil in Edelmetall zu entrichten waren.[199] Diese Praxis musste die Bevölkerung Jehuds zwangsläufig vor große Probleme stellen. Da die Region über keine Silberminen verfügte, war die Bevölkerung auf den Handelsmarkt angewiesen, um agrarische Produkte gegen Silber einzutauschen. Für die Kleinbauern, die die Mehrheit der Gesellschaft bildeten, bedeutete dies, dass sie kontinuierlich einen Überschuss erwirtschaften und exportieren mussten.[200] Führten ungünstige klimatische Verhältnisse zu einem Ernteausfall, wurde ein Kreislauf in Gang gesetzt, der für die Bauern schnell zu Verarmung, Besitzlosigkeit und Schuldknechtschaft führen konnte.[201] Hinweise auf wirtschaftliche Probleme in Jehud, die mit einer solchen Dynamik im Zusammenhang stehen könnten, lassen sich Neh 5, Neh 13 und Jes 61 entnehmen.

---

197 Dieselbe Strategie findet sich in der Kampagne des Propheten Haggai für den Tempelbau in Hag 1. Er zeigt den anderweitig beschäftigten Adressaten auf, dass sich die Verhältnisse erst bessern werden, wenn sie den Wiederaufbau des Tempels in Angriff nehmen.

198 Vgl. Grabbe, History, 207; Bedford, Economic Role, 17; Altmann, Economics, 89 ff.

199 Herodot, Hist. 3.89–97, führt dies auf eine Reformmaßnahme Darius' I. (522–486 v. Chr.) zurück. Zuvor seien die Abgaben in Form von Naturalien geleistet worden. Die historische Zuverlässigkeit dieser Darstellung, die in der Forschung viel Widerhall gefunden hat, wird gegenwärtig in Zweifel gezogen. Stattdessen wird vermehrt davon ausgegangen, dass Abgaben auch vorher bereits in Edelmetall entrichtet wurden; vgl. etwa Altmann, Economics, 89 ff. Jursa, Aspects, 645 ff., konnte jedenfalls plausibel machen, dass die vermeintliche Reform Darius' in Babylon keinen Einfluss gezeigt hat. Für die Interpretation der genannten biblischen Texte spielt diese Frage keine entscheidende Rolle, da sie sämtlich später anzusetzen sein dürften als die Herrschaft Darius' I.

200 Vgl. etwa Gerstenberger, Israel, 94.

201 Vgl. Kippenberg, Klassenbildung.

3.1.3.1 Neh 5 und Neh 13

Die oben im Zusammenhang mit der Profilierung des Statthalteramtes bereits angesprochenen Texte Neh 5 und Neh 13 erhellen auch die wirtschaftliche Situation Jehuds in der fortgeschrittenen Perserzeit. Während Neh 5 die wirtschaftliche Not der Bauern schildert und somit Rückschlüsse auf strukturelle wirtschaftliche Probleme erlauben könnte, lässt sich aus Neh 13 unter Umständen auf die Konsequenzen schließen, die eine angespannte wirtschaftliche Lage für die Situation des Tempels und seines Personals haben konnte.[202]

Die Versuchung ist grundsätzlich groß, der spärlich bezeugten Geschichte Jehuds in der mittleren Perserzeit anhand der in Esr/Neh berichteten Ereignisse Kontur zu verleihen.[203] Die Besprechung von Neh 5 und Neh 13 (sowie Esr 1– 6) hat bereits eine komplexere und längere Zeit in Anspruch nehmende Wachstumsgeschichte ergeben und dabei Neh 5 und Neh 13 späteren redaktionsgeschichtlichen Stadien zugewiesen.[204] Geben diese Texte somit keine Auskunft über die Zustände in der erzählten Zeit, der mittleren Perserzeit, ist für die mutmaßliche Entstehungszeit, die späte Perserzeit, abzuwägen, wie viel Historisches und wie viel Programmatisches man in jedem dieser Texte finden mag. Dies gilt, wie oben dargelegt wurde, vor allem mit Blick auf die dargestellten politischen Strukturen. Wird der Statthalter Nehemia als souveräne judäische Leitungsfigur qualifiziert, die Autorität über die Aristokratie und den Tempel hat, stehen vermutlich programmatische Interessen im Hintergrund. Die historische Plausibilität der in Neh 5 und Neh 13 implizierten Hintergründe ist darum nicht unbedingt zu bezweifeln. Die Botschaft dürfte jedenfalls umso eingängiger gewesen sein, wenn die Verarmung der Kleinbauern und die Versorgungsengpässe des Tempels, die Nehemias Handeln in diesen Kapiteln veranlassen, für die Adressaten zumindest in den Bereich des Vorstellbaren gehörten.

Neh 5 verfolgt in erster Linie die Absicht, den Statthalter in idealisierter Weise als politischen Führer der Provinz darzustellen, „der die soziale Ungleichheit keineswegs befördert, sondern ganz im Gegenteil reduziert",[205] indem er zu einem

---

202 Thematisch eng verwandt mit Neh 5 und Neh 13 ist auch Neh 10. Dieses Kapitel dürfte jedoch später entstanden sein; vgl. Oswald, Staatstheorie, 243. Indem Neh 10 vor Neh 13 platziert wird, entsteht der Eindruck, dass Nehemia in Neh 13 den Willen des Volkes ausführt, vgl. Karrer, Ringen, 325.

Neh 10 belegt, von welch großem Interesse die Versorgung des Tempels war. Daraus wird man mit einer gewissen Wahrscheinlichkeit auf Schwierigkeiten und Probleme im Zusammenhang der Tempel- und Priesterversorgung schließen können, die Neh 13 (unabhängig davon, ob der Bericht historisch zuverlässig ist) sehr plastisch vor Augen führt.

203 Vgl. Pakkala, Disunity, 200. Recht optimistisch geht Schaper, Priester, vor.

204 S.o. S. 78 ff.

205 Oswald, Staatstheorie, 237.

Schuldenerlass auffordert. Dabei könnte die Situation, die dieser Maßnahme zugrunde liegt – eine wirtschaftliche Notlage aufgrund ausgebliebener Ernte –, durchaus realistische Verhältnisse spiegeln.[206] Eingangs des Kapitels schildern V.2–5 detailliert verschiedene Missstände, die von drei unterschiedlichen Gruppen vorgebracht werden. Bisweilen wurde daher angenommen, es handele sich dabei um drei unterschiedliche Verschuldungen, die jeweils nur eine bestimmte Gruppe der Gesellschaft beträfen.[207] Der Text lässt jedoch keine sozialen Unterschiede zwischen den einzelnen Gruppen erkennen. Sämtliche Redner scheinen über einen gewissen Wohlstand zu verfügen. Entweder können sie auf Ersparnisse zurückgreifen, um in der Hungersnot Getreide zu kaufen, oder sie sind in der Lage, Eigentum (Äcker, Weinberge, Häuser) zu verpfänden. Es erscheint daher plausibel, dass hier verschiedene Vertreter der großen Klasse der freien und grundbesitzenden Kleinbauern das Wort ergreifen und die gelisteten Missstände somit eher verschiedene Stadien der Verschuldung (Aufwendung der Ersparnisse, Verpfändung, Schuldsklaverei) sowie verschiedene Facetten der wirtschaftlichen Notlage (Bekämpfung der Hungersnot, Entrichtung der Steuern) abbilden.[208] Wie Oswald feststellt, handelt es sich daher sicher nicht um eine „Darstellung von zufällig im selben Zeitraum auftretenden, historischen Ereignissen",[209] sondern eher „um eine fast schon systematisch zu nennende Auflistung aller Notlagen",[210] die hier aufsteigend nach dem Grad der Verschuldung vorgebracht werden. Zunächst wurden eventuelle Ersparnisse aufgewendet, die aus dem Export der Erzeugnisse früherer Jahre resultierten, um Getreide für die Familie kaufen zu können (V.2).[211] Damit wird eingangs direkt das Ausmaß der Not markiert: Die Erträge der Ernte reichen nicht einmal aus, um die Familie zu versorgen.[212] Im Anschluss daran wird der nächste Grad der Verschuldung beschrieben: Wenn nicht (mehr) auf Ersparnisse zurückgegriffen werden

---

206 Vgl. auch Grabbe, History, 207: „The agriculture capacity of Judah was always problematic to some extent because one could expect poor crops three or four years out of ten on average."
207 Vgl. Kreissig, Situation, 78 f.; Williamson, Ezra, 237 f.; Gunneweg, Nehemia, 86.
208 Vgl. Kippenberg, Religion, 56 f.
209 Oswald, Staatstheorie, 236.
210 Oswald, Staatstheorie, 236.
211 Die von Rudolph in der BHS vorgeschlagene Emendation von רבים (Bezug auf die Größe der Familie) zu ערבים (Verpfändung von Söhnen und Töchtern) ist unnötig; vgl. auch Williamson, Ezra, 232; gegen etwa Kippenberg, Religion, 56; Gunneweg, Nehemia, 86; Blenkinsopp, Ezra – Nehemiah, 254; Wright, Identity, 181; Nihan, Torah, 558, Anm. 622.
212 Dass die Steuern anders als bei den im Folgenden genannten Verpfändungen in diesem Zusammenhang keine Erwähnung finden, dürfte seinen sachlichen Grund darin haben, dass diese ohnehin in Edelmetall entrichtet wurden. Die Zusatzbelastung besteht also darin, dass nun obendrein auch Getreide gekauft werden muss. Die Verpfändungen würden demnach nötig, um die Steuern zu bezahlen, weil das Silber zuvor bereits für Getreide aufgewendet worden war.

kann, muss Besitz verpfändet werden, um die Familie ernähren und die Steuern entrichten zu können.[213]

Die systematische Darstellung der Missstände spricht dafür, dass hier kein einmaliger Ausnahmezustand im Blick ist, sondern es im Falle von Nahrungsmittelknappheit aufgrund schlechter Ernte immer wieder zu derartigen Engpässen kommen konnte:[214] „Problems of a structural nature underlie, and even make possible, the episodic eruption of a crisis."[215] Die Situation der Bauern muss darum nicht durchgängig schlecht gewesen sein,[216] sie war aber fragil, insofern diese wirtschaftlich vollständig von den klimatischen Verhältnissen abhängig waren.[217]

Episodische wirtschaftliche Krisen der Kleinbauern konnten weitreichende und langfristige sozioökonomische Konsequenzen nach sich ziehen. Waren die Bauern nicht in der Lage, die Steuern auf ihren Grund zu entrichten, ging dieser in das Nutzungsrecht desjenigen über, der die Grundsteuer für sie entrichtete. Bauern, die ihre Kopfsteuer nicht bezahlen konnten, gerieten entsprechend in Schuldknechtschaft gegenüber demjenigen, der stellvertretend für sie aufkam. Dies konnte schnell zur Folge haben, dass „[e]ine kleine Oberschicht, die Grundbesitz kumuliert und Luxuswaren konsumiert, einer Unterschicht gegenüber[steht], die in ärmlichen Verhältnissen vom geringen Ertrag der Landwirtschaft lebt".[218] Neh 5 antizipiert in der Rede Nehemias (V.8) schlimmere Zustände, die sich aus der aktuellen Lage entwickeln könnten. Geklagt wird über Hunger, Verarmung und Schuldsklaverei. Nehemia weist auf den nächsten logischen Schritt hin, den Verkauf der Brüder an Fremde, und fordert einen Schuldenerlass, solange damit die rechte Ordnung noch

---

213 In der Regel dürfte es so gewesen sein, dass die Bauern ihre Abgaben möglichst direkt nach der Ernte leisteten, sobald sie einen Teil davon in Silber eingetauscht hatten; vgl. Altmann, Tithes, 219.
214 Vgl. Altmann, Economics, 263.
215 Altmann, Economics, 264. Oswald, Staatstheorie, 252, sieht auch in Esr 5 f. einen Reflex auf eine schlechte wirtschaftliche Lage, da zur Finanzierung der Bauarbeiten auf den persischen König zurückgegriffen werden müsse.
216 Vgl. etwa die Erwägungen unten zu einem begrenzten wirtschaftlichen Aufschwung Jehuds im 4. Jh. v. Chr. u. S. 335 ff.
217 Vgl. auch Gerstenberger, Israel, 96: „Wir können den Text [sc. Neh 5] weder als den protokollarischen Bericht einer einzigen Hungersnot zur Amtszeit des Nehemia lesen, noch ihn auch so verallgemeinern, dass er uns gültig die soziale Situation der Judäer in zwei Jahrhunderten Perserherrschaft malte. Wahrscheinlich liegt die Wahrheit in der Mitte: Die Wirtschaft der Provinz Juda war anfällig für Naturkatastrophen und politische Erschütterungen. Sie konnte keine großen Überschüsse produzieren, keine ausgedehnte Vorratswirtschaft betreiben. Und der Druck des persischen Steuersystems [...] mag zeitweise die Menschen zur Verzweiflung getrieben haben."
218 Frevel, Geschichte, 297.

3.1 Melchisedek von Salem in Gen 14 ━━ 195

wiederhergestellt werden kann (danach müssten die Brüder wieder freigekauft werden).[219]

Was hier sichtbar wird, sind erste Ansätze zur Bildung einer Gemeinschaft, die auf Solidarität beruht.[220] Die Maßnahme Nehemias zielt auf die Wahrung des Ansehens der Judäer nach außen. Vorausgesetzt ist somit eine erfolgte (oder gerade erfolgende) Ausprägung eines kollektiven Bewusstseins, das die Abgrenzung der „Brüder" gegenüber den „Außenstehenden" ermöglichte. Über die ethnisch begründete Gruppenzugehörigkeit sollte der Einzelne dazu bewegt werden, zum Zweck des Wohls der Gemeinschaft verantwortungsvoll zu handeln.

Dass eine wirtschaftlich ungünstige Situation der Bevölkerung auch den Tempel und das Tempelpersonal in Mitleidenschaft ziehen konnte, belegt Neh 13. Der Ablauf der geschilderten Ereignisse ist komplex und verdankt sich womöglich redaktioneller Arbeit. Bei seiner Rückkehr nach Jerusalem[221] ergreift Nehemia eine ganze Reihe von Maßnahmen, um den Tempel zu reinigen und die Ausübung des Kultes aufrecht zu erhalten. Ausgelöst werden diese durch eine vorausgehende Aktion des Priesters Eljaschib, der für seinen Verwandten Tobija eine der Vorratskammern am Tempel hergerichtet hatte. Nehemia lässt die Kammer von Tobijas Hab und Gut räumen und führt sie wieder ihrer ursprünglichen Verwendung zu, indem er die Tempelgerätschaften und Opferutensilien dort verstaut. Dieser Handlungsbogen kommt in V.9 zum Abschluss. Anschließend erfährt Nehemia, dass die Anteile für die Leviten nicht entrichtet worden waren und diese daraufhin ihren Dienst am Heiligtum quittiert hatten. Er beseitigt auch diesen Missstand, indem er die Leviten zurückholt. Ganz Juda bringt daraufhin den Zehnten in die Vorratskammern, sodass der Unterhalt der Leviten künftig gewährleistet ist. Die beiden Maßnahmen stehen weitgehend unverbunden nebeneinander. Lediglich V.5 umspannt mit einer langen Liste von Dingen, die ursprünglich in besagter Vorratskammer deponiert gewesen sein sollen (u. a. der Zehnte und Abgaben für die Priester) beide Aktionen Nehemias. Die Integrität dieser Liste ist jedoch zweifelhaft,[222] zum einen, weil die Vorstellung merkwürdig anmutet, dass so viele und zudem höchst verschiedene Dinge in einer

---

219 Vgl. auch Karrer, Ringen, 173: „Der geforderte Schuldenerlaß dient dazu, Einheit und Ansehen zu erhalten, indem er als ‚prophylaktische' Maßnahme den Verkauf von Sklaven verhindert."
220 Vgl. dazu auch Schreiner, Abgaben, 177.
221 Wright, Identity, 191 ff., beurteilt V.6b als Nachtrag. Sollte dies zutreffen, wogegen nicht viel zu sprechen scheint, würden die in Neh 13 berichteten Ereignisse nicht nach Nehemias Rückkehr, sondern direkt bei seinem (ersten) Eintreffen in Jerusalem angesetzt. Auch Kratz, Komposition, 70, zieht bereits in Erwägung, dass die zweite Entsendung Nehemias „eine literarische Nachahmung von 2,1 ff" sein könnte.
222 Vgl. etwa Wright, Identity, 199.

einzigen Kammer gelagert werden sollten, zum anderen, weil der Priester Eljaschib seine eigene Versorgung und die seines Personals untergraben hätte, indem er die eingelagerten Abgaben entfernte. Ursprünglich könnten daher in V.5 nur die Opferutensilien erwähnt worden sein, die Nehemia nach der Reinigung der Kammer auch erneut dort einlagert (V.9). Die Abgaben und Anteile für das Tempelpersonal wären entsprechend ergänzt worden. Sie stehen im Zusammenhang mit der Leviten-Passage (V.10 ff.), die einen Nebenschauplatz eröffnet und somit ebenfalls redaktionell sein dürfte.[223] Dass Nehemia, nachdem er sich bereits um die Wiederherstellung der Ordnung am Tempel verdient gemacht hat, auch die geflüchteten Leviten zurückholt, überrascht nicht. Die literarische Ausbildung des Statthalteramtes zu einem souveränen Führungsamt, das mit der jüdischen Tradition kompatibel ist und politische wie religiöse Vollmachten und Pflichten vereint, ist bereits in vollem Gang. Neh 13 schreibt dem Statthalter große Autorität zu:

> Was die Abgabenordnung der Landnahme-Erzählung (Dtn 12,1–16,17) und die Schlachtzentralisierung des Heiligkeitsgesetzes (Lev 17,1–9) legislativ erzwingen wollen, realisiert Nehemia durch Ausübung seines exekutiven Amtes. Er sorgt für die regelmäßige Abgabe des Zehnten, der den ständigen Dienst der Leviten am Heiligtum ermöglicht.[224]

Ob sich diesem Bericht Informationen über die Stellung des Statthalters in der Provinz und seine Befugnisse in Tempelangelegenheiten zur Zeit der Abfassung entnehmen lassen, sei dahingestellt.[225] Die Situation, die den Maßnahmen zugrunde liegt und sie erforderlich macht, dürfte jedoch durchaus wiederum die Lebens- und Erfahrungswelt der Adressaten spiegeln. Aus Neh 13 darf dann wohl zumindest geschlossen werden, dass die Versorgung des Kultpersonals grundsätzlich von der Entrichtung des Zehnten abhing und die wirtschaftliche Situation des Tempels so-

---

223 Vgl. Wright, Identity, 207 f.
224 Oswald, Staatstheorie, 237. Knoppers, Temples, 157 f., Anm. 19, geht davon aus, dass Nehemia die Technik „moral persuasion and intimidation" anwendet, und keine Rechtsverordnung erlässt. Welches (und wessen) Vergehen Nehemia konkret ahndet, wird nicht ganz deutlich. Möglich ist auch die Interpretation, dass die Priester (aus der wirtschaftlichen Not heraus) den Leviten ihre Anteile nicht mehr ausgehändigt haben; vgl. etwa Niehr, Abgaben, 149. Behoben wird der Missstand in jedem Fall durch die ordnungsgemäße Entrichtung des Zehnten seitens der Bevölkerung.
225 Bedford, Temple Funding, 346, hält Neh 13 für historisch zuverlässig: Demnach konnte der Statthalter auch in Tempelangelegenheiten Autorität beanspruchen. Einen indirekten Hinweis auf einen gewissen Einfluss des Statthalters auch in kultischen Angelegenheiten liefert die Elephantine-Korrespondenz (insb. TAD A4.7 ∥ A4.8); s. dazu u. 4.1.2.1. Historisch schwerer zu beurteilen sind die Berichte über den Tempel betreffende Aktivitäten des Statthalters in Ant. 11; s. dazu u. 4.1.4. Dass Nehemia sich um Sabbatobservanz und Mischehen gekümmert haben soll, dürfte dennoch Ausdruck der Statthalterprogrammatik sein, deren *particula veri* jedoch darin bestehen könnte, dass der Statthalter grundsätzlich über gewisse Kompetenzen auch in Tempelangelegenheiten verfügte.

mit, wie die der Kleinbauern selbst, fragil war.[226] Phasen mangelnder Fürsorge der Bevölkerung für das Heiligtum, wie sie etwa Neh 13 voraussetzt, können durch wirtschaftliche Notsituationen, wie sie Neh 5 impliziert, hervorgerufen worden sein. War die Bauernschaft verarmt oder verschuldet, dürfte sich dies jedenfalls negativ auf die Bereitschaft ausgewirkt haben, den Zehnten zu entrichten.

Vor allem die Priester, die zur Finanzierung des Kultes auf die Abgaben der Kleinbauern und somit auf eine starke und freie Bauernschaft angewiesen waren, dürften ein starkes Interesse daran gehabt haben, eine zu starke Klassenbildung zu vermeiden und Verschuldungen abzuschaffen.[227] Als ein literarischer Zeuge dafür, der in ähnlicher Weise wie Neh 5 von einer Dichotomie von „Innen" und „Außen" geprägt ist, kann Jes 61 herangezogen werden.

3.1.3.2 Jes 61

Die Identität des Sprechers von Jes 61 wird in der Forschung kontrovers diskutiert. Dass der Text vom Jerusalemer Hohepriester handelt, wird eher selten angenommen,[228] ist aber durchaus plausibel. Die Grundschicht, die etwa V.1–3.7–11 umfassen dürfte,[229] berichtet von der Salbung und Einkleidung des Sprechers. Für eine

---

226 Vgl. Rhyder, Cult, 77.

227 Vgl. etwa Kippenberg, Religion, 68; gegen Schaper, Priester, 232 ff. Es ist nicht auszuschließen, dass Priester und Tempel dieses Interesse mit Anderen teilten. Fried geht etwa davon aus, dass Nehemias Schuldenerlass in erster Linie die Interessen der persischen Krone spiegelt, der daran gelegen war, den Einfluss der Aristokratie über die Bauernschaft zu begrenzen. Waren die Bauern, die für die Perser vor allem in militärischen Kontexten nützlich waren, von der Aristokratie abhängig, waren sie nicht mehr frei (und somit nicht mehr unter der Kontrolle der persischen Krone). „The reforms of Nehemiah were an attempt to create a strong peasant class, dependent upon the Persian representative, in opposition to the landed aristocracy." (Fried, Priest, 210).

228 Vorherrschend sind die Meinungen, es handle sich entweder um eine prophetische Gestalt, die dann häufig mit dem Propheten(kollektiv) „Tritojesaja" identifiziert wird (vgl. Zimmerli, Sprache; Koenen, Ethik; Lau, Prophetie; Rösel, Adonaj, 121 f.), oder um Zion in personifizierter Gestalt (vgl. Steck, Untersuchungen; ders., Rachetag; Schmid, Herrschererwartungen, 51; Wischnowsky, Tochter Zion; Berges, Jesaja, 443). Vgl. zur Deutung als priesterlicher Figur aber schon Caspari, Geist, der Jes 61 als Verkündigung des Hohepriesters deutet. Im Gottesdienst gebe dieser bekannt, dass er die nötigen Weihen empfangen habe und nun der Gemeinde Heil vermitteln werde. Cazelles, Royaume, nimmt an, dass in Jes 61 der frisch geweihte Hohepriester analog zu Num 35 ein Gnadenjahr verkündet; vgl. auch Grelot, Isaie LXI. In jüngerer Zeit vertritt diese Sicht neben Achenbach, König, auch Oswald, Hohepriester. Zudem hat diese Deutung einen gewichtigen Zeugen unter den frühesten Rezipienten: 11Q13 bezieht Jes 61 auf den (himmlischen) Hohepriester Melchisedek.

229 Jes 61,1–11 zeigen eine Reihe literarischer Auffälligkeiten, die auf eine redaktionelle Ausgestaltung hinweisen könnten. Gegen Steck, Rachetag, und ders., Untersuchungen; Kratz, Kyros, 207 ff.; Rösel, Adonaj; Achenbach, König, die den Text für literarisch einheitlich halten. Zwischen V.1–3 und V.10 f. besteht ein enges intertextuelles Geflecht (vgl. z. B. „Mantel des Ruhmes", V.3; „Mantel der

priesterliche Gestalt spricht zunächst die Einkleidung durch Jahwe, die sonst nur bei Priestern begegnet.[230] Teile der Bekleidung aus V.11 wecken darüber hinaus Assoziationen an den hohepriesterlichen Ornat.[231] Schließlich weist der Ausdruck שנת רצון ליהוה auf einen kultischen Kontext: Mit רצון wird in priesterlich geprägten Texten die Annahme eines Opfers durch Jahwe ausgedrückt.[232]

Vielfältige Bezüge zu „Deuterojesaja" sprechen dagegen, dass Jes 61 außerhalb des literarischen Zusammenhangs von „Tritojesaja" entstanden ist. So tritt der Sprecher gleich zu Beginn durch den Geistbesitz die Nachfolge des Gottesknechtes (Jes 42,1) an, die Salbung erinnert an Kyros in Jes 45,1. Auch die Themen „Trost", „Freude" und „Befreiung" sind in der Heilsprophetie Deuterojesajas verankert.[233] Ist eine allzu frühe Ansetzung aufgrund der Bezüge zu Deuterojesaja ausgeschlossen, spricht die Redaktionsgeschichte von Tritojesaja, innerhalb derer den Kapiteln

---

Gerechtigkeit", V.10; „Gerechtigkeit und Ruhm", V.11). Insgesamt zielt diese Verknüpfung wohl darauf, den Hohepriester in V.10 f. als Repräsentanten des Volkes zu charakterisieren. Wie das Volk sich aufgrund des Amtsantritts des Hohepriesters mit Freudenöl salbt (V.3), freut auch er sich über sein Amt (V.10). Wie dieses neu eingekleidet wird mit einem Gewand und einem Kopfschmuck (V.3), stattet Jahwe auch ihn mit Mantel und Turban aus (V.10). V.11 (Jahwe wird Gerechtigkeit und Ruhm sprossen lassen, und zwar vor den Völkern, d.h. das Ganze zielt auf eine Wirkung gegenüber den Völkern, vor denen Israels Ansehen wiederhergestellt werden wird) bezieht sich zurück auf V.3b (die Adressaten als „Terebinthen der Gerechtigkeit"). V.1–3 und V.10 f. sind zur Grundschicht von Jes 61 zu rechnen, in die sich auch V.7–9 sinnvoll einfügen. תחת in V.7 bezieht sich zurück auf V.3. Schande und Schmähung werden von den Israeliten genommen; Ziel des Ganzen sind wieder die Völker, die erkennen sollen, dass Israel von Jahwe gesegnet ist. Der Mittelteil weicht hingegen auffällig davon ab. V.4 unterscheidet sich von V.1–3 dadurch, dass die Israeliten plötzlich aktiv werden und zerstörte Stätten wiedererrichten. V.5–6 nehmen zwar das Motiv der Völker aus der Grundschicht auf, doch geht es hier nicht um Israels Ruhm *vor* den Völkern, sondern *durch* die Völker. Fremde werden die körperliche Arbeit verrichten und die Israeliten „Priester Jahwes" nennen. Die Israeliten laben sich am Gut der Nationen wie die Priester am Zehnten. Die Perspektive unterscheidet sich somit deutlich von derjenigen in V.1–3.10 f. Dort ging es um Freilassung, d.h. um eine Wiederherstellung des ursprünglichen Zustands, nun geht es um eine Transformation. V.5 f. heben sich außerdem von V.4 ab: Dort sind die Israeliten Bauarbeiter, hier werden sie von jeglicher körperlichen Arbeit verschont. In formaler Hinsicht auffällig ist der Wechsel von der dritten in die zweite und zurück zur dritten Person Plural (V.1–4: 3. Pl.; V.5–7aα: 2. Pl.; V.7aβ–9: 3. Pl.). Insbesondere der Wechsel innerhalb von V.7a ist schwer zu erklären. Änderte man die 2. Pl. in V.7aα in die 3. Pl., wäre zumindest mit einem relativ kleinen Eingriff ein Text rekonstruiert, dessen Auffälligkeiten sich literarkritisch durch die Annahme eines Nachtrags von V.5–7 (gegenüber der bereits um V.4 erweiterten Grundschicht) erklären ließen.

230 Vgl. Steck, Untersuchungen, 134, Anm. 67.
231 Dies betrifft den Mantel (מעיל) und den Kopfschmuck (פאר), vor allem in Verbindung mit der Wurzel כהן.
232 Vgl. Zimmerli, Gnadenjahr, 327, Anm. 22. Das Wohlwollen Jahwes gegenüber Israel wird durch den Hohepriester verbürgt; vgl. Ex 28,38. Innerhalb von Jes dürfte ein Bezug auf Jes 49,8 vorliegen.
233 Vgl. Zimmerli, Gnadenjahr, 323 f.

60 – 62 meist mit guten Gründen ein früher Ort eingeräumt wird,[234] gegen ein allzu spätes Datum der Entstehung. Eine Abfassung in der ausgehenden Perserzeit scheint daher plausibel.

Wird der Text spätperserzeitlich datiert und der Sprecher mit dem Hohepriester identifiziert, sieht die neuere Forschung in Jes 61 (ähnlich wie in Gen 14) bisweilen einen Reflex auf ein politisch erstarkendes Hohepriesteramt in der ausgehenden Perserzeit. So deutet etwa Achenbach den Text als „Legitimationsorakel" für den Hohepriester als königlicher Führungsfigur. Demnach folge aus der Salbung der „Anspruch auf den Vollzug von Hoheitsakten aufgrund göttlicher Legitimation".[235] Die „Hoheitsakte" betreffen hier vor allem die Verkündigung der Freilassung. Der Hohepriester verkündet im Zuge seiner Investitur eine „Freilassung aus Schuldknechtschaft und Rückerstattung des durch Schuldverkauf verlorenen Besitzes".[236]

In der Tat scheint wenigstens zum Teil eine Übertragung königlicher Attribute auf den Hohepriester im Hintergrund von Jes 61 zu stehen. So dürfte die Salbung ursprünglich ein Privileg des Königs gewesen sein, das nicht nur in Jes 61, sondern auch in anderen späten Texten sekundär auf den Hohepriester übertragen wird.[237] Bei der Amnestie kann darüber hinaus die analoge Praxis zu Beginn des Regierungsantritts von Königen Pate gestanden haben.[238] Bei Schuldenerlassen im Alten

---

234 Vgl. etwa Steck, Studien, 137; Kratz, Kyros, 206 f.

235 Achenbach, König, 214.

236 Steck, Rachetag, 108.

237 Die Verbindung von Salbung und Geist begegnet innerhalb des AT sonst nur bei Saul und David. Vgl. etwa 1 Sam 16,13; 2 Sam 23,1 ff. Überhaupt kommt die Wurzel משׁח mit göttlichem Subjekt sonst nur im Zusammenhang mit Königssalbungen vor. Die Salbung der Priester ist generell ein (literarisch) spätes Phänomen, vgl. Lev 4,3.5; 6,15; 2 Makk 1,10; Test Lev 17,2; 4Q375 und 4Q376.

238 Vgl. Otto, Programme; Maul, König, 70. Neben assyrischen, babylonischen und ägyptischen Parallelen (vgl. Weinfeld, Justice, 75 ff.; Achenbach, König) ist mit Jer 34,8 auch inneralttestamentlich eine durch den König veranlasste Freilassung bezeugt. Weinfeld, Justice, 84, bringt auch die Versammlung des Volkes in Sichem anlässlich Rehabeams Amtsantritt mit der Praxis einer Amnestie in Verbindung (1 Kön 12,1 ff.). Von diesen königlich initiierten Freilassungsakten sind die kollektiven Vorstellungen der Freilassung, wie sie in Lev 25 und Dtn 15 begegnen, noch einmal als sicherlich spätere Adaptionen der Amnestiepraxis abzuheben. Gegen Oswald, Hohepriester, 315, und Hieke, Leadership, 75, kann Num 35 hingegen wohl nicht als Parallele zu den altorientalischen Amnestien herangezogen werden; vgl. jedoch auch Frevel, Leadership, 99: „Based on the assumed amnesty, which is linked explicitly to the death (and not as expected to the accession of the successor), the *high priest* is the heir of the ANE king." Im Unterschied zu den altorientalischen Amnestien ist in Num 35 der Tod des amtierenden Hohepriesters als zeitliche Grenze für den Aufenthalt von Totschlägern im Asyl festgelegt. Der Rechtsakt der Gewährung der Rückkehr des Totschlägers in seine Heimat hat also nichts mit der Regierung des Hohepriesters zu tun. Insofern kommt dem Hohepriester durch diese Bestimmung auch keine besondere oder gar königliche Qualität zu.

Orient fungiert der König als Statthalter der Götter bzw. des Sonnengottes, der für die Erhaltung der rechten Ordnung auf Erden zuständig ist und diese im Rahmen einer Amnestie wiederherstellt. In vergleichbarer Weise funktioniert auch Jes 61. Allerdings tritt der Hohepriester nicht als bevollmächtigter Repräsentant Jahwes auf, sondern als dessen Gesandter. Entsprechend erlässt er die Amnestie nicht, sondern kündigt sie an. Es handelt sich demnach nicht um einen rechtswirksamen Akt, sondern um die Verkündigung einer bevorstehenden Heilstat Jahwes. Für diese steht der Hohepriester nicht nur mit seiner Verkündigung, sondern auch mit seiner Person. Frisch ins Amt eingesetzt, steht er *pars pro toto* für das Volk, in seiner Investitur beginnt sich der Umschwung zu vollziehen.[239] An ihm hat Jahwe bereits herrlich gehandelt, bald wird er es auch an dem Volk tun. Seine Amtseinsetzung wird somit zum *Zeichen* für die anbrechende Besserung der Verhältnisse.

Die Übertragung königlicher Attribute auf den Hohepriester in Jes 61 muss dann differenziert betrachtet werden. Vermutlich verhält es sich ähnlich wie in Gen 14. Das Auftreten Melchisedeks als Repräsentant der Stadt sowie seine Bezeichnung als Priester und König von Salem ließen dort auf eine große Wertschätzung des Jerusalemer (Hohe-)Priestertums seitens der Verfasser schließen sowie auf deren Wunsch, dieses Bild nach außen zu vermitteln. In ähnlicher Weise dürfte es zu verstehen sein, wenn in Jes 61 das ursprünglich königliche Privileg der Salbung auf den Hohepriester übertragen wird. Man kann somit vielleicht mit Achenbach sagen: Jes 61 „reflektiert [...] die Möglichkeit, dass der Gesalbten [*sic!*] infolge seiner Autorisation und Geistbegabung als oberster von Gott eingesetzter Repräsentant auf dem Zion gegenüber der Zionsgemeinde (königs-)herrschaftliche Hoheitsakte vollzieht".[240] Abgesehen davon, dass es sich dabei um eine rein theoretische Möglichkeit handeln würde, aus der keineswegs automatisch oder auch nur mit einer gewissen Wahrscheinlichkeit folgt, dass der Hohepriester faktisch die Autorität hatte, diese Hoheitsakte zu vollziehen, erfolgt diese Reflexion jedoch nur indirekt. Der Hohepriester wird nicht *qua* Salbung zum vollmächtigen, „königlichen" Repräsentanten Jahwes, sondern zu einem eher am prophetischen Ideal orientierten Gesandten Jahwes, dem als Zeichen seiner besonderen Würde die ehemals dem König vorbehaltene Salbung angetragen wird. Ähnlich wie in Sach 3 steht die Zuschreibung eines königlichen Privilegs an den Hohepriester demnach im Zeichen der Entwicklung eines innovativen Konzepts priesterlicher Führung. Eine Übertragung königlicher Funktionen und Privilegien auf den Hohepriester mit dem Ziel, ihn als

---

239 Dies belegt vor allem das intertextuelle Geflecht zwischen V.1–3 und V.10 f., vgl. dazu o. Anm. 229.
240 Achenbach, König, 211.

politische Führungsfigur an die Stelle des ehemaligen Königs treten zu lassen, greift entsprechend zu kurz.

Wie für Gen 14,18–20 gilt somit auch für Jes 61, dass der Text nicht *in der Absicht verfasst wurde*, den Hohepriester als königlichen Herrscher zu charakterisieren (wie es sich etwa für Sach 3 [Ebene der ersten Redaktion] und Sach 6,9–15 [Grundschicht] nahegelegt hat). Auch die Amnestie beim Regierungsantritt des Königs lässt sich nicht als Beleg hierfür heranziehen. Erstens wird, wie dargelegt, dem Hohepriester nicht die Vollmacht übertragen, die Amnestie zu veranlassen. Zweitens spielt das Motiv im Alten Testament eine derart untergeordnete Rolle, dass selbst eine vollgültige Übertragung auf den Hohepriester keine Signalfunktion gehabt haben dürfte. Um die Übertragung royaler Funktionen auf den Hohepriester zu demonstrieren, hätte es weit naheliegendere Optionen gegeben (wie abermals Sach 3 und Sach 6 demonstrieren). Ist die Werbung für die Amnestie in Jes 61 somit nicht Mittel zum Zweck der Darstellung einer königlichen Würde des Hohepriesters, darf man hinter der Abfassung des Textes ähnlich wie in Neh 5 wiederum eine reale wirtschaftliche Notsituation vermuten,[241] für deren Beseitigung die (hohe-)priesterfreundlichen Verfasser mit ihrem Text eintraten. Im Hintergrund könnte dann wie in Neh 13 die Erfahrung stehen, dass eine nachteilige wirtschaftliche Situation der Kleinbauern zu Versorgungsengpässen des Tempels führen konnte. Karitative Initiativen und solidarische Maßnahmen der Priester, wie sie Jes 61 oder auch Lev 25[242] schildern, könnten somit dem nicht eben uneigennützigen Interesse geschuldet sein, eine (dauerhafte) Klassenbildung zu vermeiden.

* * *

---

241 Die Adressaten des Hohepriesters sind offenkundig gebeutelt von großer wirtschaftlicher Not. Im Blick ist sehr wahrscheinlich wie auch in Neh 5 die Schuldsklaverei von Menschen, die die Steuern nicht zahlen konnten. Vgl. Achenbach, König, 226; ferner Steck, Studien, 110 ff. In Neh 5 wird, wie in Lev 25, ein gestaffeltes System von Verschuldungen vorausgesetzt, das von der Verpfändung von Besitz bis zum Verkauf von Kindern als Sklaven an Fremde reicht. Neh 5 kritisiert die aktuelle innerisraelitische Verpfändung. Sklaven wurden bereits freigekauft, jetzt sollen auch die Ansprüche gegenüber den eigenen Brüdern fallengelassen werden. Die prominente Rolle der Völker in Jes 61 könnte darauf weisen, dass die Verschuldung Israels aktuell nicht mehr innerisraelitisch ausgeglichen werden kann, sondern bereits die fremden Völker betrifft, bei denen Israels Ansehen gesunken ist. In derselben Weise erwähnt auch Neh 5 die Verhöhnung durch die Feinde. Indem die Schuldknechtschaft als Vorstufe der Sklaverei aufgehoben würde, gäbe es zumindest wieder Nachkommen für die Angeredeten, die dann bei den Nationen in hohem Ansehen stehen können (V. 9.11).
242 Vgl. zu Lev 25 ausführlich Nihan, Torah, 520 ff. Die Kombination von Ackerbrache und Schuldenerlass im Jobeljahr zeugt von der Solidarität der Priester mit den verarmten Kleinbauern. Lev 25 könnte daher in einem ähnlichen Entstehungskontext situiert werden. Vgl. auch Levine, Leviticus, 273 f.; Nihan, Torah, 557 f.; Guillaume, Land, 247.

Exkurs: Die Finanzierung des Zweiten Tempels und die Pragmatik der alttestamentlichen Abgabenforderungen

Solange der Jerusalemer Tempel Staatsheiligtum war, diente der Kult vornehmlich der Legitimierung der Herrschaft des Königs. Entsprechend war der König als Patron maßgeblich für die Finanzierung des Kultes verantwortlich. Freiwillige Abgaben seitens der Bevölkerung oder auch eine Tempelsteuer zur Deckung laufender Kosten schließt dies freilich nicht aus.

Mit dem Verlust der politischen Selbständigkeit änderte sich der Status des Tempels fundamental. In nachexilischer Zeit wurde nicht nur die Frage virulent, wie die Baumaßnahmen finanziert werden sollten,[243] auch die kontinuierliche Finanzierung des Kultes war eine Herausforderung: Der Tempel verfügte über kein (nennenswertes) Eigentum,[244] seine wirtschaftliche Bedeutung war gering.

Bisweilen wird zwar angenommen, der Jerusalemer Tempel sei das Steuerzentrum der Provinz Jehud gewesen.[245] Dort seien die abzuführenden Steuern ge-

---

243 Die umstrittene Frage, welche Rolle die Perser beim Wiederaufbau des Tempels gespielt haben, muss hier nicht vertieft werden. Dass sie das Projekt (auch finanziell) unterstützt haben, hat jedoch hohe Plausibilität. Als inneralttestamentliche Hinweise darauf könnten Jes 44,27 f. (vgl. Kratz, Kyros, 183 ff. Gegen Fried, Priest, 177 ff., kann DtJes allerdings kaum als Beleg dafür herangezogen werden, dass sich bereits Kyros um den Wiederaufbau des Tempels bemüht habe und gewillt gewesen sei, den *status quo ante* wiederherzustellen.) sowie das Kyros-Edikt in Esr 1 und Esr 6 (das darum noch lange nicht „historisch" sein muss; vgl. etwa Lux, Tempel, und s. dazu o. S. 103 f., Anm. 284) gedeutet werden. Möglicherweise gewann die Provinz nach dem Ägyptenfeldzug Kambyses' 525 v. Chr. an Relevanz und erhielt zumindest vorübergehend finanzielle Unterstützung. So ließe sich jedenfalls erklären, warum man erst verhältnismäßig spät auf die Idee kam, den Tempel wiederaufzubauen, zumal von einer Kultkontinuität auch während des Exils auszugehen sein dürfte (vgl. etwa die Erwägungen zur Redaktionsgeschichte von Esr 3 o. S. 122 f.; vgl. u. a. auch Albertz, Wirtschaftspolitik). Auch angesichts der Elephantine-Korrespondenz, die bezeugt, dass der Elephantiner Tempel nach der Zerstörung umgehend wiederaufgebaut wurde (TAD A4.7 // A4.8), erscheint dieser Umstand zumindest erklärungsbedürftig. Mangelnde finanzielle Ressourcen seitens der judäischen Bevölkerung und die nach 525 v. Chr. einsetzende Unterstützung durch die Perser wären zumindest eine Möglichkeit.

244 Im Gegensatz zu den babylonischen Tempeln in der Perserzeit, die sich aus Landschenkungen und Pfründen finanzierten und regelrechte Wirtschaftsunternehmen darstellten, dürfte der neu gegründete Jerusalemer Tempel (zunächst) landlos gewesen sein oder zumindest nur über sehr wenig Landbesitz verfügt haben; vgl. auch Niehr, Abgaben, 142; Grabbe, History, 207; Bedford, Economic Role. Sicherlich konnte dem Tempel Eigentum zufallen (über Schenkungen o. ä.), aber damit wird in der frühen Perserzeit nicht im Übermaß zu rechnen sein; vgl. auch Knoppers, Temples.

245 Zwischen der vermuteten administrativen Funktion des Tempels auf der Ebene des persischen Provinzsystems und dem politischen Erstarken des Hohepriesters wird nicht selten eine direkte Verbindung gezogen; vgl. etwa Lemaire, Administration, 60: „The role of the temple as the center of the collection of taxes is apparently connected to the origin of the economic and political power of the Jerusalem high priest during the Hellenistic period." Vgl. auch Wiesehöfer, Achaemenid Rule,

sammelt worden, das Tempelpersonal sei bei der Eintreibung der Steuern und deren Überführung an den persischen König beteiligt gewesen.[246] Diese Annahme steht insgesamt jedoch auf tönernen Füßen.[247] Grundsätzlich beruht sie vor allem auf der unsachgemäßen Heranziehung perserzeitlicher babylonischer Tempel als Analogie:[248] „Babylonian temples were large land-owning institutions of long standing with close, albeit fluctuating, relationships with the crown. They were central to economic activity in Babylonia."[249] Dies trifft auf Jerusalem sicherlich nicht in gleichem Maße zu.[250] Gegen eine herausragende Funktion Jerusalems innerhalb der Provinz in administrativen und wirtschaftlichen Angelegenheiten spricht vor allem auch die archäologische Evidenz, die deutlich auf Ramat-Rahel als

---

182 f., der davon ausgeht, dass die Einführung einer Kopfsteuer den Gebrauch von Münzen entscheidend gefördert und Jerusalem zu einer Art öffentlichem Schatzhaus gemacht hat. Auch er kommt zu dem Schluss: „This role of the temple is one of the reasons for the political and economic power of the Jerusalem High Priest in Hellenistic times." (183). Vgl. auch Schaper, Priester, 148: „Die Jerusalemer Priesterschaft hatte die Weitergabe eines Teils ihres Steuereinkommens an die Zentralautoritäten zu organisieren, agierte somit an exponierter Stelle und konnte sich das persische Interesse an einer wohlgeordneten politischen und fiskalischen Verwaltung zunutze machen, indem sie an der politisch-wirtschaftlichen Macht des Großkönigs partizipierte."

246 Nach Schaper soll hierfür ein „Temple treasury committee" verantwortlich gewesen sein, bestehend aus zwei Leviten und zwei Priestern (Neh 13,13; Esr 8,33 f.). „[I]ts members acted both as temple officials and as Achaemenid tax collectors." (Temple Treasury Committee, 205). „[T]he Jerusalem temple was the only tax-collection point in the Yehud province. No other institution except the Temple treasury committee could have fulfilled the task of collecting and administering the tithes and any other taxes, and indeed no other institution would have received permission from the Persians to do so." (Temple Treasury Committee, 205 f.). Niehr, Abgaben, 143, folgt Schaper: „Es ist nicht zu übersehen, daß am Jerusalemer Tempel auch die Steuern der Provinz Yehud für die achaimenidische Zentralregierung gesammelt und der Transfer dieser Steuern zur Regierung organisiert wurden." Vgl. auch Grabbe, History, 208.

Dass die logistischen und technischen Voraussetzungen grundsätzlich gegeben waren, muss nicht bestritten werden. Es dürfte sowohl Speicherräume als auch eine Einschmelzstelle im Tempel gegeben haben (für Letzteres zieht Schaper, Numismatik, 159, Anm. 83, Sach 11,13 heran. Der Text stammt zwar aus der fortgeschritten hellenistischen Zeit [vgl. etwa Schott, Sacharja 9 – 14, 140 ff.], dürfte aber durchaus ältere Zustände reflektieren. Die Praxis der Metallverarbeitung ist für Tempel im Alten Orient in neuassyrischer Zeit belegt und auch biblisch bereits für die vorexilische Zeit vorausgesetzt; vgl. 2 Kön 12,11 f. oder 2 Kön 22,4). Dass im Jerusalemer Tempel neben den Tempelabgaben auch persische Steuern gesammelt wurden, lässt sich allerdings ebenso wenig plausibilisieren, wie die Annahme, dass der Jerusalemer Tempel die einzige Einschmelzstelle der Provinz gewesen sei (so Schaper, Temple Treasury Committee, 204).

247 S. auch die kritische Auseinandersetzung mit dieser Annahme u. 4.1.2.2.6.

248 Vgl. etwa Schaper, Priester, 146 f.

249 Bedford, Economic Role, 15.

250 Vgl. auch Bedford, Economic Role, 81 f.; Pyschny, Führung, 309 f.

Zentrum weist.[251] Auch die Verteilung der in Jehud zahlreich gefundenen Siegel und Bullen spricht gegen einen relevanten wirtschaftlichen Einfluss Jerusalems.[252]

Das Problem der Kultfinanzierung war somit ein doppeltes: Erstens gab es keinen externen Geldgeber,[253] sondern die Priesterschaft am Jerusalemer Tempel musste selbst für ihren Unterhalt aufkommen. Zweitens verfügte der Tempel offenbar nicht über die Möglichkeit, eine offizielle Steuer zu erheben. Jedenfalls weisen Texte wie Neh 13 oder auch Jes 61, die (punktuelle) Engpässe in der Tempelfinanzierung nahelegen, darauf hin, dass die Abgaben für den Kult einen anderen Stellenwert hatten als die offiziellen Steuern, die an den persischen Großkönig zu entrichten waren. Sie stellen ein „Parallelsystem"[254] neben der Steuer an den König dar, das im Gegensatz zu dieser auf Freiwilligkeit zu beruhen scheint.[255] In Übereinstimmung damit scheint das Gros der biblischen Texte nahezulegen, dass der Tempelunterhalt allein aus freiwilligen Abgaben der Gemeinschaft aufgebracht wurde, sowohl in Form von Einmalzahlungen oder Schenkungen als auch in Form

---

251 S. dazu u. S. 333.

252 Vgl. Lipschits, Persian-Period Judah; ders./Vanderhooft, Yehud Stamp Impressions; Altmann, Economics; gegen Fantalkin/Tal, Canonization, 17, Anm. 49. Die frühen (spätes 6./5. Jh. v.Chr.) und mittleren (4./3. Jh. v.Chr.) Siegelabdrücke auf Krügen wurden überwiegend außerhalb Jerusalems gefunden (zur Datierung der Siegel vgl. Avigad, Bullae and Seals, 32; Lipschits, Persian-Period Judah). In den Krügen wurden Güter (z.B. Wein, Öl) aus der Provinz oder in Naturalien entrichtete Steuern transportiert. Die Empfänger werden Autoritäten der Provinz gewesen sein, die offenbar vorrangig nicht in Jerusalem weilten; vgl. Lipschits, A New Typology; Knoppers, Temples. Die Verteilung der Siegel änderte sich signifikant erst in der fortgeschrittenen hellenistischen Zeit. Während im 4./3. Jh. v.Chr. (mittlere Phase) nur 21% aller Siegel in Jerusalem gefunden wurden, waren es im 2. Jh. v.Chr. 61%; vgl. Lipschits/Vanderhooft, Yehud Stamp Impressions, 84. „[T]his number represents the renewed administrative status of Jerusalem in the 2nd century BCE, especially under Hasmonean rule." (Lipschits, Persian-Period Judah, 204).

253 Esr 7,15–24 berichten, dass Artaxerxes den Tempelkult finanziert; vgl. auch Esr 8,36. Diese Information ist aber sicher nicht als historisch anzusehen; vgl. etwa Heckl, Neuanfang, 245ff.; Rhyder, Cult, 75f. Spielte der Jerusalemer Tempel keine Rolle in der persischen Administration, ist es gänzlich unwahrscheinlich, dass der persische Großkönig ein Interesse daran gehabt haben sollte, den lokalen Kult in Jerusalem (dauerhaft) finanziell zu unterstützen; vgl. ausführlich Bedford, Monarchs.

254 Frevel, Geschichte, 297; vgl. auch Schaper, Priester, 147: „parallel zueinander arbeitende Besteuerungssysteme"; vgl. auch ders., Jerusalem Temple, 539. Deutlicher als Frevel lässt Schaper erkennen, dass er von einer offiziellen, d.h. obligatorischen Abgabe für den Tempel ausgeht.

255 Vgl. auch Bedford, Economic Role, 8f.; Knoppers, Temples, 156f. Dass es sich nicht um eine formale Steuer handelt, belegen Texte wie Neh 10, wo sich die Unterzeichner die Verpflichtung auferlegen, Abgaben an das Heiligtum zu entrichten (vgl. Grabbe, History, 208: „You do not pledge what is already being faithfully carried out."), und Texte, die das Ausbleiben der Abgaben reflektieren, z.B. Mal 3; Neh 13.

regelmäßiger Abgaben, entweder als Steuer (Ex 30,11 ff.) oder als Naturalien (Erstlingsgaben/Zehnter).[256]

Angesichts dieser fragilen Situation – die Bevölkerung kann nicht auf die Abgaben verpflichtet werden, der Tempel ist aber davon abhängig, da es keine externe Unterstützung gibt – versteht es sich von selbst, dass den kultischen Abgaben im Alten Testament große Bedeutung beigemessen wird. Grundsätzlich dürfte auch das optimistische Urteil Albertz' zutreffen:

> Es spricht für eine hohe Akzeptanz des zweiten Tempels als einer selbstverwalteten kommunalen Einrichtung, daß die judäische Bevölkerung ohne erkennbaren Widerstand bereit war, für seinen Unterhalt freiwillig (!) ganz erhebliche wirtschaftliche Lasten auf sich zu nehmen.[257]

Die Akzeptanz des Jerusalemer Heiligtums auf Seiten der Bevölkerung ist in der Tat die *conditio sine qua non* für die Finanzierung des Kultes durch Spenden und informelle Steuern. Wie etwa Neh 13 oder Jes 61 nahelegen, dürfte das Problem jedoch darin bestanden haben, dass die freiwilligen Abgaben in wirtschaftlichen Notlagen der agrarisch geprägten Gesellschaft häufig ausblieben. Auch der große literarische Aufwand, mit dem im Alten Testament für kultische Abgaben geworben wird, könnte darauf hinweisen, dass es schwierig war, die Bevölkerung dazu zu bewegen, die Abgabenregelungen zu befolgen.

Breit verankert sind die kultischen Abgaben etwa in den Gesetzestexten, die den Adressaten die moralische Verpflichtung auferlegen, die Abgabenbestimmungen zu befolgen. Bleibt die Befolgung des Gesetzes aus, bleibt (gemäß der zugrundeliegenden Konzeption konnektiver Gerechtigkeit) auch der Segen aus. Mal 3,8–10 bringen den Zusammenhang deutlich zum Ausdruck: Gegenwärtig ist das Volk verflucht; Segen wird in Aussicht gestellt für den Fall, dass der Zehnte in voller Höhe entrichtet wird. Einer ähnlichen Logik folgen auch Gen 14,18–20. Der Zehnte ist Abrahams Reaktion auf den priesterlichen Segen, die die in der gottgewirkten Rettung vor den Feinden erfahrene und priesterlich vermittelte heilvolle Beziehung verstetigen soll. Während Gen 14,18–20 als narrative Alternative zu den legislativen Passagen auf das Identifikationspotential setzen, das die Abrahamfigur für die Adressaten in der späten Perserzeit bietet, gibt das Gebot in den legislativen Texten einen klaren Maßstab für eine Beurteilung des Verhaltens. Durch die gesetzliche Regelung der Abgabenbestimmungen wird das Unterlassen zu einem theologisch qualifizierten Vergehen. Die die Gesellschaft belastende wirtschaftliche Not kann somit auf den Verstoß Einzelner oder der gesamten Bevölkerung zurückgeführt werden. Gleichzeitig kann eine Besserung nur eintreten, wenn das Gebot befolgt

---

256 Verschiedene Arten der Abgaben listet etwa Bedford, Temple Funding, 339 f.
257 Albertz, Religionsgeschichte 2, 490.

wird. Es ist sehr gut vorstellbar, dass das Gesetz nachträglich formuliert wurde, um einen Zustand theologisch interpretieren zu können.[258] Ursache und Wirkung werden also vertauscht. Das Ausbleiben der Abgaben, das eigentlich die Wirkung der wirtschaftlichen Not darstellte, wird umgedeutet und tritt als Ursache an den Beginn des Prozesses. Diese Strategie ist keineswegs analogielos. In vergleichbarer Weise argumentiert auch Haggai für den Tempelbau: Das Volk sieht sich aufgrund der schlechten wirtschaftlichen Lage außerstande den Tempel zu bauen. Der Prophet kehrt die Argumentation um: Es geht dem Volk schlecht, weil es den Tempel nicht baut. Vom Tag des Baubeginns an, das stellt Hag den Adressaten mehrfach in Aussicht, wird Jahwe segnen.[259] Dadurch werden nicht nur die gegenwärtigen schlechten Zustände erklärbar, gleichzeitig wird ein Weg zur Besserung der Verhältnisse aufgezeigt. Die Diskrepanz zwischen den gesetzlichen Forderungen und den tatsächlichen Schwierigkeiten, diese durchzusetzen (Mal 3, Neh 13), weist also nicht auf eine (gegebenenfalls periodische) Entwicklung hin zum Negativen (in dem Sinne, dass zu einem bestimmten Zeitpunkt von der gesetzlich verankerten „Norm" abgewichen wurde), sondern stellt vielmehr zwei Perspektiven auf ein und dieselbe Situation dar: Der ernüchternde Ist-Zustand und das Ideal, das entwickelt wurde, um gleichzeitig die desolaten Zustände erklären und einen Ausweg daraus eröffnen zu können.

Die Rückführung auf den göttlichen Willen und ihre Institutionalisierung (Dtn 12,6; 14,22–29; 18,4; 26,1–15) verlieh den Abgaben einen großen ideellen Wert.[260]

---

258 Vgl. Bedford, Temple Funding, 341: „The prospect of divine blessing or (the continuation of) divine curse was the incentive held out to an agricultural-based community on the edge of economic survival." Den theoretischen Hintergrund der Abgabenforderungen bildet die Vorstellung, dass das Land Jahwe gehört. „Rather than a tax, these payments may be seen as a fixed rent on the land payable to its owner via the Temple, or at least as dues payable to the deity who was held to superintend the land and its fertility." (Bedford, Economic Role, 10 f.).

259 Dass die Erntefülle auf göttlichen Segen zurückgeführt wird, ist freilich nicht originell. Der Zusammenhang war religionsgeschichtlich, vielleicht auch bereits literarisch (vgl. Segen und Fluch im Dtn) vorgegeben. In wirtschaftlich schlechten Phasen konnte das Ausbleiben der Ernte als Fluch gedeutet werden. Hag und Gen 14,18–20 verbinden diesen allgemeinen Zusammenhang nun auf ähnliche Weise mit der Sorge für den Kult: Die Beteiligung am Wiederaufbau (Hag) bzw. die Entrichtung des Zehnten (Gen 14) kann den „Fluch" (als Abwesenheit von Prosperität) in Segen verwandeln.

260 Es ist anzunehmen, dass die Abgabenforderungen ein *fundamentum in re* innerhalb der Gesetzestexte haben. Sie könnten sich aus den Bestimmungen zu den religiösen Abgaben (kultische Mähler, Opfer etc.) entwickelt haben, die den Dank gegenüber der Gottheit anlässlich der guten Ernte zum Ausdruck bringen. Nachträglich wären sie zur institutionellen Priesterversorgung weiterentwickelt worden.

Allerdings ist in Erwägung zu ziehen, dass die Abgabenregelungen zu keiner Zeit so (oder so ähnlich) befolgt wurden, wie sie in den Gesetzestexten gefordert werden.[261]

Die Initiative, die in den Gesetzestexten greifbar wird, dürfte in einen größeren literarischen und soziopolitischen Rahmen eingespannt sein.[262] Die Bestimmungen lassen sich zwar auch individuell fassen, ihr Potential entfalten sie jedoch vor allem im kollektiven Bereich.[263] Indem das Gebot die Grenze zwischen „Innen" und „Außen" definiert, führt die gesetzliche Verankerung der Abgabenforderungen zur Schaffung oder Stärkung einer Gruppenidentität. Wer das Gesetz befolgt, gehört zur Gemeinschaft, alle Übrigen werden zu „outlaws". Vom Kollektiv der Gesetzestreuen grenzt die Einschreibung vielfältiger Kultgesetze die Priester als religiöse Experten ab. Sie macht die Befolgung des Gesetzes zu einer Angelegenheit kultischer Spezialisten, sodass deren Existenz und Wirken für das Wohl der Gemeinschaft unverzichtbar werden. Ohne Kultexperten gibt es kein torakonformes Leben, ohne torakonformes Leben gibt es keinen Segen. Der Priester wird somit zum Verwalter von Segen und Heil.

Dieser partikularen Dimension des Gesetzes steht als Gegenpol eine Elementarisierung gegenüber, die gewährleistet, dass das Gesetz auch in der Breite der Bevölkerung verankert bleibt und der Einzelne als Bestandteil der Gemeinschaft

---

261 Vgl. auch Knoppers, Temples, 156: „There is no clear evidence that the law collections within the Pentateuch mandating tithes, first fruits, firstlings, and the like had achieved the status of statutory law within the Persian period. [...] One would not see such an emphasis on the need for Israelites to present tithes, first fruits, and firstlings to Yhwh in Ezra-Nehemiah, Chronicles, and late prophetic texts, had such offerings been legally required. The stress placed on contributions freely and joyfully made to the Jerusalem sanctuary in late narrative works, such as Chronicles and Ezra-Nehemiah, reflects an economic system in which the sanctuary is dependent on the good will of the laypeople."
262 Rhyder, Cult, 177, sieht beispielsweise auch die P-Konzeption der Stiftshütte als Versuch, die Judäer zur Kultfürsorge zu bewegen: „By articulating its [sc. der Stiftshütte] history of origins in the way it does, P normalizes the idea that it is the Israelite community that is, and has always been responsible for fulfilling the role of chief sponsors and patrons of the central shrine. Rather than splintering into factions or deferring to alternative sanctuaries, P insists that the Israelites must pool their resources to service a centralized sanctuary cult and, in so doing, achieve the sociocultic unity that ensures the god's continued presence among them. [...] By profiling the willingness of the Israelites in the imaged past at Sinai to assume responsibility for donating to the sanctuary construction, P inspires the Israelites to repeat this behavior, this time in an actual sociocultic context. [...] P's account of Israel's cultic origins, then, might be read as a creative strategy of ideological and economic restoration for the Jerusalem temple cult during a complex period in its history, when it was adjusting to being without a seat of royal authority and patronage and sought an alternative cultic history."
263 Auch in Hag und Gen 14,18–20 ist diese kollektive Ebene vorausgesetzt: In Hag betrifft der ausbleibende Segen das Volk als Ganzes. Gen 14,18–20 operieren mit der Vorstellung einer kollektiven Verantwortlichkeit, wenn Abraham, der Stammvater des Volkes Israel, zur Identifikationsfigur für das einzelne Mitglied der Gesellschaft wird.

den Bezug zum Zusammengehörigkeit und Solidarität stiftenden Gesetz nicht verliert. Dies geschieht durch die Ausbildung von Grundbestimmungen der Tora, die für jedermann verbindlich sind. Neben der Forderung der Kulteinheit ist hier vor allem die Kultzentralisation zu nennen, die in diesem Kontext einen genaueren Blick verdient, da sie mit den Abgabenvorschriften in Zusammenhang stehen könnte. Mit den Worten Oswalds:

> Die Verbote, andere Gottheiten und damit andere Kultstätten aufzusuchen („Privilegrecht"), und die Gebote, Opfergaben nur an das eine Heiligtum zu bringen („Festkalender"), sind zwei Seiten einer Medaille, die da heißt: wirtschaftliche Absicherung des Jhwh-Heiligtums.[264]

Die Forderung der exklusiven Verehrung Jahwes am erwählten Ort, dem Jerusalemer Tempel, lässt sich im Kontext des perserzeitlichen Juda gut plausibilisieren. Da die Provinz Jehud recht klein war, waren Wallfahrten zur Ablieferung des Zehnten ohne Weiteres möglich.[265] Diese kultische Konzentration auf Jerusalem, die jeden Einzelnen an das Jerusalemer Heiligtum band, fügt sich sinnvoll zu der mutmaßlichen wirtschaftlichen und gesellschaftlichen Situation der Provinz Jehud in der Perserzeit. Das zentrale Heiligtum und der dort ausgeübte Kult werden zum gemeinschaftsstiftenden Faktor. Von den Bauern aus den umliegenden Dörfern Jehuds wird Solidarität mit dem Jerusalemer Tempel gefordert. Wenn sie zur Gemeinschaft gehören wollen, müssen sie sich an Jerusalem orientieren und ihre Opfer und Abgaben an das Heiligtum entrichten.

* * *

3.1.3.3 Politische Implikationen?
Der Überblick hat nahegelegt, dass das persische Steuersystem und die gesellschaftliche Organisation Jehuds episodische Phasen wirtschaftlicher Not von Be-

---

264 Oswald, Staatstheorie, 128.
265 Niehr, Reform, geht von einem Ursprung der Zentralisationsforderung in priesterlichen Kreisen des Zweiten Tempels aus. Sie zielte auf eine Verbesserung der wirtschaftlich schwierigen Situation, die daraus resultierte, dass die Priester sich selbst versorgen mussten. Vgl. ders., Abgaben, 142: „Von jedem Ort in Yehud war der Tempel in ein bis zwei Tagesreisen von maximal 50 Kilometern zu erreichen, so daß das Aufsuchen des Tempels zur Übergabe des Zehnten und anderer Abgaben im Rahmen einer mehrfach im Jahr zu vollziehenden Wallfahrt vorgeschrieben und auch erfüllt werden konnte." Über die Entstehung der Zentralisationsidee muss hier nicht entschieden werden. Naheliegend ist in jedem Fall die Annahme eines *„ongoing process* of cultic centralization" (Rhyder, Cult, 401, in diesem Fall bezogen auf P und H: „H, like P before it, reflects the attempts by priestly scribes, probably situated in Jerusalem, to promote a discourse of centralization as a strategy of *survival*."), wann immer dieser begonnen haben mag.

völkerung und Tempel in der Perserzeit begünstigten. Sowohl die wirtschaftlichen Schwierigkeiten als auch die vielfältigen Offensiven und Strategien tempelnaher Kreise gegen diese und die damit einhergehende Bildung sozialer Klassen sind literarisch gut bezeugt. Die Fragen, ob und, wenn ja, in welchem Maße diese Initiativen reale Auswirkungen hatten, und welche vorsichtigen Rückschlüsse auf die Kompetenzen des Hohepriesters dies vielleicht erlaubt, bleiben davon zunächst unberührt.

Die Aussagekraft von Jes 61 in dieser Hinsicht ist vermutlich begrenzt. Der Hohepriester erlässt keine Amnestie, sondern verkündet den Schuldnern die nahe bevorstehende gottgewirkte Besserung der Verhältnisse. Von Schuldenerlassen, die der Hohepriester angeordnet hätte, ist auch ansonsten nichts bekannt. Eine Alternative zu Jes 61 bietet Neh 5, wonach nicht der Hohepriester, sondern der Statthalter die Initiative ergreift und einen Schuldenerlass fordert. Interessanterweise schreibt jedoch auch Neh 5 dem Statthalter nicht die Autorität zu, die Amnestie zu erlassen. Stattdessen wirbt er bei den Schuldherren dafür und geht mit gutem Beispiel voran. Aus der literarisch bezeugten abweichenden Zuständigkeit von Hohepriester und Statthalter lassen sich vermutlich keine historischen Schlüsse ziehen. Nimmt man die relativ breite Verankerung der Amnestie in legislativen Texten hinzu, legt sich vielmehr die Annahme nahe, dass diese Solidarmaßnahmen mit wachsendem Kollektivbewusstsein (ähnlich wie die Abgabenforderungen, die die Versorgung des Tempels gewährleisten sollten) als (ideale) Möglichkeit in den Blick rückten, die Wirtschaft zu stabilisieren. Die punktuellen Verbindungen der Amnestie mit Statthalter und Hohepriester in Neh 5 und Jes 61 würden dann keine historischen Verhältnisse reflektieren, sondern wären als einem Ideal verpflichtete programmatische Texte zu betrachten. Neh 5 schreibt die Initiative dem Statthalter zu, was im Zusammenhang der Konzeptionierung des Statthalteramtes als judäischem Führungsamt naheliegend war. Jes 61 sieht die Verantwortung beim Hohepriester und will damit vielleicht dessen Solidarität mit den Kleinbauern demonstrieren. Neh 5 und Jes 61 liefern also weder Hinweise auf eine literarische Kontroverse über den Einfluss und die Autorität von Statthalter und Hohepriester, noch sagen sie etwas über die tatsächlichen Machtverhältnisse in Jehud aus.

3.1.4 Fazit: Gen 14,18–20 und die Rolle des Hohepriesters in der Perserzeit

Gen 14,18–20 lassen sich nicht als Zeuge für ein politisch einflussreiches (Hohe-) Priestertum in der späten Perserzeit in Anspruch nehmen.[266] Zwar hat die Analyse

---

266 Vgl. die oben referierten Positionen von Zimmerli, Ruppert und Oswald. S. o. S. 187 f.

des Kapitels in der Tat eine Entstehung der Melchisedek-Episode in der fortgeschrittenen Perserzeit nahegelegt, doch weist die Interpretation in eine andere Richtung. Zunächst einmal zielt die Melchisedek-Episode nicht primär auf die Etablierung einer Hierarchie zwischen Abraham und Melchisedek, sondern auf die Entrichtung des Zehnten. Auch wenn Melchisedek den Jerusalemer Hohepriester repräsentiert, wird die Passage somit kaum in der *Absicht* verfasst worden sein, bestimmte Herrschaftsansprüche des Hohepriesters zu legitimieren oder zu reflektieren.[267] Dennoch ist es natürlich möglich, dass sich solche Ansprüche im Text spiegeln und er somit zumindest implizit Aufschluss über die Stellung des Hohepriesters gibt. Ein hervorragendes Merkmal stellt in diesem Zusammenhang der Königstitel Melchisedeks dar. Vordergründig verdankt er sich dem narrativen Setting: Verfügten ausweislich des älteren Textbestands alle genannten palästinischen Städte, die sündigen Städte Sodom und Gomorrha eingeschlossen, über einen König, konnte es natürlich nicht angehen, dass ausgerechnet Jerusalem keinen König haben sollte. Zwar wird man den Königstitel dann nicht vorschnell im Sinne eines königlichen Hohepriestertums überbewerten dürfen. Man wird dessen Verwendung für Melchisedek jedoch als Ausweis großer Wertschätzung des Hohepriesteramtes verstehen können. Immerhin schwingt in der Bezeichnung als Priester und König die Vorstellung mit, dass der Hohepriester legitimer Repräsentant der Stadt ist, was sich darin konkretisiert, dass er Abraham mit Brot und Wein empfängt. Darüber hinaus legitimieren Gen 14,18–20 tatsächlich zumindest implizit das durch Melchisedek repräsentierte Amt des höchsten Jerusalemer Priesters, indem seine große Relevanz bereits in die Frühzeit Israels verlagert wird: Schon Abraham hat dieses Amt anerkannt, indem er Melchisedek den Zehnten entrichtet hat.

Vieles deutet somit zwar auf eine Entstehung von Gen 14,18–20 in priesterfreundlichen Kreisen, die die Autorität des Hohepriesters als sehr groß einschätzen oder sie vielleicht auch stärken wollen. Die Episode ist aber weder Programmtext noch Beleg für die faktische Existenz eines politisch einflussreichen Hohepriestertums. Der Text belegt nicht die steigende oder gestiegene politische Macht des Hohepriesters, sondern zeigt lediglich, dass nach Meinung der Verfasser der Hohepriester die Stadt in kultischen Angelegenheiten repräsentiert. Dass in Gen 14,18–20 bereits das hasmonäische Herrschaftsideal anklingt,[268] erschließt sich somit allenfalls retrospektiv. Indem die Melchisedek-Episode ein äußerst positives

---

267 Zwar erkennt Abraham den Anspruch Melchisedeks an, legitimer Repräsentant El Eljons und exklusiver Verwalter des Segens zu sein. Aber es geht nicht darum zu zeigen, dass Melchisedek dem königlichen Abraham überlegen ist (und entsprechend selbst königliche Züge trägt).
268 Vgl. Berner, Abraham, 45, mit Verweis auf Van Seters, Abraham, 308: Gen 14,18–20 „foreshadow the Hasmonean ideal of royal priesthood".

Bild eines souverän agierenden Priesters entwirft, können sich Spätere zur Legitimation ihrer eigenen Ansprüche darauf berufen.

Der Fokus von Gen 14,18–20 selbst liegt mit dem Zehnten indes eher auf einem wirtschaftlichen Aspekt, dessen Hintergründe Zweifel daran wecken, dass zur Zeit der Entstehung von Gen 14,18–20 faktisch bereits mit einem politisch einflussreichen Hohepriestertum zu rechnen ist. Die Anerkennung des Hohepriesteramtes durch Abraham kommt in Gen 14,18–20 in ganz konkreter Weise zum Ausdruck: Abraham gibt Melchisedek den Zehnten. Am Ende steht der Hohepriester mit dem Zehnten da und darauf läuft die kurze Erzählung auch als Pointe hinaus. Die Melchisedek-Episode veranschaulicht damit Grundsätzliches: Bereits Abraham hat den Zehnten nach Jerusalem entrichtet. Als Programmschrift für den Zehnten will die Erzählung ihre Adressaten dazu anregen, das Verhalten Abrahams nachzuahmen, und gibt zugleich den Initiatoren einer Zehntkampagne in nachexilischer Zeit mit dem Altersbeweis ein schlagendes Argument an die Hand. Dass der Zehnte (nicht nur in Gen 14,18–20, sondern auch andernorts) von so großem Interesse ist, spiegelt die Abhängigkeit des Tempels von diesen kultischen Abgaben der Bevölkerung und legt nahe, dabei von einer „moral obligation to support the temple [...] rather than administrative injunction"[269] auszugehen. Mit Blick auf die Stellung des Hohepriesters ist aufschlussreich, dass er offenbar nicht über die Autorität verfügte, offizielle Steuern zu erheben, um die Versorgung der Priester zu gewährleisten. „[T]he Jerusalem temple priesthood did not have the authority to extract payments from the community in support of the temple [...]. If authority to tax is a clear sign of political power, then the priesthood did not have it."[270]

3.2 Das Priesteramt Melchisedeks in Ps 110

Ps 110,4 enthält neben Gen 14,18–20 die einzige Erwähnung Melchisedeks im gesamten Alten Testament. Um die Entwicklung der biblischen Melchisedek-Tradition zu erhellen und um beurteilen zu können, welche Rückschlüsse sich daraus unter Umständen mit Blick auf die Entwicklung des Jerusalemer Hohepriesteramtes ziehen lassen, muss das literarische und vor allem das sachliche Verhältnis beider Stellen zueinander bestimmt werden. Entscheidend hierfür ist die Frage nach der Pragmatik und der Funktion der Erwähnung Melchisedeks in Ps 110,4. Sinn und Aussage des Verses innerhalb des Psalms erschließen sich jedoch keineswegs von selbst. Im Rahmen eines Königspsalms, der klassische Motive wie die Inthronisation

---

269 Bedford, Temple Funding, 341 f.
270 Bedford, Temple Funding, 342.

des Königs sowie den Sieg und die Herrschaft über dessen Feinde kombiniert, überrascht die innerhalb des Alten Testaments singuläre Zuschreibung des Priesteramtes an den König in V.4. Bevor nach der Pragmatik von Ps 110,4 gefragt werden kann, muss darum die Entstehungsgeschichte des Psalms zumindest in Grundzügen rekonstruiert werden.

3.2.1 Die Entstehungsgeschichte von Ps 110

3.2.1.1 Überblick über die Forschung

Charakteristisch für die Forschung zu Ps 110 ist, ähnlich wie bei Gen 14,18–20, die ungewöhnlich große Breite an Datierungen. Die Vorschläge rangieren zwischen der vorisraelitischen Zeit[271] bzw. der Regierungszeit Davids und der hasmonäischen Zeit. Dabei spielt V.4 sowohl im Rahmen von Früh- als auch von Spätdatierungen meist eine zentrale Rolle.[272]

Im Zusammenhang mit Datierungen in der davidischen Zeit[273] wird häufig ein bestimmtes kultisches Ereignis im Hintergrund des Psalms angenommen, etwa die Inthronisation des Königs.[274] Als Bestandteil eines am judäischen Königshof situierten Krönungsrituals wird V.4 dann die Funktion attestiert, die Übernahme jebusitischer Ordnungen zu demonstrieren: Dem davidischen König wird das Priestertum nach der Weise des jebusitischen Priesterkönigs Melchisedek (als eine Funktion seiner Herrschaft) übertragen. Der König wird somit als dessen legitimer Nachfolger präsentiert.[275]

---

271 Vgl. u. a. Cassuto, Literature, 211 f.; Patton, Parallels; Jefferson, Psalm 110. Dieser Ansatz wird im Folgenden nicht weiter berücksichtigt.
272 Vgl. etwa Hardy, Date, 385: „The picture of the warrior-priest who will smite his enemies by the power of Yahweh can be connected either with the early days when the Kings of Israel still combined military and religious functions, or with the much later time when the ruling high-priests of the Maccabean line were engaged in warlike pursuits."
273 Vertreter sind u. a. Kittel, Psalmen, 400 f.; Hardy, Date, dessen Aufsatz wegweisend wurde für eine jahrzehntelange Frühdatierung des Psalms; Widengren, Psalm 110; Weiser, Psalmen, 476; Bowker, Psalm cx; Kraus, Psalmen, 929 f.; Gunkel, Psalmen, 484 f.; Booij, Psalm cx; Rooke, Heirs, 99 ff.; Seybold, Psalmen, 437; Hilber, Psalm cx.
274 Vgl. bereits Dürr, Psalm 110. Alternativ wird bisweilen von einer Verwendung im Rahmen der Gottesprozession zum Fest der Thronbesteigung Jahwes ausgegangen; vgl. etwa Schmidt, Psalmen, 204. Für die Frühdatierung des Psalms werden zudem die religionsgeschichtlichen Analogien zu V.1 und V.3 herangezogen, die auf ein hohes Alter weisen könnten, unabhängig davon, ob man sie eher im ägyptischen (vgl. Kilian, Tau; ders., Relecture; Görg, Thronen; Koch, König; vgl. auch bereits Dürr, Psalm 110; de Savignac, Essai) oder im mesopotamischen Bereich (vgl. Hilber, Psalm cx) sucht.
275 Vgl. etwa Hardy, Date, 389; Kraus, Psalmen, 929; Gunkel, Psalmen, 485; Bowker, Psalm cx, 35; Rooke, Heirs, 99 ff.

Am entgegengesetzten Ende des Spektrums stehen Versuche, den gesamten Psalm in die hasmonäische Zeit zu datieren. In der älteren Forschung wurde häufig ein in V.1–4 vermutetes Akrostichon als Indiz dafür angeführt: „Daß der Angeredete der Hasmonäer Simon ist, geht aus dem Inhalt von V.1–4, besonders aber auch aus dem von Bickell entdeckten Umstande hervor, daß diese Verse ein Akrostichon mit dem Namen שמעז sind."[276] Ps 110 wird mit Simons Einsetzung zum politischen und kultischen Anführer (1 Makk 14,41) in Verbindung gebracht und als Legitimationstext für die Hasmonäer gedeutet.[277] Das Gewicht dieser Interpretation liegt wiederum auf V.4, der in diesem Zusammenhang als prophetische Bestätigung der Herrschaft der Hasmonäer gesehen wird: Das Defizit der fehlenden genealogischen Abstammung von Zadok wird kompensiert, indem Melchisedek, der ebenfalls ohne Abstammung war und weltliche und religiöse Macht in seiner Person vereinte, als Gewährsmann für die hasmonäische Herrschaft aufgerufen wird.[278]

Für den Psalm als Ganzes überzeugen weder die Früh- noch die Spätdatierung. Einige Aussagen des Psalms – dies betrifft insbesondere V.1 und V.3 – muten so archaisch an, dass ihre Abfassung in hasmonäischer Zeit nicht unbedingt naheliegt. Als Akrostichon mit dem Namen שמעז funktionieren V.1–4 zudem allenfalls, wenn man in V.1 nicht am Beginn des Verses, sondern erst mit dem ersten Wort der direkten Rede ansetzt (שב), was gerade angesichts der Tatsache, dass man in V.4 dagegen das erste Wort des Verses, also einen Teil der Einleitung der Gottesrede, für das Akrostichon benötigt, willkürlich wirkt.[279] Einer Deutung auf die Hasmonäer verwehrt sich im vorliegenden Text freilich außerdem die Adressierung an David,[280]

---

276 Duhm, Psalmen, 398 ff.; vgl. auch Treves, Acrostic Psalms.

277 Vgl. auch Donner, Prophet, 219, der einige Zeit später (nach einer längeren Phase, in der die Frühdatierung Hochkonjunktur hatte) wieder die makkabäische Ansetzung favorisiert. Zur Verbindung von Ps 110 und 1 Makk 14,41 s. ausführlicher u. 3.2.2.3.2. Eine Datierung in hasmonäischer Zeit favorisieren auch Knauf, Psalm LX, 61 f.; Dahmen, Gepriesen sei der Herr, 18, und Oeming/Vetter, Psalmen, 122.

278 Vgl. Donner, Prophet, 218. Duhm, Psalmen, 400, übersetzt „Du bist Priester für immer um meinetwillen" (zu den verschiedenen Übersetzungsmöglichkeiten von דברתי על s.u. S. 233 f.) und hält „Melchisedek" entsprechend für eine Glosse, schreibt ihr aber dieselbe Bedeutung zu. Während Donner von einem Rückgriff des Verfassers von Ps 110 auf Gen 14,18–20 ausgeht, hält Duhm es für möglich, dass die Glosse nachträglich auf den gegenüber Ps 110 *jüngeren* Einschub Gen 14,18–20 reagiere.

279 Vgl. auch Bowker, Psalm cx, 31, der zudem metrische Probleme, die aus einem akrostichen Verständnis des Psalms resultieren würden, gegen diese Deutung ins Feld führt; ebenso auch bereits Gunkel, Psalmen, 485, der die Deutung des Psalms als Akrostichon einen „Verstoß gegen die Metrik" nennt; daneben auch Seybold, Poetik, 234.

280 S. dazu im Folgenden.

sodass man diese im Rahmen der Spätdatierung auf jeden Fall für nachgetragen halten müsste.

Bei einer Frühdatierung bereitet hingegen vor allem die zweite Hälfte des Psalms (V.4–7) Probleme. Die Motive „Tag des Zorns Jahwes" und „Gericht Jahwes gegen die Völker" in V.5 und V.6 weisen in den Bereich später prophetischer Literatur. Ebenso deutet der Schwur Jahwes in V.4, wonach er seine Wahl nicht bereuen werde, ein vorangegangenes Scheitern des zuvor Erwählten und einen grundsätzlichen Neuanfang an. Als Referenzpunkt kommt daher nur der Untergang des davidischen Königshauses in Frage (und nicht etwa die Reue Jahwes bezüglich der Erwählung Sauls).[281]

Eine dritte Option neben der Früh- und der Spätdatierung stellt die Verortung in der nachexilischen, aber vorhasmonäischen Zeit dar. Im Zusammenhang einer perserzeitlichen Datierung[282] legt sich ein Verständnis als messianischer Psalm nahe. Auch wenn dies für große Teile des Psalms als adäquate Deutung erscheint, wird die flächige Datierung des gesamten Psalms in der Perserzeit nicht allen Auffälligkeiten gerecht.

Insbesondere in der rezenteren Forschung werden die bisher referierten holistischen Ansätze von Interpretationen flankiert, die der Redaktionsgeschichte des Psalms einen größeren Stellenwert beimessen und damit dem komplexen Befund grundsätzlich besser gerecht werden. Auch im Rahmen diachroner Lösungen nimmt V.4 meist eine Schlüsselrolle ein. Verbreitet ist etwa die Ansicht, dass lediglich V.4 in den Psalm nachgetragen worden sei, der ansonsten für literarisch einheitlich (und alt) gehalten wird.[283] Saur hingegen geht von einer umfassenderen

---

281 Vgl. auch Saur, Königspsalmen, 208. Gegen Rooke, Heirs, 99f., die als Referenzpunkt für den David legitimierenden V.4 den radikalen Bruch mit der Saul-Tradition angibt.
282 Vgl. z.B. Kissane, Interpretation; Körting, Zion, 206ff.
283 Die Schwierigkeiten, die zu dieser Lösung führen, bringt Anderson, King-Priest, 36, auf den Punkt: „The crux of the dating dilemma stems from what could be called a bipolar disorder within the psalm. Verse one and verse four are the two poles, and they are hard to harmonize. Verse one seems to indicate kingship, while verse four indicates priesthood. A kingship setting would point toward a pre-exilic date for the psalm. But mention of priesthood has caused many to look for the time period when the high priest had supplanted the king in leading Israel, that is, post-exilic times." Eine isolierte literarkritische Aussonderung von V.4 aus dem Grundbestand des ansonsten literarisch einheitlichen Psalms wird u.a. vertreten von Schreiner, Psalm cx, der Psalm 110 für ein altes Königslied und V.4 für einen Nachtrag aus der Zeit der Restauration des Jerusalemer Tempels hält. Vgl. auch Kilian, Relecture, der Ps 110 für die (früh)königszeitliche *relecture* einer ägyptischen Vorlage hält und V.4 in diesem Kontext als einen Vorläufer der in Qumran kursierenden Vorstellung eines königlichen und eines priesterlichen Messias, und somit eine erneute, dieses Mal messianische *relecture* aus nachexilischer Zeit deutet. Anders als in Qumran sei die Trennung des Messiasamtes in Ps 110,4 noch nicht vollzogen. Stattdessen werde dem königlichen Messias das Priestertum zuge-

Bearbeitung aus. Auch seiner Meinung nach verläuft die literarische Naht zwischen V.3 und V.4. Jedoch wertet er aufgrund der Beobachtung, dass nur in V.1–3 Bezüge zur altorientalischen Königsideologie vorliegen, V.4–7 insgesamt als perserzeitlichen Nachtrag.[284]

Da auch die literargeschichtliche Zweiteilung des Psalms in V.1–3 und V.4–7 Fragen offen lässt,[285] wird im Folgenden erneut der Versuch unternommen, die Entstehung des Psalms auf literargeschichtlichem Weg zu eruieren.

Besonderes Augenmerk wird dabei auf die Bedeutung von V.4 in seinem Kontext zu legen sein. Erst auf der Grundlage der rekonstruierten Literargeschichte des Psalms lässt sich V.4 sodann historisch beurteilen. Da der Text des Psalms insbesondere in V.3 massive Probleme birgt, die ein Verständnis, geschweige denn eine literarhistorische Beurteilung erschweren, steht der Analyse die textkritische Untersuchung von Ps 110,3 voran.

3.2.1.2 Die Textkritik von V.3

Neben der kompositionsgeschichtlichen und historischen Beurteilung von V.4 stellt die Textkritik von V.3 wohl das gravierendste Problem der Exegese von Ps 110 dar. Gunkel etwa kommt angesichts der masoretischen Fassung von V.3 zu dem Schluss: „[D]as Ganze ist ein wunderliches Stammeln und sicher verderbt."[286] Von vornherein spricht jedoch die signifikante Häufung textkritischer Auffälligkeiten in diesem Vers dagegen, dass ausschließlich Lese- oder Abschreibfehler für die stark

---

sprochen. Auch Hossfeld/Zenger, Psalmen 101–150, 205, halten V.4 für einen Nachtrag aus nachexilischer Zeit, der dem „neuen" davidischen König (hohe-)priesterliche Würde und Funktion zuspreche. Der restliche Psalm könne vorexilischen Ursprungs sein.

284 Vgl. Saur, Königspsalmen, 205 ff. Vgl. auch bereits Loretz, Psalmen 2, 164 f., der ebenfalls V.1–3 für ein vorexilisches Lied hält, „das wohl in engem Anschluß an die kanaanäischen Traditionen die Inthronisation oder eine andere Zeremonie schildert", und V.4–7 als „messianisch-eschatologische[n] Nachtrag" betrachtet, sowie jüngst wieder Krusche, Königtum, 237 ff.

285 Vor allem ist fraglich, welche Funktion V.4 in einem messianischen Kontext haben sollte: Inwiefern trägt etwa die Zuschreibung des Priesteramtes „nach der Weise Melchisedeks" an den König zu dessen Charakterisierung als messianischer Gestalt bei, wie Loretz, Psalmen 2, 164, annimmt?

286 Gunkel, Psalmen, 486. Er selbst zieht עמך נדבת („dein ist die Herrschaft") aus metrischen Gründen zum Vorangehenden und emendiert den Rest des Verses wie folgt: ביום חוללך נהדרת קדוש מרחם משחר ילך טל ילדותך („Am Tag, da du gekreißt wardst, wardst du verherrlicht, heilig von Mutterschoße an. Aus der Morgenröte fließt der Tau deiner Jugend."). Einen komplett abweichenden Text produziert Wutz, Psalmen, 293: עמך גדבת ביום תולד בהדרי קדש מחר משחך למלך („Bei dir war ja die Fürstenwürde schon am Tage deiner Geburt; in heiligem Schmuck hat Er dich hernach gesalbt zum König.").

divergierenden Versionen von MT und LXX verantwortlich sind.[287] Stattdessen ist danach zu fragen, ob die Abweichungen zusammengenommen eine Systematik erkennen lassen, die für die gezielte Uminterpretation einer älteren Version in MT und/oder LXX sprechen könnte.

Da die Interpretation des letzten Wortes die Weichen für das Verständnis des gesamten Verses stellt, empfiehlt es sich, mit der textkritischen Untersuchung bei diesem zu beginnen. Die Konsonantenfolge ילדתיך ist im MT als Substantiv vokalisiert. Es handelt sich demnach um das Nomen יַלְדוּת (hier defektiv) mit Suffix 2. Sg. M., das sonst nur in Koh 11,9 f. (*plene*) vorkommt. Der Übersetzer der LXX hat an dieser Stelle jedoch offenbar eine Verbform gelesen, die er als 1. Sg. Aorist wiedergibt (ἐξεγέννησά). Neben LXX bezeugen auch viele hebräische Handschriften (יְלִדְתִּיךָ, 1. Sg. C. Perf. Qal mit Suffix 2. Sg. M.; vgl. auch Ps 2,7) sowie die Peschitta und die Hexapla an dieser Stelle eine Verbform. *Prima vista* weist die Konsonantenfolge auf eine Verbform, da bei einem Substantiv im Sg. das *iod* vor dem Suffix 2. Sg. M. wenn auch nicht singulär,[288] so doch zumindest unüblich ist.[289]

Unter rein grammatikalischen Gesichtspunkten stellt die Vokalisierung der Form als Substantiv im MT somit zweifellos die *lectio difficilior* dar. Donner zieht daraus die Konsequenz:

> Die beliebte [...] Annahme, die Lesart der Septuaginta sei ursprünglich, halte ich für völlig ausgeschlossen. Wie sollte erklärt werden können, daß die richtige Aussprachetradition verlorenging und für das einfache „ich habe dich gezeugt" das seltene Wort ילדות (noch dazu in *scriptio defectiva*) eintrat, das sonst nur noch in Koh 11,9 f. vorkommt?[290]

---

287 Schenker, Textkritik, 173, etwa stellt in kritischer Auseinandersetzung mit der Untersuchung Barthélemys die Frage: „Warum unterliefen den Schreibern gerade in diesem Vers so auffällig viele Fehler, während sie überall sonst meistens ziemlich genau verfuhren?" Vgl. auch Hossfeld/Zenger, Psalmen 101–150, 198.

288 Vgl. Ez 35,11; Ps 9,15 (wie in Ps 110,3 ebenfalls in *pausa*).

289 Interessanterweise ist in Koh 11,9 sogar noch einmal die identische Form ילדותיך (*plene*) zweifelsfrei als Substantiv belegt. Koch, König, 18 f., Anm. 84, schließt auf die Bedeutung „Jugendzeit" und weist auf die entsprechende Semantik des Substantivs im Jüdisch-Aramäischen hin. In jungen Texten ist eine Verwendung von ילדות dann vielleicht *per se* etwas wahrscheinlicher (dies könnte sich auch entsprechend auf die unter Umständen spät erfolgte Interpretation der Konsonantenfolge als Substantiv in Ps 110,3 MT ausgewirkt haben, s. dazu im Folgenden). Was die ungewöhnliche Form der Suffigierung angeht, ist naturgemäß schwer festzustellen, ob sich die Übereinstimmung zwischen Koh 11,9 und Ps 110,3 MT dem Zufall verdankt, oder ob Koh 11,9 in Kenntnis von Ps 110,3 entstanden ist.

290 Donner, Prophet, 223, Anm. 40.

Anhand der *lectio difficilior* lässt sich an dieser Stelle jedoch keine textkritische Entscheidung fällen,[291] wie im Folgenden gezeigt werden soll.

Die Varianten von MT und LXX können in keiner Richtung (!) auf einen Abschreibfehler zurückgeführt werden. Im MT ist die Lesart als Substantiv die einzig mögliche, denn die voranstehende suffigierte Präposition ל kennzeichnet den letzten Teil des Verses eindeutig als Nominalsatz. Setzt man den Konsonantenbestand des MT voraus, wäre eine versehentliche Änderung des Substantivs zur Verbform also aus syntaktischen Gründen ausgeschlossen.

Dazu passt der Befund, dass die LXX die beiden Worte לך טל nicht übersetzt zu haben scheint. Dies kann auf die Auslassung der beiden Worte durch den Übersetzer zurückgeführt werden oder aber darauf hinweisen, dass er die Wendung nicht in seiner Vorlage stehen hatte. Sollte לך טל kein Bestandteil des ursprünglichen Textes gewesen sein, wäre die Lesart als Verbform die einzig mögliche, denn der zuvor erwähnte Schoß der Morgenröte insinuiert den physischen Vorgang der Zeugung. In diesem Fall wäre die substantivische Lesart im ursprünglichen Text demnach nicht die schwierigere, sondern eine unmögliche Lesart. In der Tat spricht einiges dafür, dass der Übersetzer der LXX die beiden Worte לך טל nicht in seiner Vorlage hatte.[292] Dass er sie kannte und ausgelassen hat, ist jedenfalls ganz unwahrscheinlich.[293] Da die Konsonantenfolge mit לך טל als Nominalsatz verstanden werden *muss*, hätte der Übersetzer der LXX in diesem Fall gegen den eindeutigen Sinn seiner Vorlage eine völlig andere Aussage generiert, was seiner sonstigen Tendenz zu einer wörtlichen Übersetzung zuwiderliefe. Theoretisch wäre vorstellbar, dass in der Vorlage des Übersetzers כטל gestanden hat.[294] In diesem Fall wäre der Konsonantentext zumindest ambivalent gewesen. Ein Verständnis als Verbform (*aus dem Schoß der Morgenröte habe ich dich wie Tau gezeugt) dürfte zwar auch in diesem Fall naheliegender gewesen sein,[295] eine substantivische Interpretation

---

291 Vgl. jüngst jedoch wieder Krusche, Königtum, 232.

292 Wenig Wahrscheinlichkeit hat die Annahme, die Wortmitte sei korrumpiert. So etwa Booij, Psalm cx, 398, der mit Textverderbnis rechnet und ein למשל („um zu herrschen" oder „als Herrscher") rekonstruiert.

293 So aber Krusche, Königtum, 232, der davon ausgeht, dass der Übersetzer der LXX das letzte Wort anders vokalisiert habe und dies die syntaktisch bedingte Auslassung von לך nach sich gezogen habe. Was den Tau angeht, nimmt Krusche mit von Nordheim, Morgenröte, 85 ff., an, dass der „Morgenstern" die Wiedergabe sowohl von טל als auch von שחר umfasse.

294 Vgl. Hossfeld/Zenger, Psalmen 101–150, 200.

295 Der Vergleich mit Tau könnte dann die Funktion des Königs verbildlichen. Er bezöge sich zunächst auf den Vorgang der Zeugung („ich habe dich wie Tau gezeugt" = „ich habe dich gezeugt, wie ich den Tau gezeugt habe"). Zur Vorstellung der Zeugung des Taus durch Jahwe vgl. Hi 38,28. Der Fokus läge somit auf der lebensschaffenden Kraft des Taus, die als Sinnbild für die segensbringende

(*aus dem Schoß der Morgenröte kommt deine Jugend wie Tau) wäre aber ebenfalls vorstellbar. Im protomasoretischen Text wäre der Konsonantenbestand später durch Hinzufügung des ל im Sinne eines Nominalsatzes vereindeutigt worden.[296] Der Übersetzer der LXX hätte seine Vorlage in diesem Fall somit nicht gegen den Textsinn interpretiert. Warum er כטל ausgelassen haben sollte, müsste jedoch gut begründet werden, denn auch dies entspräche nicht seiner Tendenz zu einer Wort-für-Wort Übersetzung.[297] Zwar wäre vorstellbar, dass sachliche Gründe die Auslassung veranlasst hätten. Sollte der Übersetzer πρὸ ἑωσφόρου etwa im Sinne einer Präexistenzaussage verstanden haben, wie Schaper meint,[298] wäre ein Vergleich mit

---

Herrschaft des Königs steht. Wie der Tau Fruchtbarkeit bringt, so bringt die Herrschaft des Königs Segen.

Eine explizitere Alternative zur Deutung des Taus im Zusammenhang der Zeugungsaussage vertritt Kilian, Tau; vgl. auch von Nordheim, Morgenröte, 85. Wie die Throngenossenschaft und den Fußschemel aus Feinden (s. dazu im Folgenden) interpretiert er auch den Tau im Kontext der ägyptischen Mythologie. Im ägyptischen Mythos von der Zeugung des Königs erwacht die Königin vom göttlichen Duft; er ist später, nach vollzogenem Akt, in all ihren Gliedern. Das ägyptische Wort *y'dt*, das an dieser Stelle für den Duft verwendet wird, kann auch „Tau" bedeuten, woraus Kilian schließt, dass in (der ägyptischen Vorlage von) Ps 110,3 ebenfalls auf die Materie der Zeugung, also den göttlichen Samen, angespielt ist („ich habe dich gemäß [= mit] Tau gezeugt"). Der Fokus läge dann entsprechend stärker auf der göttlichen Natur des Königs. Da nach der hier vorgeschlagenen Rekonstruktion der Textgeschichte der Tau erst im Zuge der Reinterpretation der Verbform in ein Substantiv ergänzt wurde und somit auf keiner Ebene im Zusammenhang mit der Zeugungsaussage stand, müssen die Alternativen nicht intensiv diskutiert werden. Zu Kilians Interpretation im Kontext der ägyptischen Mythologie sei aber zumindest angemerkt, dass ein Verständnis von *y'dt* als Tau semantisch unsicher ist. Zudem differiert die Vorstellung des *hieros gamos* zwischen dem ägyptischen Mythos und Ps 110,3. Im Mythos zeugt die Gottheit den König mit der Königsmutter, in Ps 110,3 mit einer Göttin; s. dazu im Folgenden.

296 Gegen Hossfeld/Zenger, Psalmen 101–150, 200, wäre jedoch davon auszugehen, dass diese Änderung vor der Vokalisierung des Textes vorgenommen wurde. Die Hinzufügung des ל ließe sich jedenfalls kaum als „notwendige Abänderung des Textes im Zusammenhang mit der Vokalisation von ילדתיך als ‚deine(r) Jugend'" verstehen, da auf dieser Stufe die Vokalisation selbst die notwendige Eindeutigkeit erzielt hätte.

297 Nach Cordes, Asafpsalmen, 14, im Anschluss an Aejmelaeus, Characterizing Criteria, bezieht sich die Wörtlichkeit vor allem auf die quantitativen Aspekte der Übersetzung, zu denen die „Wort-für-Wort- bzw. Wortelement-für-Wortelement-Entsprechung" gehört. „Auf dieser quantitativen Ebene bleibt der Übersetzer in der Tat sehr wörtlich, er gibt jedes einzelne Element des hebräischen Textes mit einem einzelnen griechischen Wort- [*sic!*] bzw. Wortelement wieder und behält auch die Wortfolge meist akribisch genau bei."

298 So Schaper, Eschatology, 104, und ders. Septuaginta-Psalter, 174 ff., im Anschluss an Volz, Eschatologie, 205, und Bousset, Religion, 265; vgl. auch Bons, Septuaginta-Version, 135 f. Alternativ ließe sich die Aussage im Sinne einer Angabe der Tageszeit verstehen, indem man die Präposition πρό entweder ebenfalls temporal (= bevor der Morgenstern aufgegangen ist) oder aber lokal auffasst („vor dem Morgenstern", d. h. solange der Morgenstern zu sehen ist). Vgl. van der Kooij, Septuagint of

Tau ausgeschlossen, denn der Tau ist nicht präexistent wie der König. Doch bleibt diese Option am Ende voraussetzungsreich und hypothetisch.

Wahrscheinlicher ist daher die Annahme, dass die beiden Worte טל לך nicht in der Vorlage der LXX standen, somit kein Bestandteil des ursprünglichen Textes waren, sondern im protomasoretischen Text hinzugefügt wurden.[299] Der Übersetzer der LXX *musste* seine Vorlage also als Verbalsatz verstehen.

Die textkritisch ohnehin sehr gut bezeugte Verbform stellt somit in Ps 110,3 die ursprüngliche Lesart dar. Demnach stand in Ps 110,3 wie in Ps 2,7 eine Zeugungsaussage.[300] Im MT wurde die Konsonantenfolge durch die Einfügung der beiden Worte לך טל unmittelbar vor der Verbform als Substantiv reinterpretiert. Die Präposition ל legt die Aussage syntaktisch auf einen Nominalsatz fest. Dahinter steht offenbar die Absicht, die als anstößig empfundene Vorstellung zu korrigieren, der König sei durch Jahwe gezeugt worden. Dass diese Korrektur nur in Ps 110,3 vorgenommen wurde, nicht aber in Ps 2,7, dürfte in der größeren Explizitheit der Zeugungsaussage in Ps 110,3 begründet liegen. Die Erwähnung des Mutterleibes verleiht der Aussage eine Anschaulichkeit, die eine Interpretation im übertragenen Sinn von vornherein ausschließt.[301] Daneben ist zu fragen, welche inhaltlichen Gründe es für die Eintragung des Tau-Motivs gegeben haben könnte. Diese Frage hängt eng zusammen mit dem Verständnis und der Funktion der Wendung מרחם משחר.

Da MT und LXX auch diesbezüglich voneinander abweichen, ist nicht eindeutig, wie die Zeugungsaussage ursprünglich konkret verstanden werden wollte. MT vokalisiert משחר als *nomen rectum* einer *constructus*-Verbindung. Dabei handelt es sich um ein *hapax legomenon*. Die regelmäßige Form des Substantivs würde שַׁחַר

Psalms, 241, der auf die Parallelen in LXX Ps 72,5.17 verweist. Er deutet die Zeugung „zum Zeitpunkt des Morgensterns" im Horizont des Motivs „göttliche Hilfe am (frühen) Morgen": „Understood this way, the passage in LXX Ps 109.3 is about birth at a favourable moment, a moment associated with the help of God." (Septuagint of Psalms, 242). Das Motiv bleibt so allerdings etwas blass.

299 Vgl. Schenker, Textkritik, 187.

300 Der Verwendungszusammenhang der Form in Ps 2,7 und Ps 110,3 könnte kaum ähnlicher sein. Beide Male geht es um die Inthronisation des Königs, dem im unmittelbaren Kontext eine große Gottesnähe attestiert wird. Dieser Befund macht *per se* die Annahme unwahrscheinlich, dass die identische Konsonantenfolge dort als Verbform, hier aber als Substantiv gebraucht worden sein sollte. In diesem Fall müsste man entsprechend davon ausgehen, dass erst der Übersetzer der LXX die Form an Ps 2,7 angeglichen habe, so u. a. Donner, Prophet, 223; Körting, Zion, 207, Anm. 203.

301 Anders Saur, Königspsalmen, 211: „Wie in Ps 2,7 wird von der Zeugung des Königs gesprochen, wobei auch in Ps 110 – wie in Ps 2,7 – keine physischen Vorstellungen mit dem Zeugungsvorgang verbunden sind." Auch Delcor, Melchizedek, 121, schließt einen natürlichen Zeugungsvorgang aus dogmatischen Gründen aus: „But within the scope of Israelite thought, we must doubtless exclude all divine filiation of the king engendered as a result of a hieros gamos as is the case for the Pharaoh."

lauten. Eine zumindest philologisch unauffällige *constructus*-Verbindung (מרחם
שחר) ließe sich rekonstruieren, wenn man das *mem* auf eine Dittographie zurück-
führte.[302]

Auch die LXX dürfte dieses *mem* bereits in ihrer Vorlage gehabt haben. Sie
übersetzt משחר als zusammengesetzte Form aus Substantiv und Präposition. Dies
stellt zwar eine weitere, grammatikalisch zudem gänzlich unauffällige Möglichkeit
dar, den Konsonantenbestand zu deuten. Allerdings würde syntaktisch dann ein
Verständnis von מִשַׁחַר als Apposition zu מֵרֶחֶם naheliegen (*aus dem Mutterschoß,
[nämlich] aus der Morgenröte), was aus inhaltlichen Gründen problematisch erscheint. Da die Konstruktion umständlich wirkt und nicht ohne Weiteres ersichtlich
ist, in welcher Weise das sehr spezifische שחר das allgemeine רחם näher qualifizieren sollte, wäre ferner zu erwägen, dass מרחם (zu einem relativ frühen Zeitpunkt) als explizierende bzw. korrigierende Glosse zu משחר ergänzt wurde und in
den Text geraten ist. Ursprünglich wäre dann ausgesagt worden, dass Jahwe den
König aus (= mit) der Morgenröte gezeugt habe. Die Ergänzung von מרחם im Sinne
einer *lectio varians* würde die Vorbehalte dokumentieren, die ein Späterer gegenüber dieser Aussage hatte.

Eine textkritische Entscheidung in dieser Angelegenheit fällt schwer. Die syntaktisch gefälligere Variante ergibt sich bei einem Verständnis als *nomen rectum*,
doch geht sie eben einher mit der Annahme entweder einer vorausgegangenen
Dittographie oder einer unregelmäßigen Nominalbildung eines *segolatum* mit
mem,[303] für die sich zwar Analogien finden ließen, die im Fall von שחר jedoch
singulär wäre.

משחר als zusammengesetzte Form hingegen ist grammatikalisch unauffällig.
Allerdings wäre aus inhaltlichen Gründen eine Glossierung (מרחם) anzunehmen.
Für die Annahme einer Glossierung könnte die analoge Konstruktion in 1 Chr 8,9
herangezogen werden. In 1 Chr 8,9 drückt ילד (hier im Hif.) gefolgt von מן + weib-
lichem PN aus, dass jemand mit einer Frau ein Kind zeugt. Vor dem Hintergrund
dieser Konstruktion ist die Erwähnung des Mutterschoßes in Ps 110,3 also überflüssig. Nicht auszuschließen ist andererseits, dass sie in Ps 110,3 in dem maskulinen
Genus von Schachar begründet liegt.

---

302 Vgl. etwa Schmidt, Psalmen, 202; McKay, Helel, 458; Saur, Königspsalmen, 205.
303 Vgl. Schenker, Textkritik, 180, mit Verweis auf Barthélemy und Delitzsch: „Es handelt sich um
eine mit מחשך im Verhältnis zu חשך analoge Nominalbildung, denn sowohl שחר als auch חשך sind
segolata." Für eine unregelmäßige Nominalform votieren auch Booij, Psalm cx, 400, und Rendsburg,
Psalm cx 3B. Grohmann, Bemerkungen, 251, führt als weiteren Beleg hierfür die Alliteration zwischen *nomen regens* und *nomen rectum* an, die eine enge Zusammengehörigkeit beider Teile der
constructus-Verbindung signalisiere.

Unabhängig davon, wie man im Detail entscheidet, ist in jedem Fall משחר/שחר als weiblicher Part des Zeugungsaktes im Blick. Das Ende von V.3 lautete ursprünglich: „aus (dem Schoß) der Morgenröte habe ich dich gezeugt".

Wenn Jahwe mit der Morgenröte den König zeugt, liegt es nahe, dabei an eine weibliche Gottheit zu denken.[304] Die Gottheit ist aus Ugarit als Teil des von Aschera geborenen Götterpaares „Schalem und Schachar" bekannt. Zwar wird in der Regel davon ausgegangen, dass Schachar in Ugarit eine männliche Gottheit ist,[305] doch lässt sich streng genommen nichts über ihr Geschlecht sagen. Salo stellt fest:

> Wenigstens einer von ihnen [*sc.* der beiden Gottheiten Schalem und Schachar] muss ein männlicher Gott sein, da sie mit Verbformen in der 3mpl vorkommen (KTU³ 1.100, Z. 54–56; 1.107, Z. 43) und sie zusammen als *bn* (= „Söhne") bezeichnet werden (KTU³ 1.23, Z. 65).[306]

Dass es sich bei Schachar um eine weibliche Gottheit handelt, ist somit keineswegs ausgeschlossen.[307]

Innerhalb des Alten Testaments tritt die Weiblichkeit der personifizierten Morgenröte zwar nirgends so explizit hervor wie in Ps 110,3. Auf eine personifizierte weibliche Größe weist jedoch zumindest auch Hld 6,10. Die Morgenröte steht dort als Vergleichsgröße für die Schönheit der Geliebten. Dies allein belegt zwar nicht zwingend die Weiblichkeit der Morgenröte.[308] Jedoch fällt auf, dass שחר dort im Verbund mit zwei weiteren femininen Nomina steht, für die es noch dazu geläufigere maskuline Synonyme gegeben hätte,[309] sodass sich ein Verständnis von שחר als femininer Größe am Ende nicht nur aus inhaltlichen, sondern auch aus onomasiologischen Gründen nahelegt.

---

304 Vgl. auch Mowinckel, Psalmenstudien III, 90; Widengren, Psalm 110, 194 f.; Hossfeld/Zenger, Psalmen 101–150, 129; Salo, Königsideologie, 313. Gegen etwa Kraus, Psalmen, 933.
305 Vgl. etwa Stolz, Strukturen, 182 ff.; Grohmann, Bemerkungen, 252.
306 Salo, Königsideologie, 313, Anm. 194.
307 Selbst jedoch, wenn Schachar in Ugarit als männliche Gottheit vorgestellt sein sollte, wäre es durchaus möglich, dass die Morgenrötegottheit in verschiedenen Regionen und mythologischen Kontexten unterschiedlichen Geschlechts war, wie es beispielsweise bei der Sonnengottheit Schapasch/Schamasch der Fall ist. So handelt es sich bei Schapasch in Ugarit etwa um eine weibliche Gottheit, während Schamasch sonst männlich ist. Zum Phänomen vgl. bereits Bertholet, Geschlecht. Für die Existenz einer weiblichen Gottheit Schachar, der Göttin der Morgenröte, plädiert MacKay, Helel, 456 ff.; vgl. auch Widengren, Psalm 110, 195, und von Nordheim, Morgenröte, 82 f., die als Analogie auf die weibliche Gottheit der Morgenröte Eos in Griechenland verweist.
308 Vgl. Salo, Königsideologie, 313, Anm. 195, in Abgrenzung zu von Nordheim, Morgenröte, 82 f.
309 לבנה und חמה anstelle von ירח und שמש; vgl. MacKay, Helel, 459.

Neben einigen konkreten personifizierten Vorkommen, die jedoch weder über das Geschlecht noch über den göttlichen Status der Morgenröte eindeutig Auskunft geben (vgl. u. a. Ps 139,9; Hi 3,9; 41,10), liegt mit Jes 14,12 schließlich ein Beleg vor, der die Morgenröte unverkennbar der göttlichen Sphäre zuordnet. Die Morgenröte ist ein Elternteil des Morgensterns, der vom Himmel stürzt, nachdem er emporsteigen und sich Eljon gleichmachen wollte.[310]

Auch wenn es somit keine vergleichbar expliziten Belege für eine Göttin Morgenröte gibt, sind doch zumindest die Weiblichkeit und die Göttlichkeit der Morgenröte unabhängig voneinander hinreichend belegt, sodass die im Kontext naheliegende Deutung von Ps 110,3 im Sinne eines Zeugungsvorgangs unter Beteiligung der Göttin Schachar plausibel erscheint.

Nicht nur die Explizitheit des Geschehens, sondern auch die Identität der weiblichen Größe tragen zur Brisanz der Aussage bei. Dass sie sowohl im MT als auch in der LXX korrigiert wurde, verwundert daher nicht.

Der Übersetzer der LXX entschärfte die Aussage durch einen einfachen Kunstgriff. Er übersetzte מרחם zunächst wörtlich mit ἐκ γαστρὸς und interpretierte משחר ebenfalls als Substantiv mit Präposition (πρὸ ἑωσφόρου). Dies entspricht der „sorgfältigen Übersetzungsweise der LXX, die jedem hebräischen Wort ein griechisches entsprechen lässt",[311] glättet zugleich aber die Aussage, indem das zweite מן in unüblicher, aber keineswegs singulärer Weise mit πρό wiedergegeben wird.[312] In LXX wird aus der Beteiligung der Schachar am Zeugungsakt somit eine Zeitangabe, wie immer man diese am Ende konkret verstehen mag.[313]

Auch der protomasoretische Text hat die ursprüngliche Aussage entmythologisiert, dabei jedoch einen anderen Weg gewählt. Durch die Hinzufügung der beiden Worte לך טל kommt die Morgenröte im Zusammenhang mit Tau zu stehen und rückt ebenso wie dieser als Naturphänomen in den Blick: Dem König kommt aus der Morgenröte (= allmorgendlich) jugendliche Kraft zu.[314]

---

310 Die Formulierung בן-שחר verrät grundsätzlich nichts über das Geschlecht des Elternteils; vgl. Salo, Königsideologie, 313, Anm. 195.

311 Schenker, Textkritik, 182.

312 Vgl. etwa Ex 4,10; 21,29; Lev 5,4 u. ö.

313 Zu den Optionen s. o. Anm. 298.

314 Der Zusammenhang von Morgenröte und Tau bleibt dabei assoziativ und polyvalent. Gemeint könnte sein, dass die Morgenröte dem König täglich den Tau der Jugend bringt und der Tau somit ein Produkt der Morgenröte ist (vgl. auch Krusche, Königtum, 247). Tau ist jedoch streng genommen kein Phänomen der Morgenröte, sondern der Nacht (vgl. Num 11,9; Ri 6,40). Vielleicht soll auch stärker ein Zusammenhang assoziiert werden zwischen dem Glanz des Taus, der bei Sonnenaufgang sichtbar wird, und dem heiligen Schmuck (= Glanz) des Königs. In jedem Fall evoziert der Zusammenhang von Morgenröte und Tau die Vorstellung einer Regelmäßigkeit des Geschehens (vgl. auch Hos 6,3f.). Der dem König aus dem Schoß der Morgenröte zukommende „Tau der Jugend" symbolisiert dann die

Schließlich ist auch für das erste Bikolon in V.3b, das im MT בהדרי־קדש („in heiligem Schmuck") lautet, eine Variante (בהררי־קדש = „auf heiligen Bergen") belegt. Die Form הדרי des MT ist ansonsten nicht belegt. Bei dem *iod* könnte es sich um ein *iod compaginis* oder aber die Pluralendung mask. (!) im *status constructus* handeln (dann vielleicht als *plurale tantum* aufzufassen). Auch LXX hat בהדרי als Plural von הדר übersetzt. Die Variante בהררי ist ebenfalls gut bezeugt von vielen hebräischen Handschriften, Symmachus und der Psalmenübersetzung des Hieronymus aus dem Hebräischen. Sie wird bisweilen für ursprünglich gehalten,[315] da sie sich gut zum mythischen Kolorit des restlichen Verses fügt. Doch auch die Lesart „heiliger Schmuck", die auf den königlichen Ornat verweist,[316] ist im Zusammenhang der Inthronisation sinnvoll platziert.[317] Eine bewusste Korrektur ist an dieser Stelle unwahrscheinlich, eher ist mit einer unabsichtlichen Änderung des Textes zu rechnen.

Zusammengenommen spricht dann Vieles für die Ursprünglichkeit der in MT und LXX bezeugten Variante בהדרי־קדש. Führt man die Varianten auf einen Fehler im Prozess des Abschreibens zurück, was aufgrund der zumeist großen Ähnlichkeit der Konsonanten *dalet* und *resch* grundsätzlich naheliegt, ist eher davon auszugehen, dass sich בהררי aus בהדרי entwickelt hat.[318] Auch unter inhaltlichen Gesichtspunkten ist der Lesart בהדרי־קדש in V.3 der Vorzug zu geben, liefert sie doch eine für das Verständnis der Zeugungsaussage essentielle Information. Dass der König in heiligem Schmuck, d. h. als König (!) gezeugt wurde, indiziert, dass es hier um die *Inthronisation* des Königs geht. Zeugung und Inthronisation des Königs fallen (wie in Ps 2,7 [היום]!) zeitlich zusammen. Im Vergleich dazu ist die Information, wo Jahwe

---

sich ständig erneuernde Fruchtbarkeit des Königs, denn Tau steht für den Beginn eines Tages und ist wie Regen ein Symbol für Fruchtbarkeit (vgl. etwa Gen 27,28.39; Dtn 33,13.28; im Zusammenhang der Königsideologie auch Ps 72,6: Der König soll wie ein Regen sein, also Fruchtbarkeit bringen). Grohmann, Bemerkungen, 256, bringt die Mehrdeutigkeit des MT auf den Punkt: „Konnotationen, die allen vier Begriffen רחם, משחר, טל und ילדת gemeinsam sind, sind Neuheit, Beginn, Frische, das Lebensschaffende, Fruchtbare, die Kraft des Anfangs. [...] Morgenröte und Tau symbolisieren Anfang und Neubeginn, aber auch Fruchtbarkeit und Segen. [...] In jedem Fall bleibt Ps 110,3 ein schillernder, mehrdeutiger Text."

315 Vgl. etwa Barthélemy, Critique, 745; Schenker, Textkritik, 174; Saur, Königspsalmen, 205.

316 Höchstens in abgeleiteter Form, insofern der Akt der Inthronisation als Zeugung inszeniert wird, lässt sich der heilige Schmuck als „Beschreibung der Geburtsumstände des Königs" (Grohmann, Bemerkungen, 250) verstehen.

317 Gegen Kraus, Psalmen, 927, wonach „in heiligem Schmuck" im vorliegenden Zusammenhang „nur unter Schwierigkeiten sinngemäß aufzunehmen" sei.

318 Sowohl eine Verlesung der *lectio difficilior* בהדרי in die geläufige Form בהררי als auch eine Verschreibung von *dalet* in *resch* sind jeweils wahrscheinlicher als die umgekehrte Richtung der Anpassung. Eine Verlesung von בהדרי in בהררי könnte zudem durch die unmittelbar vorausgehende Erwähnung des Zion in V.2 begünstigt worden sein.

und Schachar den König gezeugt haben („auf heiligen Bergen"), für das Verständnis des Textes nicht substantiell.

In seiner ursprünglichen Form lautete V.3b somit: „In heiligem Schmuck habe ich dich aus (dem Schoß) der Morgenröte gezeugt." Damit sind die größten und folgenreichsten textkritischen Probleme des Verses behandelt und seine ursprüngliche Kernaussage ist erfasst, die sich weder im MT („in heiligem Schmuck, aus dem Schoß der Morgenröte kommt für dich der Tau deiner Jugend") noch in LXX („im Glanz des Heiligtums[319] habe ich dich aus dem Schoß hervorgebracht vor dem Morgenstern") erhalten hat. Die Varianten von MT und LXX, die die Aussage des Verses in der ein oder anderen Weise relativieren, belegen eindrücklich die großen Schwierigkeiten, die Spätere damit hatten. Zu deren Glättung setzen sie an unterschiedlichen Stellen an und eliminieren entweder die Zeugungsaussage (MT) oder den weiblichen Part des Zeugungsaktes (LXX).

Verglichen mit V.3b bereitet V.3a textkritisch wenig Probleme. Einer textkritischen Diskussion bedarf lediglich das erste Bikolon des Verses, עמך נדבת. Die Form עמך ist im MT als suffigiertes Substantiv realisiert („dein Volk"), in LXX hingegen als Präposition mit Suffix („mit dir") übersetzt. Aufschluss über die ursprüngliche Lesart liefert das folgende Wort, נדבת. Es handelt sich um einen Plural von נדבה,[320] der sich erst einmal ohne Probleme im Sinne von „freiwillige Gaben" verstehen lässt.[321] Im Blick wären hier also die freiwilligen (Opfer-)Gaben, die der König darbringt,[322] und zwar am „Tag seiner Macht", einem Kampftag, an dem er Jahwe für den durch

---

319 LXX gibt das Adjektiv קדש als pluralisches Genitivattribut (τῶν ἁγίων) wieder. Gegenüber dem personellen Verständnis als „Heilige" (vgl. etwa Schaper, Eschatology, 103 f.) dürfte die Interpretation als Neutrum Plural mit der Bedeutung „Heiligtum" die naheliegendere Option sein (für eine Verwendung des Neutrum Plural im Sinne von „Heiligtum" in der LXX vgl. auch Ps 55,1; 73,3; 133,2; 150,1); vgl. zu dieser Deutung auch van der Kooij, Septuagint, 240 f.; Bons, Septuaginta-Version, 132 f. Der Bezug auf den Tempel an dieser Stelle ließe sich im Licht von V.4 interpretieren. Will man nicht von einer intentionalen Änderung des Textes durch den Übersetzer der LXX ausgehen, wäre zu erwägen, dass der Übersetzer das *mem* des folgenden Wortes irrtümlicherweise als Pluralendung des Adjektivs aufgefasst hat.
320 Eine Übersetzung mit „Adlige", die Kraus, Psalmen, 927, vorschlägt, kommt nicht infrage, da hier ein Plural von נדיב (נדיבים) zu erwarten wäre; vgl. Saur, Königspsalmen, 205.
321 LXX übersetzt hier μετὰ σοῦ ἡ ἀρχή. Vermutlich hat der Übersetzer נדבת als Abstraktplural von נדיבה verstanden („mit dir ist Adel").
322 In 1 Chr 29,6–9 wird derselbe Stamm verwendet, um von freiwilligen Gaben an den Tempel zu sprechen.

seinen Beistand errungenen Sieg danken wird.[323] Zu dieser sachlich wie philologisch naheliegenden Interpretation von נדבת passt nur die Realisierung des voranstehenden Wortes als Präposition („Mit dir sind freiwillige Opfergaben am Tag deiner Macht"), die daher als ursprünglich anzusehen ist.[324]

Mit der Vokalisierung als Substantiv hingegen wird zu Beginn des Verses das Volk als neue Größe eingeführt, die im Kontext der ursprünglichen Zeugungsaussage isoliert steht. Auch philologisch ist diese Option problematisch. Versteht man עם als Subjekt des Nominalsatzes, ist die folgende Form (Femininum im Plural) merkwürdig.

Die Deutung als Substantiv im MT dürfte die Absicht verfolgen, den Beginn an das militärische Setting des restlichen Verses anzupassen. Der Zusammenhang von עם und נדבת, mag er auch philologisch nicht glatt sein, weckt jedenfalls Assoziationen an das bereitstehende (Hitp. von נדב) Kriegsvolk aus Ri 5,2.9.[325] Auch der heilige Schmuck kann militärische Assoziationen wecken (vgl. 2 Chr 20,21).[326] Spätestens vor dem Hintergrund der Interpretation des letzten Wortes als Substantiv fügt sich diese Aussage dann sinnvoll in den Gesamtzusammenhang des Verses ein. Auch die sich täglich erneuernde Jugend des Königs weckt militärische Assoziationen, verkörpert doch die Jugend das Alter größter Kraft und Vitalität.[327] Ein Verständnis von עם als Substantiv im MT ist also im Kontext des restlichen Verses durchaus plausibel.[328]

---

323 Vgl. Saur, Königspsalmen, 221 f. Salo, Königsideologie, 81, zieht hingegen eine Deutung als „Opfergaben im Kontext der Thronbesteigung" in Erwägung, was im vorliegenden Zusammenhang vor allem aufgrund der auf einen militärischen Kontext weisenden Bezeichnung des Tags als יום חיל weniger naheliegend zu sein scheint.

324 Vgl. auch Saur, Königspsalmen, 205; Hossfeld/Zenger, Psalmen 101–150, 200; Salo, Königsideologie, 312.

325 Vgl. von Nordheim, Morgenröte, 26; Grohmann, Bemerkungen, 249.

326 Vgl. auch Salo, Königsideologie, 313, Anm. 193: „Pracht [sc. הדר] und Glanz gehören zu den ursprünglich göttlichen Eigenschaften, die der König als sein Stellvertreter bei der Krönung verliehen bekommt und die vor allem in Kriegskontexten eine zentrale Rolle spielen." Inhaltlich ließe sich der heilige Schmuck auch gut zu dem Volk ziehen. Er würde dann die Bereitschaft des Volkes zum Kampf symbolisieren. Die Akzente stellen jedoch im MT einen Zusammenhang zwischen dem heiligen Schmuck und der Morgenröte her. Als Fortsetzung von V.3a, der das am Tag des Kampfes bereitstehende Kriegsvolk erwähnt, versteht man den heiligen Schmuck des Königs auch im Sinne einer Rüstung. Der König ist gerüstet, aus dem Schoß der Morgenröte (also am Morgen) kommt ihm der Tau seiner Jugend zu. Die Morgenröte bringt dem König also seine Stärke, und zwar, das impliziert das Bild, allmorgendlich.

327 Vgl. Krusche, Königtum, 247.

328 Das Verständnis als Substantiv dürfte sodann begünstigt worden sein durch den (redaktionellen) Kontext des Verses. Anders als in V.1 und V.3 in seiner ursprünglichen Form geht es in V.2.5–7

Fazit: Die gravierenden Abweichungen zwischen LXX und MT im Bereich von V.3 sind auf unterschiedliche Korrekturversuche derselben Vorlage zurückzuführen. Sie lautete: „Mit dir sind freiwillige Opfergaben am Tag deiner Macht. In heiligem Schmuck habe ich dich aus (dem Schoß) der Morgenröte gezeugt."

In der Fassung der LXX lautet der Vers: „Mit dir ist Adel am Tag deiner Macht. Im Glanz des Heiligtums habe ich dich vor dem Morgenstern aus dem Schoß hervorgebracht." Die entscheidende Korrekturleistung liegt in der Übersetzung der zweiten Präposition מן (משחר) mit πρό. Sie interpretiert משחר als Zeitangabe und beseitigt somit die Möglichkeit, dass der Morgenstern/die Morgenröte in irgendeiner Weise am Geschehen beteiligt gewesen sein könnte.

MT wählt einen grundsätzlich anderen Weg der Korrektur: „Dein Volk ist Willigkeit am Tag deiner Macht. In heiligem Schmuck kommt aus dem Schoß der Morgenröte für dich Tau deiner Jugend." Durch die Vokalisierung des letzten Wortes als Substantiv wird die Zeugungsaussage komplett getilgt. Die Aussage des Verses wird im Sinne der sich allmorgendlich erneuernden juvenilen Potenz des Königs an den militärischen Kontext angeglichen.

3.2.1.3 Die Literar- und Redaktionsgeschichte von Ps 110

Redaktionsgeschichtliche Ansätze spielten in der Exegese des komplexen Psalms bislang eine untergeordnete Rolle. Wo die Auffälligkeiten des Psalms durch eine sukzessive Entstehung erklärt wurden, beschränkten sich die literarkritischen Unternehmungen meist auf den in vielerlei Hinsicht auffälligen V.4.[329] Ein weiterer Vorschlag, der von Loretz, Saur und jüngst Krusche vertreten wird, orientiert sich literarkritisch an der formalen Zweiteilung des Psalms in zwei Orakelsprüche: V.1–3 stellen demnach ein vorexilisches Prophetenorakel dar, das durch eine V.4–7 umfassende nachexilische Fortschreibung im Geist messianischer Hoffnungen aktualisiert wurde.[330] Während eine Aussonderung von V.4 allein nicht allen Auffälligkeiten des Psalms gerecht wird und insbesondere die oben bereits notierte Diskrepanz zwischen dem archaischen Material in V.1–3 und den traditionsgeschichtlich jungen Motiven in V.5–7 nicht zu erklären vermag, trägt die literarkritische Zweiteilung des Psalms in V.1–3 und V.4–7 der Sonderstellung von V.4 innerhalb des Psalms nicht ausreichend Rechnung. Eine erneute literargeschichtliche Analyse des Psalms ist somit angezeigt.

---

nicht um die Inthronisation des Königs, sondern um seine Verwicklung in militärisches Geschehen. S. dazu im Folgenden.

329 Vgl. etwa Schreiner, Psalm cx; Hossfeld/Zenger, Psalmen 101–150, 205.209 f.

330 Vgl. Loretz, Psalmen 2, 164 f.; Saur, Königspsalmen, 208 f.; Krusche, Königtum, 237 ff.

3.2.1.3.1 V.1–3

V.1–3 thematisieren das Verhältnis des Herrschers zu Jahwe. Der Herrscher sitzt zur Rechten Jahwes, Jahwe hält Krieg von ihm fern und legt ihm die Feinde zu Füßen (V.1). Er lenkt das Zepter des Herrschers von Zion aus, sodass dessen Feinde ihm und seiner Herrschaft nichts anhaben können (V.2). Die göttliche Zeugung des Königs in V.3 bringt schließlich die enge Verbindung von Herrscher und Jahwe besonders deutlich zum Ausdruck. Thematisch wirken V.1–3 somit durchaus geschlossen. In formaler Hinsicht fällt jedoch der Wechsel von Jahwerede (V.1 und V.3) und Prophetenrede (V.2) auf, für den die folgende Analyse eine Erklärung beibringen muss.

Die explizite Verbindung mit David, die durch die Überschrift des Psalms (לדוד מזמור) erfolgt, steht im Zusammenhang mit der „Davidisierung des Psalters". Ob sie dem Psalm direkt im Zuge seiner Abfassung oder zu einem späteren Zeitpunkt vorangestellt wurde, hängt an der redaktions- und kompositionsgeschichtlichen Beurteilung des Psalms und lässt sich isoliert betrachtet kaum entscheiden. Aufschlussreich ist jedoch in jedem Fall die Frage, wie der Verfasser der Überschrift die Angabe לדוד verstanden hat, da sie die Weichen für das Verständnis des gesamten Psalms stellt. Grundsätzlich sind zwei Optionen denkbar: לדוד kann als Angabe des Sprechers oder als Angabe des Adressaten verstanden werden. Anders als in den beiden Davidpsaltern Ps 3–41 bzw. Ps 51–72, deren Überschriften häufig einen Bezug zur Vita Davids nach 1/2 Sam und 1 Kön herstellen, ist die Annahme, David sei der Sprecher von Ps 110, problematisch. Denn sie wirft die Frage auf, wen David dann in V.1 als seinen Herrn anreden sollte.[331] Da sich andererseits das, was diesem angeredeten Herrn im Verlauf des Psalms mitgeteilt wird, überwiegend in den Bahnen einer messianischen Verheißung bewegt, und sich in dem von dem Propheten Adressierten somit ohne Weiteres (der) David (*redivivus*) erkennen lässt, liegt es nahe, das לדוד in der Überschrift als Adressatenangabe zu verstehen.[332] Auch das Gegenüber Davids lässt sich identifizieren: Weist die Einleitung des Orakels („Spruch Jahwes") dessen Sprecher als Propheten aus, kann aufgrund der Be-

---

[331] Auf diese Frage hat die bisherige Forschung verschiedene Antworten gefunden: Salomo (Bateman, Psalm 110:1, 145–152), Abraham (Granerød, Abraham, 173), der Messias (Donner, Prophet, 223; u.v.a.), Juda als Davids eigener Stammvater (Gerleman, Psalm cx, 3). Da es sich bei dem Sprecher des Orakels um einen Propheten handelt („Spruch Jahwes"), müsste man bei all diesen Vorschlägen einräumen, dass David als Prophet im Blick ist. Dies wäre zwar nicht singulär, angesichts der nur spärlichen und spät einsetzenden Bezeugung dieser Tradition aber auch nicht eben naheliegend: 2 Sam 23,1–7 schildern David als Propheten; 11Q5 27,2–11 führen die Dichtungen Davids auf dessen gottgegebene Gabe der Prophetie zurück. Auch Apg 2,29 ff. bezeichnen David (unter Bezug auf Ps 110,1!) als Propheten, der die Auferstehung Jesu vorhergesagt habe.
[332] Vgl. grundlegend Kleer, Sänger, 122 f.

zeichnung des Adressaten als „Herr" auf einen am Königshof bediensteten Propheten geschlossen werden.[333] Inhaltlich weist das Orakel in den Bereich der Inthronisation des Königs („Setze dich zu meiner Rechten").

In formaler Hinsicht zeigt V.1 trotz fehlendem Parallelismus membrorum poetischen Gestaltungswillen. Am Ende jedes Kolons liegt ein Suffixreim vor (Suffix 1. C. Sg. bzw. Suffix 2. M. Sg.).[334]

Der prophetische Sprecher des Orakels attestiert dem König eine überaus große Gottesnähe. Dafür bemüht er mit der Throngenossenschaft des Königs mit Jahwe und dem Fußschemel aus Feinden zwei Motive, die altorientalisch breit belegt sind, besonders prominent jedoch im Zusammenhang ägyptischer Königsideologie vorkommen. „Die Rede vom Sitzen des Pharaos auf dem Thron des Horus ist ein ständiges Motiv ägyptischer Königsideologie."[335] Nach Ps 110,1 nimmt der König auf dem Thron Platz, während[336] Jahwe ihm die besiegten Feinde als Schemel zu Füßen legt. Die im Bild des Fußschemels implizierte Vorstellung, dass der König den besiegten Feinden den Fuß auf den Nacken setzt, ist auch andernorts und insgesamt breit belegt und ergibt sich gewissermaßen aus dem Verlauf einer siegreichen Schlacht von selbst.[337] Die konkrete Vorstellung eines Fußschemels aus besiegten Feinden hingegen weist wieder in den ägyptischen Raum. Eine Darstellung der neun

---

333 Vgl. Kraus, Psalmen, 929: „Man wird an einen im Staatsheiligtum wirkenden, vielleicht sogar beamteten Propheten denken können, der bei einem feierlichen Anlaß den König anredet." Vgl. auch Cooke, King, 203 f.; Gunkel, Psalmen, 481; Koch, König, 15; Saur, Königspsalmen, 206.
334 Vgl. auch Krusche, Königtum, 237. In formaler Hinsicht erweist sich dadurch zugleich die Zugehörigkeit der Redeeinleitung zum Orakel.
335 Koch, König, 17. Vgl. etwa die Darstellung des neben Horus thronenden Pharao Haremhab (Keel, Bildsymbolik, Abb. 353). Das Motiv des Thronens zur Rechten der Gottheit ist nicht auf den ägyptischen Bereich beschränkt, auch wenn es dort zentral und prominent begegnet. Die Vorstellung ist auch aus Ugarit bekannt (KTU 1.4 V 46–48) und zieht sich schließlich über die hellenistische Literatur (von Nordheim, Morgenröte, 56, nennt etwa eine Aussage des Kallimachus, wonach Apollo zur Rechten des Zeus sitze) bis in das Neue Testament. Zum ägyptischen Hintergrund von Ps 110,1 vgl. auch de Savignac, Psaume cx, 107–135; ders., Théologie, 83.
336 Da der Schemel zur Ausstattung des Königsthrones gehört, ist mit Görg, Thronen, 76, und Hossfeld/Zenger, Psalmen 101–150, 198, eine Wiedergabe der Präposition עד mit „während" (gegenüber der Alternative „bis dass") zu bevorzugen. Vgl. auch Duhm, Psalmen, 398. „Bis dass" würde eine eher resultative Übersetzung des Imperativs mit „Sitze" anstatt von „Setze dich" nahelegen und in die merkwürdige Vorstellung münden, dass der König für die Zeit seines Thronens ohne Fußschemel auskommen muss. Es ist daher eher von einem Nebeneinander der Handlungen als von einem Nacheinander auszugehen.
337 Vgl. etwa bereits die Darstellung auf der Naram-Sin-Stele (Keel, Bildsymbolik, Taf. XIX), aber auch Jos 10,24; 1 Kön 5,17; Jes 51,23.

Feinde Ägyptens ziert u. a. den Fußschemel Tutenchamuns:[338] „Wenn immer der
Pharao auf seinem Thron Platz nimmt, setzt er realsymbolisch seine Füße auf seine
Feinde.“[339]

V.1 bleibt vollständig im Rahmen einer mythischen Vorstellung der Inthronisation
des Königs. Der angesprochene König wird in der göttlichen Sphäre inthronisiert. Er
wird zur Rechten Jahwes, d. h. auf dessen ehrenvoller Seite, platziert. Jahwe selbst
besiegt die Feinde des Königs, die hier wohl als Repräsentanten des Chaos im Blick
sind, und legt sie ihm zu Füßen. Diese mythische Inthronisation des Königs bildet zu
Beginn seiner Herrschaft die große Souveränität des Königs ab, die darin begründet
ist, dass Jahwe ihm zur Seite steht. Die Konsequenzen der Throngenossenschaft für
die reale Herrschaft des Königs bringt im Anschluss daran V.2 zum Ausdruck. Hier
wird deutlich, dass die Throngenossenschaft ein „echtes Mit-Thronen des Angesprochenen, d. h. eine Teilhabe an der Ausübung der Königsherrschaft Jahwes
selbst“[340] meint. Der König „bekommt durch die Ehrenstellung in der Machtsphäre
Gottes Anteil an der Streit- und Siegeskraft Jahwes“.[341] Er vermag inmitten seiner
Feinde zu herrschen (V.2b). V.2a zufolge ist dies auf den Umstand zurückzuführen,
dass Jahwe den Herrscherstab des Königs von Zion aus führt, selbst also aktiv auch
an der erfolgreichen *Ausübung* der königlichen Herrschaft beteiligt ist. Inhaltlich ist
der Zusammenhang von V.1 und V.2 somit gänzlich unauffällig. In formaler Hinsicht
fällt am Übergang von V.1 zu V.2 jedoch der eingangs erwähnte Wechsel von Gottes-
zu Prophetenrede auf. Zudem ist innerhalb von V.2 der Wechsel von Imperfekt (V.2a)
zu Imperativ (V.2b) merkwürdig. Beide Auffälligkeiten lassen sich beheben, schließt
man V.2b direkt an die ebenfalls imperativisch formulierte Anrede des Königs in V.1
an. V.2b wäre dann wie V.1 als Gottesrede aufzufassen. Nach der Aufforderung, sich
zu setzen (V.1), erhielte der König im Anschluss an die in der mythischen Sphäre
situierte Inthronisation nun den konkreten Auftrag zu herrschen, und zwar in-

---

338 ANEP 417. Vgl. auch die Darstellungen des jungen thronenden Pharao auf dem Schoß seiner
Amme (Keel, Bildsymbolik, 314 und 342).
339 Kilian, Relecture, 240. Das Motiv ist nicht nur ikonographisch, sondern auch literarisch bezeugt.
In den Amarnabriefen nennen sich die Vasallen des Pharao „Schemel deiner Füße“; vgl. Knudtzon,
El-Amarna-Tafeln, Brief 84,4; 195,10. Daneben ist das Motiv literarisch wieder punktuell außerhalb
Ägyptens belegt (vgl. von Nordheim, Morgenröte, 60), doch sind die Entsprechungen im Vergleich zu
den ägyptischen Parallelen weniger exakt. In einer Inschrift rühmt sich der Assyrer Tukulti-Ninurta
I., auf den Nacken des besiegten babylonischen Königs „wie auf einen Schemel“ getreten zu sein; vgl.
Weidner, Inschriften, Inschrift 5, 12; für weitere Beispiele s. Fabry, Art. הדם, 350 f. Der phönizische
Herrscher Azitawada rühmt sich auf einer Inschrift vom Karatepe, seine Feinde unter seine Füße
gelegt zu haben (KAI 26 A [I], 16 f.).
340 Hossfeld/Zenger, Psalmen 101–150, 206.
341 Kraus, Psalmen, 932.

mitten seiner Feinde. Die enge Zusammengehörigkeit von V.1 und V.2b erweist sich schließlich *formaliter* vor allem auch darin, dass V.2b den Suffixreim von V.1b fortsetzt.

Auch im direkten Anschluss von V.2b an V.1 wechselt die Perspektive zwischen diesen beiden Versen von der mythischen zur irdischen Sphäre. Dass die Feinde dem König nichts anhaben können (V.2b), erscheint als Konsequenz des mythischen Geschehens in V.1: Aufgrund seiner Inthronisation in der göttlichen Sphäre vermag der König inmitten seiner Feinde zu herrschen.[342] Somit impliziert auch der Zusammenhang von V.1.2b eine direkte Verbindung zwischen der Inthronisation des Königs in der mythischen Sphäre und seiner irdischen Herrschaft. Der König tritt als Stellvertreter Jahwes auf Erden auf, ohne dass dabei eine Aktivität seitens Jahwes im Blick wäre. Ein aktives Eingreifen Jahwes zugunsten des Königs in der irdischen Sphäre trägt erst V.2a ein, der redaktionell zwischen V.1b und V.2b geschoben wurde.[343] Jahwe ist es, der das Zepter des Königs von Zion her ausstreckt, d.h. die Hand des Königs stützt, die das Zepter führt.[344] Offenbar will V.2a Jahwes aktive Rolle betonen, bevor der König zum ersten Mal selbst aktiv wird. Aus der Perspektive von V.2a erfolgt die Herrschaft des Königs auch in der irdischen Sphäre (explizit) unter Jahwes Leitung.

V.3 schließt formal und konzeptionell nahtlos an V.1.2b an und setzt die prophetisch vermittelte Jahwerede fort. Nach der Aufforderung, inmitten der Feinde zu herrschen, zeigt V.3 den König, der am Schlachttag Opfer darbringt. Dass hierdurch eine, wenn auch nur implizite, Depotenzierung des Königs erfolgen soll, ist unwahrscheinlich. Nichts weist darauf hin, dass die Aufgabe des Königs sich auf das Darbringen von Opfern beschränkt, wie etwa Saur meint:

> Die eigentliche Aufgabe des Königs liegt demnach nicht im Kampf, sondern im Dienst an Jahwe, von dem her der König seine Macht und Herrschaft erhält. Mit der Erwähnung der Opfergaben

---

342 In Bezug auf die Feinde fallen zwischen V.1 und V.2b einige Unterschiede auf. Die Feinde in V.1 sind getötet und liegen zu Füßen des Königs, die Feinde in V.2b sind vital und umgeben den König, der in ihrer Mitte herrscht. Die unterschiedliche Beschreibung der Feinde dürfte mit dem Wechsel der Perspektive von der mythischen zur irdischen Sphäre zusammenhängen und ist somit kein literarkritisches Indiz. In V.1 sind die getöteten Feinde Symbol für die durch Jahwe abgewendete Gefährdung des Kosmos. Diesem Sachverhalt korrespondieren in der irdischen Sphäre die Feinde in V.2, die der Herrschaft des Königs nichts anhaben können.
343 Von V.2a aus gelesen wird ein Verständnis von V.2b.3 als Fortsetzung der Prophetenrede möglich. Dies könnte das Verständnis von V.3 im Sinne eines Nominalsatzes, das in der protomasoretischen Version realisiert wurde, begünstigt haben.
344 Vgl. Booij, Psalm cx, 397.

wird vor allem das Vertrauen des Königs hervorgehoben: Mit Gaben ausgestattet zieht er in den Kampf, den er dann aber getrost Jahwes Sache sein lässt.[345]

Eine gewisse Passivität des Königs lässt sich höchstens dem redaktionellen V.2a entnehmen, wonach Jahwe aktiv in die irdische Regierung des Königs eingreift.[346] Auch ohne V.2a impliziert der Text zwar ein enges, durch Unterstützung charakterisiertes Verhältnis zwischen dem König und Jahwe: Indem der König Jahwe freiwillige Opfer darbringt, erkennt er diesen als Urheber des Sieges an. Doch dies versteht sich als Konsequenz des mythischen Geschehens, das kein aktives Eingreifen Jahwes zugunsten oder gar anstelle des Königs in der irdischen Sphäre impliziert.[347]

V.1.2b.3a bilden somit einen geschlossenen Zusammenhang, der die kosmische Dimension der Herrschaft des Königs herausstellt. Im Rahmen der mythischen Inthronisation des Königs besiegt Jahwe dessen Feinde (V.1). Dies wirkt sich auf die irdische Herrschaft des Königs aus: Die Feinde können dem König *realiter* nichts anhaben, sodass er in ihrer Mitte herrschen kann und ihnen im Kampf überlegen ist (V.2b). Als Dank für den Sieg bringt der König Jahwe Opfer dar (V.3a).[348] V.3b lenkt zurück zur mythischen Sphäre, will mit der göttlichen Abstammung des Königs aber sicher keine Aussage über die göttliche Natur der Person des Königs treffen. Konzeptionell liegt V.3b vielmehr auf einer Linie mit V.1: Auch die göttliche Zeugung ordnet den König im Rahmen des mythischen Geschehens der göttlichen Sphäre zu. In „heiligem Schmuck" (= in dem ihm bei der Inthronisation verliehenen königlichen Ornat) wird der König als Sohn Gottes zu dessen Rechten inthronisiert. Das Resultat ist eine „göttliche Würde des Königs, ohne dass er dabei selbst zum Gott wird".[349]

Die konzeptionelle Geschlossenheit erweist sich auch darin, dass sich in V.3 wie in V.1 Elemente gemeinaltorientalischer, bzw. vorrangig ägyptischer Königsideologie finden. Wie die Throngenossenschaft und der Fußschemel aus Feinden begegnet auch das Motiv der Zeugung des Königs durch Gott gehäuft in der ägyptischen Mythologie und hat sich prominent im Bildprogramm der Kindheitszyklen in den

---

345 Saur, Königspsalmen, 212. Vgl. auch Leuenberger, Konzeptionen, 288.
346 Allerdings ist auch dies eher im Sinne einer Unterstützung des Königs denn als Übernahme aller seiner Regierungsgeschäfte zu verstehen.
347 Auf eine in V.3 implizierte aktive Rolle des Königs in der Schlacht weist auch die Bezeichnung „Tag deiner Stärke".
348 Die Segmentierung folgt der masoretischen Einteilung.
349 Krusche, Königtum, 243.

Tempeln Hatschepsuts und Amenophis' III. niedergeschlagen.[350] Dabei resultiert wie in Ps 110,3 auch in der ägyptischen Königsideologie die Herrschaft des Pharao aus dessen göttlicher Abstammung. Der Zeugungsvorgang wird im ägyptischen Mythos von der Zeugung des Königs ähnlich explizit geschildert wie in Ps 110,3.[351]

Somit kann davon ausgegangen werden, dass V.1.2b.3 ein Traditionsstück bilden. Konzeptionell bleibt es ganz im Rahmen traditioneller altorientalischer Vorstellungen mit besonderer Affinität zur ägyptischen Königsideologie. Die Form des Prophetenspruchs spricht für eine Situierung am Königshof. Da es wie im ägyptischen Mythos von der Geburt des Gottkönigs auch hier nicht um die Geburt des Königs, sondern um seine Inthronisation geht, liegt es nahe, V.1.2b.3 als (Teil eines) Hymnus zu betrachten, der im Rahmen eines Inthronisationsrituals Verwendung fand.[352]

Der redaktionelle V.2a fügt dem Hymnus als neuen Aspekt Jahwes Eingreifen zugunsten des Königs in der irdischen Sphäre hinzu. Auf den ersten Blick scheinen die in V.2a implizierten Kräfteverhältnisse denen von V.5 – 7 zu entsprechen, wo Jahwe

---

350 Vgl. etwa Keel, Bildprogramm, 224. Für einen Überblick über das Vorkommen des Motivs der Gottessohnschaft des Königs in anderen Kulturen des Alten Orients vgl. Salo, Königsideologie, 316 ff.

351 Der Grad an Sinnlichkeit differiert zwischen Bild und Inschriften in der zentralen Szene 4 des Bilderzyklus in den Tempeln der Hatschepsut (Deir el-Bahri) und des Amenophis III. (Luxor). Während das Bildprogramm das Geschehen in vergeistigter Weise darstellt, indem der Gott der Königin das Ankh-Zeichen reicht (Keel, Bildprogramm, 333), beschreiben die Inschriften den Akt in durchaus delikater Weise. Amun geht in Gestalt des königlichen Gatten zur schlafenden Königin ein. Diese erwacht von seinem göttlichen Duft und lacht ihn an, woraufhin er in Liebe zu ihr entbrennt. Seine Liebe geht in ihren Leib ein und der Palast ist überflutet mit Gottesduft; vgl. Brunner, Geburt, 42 ff. Der Vorgang impliziert wie Ps 110,3 nicht zwingend eine konkrete Gottessohnschaft des Pharao. Salo, Königsideologie, 315, betont unter Bezug auf Assmann, Zeugung, „dass dieser Bilderzyklus mit den begleitenden Texten aus seinem rituellen Kontext nicht losgelöst werden darf", und weist dem Mythos einen rituellen Kern im Zusammenhang der Krönung des Pharao zu.

352 Vgl. schon Dürr, Psalm 110, 5, wonach es sich bei Ps 110 um einen „Krönungspsalm, vorgetragen vom Propheten am Tage der Thronbesteigung zum feierlichen Akte der Thronerhebung und der Krönung des neuen Königs" handele. Theoretisch könnte das Formular auch Nicht-Jerusalemer Provenienz sein. An den Jerusalemer König wird es explizit erst durch die Erwähnung des Zion im redaktionellen V.2a gebunden. Auch wenn der ägyptische Einfluss unverkennbar ist, wird man ferner kaum von einer ägyptischen Vorlage von Ps 110 auszugehen haben, die im Sinne judäischer Königsideologie überarbeitet wurde, wie Kilian, Relecture, meint. Immerhin wäre fraglich, weshalb eine Überlieferung, deren Sitz im Leben nicht der judäische (oder der samarische), sondern der ägyptische Hof gewesen sein soll, Eingang in das Alte Testament gefunden haben sollte. Naheliegender ist die Annahme, dass es sich um einen am judäischen (samarischen) Königshof beheimateten Hymnus handelt, der eben starke ägyptische Einflüsse zeigt.

ebenfalls zugunsten des Königs militärisch aktiv wird. Im Folgenden sind daher V.4–7 zu analysieren. In formaler Hinsicht bilden diese Verse einen zweiten Orakelspruch, doch kann dies kaum über ihren zusammengefügten Charakter hinwegtäuschen. Die Analyse setzt fort mit V.4, der formal wie inhaltlich eine Sonderstellung innerhalb des Psalms einnimmt.

3.2.1.3.2 V.4

V.4 ist in mehrfacher Hinsicht literarisch auffällig. Zunächst unterscheidet sich die aufwändige Redeeinleitung in V.4aα formal deutlich von dem schlichten „Spruch Jahwes" in V.1.[353] Sodann hebt sich V.4 dadurch vom Kontext ab, dass er keinerlei poetischen Gestaltungswillen erkennen lässt. So liegt etwa mit V.4a die einzige Syndese im gesamten Psalm vor (ולא ינחם). Auch thematisch steht der Vers in deutlicher Differenz zum Rest des Psalms. Nach der Zeugungsaussage in V.3 schiebt V.4 eine weitere qualifizierende Aussage über den König nach. Anders als in V.3 ist hier jedoch kein mythisches Geschehen im Blick. Auch mit den militärischen Aussagen des übrigen Psalms, die neben V.2 und V.3a vor allem auch V.5–7 bestimmen, besteht kein Zusammenhang. Vielmehr eröffnet der Vers mit der Bindung des Priestertums an den adressierten Herrscher ein ganz neues Thema. Die bisweilen vertretene Annahme, dass es sich bei V.4 um einen isolierten Nachtrag handele,[354] scheint somit *prima vista* gerechtfertigt.

Die konkrete Aussage des Verses und damit verbunden die Pragmatik der Ergänzung sind umstritten, was insbesondere an der syntaktischen und semantischen Offenheit von V.4b liegt.

Für die Wendung על־דברתי gibt es verschiedene Möglichkeiten der Interpretation. Die Form דברתי ist auf das Substantiv דברה zurückzuführen. Das *iod* kann entweder als ein Suffix 1. C. Sg. verstanden werden („um meinetwillen")[355] oder mit dem Übersetzer der LXX und der Mehrheit der Exegeten als *iod compaginis*, sodass es sich um einen zusammengesetzten präpositionalen Ausdruck handelt.[356] Neben

353 Vgl. auch Saur, Königspsalmen, 207f.
354 Vgl. Schreiner, Psalm cx; Kilian, Relecture; Hossfeld/Zenger, Psalmen 101–150, 205.
355 Vgl. Schreiner, Psalm cx, 217; Granerød, Abraham, 204f. Duhm, Psalmen, 400, vertritt eine eigenwillige Lösung und übersetzt על־דברתי mit „um meinetwillen" = weil ich es will, d.h. „nicht weil er [sc. Simon] ein Erbrecht auf diese Würde hätte oder weil das Volk sie ihm verliehen oder weil sie wie Jonathan von einem fremden Machthaber erhalten hat". Melchisedek deutet er als Glosse, die ein Leser platziert hat, um auf die Ähnlichkeiten mit Melchisedek, der ebenfalls ohne Abstammung Priester war, hinzuweisen.
356 Vgl. Koh 3,18; 7,14; 8,2.

einer kausalen Übersetzung („wegen Melchisedek")[357] kommt dann auch die geläufigere modale Übersetzung („nach der Weise Melchisedeks")[358] infrage.

Wie bei עַל־דִּבְרָתִי kann es sich auch bei dem *iod* in der Wendung מַלְכִּי־צֶדֶק grundsätzlich um ein *iod compaginis* oder ein Suffix 1. C. Sg. handeln. Im ersten Fall lautet die Übersetzung der *constructus*-Verbindung „König der Gerechtigkeit", im zweiten Fall liegt ein Nominalsatz vor: „Mein König ist Gerecht(igkeit)." Fasst man מַלְכִּי־צֶדֶק als Eigennamen auf, kommen beide Optionen infrage.[359] Versucht man hingegen, מַלְכִּי־צֶדֶק syntaktisch in den Vers zu integrieren,[360] ist eine Deutung als Nominalsatz unwahrscheinlich („Du bist Priester auf ewig. Um meinetwillen ist mein König gerecht").[361] Doch ließe sich mit Saur מַלְכִּי־צֶדֶק als *constructus*-Verbindung verstehen:[362] „Du bist Priester auf ewig, um meinetwillen König der Gerechtigkeit."[363] Syntaktisch ist daran nichts auszusetzen, doch sprechen am Ende inhaltliche Gründe gegen diese Lösung.[364] Die Aussage „Du bist Priester auf ewig" ist im Rahmen der judäischen Königsideologie und der darauf aufbauenden restaurativ-messianischen Davidtheologie singulär, bleibt in konzeptioneller Hinsicht aber zugleich blass.[365] Die darauf bezogene zweite Aussage „(du bist) um meinetwillen König der Gerechtigkeit" bedient zwar mit der Gerechtigkeit des Königs einen klassischen Topos der Königsideologie, bleibt aber ebenfalls unspezifisch und eignet sich somit nicht, um die erste Aussage in irgendeiner Weise zu explizieren oder zu spezifizieren. Fehlt ein klar erkennbares Profil dieses Orakels an den König, stellt sich indes die Frage, mit welcher Intention die Einfügung vorgenommen worden sein sollte. Unabhängig von dem literargeschichtlichen Status des Verses besteht in der vorgeschlagenen Deutung zudem ein Ungleichgewicht zwischen dem Orakel

---

357 Vgl. Hamp, Ps 110,4b; vgl. auch Booij, Psalm cx, 401f.

358 Vgl. neben vielen Anderen Hossfeld/Zenger, Psalmen 101–150, 197.

359 Geht man von einem Nominalsatz aus, kann dann erwogen werden, ob es sich bei „Zedek" um einen Gottesnamen handelt (vgl. Granerød, Abraham, 211f., der sich dagegen entscheidet). In der Bedeutung „mein König ist Gerecht(igkeit)" würde „Melchisedek" einen durchaus passenden (Kunst-)Namen für den König Jerusalems darstellen, da die Stadt eng mit Gerechtigkeit verbunden ist (vgl. etwa Jes 1,21ff.).

360 In diesem Fall ist ein Verständnis von עַל־דִּבְרָתִי als suffigierte Form erforderlich.

361 Vgl. aber Granerød, Abraham, 213.

362 Vgl. Saur, Königspsalmen, 213 (Lit. in Anm. 32).

363 Alternativ könnte מַלְכִּי־צֶדֶק in diesem Fall als Vokativ verstanden werden: „Du bist Priester auf ewig, um meinetwillen, König der Gerechtigkeit." Vgl. Granerød, Abraham, 213, Anm. 67.

364 Der Parallelismus membrorum, den Saur für seine Übersetzung von V.4 anführt, ist an dieser Stelle kein überzeugendes Argument, da die poetische Struktur der übrigen Verse durch die Syndese in der ersten Hälfte von V.4 ohnehin bereits durchbrochen ist.

365 Dies belegen auch die Schwierigkeiten, die Aussage im Zusammenhang der (perserzeitlichen) Debatte um die legitime Form von Herrschaft zu verorten; s. dazu u. 3.2.2.1.

selbst und seiner aufwändigen Einleitung, die eine besondere Mitteilung Jahwes an den König erwarten lässt.

Versteht man מלכי־צדק hingegen als Eigennamen, löst dies zumindest die genannten Probleme. Die singuläre Zuschreibung des Priestertums an den davidischen Herrscher wird durch den Bezug auf eine Figur der Vergangenheit konkretisiert und im Sinne einer einzigartigen Verheißung profiliert. Zwar liegen der Gehalt der Aussage und, damit verbunden, die mutmaßliche Intention der Einschreibung von V.4 damit keineswegs offen zutage. Unstrittig ist jedoch, dass es sich um eine originelle und konturierte Aussage handelt, die der aufwändigen Einleitung des Orakels grundsätzlich gerecht wird.

Die Form דברתי ist dann entsprechend als Substantiv דברה mit *iod compaginis* zu verstehen; על־דברתי kann, da der Bedeutungsunterschied marginal ist, sowohl modal als auch kausal übersetzt werden.[366]

Die erste Hälfte des Orakels, V.4aα², bereitet wenig Schwierigkeiten. Dem Angeredeten wird zugesagt, das durch V.4b konkretisierte Priesteramt „für ewig" auszuüben. לעולם drückt in diesem Zusammenhang „das Fortbestehen einer Ordnung für die Davididen im Sinne der Dynastie"[367] aus.

Damit ist die Aussage des Verses zunächst einmal erfasst. Seiner genaueren Bedeutung und der Intention seiner Einfügung ist weiter nachzugehen, wenn die Redaktionsgeschichte des Psalms geklärt ist.

3.2.1.3.3 V.5–7

V.5–7 setzen mit militärischen Aussagen fort, die in keinem erkennbaren Zusammenhang mit V.4 stehen.[368] Daher muss in Erwägung gezogen werden, dass zwi-

---

366 Vgl. Delcor, Melchizedek, 122; ferner Krusche, Königtum, 234, der an dieser Stelle „aufgrund der legitimierenden Funktion des Melchisedek auch einen kausalen Nebensinn" der modalen Wendung für möglich hält.

367 Seybold, Psalmen, 439. Gegen Saur, Königspsalmen, 219 f., der hier von einer zeitlichen Entgrenzung der Herrschaft des Davididen ausgeht und die Aussage somit „eschatologisch" versteht als nötig. Vielmehr wird betont, dass die davidische Linie *seit immer* und *für ewig* rechtmäßigen Anspruch auf das Priestertum Melchisedeks hat. Vgl. auch Jenni, Wort, 237: „Das Schwergewicht liegt daher bei לעולם nicht so sehr auf dem zeitlichen Begriff der äußersten fernen Zukunft, sondern auf den verschiedenen, im ganzen Ausdruck liegenden qualitativen Bestimmungen der Dauerhaftigkeit, Endgültigkeit, Unabänderlichkeit." Salo, Königsideologie, 131, verortet die „ewige" Herrschaft des Königs entsprechend „im Kontext der mythischen Dimension des dynastischen Königtums".

368 Entsprechend blass bleibt die Interpretation von V.4 bei Krusche, Königtum, 252, der wie Loretz und Saur von einer umfassenden nachexilischen Bearbeitung des Grundpsalms in V.4–7 ausgeht. Die Referenz auf Melchisedek diene letzten Endes nur dazu, den König als Priester zu charakterisieren, was seiner passiven Rolle in der anschließenden Schlacht entspreche. Dabei stellt er selbst fest: „Die Referenz zu Melchisedek bleibt teilweise im Dunkeln, da unsicher ist, auf welche Tradi-

schen V.4 und V.5 ebenfalls eine literarische Naht verläuft und der zweite Orakel-spruch des Psalms entgegen der Annahme Loretz', Saurs und Krusches[369] nicht li-terarisch einheitlich ist.

Der Ablauf der in V.5–7 geschilderten Ereignisse ist nicht ohne Weiteres ver-ständlich. Duhm urteilt resigniert:

> Mit diesen Versen kann ich nichts rechtes anfangen, finde auch bei anderen Erklärern nicht die geringste Hilfe. Das Ganze ist ein Gebröckel von allerlei Sätzen, die nicht einmal alle für sich verständlich sind [...] oder kein sicher erkennbares Subjekt haben.[370]

Der Eindruck eines „Gebröckels von Sätzen" entsteht vor allem dadurch, dass die zeitliche und sachliche Abfolge der geschilderten Ereignisse aufgrund mehrfacher Tempuswechsel undurchsichtig ist. Das Problem löst sich jedoch, wenn man, was literarkritisch naheliegt, V.6b aus dem Grundbestand von V.5–7 ausscheidet. Der Halbvers kombiniert auf auffällige Weise Vokabular aus V.5b und V.7b: Die Verbform מחץ findet sich auch in V.5b, das Substantiv ראש in V.7b. „Haupt" ist zudem in V.6b und V.7b jeweils unterschiedlich konnotiert („Oberhaupt" in V.6b; „Kopf" in V.7b).[371] Dies spricht in jedem Fall dagegen, beide Verse derselben Hand zuzuschreiben, und legt die Vermutung nahe, dass sich V.6b aus dem Material der umliegenden Verse speist.

Der redaktionelle Charakter des Halbverses zeigt sich schließlich auch daran, dass sich das Perfekt in V.6b nicht sinnvoll in die Tempusfolge von V.5–7 integriert. Saur bemerkt: „In v5 ff kommt mit dem Wechsel zwischen Perfekt- und Imper-fektformen Bewegung in das Geschehen."[372] Er geht in diesem Zusammenhang davon aus, dass die im Perfekt ausgedrückten Handlungen innerhalb der Zukunft als vorzeitig gegenüber den Imperfekta zu verstehen sind, was zunächst auch zu einer sinnvollen Abfolge der Ereignisse führt. Der Nominalsatz in V.5a fungiert als eine Art Überschrift, das Perfekt in V.5b (מחץ) kann als vorzeitig verstanden werden, woran das Imperfekt in V.6a (ידין) sinnvoll anschließt. Da die Fortsetzung durch ein weiteres Perfekt merkwürdig wäre, empfiehlt sich die Deutung der folgenden Form מלא als Partizip,[373] sodass V.5b.6a lauteten: „Er wird Könige zerschlagen haben am

---

tionen dadurch genau angespielt wird. Lässt sie sich allein auf das Doppelamt des Priesterkönigs reduzieren, oder schwingt noch mehr mit? Unklar bleibt die Rolle und Funktion des Königs im Krieg: Inwiefern nimmt er auch dort priesterliche Funktionen wahr bzw. worin besteht der Zusammen-hang zwischen V.4 und V.5–7?"

369 Vgl. Loretz, Psalmen 2, 164 f.; Saur, Königspsalmen, 208 f.; Krusche, Königtum, 237 ff.

370 Duhm, Psalmen, 400.

371 S. dazu im Folgenden.

372 Saur, Königspsalmen, 220.

373 Gegen Saur, Königspsalmen, 220, der von einer Perfektform ausgeht.

Tag seines Zorns, er wird über Völker richten, der Anfüller von Leichen."[374] Das Perfekt in V.6b jedoch setzt diese Abfolge der Tempora nicht sinnvoll fort.[375]

Über die Gründe und den Sinn der Einfügung von V.6b lässt sich nur spekulieren: Die identische Verbform könnte darauf hinweisen, dass V.6b eine *lectio varians* zu V.5b darstellt. Alternativ könnte es sich auch um eine Interpretation der voranstehenden Formulierung מלא גויות handeln. Der Glossator hätte מלא als Perfekt interpretiert und die Ellipse („er füllt Leichen an") erläutert.[376]

Dass schließlich die einzelnen Sätze in V.5–7„nicht einmal alle für sich verständlich sind" und „kein erkennbares Subjekt haben", trifft streng genommen nur auf V.7 zu. Die übrigen geschilderten Vorgänge sind aus sich heraus verständlich. Die Situationsangabe in V.5a, wonach Jahwe zur Rechten des Königs in die Schlacht zieht, bindet die Verse an den vorausgehenden Kontext in V.1–3 an und situiert das im Folgenden geschilderte Geschehen im Horizont der Herrschaft des Zionskönigs. Wie Jahwe nach V.2a den Stab des Königs führt, so zieht er nun an der Rechten des Königs in die Schlacht. V.5b.6a führen aus, auf welche Weise Jahwe zur Rechten des Königs dessen Feinde besiegt. Die umfassende, aus Zerschlagung der Könige und Gericht an den Völkern bestehende Vernichtung der Feinde wird am Ende durch die Formulierung מלא גויות versinnbildlicht: Das Gericht resultiert in Leichenbergen. Damit ist das militärische Geschehen abgeschlossen, mit V.7 wechselt die Perspektive hin zur Situation nach der siegreichen Schlacht.

Die in V.7 geschilderten Ereignisse bieten sicherlich die größten Verständnisschwierigkeiten. Unter rein grammatikalischen Gesichtspunkten kann eigentlich kein Zweifel daran bestehen, dass Jahwe das Subjekt des Verses ist. V.5a führt Jahwe als Subjekt ein,[377] der Rest des Psalms enthält keinen Hinweis auf einen Wechsel;

---

374 Eventuell ist in V.6a ein Wortspiel intendiert zwischen den Völkern (גוים) und den Leichen (גויות), vgl. Krusche, Königtum, 251. Die von Aquila und Symmachus bezeugte Variante setzt גאית anstelle von גויות voraus. Dabei dürfte es sich um eine Glättung handeln, die wohl auf einer Interpretation von מלא als Perfekt basiert („er füllt Täler an [mit Blut, Leichen o. ä.]"). Aus dieser Variante leitet sich wohl auch der unwahrscheinliche Vorschlag Kissanes ab, der von ursprünglichem גאות („Hoheit") ausgeht; vgl. Kissane, Psalm 110, 112. Die in BHS vorgeschlagene Kombination beider Varianten (בגויות מלא גאיות) ist textkritisch nicht gerechtfertigt.

375 Anders verhält es sich mit den Imperfekta in V.7. Nimmt man an, dass V.7 eine Aussage über Jahwe trifft (s. dazu im Folgenden), schließen die Imperfekta in V.7 sinnvoll an V.5.6a an, denn sie schildern die Gesten des Siegers, die zeitlich auf den Sieg über die Feinde folgen: „Aus einem Bach auf dem Weg wird er trinken, daher wird er das Haupt erheben."

376 Etwa im Sinne von „Er erschlägt Häupter (eig. ,Haupt') auf der Erde, zahlreich."

377 Gegen Kissane, Psalm 110, 111; Möller, Textzusammenhang, 287ff.; Feldmeier/Spieckermann, Menschwerdung, 94ff., die annehmen, אדני beziehe sich auf den König und Jahwe sei der Angesprochene in V.5–7. Zur Kritik an dieser Lösung vgl. Krusche, Königtum, 235f.

das Subjekt wird durchweg als Krieger charakterisiert. Die häufige Annahme, dass sich im Verlauf von V.5 – 7 ein Subjektwechsel vollziehe,[378] basiert entsprechend ausschließlich auf Vorbehalten inhaltlicher Art gegenüber dem „krassen Anthropomorphismus"[379] von V.7.[380] In der Tat ist die Vorstellung, dass Jahwe auf einem Weg geht und aus einem Bach trinkt, singulär und bemerkenswert. Da es sich jedoch „*insgesamt* um eine metaphorische Schilderung JHWHs als eines Kriegers bzw. Siegers"[381] handelt, erscheint auch ein metaphorisches Verständnis von V.7 mit Jahwe als Subjekt grundsätzlich naheliegend.[382] Geht man nicht von einem Wechsel des Subjekts aus, empfiehlt es sich, den Vers im Horizont der vorausgehenden Aktionen zu deuten. Nach Schlacht und Gericht trinkt der siegreiche Feldherr auf dem Weg aus einem Bach, und ist anschließend in der Lage, gestärkt sein Haupt zu heben.[383] Das erhobene Haupt des Siegers bildet somit einen Kontrast zu den zerschlagenen Königen.[384] Dazwischen steht der stärkende Trunk aus fremder Quelle,

---

378 Vgl. etwa Gunkel, Psalmen, 400; Kraus, Psalmen, 936; Kilian, Relecture, 244 f.; von Nordheim, Morgenröte, 42.

379 Saur, Königspsalmen, 205, der zwar nicht von einem Subjektwechsel ausgeht, die Aussage, dass Jahwe aus einem Bach trinke, im Kontext von Ps 110 aber dennoch für unverständlich hält und daher von einer (ansonsten nicht belegten) Hif.-Form von שתה ausgeht, wodurch der König zum Objekt des Tränkens wird („Aus dem Bach auf dem Weg wird er [= Jahwe] zu trinken geben [nämlich dem König]").

380 Im Zusammenhang mit der Annahme eines Subjektwechsels stehen diverse Versuche, V.7 als rituelle oder sakramentale Handlung zu deuten. Bisweilen wird hinter V.7 ein Ritus an der Gihonquelle vermutet: „Vielleicht ist der Vers als kultische Anweisung (oder Beschreibung) im Rahmen des Festrituals zu verstehen, wo der König [...] aus der heiligen Quelle trinkt, um im ‚Sakramentsgenuß' sich die Kraft zu holen für den Völkerkampf, den er als Jahwes Erwählter zu führen hat." (Kraus, Psalmen, 936); vgl. auch Widengren, Psalm 110; Weiser, Psalmen, 479; Koch, König, 26. Daneben wird V.7 bisweilen mit dem Tempelstrommotiv aus Ez 47 in Verbindung gebracht; vgl. Tournay, Psaume CX, 34; daneben Saur, Königspsalmen, 214: „[W]ie in Ez 47 geht es auch in Ps 110 um einen נחל als segen- und lebensspendende Größe." Für eine Übersicht über die Deutungsmöglichkeiten vgl. auch Becker, Deutung. Diese Deutungen sind problematisch, da sich der „Bach auf dem Weg" nicht ohne Weiteres mit der Gihonquelle oder dem Tempelstrom identifizieren lässt.

381 Hossfeld/Zenger, Psalmen 101–150, 212.

382 Vgl. auch Krusche, Königtum, 235.

383 Die fehlende Determination von ראש ist auf die poetische Form zurückzuführen. Auch wenn die Form somit grammatikalisch uneindeutig ist, ist sicher davon auszugehen, dass derjenige, der trinkt, auch das (= sein) Haupt erhebt. Die Vorstellung, dass es sich um ein anderes Haupt (= ein Oberhaupt) handeln könnte, das Jahwe erhebt, legt sich überhaupt erst von dem redaktionellen V.6b aus betrachtet nahe, der eine Gegenüberstellung von zerschlagenem und erhobenem Haupt implizieren könnte. Gilbert/Pisano, Psalm 110 (109),5 – 7, 355, gehen davon aus, dass Jahwe, der auch Subjekt der Handlungen in V.5b.6.7a ist, das Haupt des Königs erhebt.

384 Vgl. auch Krusche, Königtum, 252. Herkenne, Psalmen, 366, zieht eine weitere Deutung im Zusammenhang mit dem militärischen Geschehen in Erwägung: Gemeint sein könne auch, dass

der die Überlegenheit Jahwes über die Feinde demonstrieren dürfte.[385] Der ganze
Akt versinnbildlicht darüber hinaus die totale Vernichtung der Feinde, insofern der
siegreiche Feldherr sich gefahrlos auf dem Weg bücken kann, um aus einem Bach zu
trinken und danach unbeschadet und erhobenen Hauptes den Weg fortzusetzen.

3.2.1.3.4 Fazit: Die Redaktionsgeschichte von Ps 110

Der Verfasser des Psalms hat einen (Teil eines) Inthronisationshymnus (V.1.2b.3)
übernommen. Darüber hinaus ist der Psalm nicht in einem Zuge entstanden, denn
zwischen V.4 und V.5 zeichnet sich eine literarische Naht ab. Dasselbe gilt für den
Zusammenhang von V.6a und V.6b, wobei es sich bei V.6b um eine punktuelle Ergänzung handeln dürfte, die auf eine Erläuterung des unmittelbaren Kontextes zielt.

  Im Unterschied zu V.4, der *prima vista* thematisch isoliert zu stehen scheint,
verbindet V.2a und V.5–7* der Fokus auf militärischem Geschehen, sodass nichts
dagegen spricht, V.2a und V.5–7* gemeinsam dem Verfasser der Grundschicht des
Psalms zuzuschreiben, die folglich V.1–3.5.6a.7 umfasst. Das übernommene Traditionsstück in V.1.2b.3 kommt im Zusammenhang der Grundschicht des Psalms in
einem messianischen Kontext zu stehen.[386] In dem ursprünglichen Hymnus ist das
Handeln Jahwes auf den Zusammenhang der himmlischen Inthronisation des Königs begrenzt. Die mythische und die irdische Sphäre entsprechen einander dabei.
Aus der mythischen Inthronisation folgt die souveräne Herrschaft des Königs. Dies
zielt zwar nicht primär auf die Darstellung einer zeitlichen Abfolge, ließ sich aber
durchaus in diesem Sinne verstehen. Jedenfalls manifestiert der Verfasser der
Grundschicht des Psalms dieses Verständnis, indem er V.2a hinzufügt. Das Eingreifen Jahwes zugunsten des Königs wird von der mythischen Sphäre auf die irdische Sphäre ausgeweitet, insofern sich an die Vernichtung der mythischen Feinde

---

Jahwe während der Verfolgung der Feinde einen stärkenden Trunk zu sich nimmt, um nicht zu
ermatten (analog Ri 15,19). Die Deutung im Sinne einer Stärkung *nach* dem Sieg passt jedoch, wie
schließlich auch Herkenne selbst bemerkt, wesentlich besser sowohl zum Ablauf der Ereignisse als
auch zum heroischen Duktus des Psalms.

385 Vgl. von Nordheim, Morgenröte, 108, mit Verweis auf 2 Kön 19,24 ∥ Jes 37,25. Daneben wird eine
Deutung des Aktes als Trinken des Blutes der getöteten Gegner erwogen; vgl. Becker, Psalm 110,7;
Krusche, Königtum, 252.

386 Ausschlaggebend für die messianische Reinterpretation des alten Stücks dürfte die gut an-
schlussfähige Aussage von V.1 gewesen sein. Sowohl die Form des Prophetenspruchs als auch der
Inhalt des Verses sind transparent auf eine messianische Adaption hin. Das Motiv der Throngenossenschaft war auch im Rahmen später Königsideologie theologisch noch attraktiv, wie 1 Chr 28,5
und 2 Chr 9,8 belegen. Das Unterwerfen der Feinde des Königs durch Jahwe im Rahmen der mythischen Inthronisation erinnert an das militärische Eingreifen Jahwes zugunsten des Königs in
messianischen Texten. Ebenso wie in V.1 ist auch dort die Tendenz zur Alleinwirksamkeit Jahwes
erkennbar.

nun eine konkrete, im Bereich des irdischen Wirkens des Königs situierte Handlung Jahwes anschließt: Jahwe wird den Stab des Königs von Zion aus lenken (= duratives Imperfekt). Der König hat an der Herrschaft Jahwes teil, da dieser ihm bei der Regierung aktiv zur Seite steht: „Die Herrschafts*ausübung* durch den König ist Resultat der Herrschafts*durchsetzung* durch Jahwe".[387] V.5–7* vertreten dieselbe Sicht: Jahwe zieht an der Rechten des Königs in den Kampf;[388] er ist derjenige, der die militärischen Handlungen ausführt.[389] Während V.2a das Motiv der Throngenossenschaft auf die Sphäre der irdischen Herrschaft appliziert, ließen sich V.5–7* vielleicht in derselben Weise als Konkretisierung des Fußschemelmotivs verstehen:[390] Jahwe zerschlägt Könige und hält Gericht an den Nationen, was in Leichenbergen resultiert.[391]

V.5b und V.6a enthalten mit dem Tag des Zorns Jahwes und dem Völkergericht Elemente, die ein universales und eschatologisches Geschehen implizieren. An dem

---

387 Krusche, Königtum, 245.

388 Was die Positionierung von Jahwe und König angeht, so wurde häufig festgestellt, dass sich zwischen V.1 und V.5 ein Seitenwechsel vollzogen hat; vgl. etwa Saur, Königspsalmen, 210. Dieser ist sachlich notwendig, denn „in V.1 *sitzt* der Messias zur Rechten Jahves, weil dieser ihn als seinen Mitregenten ehren will, in V.5 aber *steht* Jahve zur Rechten seines Gesalbten, weil er ihn beim Kampfe, den sie gemeinsam durchführen, schützen oder decken will" (Herkenne, Psalmen, 366). Während diese Verschiebung als zusätzliches Indiz für den gegenüber V.1 redaktionellen Charakter von V.5 gewertet werden kann, stimmt die Perspektive von V.2a mit V.5 überein: Wenn Jahwe den Stab des Königs ausstreckt, dürfte er ebenfalls an der Rechten des Königs vorzustellen sein, ohne dass dies explizit erwähnt würde.

389 Ein qualitativer Unterschied mit Blick auf die Rolle des Königs besteht zwischen V.1–3 und V.5–7 nicht; so aber Krusche, Königtum, 253 f. Der Eindruck, dass in der ersten Hälfte von einem militärischen Zusammenwirken von Jahwe und König die Rede sei, wohingegen der Fokus in V.5–7 auf Jahwes Kriegshandeln liege, der König indes passiv bleibe, kann höchstens entstehen, wenn man die Sonderstellung von V.4 innerhalb der Komposition des Psalms nicht ernstnimmt, und von dem Priesteramt, das dem König zugeschrieben wird, auf dessen Passivität im Krieg schließt. Ansonsten lassen sich V.5–7 ebenso wie V.1–3 in ihrer um V.2a erweiterten Form im Sinne einer Partizipation des Königs an Jahwes Herrschaft verstehen.

390 Dabei versteht die Fortschreibung die beiden Aussagen der Vershälften V.1a und V.1b vielleicht stärker im Sinne einer zeitlichen Abfolge als es ursprünglich intendiert gewesen sein mag: Setze dich zu meiner Rechten – was das bedeutet, führt V.2a aus, das Imperfekt ישלח ist in diesem Kontext wohl am ehesten durativ zu verstehen – bis dass ich deine Feinde zum Schemel deiner Füße mache – wie das im Rahmen *zukünftiger* Ereignisse vonstattengehen wird, schildern V.5–7. Die den König umgebenden Feinde können ihm bereits jetzt nichts anhaben; in der Zukunft werden sie sogar von Jahwe vernichtet werden.

391 Das Bild der angehäuften Leichenberge könnte in dem Zusammenhang vielleicht als Stichwortverbindung zum Fußschemel aus Feinden zu verstehen sein. Zumindest ließe sich die elliptische Formulierung מלא גויות sinnvoll im Zusammenhang mit V.1 f. erklären: Dem auf Zion thronenden König bereitet Jahwe einen Fußschemel aus Feinden, indem er (das Tal) mit deren Leichen auffüllt.

nachexilischen, wohl hellenistischen Ursprung der Passage kann daher kein Zweifel bestehen.[392]

V.4 hebt sich formal und inhaltlich von den messianischen Versen ab und ist daher im Vergleich zu diesen als späterer Nachtrag zu werten. Der Vers bringt mit dem Priestertum nach der Weise Melchisedeks ein neues Thema ein. Stellt V.4 gegenüber V.2a.5 – 7* die spätere Ergänzung dar, ist von einer Entstehung von V.4 nicht vor der hellenistischen Zeit auszugehen, was auch aus verschiedenen Gründen naheliegend erscheint. So ist etwa mit Blick auf das Verhältnis von Ps 110,4 und Gen 14,18 – 20 die wahrscheinlichste Annahme, dass Ps 110,4 Gen 14,18 – 20 als (nachexilischen) Bezugstext voraussetzt, da sie in methodischer Hinsicht die wenigsten Probleme birgt.[393] Gegen ein allzu hohes Alter von V.4 spricht sodann der Schwur Jahwes, den er nicht bereuen wird:[394] „Derart massive Beteuerungen verweisen auf eine Situation, in der man von der Dauerhaftigkeit und Gültigkeit des Wortes Jahwes nicht sicher überzeugt war."[395] Die Betonung, Jahwe werde seinen Schwur nicht bereuen, dürfte darüber hinaus voraussetzen, dass er einen ähnlichen Schwur zuvor bereits einmal bereut hat. Es liegt somit nahe, dass Ps 110,4 vor dem Hintergrund von Ps 89 gedeutet werden will. Dort ist ebenfalls von einem Schwur die Rede, V.50 stellt dann aber in einer rhetorischen Frage fest, dass Jahwe sich nicht an

---

392 Vgl. auch Saur, Königspsalmen, 216 f.; Krusche, Königtum, 250 f. Der „Tag des Zorns" spielt die Tradition vom „Tag Jahwes" ein; vgl. auch Klgl 2,1 f.21 f. und Zeph 2,2 f., die beides in Zusammenhang bringen. Im Gericht an den Völkern und dem Zerschlagen der Könige finden die Vorstellungen vom Völkergericht und vom Völkerkampf Niederschlag. Die Verse bieten somit ein Sinnbild für ein ultimatives eschatologisches Strafgericht an den Feinden Jahwes. Saur, Königspsalmen, 217, weist darauf hin, dass eine Kombination des Tag-Jahwes-Motivs und des Völkerkampf-Motivs ansonsten nur noch in Joel 4 und Sach 14 begegnet, die häufig als frühapokalyptisch klassifiziert werden; vgl. etwa Beck, Tag YHWHs, 312 ff. Einen Zusammenhang zwischen Ps 110,6 und diesen Texten vermutet auch Rudnig, Völkerkampf, 368.

393 Alternativ müsste angenommen werden, dass im Hintergrund von Ps 110,4 eine Melchisedek-Tradition steht, die sich im Alten Testament nirgends niedergeschlagen hat. Dagegen spricht sich auch Levin aus, der annimmt, dass „das Melchisedekmotiv als Ganzes seinen Ursprung nicht in einer Tradition, sondern in exegetischer Assoziation [habe]" (unveröffentlichtes Manuskript, das mir Vf. dankenswerterweise vorab zur Verfügung gestellt hat). Auch er nimmt an, dass sich das Motiv von Gen 14 nach Ps 110 entwickelt hat. Gunkel, Psalmen, 485, nimmt hingegen an, dass sich Ps 110,4 auf einen vorexilischen König bezieht, Gen 14 jedoch später entstanden sei: „Viel wahrscheinlicher [sc. als ein Bezug von Ps 110,4 auf Gen 14] ist es, daß die Auffassung Melchisedeks als des Vorfahren israelitischer Fürsten aus einer bei weitem älteren Zeit stammt, die noch unbefangen genug war, Kanaanäisches und Israelitisches gleichzusetzen." Gen 14 enthält also eine historische Erinnerung, die sich auch in Ps 110,4 spiegelt, ist selbst aber jünger. Das Verhältnis der beiden Texte wäre entsprechend umgekehrt zu bestimmen: Gen 14,18 – 20 flankieren Ps 110,4 mit einer narrativen Erklärung, wer dieser Melchisedek war; vgl. auch Granerød, Abraham, 223 ff.

394 Vgl. u. a. auch Oswald, Hohepriester, 318.

395 Saur, Königspsalmen, 208, mit Verweis auf Kilian, Relecture.

den Schwur gehalten habe („Wo sind deine früheren Erweise der Gnade, Herr, die du David zugeschworen hast in deiner Treue?"). Der Schwur bezieht sich auf die ewige Gültigkeit der Zusagen. In Abgrenzung von dieser Vorstellung in Ps 89, wonach Jahwe den Schwur gebrochen habe, betont Ps 110,4, dass er *diesen* Schwur nicht bereuen werde. Nimmt man David als Adressaten von V.4 an, wird betont, dass Jahwe (anders als beim letzten Mal) an diesem neuen Schwur an David festhalten werde. Für diese Deutung spricht auch die Tatsache, dass die Unverbrüchlichkeit des Schwures Jahwes an David auch an anderer Stelle im Psalter in einem messianischen Kontext explizit thematisiert wird (Ps 132,11: „Geschworen hat Jahwe dem David einen Treueschwur, von dem er nicht abweichen wird: Von der Frucht deines Leibes werde ich auf deinen Thron setzen"). Ps 110,4 schreibt die Bindung des Priestertums Melchisedeks an den davidischen König somit geschickt in die Messiaserwartung ein.

V.4 teilt den Psalm durch die erneute, den Vers in besonderer Weise hervorhebende Redeeinleitung formal in zwei Hälften. Inhaltlich bringt er einen neuen Aspekt in den Psalm ein, der im weiteren Verlauf des zweiten Orakels nicht verankert ist. Der formalen Zweiteilung des Psalms entspricht also keineswegs eine inhaltliche. Vielmehr bricht die Einfügung von V.4 die bisherige thematische Geschlossenheit des Psalms auf. Auch wenn sich V.4 somit nicht glatt in den Zusammenhang einfügt, hätte es jedoch kaum einen alternativen oder gar besser geeigneten Ort für seine Einfügung gegeben. Da V.4 eine Aussage über den König trifft, musste er noch vor V.5 eingeschaltet werden, mit dem die Perspektive auf Jahwe wechselt.

Das messianische Königtum der Grundschicht von Ps 110 wird durch die Ergänzung von V.4 erheblich modifiziert. Was die Übertragung des Priestertums nach der Weise Melchisedeks auf den König konkret bedeutet und welche Intention die Ergänzung verfolgt, muss nun im Folgenden eruiert werden.

3.2.2 Die Pragmatik von Ps 110,4

3.2.2.1 Positionen der Forschung
Wie immer man sie am Ende konkret beurteilen mag, die Übertragung des Priestertums nach der Weise Melchisedeks auf den davidischen Messias steht auffällig zusammenhangslos in dem ansonsten martialisch anmutenden Psalm.[396] Die Ver-

---

[396] Harmonisierende Lösungen, wie die von Davis, Psalm 110, 166, die versuchen, V.4 in die militärischen Aussagen des übrigen Psalms einzubinden, überzeugen nicht. Nach Davis wolle V.4 zum Ausdruck bringen, dass der Priesterkönig seine Feinde als Opfer darbringe.

mutung, der Vers sei aus eben diesem Grund eingefügt worden, „die im übrigen Psalm dominierende kriegerische Dimension [zu] relativieren bzw. [zu] korrigieren",[397] greift jedoch zu kurz. Erstens sind ein die Weltordnung umstürzendes Kriegs- und ein umfassendes Gerichtshandeln Jahwes fester Bestandteil von messianischen Texten. Merkwürdig wäre daher, wenn ausschließlich in Ps 110 die Notwendigkeit gesehen worden sein sollte, diese Vorstellung zu korrigieren. Zweitens wäre der Korrekturversuch innerhalb von Ps 110 nicht einmal besonders gut gelungen. Die Aktivität in den Kampfhandlungen liegt auf Seiten Jahwes, auch wenn dies konzeptionell sicher nicht einseitig und im Sinne einer faktischen Passivität des Königs beurteilt werden darf. V.4 jedoch trifft eine Aussage über den König und scheint somit wenig geeignet, den martialischen Aussagen ihre Schärfe zu nehmen. Die aufwändige Einleitung des Spruchs und die durch das vorangestellte Personalpronomen hervorgehobene Stellung des Angeredeten sprechen sodann dafür, dass hier die Herrschaft des angesprochenen Davididen dezidiert und maßgeblich modifiziert werden soll. Dies steht ebenfalls der Annahme entgegen, das dem Davididen zuerkannte Priesteramt sei reines Mittel zum Zweck, den König aus dem militärischen Geschehen herauszuhalten.[398]

Der Blick in die Forschungsgeschichte hat gezeigt, dass die höchst disparate literargeschichtliche Beurteilung von V.4 dazu führt, dass auch die Zuschreibung des Priestertums (Melchisedeks) an den davidischen Herrscher ganz unterschiedlich beurteilt wird. Im Rahmen von Frühdatierungen des gesamten Psalms wird der Vers häufig vor dem Hintergrund des sakralen Königtums interpretiert. „[T]he reference to Melchizedek in Ps. 110:4 would then be a result of the desire (and the necessity) during the early monarchy to clarify the monarch's position by giving him prophetic approval for the priestly as well as the ‚kingly' aspects of his role."[399] Mit der hier

---

397 Hossfeld/Zenger, Psalmen 101–150, 210. Vgl. ähnlich auch Krusche, Königtum, 249.
398 Zwischen der kriegerischen Prägung des Psalms und dem Rekurs auf Melchisedek kann dann dennoch ein Zusammenhang bestehen, allerdings wäre er eher indirekter und vor allem komplementärer Art. Ein Bezug von Ps 110,4 auf Gen 14,18–20 erscheint nicht nur in methodischer Hinsicht opportun, sondern ist auch unter inhaltlichen Gesichtspunkten naheliegend: Nach Gen 14,18–20 ist Melchisedek nicht nur Priester, sondern zugleich König. Auch wenn er in der Passage als Priester fungiert, steht er als König in einer Reihe mit den übrigen, in militärische Auseinandersetzungen verwickelten Königen aus Gen 14. Aufgrund dieser Doppelfunktion Melchisedeks nach Gen 14 ist die Übernahme der Figur in den Kontext des militärisch geprägten Psalm 110 somit zwar grundsätzlich plausibel. Zu klären bleibt jedoch, welche Intention die Zuschreibung des Priesteramtes Melchisedeks an den davidischen Herrscher verfolgt.
399 Rooke, Heirs, 100. Vgl. etwa auch Dürr, Psalm 110, 18 ff. Mowinckel, Psalmenstudien III, 92 f., vermutet hinter V.4 eine Abwehr hierarchischer Ansprüche von Berufspriestern, die er für die frühe

vertretenen nachstaatlichen Ansetzung von V.4 scheidet diese Option bereits aus redaktionsgeschichtlichen Gründen aus. Doch auch ungeachtet des mutmaßlich späten literarhistorischen Ortes von V.4 rät ein kritischer Blick auf das biblische Material zur Zurückhaltung gegenüber dieser Deutung.[400] Konzepte eines sakralen Königtums sind im Alten Orient breit belegt, etwa bei den Sumerern, Hethitern und Ägyptern. Was die sakrale Qualität des Königtums angeht, differieren diese Konzepte zwar im Einzelnen, doch ist als *conditio sine qua non* vorausgesetzt, dass der König das Amt des höchsten Priesters innehat. Ob man von einem „sakralen Königtum" in Israel ausgehen will oder nicht, hängt damit maßgeblich an der zugrunde gelegten Definition desselben. Zweifellos konnte der König Israels als oberster Kultfunktionär bisweilen priesterliche Funktionen übernehmen – das Priester*amt* wurde ihm jedoch nicht übertragen.[401] Im Vergleich mit anderen Kulturen wird man in Israel daher zumindest graduelle Abstriche machen müssen,[402] denn durch die (anlassbezogene) Übernahme priesterlicher Funktionen wird der König nicht zum Priester. So stellt auch Rowley in Bezug auf das Konzept eines sakralen Königtums in Israel fest: „What is required is not evidence that the King played a priestly part in certain festival rites, but that he ordinarily exercised the functions of the priest, and was truly the priest *de facto* as he was the King."[403] Die

---

Königszeit nicht für ausgeschlossen hält (belegt sieht er sie mit 2 Chr 26,16 ff. spätestens für die Zeit Usias).

400 Vgl. etwa Schreiner, Psalm cx, 217.

401 Vgl. etwa Horton, Melchizedek, 45: „The anthropologist or historian would find that society stranger in which the king had no such duties. To show that the king, usually David, had cultic functions in the Jerusalem Temple is not very significant, and certainly does not show that the term כהן was applicable to the king." Vgl. auch Kittel, Psalmen, 357: „Sie [*sc.* die Könige] sind nicht Berufspriester, aber sie haben als oberste Leiter des Staates und als Gesalbte Jahwes auch in besonderen Fällen das selbstverständliche Recht an den Kultus." Vgl. u. a. auch Granerød, Abraham, 181. Zum religionsgeschichtlichen Hintergrund des in Ps 110 belegten sakralen Königtums vgl. neuerdings auch Purcell, King.

Als priesterliche Tätigkeiten können hierbei vor allem das Opfer sowie die Segnung des Volkes veranschlagt werden (vgl. etwa 2 Sam 6 und 1 Kön 8). Auch Davids Bekleidung mit einem „leinenen Efod" im Zuge der Überführung der Lade nach Jerusalem in 2 Sam 6,14 könnte auf die Ausübung priesterlicher Tätigkeiten durch den König weisen (vgl. etwa Schulz, Dancing David). Weitere Stellen, die ein priesterliches Wirken des Königs implizieren und häufig als Belege für die Existenz eines „sakralen Königtums" herangezogen werden, sind 1 Sam 13,7 ff.; 2 Sam 7,18; 1 Kön 3,15; 9,25; 12,33; 2 Kön 16,12–15; Jer 30,2.

402 Vgl. auch Rooke, Heirs, 81: „Although some of the more mythological aspects of sacral kingship are absent from the Israelite concept of monarchy, there can be little doubt that the sacral model was the one upon which it was based, and that there was therefore a definite priestly component to it."

403 Rowley, Melchizedek, 471.

Übertragung des Priesteramtes auf den davidischen König in Ps 110,4 ist somit durchaus innovativ.[404]

Auch wenn man V.4 in der nachexilischen Zeit ansetzt, was dem literarhistorischen Befund grundsätzlich eher entspricht, lässt sich der Übertragung des Priesteramtes auf den davidischen König nicht ohne Weiteres ein sinnvoller Ort zuweisen. Dass dem König nicht einfach pauschal das Amt des Priesters verliehen wird, sondern Ps 110,4 einen Zusammenhang mit dem Priestertum Melchisedeks herstellt, schmälert das Problem keineswegs. Der Rekurs auf Melchisedek in Ps 110,4 ist so knapp und wenig pointiert, dass die Anspielung auf Gen 14 ein Stück weit rätselhaft bleibt.[405] Erklären ließe sich dieser Umstand durch die Annahme, dass die Anspielung in Ps 110,4 eine *Rezeption* der in Gen 14 bezeugten Melchisedek-Tradition reflektiert, die selbst innerhalb des Alten Testaments literarisch nicht dokumentiert ist. Da keiner der in der rezenteren Forschung unternommenen Versuche, den Bezug von Ps 110,4 auf Gen 14 direkt in die inneralttestamentlich ambitioniert geführte Debatte um die angemessene Form menschlicher Herrschaft ab der Perserzeit einzubinden, überzeugen kann, ist diese Option am Ende ernsthaft in Erwägung zu ziehen.

Schreiner etwa verortet die Aussage von Ps 110,4 im Zusammenhang des politisch erstarkenden Hohepriestertums in der Perserzeit[406] und deutet den Vers als Sach 6,9–15 analogen Versuch, das Hohepriesteramt als Institution zu legitimieren, „die als Rechtsnachfolgerin der bisherigen deklariert werden soll".[407] V.4 sei mit der Absicht in das alte Königslied Ps 110 eingetragen worden, einen Text, „der von der Legitimierung der voraufgehenden Institution handelte",[408] an entscheidender Stelle zu bearbeiten und somit die Aussage des gesamten Psalms grundlegend zu modifizieren.[409] Dass die Ergänzung von V.4 dem Herrschaftskonzept, das den Psalm bestimmt, einen neuen Aspekt hinzufügt, ist offensichtlich. Eine Legitimationsurkunde des politisch einflussreichen Hohepriestertums macht die Eintragung von V.4 aus Ps 110 jedoch gewiss nicht. Diese Deutung scheitert bereits daran, dass sich das Orakel – auch mit der Eintragung von V.4 – an den König richtet und nicht an den

---

404 Auf den innovativen Charakter von Ps 110,4 im Vergleich zu vorexilischen Aussagen im Psalter weist auch Salo, Königsideologie, 81, hin: „Hier wird der König nicht nur als Kultakteur in einer einzelnen (Ausnahme-)Situation dargestellt, sondern grundsätzlich als Priester bezeichnet."
405 Vgl. auch Alonso Schökel/Carniti, Salmos, Bd 2, 1375: „El relato de Gn 14 contiene demasiados enigmas para poder explicar la breve alusión del salmo."
406 Vgl. auch Tournay, Psaume CX, 38: „Il y a là sans doute un écho des prétentions du souverain sacerdoce."
407 Schreiner, Psalm cx, 220.
408 Schreiner, Psalm cx, 220.
409 Schreiners Position wird bestätigt durch Oswald, Hohepriester, 319.

Hohepriester. Durch die Ergänzung von V.4 wird also dem König die Priesterwürde zugesprochen, sicher aber nicht die „königliche" Herrschaft des Hohepriesters legitimiert.

Auch Saur bemerkt, Ps 110 in seiner vorliegenden Gestalt sei nicht als „Propagandatext der Priesterklasse"[410] zu verstehen:

> Ps 110 ist vielmehr ein Kompromißdokument, das versucht, den umlaufenden theologischen Strömungen Rechnung zu tragen. Die Priesterklasse mitsamt der ihr verbundenen theokratischen Konzeptionen konnte sich in Ps 110 ebenso wiederfinden wie die eschatologisch beeinflußten Prophetenkreise, die mehr und mehr zu messianischen Vorstellungen tendierten.[411]

Bezüglich V.4 kommt Saur zu dem treffenden Urteil, dass die Zuschreibung des Priestertums nach der Weise Melchisedeks an den davidischen Herrscher ein neues, originelles Konzept von Königtum (und eben nicht von Priestertum) entwickele:

> Mit der Verbindung von Priester- und Königsamt in eschatologischer Perspektive könnten die Dichter von Ps 110 in die Debatten eingegriffen haben, um deutlich zu machen, daß die Unterscheidung zwischen davidischem Königtum einerseits und priesterlicher Herrschaft andererseits eine falsche Alternative darstellt. Die nachexilische Situation erfordert ihrer Meinung nach eine neue Konzeption dessen, was Königtum sein soll.[412]

Gemäß dieser neuen Konzeption wird ein König auftreten, der eben auch Priester sein wird.[413]

Saur ordnet diese Alternative ebenso wie die entsprechenden Positionen in Hag/Sach in den Kontext spätperserzeitlicher und frühhellenistischer Herrschaftsdebatten ein. Bereits für die in diesem Zusammenhang maßgeblichen Bearbeitungen in Hag und Sach (namentlich die Fortschreibung in Sach 3 [V.5a.bα¹.9] und die Grundschicht von Sach 6 [V.9–11.13a], die royale Prädikate auf den Hohepriester übertragen, sowie die „Serubbabel-Spross-Redaktion" in Hag 2,20–23; Sach 3,8; 6,12b.13b.14) hat die literarische Analyse ein späteres Datum in der fortge-

---

410 Saur, Königspsalmen, 222.
411 Saur, Königspsalmen, 222.
412 Saur, Königspsalmen, 223f.
413 Vgl. Saur, Königspsalmen, 213f. Körting, Zion, 211, votiert ähnlich wie Saur: „Was durch zwei Personen garantiert werden könnte, durch den König und den Hohepriester, wird hier in einer zusammengefasst." Wie oben dargelegt, interpretiert Saur מלכי־צדק nicht als Eigennamen, sondern als *constructus*-Verbindung („Du bist Priester auf ewig, um meinetwillen König der Gerechtigkeit."). Konzeptionell ist in jedem Fall die Zuschreibung des Priestertums an den angesprochenen Herrscher das innovative Moment des Verses – an der Beurteilung ändert sich daher zunächst nichts, wenn man entgegen Saur Melchisedek als Eigennamen versteht.

schrittenen hellenistischen Zeit nahegelegt.[414] Während jedoch für diese Textsta-
dien in Hag/Sach in konzeptioneller Hinsicht zumindest theoretisch auch ein früheres Datum infrage käme, lässt sich das Konzept eines priesterliche Aspekte in-
tegrierenden Königtums in Ps 110,4 nicht sinnvoll im Rahmen der späten Perserzeit
oder der frühen hellenistischen Zeit verorten. Die sukzessive Übertragung Königlicher Funktionen auf den Hohepriester, wie sie in Sach 3 und Sach 6 vorgenommen
wird, ist grundsätzlich in jeder Phase der nachexilischen Zeit vorstellbar: Diejenigen Funktionen von Herrschaft, die gerade nicht durch ein indigenes Führungsamt
abgedeckt waren, werden (teils aus pragmatischen Gründen, teils in programmatischer Absicht) auf das Hohepriesteramt als faktisch existierendes judäisches
Leitungsamt übertragen, was schließlich in der Konzeption eines royalen Hohepriestertums mündete. Im Sinne einer Gegenposition zur (literarischen oder realen)
Adaption königlicher Funktionen durch den Hohepriester etabliert die „Serubbabel-
Spross-Redaktion" sodann eine zukünftige königliche Gestalt als einzig legitimen
menschlichen Herrscher. Der in der Tradition verankerte davidische Messias wird
also zur Abwehr hohepriesterlicher Führungsansprüche reaktiviert; gegen die
Verschmelzung kultischer und politischer Führung in der Person des Hohepriesters
wird die Eigenständigkeit der politischen Führung betont.

Auch Ps 110,4 wird in einen messianischen Kontext eingestellt. Wird hier dem
zukünftigen davidischen König das Priesteramt zugesprochen, könnte der Vers
theoretisch als Variante zu der „Serubbabel-Spross-Redaktion" verstanden werden:
Der Messias tritt nicht wie dort an die Seite des Hohepriesters, sondern die priesterlichen Aspekte werden in das Königsamt integriert. Wäre Ps 110,4 Teil dieses
politischen Diskurses, wäre erstens jedoch vielleicht ein expliziter Hinweis auf das
Hohepriesteramt erwartbar.[415] Zweitens ist fraglich, ob Ps 110,4, in diesem Sinn
verstanden, in der ausgehenden Perserzeit oder der frühen hellenistischen Zeit
überhaupt ein plausibles Konzept darstellte. Die „Serubbabel-Spross-Redaktion"
stellt mit dem davidischen Messias eine souveräne Führungsgestalt neben den
Hohepriester, die klassisch königliche Funktionen übernimmt. Die Autorität des

---

414 S. dazu o. 2.2.4.

415 Dies gilt sowohl für Saurs Übersetzung, bei der dem Herrscher ein nicht näher qualifiziertes
Priesteramt zugeschrieben wird und die darum keinen Bezug zum Hohepriesteramt erkennen lässt,
als auch für die hier vertretene Übersetzung. Zwar verbindet Melchisedek wie der Herrscher in Ps
110,4 in seiner Person königliche und priesterliche Herrschaft. Doch spielt der Rekurs auf die
Melchisedek-Episode höchstens implizit eine hohepriesterliche Tradition ein, insofern Melchisedek
in Gen 14,18–20 als Chiffre für den Jerusalemer Hohepriester verstanden werden kann. Der Bezug
zum Hohepriesteramt bliebe jedoch assoziativ, da Melchisedek als Hohepriester innerhalb des Alten
Testaments keinerlei Wirkung entfaltet hat. In beiden Fällen lässt sich die Aussage somit nicht ohne
Weiteres im dem Sinn verstehen, dass hohepriesterliche Ansprüche in das Amt des zukünftigen
davidischen Königs integriert werden.

Hohepriesters wird so implizit auf den kultischen Bereich begrenzt, was ungeachtet der Tatsache, dass der Messias erst für die Zukunft verheißen wird, auch für die Gegenwart bereits eine realistische Option darstellt. Der Messias tritt nicht an die Stelle des Hohepriesters, sondern wird ihm an die Seite gestellt – mit dem Ziel, seine Macht zu begrenzen. Dies ist theoretisch zu jeder Zeit im Sinne eines (idealen) Gegenentwurfs zu einem (mindestens literarisch bezeugten) politisch starken Hohepriestertum vorstellbar.

Die Übertragung des Hohepriesteramtes auf den davidischen Messias in Ps 110,4 würde im Unterschied dazu die Macht des Hohepriesters nicht begrenzen, sondern konzeptionell in der Auflösung des Hohepriesteramtes als eigenständiges Führungsamt resultieren. Die Aufhebung des einzig real existierenden Führungsamtes zugunsten einer für die ferne Zukunft erwarteten Alternative käme indes einer Totalabsage an sämtliche politische Debatten gleich, sodass sich Ps 110,4 nicht plausibel in einen perserzeitlichen oder frühhellenistischen Diskurs um die rechte Form menschlicher Herrschaft einbinden lässt.

Gegen eine spätperserzeitliche bzw. frühhellenistische Datierung ließe sich außerdem grundsätzlich anführen, dass die exklusive Bindung des Priesteramtes (Melchisedeks) an den davidischen König ein singuläres Phänomen bleibt, das inneralttestamentlich im Zusammenhang messianischer Texte keinerlei Wirkung entfaltet hat. Eine erheblich spätere Ansetzung der Eintragung von V.4 würde indes nicht nur dieses Problem lösen. Auch die Übertragung (wie auch immer gearteter) priesterlicher Herrschaftsansprüche auf den König ist in dem Moment plausibel und konzeptionell hinreichend konturiert, wo faktisch zwei getrennte Führungsämter existieren – ein kultisches und ein politisches. Das ist unter den Hasmonäern der Fall, die beide Ämter, Hohepriester- und Königsamt, beanspruchten und diese in Personalunion auf sich vereinigten.

Im Folgenden ist daher die durch alle Phasen der Forschungsgeschichte hindurch vertretene Situierung von Ps 110,4 im Kontext der Hasmonäerherrschaft kritisch zu prüfen. Zu den jüngeren Verfechtern dieser These gehört etwa Donner, der davon ausgeht, dass hinter Ps 110,4 die reale Erfahrung der Vereinigung zweier distinkter Führungsämter durch die Hasmonäer stehe. Er zitiert zwei Fragen, die Schreiner angesichts von Ps 110,4 formuliert:

> Gibt es einen Ort in der Geschichte bzw. Religionsgeschichte Israels, an dem der Gedanke einer Einsetzung in König- und Priesteramt gleichzeitig sinnvoll lokalisiert werden kann? Gibt es in ihr eine Institution, deren Charakteristikum die wesensmäßige Vereinigung beider Ämter in einer Person ist?[416],

---

416 Donner, Prophet, 221, mit Bezug auf Schreiner.

um danach treffend festzustellen: „Es ist schwer zu begreifen, daß Schreiner diese suggestiv formulierten Fragen nicht schon selber richtig beantwortet hat: der geschichtliche Ort ist die Investitur Simons im Jahre 140 v.Chr., die Institution ist das hasmonäische Königtum."[417] Vor dem Hintergrund der faktischen Kumulation zweier getrennter Führungsämter, einem politischen und einem kultischen, erscheint die Übertragung des Priesteramtes auf den König nicht nur in konzeptioneller Hinsicht grundsätzlich plausibel. Im Kontext der Hasmonäerherrschaft ließe sich auch die notorisch schwierige Erwähnung des Priesteramtes Melchisedeks in Ps 110,4 erklären, zumindest sofern sich die Hasmonäer zur Legitimierung ihrer Herrschaftsansprüche tatsächlich auf den vorisraelitischen Jerusalemer Priesterkönig berufen haben sollten, wie häufig erwogen wird.[418]

3.2.2.2 Melchisedek und die Hasmonäer

Die Parallelen zwischen Melchisedek und den Hasmonäern liegen auf der Hand: Wie Melchisedek in Gen 14,18 – 20 vereinen auch die Hasmonäer priesterliche und königliche Herrschaft in ihrer Person, regieren in Jerusalem und unterscheiden sich durch die Beanspruchung des Priesteramtes von den sie umgebenden Herrschern. Die Voraussetzungen dafür, dass die Figur des Melchisedek den Hasmonäern als biblische Referenzgröße dienen konnte, waren also in jedem Fall gegeben. Um in der Frage urteilen zu können, ob sich die Hasmonäer tatsächlich auf den Jerusalemer Priesterkönig berufen haben, sollen zunächst die Charakteristika der hasmonäischen Herrschaft sowie die daraus resultierenden Strategien der Herrschaftslegitimierung beleuchtet werden. Im Anschluss daran werden die Indizien diskutiert, die für eine Bezugnahme der Hasmonäer auf Melchisedek sprechen könnten.

3.2.2.2.1 Eine Frage der Abstammung?

Wird von einem Rückgriff der Hasmonäer auf Melchisedek ausgegangen, steht meist die Überzeugung im Hintergrund, dass genealogische Defizite der Hasmonäer den Anlass dazu gegeben haben. Die Hasmonäer seien aufgrund ihrer defizitären Abstammung von Gegnern kritisiert worden und haben sich daher zur Legitimierung ihrer Herrschaft auf den ebenfalls genealogielosen Melchisedek berufen:

> Da die aus der Priesterklasse Jojarib stammenden Hasmonäer ihre königlichen *und* priesterlichen Herrschaftsansprüche weder durch ihre genealogische Verbindung mit der zadokidi-

---

417 Donner, Prophet, 221 f.
418 Vgl. etwa Petuchowski, Figure, 127–136; Delcor, Melchizedek, 115–135; Goodblatt, Principle, 52–55; Tilly, Ps 110, 162.

schen Hierarchie legitimieren noch auf das vorexilische judäische Königtum der Dynastie Davids zurückführen konnten, bot sich der Anschluss und Bezug auf die Gestalt des Jerusalemer Priesterkönigs Melchisedek im Kontext der Tora an.[419]

In der Tat stellt neben den eingangs genannten sachlichen Berührungspunkten zwischen den Hasmonäern und der Melchisedek-Figur, wie sie in Gen 14,18–20 charakterisiert wird, das Fehlen einer zadokidischen/aaronidischen bzw. davidischen Abstammung eine weitere Gemeinsamkeit dar. Dass die Hasmonäer auf Melchisedek zurückgegriffen haben, um genealogische Defizite zu kompensieren, erscheint daher zunächst einmal grundsätzlich möglich. Zwar ist das Fehlen einer Genealogie Melchisedeks in Gen 14,18–20 keineswegs Programm, sondern resultiert einfach aus der Nachahmung des literarischen Kontexts, in dem die Könige allein über ihr Herrschaftsgebiet definiert werden. Im Ergebnis boten Gen 14,18–20 jedoch zumindest eine Leerstelle, die die Hasmonäer hätten nutzen können, um ihre Herrschaft zu legitimieren. Dies setzt freilich voraus, dass eine fehlende oder defizitäre priesterliche oder davidische Abstammung der Hasmonäer faktisch ein Problem ihrer Herrschaft darstellte. Diese geläufige Annahme ist daher im Folgenden zu prüfen.

Die priesterliche Abstammung der Hasmonäer

Nach traditioneller Sicht „stammt Jonatan aus einer priesterlichen Familie, die [...] eindeutig außerhalb der zadokidischen Oniadengenealogie liegt, was den Widerstand in bestimmten Kreisen der ‚Frommen' hervor[gerufen habe]".[420] Zwar lässt sich eine zadokidische Abstammung der Hasmonäer aus den Quellen tatsächlich nicht (oder zumindest nur sehr indirekt und unsicher) eruieren,[421] doch fehlt jeder Hinweis darauf, dass die fehlende zadokidische Genealogie von Kritikern der Hasmonäer gegen sie in Anschlag gebracht worden wäre.

Nach der Darstellung von 1 Makk, die legendenhafte Züge trägt und das Priestertum der Hasmonäer durch die Charakterisierung des Dynastiegründers von Anfang an ins rechte Licht rücken will, stammt Mattathias aus dem Priesterge-

---

419 Tilly, Ps 110, 162. Vgl. auch Delcor, Melchizedek, 124: „They wished in this way to legitimize their double function by referring to a precedent, that of this figure who was a priest and a king at the same time, and who appears in the Bible without any genealogy."
420 Frevel, Geschichte, 354 f. Vgl. auch Cross, Early History; Stegemann, Entstehung, 211–227; Olyan, Relationship, 277; Sasse, Geschichte, 200.
421 Von einer zadokidischen Abstammung der Hasmonäer gehen etwa Liver, Sons of Zadok, und Schofield/VanderKam, Hasmoneans, aus.

schlecht Jojarib (1 Makk 2,1).[422] Die Erwähnung der patrilinearen Abstammung legt den Fokus von vornherein auf den dynastischen Aspekt und dient dazu, das Folgende als Familienaktion zu kennzeichnen.[423] Dass die Darstellung ein *fundamentum in re* hat, ist damit freilich nicht ausgeschlossen.

Besagter Jojarib ist als Priester auch aus Neh 11,10 und 1 Chr 9,10 bekannt. Auf eine exponierte Stellung, vielleicht darüber hinaus sogar eine Abstammung von Eleasar, kann unter Umständen aus 1 Chr 24,7 geschlossen werden. Dort teilt David mit Hilfe von Zadok und Ahimelech als Vertreter der beiden Linien die Nachkommen Eleasars und Ithamars durch das Losverfahren in Priesterklassen ein. Auf eine hervorgehobene Stellung Jojaribs könnte der Umstand weisen, dass ihn das erste Los trifft.[424] Ob 1 Chr 24 darüber hinaus eine Abstammung Jojaribs von Eleasar impliziert, ist angesichts des nicht ganz durchsichtigen Losverfahrens schwer zu beurteilen. Deutlich ist, dass Eleasar doppelt so viele Häupter zur Auslosung stellt wie Ithamar; eine Ordnung der einzelnen Häupter nach ihrer Abstammung von Eleasar bzw. Ithamar innerhalb des Losverfahrens ist jedoch nicht erkennbar. Man wird daher nur festhalten können, dass Jojarib nach 1 Chr 24 mit einer Wahrscheinlichkeit von 2:1 von Eleasar abstammt.[425] Mit einer Abstammung von Eleasar wäre – zumindest im System der Chronik, die bemüht ist, die verschiedenen Priestergenealogien auszugleichen – eine Abstammung von Zadok impliziert, denn 1 Chr 24,3 integriert Zadok in die Eleasarlinie (vgl. auch 1 Chr 5,35). Unabhängig davon, wie es sich mit einer Zugehörigkeit des Geschlechts Jojarib zu den Linien Eleasar und/oder Zadok historisch verhalten mag – darüber ist schlicht keine Aussage möglich –,[426] ist der biblische Befund insgesamt zu uneindeutig, als dass man annehmen könnte, der Verfasser von 1 Makk 2 habe die Hasmonäer in das

---

422 Die Schilderung der den Widerstand initiierenden Tat ist eng an Num 25 angelehnt und unverkennbar legendenhaft. Über die Historizität des Dynastiegründers Mattathias selbst ist damit freilich nicht entschieden. Gegen die Historizität der Person sprechen sich Keel, 1 Makk 2, 127, und Tilly, 1 Makkabäer, 92, aus. Schunck, Quellen, 63, geht von der Historizität aus. Eckhardt, Ethnos, 273, Anm. 58, stellt fest: „[D]ie Frage ist empirisch nicht zu entscheiden."
423 Vgl. Tilly, 1 Makkabäer, 92.
424 Auch Josephus beurteilt seine Abkunft aus dem ersten der 24 Priestergeschlechter (Vita 1) als Ausweis besonderer Qualität, doch dürfte diese Darstellung freilich tendenziös sein.
425 Vgl. auch Eckhardt, Ethnos, 269.
426 Viel Grund für Optimismus gibt es nicht. Man weiß über diese Linien so gut wie nichts. Eine zadokidische Hohepriesterdynastie ist unsicher, und zwar nicht nur historisch, sondern auch als literarisches Konzept. S. dazu im Folgenden. Vgl. auch Regev, Hasmoneans, 122f.; Eckhardt, Ethnos, 362; Bortz, Identität, 241: „So konstruieren die Texte des Alten Testaments rückwirkend vor allem über die Genealogien eine zadokidische Tradition, die bis zu Aaron zurückreicht und an diesen anknüpft." Dahm, Opferkult, 85, versteht 1 Chr 24 als „Subsumierung bestehender Priester-Lineages unter das Zadokiden-Aharonidentum". Dies könnte dann als Beleg für ein faktisch starkes und einflussreiches Priestergeschlecht Jojarib gewertet werden.

Geschlecht Jojarib eingeschrieben, um sie zu legitimieren.[427] Somit gibt es wenig Gründe, an der Historizität der Angabe zu zweifeln.

In den punktuellen Erwähnungen Jojaribs in Neh 11, 1 Chr 9 und 1 Chr 24 dürfte sich dann das Wissen um ein einflussreiches und angesehenes Priestergeschlecht Jojarib niedergeschlagen haben, das zur Zeit der Hasmonäer durchaus hohepriesterfähig gewesen sein könnte.[428] Entgegen der geläufigen Meinung gibt es jedenfalls keine belastbaren Hinweise darauf, dass der Anspruch der Hasmonäer auf das Amt des Hohepriesters nicht allgemein akzeptiert worden sein sollte.

Eine bei Josephus bezeugte Opposition der Pharisäer kann zumindest nicht für die Annahme geltend gemacht werden, dass die Hasmonäer aufgrund ihrer fehlenden oder defizitären priesterlichen Abstammung kritisiert wurden.[429] Die entscheidende Stelle Ant. 13,288–292, die einen Konflikt im Rahmen eines Banketts zwischen Johannes Hyrkanos und einem Vertreter der Pharisäer berichtet, setzt zwar in der Tat bei der Abstammung Johannes Hyrkanos' an, doch ist das Problem nicht das der defizitären priesterlichen Genealogie. Ein gewisser Eleasar[430] richtet den Wunsch an Johannes Hyrkanos, dieser möge sich mit der Führung des Volkes begnügen und das Hohepriesteramt ablegen. Als Begründung gibt er an, die Mutter des Hohepriesters sei unter Antiochus IV. eine Kriegsgefangene gewesen. Da in diesem Fall davon auszugehen wäre, dass sie vergewaltigt worden sei, wäre ihr Sohn für das Priesteramt untauglich (vgl. Lev 21,14 f.). Kritisiert wird hier somit nicht ein grundsätzliches genealogisches Defizit der Hasmonäer, sondern eine Verunreinigung der Linie des Johannes Hyrkanos, die ihn und seine direkten Nachkommen betroffen haben dürfte.[431] Der Vorwurf der Pharisäer ist entsprechend nicht geeignet, um generelle Vorbehalte gegenüber der priesterlichen Abstammung der Hasmonäer oder auch der Vereinigung von religiöser und weltlicher Herrschaft daraus abzuleiten.[432]

427 Vgl. aber etwa Meyer, Emanzipationsbestrebungen, 725.
428 Auch Josephus weiß, dass die Hasmonäer der Geburt nach Hohepriester sind (Ant. 14,78) und aus angesehenem priesterlichem Geschlecht stammen (Ant. 14,490).
429 Vgl. aber z. B. Keel, 1 Makk 2, 128.
430 Auch wenn er nicht explizit als solcher bezeichnet wird, dürfte er zur Gruppe der geladenen Pharisäer gehören.
431 So auch VanderKam, Joshua, 302 f.; Schofield/VanderKam, Hasmoneans, 83 ff.; Eckhardt, Ethnos, 202 f.; Regev, Hasmoneans, 121 f.155 ff.
432 Auch Eckhardt, Ethnos, 203, stellt fest: „Es geht weder allgemein um die Verbindung von Herrschaft und religiöser Autorität noch um die generelle Legitimität der Hasmonäer." Endgültig unplausibel ist schließlich die Annahme, der von Eleasar vorgebrachte Grund sei ein vorgeschobener, „[i]n Wirklichkeit aber [sei] es wohl um die geforderte Trennung von politischer Herrschaft

Als weiteres Indiz für herkunftsbasierte Probleme der Hasmonäerherrschaft ließe sich auf den ersten Blick auch die Beanspruchung des Pinchas als „Vater" in 1 Makk 2 verstehen. Bei näherer Betrachtung zeigt sich hier jedoch ein anderes Legitimationsprinzip, das nicht auf Abstammung, sondern auf Verdienst basiert.

Die Legitimation des hasmonäischen Hohepriestertums: Pinchas als Vater
Der erste Rückgriff auf die Pinchasfigur erfolgt direkt im Rahmen der den makkabäischen Widerstand initiierenden Aktion Mattathias' in 1 Makk 2. Mitsamt dem Gesandten des Königs Antiochus, dessen Befehl dieser ausführte, lyncht Mattathias einen Judäer, der auf einem paganen Altar in Modein ein Opfer darbringt, und reißt den Altar nieder. V.26 spielt in diesem Zusammenhang Num 25 ein und zieht einen naheliegenden Vergleich: Mattathias ereifert sich ebenso für das Gesetz, wie es Pinchas gegen Simri getan hatte. Der schriftkundige Leser wird sich erinnern, dass jenem Aaronenkel in Num 25 das ewige Priesteramt versprochen wurde, weil er für Jahwe geeifert und den Verstoß gegen das erste Gebot durch die Tötung der Abtrünnigen kompromisslos geahndet hatte. Der sterbende Mattathias bringt den Zusammenhang einige Verse später seinen Söhnen gegenüber auf den Punkt: „Unser Vater Pinchas empfing den Bund ewigen Priestertums, weil er großen Eifer bewies." (1 Makk 2,54). Tillys Feststellung, „[d]er Rückgriff auf Pinchas [begründe] die Machtansprüche der Hasmonäer als legitimer Erben des ‚Bundes ewigen Priestertums'",[433] ist somit zweifelsfrei korrekt. Allerdings wird man präzisieren müssen, inwiefern und auf welche Weise diese Legitimierung in 1 Makk erfolgt.

Num 25 bewirkt eine „Kanalisierung" des aaronidischen Priestertums auf Pinchas; 1 Chr 5,29–41; 6,35–48; 27,17 ordnen sogar Zadok in die Pinchaslinie ein. Doch schon angesichts der Vorlage Num 25 liegt ein Rückgriff auf Pinchas mit dem Ziel, *genealogische* Defizite zu kompensieren, nicht eben nahe. Pinchas empfängt die Zusage des ewigen Bundes aufgrund seines Eifers; die „Kanalisierung" erfolgt somit leistungs- und nicht abstammungsbasiert: „Pinhas erhält eine *Priesterfunktion*, die ihm offensichtlich von seiner Genealogie her nicht automatisch zugekommen wäre, sondern eigens aus einer *politischen* Tat heraus motiviert wird."[434] Da die Tat, die ihm die Zusage des ewigen Priesterbundes bescherte, keine kultische, sondern eine politische war, bot sich Pinchas als Legitimationsfigur für ein politische Autorität beanspruchendes Priestertum in besonderer Weise an.

---

und Hohepriesteramt [gegangen]" (Sasse, Geschichte Israels, 213; vgl. auch Thoma, High Priesthood, 208).
433 Tilly, 1 Makkabäer, 106.
434 Fabry, Pinhas-Bund, 53.

Der legitimatorische Rückgriff auf Pinchas ist dabei keine Erfindung der Hasmonäer bzw. der pro-hasmonäischen Verfasserkreise von 1 Makk,[435] sondern hat einen Vorläufer (oder zumindest eine Vorlage) in Sir: Auch Sir 45,24 interpretiert den ewigen Bund mit Pinchas aus Num 25,13 im Sinne eines ewigen Hohepriestertums.[436]

Im Vergleich zu Sir steht der Eifer des Pinchas in 1 Makk 2 stärker im Vordergrund. Dem Pinchas–Bund ist aufgrund des Eifers *per se* ein gewisses Verdienstmoment inhärent. Der Gedanke der Nachahmung seiner Eifertat wird jedoch erst in 1 Makk 2 zum zentralen Aspekt der mit Pinchas verbundenen Konzeption priesterlicher Herrschaft.[437] Die priesterliche Abstammung als Legitimationsgrund tritt automatisch dahinter zurück. Pinchas fungiert als *role model* und nicht als Stammvater:[438] Wie Pinchas für Gesetz und Bund geeifert hat, so hat es auch Mattathias getan (1 Makk 2,26) und so sollen es auch seine Söhne tun (1 Makk 2,50).

Diese explizit verdienstbasierte Herrschaftslegitimation hat auch in 1 Makk 14 Niederschlag gefunden. 1 Makk 14,25–49 berichten, wie Simon als Nachfolger Jonathans per Akklamation zum Anführer und Hohepriester eingesetzt wird. V.32–34 schildern minutiös die unerschrockene und erfolgreiche Kriegsführung Simons. V.35 konstatiert:

> Als das Volk Simons Treue und den Ruhm sah, den er seinem Volk zu erwerben gedachte, machten sie ihn wegen all dem, was er vollbracht hatte, und wegen der Gerechtigkeit und Treue, die er seinem Volk hielt, und weil er danach strebte, sein Volk in jeder Weise zu erhöhen, zu ihrem Anführer und Hohepriester.

---

435 Die große Bewunderung des Verfassers für die Hasmonäer ist unverkennbar (vgl. etwa 1 Makk 2,65; 5,62; 13,54; 16,23 f.). Daher wird wohl zu Recht in der Regel davon ausgegangen, dass 1 Makk im näheren Umfeld des hasmonäischen Hofes entstanden ist. Datiert wird die Schrift meist in die Zeit des Johannes Hyrkanos (135–104 v.Chr.); vgl. etwa Bar-Kochva, Judas Maccabaeus, 162 ff.; Schwartz, Israel and the Nations.

436 Vgl. Olyan, Relationship, 270, und s.u. Anm. 454. Unter Umständen kann auch die Verbindung des Pinchas-Bundes mit dem Oniaden Simon in Sir 50,24 (hebr.) in diesem Zusammenhang gesehen werden. Fabry, Pinhas-Bund, hat die These aufgestellt, dass sich die griechische Version von Sir kritisch mit der Übernahme der Pinchasfigur durch die Hasmonäer auseinandersetze und in antihasmonäischer Absicht den Pinchas-Bund in Sir 50,24 ausgelassen habe. Den Rekurs auf den Pinchas-Bund in 50,24 im hebräischen Text hält Fabry für einen Nachtrag (54 f.). Es gibt dann zwei Möglichkeiten, diesen Nachtrag redaktionsgeschichtlich zu erklären: Entweder wurde der ewige Pinchas-Bund in pro-oniadischer Absicht hier eingetragen, um dem Hohepriesteramt der Oniaden mehr Gewicht zu verleihen, oder es handelt sich um einen (entsprechend später anzusetzenden) pro-hasmonäischen Einschub, der die Idee des ewigen Pinchas-Bundes aus 1 Makk 2 in Sir platziert.

437 Vgl. auch van der Kooij, Claim, 44.

438 Vgl. aber Rooke, Heirs, 282, die zu dem Schluss kommt: „Phinehas therefore offers both a spiritual and an implied genealogical precedent for the Maccabees' eventual rise to prominence." Eine genealogische Herleitung von Zadok vermuten auch Schofield/VanderKam, Hasmoneans, 75.

Da Simon die Heiden aus dem Land und aus Jerusalem vertrieben hatte, bestätigte ihn König Demetrius im Amt des Hohepriesters und nannte ihn seinen Freund. Der Beschluss des Volkes, Simon zum religiösen und politischen Führer zu machen, sowie seine Bestätigung im Amt des Hohepriesters durch König Demetrius werden als logische Konsequenz seiner heldenhaften Taten präsentiert.

* * *

Exkurs: Die zadokidische Abstammung der Jerusalemer Hohepriester

Es fehlen sowohl belastbare Hinweise auf eine zadokidische Abstammung der Hasmonäer als auch Indizien dafür, dass die fehlende zadokidische Abstammung Kritik an der Beanspruchung des Hohepriesteramtes durch die Hasmonäer hervorgerufen hätte. Daher ist die geläufige Annahme, wonach das Amt des Jerusalemer Hohepriesters bis zu den Oniaden exklusiv an die zadokidische Abstammung geknüpft gewesen sei,[439] zu überdenken. Eine Stütze erfuhr die Hypothese durch die Annahme, die Gemeinschaft von Qumran sei aus einer Opposition gegen die Hasmonäer heraus entstanden. In diesem Zusammenhang wurde angenommen, dass die Selbstbezeichnung als „Söhne Zadoks" im Sinne einer *differentia specifica* in Abgrenzung von den nicht-zadokidischen Hasmonäern programmatischen Charakter hatte.[440] Zwar kann hier nicht den Ursprüngen der Gemeinschaft von Qumran nachgegangen werden, doch scheint die Bedeutung der Selbstbezeichnung

---

439 So etwa Tilly, Ps 110, 162; Frevel, Geschichte, 354 f.; Rooke, Heirs, 255 (Anm. 36).281; Fabry, Zadokiden, 442 f.: „Die Restauration der Monarchie unter Serubbabel mißlang. Im Gegenzug erstarkte das zadokidische Priestertum, das die Gewalt an sich zog und die staatliche Verfassung zur Hierokratie überleitete. [...] Die Zadokiden stellten von der Perserzeit bis zu den Makkabäern die Hohenpriester." Besonders optimistisch urteilt auch Bickerman, Jews, 142 f.: „The supremacy of the house of Zadok in Jerusalem is a matter of history, not of law. It is a historical fact that the pontificate remained in the same family for eight centuries: the pedigree of the Oniads in Seleucid Jerusalem began with Zadok, High Priest under David." Dass die Zadokiden in dynastischer Folge bis zu den Oniaden das Jerusalemer Hohepriesteramt innehatten (möge man den Beginn der Entwicklung in der Königszeit oder in der Perserzeit suchen), lässt sich aus den Quellen nicht belegen. Kritisch zu beurteilen ist darüber hinaus jedoch auch die Annahme, dass sich die exklusive Bindung des Hohepriesteramtes an die zadokidische Abstammung in nachexilischer Zeit als eine Ideologie entwickelte, die zur Zeit der Oniaden bestimmend war. Vgl. etwa Brutti, Development, 307: „The research into the problem of the Zadokite origins of the pre-Hasmonean high priests has also led to the conclusion that the matter of the high priests' biological descent from Zadok lacks historical support and has to be understood in the context of an ideology which originated in the post-exilic period. Therefore, the continuity of the Zadokite line in the Oniads does not appear to be based on sound historical grounds."
440 Vgl. etwa Milik, Ten Years; Schwartz, Two Aspects.

der Mitglieder der Gemeinschaft als „Söhne Zadoks" in den Texten vom Toten Meer erheblich überschätzt worden zu sein.[441] Damit bricht ein wichtiger Pfeiler der Hypothese, dass die Jerusalemer Hohepriester in vor-hasmonäischer Zeit zadokidischer Abstammung waren, weg, und auch sonst fehlen belastbare Hinweise auf ein zadokidisches Hohepriestergeschlecht (oder eine entsprechende Ideologie). Die biblische Basis für die exklusive Bindung des Jerusalemer Hohepriestergeschlechts an die zadokidische Abstammung (oder für die Entwicklung eines entsprechenden Ideals) ist schmal. Zadok wird in Sam/Kön denkbar dezent eingeführt. Als *homo novus* betritt er die Bühne und kommt außerhalb der Beamtenlisten (2 Sam 8,17; 20,25; 1 Kön 4,2.4) an prominenterer Stelle nur in der Erzählung von Absaloms Aufstand (2 Sam 15–19) und bei der Krönung Salomos (1 Kön 1 f.) vor. Auch auf eine Erwählung Zadoks lässt sich allenfalls indirekt schließen. In 1 Sam 2 werden Eli und seine Söhne als Priestergeschlecht verworfen; im selben Zug wird die Erwählung eines treuen Priesters in Aussicht gestellt. Die Verwerfung der Eliden erfüllt sich, indem Abjathar in 1 Kön 2 verworfen wird, sodass Zadok als einziger (und somit als implizit erwählter) Priester übrigbleibt.

Die Ursprünge der biblischen „Zadokiden"-Tradition liegen jenseits der Vorderen Propheten in Ez und Chr.[442] Entgegen häufiger Annahmen können beide jedoch kaum als Programmtexte für ein zadokidisches Hohepriestertum veranschlagt werden.

Die Erwähnungen Zadoks in Chr lassen sich exegetisch aus den in Sam und Kön spärlich enthaltenen Informationen ableiten.[443] Zadok, der in 2 Sam 8,17 nur mit Filiation („Sohn des Ahitub") eingeführt wird, erhält in 1 Chr 5 f. eine Genealogie, die das zadokidische Geschlecht auf Levi und Aaron zurückführt. Eine hervorgehobene Stellung Zadoks innerhalb der beiden Listen ist nicht erkennbar, sodass hier weniger eine zadokidische Perspektive leitend gewesen sein dürfte als vielmehr die Absicht, Zadok in Anpassung an die Bestimmungen im Pentateuch eine aaronidische Abstammung zu verleihen.[444] Etwas anders verhält es sich in den narrativen Passagen in Chr, die die exponierte Stellung Zadoks explizit thematisieren. Die simultane Salbung Salomos und Zadoks in 1 Chr 29,22 gehört diesbezüglich zu den

---

441 Vgl. etwa Liver, Sons of Zadok; Schofield/VanderKam, Hasmoneans; MacDonald, Rule, 122 ff.

442 Es ist davon auszugehen, dass beide Erwähnungen Zadoks unabhängig voneinander entstanden sind; vgl. MacDonald, Rule, 121.

443 Vgl. MacDonald, Rule, 116; Samuel, Von Priestern, 379.

444 Vgl. MacDonald, Rule, 119 f.: „Aaronic descent in 1Chr 5:27–41 and 6:35–38 demonstrates no more than that the Chronicler has harmonized the portrayals of the priesthood in the Pentateuch and the book of Samuel." Ganz ähnlich sind Esra 7,1–5 gelagert, die die Abstammung des Priesters Esra über Zadok auf Aaron zurückführen. Zwischen 1 Chr 5 und Esr 7,1–5 ist ein literarischer Bezug anzunehmen; vgl. MacDonald, Rule, 218, Anm. 275.

Spitzenaussagen. Ob sich diese kurze Notiz auf eine zugrunde liegende Vorstellung einer geteilten Messiaswürde zurückführen lässt,[445] ist jedoch fraglich. Vermutlich will 1 Chr 29 die in Sam/Kön implizierte Entwicklung Zadoks zum alleinigen und erwählten Priester einfach stringenter und vor allem explizit zum Ausdruck bringen.[446] In jedem Fall aber lässt sich aus Chr keine exklusive Abstammung des *Hohe*priesters von Zadok herleiten, sodass MacDonald zuzustimmen ist:

> There is no basis for understanding Chronicles as an accommodation between conflicting Aaronides and Zadokites, or Zadokites seeking to legitimate their line. [...] Chronicles is an assimilation of the narratives about the First Temple to the perspective of the priestly literature.[447]

Liegt der biblische Ursprung der Zadokiden in einer exegetischen Reflexion über die disparaten priesterlichen Traditionen im Pentateuch und den Vorderen Propheten, stärkt dies von vornherein nicht gerade das Zutrauen in die historische Zuverlässigkeit der Darstellung.[448]

Eine besondere Bedeutung mit Blick auf die Stellung der Zadokiden als Priester kommt der Tempelvision in Ez 40–48 zu, wo an einigen Stellen (Ez 40,46b; 43,19*; 44,15f.; 48,11f.), die sämtlich nicht zum Grundbestand der Tempelvision gehören dürften,[449] die Sonderrolle der „Söhne Zadoks" als Priester sowie das (in Ez 44 etablierte) einmalige Programm eines pan-zadokidischen Priestertums formuliert werden. Das Programm hat außerhalb Ezechiels wenig Wirkung entfaltet. Ob es überhaupt die Existenz einer zadokidischen Gruppe zur Zeit der Entstehung der Texte[450] reflektiert, ist unsicher.[451] Die Eintragung der „Söhne Zadoks" könnte auch einfach als Chiffre für die in Aussicht gestellte Beteiligung von Priestern am Zweiten Tempel zu verstehen sein, wobei die Nachkommen Zadoks, des Priesters Davids, dem für die Zukunft erwarteten davidischen Fürsten korrespondieren. In jedem Fall

---

445 So etwa Schniedewind, King.
446 Vgl. Klein, 1 Chronicles, 541.
447 MacDonald, Rule, 121.
448 Vgl. auch Bartlett, Zadok, 16f.: „The house of Zadok' (2 Chron. xxxi. 10) is a misleading and artificial phrase. There was no house of Zadok of any importance that we know of from Solomon's time onward. The only Zadokites we know of are those people gathered by the Chronicler or by some near predecessor of his into a list of priests of Jerusalem arbitrarily made to descend from Zadok. There is no evidence that individual priests of post-exilic times considered themselves to belong to the Zadokite family."
449 Vgl. Rudnig, Heilig; Samuel, Von Priestern, 364ff.
450 Als Entstehungszeitraum kommt frühestens die ausgehende Perserzeit bzw. die hellenistische Zeit infrage; vgl. MacDonald, Rule, 114.
451 Vgl. etwa MacDonald, Rule, 52ff.

sind die „Söhne Zadoks" hier nicht als Hohepriester im Blick, sodass sich die Vorstellung einer exklusiv zadokidischen Abstammung des Jerusalemer Hohepriesters aus Ez ebenfalls nicht ableiten lässt.[452]

Genährt werden die Zweifel an der Belastbarkeit der Hypothese sodann vor allem durch das (weitgehende) Fehlen von Zadok bzw. den Zadokiden in Texten der hellenistischen Zeit, die sich ansonsten durchaus intensiv den Fragen und Figuren des Priestertums widmen. Dies betrifft sowohl Jesus Sirach als auch Josephus.

Sir hat einen klaren Fokus auf der Darstellung des Priestertums, genauer dem Hohepriestertum der Oniaden. Besonders deutlich wird dies im „Lob der Väter". Es mündet in Sir 50 in einem Lobpreis Simons II., der diesen als politischen und religiösen Führer hervorhebt.[453] Eine zadokidische Abstammung wird in diesem Zusammenhang nicht erwähnt. Schwerer wiegt noch, dass der Rest des Buches von der Vorstellung einer aaronidischen Abstammung aller Priester geprägt ist, den Hohepriester eingeschlossen.[454] Jeder Hinweis auf Zadok fehlt. Olyan interpretiert die pan-aaronidische Perspektive in Sir im Sinne eines Gegenentwurfs zur Forderung der zadokidischen Abstammung aller Priester bzw. des Hohepriesters.[455] Das Zadok-Schweigen als Polemik zu werten, ist jedoch in methodischer Hinsicht problematisch,[456] zumal nicht einmal die Voraussetzungen dafür erfüllt sind, wenn belastbare Belege für ein Hohepriestertum zadokidischer Provenienz fehlen. Sehr viel naheliegender ist es daher, das Fehlen Zadoks in Sir darauf zurückzuführen, dass die Idee eines zadokidischen Priestertums zur Zeit der Abfassung nicht weit verbreitet war und keine große Rolle spielte.

Quer zu diesem an sich klaren Befund steht lediglich ein Vers in dem nur in einer hebräischen Handschrift aus der Kairoer Geniza (MS B) enthaltenen und wohl nachgetragenen[457] Hymnus in Sir 51 (51,12a–o), bestehend aus 15 Lobbitten. An zentraler Stelle findet sich dort in 51,12i neben einem Rekurs auf den davidischen Herrscher[458] ein Rekurs auf Zadok: „Ehre dem, der die Söhne Zadoks zu Priestern

---

452 Vgl. aber Keel, 1 Makk 2, 128.
453 S. dazu ausführlich unten 4.2.2.3.4.
454 Besonders deutlich kommt dies in Sir 45,24 zum Ausdruck. In einem Rekurs auf Num 25,13 wird hier der Pinchas verheißene ewige Priesterbund (ברית כהנת עולם) zu einem ewigen Hohepriesterbund (כהנה גדלה) umgedeutet und das Hohepriesteramt entsprechend an die Abstammung von Pinchas gebunden. Vgl. zu dieser Deutung Olyan, Relationship, 270, gegen Perdue, Wisdom, 197, der Pinchas zum Vertreter der Zadokiden macht und entsprechend ein zadokidisches Programm vermutet. Auch Sauer, Jesus Sirach, 31, sieht in Sir einen Fürsprecher für das zadokidische Priestertum.
455 Vgl. Olyan, Relationship, 276.
456 Vgl. kritisch dazu auch MacDonald, Rule, 138.
457 Vgl. etwa Olyan, Relationship, 275 f.; Fabry, Jesus Sirach, 278 f.; MacDonald, Rule, 135 f.
458 Sir 51,12 h: „Ehre dem, der ein Horn wachsen lässt für das Haus David, denn seine Gnade währt ewig." (הודו למצמיח קרן לבית דוד כי לעולם חסדו).

erwählt hat" (הודו לבוחר בבני צדוק לכהן), gefolgt von dem Refrain „denn seine Gnade
währt ewig" (כי לעולם חסדו). Olyan wertet die Erwähnung der Zadokiden in diesem
Nachtrag als Resultat eines innersirachischen Diskurses: Sir 51,12i trägt als Gegenposition zur pan-aaronidischen Position die zadokidische Perspektive nach.[459] Gerade die enge Bezogenheit auf die vorausgehende Zeile – die beiden Zeilen 51,12 h
und 51,12i stechen als längste Zeilen innerhalb der Komposition deutlich heraus[460] –
spricht für eine vorsichtigere Interpretation des Nachtrags als schriftgelehrte Arbeit: „The paralleling of the sons of Zadok with the Davidic messiah suggests an
eschatological hope inspired by scriptural texts, and need not refer to a group of
priests contemporary with the redactor."[461]

Der Befund aus den Schriften des Josephus deckt sich mit dem aus Sir: Josephus
orientiert sich ebenfalls an der aaronidischen Abstammung von Priestern, schenkt
hingegen Zadok nirgends in den Antiquitates besondere Aufmerksamkeit. Auch von
einer zadokidischen Abstammung der Oniaden scheint er nichts zu wissen.

Alles in allem verwundert es daher kaum, dass in jüngerer Zeit vermehrt
Zweifel an der Hypothese einer exklusiven zadokidischen Abstammung des Hohepriestergeschlechts in vor-hasmonäischer Zeit laut werden.[462] Grabbe etwa stellt die
Frage: „Were the high priests in the Second Temple period thought of as descendants
of Zadok?" und kommt zu dem Ergebnis:

> Yes, they probably were, by almost everyone. At the same time, there is no evidence that the
> high priestly line (at least, until the Maccabees) was regarded as uniquely Zadokite. Rather, all
> altar priests were regarded as „sons of Zadok" by some Jews, if not by most.[463]

Dass die Beanspruchung der Hohepriesterwürde durch die mutmaßlich nicht-zadokidischen Hasmonäer offenbar keinen Anstoß erregte, wäre schon hinreichend
dadurch erklärbar, dass das Jerusalemer Hohepriesteramt nicht exklusiv an die
zadokidische Abstammung gebunden war. Da Hinweise auf eine hervorgehobene
Position Zadoks oder der Zadokiden in Texten aus der Zeit des Zweiten Tempels
fehlen, wird man mit MacDonald noch einen Schritt weiter gehen können. Er
wiederholt die Frage Grabbes:

„Were the high priests in the Second Temple period thought of as descendants of
Zadok?" kommt aber abweichend von diesem zu dem Schluss:

---

459 Vgl. dazu auch Fabry, Jesus Sirach.
460 Nach Mulder, Psalms, 185, bilden die beiden Bitten, die den davidischen Herrscher und die
Zadokiden betreffen, die strukturelle Mitte des Hymnus.
461 MacDonald, Rule, 137.
462 Besonders entschieden wendet sich Hunt, Missing Priests, gegen diese Annahme.
463 Grabbe, High Priests, 213 f.

In contrast to Grabbe, my answer is: No, they probably were not, by almost anyone. Labelling the priests as „sons of Zadok" is found in a small fraction of texts: in some of the latest redactions of Ezekiel's temple vision, and in the later developments of the Serekh tradition at Qumran, and in one part of the Ben Sira textual tradition. Every other Second Temple source is completely silent on the matter.[464]

* * *

Zwischenfazit: Das Priestertum der Hasmonäer

Sollte die Abstammung der Hasmonäer von Jojarib (1 Makk 2) historisch zutreffend sein, woran erst einmal nicht gezweifelt werden muss, stammten die Hasmonäer aus einem angesehenen Priestergeschlecht, was sie qualifiziert haben dürfte, die Hohepriesterwürde zu beanspruchen. Jedenfalls fehlen sowohl Hinweise auf Kritik an einer defizitären priesterlichen Abstammung der Hasmonäer als auch auf Versuche der Hasmonäer, ihren Anspruch auf das Hohepriesteramt genealogisch zu legitimieren. Auch wenn dies grundsätzlich möglich gewesen wäre, ist somit nicht anzunehmen, dass die Hasmonäer auf die biblische Figur Melchisedek zurückgegriffen haben, um eine defizitäre priesterliche Abstammung zu kompensieren. Theoretisch ist jedoch vorstellbar, dass durch einen Rückgriff auf Melchisedek nicht der Anspruch auf das Hohepriesteramt, sondern auf das politische Führungsamt legitimiert werden sollte. Denn auch dafür bot Melchisedek, zumindest implizit, eine geeignete Vorlage.

Die fehlende davidische Abstammung der Hasmonäer

In der Tat dürften die Dinge in Bezug auf die fehlende davidische Abstammung der Hasmonäer anders liegen. Während der Anspruch der Hasmonäer auf die Hohepriesterwürde offenbar allgemein akzeptiert wurde, scheinen anti-hasmonäische Kreise die fehlende Abstammung von David durchaus zum Gegenstand der Kritik an der hasmonäischen Herrschaft gemacht zu haben.

Als Beleg hierfür lässt sich unter Umständen bereits die „Serubbabel-Spross-Redaktion" (Hag 2,20 – 23; Sach 3,8; 6,12b.13b.14) werten, die dem gekrönten Hohepriester der vorausliegenden redaktionsgeschichtlichen Ebene in Sach 6,9 – 15* den davidischen Messias gegenüberstellt und die Kompetenzen des Hohepriesters dadurch beschneidet. Spätestens vor dem Hintergrund der unter den Hasmonäern realisierten Verbindung von kultischem und politischem Führungsamt in Personalunion musste ein Text wie Sach 6,9 – 15 zwangsläufig auf die Hasmonäer bezogen werden – und zwar unabhängig davon, ob der Text in pro-hasmonäischen Kreisen

---

464 MacDonald, Rule, 147.

entstanden ist oder in diesen rezipiert wurde. Entsprechend liegt es nahe, die exklusive Bindung der politischen Führung an den davidischen Messias im Rahmen der „Serubbabel-Spross-Redaktion" als anti-hasmonäisches Konzept zu betrachten.[465]

Ganz ähnlich gelagert, wenngleich expliziter, ist Ps Sal 17.[466] V.4 stellt den Ausführungen die Erwählung Davids und die Zusage des ewigen Bestands der Dynastie als Programm voran: „Du, Herr, hast David zum König über Israel erwählt, und du hast ihm bezüglich seines Samens in Ewigkeit geschworen, dass sein Königtum nicht aufhören soll vor dir." In Kontrast dazu stehen jene Herrscher, die V.5 f. charakterisieren: Sie haben keine Verheißung, üben Gewalt und sind stolz und hochmütig. Sie setzen sich die Krone auf das Haupt und verwüsten dadurch den Thron Davids. Dass ein Fremder ihrer Herrschaft ein Ende gesetzt hat, empfindet der Beter als gerechte Vergeltung für alle ihre Sünden (V.7–10). Offensichtlich ist hier die Herrschaft der Hasmonäer im Blick, die der Verfasser angesichts der an David ergangenen Zusage der ewigen Dynastie für unrechtmäßig hält.

V.21 ff. thematisieren ein weiteres Mal die Hoffnung auf einen für die Zukunft erwarteten davidischen Messias, binden diese nun jedoch in die gegenüber dem Beginn des Psalms abweichende Situationsschilderung in V.11–20 ein. Ein Gesetzloser hat das Land entvölkert. Das Unheil, das Volk und Land in diesem Zusammenhang getroffen hat, wird ausführlich geschildert. Der Beter bittet Gott, ihnen zur Rettung den König David erstehen zu lassen, damit er über Israel herrsche, Könige zerschmettere, Jerusalem von den Heiden reinige und das heilige Volk versammle.

Wie immer man die Entstehung des Psalms und die implizierten politischen Hintergründe im Einzelnen bewerten will,[467] in seiner vorliegenden Gestalt kennzeichnet der Psalm die Herrschaft der Hasmonäer als illegitim und stellt den Has-

---

465 S. dazu auch o. S. 108 f.

466 Traditionell wird die Herkunft der Psalmen Salomos in pharisäischen Kreisen gesucht; vgl. u. a. Schüpphaus, Psalmen Salomos, 127–137; Holm-Nielsen, Psalmen, 51; Pomykala, Dynasty, 159 f. Kritisch dazu Atkinson, Lord, 5–8.

467 Ps Sal 17 wird in der Regel auf die Hasmonäer bzw. Pompeius gedeutet; vgl. etwa Atkinson, Lord. Eckhardt, PsSal 17, vertritt eine literarkritische Lösung und schlägt auf dieser Basis eine differenziertere Deutung vor. Ausgehend von der Beobachtung, dass in 17,1–10 der „Mann, der nicht aus unserem Geschlecht ist" neutral gezeichnet ist, in 17,11 ff. der Gesetzlose jedoch negativ, hebt er V.1–10 literarkritisch vom Rest des Psalms ab und deutet nur den Kern des Psalms auf Pompeius, den Vorspann hingegen auf Herodes. Die literarkritische Entscheidung scheint gerechtfertigt. Für den vorliegenden Zusammenhang ist diese Frage jedoch von geringer Relevanz, da die Könige in V.1–10 in jedem Fall mit den Hasmonäern identifiziert werden können. An der anti-hasmonäischen Tendenz des (gesamten) Psalms ändert sich also nichts.

monäern als legitimen Herrscher den erwählten und angesichts der desolaten Zustände sehnsüchtig erwarteten davidischen Messias gegenüber.

Die fehlende davidische Abstammung der Hasmonäer dürfte die Bedingung und zugleich der Motor für die Bemühung einer davidischen Herrscherfigur als Gegenkonzept zur Herrschaft der Hasmonäer gewesen sein. Dass die Hasmonäer aufgrund ihrer nicht-davidischen Herkunft *de facto* von ihren Gegnern kritisiert wurden, erscheint somit plausibel,[468] folgt aus der messianischen Offensive allerdings nicht zwingend. Der Rückgriff auf den davidischen Herrscher könnte auch einfach als Mittel gebraucht worden sein, um die Hasmonäer aus der Tradition heraus zu delegitimieren. Der Unterschied bestünde folglich darin, ob eine reale Kontroverse um die Legitimität der Hasmonäer im Hintergrund steht, die fehlende davidische Abstammung somit tatsächlich ein Problem darstellte, mit dem die Hasmonäer konfrontiert waren, und die Kritik dies abbildet, oder ob die Kontroverse eine literarisch konstruierte ist und der von der Tradition vorgegebene davidische Messias im Zuge einer anti-hasmonäischen Kampagne aktiviert und als Gegenfigur herangezogen wurde. Im zweiten Fall wäre die fehlende davidische Abstammung als Mittel zum Zweck der Delegitimierung der Hasmonäer eingesetzt worden, während der Grund für die Ablehnung der hasmonäischen Herrschaft jenseits davon zu suchen wäre. Der Unterschied ist fein und die Frage naturgemäß schwer zu entscheiden. Genügend Gründe, die Hasmonäerherrschaft kritisch zu beurteilen, gab es sicherlich.[469] Für die zweite Option ließe sich zudem vielleicht der

---

468 Diese traditionelle Sicht, wonach die Beanspruchung des Königstitels durch die Hasmonäer Kritik hervorgerufen hat, weil sie nicht zu den messianischen Hoffnungen passte, wird u. a. vertreten von Lohse, König.

469 Insbesondere aus dem Konflikt zwischen Hyrkanos II. und Aristobulos II. in den Jahren vor der Eroberung Jerusalems durch Pompeius scheint eine starke Opposition gegen die Herrschaft der Hasmonäer erwachsen zu sein. Josephus (Ant. 14,41–45) und Diodorus (40.2), die auf eine gemeinsame Quelle zurückgehen dürften, berichten von einer Delegation an Pompeius, die erreichen wollte, dass keinem der beiden Brüder die Herrschaft übertragen, sondern stattdessen das Königtum als solches, welches der traditionellen Herrschaft von Priestern zuwiderliefe, abgeschafft werden solle. Die Kritik bezieht sich auf das unmoralische und tyrannische Verhalten von Hyrkanos II. und Aristobulos II. Ihnen wird u. a. vorgeworfen, das Volk zu versklaven. Aus der Zeit vor Hyrkanos II. und Aristobulos II. sind keine Quellen vorhanden, die dies ähnlich eindeutig belegen würden, aber eine Opposition gegen Alexander Jannäus (103–76 v.Chr.) oder auch schon Johannes Hyrkanos (134–104 v.Chr.), die sich in der Treue zur davidischen Tradition niedergeschlagen haben könnte, ist darum nicht ausgeschlossen. Die militärischen Aktivitäten der Hasmonäer und ihre konsequent machtpolitischen Interessen könnten in verschiedenen Kreisen, u. a. bei der Gerusia (vgl. etwa Goldstein, Hasmonean Revolt, 300) oder dem Akra- und Tempelpersonal (vgl. etwa Babota, Institution, 162 ff.), Widerstand hervorgerufen haben. Dazu kamen Spannungen religiöser Art, z. B. mit den Pharisäern.

punktuelle, unter Umständen aber dennoch aussagekräftige Rekurs auf David in 1 Makk 2,57 in Anschlag bringen. Im Rahmen der motivierenden Ansprache Mattathias' an seine Söhne konstatiert der Vers, David sei ἐν τῷ ἐλέει αὐτοῦ der ewige (= dynastische) Bund verheißen worden. Ein Verständnis der Aussage im Sinne einer Restaurationshoffnung des davidischen Königtums ist angesichts des Kontexts ausgeschlossen (und zwar unabhängig davon, ob man V.57 als ursprünglich oder als in den Zusammenhang nachgetragen betrachtet).[470] Die Erwähnung Davids erfolgt zudem viel zu beiläufig und subtil, als dass man annehmen könnte, hier solle das davidische Königtum auf die Hasmonäer übertragen werden.

Das Verständnis der Aussage hängt maßgeblich an der Deutung der Wendung ἐν τῷ ἐλέει αὐτοῦ. Vermutlich stand in der hebräischen Vorlage eine Form von חסד.[471] Damit läge der Fokus auf den Taten, die David aufgrund seiner Frömmigkeit erbrachte, und die Referenz auf David fügte sich stimmig zur Aufzählung der Väter und ihrer verdienstvollen Taten. 1 Makk 2,57 böte in dieser Perspektive eine Neuinterpretation des David-Bundes, die sich nahtlos in das Konzept der verdienstbasierten Legitimation von Herrschaft fügt. Der David-Bund ist dann hier als historisch-vergangenes und nicht als restaurativ-eschatologisches Ereignis im Blick. Wie Pinchas fungiert auch David als ein *role model* für die Hasmonäer, die ebenfalls aufgrund von Verdiensten ihren Anspruch auf ewige (= dynastische) Herrschaft zu legitimieren suchen.[472]

Trifft diese Deutung zu, spielt der genealogische Aspekt des David-Bundes in 1 Makk 2,57 keine Rolle; die Stelle liefert somit keinen Hinweis darauf, dass das in der Tradition verankerte Ideal einer ewigen davidischen Dynastie zugunsten der Hasmonäer oder gegen sie bemüht wurde. Der zunächst unbefangene Umgang mit der David-Tradition im Kontext der Hasmonäerherrschaft dürfte zudem zumindest indirekt belegen, dass die fehlende davidische Abstammung *faktisch* kein Problem der Hasmonäer war. Jedenfalls scheint das davidische Königtum hier zunächst nicht als Größe im Blick zu sein, die den Hasmonäern Konkurrenz machen könnte.

Es erscheint somit plausibel, dass erst die kritische Auseinandersetzung mit der unter den Hasmonäern vollzogenen Ämterkumulation den in der Tradition verwurzelten davidischen Messias zur Abwehr der Herrschaftsansprüche der Hasmonäer in den Fokus rückte und ihm zu neuer Attraktivität verhalf. Die Ämterkumulation von Königs- und Hohepriesteramt öffnete somit die Flanke für eine naheliegende Kritik an der Herrschaft der Hasmonäer. Die Hasmonäer setzten auf Verdienst, ihre Gegner auf Abstammung – und machten in anti-hasmonäischer

---

470 Vgl. Pomykala, Dynasty, 152 ff.; gegen etwa Klausner, Messianic Idea, 260.
471 Vgl. Pomykala, Dynasty, 156 f.; Eckhardt, Ethnos, 276 (חסדיו).
472 Vgl. auch Pomykala, Dynasty, 159; van der Kooij, Claim, 44 f.

Absicht das davidische Königtum wieder groß. „Whether or not the author [*sc.* von Ps Sal 17] or the community he represented literally expected this king and his kingdom is not the point. What is at issue is a frontal assault on the legitimacy of the Hasmonean kings by means of a powerful biblical tradition."[473]

Für die Ausgangsfrage, welche Bedeutung die fehlende davidische Abstammung für die Herrschaft der Hasmonäer hatte, ist somit mit Pomykala festzuhalten: „The davidic dynasty tradition did not generate disappointment with the Hasmoneans; rather, disappointment with the Hasmoneans generated this appropriation of the davidic dynasty tradition."[474] Die These Pomykalas ist jedoch dahingehend zu modifizieren, dass diese Offensive nicht erst in Ps Sal 17 greifbar wird, sondern mit der „Serubbabel-Spross-Redaktion" auch innerbiblisch belegt ist. Wann genau die Kritik einsetzte, lässt sich kaum feststellen. Außer Frage steht jedoch, dass sie einen Rückgriff der Hasmonäer auf Melchisedek begünstigt haben dürfte. Dieser könnte dann zumindest mittelbar in der Absicht erfolgt sein, das genealogische Defizit durch die Inanspruchnahme eines nicht-davidischen Jerusalemer Herrschers zu kompensieren.

Die Kumulation der Ämter „Hohepriester" und *„Hegoumenos"*/„König"

Die Trennung von kultischem und politischem Führungsamt mit anschließender Ämterkumulation stellt zweifellos *das* originelle Element der Hasmonäerherrschaft dar. Auch hier ist jedoch fraglich, ob sie das Potential hatte, kontrovers aufgenommen zu werden.[475] Eckhardt etwa kommt zu dem Urteil: „Will man nicht talmudische Traditionen in die Zeit des Zweiten Tempels zurückprojizieren, lässt sich Widerstand gegen die Personalunion von religiöser und politischer Autorität unter den Hasmonäern nicht belegen."[476] Zumindest die Übernahme politischer *Funktionen* durch den Hohepriester stellte zur Zeit der Hasmonäer sicherlich keine erklärungsbedürftige Besonderheit mehr dar.[477] Die Adaption eines politischen Führungs*amtes* durch den Hohepriester war zwar neu, dürfte aber zumindest aus

473 Pomykala, Dynasty, 166.

474 Pomykala, Dynasty, 167 (zu Ps Sal 17).

475 Vgl. etwa Keel, 1 Makk 2, 128 f. Im Hintergrund steht für ihn jedoch die Annahme, dass die Zusammenführung von Priesteramt und Königtum angesichts der seit der Perserzeit bestehenden Dyarchie als problematisch empfunden worden sein dürfte; vgl. Keel, Geschichte Bd 2, 1185. Eine Dyarchie von Statthalter und Hohepriester in der Perserzeit ist jedoch weder biblisch noch außerbiblisch belegt. S. dazu o. S. 77 ff. bzw. u. 4.1.

476 Eckhardt, Ethnos, 205.

477 S. dazu u. 4.2.2.3.

konzeptioneller Sicht kein Problem dargestellt haben,[478] orientierte sie sich doch am hellenistischen Umfeld und stellte die Hasmonäer formal auf eine Ebene mit den hellenistischen Herrschern.

> Mit der Einführung des Königtums erschien Judäa endgültig als Teil der mediterranen Staatenwelt. Der Schritt war die logische Folge der Herausbildung von Autonomie und monarchischen Strukturen. [...] Doch für die Konzeption politischer Ordnung ergaben sich keine grundsätzlichen Neuerungen. Die Errichtung des Königtums war nur eine konsequente Weiterentwicklung bereits bestehender Strukturen.[479]

Für die Kumulation eines religiösen und eines politischen Führungsamtes gilt also das oben zum Königsamt Gesagte: Problematisch war diese Neuerung allenfalls insofern, als die Beanspruchung des Königstitels breiten Raum für eine Auseinandersetzung mit der Tradition bot und die Flanke für Kritik an der Herrschaft der nicht-davidischen Hasmonäer öffnete.

Fazit

Die Beanspruchung des Hohepriesteramtes durch die Hasmonäer wurde offenbar zu keinem Zeitpunkt als problematisch empfunden. Weder sind Versuche erkennbar, die eigene Abstammung literarisch zu kaschieren oder zu optimieren, noch enthalten die Quellen Hinweise darauf, dass Defizite in Bezug auf die priesterliche Abstammung in der ein oder anderen Weise von ihren Gegnern als Argument gegen die Hasmonäer verwendet wurden. Ein Rückgriff auf Melchisedek ist also sicher nicht in der Absicht erfolgt, die eigene defizitäre priesterliche Abstammung zu neutralisieren. Ebenso dürfte auch die fehlende davidische Abstammung der Hasmonäer faktisch zunächst kein Problem dargestellt haben. Im Unterschied zur priesterlichen Abstammung wurde sie jedoch von den Gegnern als Argument gegen die Hasmonäer verwendet.

Das innovative Moment der hasmonäischen Herrschaft war die Kumulation zweier getrennter Ämter, eines kultischen und eines politischen, in Personalunion. Die Intention hinter dem Rückgriff auf Melchisedek könnte entsprechend einfach darin bestanden haben, diesem neuen Konzept von Herrschaft – Ämterteilung und -kumulation – eine biblische Basis zu verschaffen. Dass die messianische Offensive gegen die Hasmonäer im Hintergrund steht und somit auch der nicht-davidische

---

478 Das gilt grundsätzlich sowohl für die Ämter ἡγουμένος (1 Makk 14,35.41) und στρατηγός (1 Makk 14,42.47) als auch für den Königstitel, den die Hasmonäer seit Aristobulos I. (nach Ant. 13,301) oder Alexander Jannäus (ab Alexander Jannäus ist der Königstitel numismatisch belegt; vgl. Frevel, Geschichte, 358) führten.
479 Eckhardt, Ethnos, 197.

Status Melchisedeks eine Rolle gespielt haben könnte, ist möglich. Sie dürfte jedenfalls das Interesse der Hasmonäer, sich eine Legitimationsbasis zu verschaffen, erheblich befördert haben. Wie ihre Gegner, die den davidischen Messias gegen sie stark machten, hätten sich dann auch die Hasmonäer zur Legitimierung ihrer Herrschaft auf eine biblische Figur berufen.[480] Aufgrund der engen sachlichen Berührungspunkte zwischen der Herrschaft der Hasmonäer und der Darstellung Melchisedeks nach Gen 14,18–20 war der Priesterkönig von Salem ein naheliegender Kandidat: Er vereinte in seiner Person königliche und priesterliche Herrschaft und regierte als nicht-davidischer König in Jerusalem. Wie bei den Hasmonäern stand bei ihm zudem der priesterliche Aspekt der Herrschaft im Vordergrund,[481] da er Abraham segnete und den Zehnten empfing.

Ein Rückgriff der Hasmonäer auf Melchisedek ist somit grundsätzlich plausibel und erscheint auch dann noch hinreichend motiviert, wenn man von der Relativierung einer defizitären priesterlichen Abstammung absieht. Als weitere Indizien dafür, dass sich die Hasmonäer tatsächlich in legitimatorischer Absicht auf den Jerusalemer Priesterkönig bezogen haben, können unter Umständen die mehrfach bezeugte Selbstbezeichnung der Hasmonäer als „Priester El Eljons" sowie die spät einsetzende Wirkungsgeschichte der Figur gewertet werden.

3.2.2.2.2 Indizien für eine Bezugnahme der Hasmonäer auf Melchisedek
Die Hasmonäer als „Priester El Eljons"
An insgesamt drei Stellen wird den Hasmonäern explizit der Titel „(Hohe-)Priester El Eljons" zugeschrieben, was angesichts der innerbiblisch exklusiven Verwendung des Titels in Gen 14,18–20 im Sinne einer Übernahme der Amtsbeschreibung Melchisedeks verstanden werden kann.[482]

bRosh HaShana 18b berichtet, dass unter den Hasmonäern, nachdem die Seleukiden die Verwendung des Gottesnamens verboten hatten, Schuldscheine wieder mit dem Gottesnamen versehen wurden, und erwähnt in diesem Zusammenhang

---

480 Weder die davidische Gegenoffensive noch der Rückgriff auf Melchisedek selbst setzen eine Beanspruchung des Königstitels durch die Hasmonäer zwingend voraus. Vorausgesetzt ist lediglich die Ämterteilung, die die Position der Hasmonäer stärkt, sie aber auch aus der Tradition heraus angreifbar macht.

481 Dass sich die Hasmonäer nicht nur zu Beginn ihrer Herrschaft, sondern stets in erster Linie als Hohepriester verstanden, legt nicht nur die Darstellung in 1 Makk nahe. Auch der numismatische Befund bestätigt dies (dargestellt etwa bei Regev, Hasmoneans, 175 ff.): Im Gegensatz zu seleukidischen und auch nabatäischen Münzen enthalten die hasmonäischen nur vereinzelt royale Symbole oder Titel.

482 Vgl. etwa Goodblatt, Principle, 54 f.; gegen VanderKam, Jubilees 22–50, 873.

folgendes Datierungsformular: „Im Jahr So-und-So Jochanans, des Hohepriesters El Eljons (כהן גדול לאל עליון)". Josephus nennt in Ant. 16,163 Johannes Hyrkanos II. ebenfalls Hohepriester des Höchsten Gottes (ἀρχιερεὺς θεοῦ ὑψίστου). AssMos 6,1 beschreibt die Hasmonäer als frevelhafte Priester und verweist in diesem Zusammenhang auf ihre (Selbst-)Bezeichnung als „Priester des Höchsten Gottes": „Tunc exurgent illis reges imperantes et in sacerdotes summi Dei[483] vocabuntur.[484] Facient facientes impietatem ab sancto sanctitatis."

Übermäßig belastbar ist der Befund nicht. Die Belege sind vereinzelt und entstammen sämtlich jungen Quellen. Da die Bezeichnung „Priester El Eljons" trotz des gehäuften Vorkommens der Gottesbezeichnung „(El) Eljon" im 2. Jh. v.Chr.[485] jedoch durchaus als spezifisch zu betrachten ist,[486] erscheint bei aller gebotenen Vorsicht die Annahme einer unter Rückgriff auf Gen 14,18–20 entstandenen Selbstbezeichnung der Hasmonäer als „Priester El Eljons" am Ende plausibel. Der Titel begegnet außer an den drei genannten Stellen, an denen er sich auf die Hasmonäer bezieht, nur vereinzelt in Bezug auf Levi, und zwar in Jub 32,1 sowie ALD 4,7 und 5,8. Die Stellen bedürfen vor dem Hintergrund einer Deutung von Ps 110,4 im Kontext der Hasmonäerherrschaft einer eingehenden Besprechung,[487] doch wird man aus dem jeweils dreimaligen Vorkommen des Titels bei den Hasmonäern und bei Levi sicher nicht schließen können, dass es sich um „eine in dieser Zeit übliche Variante zur Bezeichnung eines Priesters"[488] handelt.

Auch das Fehlen des Titels in 1 Makk und auf den hasmonäischen Münzen spricht nicht *per se* dagegen, dass „Priester El Eljons" eine für die Hasmonäer spezifische Bezeichnung war.[489] In 1 Makk 14 wird die Verbindung von politischer

---

483 Es gibt keinen Anlass, *summi* in *summos* zu ändern („Hohepriester Gottes"), wie Charles, Assumption, 75, vorschlägt. Vgl. dazu Tromp, Assumption, 199, der auf ein weiteres Vorkommen von *summus Deus* in AssMos 10,7 verweist.

484 *Vocari* kann hier passivisch oder reflexiv gebraucht sein. Tromp, Assumption, 198 f., votiert für einen reflexiven Gebrauch, der die negative Haltung des Verfassers stärker zum Ausdruck brächte. Die Hasmonäer nennen sich „Priester El Eljons" – damit könnte impliziert sein, dass der Verfasser den Anspruch der Hasmonäer auf das Priesteramt El Eljons als illegitim erachtet; in jedem Fall wird die Differenz zwischen dem Anspruch und den Taten der Hasmonäer betont: Sie beanspruchen „Priester El Eljons" zu sein, entweihen aber das Heiligtum.

485 Der Gottesname „Eljon" hatte sich zu dieser Zeit zur Standardbezeichnung für den jüdischen Gott entwickelt. Die große Beliebtheit erklärt sich leicht durch die Anschlussfähigkeit an den hellenistischen Kontext (vgl. „Höchster" als häufiges Epitheton Zeus'). Das künstliche Kompositum „El Eljon" steht somit im Dienst eines exklusiven Monotheismus (s. dazu o. 3.1.2.1.2), gewährleistet aber zugleich eine Vermittelbarkeit der jüdischen Gottesvorstellung nach außen.

486 Vgl. auch Hay, Glory, 25.

487 S. dazu u. 3.2.2.4.

488 Eckhardt, Ethnos, 207.

489 Vgl. aber Eckhardt, Ethnos, 206.

und religiöser Führung unter Simon thematisiert, allerdings werden in diesem Zusammenhang die offiziellen seleukidischen Titel gebraucht. Auch auf den Münzen begegnen die offiziellen Amtsbezeichnungen („Hohepriester", „Priester", „König"). Wertet man den Titel „Priester El Eljons" als Rückgriff auf Gen 14,18–20 und somit als Ausdruck des Versuchs, die hasmonäische Herrschaft durch den Rekurs auf ein biblisches Vorbild zu legitimieren, könnte es sich dabei eher um eine „interne" Bezeichnung handeln, die auf innerjüdische Kommunikation zielt und daher in der offiziellen Korrespondenz keinen Niederschlag gefunden hat.

1 Makk 2 und der mutmaßliche Rückgriff auf Melchisedek bilden hingegen unterschiedliche Legitimierungsstrategien bzw. unterschiedliche Reflexionsstufen der Legitimierung hasmonäischer Herrschaft ab. 1 Makk 2 stellt ein Stück pro-hasmonäischer Programmatik dar, die auf Pinchas als exponierte Figur in einer Reihe von *role models* für die Herrschaft der Hasmonäer setzt, zu denen u. a. auch David gehört. 1 Makk 2 verankert somit das in 1 Makk 14[490] grundgelegte Konzept der verdienstbasierten Legitimierung von Herrschaft vorab in der biblischen Tradition. Bei dem Rückgriff auf Melchisedek geht es im Unterschied dazu darum, die vollzogene Vereinigung zweier getrennter Führungsämter biblisch zu fundieren, indem Melchisedek als Analogie herangezogen wird. Wie sich beide Legitimierungsstrategien sachlich und chronologisch zueinander verhalten, ist schwer zu sagen. Während 1 Makk 2 noch ganz unbefangen mit der David-Tradition umgeht, könnte der Rückgriff auf Melchisedek die mit David argumentierende Opposition gegen die Hasmonäer bereits im Rücken haben. Dies kann, muss aber natürlich nicht darauf hinweisen, dass der Rückgriff auf Melchisedek jüngeren Ursprungs ist als die verdienstbasierte Legitimierung priesterlicher Herrschaft in 1 Makk. Sachlich sind beide voneinander unabhängig, sodass das Fehlen des Titels „Priester El Eljons" in 1 Makk in jedem Fall wenig aussagekräftig ist. Da es sich um alternative Legitimierungsstrategien handelt, die jeweils unterschiedliche Aspekte der hasmonäischen Herrschaft in den Blick nehmen, stünde ferner ein Rückgriff auf Melchisedek nicht in Spannung zum Rückgriff auf Pinchas in 1 Makk 2. Beide Figuren werden nicht als priesterliche Ahnen bemüht, sondern als Analogie bzw. *role model*.

Die Rezeption der Figur Melchisedek

Einen indirekten Hinweis auf einen legitimatorischen Rückgriff der Hasmonäer auf Melchisedek könnte auch die Wirkungsgeschichte der Figur liefern. Eine Berufung der Hasmonäer auf Melchisedek würde jedenfalls den Umstand, dass die Rezeption

---

490 S. dazu im Folgenden.

der Figur erst spät, dann aber umso intensiver einsetzte, ungezwungen erklären.[491] Der Rückgriff der Hasmonäer auf Melchisedek hätte der Figur mehr Prominenz verliehen, denn er wäre dadurch von einem unbedeutenden Priester der Vorzeit zu einer Legitimationsfigur der amtierenden Herrscher geworden. Spätestens in dieser Perspektive hätte man zudem wahrnehmen müssen, dass das Priestertum Melchisedeks merkwürdig unverbunden neben dem aaronidisch-levitischen Priestertum stand. Dies könnte wiederum Anlass zu Spekulationen über den Ursprung der Figur gegeben haben, die in der außeralttestamentlichen Rezeption viel Raum einnehmen.[492]

3.2.2.3 Die Intention von Ps 110,4
3.2.2.3.1 Ps 110,4 als anti-hasmonäische Bearbeitung

Nimmt man sämtliche Indizien zusammen – den späten redaktionsgeschichtlichen Ort von Ps 110,4, die Schwierigkeit, der Eintragung des Verses einen (literar-)historischen Ort in der Perserzeit oder der frühen hellenistischen Zeit zuzuordnen, sowie die naheliegende Inanspruchnahme Melchisedeks durch die Hasmonäer – liegt es nahe, die Entstehung von Ps 110,4 im Kontext der Hasmonäerherrschaft zu situieren. Wo ein Zusammenhang zwischen Ps 110,4 bzw. (bei fehlender literarkritischer Differenzierung) des gesamten Psalms und der Herrschaft der Hasmonäer gesehen wird, wird in der Regel angenommen, der Vers bzw. der Psalm sei in der Absicht verfasst worden, die Herrschaft der Hasmonäer zu legitimieren.[493] Zumindest in der vorliegenden Gestalt des Psalms vermag Ps 110,4 dies allerdings kaum zu leisten.

---

491 Eine breite und vielfältige Melchisedek-Rezeption findet sich in Qumran (vor allem 11Q13), in der rabbinischen Literatur und auch im Neuen Testament (Hebr); vgl. dazu etwa Poorthuis, Enoch, 110 ff.

492 So betonen etwa Philo und Josephus übereinstimmend die Originalität Melchisedeks. Nach Philo (Congr. §99) ist er „ungelernter" Autodidakt, nach Josephus (B.J. VI §438) der erste Priester Jahwes; vgl. dann auch Hebr 7. In der rabbinischen Literatur kommt es häufig zu einer Übertragung der Priesterwürde Melchisedeks; vgl. McNamara, Melchizedek, 1 ff. Nach R.Ishmael, der Melchisedek mit Sem, dem Sohn Noahs identifiziert, und ihn so mit einer Genealogie versieht, nimmt Gott das Priesteramt von Melchisedek und übergibt es Abraham. Ps 110,1.4 werden somit an Abraham gerichtet – eine Vorstellung, die sich auch an weiteren Stellen der rabbinischen Literatur findet (vgl. Billerbeck, Der 110. Psalm, 456). Es wird kontrovers diskutiert, ob es sich dabei um eine anti-hasmonäische (McNamara, Melchizedek) oder um eine anti-christliche Position handelt (Petuchowski, Figure; ders., Melchisedech).

493 Vgl. etwa Donner, Prophet, 218 ff.; ferner bereits Duhm, Psalmen, 264 f.; Gerlemann, Psalm cx. Von Nordheim, Morgenröte, geht von einem höheren Alter von Ps 110,4 in der hellenistischen Zeit aus, nimmt aber an, dass sich die Hasmonäer später zur Legitimierung ihrer Herrschaft darauf bezogen haben.

Die größte Schwierigkeit bei einer pro-hasmonäischen Interpretation von Ps 110,4 besteht darin, dass sich der Vers offensichtlich an einen Herrscher davidischer Herkunft richtet. Nach dem hier vertretenen redaktionsgeschichtlichen Modell stellt V.4 eine gegenüber dem Grundpsalm spätere Einschreibung dar. Der Verfasser des Grundpsalms hat einen (Teil eines) Inthronisationshymnus aufgenommen (V.1.2b.3) und ihn messianisch reinterpretiert (V.2a.5–7*). Der Grundpsalm in V.1–3.5–7* formuliert somit die Hoffnung auf einen zukünftigen Herrscher in Zion und bemüht dafür klassisch messianische Vorstellungen. V.4 fügt nun ein weiteres Orakel an, das sich an denselben Herrscher richtet. Ein Bezug auf David liegt aufgrund der messianischen Prägung des vorliegenden Psalms bereits grundsätzlich nahe. Unumgänglich wird eine Deutung auf David in dem Moment, in dem Ps 110 im Zusammenhang des Psalters zu stehen kommt, denn in hasmonäischer Zeit war die Davidisierung des Psalters sicherlich so weit vorangeschritten, dass man den Text im Kontext des Psalters gerade aufgrund der Subtilität der Aussagen wohl niemals auf jemand anderes als den David *redivivus* bezogen hätte. Der Bezug auf den zukünftigen davidischen Herrscher wird dadurch intensiviert, dass Ps 110 (ab irgendeinem Zeitpunkt) auf die beiden Davidpsalmen Ps 108 und Ps 109 folgt. Auch die Überschrift des Psalms stellt schließlich den Bezug zum David *redivivus* noch einmal explizit heraus.[494]

Die Annahme einer pro-hasmonäischen Intention der Einfügung von Ps 110,4 ist somit äußerst voraussetzungsreich, ließe sich der Psalm in diesem Sinn allenfalls dann verstehen, wenn er ohne Überschrift und außerhalb des Psalters überliefert worden wäre. Dass ein messianischer Psalm außerhalb des Psalters durch V.4 zum Zweck hasmonäischer Herrschaftslegitimation umgedeutet wurde, ist zumindest theoretisch vorstellbar. In einem weiteren Schritt wäre er danach entsprechend uminterpretiert worden, indem er in den Psalter eingefügt und mit einer Überschrift versehen wurde.[495]

---

494 Vgl. etwa Deissler, Psalmen, 439; Kleer, Sänger, 123; Hossfeld/Zenger, Psalmen 101–150, 206.
495 Vgl. auch Donner, Prophet, 223. „Man müßte also annehmen, daß der Psalm nicht allzu lange nach seiner Entstehung seinen ursprünglichen Sinn verlor [...] und messianisch gedeutet wurde. Der ‚verläßliche Prophet' wandelte sich unter der Hand in eines der großen Urbilder des Prophetentums, nämlich David. Dieser Vorgang mag durch die hohe Allgemeinheit seiner Formulierungen und durch das Fehlen präziserer Hinweise auf die Investitur Simons erleichtert worden sein, vielleicht auch durch gewisse Anklänge an Ps 2." Die Einfügung in den Psalter müßte in unmittelbarer zeitlicher Nähe zur pro-hasmonäischen Adaption stattgefunden haben, da dem Übersetzer der LXX der Psalm bereits vorlag.

Weit weniger kompliziert und voraussetzungsreich ist freilich die Annahme einer linearen Entwicklung: Innerhalb des an den David *redivivus* adressierten Psalms fügt V.4 dessen Herrschaft einen weiteren Aspekt hinzu.

Für einen seit jeher intendierten Bezug von V.4 auf David spricht auch das Motiv des Schwurs, den Jahwe nicht bereuen wird, mit dem V.4 unter Rückgriff auf Ps 89[496] selbst noch einmal ein Stück David-Theologie einspielt: Damals hat Jahwe seinen Schwur an David bereut, dieses Mal wird er es nicht tun.

Da sich Ps 110,4 somit einerseits sehr plausibel vor dem Hintergrund der hasmonäischen Ämterkumulation deuten, sich andererseits jedoch nur mit großer Mühe als Versuch verstehen lässt, diese neue Form der Herrschaft zu legitimieren, ist umgekehrt in Erwägung zu ziehen, dass die Eintragung des Verses einen entsprechenden legitimatorischen Rückgriff der Hasmonäer auf die Melchisedek-Passage in Gen 14,18–20 bereits voraussetzt und ablehnend darauf reagiert.[497] Indem der Anspruch auf dieses Priestertum nach der Weise Melchisedeks exklusiv dem in Ps 110 angeredeten Davididen zugeschrieben wird, würde einer Bezugnahme auf Melchisedek seitens der Hasmonäer jedenfalls wirksam ein Riegel vorgeschoben. Die Ergänzung von Ps 110,4 wäre entsprechend nicht als pro-hasmonäisch, sondern als anti-hasmonäisch einzustufen.[498]

Was die Intention und die Strategie der Eintragung angeht, wäre Ps 110,4 somit Texten wie der „Serubbabel-Spross-Redaktion" in Hag/Sach und (dem späteren) Ps Sal 17 vergleichbar, die ebenfalls in anti-hasmonäischer Absicht die davidische Abstammung als Kriterium für legitime Herrschaft betonen. Während der davidische Messias dem königlichen Hohepriester in der Serubbabel-Spross-Redaktion an die Seite gestellt wird und dessen Einfluss auf den kultischen Bereich begrenzt, bindet Ps 110,4 das von den Hasmonäern in legitimatorischer Absicht beanspruchte Priestertum nach der Weise Melchisedeks an die davidische Abstammung. Die leichte Tendenzverschiebung ließe sich eventuell als Beleg für die vermutete Entwicklung der Kontroverse verstehen: Die Opposition macht gegen die Hasmonäer die davidische Abstammung stark; die Hasmonäer beziehen sich (als Reaktion darauf?) auf Melchisedek als Gewährsmann, um ihrer Herrschaft eine biblische

---

496 S. dazu o. S. 241 f.

497 Die Übersetzung des LXX Psalters als *terminus a quo* für diese Eintragung stellt grundsätzlich kein Problem dar. Die Vorschläge rangieren zwischen der ersten Hälfte des 2. Jh. v.Chr. und dem späten 1. Jh. v.Chr. Vgl. zur Problematik Cordes, Asafpsalmen, 17 ff.

498 Innerhalb von Ps 110,4 könnte auch die Wortstellung in V.4aβ darauf hinweisen, dass eine Abgrenzung von einer Gegenposition vorgenommen werden soll. Da das Pronomen in der Regel auf die Statusbezeichnung folgt (vgl. etwa Ps 2,7: אתה בני), legt die exponierte Stellung des Personalpronomens in Ps 110,4 ein adversatives Verständnis nahe (כהן אתה = *Du* bist Priester [und nicht etwa jemand anders, der den Anspruch darauf erhebt]); vgl. von Nordheim, Morgenröte, 28.

Legitimationsbasis jenseits der davidischen Abstammung zu verleihen; die Opposition untergräbt mit Ps 110,4 diese Legitimierungsstrategie, indem sie das Priestertum Melchisedeks ebenfalls an die davidische Abstammung bindet. Der Rückgriff auf Melchisedek ist zwar auch ohne vorausgehende Aktivierung des davidischen Messias zur Abwehr der hasmonäischen Herrschaftsansprüche denkbar, er dürfte aber dringlicher gewesen sein, wenn die Kritik an der Herrschaft der Hasmonäer vorausging und sie dadurch gezwungen waren, sich eine biblische Legitimationsbasis zu verschaffen.

Mit Blick auf die Fragestellung der vorliegenden Studie lässt sich auf der Basis der bisherigen Untersuchungen somit bereits ein Ergebnis zu Ps 110,4 formulieren. Trotz der denkbar engen Verbindung von König- und Priestertum lässt sich der Vers nicht heranziehen, um die Entwicklung des Jerusalemer Hohepriesteramtes zu einem politischen Führungsamt zu erhellen.[499] Stattdessen setzt der Vers, der nachträglich in einen messianischen Psalm eingefügt wurde, bereits die Herrschaft der Hasmonäer voraus. Anders als gemeinhin angenommen, will die Bearbeitung diese jedoch nicht legitimieren, sondern überträgt, im Gegenteil, in anti-hasmonäischer Absicht das Priestertum Melchisedeks auf den davidischen Messias. Vorausgesetzt ist demnach ein legitimatorischer Rückgriff der Hasmonäer auf Melchisedek, der sich indirekt aus den Quellen erschließen lässt.

Im Folgenden soll die Hypothese überprüft und validiert werden, indem zwei Seitentexte zu Ps 110,4 untersucht werden. Zur kritischen Prüfung der Hypothese wird zunächst ein möglicher Querbezug zwischen Ps 110,4 und 1 Makk 14,41 in den Blick genommen, der bisweilen für eine pro-hasmonäische Interpretation von Ps 110,4 herangezogen wird. Als Analogie zu Ps 110,4 werden im Anschluss daran Jub 30–32 untersucht. Die Kapitel wenden eine Ps 110,4 vergleichbare Strategie an, indem sie das Priestertum El Eljons, das neben den drei oben besprochenen Texten nur noch in diesem Textbereich erwähnt wird, an eine genealogische Bedingung knüpfen, welche die Hasmonäer nicht erfüllen.

3.2.2.3.2 Ps 110,4 und 1 Makk 14,41

In jüngerer Zeit hat vor allem Donner den engen Zusammenhang mit 1 Makk 14,41 für die Deutung von Ps 110,4 im Horizont der Hasmonäerherrschaft herangezogen.[500] Er geht davon aus, dass sich der Verfasser von Ps 110,4 auf 1 Makk 14,41 be-

---

499 Vgl. aber etwa Schreiner, Psalm cx; Oswald, Hohepriester.
500 Vgl. Donner Prophet; daneben auch bereits Duhm, Psalmen, 398; Petuchowski, Figure; Tilly, 1 Makkabäer, 287.

zogen habe,[501] und wertet dies als weiteres Indiz für die pro-hasmonäische Tendenz von Ps 110,4. Diese Annahme läuft der hier vertretenen anti-hasmonäischen Deutung zuwider. Daher ist zu eruieren, ob tatsächlich von einem beabsichtigten Querbezug zwischen 1 Makk 14,41 und Ps 110,4 ausgegangen werden kann und, falls ja, inwiefern sich eine anti-hasmonäische Deutung von Ps 110,4 auch anhand dieses Querbezugs bewährt.

Nach der Schilderung der verdienstvollen Taten Simons und seiner Bestätigung im Amt des Hohepriesters durch Demetrius, der ihm außerdem den Ehrentitel „Freund des Königs" verleiht, wird in 1 Makk 14,41 mitgeteilt, „dass die Judäer und die Priester beschlossen hatten, dass Simon auf ewig ihr Anführer und Hohepriester sein sollte, bis ein wahrer Prophet erweckt würde". Die Formulierung „bis ein wahrer Prophet erweckt würde" qualifiziert also in einer noch näher zu bestimmenden Weise den Beschluss des Volkes, dass Simon „für immer" ihr Anführer sein solle.

Die Angabe „für immer" (εἰς τὸν αἰῶνα) ist sicherlich im Sinne einer dynastischen Fortsetzung der Herrschaft zu verstehen und bedeutet nicht einfach „lebenslang".[502] Sie entspricht somit grundsätzlich der Konzeptualisierung hasmonäischer Herrschaft in 1 Makk 2, bei welcher der dynastische Aspekt ein Kernelement darstellt. Wie oben dargelegt, läuft die Legitimierung der Herrschaft dort über Pinchas, weil Num 25 zwei für die Herrschaft der Hasmonäer konstitutive Aspekte in einen direkten Zusammenhang stellt: Den Eifer für Jahwe, der dem Selbstbild der Hasmonäer entsprochen haben dürfte, und den Pinchas als Belohnung dafür gewährten ewigen Bund.[503] Die Vorstellung der „Ewigkeit" des Priestertums erklärt sich somit im Kontext der Konzeptualisierung hasmonäischer Herrschaft in 1 Makk ungezwungen. Ps 110,4 spricht dem Davididen das Priestertum nach der Weise Melchisedeks „für immer" (לעולם) zu, was der „Ewigkeit" der Herrschaft Simons nach 1 Makk 14,41 entspricht. Es ist daher vorstellbar, dass der Verfasser von Ps 110,4 die in 1 Makk grundgelegte Vorstellung der „Ewigkeit" des hasmonäischen Priestertums übernommen hat. Auch unter formalen Gesichtspunkten lässt sich Ps 110,4 sinnvoll im Horizont von 1 Makk 14,41 deuten: Im Rahmen eines prophetischen Orakels (vgl. V.1 נאם יהוה) erteilt Ps 110,4 dem Propheten das Wort, dessen Auftreten

---

501 Tilly votiert umgekehrt im Anschluss an Hay, Glory, 24, für eine Bezugnahme von 1 Makk 14,41 auf Ps 110. Doch auch jenseits von 1 Makk 14,41 gilt Ps 110 für ihn als „inspirierter Schriftbeweis für den erhofften ‚ewigen' Bestand der hasmonäischen Dynastie". (Ps 110, 163). Krusche, Königtum, 238, Anm. 49, zieht ebenfalls einen Bezug von 1 Makk 14,41 auf Ps 110,4 in Erwägung, doch „das erzwing[e] [...] nicht die Schlussfolgerung, dass Ps 110 ebenfalls aus dieser Zeit stamm[e]".

502 Vgl. dazu ausführlich Eckhardt, Ethnos, 270 f., mit Anm. 52. Vgl. auch Donner, Prophet, 215; gegen etwa Duhm, Psalmen, 399.

503 S. o. S. 253 ff.

1 Makk 14,41 in Aussicht stellt.[504] Die Annahme, dass der Redaktor von Ps 110,4 auf 1 Makk 14,41, einen Vers mit zentraler Bedeutung für die Legitimierung hasmonäischer Herrschaft, Bezug genommen hat, erscheint somit insgesamt plausibel.

Donner nimmt im Rahmen seiner pro-hasmonäischen Deutung der literarischen Bezugnahme zwischen 1 Makk 14,41 und Ps 110,4 an, dass das Problem der defizitären priesterlichen Genealogie der Hasmonäer im Hintergrund steht. Er nennt zwei Möglichkeiten, dieses vermeintliche Manko zu korrigieren: „entweder durch eine sanfte hierarchische Korrektur oder – weitaus wirksamer – durch eine direkte göttliche Legitimation, die die Hohepriesterwürde für Simon als gottgewollt und unwidersprechlich deklarierte."[505] Für eben diese göttliche Legitimation der hasmonäischen Herrschaft beansprucht Donner Ps 110,4:[506] Während die Einsetzung Simons in Amt und Würden nach 1 Makk 14 per Akklamation erfolge, liefere Ps 110,4 den göttlichen Schwur nach, der das genealogische Defizit kompensiere.[507]

Diese Deutung ist angesichts der bisherigen Ergebnisse dieser Studie wenig wahrscheinlich. Bereits die Annahme, dass die fehlende oder defizitäre priesterliche Abstammung ein Problem der Hasmonäer war, das auf literarischem Weg kompensiert werden musste, hat sich als unzutreffend erwiesen.[508] Dass Ps 110,4 in der vorliegenden Gestalt des Psalms den David *redivivus* adressiert und somit den legitimen Anspruch auf das Priestertum nach der Weise Melchisedeks an die davidische Abstammung knüpft, spricht zudem grundsätzlich gegen eine legitimatorische Funktion von Ps 110,4 in Bezug auf die Hasmonäerherrschaft.[509]

Zu guter Letzt dürfte vor allem aber auch der Inhalt des entscheidenden Verses 1 Makk 14,41 selbst in eine andere Richtung weisen. Das Verständnis der Aussage

---

504 Die Annahme eines Bezugs von Ps 110,4 auf 1 Makk 14,41 erklärt vielleicht, warum diese anti-hasmonäische Einschreibung gerade hier vorgenommen wurde. Ps 110 bot auf der vorausliegenden Ebene der Entstehungsgeschichte nicht mehr Anknüpfungspunkte für eine *relecture* im Horizont der Hasmonäerherrschaft als jeder andere Königspsalm und viele weitere alttestamentliche Texte auch. Inmitten von Ps 110 ließ sich der Rekurs auf 1 Makk 14,41 in Form eines zweiten Prophetenorakels jedoch geschickt dort einfügen, wo innerhalb des Psalters bereits zuvor (Ps 110,1) ein „verlässlicher Prophet" aufgetreten war.

505 Donner, Prophet, 216 f.

506 Vgl. auch Dahmen, Gepriesen sei der Herr, 19.

507 In ganz ähnlicher Weise wie Donner definiert auch Petuchowski, Figure, 130 f., den Zusammenhang zwischen 1 Makk 14 und Ps 110: „[W]e not only get the impression that a new dynasty has here been legitimized, but also that this legitimization by popular support was only, as it were, *pro tem*, and in need of further substantiation by a divine oracle. Ps 110 could well be taken to supply such an oracle."

508 Vgl. dazu o. 3.2.2.2.1.

509 S. o. S. 270.

hängt maßgeblich an der Interpretation der Formulierung „bis ein wahrer Prophet erweckt würde". Sicherlich will sie den Volksbeschluss nicht von vornherein zeitlich limitieren. Wie Donner korrekt feststellt, würde sich dieses Verständnis mit der implizierten dynastischen Form der Herrschaft (εἰς τὸν αἰῶνα) stoßen.[510] Häufig wird die Aussage daher als eine Art Kompromissformulierung verstanden, mit der die Hasmonäer ihren Gegnern entgegenkommen wollten: „The restriction ‚until a trustworthy prophet should arise' (I Macc. 14.41) seems to point to a compromise between the dynastic ambitions of the Maccabaeans and the eschatological expectations of the ‚devout'."[511] Donner kritisiert zurecht auch diese Deutung der Formulierung, wonach die Herrschaft der Hasmonäer nur so lange bestehen soll, bis dass der Endzeitprophet auftrete. Er stößt sich dabei an der fehlenden Determination des „verlässlichen Propheten", stellt vor allem darüber hinaus aber die berechtigte Frage, ob dies überhaupt als befriedigender Kompromiss hätte verstanden werden können: „War das Ende der Hasmonäerherrschaft bei Anbruch der Endzeit nicht vielmehr so selbstverständlich, daß es einer förmlichen Konzession an die beunruhigten Frommen gar nicht bedurfte?"[512]

Zumindest beide Bedenken Donners gegen die „Kompromissformulierung" erübrigen sich, identifiziert man den Propheten aus 1 Makk 14,41 nicht mit einer endzeitlichen Figur, sondern mit irgendeinem nicht näher qualifizierten Künder des Gotteswillens.[513] Diese Deutung stößt sich auch nicht mit der dynastischen Konzeption der Herrschaft: Die hasmonäische Herrschaft wird so lange dynastisch fortgesetzt, bis besagter Prophet kommt, d. h. zunächst einmal bis auf Weiteres.

Welche Funktion hat dann aber die Erwähnung des Propheten in 1 Makk 14,41? Impliziert die Wendung das faktische Kommen des Propheten oder eröffnet sie bloß die Möglichkeit dazu? Im ersten Fall ist eine Deutung im Sinne einer zeitlichen Limitierung ausgeschlossen – auszudrücken, dass ein Prophet kommen werde, um den Volksbeschluss aufzuheben, kann nicht im Sinne des Verfassers von 1 Makk 14,41 gewesen sein. Daher wird meist von der umgekehrten Option ausgegangen: 1 Makk 14,41 ist auf das tatsächliche Erscheinen des Propheten hin angelegt, dieser

---

510 Vgl. Donner, Prophet, 215.
511 Schäfer, Periods, 595. Vgl. auch Regev, Hasmoneans, 116: „The dynastic appointment of Simon and his sons was therefore an attempt to grant the Hasmoneans absolute authority without abolishing eschatological (Davidic) expectations or claiming absolute divine sanction (since the arrangement was ultimately subject to approval by the ‚true prophet')."
512 Donner, Prophet, 215. Man wird angesichts der Überlegungen zur Legitimation der hasmonäischen Herrschaft ergänzen müssen, dass von der Existenz „beunruhigter Frommer" nicht ohne Weiteres ausgegangen werden kann.
513 Vgl. auch Fischer, Seleukiden, 57, Anm. 142: „So bezieht sich etwa 14,41 auf die *mögliche* Wiederkehr eines Propheten (keineswegs auf den Messias)."

komme aber nicht, um den Volksbeschluss zu widerlegen, sondern um ihn zu bestätigen.[514] So stellt etwa Eckhardt fest:

> Damit wird kaum eine Einschränkung des Machtanspruchs Simons vorgenommen. Die Herrschaft Simons und der implizierten Söhne soll nicht enden, wenn der Prophet kommt, sondern durch ihn endgültig legitimiert werden; einstweilen (ἕως τοῦ ἀναστῆναι) gilt das εὐδόκησαν von Priestern und Volk.[515]

Beginn und Ende dieser Aussage sind unumstritten korrekt: Sicher wird nicht erwartet, dass der Prophet der Herrschaft der Hasmonäer ein Ende setzt, und sicher wird ausgedrückt, dass die Hasmonäer bis zum Auftreten des Propheten, also „einstweilen" oder „bis auf Weiteres", herrschen. Was die Funktion des Propheten angeht, sind jedoch Zweifel angebracht: Ist tatsächlich impliziert, dass er den Volksbeschluss bestätigen soll? Eckhardt führt 1Q28 9,10 – 11 als Parallele an, wonach Rechtsentscheide gelten sollen, „bis ein Prophet kommt und die Gesalbten Aarons und Israels". „[D]as heißt ja schwerlich, dass man die Legitimität dieser *mišpatim* anzweifelt, sondern vielmehr, dass sie mit dem Kommen des Propheten und der Gesalbten nicht mehr notwendig sind."[516] Die Deutung ist zutreffend, doch funktioniert die Aussage damit gerade nicht als Analogie zu der vorgeschlagenen Interpretation von 1 Makk 14,41. Die Rechtsentscheide werden durch die Angabe „bis ein Prophet kommt" als Interimslösung gekennzeichnet, die eben nur so lange gilt, bis die angekündigten Gestalten kommen und (in diesem Fall) ein neues Zeitalter mit neuen Verhältnissen einläuten.[517]

Die Formulierung „bis ein treuer Prophet erweckt würde" impliziert auch in 1 Makk 14,41, dass der Status erst einmal gilt, solange *kein* Prophet auftritt. Sie impliziert somit keineswegs eine prophetische Bestätigung des Beschlusses, sondern ist ebenfalls auf einen Wechsel der Verhältnisse hin offen. Wenn andererseits aus sachlichen Gründen nicht davon auszugehen ist, dass 1 Makk 14,41 sicher mit dem Auftreten eines Propheten rechnet, der den Volksbeschluss widerlegt, bleibt nur die Lösung, dass der Vers die *Möglichkeit* des Auftretens eines solchen Propheten eröffnet und damit die Herrschaft der Hasmonäer als *potentielles* Interim kennzeichnet.

---

514 Vgl. u. a. Donner, Prophet; Eckhardt, Ethnos, 271, mit Anm. 53; Regev, Hasmoneans, 116. Vgl. auch Tilly, 1 Makkabäer, 284, der meint, dass die Investitur Simons per Volksbeschluss „durch die Erwartung des Eintreffens ihrer endgültigen Bestätigung durch eine [...] göttliche Legitimationsinstanz" begrenzt sei.

515 Eckhardt, Ethnos, 271.

516 Eckhardt, Ethnos, 272, Anm. 53.

517 In gleicher Weise qualifizieren auch Esr 2,63 und Neh 7,65 den *status quo* als Interim: Es ist verboten, vom Hochheiligen zu essen, bis ein Priester aufsteht, der Urim und Tummim verwaltet.

Theoretisch könnte es sich dabei dann tatsächlich um einen Kompromiss handeln. Dies entscheidet sich jedoch nicht anhand der Formulierung von 1 Makk 14,41, sondern anhand der anzunehmenden historischen Hintergründe. Die oben angestellten Untersuchungen haben keine Hinweise darauf ergeben, dass es eine Opposition gegen die Hasmonäer gab, die sich grundsätzlich an deren Herrschaftsanspruch gestoßen hätte. Die Aussage muss indes auch nicht als Konzession im eigentlichen Sinne verstanden werden. Der potentielle Auftritt eines Propheten könnte auch einfach ein literarisches Motiv sein, das der gemessen an der Tradition ungewöhnlichen Einsetzung des Herrschergeschlechts per Volksbeschluss Rechnung trägt und die Möglichkeit eröffnet, dass die Herrschaft der Hasmonäer durch ein prophetisches Orakel entweder bestätigt oder aber widerlegt wird. Bei dem „wahren Propheten" dürfte es sich dann um ein Zugeständnis an die Tradition handeln. Mit dem tatsächlichen Auftritt des besagten Propheten rechnete der Verfasser wohl nicht.[518]

Unabhängig davon, dass der Verfasser von 1 Makk 14,41 das Auftreten eines Propheten als rein theoretische Option erachtet haben dürfte, bot der Vers jedoch eine potentielle Leerstelle, die Raum für innerbiblische Exegese eröffnete. Der Redaktor von Ps 110,4 scheint diese genutzt zu haben – allerdings in anti-hasmonäischer Absicht. Ps 110,4 lässt den in 1 Makk 14,41 angekündigten Propheten mit der Botschaft auftreten, dass die von den Hasmonäern unter Rückgriff auf Melchisedek „für immer" beanspruchte Herrschaft *qua* göttlichem Schwur dem Herrscher aus davidischem Geschlecht zusteht. Im Horizont von 1 Makk 14,41 betrachtet beendet der in Ps 110,4 auftretende Prophet somit das Interim der Hasmonäerherrschaft.

3.2.2.3.3 Fazit

Ps 110,4 setzt einerseits womöglich bereits eine Opposition gegen die hasmonäische Herrschaft voraus, die den Herrschaftsansprüchen der Hasmonäer in delegitimierender Absicht die Verheißung des davidischen Messias entgegenstellt (vgl. auch die „Serubbabel-Spross-Redaktion" in Hag/Sach; Ps Sal 17), und andererseits den (unter Umständen damit zusammenhängenden) legitimatorischen Rückgriff der Hasmonäer auf die Melchisedekfigur aus Gen 14,18–20. Der Redaktor von Ps 110,4 trägt beidem Rechnung, indem er das von den Hasmonäern beanspruchte Priestertum

---

518 Im Kontext von 1 Makk erscheint ein unmittelbar bevorstehendes prophetisches Wirken jedenfalls nicht als naheliegende Option. Nach 1 Makk 9,27 war schon lange kein Prophet mehr aufgetreten. Vgl. auch 1 Makk 4,46, wonach die Steine eines zerstörten paganen Altares verwahrt werden, bis ein Prophet kommt und genaue Anweisungen gibt, was damit zu tun sei. Es ist offensichtlich nicht das Anliegen des Textes, dieses Detail zu so schnell wie möglich zu klären. Die Steine sind gut verstaut, daher dürfte auch hier ein langer, potentiell unendlicher, Zeitraum im Blick sein.

nach der Weise Melchisedeks exklusiv an die davidische Genealogie bindet. Diese anti-hasmonäische Bearbeitung des Psalms erhält durch einen Bezug auf 1 Makk 14,41 besonders nachhaltige Wirkung. In Ps 110,4 tritt der Prophet auf, dessen Kommen 1 Makk 14,41 als theoretische Option in Aussicht gestellt hatte. Besagter Prophet qualifiziert den Herrschaftsanspruch der Hasmonäer als illegitim und realisiert somit die in 1 Makk 14,41 implizierte Option, dass die hasmonäische Herrschaft durch das Auftreten des Propheten zeitlich begrenzt werden könnte. Aus dem potentiellen Interim wird somit ein faktisches, das der Auftritt des Propheten in Ps 110,4 beendet.

3.2.2.4 Jub 30 – 32 als Analogie zu Ps 110,4

Mehrere Passagen in Jub 30 – 32 weisen signifikante Parallelen zu einigen der bislang behandelten Texte auf. Wenn Jub 30,18 – 20 Levis Nachkommen aufgrund von Levis Eifer das Priestertum zuspricht, erinnert dies beispielsweise an die unter Rückgriff auf Num 25 erfolgende verdienstbasierte Legitimierung hasmonäischer Herrschaft in 1 Makk 2. Des Weiteren träumt Levi in Jub 32,1, er sei für immer zum Priester El Eljons eingesetzt worden. Da der Titel „Priester El Eljons" innerbiblisch exklusiv in Gen 14 verwendet wird, liegt es insbesondere innerhalb eines „rewritten Genesis"-Dokuments nahe, die Bezeichnung in Jub 32,1 als Rückgriff auf Gen 14 zu verstehen. Jub 32,1 ähnelt darin Ps 110,4, wo nicht Levi, sondern David in mutmaßlich anti-hasmonäischer Absicht für immer jenes Priestertum aus Gen 14,18 – 20 zugesagt wird. Die Häufung von Elementen, die andernorts im Zusammenhang der (De-) Legitimierung der Hasmonäerherrschaft vorkommen, ist auffällig. Um die Aussagen angemessen interpretieren und um beurteilen zu können, ob und, wenn ja, inwiefern die Hasmonäerherrschaft auch hier im Hintergrund stehen könnte, müssen die Levi-Passagen in Jub etwas genauer betrachtet werden.

Zumindest was die Datierung angeht, wäre eine Interpretation der Texte vor dem Hintergrund der Hasmonäerherrschaft grundsätzlich unproblematisch. Dies würde selbst dann gelten, wenn man mit der Datierung des Jubiläenbuches in die erste Hälfte oder die Mitte des 2. Jh. v. Chr. hochgehen wollte[519] und annähme, dass ein Reflex auf die Herrschaft der Hasmonäer sämtliche hasmonäischen Legitimierungsstrategien voraussetze und somit erst in einem fortgeschrittenen Stadium der Hasmonäerherrschaft vorstellbar sei. Denn das Jubiläenbuch stellt keine literarische Einheit dar und dürfte über einen längeren Zeitraum hinweg entstanden sein, sodass für einzelne Teile von einem jüngeren Entstehungsdatum ausgegangen

---

519 Zu den Datierungsvorschlägen von Jub vgl. den Überblick bei Segal, Book of Jubilees, 35 ff.

werden kann.[520] Dies dürfte unter anderem sämtliche Levi-Passagen in Jub 30 – 32 betreffen, wie bereits Berner gezeigt hat.[521]

3.2.2.4.1 Die Levi-Redaktion in Jub 30 – 32
Jub 30,18 – 20

Jub 30,18 – 20 enthalten im Zusammenhang des Berichts über die Schändung der Dina den ersten Hinweis auf ein Priestertum Levis in Jub. Simeon und Levi töten zornerfüllt die Sichemiten (30,4), was ihnen als Gerechtigkeit angerechnet wird (30,17). Die Tat der beiden Jakobssöhne wird zum Exempel gesetzestreuen Handelns; ihre Nachahmung durch die Israeliten entscheidet über Tod oder Leben (30,21 – 23). Diesen Zusammenhang unterbrechen die Verse 18 – 20, die einseitig Levi in den Fokus rücken. Dieser Zug ist weder durch die Vorlage in Gen 34 gestützt noch durch den Bericht in Jub 30 in irgendeiner Weise motiviert: Zuvor und danach sind in Jub 30 wie auch in Gen 34 beide Jakobssöhne im Blick, Simeon und Levi. Zugleich bedienen sich die Verse 18 – 20 am Material der umliegenden Verse: Wie V.23 Simeon und Levi aufgrund ihrer gerechten Tat Segen zuspricht, wird auch Levi und seinen Söhnen aufgrund seiner gerechten Rache ewiger Segen verheißen. Es dürfte sich bei V. 18 – 20 somit um einen Nachtrag handeln, der das verdienstvolle Handeln auf Levi konzentriert und mit seinem Priestertum in Verbindung bringt.[522]

Jub 31,13 – 20

Gegenstand von Jub 31 ist der Altarbau in Bet-El, der auf die Erfüllung von Jakobs Gelübde zielt.[523] Nach der Errichtung des Altars (V.3) wünscht Jakob, dass sein Vater nach Bet-El kommt, wohl, wie man vom Ende des Kapitels her schließen kann, um

---

520 Vgl. Berner, Jahre, 238 ff., in Anlehnung an und Auseinandersetzung mit Davenport, Eschatology; Segal, Book of Jubilees; vgl. auch die Beiträge in Najman/Tigchelaar, Unity.

521 Vgl. Berner, Jacob.

522 Vgl. Berner, Jacob, 23.

523 Um einige Leerstellen der Vorlage zu füllen, gehen Jub 31 f. inhaltlich erheblich über diese hinaus: In Gen 28,20 – 22 gelobt Jakob, im Falle göttlichen Beistands auf seinem Weg Jahwe ein Heiligtum in Bet-El zu errichten und dort den Zehnten darzubringen. V.20 – 22 sind kein originärer Bestandteil der Erzählung, die einmal mit V.19a geendet haben wird, sondern wurden sukzessive an diese angehängt (V.20 – 22a; V.22b; vgl. etwa Levin, Jahwist, 219; Becker, Jacob, 167). Damit dürfte es zusammenhängen, dass Gen 35,1 – 7 im Rahmen des Altarbaus in Bet-El zwar auf die Gotteserscheinung aus Gen 28 rekurriert, das Gelübde jedoch mit keinem Wort erwähnt. Der in Gen 28,22b gelobte Zehnte wird innerhalb von Gen ebenfalls nicht entrichtet. Jub 31,1 hingegen stellt den Altarbau direkt zu Beginn in den Horizont des geleisteten Gelübdes, das Jakob in Jub 32,2 – 7 schließlich durch Zehntgabe und Opfer erfüllt; vgl. VanderKam, Creation, 366 ff.

als amtierender Priester auf dem Altar das Opfer darzubringen.[524] Da Isaak aufgrund seines hohen Alters nicht mehr reisefähig ist, macht Jakob sich auf den Weg zu seinen Eltern und nutzt die Zusammenkunft, um sich mit seinem Vater ausführlich über seinen bisherigen Weg und die Erfüllung seines Gelübdes auszutauschen (V.5–25). Am Ende steht die erneute Bitte Jakobs an seinen Vater, dieser möge ihn nach Bet-El begleiten (V.26). Isaak lehnt unter Verweis auf seine Gebrechlichkeit ab und beauftragt Jakob, das Gelübde selbst zeitnah zu erfüllen (V.27–29). Mit Rebekka und deren Amme Deborah macht Jakob sich daraufhin auf den Rückweg nach Bet-El (V.30).[525]

Die Segnung Levis und Judas in V.13–20 bringt ein neues Thema in die Erzählung ein, das nur notdürftig im Kontext verankert und klar als Nachtrag identifizierbar ist. Zunächst fällt auf, dass im Rahmen der Reisenotizen zu Beginn und am Ende des Berichts mit keiner Silbe erwähnt wird, dass Jakob in Begleitung seiner beiden Söhne war. Umständlich bemerkt Rebekka schließlich, nachdem sie ihren Sohn freudig begrüßt hat (V.6), die Anwesenheit der beiden (V.7). In V.8 betritt Jakob das Schlafgemach seines altersschwachen Vaters. Die Notiz, dass er dabei von seinen beiden Söhnen begleitet wurde, steht unverbunden im Kontext, zumal sich die Begrüßung, wie auch schon bei der Begegnung mit Rebekka, zunächst nur zwischen Vater und Sohn abspielt. Erst im Anschluss daran bemerkt Isaak seine beiden Enkel, woraufhin sich augenblicklich der Fokus verlagert. Von einem überraschend agil wirkenden Isaak werden die beiden gesegnet; Jakob hingegen gerät in dieser Szene aus dem Blick.

Deutlich sichtbar wird die literarische Naht vor allem am Ende der Segensszene. In V.21 beendet Issak die Segenshandlung, indem er Juda noch einmal küsst und sich über die Begegnung mit seinen Enkeln freut. V.22 schließt daran nicht glatt an: „Er ging zwischen seinen Füßen hervor." Die 3. M. Sg. wäre im Kontext am ehesten auf Juda zu beziehen, doch wird zuvor nirgends mitgeteilt, dass Juda sich zwischen den Füßen Isaaks befindet. V.22 dürfte vielmehr die ursprüngliche Fortsetzung von V.8 darstellen.[526] Jakob beugt sich zu seinem gebrechlichen Vater hinab, dieser hängt sich weinend an seinen Hals, sodass Jakob sich „zwischen den Füßen"

---

524 Vgl. Kugel, Walk, 149; Berner, Jacob, 26.

525 Jub glättet an dieser Stelle eine Spannung in der Vorlage: Gen 35,8 konstatiert den Tod von Rebekkas Amme Deborah, ohne dass diese zuvor namentlich (vgl. Gen 24,29) erwähnt worden wäre. Offen bleibt in der Vorlage zudem, (1) wie die Amme seiner Mutter in Jakobs Gefolgschaft gekommen war, der Gen zufolge keinen Kontakt zu seinen Eltern hatte, seit er als junger Mann sein Elternhaus verlassen hatte, und (2) wo Rebekka selbst sich zu diesem Zeitpunkt aufhielt; vgl. Kugel, Elevation, 25; VanderKam, Creation, 364.

526 Vgl. Berner, Jacob, 27.

seines Vaters befindet. Von dort richtet er sich in V.22 auf, um sich vor seinem Vater zu verneigen.

Auch V.23 unterbricht kurz darauf noch einmal den Zusammenhang von V.22 und V.24. V.22 zeichnet Vater und Sohn beim feierlichen Mahl vereint, in V.24 sind beide noch in das Gespräch vertieft. V.23 knüpft an die Angabe aus V.22 an, wonach Jakob die Nacht bei seinem Vater verbringt, und weist Levi und Juda Schlafplätze zur Rechten und Linken des Großvaters zu. V.23 zeigt sich somit als bemühter, wenngleich etwas ungelenker Versuch, die Söhne auch im weiteren Verlauf der nächtlichen Ereignisse zu verankern.

Zu der Beauftragung Jakobs durch Isaak, das Opfer selbst vorzunehmen (V.29), steht die Segnung Levis zwar nicht direkt im Widerspruch, da Isaak Levi nicht als Priester installiert.[527] Dass der Status Levis am Ende im Zusammenhang der Erfüllung des Gelübdes mit keiner Silbe thematisiert wird, unterstreicht jedoch noch einmal, dass der Segen innerhalb von Jub 31 isoliert steht. Es ist daher davon auszugehen, dass Levi und Juda in V.5*.7.8*.9 – 21.23 in den ursprünglichen Bericht nachgetragen worden sind.

Jub 32,1.3.8 f.

Von Jub 31 herkommend ist zu erwarten, dass Jakob in Jub 32 in der Rolle des Priesters agiert (vgl. 31,29). In diesem Sinne stellen Jub 32,1*.2.4 – 7 einen sinnvollen Abschluss des Erzählbogens aus Jub 31 dar: Jakob zehntet und opfert in Bet-El und erfüllt dadurch sein Gelübde. In Jub 32,1*.3.8 f. ist jedoch nicht Jakob, sondern Levi als Priester im Blick, was dafür spricht, dass diese Verse nachgetragen sein dürften.[528] Sie machen Levi zum Priester und Empfänger des Zehnten. Bei genauer Betrachtung lässt sich noch einmal differenzieren zwischen einer erneuten Ankündigung des Priestertums Levis, dieses Mal nicht in Form einer Verheißung (Jub 30) oder eines Segens (Jub 31), sondern in Form eines Traumes in V.1*, und der tatsächlichen Installierung Levis als Priester durch seinen Vater in Jub 32,3,[529] die durch 32,8 f. sinnvoll fortgesetzt wird. Ob sich darin noch einmal unterschiedliche literarhistorische Stadien abbilden, lässt sich nicht mit Sicherheit sagen, ist für den vorliegenden Zusammenhang aber auch nicht entscheidend. Kugel zieht in Erwägung, dass die Einsetzung Levis zum Priester durch Jakob (Jub 32,3) später ergänzt wurde,[530] doch ist dies eher unwahrscheinlich. Zum einen laufen die drei voraus-

---

527 Vgl. Berner, Jacob, 26 f.

528 Vgl. Berner, Jacob, 24 f.

529 Jub 32,3 unterbricht mit der vagen Formulierung „in diesen Tagen" die Abfolge von V.2 und V.4, die an zwei aufeinanderfolgenden Tagen situiert sind; vgl. Kugel, Elevation, 50; Berner, Jacob, 24 f.

530 Vgl. Kugel, Elevation, 51.

gehenden Levi-Passagen auf die Einsetzung Levis zum Priester als Schluss- und Höhepunkt zu. Zum anderen ist das Auswahlverfahren in 32,3 im Vergleich zu den übrigen Passagen so unspezifisch, dass es durchaus die älteste Erwähnung des Priestertums Levis in Jub darstellen könnte: Rückwärts zählt Jakob seine Söhne und landet, Benjamin im Mutterleib mitgerechnet, bei Levi als dem Zehnten.[531] Er setzt ihn daraufhin zum Priester ein.

Die Einsetzung Levis zum Priester stellt zwar gewissermaßen einen Schluss- und Höhepunkt der Levi-Passagen in Jub 30 – 32 dar. Was die Konzeptionierung des Priestertums Levis in Jub angeht, sind Jub 32,3.8 f. jedoch wenig aussagekräftig. Im Fokus stehen daher im Folgenden vor allem die das Priestertum Levis vorbereitenden Passagen (Jub 30,18 – 20; 31,13 – 20; 32,1). Dabei gilt es zu klären, ob hinter den Fortschreibungen ein einheitliches Levi-Konzept steht, und, damit verbunden, ob die einzelnen Fortschreibungen auf ein und dieselbe Hand oder auf mehrere Redaktoren zurückgehen. Auf den ersten Blick wirken die redaktionellen Levi-Passagen redundant und unverbunden.[532] Die Einschübe variieren das Thema „Levis Priestertum" in drei Anläufen, setzen dabei jeweils eigene Schwerpunkte und lassen keine Kenntnis der anderen Passagen erkennen. Im Ablauf der Ereignisse gibt es jedoch zumindest keine Widersprüche. Dreimal wird das Priestertum Levis prospektiv konturiert – einmal in Form eines Kommentars, einmal durch den Segen Isaaks und einmal im Rahmen eines Traumes –, bevor Levi schließlich als Priester installiert wird. Die Beantwortung der Frage, ob mit einer (literarisch und/oder konzeptionell) übergreifenden Bearbeitung von Jub 30 – 32 zu rechnen ist oder nicht, erfordert somit eine eingehendere Beschäftigung mit den entsprechenden Stellen.

3.2.2.4.2 Das Konzept des „Priestertums Levis" in Jub 30 – 32
Der Eifer Levis und das Priestertum (Jub 30,18 – 20)
Jub 30,18 – 20 interpretieren die Rache an den Sichemiten als Ausdruck des Eiferns Levis, für das dieser mit dem Priesteramt belohnt wird. Dass Jub 30,18 – 20 die vorausgehende Tat Levis bewusst vor dem Hintergrund von Num 25 situieren wollen, liegt nahe.[533] Dafür spricht nicht zuletzt die von der Vorlage und der

---

531 Das Motiv von Levi als „menschlichem Zehnten" begegnet mehrfach. VanderKam, Creation, 370, weist auf die Parallelen in Targum Pseudo Jonathan und Pirqe deRabbi Eliʿezer hin.

532 Vgl. Berner, Jacob, 21 („strangely unconnected to each other").

533 Vgl. u. a. VanderKam, Creation, 362; Himmelfarb, Levi, 2; Aschim, Melchizedek, 781 f.; von Nordheim, Morgenröte, 230; Segal, Story, 349; Berner, Jacob, 23; zum Verhältnis von Num 25 und Jub 30,18 – 20 vgl. auch Segal, Book of Jubilees, 293 ff. Neben Num 25 könnten auch Ex 32,25 ff. im Hintergrund von Jub 30,18 – 20 stehen; vgl. etwa VanderKam, Jubilees 22 – 50, 835 f.

Grundschicht von Jub 30 abweichende Motivation dieser Tat: Während Gen 34,7; 49,6 f. und Jub 30,3 den Zorn der Brüder als Motivation für die Gewalttat angeben, bringt Jub 30,18 mit dem Eifer Levis eine neue Kategorie der Deutung ein, die von Num 25 inspiriert sein dürfte (*qan'a*; vgl. Num 25,13).

Ferner ist anzunehmen, dass die Fortschreibung den Versuch, die Hasmonäerherrschaft über Pinchas als Identifikationsfigur zu legitimieren (1 Makk 2),[534] bereits im Rücken hat und das Muster (Qualifikation für das Priesteramt durch Eifer) nun auf Levi anwendet. Denn anders als in Num 25 und auch noch in Sir 45[535] ist in Jub 30,18–20 nicht nur die Ewigkeit des Bundes resp. des Priestertums im Blick. Vielmehr scheint das Eifern Levis darüber hinaus in ursächlichem Zusammenhang mit der Erwählung der Nachkommen Levis zum Priesteramt zu stehen:

> Und der Same Levis wurde erwählt zum Priestertum und als Leviten, um zu dienen vor dem Herrn wie wir in allen Tagen. Und Levi und seine Söhne werden gesegnet sein in Ewigkeit. Denn er eiferte, Gerechtigkeit und Gericht und Rache an allen zu tun, die sich gegen Israel erheben. (Jub 30,18)

Jub 30,18–20 reflektieren somit bereits ein Konzept verdienstbasierten Priestertums, wie es in 1 Makk 2 unter Rückgriff auf Num 25 etabliert wird.[536]

Im Vergleich mit 1 Makk 2 zeigt Jub 30,18–20 jedoch die Besonderheit, dass die genealogische Komponente des levitischen Priestertums betont wird, was das Konzept verdienstbasierten Priestertums gewissermaßen gleich wieder einschränkt: Levis *Nachkommenschaft* erhält die Zusage des Priestertums, weil Levi eiferte, indem er Rache an Israels Feinden übte. Levis Eifer ist somit zwar das Ereignis, das die Erwählung zum Priester initiiert, das Priestertum ist jedoch an die Abstammung von Levi gebunden. Anders als Pinchas in 1 Makk 2 ist Levi hier also explizit nicht als *role model* im Blick, sondern als Ahnvater des Priestertums: Die Abstammung von Levi qualifiziert zum Priesteramt, nicht die Nachahmung!

In Anbetracht der Parallelen in der apokryphen Levi-Literatur ist davon auszugehen, dass die Übertragung von Num 25 auf Levi (vor dem Hintergrund von 1 Makk 2) in Jub 30,18–20 exklusiv und somit originell ist.[537] Sowohl Test Lev als

---

534 S. dazu o. 252 ff.
535 S. dazu o. 253.
536 Vgl. Eckhardt, Ethnos, 290.
537 Das literar- und/oder traditionsgeschichtliche Verhältnis von Jub, ALD und TestLev ist äußerst komplex und muss, gerade wenn man neben TestLev auch in Jub und ALD mit einer sukzessiven literarischen Entwicklung der Levi-Tradition rechnet, von Fall zu Fall bestimmt werden. Der geläufigen Annahme, dass ALD direkt oder indirekt die literarische Vorlage für TestLev bildete (vgl. etwa van der Woude, Vorstellungen, 193; de Jonge, Testaments, 38 ff.), die automatisch auf ein recht hohes Alter weise, hat Becker die These entgegengestellt, dass kein literarischer Zusammenhang

auch ALD[538] rekurrieren zwar auf die Sichem-Episode, stellen diese aber in keinen erkennbaren ursächlichen Zusammenhang mit der Erwählung Levis oder seiner Nachkommen zum Priester.[539]

Es ist somit zwar anzunehmen, dass die Fortschreibung in Jub 30,18–20 die verdienstbasierte Herrschaftslegitimierung der Hasmonäer kennt, die in 1 Makk 2 unter Rückgriff auf Num 25 etabliert wurde. Ob sie die Hasmonäerherrschaft im Visier hat und sich zu dieser positionieren will, lässt sich isoliert betrachtet jedoch kaum beurteilen. Vorstellbar ist, dass im Zuge des (zumindest literarischen) Erstarkens des levitischen Priestertums einfach das inzwischen etablierte Konzept

---

zwischen ALD, TestLev und Jub besteht, sondern ein (komplexer) traditionsgeschichtlicher. Dabei sei es „falsch, aL [sc. ALD] generell für traditionsgeschichtlich älter zu halten als TL, denn es zeigen sich auch in aL Anzeichen eines relativ späten Überlieferungsstadiums". (Becker, Untersuchungen, 103). Vgl. auch Drawnel, 4 ff., für einen aktuellen Überblick.

538 Die Texte werden häufig als „aramäisches Testament Levis" bezeichnet. Der Begriff ist irreführend und nicht ganz zutreffend, da er erstens eine große literarische Nähe zu TestLev suggeriert, die jedoch im Einzelnen kritisch zu prüfen ist, und es sich zweitens der Gattung nach nicht um ein Testament handelt (vgl. Becker, Untersuchungen, 72). Becker hat daher die Bezeichnung „aramäische Levi-Literatur" (aL) vorgeschlagen, die dem fragmenthaften Charakter des Dokuments gut gerecht wird: Die zu ALD zusammengesetzten Texte entstammen im Wesentlichen zwei aramäischen Fragmenten aus der Kairoer Geniza, die heute in Cambridge bzw. Oxford (Bodleian Library) aufbewahrt werden (sog. Cambridge-Fragment und sog. Oxford-Fragment), einem teilweise parallel zu den aramäischen Fragmenten laufenden griechischen Fragment (sog. Koutloumousiou-Handschrift, eine Minuskelhandschrift aus dem 11. Jh. vom Berg Athos) sowie diversen und teilweise sehr kleinen Fragmenten aus Qumran (1Q21; 4Q213; 4Q214). In der folgenden Untersuchung wird dennoch die (auch in der englischsprachigen Forschung) geläufige Abkürzung ALD (Aramäisches Levi-Dokument) verwendet. Die folgenden Passagen, die ALD behandeln, richten sich nach der Einteilung und Bezeichnung der Fragmente in der kritischen Ausgabe von Greenfield, Stone und Eshel.

539 Vgl. etwa Test Lev 5,2–4. Für ALD 1–2 ist der Befund schwieriger zu beurteilen. Mit Berner, Jacob, 29, ist davon auszugehen, dass die Fortschreibung in Jub 30,18–20 an den Bericht der Sichem-Ereignisse in ALD 1–2 angelehnt ist, denn in ALD 1–2 ist die gesamte Darstellung (in Abweichung von der Vorlage in Gen 34) auf Levi fokussiert, in Jub 30 wird die Rolle Levis beim Sichem-Ereignis erst in der redaktionellen Passage betont. Der genaue Inhalt von ALD 1–2 ist aufgrund des schlechten Zustands des Manuskripts (Cambridge a und b; Abb. 1) nicht mit Sicherheit zu rekonstruieren: Die ersten 14 Zeilen der Kolumne fehlen, die übrigen neun Zeilen sind nur teilweise erhalten. Die zentrale Stellung, die die Rache an den Sichemiten in ALD einnimmt, legt zwar nahe, dass hier etwas Grundlegendes über die Qualität Levis als Priester ausgesagt werden soll. „Judging from the way Levi is treated subsequently in *Aramaic Levi* – as a hero of Israel for his zealous protection of communal purity – it is fair to say that the author's intent in reshaping Genesis 34 was to depict Levi as justified and righteous in his action against Shechem." (Kugler, Patriarch, 67). Jedoch gibt es keinen Hinweis darauf, dass die Rache an den Sichemiten mit dem Eifer Levis und/oder dem Beginn seines Priestertums in Verbindung gebracht werden soll. Der Redaktor von Jub 30,18–20 bedient sich folglich zwar am Stoff von ALD, die Interpretation der Sichem-Ereignisse im Horizont von Num 25 dürfte jedoch auf ihn selbst zurückgehen.

verdienstbasierten Priestertums auf Levi appliziert wurde, um zu demonstrieren, dass Levi Pinchas, der mittlerweile durch die intensive Rezeption von Num 25 zu einer wichtigen Legitimationsfigur geworden war, in nichts nachsteht.[540] Ebenso gut könnte die Fortschreibung natürlich von vornherein als ein kritischer Gegenentwurf zur hasmonäischen Herrschaft intendiert gewesen sein, der den Anspruch auf das verdienstbasiert gewährte ewige Priestertum auf Levi überträgt und ihn somit (implizit) den Hasmonäern streitig macht. Eine gewisse Exklusivität könnte zumindest in dem streng genealogischen Konzept des Priestertums Levis impliziert sein, das über die Herrschaftslegitimation der Hasmonäer nach 1 Makk 2 hinausgeht: Während die Hasmonäer auf der Grundlage von 1 Makk 2 beanspruchten, durch Nachahmung seiner Eifertat am Priestertum Pinchas' zu partizipieren, ist dies in Jub 30,18–20 aufgrund des genealogischen Konzepts ausgeschlossen. Die Redaktion greift somit auf die hasmonäische Legitimierungsstrategie zurück, modifiziert sie aber grundlegend. Am Ende steht kein Priestertum, das sich aufgrund von Verdienst legitimiert, sondern der legitime Anspruch auf das Priestertum ist an die Abstammung von Levi gebunden.[541]

Levis Traum (Jub 32,1)

In Jub 32,1 träumt Levi, er werde als Priester El Eljons „für immer" eingesetzt. Die Bezeichnung „Priester El Eljons" dürfte auf Gen 14,18–20 verweisen, die einzige Passage der Vorlage von Jub, die vom Priestertum El Eljons handelt.[542] Zwar begegnet die Gottesbezeichnung „El Eljon" häufig in Jub.[543] Davon zu unterscheiden ist

---

540 Eine Angleichung Levis an Pinchas war vielleicht auch aus dem Grund naheliegend, dass in Ex 32,25 ff. eine Tat Levis geschildert wird, die der des Pinchas vergleichbar ist: Levi tritt durch die Tötung der Abgefallenen konsequent für die Reinhaltung der Gemeinde ein.
541 Auch die Modifikation des Konzepts verdienstbasierten Priestertums in Jub 30,18–20 muss freilich nicht unbedingt als Zeichen einer oppositionellen Tendenz verstanden werden. Sowohl die genealogische Konzeption des (levitischen) Priestertums als auch die Vorstellung, dass nicht Levi selbst, sondern seine Söhne das Priesteramt bekleideten, sind biblisch verankert und dürfen daher nicht überinterpretiert werden.
542 Ein Bezug von Jub 32 auf Gen 14 wird häufig vermutet; vgl. etwa Petuchowski, Figure, 132; VanderKam, Jubilees and the Priestly Messiah; Schubert, ʾEl ʿÆljôn; Kugler, Patriarch, 165, Anm. 82; Aschim, Melchizedek, 775, mit Literatur in Anm. 5. Tilly, Ps 110, 164, geht von einer Bezugnahme von Jub 32,1 auf Ps 110,4 aus und ist der Ansicht, diese könne „durchaus im Kontext der schriftgelehrten antihasmonäischen Polemik einer priesterlichen Traditionen verpflichteten Reformgruppe verstanden werden". In der Tat weckt Jub 32,1 nicht nur Assoziationen an Gen 14,18–20. Die Wendung „für immer" erinnert auffällig an Ps 110,4.
543 Vgl. Jub 7,36; 12,19; 13,16.29; 21,20.23.25; 25,3.11.21; 27,15; 32,1; 36,16 und 39,6. In Jub 7,36; 21,20.23.25; 25,3.11.21; 36,16 steht „El Eljon" im Kontext von Segnungen der Patriarchen. Das Vorbild könnte hier bereits Gen 14,18–20 sein, wo ebenfalls ein Zusammenhang mit der Segnung Abrahams besteht. Als

jedoch der spezifische Titel „Priester El Eljons", der nur in Jub 32,1 vorkommt[544] und somit im Rahmen einer Neuerzählung der Genesis als Referenz auf Gen 14,18–20 zu verstehen sein dürfte.[545]

Liegt ein bewusster Rückgriff auf Gen 14,18–20 vor, ist zu fragen, mit welcher Intention Levi hier mit dem Priestertum Melchisedeks in Verbindung gebracht wird. Eine naheliegende Möglichkeit wäre wiederum, das Ganze vor dem Hintergrund der Hasmonäerherrschaft zu interpretieren. Die Hasmonäer hatten sich zur Legitimierung ihrer Herrschaft auf Melchisedek berufen und nannten sich infolgedessen „Priester El Eljons".[546] Jub 32,1 adressiert nun Levi und seine Nachkommen als „Priester El Eljons", bindet also das Priestertum El Eljons an die levitische Abstammung.[547] Es könnte sich somit um einen Ps 110,4 analogen Versuch handeln, das Priestertum Melchisedeks in anti-hasmonäischer Absicht neu zu definieren. Plausibel ist diese Deutung freilich nur dann, wenn die Verbindung von Levi und dem „Priestertum El Eljons" ihren Ursprung in Jub 32,1 hat und nicht bereits vorgegeben war. Um in dieser Angelegenheit urteilen zu können, müssen einige Passagen aus ALD in den Blick genommen werden, die ebenfalls Levi mit El Eljon in Zusammenhang bringen.[548]

---

konzentrierter Ausdruck eines exklusiv monotheistischen Konzepts („der höchste Gott schlechthin", s. die Ausführungen zu „El Eljon" oben 3.1.2.1.2) ist die Bezeichnung gut geeignet, um dem Segen mehr Nachdruck zu verleihen und die erwartete Wirksamkeit auszudrücken. Vgl. ausführlich Schubert, ʾEl ʾÆljôn.

544 Die Unterscheidung unterlässt von Nordheim, Morgenröte, 227 ff., die den Befund zu „Priester El Eljons" in AssMos 6 und Jub 32,1 somit unsachgemäß darstellt: Es geht nicht um die Bezeichnung Gottes als des Höchsten, die tatsächlich wenig aussagekräftig wäre, sondern um die Bezeichnung „Priester des Höchsten Gottes", die sehr wohl auf Gen 14 rekurrieren dürfte.

545 Ein Verständnis der Passage vor dem Hintergrund von Gen 14,18–20 könnte zusätzlich dadurch begünstigt worden sein, dass auch der Zehnte, den Jakob entrichtet, eine assoziative Verbindung zu Melchisedek herstellt.

546 S. dazu o. 265 ff.

547 Umgekehrt votiert Aschim, Melchizedek, 787: „[T]he Maccabean leaders at an early stage could activate a long-existent tradition about the zealous warrior-priest Levi, already shaped in the image of Melchizedek." Damit meint er ALD und Jub. Gegen einen Bezug von Jub 32,1 auf die Hasmonäerherrschaft spricht sich auch Segal, Book of Jubilees, 39, aus. Positiv votieren in dieser Angelegenheit etwa Charles, Book of Jubilees, 191; Testuz, Les idées religieuses, 35.

548 Über die Richtung der Abhängigkeit zwischen ALD und Jub kann nur am Einzelfall entschieden werden, doch dürfte ALD zumindest in Teilen älter sein als Jub; vgl. Greenfield/Stone/Eshel, Aramaic Levi, 19 f.; Kugler, Patriarch, 146 ff.; VanderKam, Creation, 364; Werman, Levi, 220–222; gegen Kugel, Elevation, 57. Die Qumran-Fragmente werden meist in die zweite Hälfte des 2. Jh. v. Chr. datiert; vgl. Drawnel, Wisdom Text, 63. Für ein relativ hohes Alter auch der Geniza-Fragmente könnte die häufig notierte Ähnlichkeit mit dem Qumran-Aramäischen sprechen; vgl. etwa Greenfield/Stone, Remarks, 228. Charles und Cowley, Early Source, 567, gehen von einer Entstehung nicht später als 150 v. Chr. aus; vgl. auch Grelot, Notes. Die Begründung dafür (ALD habe als Quelle für Jub und TestPatr gedient)

* * *

Exkurs: Levi als Priester El Eljons in ALD

Zwei der insgesamt vier Stellen in ALD, die Levi mit El Eljon in Verbindung bringen, sind für die Frage nach dem Ursprung der Bezeichnung Levis als „Priester El Eljons" wenig aussagekräftig: ALD 4,7 und ALD 8,6.

Mit besonders vielen Unsicherheiten ist ALD 4,7 (1Q21 frag. 1; Abb. 2) behaftet. 1Q21 frag. 1 zählt zu den Qumran-Fragmenten ohne Parallelen in den aramäischen oder griechischen Fragmenten, sodass die Zugehörigkeit zu ALD grundsätzlich hypothetisch bleibt. Milik hat im Rahmen der ersten Edition von 1Q21 aufgrund inhaltlicher Ähnlichkeit einen Zusammenhang dieses Fragments mit ALD 4,9 (Bodl. a 4) gesehen und vorgeschlagen, es davor zu platzieren. Die von Greenfield, Stone und Eshel besorgte kritische Edition von ALD schließt sich diesem Vorschlag an. Zwar ist diese Entscheidung keineswegs unumstritten,[549] doch betreffen die Zweifel eher die Position des Fragments im Dokument als die grundsätzliche Zugehörigkeit zu ALD. Letztere gilt angesichts der paläographischen Homogenität mit anderen, aufgrund von Überschneidungen mit dem Genizatext sicher ALD zuzuweisenden Fragmenten aus Qumran als relativ sicher.[550] Selbst wenn man somit von einer Zugehörigkeit des Fragments zu ALD (4) ausgehen kann, bleibt unsicher, ob die dritte Zeile des Fragments tatsächlich den Gottesnamen „El Eljon" enthält. Lediglich von drei Konsonanten ist der obere Rand erkennbar. Von diesen kann der letzte relativ eindeutig als *lamed* identifiziert werden. Aufgrund der Höhe der beiden anderen teilweise erhaltenen Konsonanten ist auch hier mit einer gewissen Wahrscheinlichkeit jeweils auf ein *lamed* zu schließen. Der Abstand zwischen den Konsonanten würde eine Auffüllung zu לאל על(יון) grundsätzlich erlauben. Da es sich um die einzige Erwähnung des Gottesnamens „El Eljon" in den Qumran-Fragmenten handeln würde (zu 4Q213b s. im Folgenden), ist die Rekonstruktion jedoch alles andere als sicher. Auch eine Vervollständigung zu לאל עלמיא (vgl. 4Q213b) wäre beispielsweise vorstellbar. Selbst wenn man eine Erwähnung El Eljons in 1Q21 frag. 1 annimmt, würde der Gottesname hier zudem nur in einem kaum näher zu definierenden

---

greift freilich angesichts des literarisch komplexen Charakters sämtlicher drei Dokumente zu kurz. Beyer, Texte vom Toten Meer, setzt die Entstehung noch etwas später, nämlich zur Zeit des Johannes Hyrkanos (134–104 v. Chr), an. Dem stehen eine Reihe von Ansätzen zur Frühdatierung entgegen: Mit einer Entstehung im 3. Jh. v. Chr. rechnen Stone, Ideal Figures, und Kugler, Patriarch, 134 f.; vgl. auch Greenfield/Stone/Eshel, Aramaic Levi, 19 ff. Eine extreme Frühdatierung vertritt Drawnel, Wisdom Text (zur Zeit Esras und Nehemias).

549 Zweifel daran äußert etwa Becker, Untersuchungen, 79.
550 Vgl. Drawnel, Wisdom Text, 36.

Zusammenhang mit dem Priestertum Levis erwähnt. Levi würde jedoch nicht explizit als „Priester El Eljons" bezeichnet.

Als gesichert kann die Verwendung des Gottesnamens „El Eljon" in ALD 8,6 (Bodl. d 30) gelten. Doch hier verhält es sich ähnlich wie in 1Q21 frag. 1. ALD 8,6 drückt den Wunsch aus, dass Levis Opfer von El Eljon angenommen werden mögen, was einen Dienst Levis für El Eljon impliziert. Levi wird jedoch nicht explizit als „Priester El Eljons" bezeichnet.

An zwei weiteren Stellen, ALD 5,4 (Bodl. a 9b; Abb. 3) und ALD 5,8 (Bodl. b 13), stellt sich der Befund komplexer dar.

Nachdem Jakob Levi gezehntet und ihn als Priester eingesetzt hat, konstatiert ALD 5,4, dass Levi Priester einer Gottheit wurde, deren Name im aramäischen Manuskript nur schwer zu entziffern ist. Deutlich erkennbar ist לאל. Vom folgenden, aus fünf Konsonanten bestehenden Wort sind der erste und die letzten beiden Konsonanten auffällig und undeutlich ausgeführt, sodass in diesem Bereich häufig eine Überschreibung in Erwägung gezogen wird. In der Forschung werden zwei Möglichkeiten der Rekonstruktion diskutiert. Puech und in seinem Gefolge Drawnel interpretieren die Konsonantenfolge im vorliegenden Text als עליון.[551] Dies gelingt freilich nur unter der Prämisse eines komplexen Korrekturprozesses, denn es ist klar erkennbar, dass in irgendeinem Stadium einmal *mem* (dritter Konsonant) und *alef* (letzter Konsonant) dargestellt waren. Puech und Drawnel gehen von einem mehrstufigen Korrekturprozess von עלמין über עלמיא zu עליון aus. Abgesehen von der Komplexität der Rekonstruktion spricht das Textbild eher gegen diese Option, das trotz unsauberer Ausführung von *ayin*, *mem* und *alef* eher die Lesart עלמיא nahelegt. Diese Konsonantenfolge erkennen denn auch die meisten Forscher, die sich kritisch mit dem Text befasst haben.[552] Grelot führt die graphischen Auffälligkeiten ebenfalls darauf zurück, dass hier eine ältere Form überschrieben wurde, nämlich עליון. Kugler schließt sich dem an, während Greenfield und Stone auch von einer Überschreibung ausgehen, die überschriebene Form aber für nicht mehr rekonstruierbar halten.[553] Die Annahme einer Überschreibung von ursprünglichem עליון würde zumindest die Charakteristika des letzten Konsonanten erklären. Der seltsame Haken am linken oberen Rand des *alef* könnte darauf weisen, dass hier ein finales *nun* (das allerdings ungewöhnlich schräg und kurz geraten wäre) als rechtes Bein des *alef* verwendet und um ein linkes Bein ergänzt wurde. Auch die auffällige Ausführung des *mem* ließe sich zumindest ohne Probleme auf eine Ergänzung des

---

551 Vgl. Puech, Testament de Lévi, 525 f.; Drawnel, Wisdom Text, 113.
552 Vgl. Grelot, Notes, 405; Greenfield/Stone, Remarks, 220; Kugler, Patriarch, 89; Greenfield/Stone/ Eshel, Aramaic Levi, 149.
553 Vgl. auch DJD XXI, 41: „[I]ts underwriting is not readily legible."

ursprünglichen *iod* um die horizontale Basis erklären. Das *iod* in עלמיא müsste entsprechend in der ursprünglichen Form ein *waw* gewesen sein, allerdings wäre es dann auffällig kurz. Die unsaubere Ausführung des *ayin*, die am rechten unteren Rand des Bogens noch Tintenreste erkennen lässt, ließe sich durch die Annahme einer Überschreibung von ursprünglichem עליון nicht erklären. Somit bleibt festzuhalten, dass diese Hypothese einige der graphischen Charakteristika des Wortes zu erklären vermag, jedoch nicht alle.

Gegen עליון als ursprüngliche und überschriebene Form spricht vielleicht auch die Überschneidung mit 4Q213b (= Abb. 4). Zwar ist von der den Gottesnamen enthaltenden Zeile 6 nur der obere Rand erhalten, doch kann mit gewisser Wahrscheinlichkeit davon ausgegangen werden, dass hier לאל עלמיא stand.[554] Recht deutlich lesbar sind zwei *lamed* und ein dazwischenstehendes *ayin*, doch auch von den folgenden drei Konsonanten sind mit etwas Optimismus noch die Rundung des *mem*, die Spitze des *iod* und die oberen Ausläufer des *alef* erkennbar. Die Tintenreste deuten jedenfalls eher auf die Konsonantenfolge מיא* als auf יון*.

Bei aller gebotenen Vorsicht wird man also annehmen können, dass 4Q213b die Form לאל עלמיא abbildet, die auch im Textbild von Bodl. 9b dominiert. Dass auf einer vorausliegenden Ebene der Textüberlieferung in Bodl. 9b einmal לאל עליון gestanden hat, kann aufgrund der graphischen Auffälligkeiten nicht ausgeschlossen werden, ist aber alles andere als sicher und angesichts der anzunehmenden Bezeugung von לאל עלמיא in 4Q213b unter textkritischen Gesichtspunkten auch nicht allzu wahrscheinlich.

Die letzte relevante Stelle, ALD 5,8 (Bodl. b 13), bezeichnet Levi zumindest im vorliegenden Text hingegen unzweifelhaft als „Priester El Eljons". Diese somit einzige Bezeugung des Titels „Priester El Eljons" für Levi in ALD ist allerdings ebenfalls in text- wie literarkritischer Hinsicht nicht unproblematisch.

Zunächst einmal scheint es keineswegs sicher, dass „Eljon" Bestandteil des ursprünglichen Textes war. ALD 5,8 ist nicht in Qumran bezeugt, hat aber eine Parallele im griechischen Fragment, die textkritisch auffällig ist. Der griechische Text weicht an der entscheidenden Stelle vom aramäischen ab und bezeugt einfaches κύριος. Drawnel vermutet einen Abschreibfehler im Griechischen (versehentliche Auslassung des עליון aufgrund eines „phonetic homoioarcton with the preceding noun"[555]), doch ist diese Erklärung für die Abweichung keineswegs alternativlos. Die hypothetische Annahme eines Abschreibfehlers ist vermeidbar, wenn man davon

---

554 Mit Greenfield/Stone/Eshel, Aramaic Levi, 149; gegen Kugler, Patriarch, 89, der von לאל עליון ausgeht, und Drawnel, Wisdom Text, 113, der meint, hier einen Korrekturprozess rekonstruieren zu können, der analog zu ALD 5,4 verlief.
555 Drawnel, Wisdom Text, 121.

ausgeht, dass der griechische Text die ursprüngliche Lesart bewahrt hat. Im aramäischen Text hätte dann schlicht die Bezeichnung כהן לאל למארי שמיא ge-standen, was angesichts des häufigen Vorkommens von El als Gottesnamen in ALD nicht weiter auffällig wäre.[556] Den Anlass für die Erweiterung der Gottesbezeich-nung um „Eljon" im Laufe der Überlieferung des aramäischen Textes könnte dann die Prädikation Els als „Herr des Himmels" gegeben haben, die an Gen 14 erinnert. Darüber hinaus wäre in diesem Fall gut vorstellbar, dass die Ergänzung von „Eljon" in Bodl. b 13 bereits unter dem Eindruck von Jub 32,1 stand.

Selbst jedoch, wenn man die Erwähnung El Eljons in ALD 5,8 für ursprünglich halten will, kann aus redaktionsgeschichtlichen Gründen erwogen werden, dass ALD 5,8 in Kenntnis von Jub 32,1 verfasst wurde. Eine literargeschichtliche Erklä-rung der thematischen Berührungspunkte zwischen Jub und ALD wird natürlich in dem Maße komplexer und voraussetzungsreicher, wie man in beiden Werken mit sukzessiven Fortschreibungen rechnet. Ausdrücklich sei daher auf den hypotheti-schen Charakter der folgenden Erwägungen verwiesen.

Ausgehend von der Levi-Redaktion in Jub 30 – 32 hat Berner das redaktionsge-schichtliche Verhältnis von Jub und ALD in Grundzügen definiert. Dabei spielt ALD 5 eine Schlüsselrolle. V.1 berichtet, dass Isaak Levi gesegnet habe. V.2 – 6 berichten die Einsetzung Levis zum Priester durch Jakob in Bet-El, gefolgt von Opfern Levis und gegenseitigen Segenshandlungen zwischen Levi, seinem Vater und seinen Brüdern. In V.6 erfolgt der Aufbruch aus Bet-El in Richtung des Wohnortes Abrahams, an dem Isaak verweilt. In V.7 segnet Isaak alle aus Bet-El Angereisten („uns"), er belehrt Levi und unterrichtet ihn im „Gesetz des Priestertums", das im Folgenden dann die Darstellung in ALD 6 – 9 bestimmt. Aus der Beobachtung, dass ALD 5,2 – 6 die durch die Redaktion (Jub 32,3.8 f.) in Unordnung geratene Abfolge der Ereignisse von Jub 32,2 – 9 in geordneter Form biete, schließt Berner, dass ALD 5,2 – 6 die Fortschreibung von Jub 32,2.4 – 7 um Jub 32,3.8 f. bereits voraussetzt.[557] Sollten ALD 5,2 – 6 somit Jub 32 bereits in einem fortgeschrittenen redaktionellen Stadium kennen, hätte es zu-mindest eine gewisse Wahrscheinlichkeit, dass ALD 5,2 – 6 nicht zum Grundbestand von ALD gehören. Sichere Rückschlüsse auf das Verhältnis zu Jub 32,1 lassen sich daraus zwar nicht ziehen, zumal Jub 32,1* innerhalb von Jub 32 ein jüngeres lite-rargeschichtliches Stadium abbilden könnte als Jub 32,3.8 f.[558] Etwas mehr Gewiss-heit könnte indes ein Blick auf die Literargeschichte von ALD 5 selbst bringen.

---

556 Vgl. ALD 5,3 (Bodl. a 9), ALD 6,5 (Bodl. b 18), ALD 13,2 (Cambridge e 83b). Die letzte Stelle be-zeichnet Levi als אל ידיד. Unsicher ist eine Erwähnung Els in 4Q213a frag. 3+4; vgl. Drawnel, 109; gegen Greenfield/Stone/Eshel, 219.

557 Vgl. Berner, Jacob, 28.

558 S. dazu auch o. S. 281 f. Der Traum Levis in Jub 32,1 ist mit der Einsetzung Levis zum Priester in Jub 32,3.8 f. nicht verbunden. Auffällig ist zudem, dass ein Rekurs auf den Traum Levis in ALD 5 fehlt.

Möglicherweise gehören ALD 5,2–6 nicht zum ältesten Bestand des Kapitels. V.7 stellt eine auffällige Dublette zu V.1 dar: Isaak segnet Levi (V.1) bzw. ihn und seine Brüder (V.7). Die einfachste redaktionsgeschichtliche Erklärung hierfür dürfte sein, dass V.7 als redaktionelle Wiederaufnahme den ursprünglichen Anschluss von V.8 an V.1 nachahmt, um im Zuge der Einfügung von V.2–6 den Zusammenhang von Segen und Belehrung Isaaks zu erhalten. Er bezieht den Segen nun aber, da umfangreiche gegenseitige Segenshandlungen voranstehen, nicht auf Levi allein, sondern auf „uns alle".[559]

ALD 5,1 wäre entsprechend ursprünglich einmal durch ALD 5,8 fortgesetzt worden. Aufschluss- und folgenreich wäre dies insofern, als ALD 5,1 (und dann entsprechend auch ALD 5,8) unter Umständen jünger sein könnte als Jub 32,1* – und zwar gesetzt den Fall, dass zwei Annahmen zutreffen: 1) ALD 5,1 kennt Jub 31,13–17 und reduziert den Segen Isaaks an Levi und Juda nachträglich auf Levi.[560] 2) Jub 32,1* und Jub 31,13–17 gehen auf die Hand ein und desselben Redaktors zurück.[561] Trifft beides zu, wäre dies ein sicheres Indiz dafür, dass ALD 5,8 jünger ist als Jub 32,1*. Die Levi-Ereignisse aus Jub 30–32 wären demnach in zwei Anläufen in ALD 5 eingetragen worden. Zunächst wäre durch ALD 5,1.8 das gesamte Setting an Jub 30–32 angeglichen worden: Levi empfängt den Segen von Isaak, der dann im Fol-

---

[559] Ob dieser Zusammenhang als ursprünglich anzusehen ist oder nicht, lässt sich aufgrund des fragmentarischen Charakters von ALD kaum entscheiden. Es ist auch vorstellbar, dass ursprünglich ein Anderer als Isaak die Belehrung Levis vorgenommen hat (z.B. Jakob aus ALD 4). Aus dem einstmaligen Zusammenhang von ALD 5,1.8, der eventuell bereits ein fortgeschrittenes redaktionelles Stadium von Jub reflektiert, folgt also nicht zwingend, dass die gesamte Belehrung ebenso spät entstanden ist. Dass Levi in 5,2–7 opfert, bevor er die entsprechende Belehrung erhalten hat (vgl. auch Werman, Levi, 217), mutet jedoch merkwürdig an und stützt die Annahme, dass diese Verse später in den Zusammenhang eingetragen wurden.

[560] Vgl. Berner, Jacob, 28f., gegen etwa VanderKam, Creation, 371, der von der umgekehrten Richtung der Bezugnahme ausgeht. Jub 31,13–17 haben nur einen sehr punktuellen Haftpunkt in ALD 5,1. Der Segen Isaaks steht in ALD 5 zudem reichlich isoliert. Während Isaak in Jub 31 als Gegenüber seines Sohnes Jakob in der Substanz der Erzählung verankert ist, und sich die Begegnung mit seinen Enkeln redaktioneller Arbeit verdankt, erfolgt die Interaktion Isaaks mit Levi in ALD 5,1 sehr überraschend. Isaak wird vorher nicht erwähnt, in ALD 4,1 macht sich Levi auf den Weg zu seinem Vater Jakob. Auch die Beschränkung des Segens auf Levi ließe sich erklären, denn im Rahmen der Levi-Konzeption, die in den Bahnen eines royalen Priestertums verläuft (vgl. Goodblatt, Principle, 44f.), war der mit dem Segen Judas einhergehende dyarchische Aspekt gänzlich unbrauchbar. TestLev 9,1 entspricht in etwa ALD 5,1, erwähnt Juda aber zumindest noch namentlich: „Juda und ich zogen hinauf" (gesegnet wird dann aber nur Levi). Dies könnte für eine sukzessive Eliminierung Judas sprechen (Reihenfolge Jub–TestLev–ALD), was sich auch noch einmal für ein junges Alter von ALD 5,1 in Anschlag bringen ließe. Allerdings bleibt das Verhältnis von TestLev 9,1 zu Jub 31,13–17 und ALD 5,1 am Ende schwer zu bestimmen. Umgekehrt entscheiden in dieser Frage etwa Greenfield/Stone, Remarks, 219: „Judah's role in TPL may have been introduced by editorial activity."

[561] S. dazu im Folgenden.

genden auch die Belehrung vornimmt. Erst danach wäre die Jakob-Zehnt-Episode
(ALD 5,2–7) eingetragen worden.

Was die Erwähnung des Titels „Priester El Eljons" in ALD angeht, lässt sich somit
festhalten: Für ALD 5,4 ist im vorliegenden Text sicher und in einer früheren Version
desselben wahrscheinlich nicht von einer Erwähnung El Eljons auszugehen. In ALD
5,8 wird Levi als „Priester El Eljons" bezeichnet. Allerdings ist (aus text- und literargeschichtlichen Gründen) in Erwägung zu ziehen, dass dieser Titel bereits Jub
32,1* im Rücken hat.

In jedem Fall besteht im vorliegenden Text eine Inkonsistenz hinsichtlich des
verwendeten Gottesnamens zwischen ALD 5,4 und ALD 5,8. Sie ließe sich nur beheben, wenn man der (unwahrscheinlichen) Rekonstruktion von ALD 5,4 von Puech
und Drawnel folgte und dort (wie auch in ALD 5,8) im vorliegenden Text (!) „El Eljon"
läse. In diesem Fall hätte der Schreiber des Manuskripts im Zuge der Ergänzung von
עליון in ALD 5,8 das kurz zuvor abgeschriebene עלמיא ebenfalls noch korrigieren
können. Doch spricht der graphische Befund dagegen, dass in ALD 5,4 עלמיא zu עליון
korrigiert wurde.

Vor dem Hintergrund von ALD 5,8 (und zwar unabhängig davon, ob man Eljon
dort für ursprünglich hält oder nicht) erweist sich aber auch die Annahme als
problematisch, dass in ALD 5,4 (Bodl.) vor עלמיא irgendwann einmal עליון gestanden
haben sollte (Variante Grelot/Kugler). Zwar wäre gut vorstellbar, dass unter dem
Eindruck der Ergänzung Eljons durch den Schreiber in ALD 5,8 auch wenige Zeilen
zuvor die vermutlich noch in Qumran bezeugte ursprüngliche Form עלמיא durch
עליון ausgetauscht (nicht überschrieben!) wurde. Allerdings ließe sich dann kaum
erklären, warum ALD 5,4 später wieder im Sinne der ursprünglichen Lesart überschrieben worden sein sollte.

Eingedenk aller Unsicherheiten wird man am Ende von einer nicht mehr näher
begründbaren graphischen Ungenauigkeit in ALD 5,4 ausgehen müssen. Dass dort
ursprünglich einmal andere Konsonanten gestanden haben, ist nicht ausgeschlossen. Dass es sich dabei um עליון gehandelt hat, ist sehr unwahrscheinlich. In ALD 5,8
hingegen stand ursprünglich entweder El oder aber schon immer El Eljon. Die
vorgeschlagene literarkritische Rekonstruktion von ALD 5, wonach ALD 5,1.8 ein
älteres Stadium abbildeten als ALD 5,2–7, böte im Blick auf die Inkonsistenz der
Gottesnamen (אל bzw. אל עליון in ALD 5,8; אל עלמיא bzw. irgendetwas ganz anderes in
ALD 5,4) den Vorteil, dass diese zumindest auf verschiedene Hände zurückgehen
würden.

* * *

Der Titel „Priester El Eljons" ist in ALD nur an einer Stelle für Levi belegt (ALD 5,8).
Aus textkritischer wie literarkritischer Perspektive ist zu bezweifeln, dass die
Übertragung des Titels „Priester El Eljons" auf Levi dort ihren Ursprung hat. Im
Hintergrund von ALD 5,8 steht vermutlich bereits Jub 32,1*, wo die Bezeichnung
Levis als „Priester El Eljons" entsprechend auch entstanden sein dürfte.

Was die Intention der Übertragung des Titels „Priester El Eljons" auf Levi in Jub
32,1 angeht, liegt, stärker als in Jub 30,18–20, die Annahme einer anti-hasmonäischen Tendenz nahe. Von den beiden oben dargestellten Strategien der hasmonäischen Herrschaftslegitimation ist die auf der Basis von Num 25 entwickelte Idee
eines verdienstbasierten Priestertums das im Vergleich zu dem Rückgriff auf Gen
14,18–20 weitaus weniger spezifische Element, das zudem ein gänzlich neues
Konzept von Priestertum etabliert. Wie oben erwogen wurde, könnte das verdienstbasierte Priestertum nach Num 25 / 1 Makk 2 im Rahmen der literarischen
(Weiter-)Entwicklung des Konzepts eines Priestertums Levis adaptiert worden sein
– zumal die biblische Levi-Biographie bereits Anhaltspunkte dafür bot (vgl. Ex
32,25 ff.) –, ohne dass von einem (kritischen) Bezug auf die Herrschaft der Hasmonäer ausgegangen werden muss. Der Rückgriff der Hasmonäer auf Melchisedek
ist hingegen viel spezifischer, da er die Funktion hat, die originelle Kumulation von
religiösem und politischem Führungsamt biblisch zu fundieren bzw. zu legitimieren. Da diese bei Levi keine Rolle spielt, liegt die Annahme nahe, dass es sich bei
dem Rückgriff auf Gen 14 in Jub 32,1 nicht um Levi-Programmatik zum Selbstzweck,
sondern um einen kritischen Reflex auf die Hasmonäerherrschaft handelt: Der
exklusiv von den Hasmonäern beanspruchte Titel „Priester El Eljons" wird auf Levi
übertragen. Ihre delegitimierende Wirkung mit Blick auf die Hasmonäerherrschaft
entfaltet die Übertragung vor allem durch die streng genealogische Konzeption des
Priestertums Levis (vgl. auch bereits Jub 30,18–20) und die Betonung der dynastischen Fortsetzung desselben (vgl. auch 1 Makk 14,41 und Ps 110,4): „du und deine
Söhne für immer". Es könnte sich dann in der Tat um einen Ps 110,4 analogen
Versuch handeln, die Berufung der Hasmonäer auf Melchisedek als illegitim zu
kennzeichnen, indem der legitime Anspruch auf das Priestertum El Eljons an genealogische Voraussetzungen geknüpft wird, über die die Hasmonäer nicht verfügen.[562] In Ps 110,4 wird dem davidischen Messias neben dem Königtum auch das

---

[562] Eine polemische Intention von Jub 32,1 vermutet auch Schubert, ʾEl ʿÆljôn, 12 ff. Auch Tilly, Ps
110, 163 f., rechnet mit einer anti-hasmonäischen Tendenz von Jub 32,1. Aschim, Melchizedek, 786,
interpretiert Levi als „boundary marker against non-levitical priesthood". Vgl. grundsätzlich auch
Eckhardt, Ethnos, 291: „Das Jubiläenbuch und das Testament Levi weisen auf eine Fortführung,
vielleicht auch Entstehung von Traditionen in der Hasmonäerzeit hin, die das Priestertum Levis
gegenüber anderen Traditionen profilierten. Gewiss kann man die chronologischen Verhältnisse
anders werten, und ohnehin ist klar, dass sich aus einem primär exegetischen Text zur Ernennung

Priestertum Melchisedeks zugeschrieben. Die von den Hasmonäern vollzogene Ämterkumulation wird somit einfach auf den Davididen übertragen. Im Unterschied dazu wird das Levi zugeschriebene „Priestertum El Eljons" in Jub 32,1 durch die Voranstellung des Segens in Jub 31 stark modifiziert.

Der Segen Isaaks (Jub 31,13–20)

Das Priestertum Levis ist ein zentrales Element auch des Segens Isaaks in Jub 31. Dieser hat keineswegs bloß die Funktion, Jub 32,1 vorzubereiten, sondern geht konzeptionell darüber hinaus[563] und modifiziert das Priestertum Levis erheblich. Die Segnung Levis mit der Rechten Isaaks und vor seinem Bruder Juda signalisiert zwar, dass Levi grundsätzlich über Juda steht. Der Segensspruch selbst begrenzt seine Autorität jedoch auf den innerisraelitisch-kultischen Bereich. Levi richtet, lehrt Tora und segnet – ihm werden also klassisch priesterliche Aufgaben zugeschrieben. Die eigentliche politische Führung wird im Rahmen des zweiten Segensspruchs Juda übertragen. Er ist für außenpolitische Angelegenheiten zuständig – sein Einfluss erstreckt sich „über jedes Land und jede Gegend", die Heiden fürchten sich vor ihm – er sitzt auf einem Thron und sorgt für Frieden in seinem Reich. „[T]he blessing of Judah leaves no doubt that political power belongs in the hands of his descendants."[564]

Zwar ist auch das hier zugrunde liegende Konzept einer Dyarchie, einem mehr oder weniger gleichwertigen Nebeneinander von Priester und König, nicht zwingend anti-hasmonäisch zu verstehen. Theoretisch kann es sich auch einfach um ein (alternatives) Angebot handeln, das „im Dienste der Figuration eines unabhängigen Ethnos"[565] steht und der durch die politische Unabhängigkeit hervorgerufenen Orientierungsbedürftigkeit Ausdruck verleiht. Anders als die Integration politischer Führung in das Amt des Hohepriesters[566] oder die daraus weiterentwickelte Aufspaltung beider Ämter bei gleichzeitiger Ämterkumulation unter den Hasmonäern war die Dyarchie jedoch zu keiner Zeit Realität in Juda.[567] Handelt es sich somit um

---

Levis keine Gruppe antihasmonäischer Leviten rekonstruieren lässt, für die es keinen historiographischen Beleg gibt."
563 Vgl. Berner, Jacob, 26.
564 Himmelfarb, Kingdom, 59.
565 Eckhardt, Ethnos, 228.
566 Literarisch belegt ist dieser Vorgang vor allem in der Grundschicht von Sach 6 und einer Fortschreibung von Sach 3 („royales Hohepriestertum"), s. dazu o. 2.2.3.1. Zur historischen Einbettung dieses literarischen Konzepts s. u. 4.2.2.3.
567 S. für die Perserzeit, für die bisweilen eine dyarchische Organisation der Provinz Jehud angenommen wird, u. 4.1.

ein rein literarisches und zudem spätes Konzept,[568] liegt die Frage nahe, was konkret dessen Entwicklung motiviert haben könnte. Die kritische Auseinandersetzung mit der von den Hasmonäern vollzogenen Ämterkumulation liefert zumindest einen sehr naheliegenden Anlass dafür.[569]

3.2.2.4.3 Die anti-hasmonäische Tendenz der Levi-Redaktion in Jub 30–32

Eine anti-hasmonäische Interpretation des in Jub 31,13–20 implizierten dyarchischen Konzepts legt sich spätestens in der Zusammenschau mit den übrigen redaktionellen Levi-Passagen in Jub 30,18–20 und Jub 32,1 nahe. Mit Jub 30,18–20 und Jub 32,1 werden zwei Legitimierungsstrategien der Hasmonäer, der Rückgriff auf Num 25 und der Rückgriff auf Gen 14,18–20, auf Levi übertragen. Das, was die Hasmonäer für sich beanspruchen, gilt also zumindest in gleichem Maße auch für Levi: Am Beginn seines Priestertums steht eine Eifertat (Jub 30,18–20) und er ist „Priester El Eljons" für immer (Jub 32,1). Auf eine kritische Tendenz dieser Übertragungen könnte die Tatsache weisen, dass beide für die Herrschaft der Hasmonäer grundlegenden Aspekte erheblich modifiziert werden, sodass unter Rückgriff auf die hasmonäischen Legitimierungsstrategien ein neues, im wahren Sinn des Wortes anti-hasmonäisches Konzept von Priestertum entsteht. Die Eifertat Levis führt zwar zur Erwählung als Priester, doch gilt die Verheißung nicht ihm selbst, sondern seinen Nachkommen. Anders als in 1 Makk 2 ergibt sich in Jub 30,18–20 aus dem Rückgriff auf Num 25 also gerade kein Konzept eines verdienstbasierten Priestertums, sondern, im Gegenteil, ein streng genealogisch verfasstes.[570] Die levitische Abstammung ist somit von vornherein die *conditio sine qua non* für die Ausübung des Priesteramtes. Dies stellt zwar einen markanten Unterschied zum legitimatorischen Rückgriff auf Num 25 durch die Hasmonäer dar, doch darf dieser angesichts der verbreiteten Vorstellung eines genealogischen Konzepts von Priestertum allgemein sowie des levitischen Priestertums im Besonderen nicht überbewertet werden. Für sich genommen sind Jub 30,18–20 zunächst einmal „unhasmonäisch", aber nicht zwingend anti-hasmonäisch. Die anderen beiden Levi-Fortschreibungen sind hingegen deutlich kritisch geprägt. Zwischen Jub 31,13–20 und Jub 32,1 besteht ein enger Zusammenhang. Der bereits für sich genommen als

---

568 Die narrativen Rahmenpassagen des Haggaibuches scheiden als biblische „Kronzeugen" für das Konzept einer Dyarchie aus; s. dazu o. 2.2.2.3. Die Vorstellung ist ansonsten nur noch in (sehr) späten biblischen Texte belegt. Zu Jer 33 s. o. S. 107 f.
569 Vgl. etwa Hultgård, Testaments I, 45 ff.
570 Vgl. Himmelfarb, Kingdom, 59: „Jubilees [...] is deeply committed to a view of genealogy as the criterion for membership in the people; it implicitly rejects a definition of people or priests based on merit." Jub 30,18–20 dürften damit sehr viel näher an der ursprünglichen Intention von Num 25 liegen als 1 Makk 2.

anti-hasmonäisch einzustufende Rückgriff auf Gen 14,18 – 20 in Jub 32,1, der das Priestertum El Eljons an die levitische Abstammung bindet und somit wie Ps 110,4 eine Beanspruchung der Melchisedek-Figur durch die Hasmonäer untergräbt, erhält durch die Vorschaltung von Jub 31,13 – 20 eine ganz eigene Prägung, die den Unterschied zwischen dem Priestertum Levis und den Hasmonäern noch einmal verdeutlicht und das auf Levi übertragene Priestertum El Eljons entscheidend modifiziert. Indem Jub 31,13 – 20 die Führungsposition Levis grundsätzlich auf den kultischen Bereich beschränken, lässt sich das ihm zugeschriebene Priestertum El Eljons kaum im Sinne einer Verbindung von kultischem und politischem Führungsamt verstehen. Mit anderen Worten: Während sich die Hasmonäer auf Melchisedek beriefen, um die Ämterkumulation biblisch zu fundieren, wird gerade dieser Aspekt in Jub 32,1 durch die Voranstellung von Jub 31,13 – 20 ausgeklammert.[571]

In der Zusammenschau der drei Levi-Passagen in Jub 30 – 32 entsteht so ein Konzept von Priestertum, das sich in allen Aspekten grundlegend von der Herrschaft der Hasmonäer unterscheidet. Es ist streng genealogisch angelegt und vornehmlich auf den kultischen Bereich beschränkt. Neben dem Priesteramt existiert ein politisches Führungsamt, das ebenfalls an genealogische Bedingungen geknüpft ist, was eine Kumulation der Ämter generell ausschließt.

Die drei Bearbeitungen liegen also konzeptionell auf einer Linie. Spätestens im Zusammenhang betrachtet tritt die anti-hasmonäische Tendenz klar zutage. Der Eindruck, dass die Passagen thematisch weitgehend unverbunden sind, bleibt.

---

571 Eine weitere Auffälligkeit von Jub im Hinblick auf die Figur Melchisedek könnte damit im Zusammenhang stehen, müsste aber eingehender untersucht werden. In Jub 13 fehlt im Zusammenhang der Neuerzählung der Ereignisse aus Gen 14 die Melchisedek-Passage. Zwar dürfte das Fehlen nicht auf eine absichtliche Auslassung, sondern auf einen Schreibfehler zurückzuführen sein (Berger, Jubiläen, 400 f., und VanderKam, Book of Jubilees, 81 f., haben unterschiedliche Erklärungen vorgebracht: Berger rekonstruiert auf der Grundlage einer syrischen Version einen äthiopischen Text, der überhaupt keine Begegnung mit Melchisedek enthalten haben soll. Als Grund für die Lücke sieht er eine Buchstabenvertauschung im Äthiopischen an. VanderKam äußert philologische und textkritische Bedenken gegenüber dieser Lösung, und geht stattdessen von einer Haplographie bereits im hebräischen Text aus [על אברם – ויעל אברם]). Die Rekonstruktion der Vorlage ist unter Umständen dennoch aufschlussreich. Nach VanderKam habe der ursprüngliche Text berichtet, dass Abraham Melchisedek nach der Ermordung Kedorlaomers den Zehnten entrichtete. Interessanterweise scheint der Bezug auf El Eljon an dieser Stelle zu fehlen. Ob dies immer so war, oder ob die Referenz irgendwann aus ideologischen Gründen getilgt wurde, lässt sich nicht mit Sicherheit sagen. Letztere Option wäre jedenfalls im Horizont der Levi-Redaktion in Jub 30 – 32 durchaus plausibel, da das auf Levi übertragene „Priestertum El Eljons" nun ganz anders konzipiert war als in Gen 14,18 – 20. Mit einer intentionalen Auslassung (allerdings der gesamten Melchisedek-Episode in Jub 13) rechnet auch Aschim, Melchizedek, 778: „The more probable conclusion seems to be that Melchizedek [...] later became politically incorrect and has been omitted from the text for such reasons."

Aufgrund der konzeptionellen Geschlossenheit der Fortschreibungen und des Fehlens literarkritischer und redaktionsgeschichtlicher Indizien spricht jedoch nichts dagegen, von einer übergreifenden, anti-hasmonäischen Levi-Redaktion in Jub 30–32 auszugehen.[572]

Die Levi-Redaktion in Jub 30–32 setzt die Levi-Konzeption von ALD grundsätzlich vermutlich bereits voraus. Auch wenn ALD so wenig wie Jub eine literarische Einheit darstellen muss,[573] ist zumindest für den Grundbestand von ALD von einem relativ hohen Alter auszugehen. Dass die redaktionellen Passagen aus Jub 30–32 jünger sind als der Kern von ALD, liegt daher *per se* nahe. Dass der Bericht über den Aufstieg Levis zum Priester in ALD eine willkommene Vorlage für den Redaktor von Jub darstellte, versteht sich ebenfalls von selbst. Berner zieht für zwei Stellen der Levi-Redaktion eine Anlehnung an Material aus ALD in Erwägung:[574] Erstens dürfte der Fokus auf Levi im Rahmen der Sichem-Episode in Jub 30,18–20 von ALD 1f. angeregt worden sein.[575] Zweitens könnten die Visionen Levis in ALD 4 den Redaktor zur Ergänzung eines Traumes Levis in Jub 32,1 inspiriert haben.[576] Unwahrscheinlich ist, dass dem Redaktor auch bereits der Titel „Priester El Eljons" für Levi aus ALD 5 vorlag.[577]

Der Rückgriff auf das ältere Material aus ALD ist jedoch eher oberflächlich. Der Redaktor bedient sich assoziativ des Materials aus ALD, um ausgehend davon ein

---

572 Meyer, Emanzipationsbestrebungen, 726, erkennt in Jub 30–32 ebenfalls enge Bezüge zu den Hasmonäern, hält sie aber für eine hasmonäische Legitimierungsstrategie – was freilich die Annahme einer levitischen Abstammung der Hasmonäer voraussetzt. Auch von Nordheim, Morgenröte, 234, geht davon aus, dass die Hasmonäer sich zur Legitimation ihrer Herrschaft auf Levi berufen haben (mit Blick auf Test Lev 8). Aptowitzer, Parteipolitik, der den Einfluss hasmonäischer und anti-hasmonäischer Positionen im rabbinischen Schrifttum untersucht, nimmt einen Bezug der Hasmonäer auf Pinchas und Levi an. Zwar trifft zu, dass bei beiden das Priestertum mit politischen Taten verbunden ist, insofern jeweils eine Eifertat im Vordergrund steht. Als Referenzgröße für ein verdienstbasiertes Priestertum eignet sich jedoch nur Pinchas, auf den das aaronidische Priestertum in Num 25 „kanalisiert" wird, indem der Eifer für das Gesetz zur Abstammung von Aaron hinzutritt, nicht aber Levi, dessen Priestertum überall streng genealogisch konzipiert ist.
573 In der Regel wird mit dem Vorliegen verschiedener Quellen gerechnet; vgl. etwa Werman, Levi, 218 ff. Wie im Fall von Jub (vgl. Berner, Jacob) sollte aber auch für ALD die Möglichkeit sukzessiver Fortschreibungen nicht außer Acht gelassen werden (vgl. die Überlegungen oben zu ALD 5).
574 Vgl. Berner, Jacob, 29.
575 S. oben Anm. 539.
576 Der Traum Levis steht in Jub 32,1 isoliert, in ALD 4 sind Visionen Levis hingegen ein zentrales Motiv; vgl. Berner, Jacob, 29. Allerdings ist wiederum nur das bloße Motiv des Traumes aus ALD übernommen, der spezifische Inhalt des Traumes, der den legitimatorischen Rückgriff der Hasmonäer auf Melchisedek kritisch reflektiert, ist originell.
577 S. dazu o. S. 290 ff.

ganz eigenes Konzept des Priestertums Levis zu entwickeln. Das Interesse des Redaktors lässt sich also nicht darauf beschränken, das in ALD zentrale Thema des Priestertums Levis in Jub einzuführen, um Jub und ALD thematisch zu verzahnen. Während die Levi-Konzeption in ALD eher dem Ideal eines royalen Priestertums verpflichtet zu sein scheint,[578] profiliert der Redaktor von Jub das Priestertum Levis in kritischer Auseinandersetzung mit der Hasmonäerherrschaft und entwickelt so ein anti-hasmonäisches Konzept desselben.

3.2.3 Fazit

Die Untersuchung von Ps 110,4 hat zu dem Ergebnis geführt, dass der Vers entgegen der Meinung vieler Exegeten nicht zur Rekonstruktion der Entwicklung des Hohepriesteramtes zu einem politischen Führungsamt herangezogen werden kann. Zwar vereint er priesterliche und königliche Aspekte, indem er das Priestertum nach der Weise Melchisedeks auf den davidischen König überträgt. Allerdings ließ sich diese Aussage nicht sinnvoll im Kontext der Debatten in der späten Perserzeit oder der frühen hellenistischen Zeit verorten. Vielmehr ist davon auszugehen, dass Ps 110,4 erst in hasmonäischer Zeit in den messianischen Psalm eingetragen wurde. In diesem Kontext dient der Vers ferner nicht, wie häufig angenommen wird, der Legitimation hasmonäischer Herrschaftsansprüche, sondern ist umgekehrt als ein Stück subtile schriftgelehrte anti-hasmonäische Polemik zu verstehen. Deren Basis bildet ein legitimatorischer Rückgriff der Hasmonäer auf Gen 14,18–20, der die innovative Ämterteilung und -kumulation von Hohepriesteramt und politischem Führungsamt biblisch fundierte. Es ist plausibel, wenn auch keineswegs zwingend, dass bereits der Rückgriff auf Melchisedek unter dem Druck oppositioneller Kräfte erfolgte, die gegen die Hasmonäer den davidischen Messias stark machten (vgl. etwa die „Serubbabel-Spross-Redaktion" in Hag und Sach; Ps Sal 17). Ps 110,4 bindet jedenfalls das Priestertum Melchisedeks mittels eines prophetischen Orakels an die davidische Abstammung und entzieht damit der legitimatorischen Inanspruchnahme der Figur durch Herrscher nicht-davidischer Herkunft die Grundlage. Ein intertextueller Bezug von Ps 110,4 auf 1 Makk 14,41, einen weiteren Legitimationstext der Hasmonäer, leistet der Delegitimierung der Hasmonäerherrschaft weiter Vorschub. Ps 110,4 lässt den in 1 Makk 14,41 angekündigten Propheten auftreten. Durch die Übertragung des Priestertums nach der Weise Melchisedeks auf den David *re-*

---

578 Vgl. Stone, Enoch, 168 f.; Werman, Levi, 217 f.; Greenfield/Stone/Eshel, Aramaic Levi, 35 ff. Die Darstellung Levis in ALD ist idealisiert. Königliche Funktionen werden auf ihn übertragen, um seine grundsätzliche Eignung zum Hohepriesteramt zu demonstrieren.

divivus beendet dieser endgültig das Interim aus 1 Makk 14,41, wonach Simon herrschen solle, „bis dass ein wahrer Prophet auftritt". Eine Jub 30 – 32 umspannende Levi-Redaktion konnte schließlich als ein weiteres Beispiel für eine antihasmonäische Melchisedek-Rezeption und somit als Analogie zu Ps 110,4 geltend gemacht werden. Die von den Hasmonäern zur Legitimation ihrer Herrschaft angewendeten Strategien, u.a. der Rückgriff auf Gen 14,18 – 20, werden dort auf Levi übertragen und somit wiederum an eine genealogische Bedingung geknüpft, die die Hasmonäer nicht erfüllen. Dies zeigt, dass Ps 110,4 Teil eines breiteren anti-hasmonäischen Diskurses war, über dessen Trägerkreise sich freilich wenig Eindeutiges sagen lässt.

4 Die Entwicklung des Jerusalemer Hohepriesteramtes in der Perserzeit und der hellenistischen Zeit

Die literarische Analyse hat ergeben, dass die Joschua- und Melchisedek-Texte, denen für gewöhnlich große Aussagekraft mit Blick auf die Rekonstruktion der Entwicklung des Jerusalemer Hohepriesteramtes attestiert wird, nicht einfach flächig der Perserzeit oder der frühen hellenistischen Zeit zugeschlagen und für diese historisch ausgewertet werden können.[1] Nur wenige der Joschua-Texte lassen sich ausweislich der literarischen Analyse für diese Zeit veranschlagen, die für die Entwicklung des Jerusalemer Hohepriesteramtes zu einem politischen Führungsamt oft als maßgeblich betrachtet wird. Insbesondere diejenigen Texte, die das Hohepriesteramt unzweifelhaft als politisches Führungsamt voraussetzen, indem sie entweder an einer entsprechenden Profilierung des Amtes mitwirken (Sach 3,5*.9*; Sach 6,9 – 11.13a) oder aber dem Hohepriester den Anspruch auf politische Führung streitig machen („Serubbabel-Spross-Redaktion" in Hag 2,20 – 23 sowie Sach 3,8[.10] und Sach 6,12.13b.14), entstammen einer (wesentlich) späteren Zeit. Auch die Melchisedek-Texte haben sich mit Blick auf die Frage nach einem politischen Erstarken des Jerusalemer Hohepriesters ab der Perserzeit als nur bedingt aussagekräftig erwiesen. Für Gen 14,18 – 20 kann zwar von einer perserzeitlichen Entstehung ausgegangen werden. Die implizierten wirtschaftlichen und soziopolitischen Hintergründe dieser Redaktion in Gen 14, die zweifellos eine große Wertschätzung des Hohepriesters reflektiert, dürften jedoch eher auf einen faktisch noch sehr begrenzten politischen Einfluss des Jerusalemer Hohepriesters zur Zeit der Abfassung weisen. Ps 110,4 setzt zwar das „Priestertum nach der Weise Melchisedeks", das in Gen 14,18 – 20 als Chiffre für das Amt des Jerusalemer Hohepriesters zu verstehen ist, in denkbar enge Beziehung zum messianischen Königtum. Der Vers lässt sich dennoch nicht als Programmtext für ein royales Hohepriestertum verstehen. Anders als in Sach 3,5*.9* sowie der Grundschicht von Sach 6,9 – 15 werden durch die Einschreibung des Verses in den messianischen Grundpsalm keine königlichen Prädikate und Funktionen auf den Hohepriester übertragen, sondern das Priesteramt nach der Weise Melchisedeks wird dem davidischen König zugeschrieben. Konzeptionell setzt dies die Existenz eines souveränen politischen Führungsamtes voraus, sodass Ps 110,4 im Horizont der Has-

---

1 Vgl. hingegen den Überblick über die Forschungspositionen oben 1.2, insbesondere die Positionen von Schreiner, Psalm cx (Sach 6,9 – 15 und Ps 110); Oswald, Hohepriester (Gen 14 und Ps 110); Rooke, Heirs, und Cataldo, Theocratic Yehud (beide Hag/Sach 1 – 8 und Esr/Neh).

https://doi.org/10.1515/9783110793451-004

monäerherrschaft zu situieren ist. Als anti-hasmonäische Einschreibung steht der Vers zeitlich und konzeptionell jenseits derjenigen Texte, die ein politisches Erstarken des Jerusalemer Hohepriesters bezeugen.

Am Ende der Studie gilt es nun, den biblischen Befund mit den externen Quellen der Perserzeit und der hellenistischen Zeit zu korrelieren.

4.1 Der Jerusalemer Hohepriester in der Perserzeit

4.1.1 Der literarische Befund aus den untersuchten Texten

Mit Blick auf die Frage nach der Stellung und Funktion des Jerusalemer Hohepriesters im judäischen Gemeinwesen hat sich gezeigt, dass die perserzeitlich entstandenen Texte so gut wie nichts von einer politischen Funktion des Hohepriesters erkennen lassen. In Hag und Sach ließ sich auf literarkritischem Weg eine sukzessive Ausweitung der am Tempelbau beteiligten Funktionsträger sowie ihrer Herrschaftsfunktionen und -qualitäten nachzeichnen. Dabei ist von einem literargeschichtlichen Primat Serubbabels vor Joschua auszugehen. Bereits der älteste Bestand der Prophetenworte in Hag erwähnt einen gewissen Serubbabel im Zusammenhang des Tempelbaus (Hag 2,4). Weder wird diesem ein konkreter Ort in der Geschichte zugewiesen (Fehlen der Filiation), noch wird er mit einem institutionalisierten Amt in Verbindung gebracht (Fehlen des Statthaltertitels). Somit ist anzunehmen, dass sich in seiner Erwähnung die historische Erinnerung an einen Mann namens Serubbabel bewahrt hat, der eine zentrale Funktion im Zusammenhang des Tempelbaus hatte. Entsprechend erscheint eine Abfassung zur Zeit des Tempelbaus plausibel. Zeitlich nicht allzu weit davon entfernt dürfte auch die Nennung Serubbabels im Rahmen einer Epexegese in Sach 4,6aβ–10a* anzusetzen sein. Sie steht vermutlich im Dienst der literarischen Verbindung der Bücher Hag und Sach, liefert bezüglich der Person Serubbabel aber keine über die frühe Prophetie Haggais hinausgehenden Informationen. Erst im Lauf der weiteren Redaktionsgeschichte des Zweiprophetenbuches wird Serubbabel zum Davididen (Hag 1,12a) und schließlich zum königlichen Herrscher (Hag 2,20 – 23). Ist Serubbabel somit nicht von vornherein als Vertreter der „Königsfamilie, die den Bau des Tempels ideologisch unterstützte",[2] im Blick, hat sich das Hohepriesteramt in Hag und Sach zumindest nicht von Beginn an in Abgrenzung vom Königtum entwickelt. Denn die älteste Erwähnung des Hohepriesters Joschua in Sach 3 liegt zeitlich noch vor Hag 1,12a. Im Rahmen einer visionären Schau wird der Hohepriester „entsühnt",

---

2 Niehr, Abgaben, 141.

d. h. kultfähig gemacht. Im Anschluss daran werden seine Aufgabenbereiche und Funktionen definiert (Sach 3,7). Es handelt sich somit um eine Art „Ätiologie des Hohepriesteramtes", die grundsätzliche Fragen seiner Amtsausübung (Legitimität, Zuständigkeit) klärt. Eine Ansetzung in der Phase der Konsolidierung des Amtes, nicht allzu lange nach der Vollendung des Tempelbaus, erscheint daher naheliegend. Häufig wird angenommen, in Sach 3,7 würden ehedem königliche Aufgaben und Privilegien auf den Hohepriester übertragen mit dem Ziel, das Hohepriesteramt als politisches Führungsamt zu qualifizieren.[3] Entgegen dieser Annahme wurde oben die Ansicht vertreten, dass Sach 3,7 nicht in *programmatischer* Absicht königliche Funktionen auf den Hohepriester überträgt. Die Übertragung ehemals königlicher Aufgaben (Rechtsprechung am Tempel und Verwaltung des Kultes) auf den Hohepriester ist vielmehr *pragmatischer* Art und geht mit der Konzeptionierung eines souveränen Priesteramtes in Ermangelung eines Königs fast zwangsläufig einher. Die konkreten Aufgaben des Hohepriesters, mögen sie auch ehemals in den Zuständigkeitsbereich des Königs gefallen sein, bleiben auf den kultischen Bereich beschränkt. In der Konzeption von Sach 3 hängt die Ausübung des Kultes an der Person des Hohepriesters; Stellung und Rang des Hohepriesters in der Gesellschaft sind entsprechend an die Bedeutung des Kultes gekoppelt.

Ebenfalls noch in der Perserzeit anzusetzen sind diejenigen Passagen in Hag, die das prophetische Spruchgut narrativ rahmen (Hag 1,1*.2.14; 2,2). Sie präsentieren Serubbabel, der nun entgegen den älteren literarischen Stadien den Titel „Statthalter" trägt, und den Hohepriester Joschua als gemeinsam Verantwortliche für den Tempelbau und somit gewissermaßen als gleichrangig. Anders als der Statthaltertitel für Serubbabel ist die gemeinsame Nennung von Serubbabel und Joschua, die in den ältesten Stadien des Zweiprophetenbuches nichts miteinander zu tun haben, keine Erfindung des Redaktors der Rahmenverse. Sie ruht bereits auf dem ebenfalls redaktionellen, aber älteren Vers Hag 1,12a auf, der beide eingangs des Buches erwähnt und mit einer Filiation versieht und sie somit zu historisch verankerten Protagonisten des Zweiprophetenbuches macht. Aufgrund der Gleichwertigkeit der beiden Führungsämter in den Rahmenversen – Statthalter und Hohepriester werden als Verantwortliche für den Tempelbau gemeinsam vom Propheten adressiert – wird häufig angenommen, die Verse seien einer dyarchischen Struktur verpflichtet, unabhängig davon, ob diese reale politische Verhältnisse spiegelt oder im Sinne eines Ideals zu verstehen ist.[4] In redaktionsgeschichtlicher Perspektive wird jedoch deutlich, dass das innovative Moment der Rahmenverse die „Nostrifizierung" des Statthalteramtes ist: Das persische Führungsamt, das als solches ein natürliches

---

3 S. dazu o. S. 67 f.
4 Vgl. dazu etwa die eingangs skizzierten Positionen der Forschung, S. 5 f.

Legitimationsdefizit aufwies, wird in die jüdische Tradition integriert (vgl. auch Neh 5; 13). Serubbabel wird dazu eigens zum Statthalter gemacht und erhält gemeinsam mit dem Hohepriester den prophetisch vermittelten göttlichen Auftrag, den Tempel zu bauen. Wertet man die Rahmenverse somit als Ausdruck einer Statthalterprogrammatik, dient die Gleichordnung von Hohepriester und Statthalter nicht der Qualifizierung des Hohepriesteramtes als eines politischen Leitungsamtes, sondern der Qualifizierung des Statthalteramtes als eines genuin judäischen Leitungsamtes. Serubbabel und Joschua werden somit nicht parallelisiert, um einen geteilten politischen Führungsanspruch von Statthalter und Hohepriester auszudrücken. Die Rahmenverse spiegeln zwar die herausgehobene Funktion beider Ämter in Jehud, die Wirkungsbereiche konnten jedoch unterschiedlich sein. Welche konkrete politische Situation im Hintergrund der Abfassung der Rahmenverse steht, lässt sich kaum ausmachen. Das Hohepriesteramt ist in den judäischen Verfasser- und Trägerkreisen als etablierte Größe vorausgesetzt, doch ist damit keineswegs zwingend eine hervorgehobene politische Stellung des Hohepriesters innerhalb der Provinz Jehud impliziert. Dass die Rahmenverse nicht das Hohepriesteramt profilieren, sondern das Statthalteramt, spricht jedenfalls zunächst einmal gegen die Annahme, hier würde in der ein oder anderen Weise ein Erstarken des Hohepriesteramtes in der fortgeschrittenen Perserzeit literarisch reflektiert.

Ungeachtet der ursprünglichen Intention der Rahmenverse konnten hohepriesterliche Kreise aus der gemeinsamen, eine Gleichwertigkeit implizierenden Nennung von Statthalter und Hohepriester ihren Nutzen ziehen. Für die Transformation des Hohepriesteramtes in ein politisches Führungsamt, die im Verlauf der späteren Redaktionsgeschichte des Zweiprophetenbuches erfolgte (Bearbeitung von Sach 3; Sach 6,9–15*), stellten die Rahmenverse jedenfalls eine gute Basis dar. Diese Texte sind jedoch sämtlich hellenistischen Ursprungs.

Der letzte der untersuchten Texte, der noch perserzeitlich entstanden sein dürfte, ist Gen 14,18–20. Der Melchisedek in diesem Rahmen beigelegte Königstitel spiegelt nicht zwingend das Konzept eines royalen Hohepriestertums, sondern kann sich zunächst einmal einfach der Angleichung Jerusalems an die umliegenden Städte mit ihren Königen verdanken. Zumindest nimmt Melchisedek damit jedoch für Jerusalem die Stellung ein, die die Könige für jene umliegenden Städte haben – er ist der höchste Funktions- und Würdenträger, der die Stadt repräsentiert, indem er Abraham in vorbildlich gastfreundlicher Weise mit Brot und Wein entgegengeht. Konkrete, den kultischen Bereich transzendierende säkulare Funktionen und Aufgaben werden indes nicht genannt. Abgesehen von dem repräsentativen Gestus zu Beginn der Szene ist das Handeln Melchisedeks weiterhin rein auf den Kult bezogen. Im Zentrum der kurzen Episode stehen der Segen, den Melchisedek dem Erzvater spendet, und der Zehnte, den er dafür vom Erzvater empfängt.

In Gen 14,18–20 verdichten sich somit zweifelsfrei programmatische hohepriesterliche Interessen. Was die konkreten politischen Hintergründe der Entstehung angeht, kann jedoch erwogen werden, ob der Fokus auf der Zehntkampagne nicht einen Hinweis auf eine wirtschaftlich missliche Situation des Tempels liefert, die auch in anderen Texten reflektiert wird (Jes 61; Neh 5; 13), und so indirekt auf eine begrenzte Autorität von Hohepriester und Tempel zur Zeit der Entstehung des Textes weist. Selbst jedoch, wenn es sich um eine ideale Vorstellung handelt, hinter der die Realität in der ausgehenden Perserzeit womöglich weit zurückbleibt: Die Melchisedek-Episode ist zumindest ein Beleg dafür, dass in dieser Zeit (neben der u. a. in den Rahmenversen von Hag belegten, in etwa kontemporär anzusetzenden Statthalterprogrammatik) Entwürfe kursierten, die den Hohepriester als Repräsentanten des judäischen Gemeinwesens darstellten.

Die in der Perserzeit entstandenen Texte reflektieren sämtlich eine große Wertschätzung des Hohepriesteramtes. Die exponierte Stellung des Hohepriesters innerhalb der judäischen Gesellschaft, wie sie etwa in Gen 14,18–20 zum Ausdruck gebracht wird und in den Rahmenversen in Hag vorausgesetzt ist, liegt in der zentralen Funktion des Kultes für die Konstituierung der Gemeinschaft und der herausragenden Funktion des Hohepriesters für den Kult begründet (Sach 3).

Mit Blick auf die Frage, ob sich den Texten Hinweise auf ein *politisch* erstarkendes Hohepriestertum in der Perserzeit entnehmen lassen, ist der Befund jedoch insgesamt ein negativer. Was die Entwicklung des Jerusalemer Hohepriesteramtes zu einem politischen Führungsamt angeht, folgt aus der literarischen Analyse also in erster Linie, dass die perserzeitlich entstandenen Texte, die Joschua und Melchisedek erwähnen, nicht als Belege für einen politischen Einfluss des Hohepriesters zur Zeit ihrer Entstehung herangezogen werden können. Wenn Cataldo unter Bezug auf die entsprechenden Passagen von Hag und Sach in der Frage nach dem politischen Einfluss des Hohepriesters in der Perserzeit zu dem Schluss kommt: „[I]f we label Yehud a theocracy, we do so based on biblical ideologies alone",[5] wird man somit ergänzen und korrigieren müssen, dass nicht einmal die perserzeitlich entstandenen prophetischen *Texte* ein hierokratisches oder auch dyarchisches Konzept bezeugen. Die Cataldos Urteil zugrunde liegende Frage, ob das literarisch bezeugte Ideal eines politisch starken Hohepriesteramtes historisch plausibel ist, stellt sich erst gar nicht, da bereits die literarische Grundlage fehlt.

Natürlich dürfen aus dem Fehlen dieser Vorstellung in ausgewählten Texten nicht vorschnell allgemeine Schlüsse auf die Stellung des Hohepriesters im judä-

---

5 Cataldo, Theocratic Yehud, 186.

ischen Gemeinwesen gezogen werden. Immerhin könnten andere perserzeitlich entstandene Texte durchaus ein politisches Erstarken des Jerusalemer Hohepriesters reflektieren.[6] Grundsätzlich aber gilt, dass sich der faktische Anspruch und die Stellung des Hohepriesters im judäischen Gemeinwesen nur bedingt anhand biblischer Texte eruieren lassen. Gerade wo es um die Profilierung von Ämtern und Führungspersonen geht, ist im Bereich der biblischen Quellen verstärkt mit Programmatik zu rechnen. Ein wichtiger Baustein für die Rekonstruktion der Entwicklung des Jerusalemer Hohepriesteramtes zu einem politischen Führungsamt ist daher die kritische Analyse der zur Verfügung stehenden externen Quellen, denen bisweilen eine große Aussagekraft mit Blick auf diese Frage zugetraut wird. Für die Perserzeit sind dies in erster Linie die Elephantine-Korrespondenz sowie die Jehud-Münzen, die daher im Folgenden nacheinander und unabhängig vom biblischen Befund gewürdigt werden.

4.1.2 Außerbiblische Quellen

4.1.2.1 Die Elephantine-Korrespondenz

Die zu Beginn des vergangenen Jahrhunderts auf der in der Nähe von Assuan (= Syene) gelegenen Nilhalbinsel Elephantine gefundenen aramäischen Papyri gewähren nicht nur einen authentischen Einblick in das Alltagsleben und die kultischen Gewohnheiten der dort ansässigen judäischen Militärkolonie.[7] Die Briefe des Jedanja-Archivs[8] (TAD A4.1–10) enthalten Teile der offiziellen Korrespondenz zwischen den Judäern in Elephantine, vertreten durch Jedanja und andere Mitglieder der judäischen Elite, und den persischen Beamten in Ägypten (TAD A4.5.10), Jehud

---

6 Neben den hier besprochenen Texten werden häufig einschlägige pentateuchische Texte herangezogen, um die Entwicklung des Hohepriesteramtes in der Perserzeit zu erhellen. Diese sollen darum im Folgenden zumindest kurz zur Sprache kommen. S. dazu u. 4.1.3.

7 Neben ארמי („Aramäer") kursiert als Selbstbezeichnung יהודי. Der Begriff ist wohl territorial zu verstehen und markiert somit die Herkunft der dort stationierten Einheit aus der Provinz Jehud. Die Bezeichnung „Judäer" scheint daher angemessener zu sein als die nach wie vor geläufige, aber ohnehin uneindeutige und anachronistische Bezeichnung „Juden". Vgl. dazu Becking, Identity, 404: „This classification, however, yields a problem regarding the continuation of its meaning. ‚Jewish' – referring to formative, normative, or rabbinic Judaism – seems to be an anachronism for fifth-century b.c.e. Yahwism. On the other hand, the inscriptions from Elephantine do not show a religion or religious identity that equals Yahwism, as we know it from the Hebrew Bible." Zur Problematik vgl. u. a. auch Rohrmoser, Götter, 6–8; Hensel, Juda, 165 f.

8 Benannt ist das Archiv nach einem der Ältesten der Elephantiner Judäer, den die meisten Briefe als Absender oder Empfänger nennen oder in anderen Zusammenhängen im Briefkorpus erwähnen.

(TAD A4.7– 9) und Samaria (TAD A4.9) im Zusammenhang der Zerstörung des Jahu-Heiligtums auf der Nilhalbinsel. Sie erlauben somit zumindest indirekt auch Rückschlüsse auf die Stellung der Judäer von Elephantine und ihres Kultes innerhalb der Satrapie Ägypten sowie ihr Verhältnis zu den Autoritäten in den Provinzen Jehud und Samaria.

Das in dieser Hinsicht aufschlussreichste Dokument, ein Brief Jedanjas an Bagohi, den Statthalter Jehuds (TAD A4.7 // A4.8),[9] wird zudem bisweilen im Zusammenhang der Frage nach der Stellung des Hohepriesters in der Provinz Jehud im ausgehenden 5. Jh. v.Chr. herangezogen.[10] Dies liegt daran, dass in dem Brief an Bagohi neben einem Brief an Delaja und Schelemja, die Söhne des samarischen Statthalters Sanballat, ein weiteres früheres Schreiben erwähnt wird, das die Judäer von Elephantine an „unseren Herrn" – einen persischen Beamten, dessen Identität zunächst unklar bleibt[11] – und eine Reihe von Jerusalemer Autoritäten, darunter auch (an exponierter Stelle) Jochanan, den Hohepriester, gerichtet haben sollen. Kann aus der erhaltenen Korrespondenz, auch wenn sie Lücken aufweist, der grobe Ablauf der Ereignisse mit einiger Sicherheit erschlossen werden, bleiben Rückschlüsse auf die implizierten politischen Verhältnisse, insbesondere in der Provinz Jehud, aufgrund der spärlichen Informationen am Ende hypothetisch.

Aus TAD A4.5 und TAD A4.7 // A4.8 geht hervor, dass es „im Jahr 14 des Darius" (= 410 v.Chr.) in Abwesenheit des Satrapen Aršames zu größeren Ausschreitungen in Elephantine kam, die in der Zerstörung des Jahu-Tempels gipfelten. Beteiligt waren zum einen die Priester des Gottes Chnum, dessen Tempel sich in unmittelbarer Nähe zum Jahu-Tempel befand, zum anderen der persische Beamte Widranga, Statthalter der Provinz Tšeṭres, der seinem Sohn Naphaina den Befehl gab, den Tempel zu zerstören (TAD A4.7,4 – 13).[12] Laut TAD A4.5,4 haben die Chnum-Priester

---

9 Bei TAD A4.8 handelt es sich um eine Abschrift von TAD A4.7, die gegenüber der Vorlage einige vor allem stilistische Verbesserungen aufweist. Die Sorgfalt beim Erstellen des Schreibens zeugt von der großen Relevanz der verhandelten *causa*.
10 Vgl. u.a. Goodblatt, Principle, 8f.
11 S. dazu im Folgenden.
12 Die Gründe für die Zerstörung liegen weitgehend im Dunkeln. Erwogen wird etwa die für die Chnum-Priester unannehmbare Opferpraxis der Priester des Jahu-Tempels, die auch Schaf- bzw. Widderopfer integrierte (Smend, Aramäische Papyrusurkunden, 708 [Widderopfer]; Porten, Archives, 286 [Opfer von Passalämmern]; dagegen: Rohrmoser, Götter, 244 ff.), oder die Verengung der „Straße des Königs", einer Hauptstraße, die die Chnum-Priester möglicherweise zu Prozessionszwecken nutzten, durch den Bau der Temenos-Mauer des Jahu-Tempels (Rohrmoser, Götter, 253 f., mit von Pilgrim, Tempel, 317. Interessant ist jedenfalls, dass die Passage beim Wiederaufbau des Jahu-Tempels verbreitert wurde). Kottsieper, Religionspolitik, 158, sieht einen Zusammenhang mit der religionspolitischen Aufwertung des judäischen Kultes durch die Perser.

Widranga bestochen. Dies könnte durchaus der Realität entsprechen.[13] Alternativ könnte die einseitige Zuschreibung der Initiative an die Chnum-Priester aber auch einfach dem Umstand geschuldet sein, dass sich die Judäer hier an einen hohen persischen Beamten Ägyptens[14] wenden und es in diesem Kontext opportun erschienen sein mag, die Beteiligung der Perser an dem Vorfall zu marginalisieren.

Inhalt und Aufbau dieses wohl ältesten Dokuments der erhaltenen Korrespondenz geben indirekt Aufschluss über die politische Stellung der Judäer und ihres Tempels innerhalb der Satrapie Ägypten. Nachdem sie ihre Loyalität beteuert haben, bringen die Verfasser zunächst zwei Vergehen der Aufständischen vor, die Belange der persischen Oberhoheit betreffen: Die Zerstörung eines königlichen Speichers und die Verstopfung eines Brunnens, der die judäische Garnison mit Wasser versorgte. Eine Versicherung, dass polizeiliche Erkundungen die Richtigkeit des Berichtes bestätigen würden, beschließt diesen ersten Teil des Schreibens (*recto*). Die Zerstörung des Tempels folgt erst als dritter Punkt und deutlich davon abgehoben (TAD A4.5,11–24 = *verso*). Das Dokument ist in diesem Bereich schlecht erhalten, der Inhalt daher kaum zu rekonstruieren. Dass es um die Zerstörung des Tempels geht, belegt die Erwähnung von Opfern sowie des Gottes Jahu immerhin eindeutig. Erhalten ist zudem die Bitte um einen Erlass am Ende des Dokuments. Da zu polizeilichen Untersuchungen, die zu einer Bestrafung der Aufständischen führen würden, bereits zuvor geraten wurde, hat es eine gewisse Plausibilität, dass am Ende des Dokuments tatsächlich um eine Genehmigung zum Wiederaufbau gebeten wurde.

Die nachgeschobene Position des eigentlichen Anliegens[15] könnte darauf weisen, dass der Kult der Judäer in Elephantine nicht durch persisches Recht verbrieft, sondern allenfalls geduldet war.[16] Jedenfalls scheint das Schreiben in dem Bewusstsein formuliert worden zu sein, dass das Schicksal des Jahu-Tempels die Perser in Ägypten nicht allzu sehr interessieren würde. Dazu passt auch, dass TAD A4.7,13 f. ∥ A4.8,12 f. die Legitimität des Tempels aus dem Umstand ableiten, dass Kambyses ihn bei der Eroberung Ägyptens nicht zerstört habe. „Hätte es eine aus-

---

13 Dass Bestechung ein probates Mittel war, das zu diplomatischen Zwecken eingesetzt wurde, belegt auch das Angebot, welches die Judäer ihrem „Herrn", entweder dem Satrapen selbst oder einem anderen weisungsbefugten persischen Beamten, in TAD A4.10,7–14 unterbreiten. Als Gegenleistung für eine schriftliche Fixierung der Regularien zum Wiederaufbau des Tempels offerieren sie ihm Silber und eine große Menge Gerste.

14 In Frage kommen nur Aršames selbst oder, falls seine Audienz beim König noch nicht beendet gewesen sein sollte, dessen Stellvertreter. Vgl. Porten, Archives, 284; Kottsieper, Religionspolitik, 159.

15 Dass den Judäern vor allem am Wiederaufbau des Tempels gelegen war, belegt der Rest der erhaltenen Korrespondenz, insbesondere das Schreiben an Bagohi TAD A4.7 ∥ A4.8.

16 Vgl. Kottsieper, Religionspolitik, 159.

drückliche persische Bestätigung des Tempels gegeben, so hätten die Juden sich sicherlich darauf berufen."[17]

In TAD A4.7 // A4.8 ist das Verfahren gegenüber TAD A4.5 offenbar ein Stück fortge-schritten. Jedanja schreibt im Jahr 407 v.Chr. an Bagohi, den Statthalter von Jehud. Im Fokus steht nun allein der zerstörte Tempel und der Wunsch, dass dieser wieder erbaut werden möge. Die Belange der persischen Oberhoheit werden nicht mehr erwähnt, doch kann aus TAD A4.7,16 f. // A4.8,15 f. geschlossen werden, dass Widranga und die Aufständischen bereits zur Rechenschaft gezogen worden sind,[18] sodass TAD A4.7 // A4.8 als indirekter Beleg für eine Reaktion der Perser auf die Beschwerde der Judäer (TAD A4.5) gewertet werden kann. Die Güter des Widranga wurden konfisziert, die Aufständischen hingerichtet. In Sachen Tempelbau scheint indes bislang nicht viel vorangegangen zu sein. TAD A4.7,23 // A4.8,22 f. halten fest: „Sie lassen ihn uns [sc. den Tempel] nicht bauen." In dieser Situation wendet sich Jedanja nun also an Bagohi und bittet ihn um Unterstützung in der Angelegenheit.

Aus der vagen Formulierung in TAD A4.7,23 ff. // A4.8,22 ff. geht zwar nicht klar hervor, welche Form der Unterstützung Jedanja sich vom Statthalter Jehuds erhofft: „Wenn es für unseren Herrn gut erscheint, denke an diesen Tempel, ihn zu bauen. [...] Möge ein Brief von dir geschickt werden an sie wegen des Tempels Jahus, des Gottes, ihn zu bauen." Was gemeint ist, lässt sich aus dem Schreiben selbst und der anschließenden Korrespondenz jedoch indirekt erschließen.

Spätestens der Reaktion Bagohis auf dieses Gesuch, erhalten in einem Memo-randum einer Abstimmung über das Gesuch Jedanjas zwischen Delaja aus Samaria und Bagohi aus Jehud, das an den Satrapen von Ägypten, Aršames, adressiert ist (TAD A4.9), lässt sich entnehmen, dass auch in TAD A4.7 // A4.8 die persischen Be-amten in Ägypten das Gegenüber der Judäer und somit verantwortlich für deren derzeitige Lage sind. Die Aussage in TAD A4.7,23 // A4.8,22 f. („Sie lassen uns nicht bauen") weist demnach nicht auf Schikanierungen seitens der ägyptischen Bevöl-kerung Elephantines, z.B. der Chnum-Priester, sondern darauf, dass eine Bauge-

---

17 Kottsieper, Religionspolitik, 160.
18 Der konkrete Inhalt von TAD A4.7,16 // A4.8,15 bleibt obskur. Die Übersetzung von Porten, Ele-phantine Papyri, 142, lautet: „They removed the fetter from his [sc. Widrangas] feet and all goods which he had acquired were lost. And all persons who sought evil for that Temple, all (of them), were killed and we gazed upon them." Porten vermutet ein Wortspiel. Des Weiteren wird diskutiert, ob es sich um ein Gebet handelt (die Verbformen wären dann imperativisch zu verstehen; vgl. Linden-berger, Letters, 67; Rohrmoser, Götter, 400), oder ob die Bestrafungen bereits *realiter* vollzogen wurden; vgl. Porten, Elephantine Papyri, 142; Kottsieper, Religionspolitik, 160; Kratz, Judentum, 73. Das Vergangenheitstempus spricht eher für letztere Option.

nehmigung von offizieller Seite fehlt. Die (vorläufige) Entscheidung in dieser Angelegenheit ist also bereits an anderer Stelle gefallen.

Das Bittgesuch an Bagohi belegt somit zweierlei: Erstens ist Bagohi[19] gegenüber dem Satrapen in Ägypten in Angelegenheiten des judäischen Kultes in Elephantine nicht weisungsbefugt.[20] Worum Jedanja in TAD A4.7 ∥ A4.8 bittet, ist also ein Empfehlungsschreiben an die zuständigen persischen Beamten in Ägypten,[21] nicht aber eine offizielle Genehmigung des Wiederaufbaus.[22] Zweitens besteht trotz der bereits erfolgten Reaktion auf die Beschwerde der Judäer (TAD A4.5) noch ein gewisser Handlungsspielraum. Die Feststellung „Sie lassen uns nicht bauen" ist daher nicht auf ein vorangegangenes Verbot zurückzuführen, sondern darauf, dass eine Genehmigung seitens der ägyptischen Perser bislang verweigert wurde. Eine offizielle Genehmigung von Seiten der ägyptischen Perser ist notwendig, um den Wiederaufbau in Angriff nehmen zu können, liegt aber bislang nicht vor. Die Judäer hoffen, dass eine Empfehlung der Kollegen aus ihren Heimatprovinzen,[23] denen man offenbar eine gewisse Kompetenz in Angelegenheiten des Jahu-Kultes zutraute, die Perser in Ägypten positiv beeinflussen würde. Die diplomatischen Bemühungen waren am Ende von Erfolg gekrönt, denn der Tempel wurde bekanntlich wiederaufgebaut. Dass ein Bittgesuch um ein Empfehlungsschreiben an den Statthalter Jehuds in dieser Situation jedoch durchaus eine heikle Angelegenheit war, verrät der Stil des Schreibens. Der Verfasser vollbringt „das diplomatische Kunststück, ihn

---

19 Dasselbe gilt entsprechend für die persischen Beamten in Samaria, die ein Schreiben gleichen Inhalts erhalten haben dürften (vgl. TAD A4.7,29 ∥ A4.8,28). Besagtes Schreiben an die persischen Beamten in Samaria ist zwar nicht erhalten, doch lässt sich aus dem Memorandum TAD A4.9, das eine Übereinkunft Bagohis und Delajas voraussetzt, schließen, dass ein solches an sie gegangen sein dürfte.

20 Wie Kottsieper, Religionspolitik, 164, Anm. 52, feststellt, spricht allein schon das Fehlen des Statthaltertitels in TAD A4.8,1 (s. dazu im Folgenden) dagegen, dass die Angelegenheit in Bagohis Zuständigkeitsbereich fällt.

21 Vgl. Kratz, Judentum, 74.

22 So noch Kratz, Translatio imperii, 252 f. Vgl. auch Granerød, Dimensions, 43, der es für möglich hält, dass die Statthalter von Jehud und Samaria in Angelegenheiten des Jahu-Kultes Autorität über den Satrapen von Ägypten hatten.

23 Die Bindung der Militärkolonie an Jehud scheint stärker gewesen zu sein als an Samaria, wie u. a. aus der Selbstbezeichnung יהודי, aber auch aus dem ersten Schreiben, das in TAD A4.7 ∥ A4.8 erwähnt wird, geschlossen werden kann. Dass in Elephantine auch Jahwe-Verehrer aus Samaria weilten, ist möglich, aber keineswegs sicher; vgl. Hensel, Juda, 169 f. Optimistischer urteilt Achenbach, Satrapie, 133: „Aus dem Umstand, dass sowohl der Statthalter von Jehud als auch der von Samaria angeschrieben wurden, darf man wohl schließen, dass in Elephantine Soldaten aus beiden Provinzen gemeinsam Dienst taten. Eine Unterstützung des gemeinsamen Kultus durch die Provinzialverwaltungen der Herkunftsländer war also erwünscht und nötig, insofern beide in ethnischer Hinsicht dem lokalen Recht ihrer Herkunftsländer unterstanden."

[*sc.* den Statthalter Jehuds] als zuständige Instanz anzurufen, ohne ihn der Gefahr auszusetzen, daß er seine Kompetenzen gegenüber dem Satrapen und den zuständigen Stellen in Ägypten überschreiten müßte".[24] Aussagekräftig könnte in dieser Hinsicht eine Änderung von TAD A4.7,1 in TAD A4.8,1 sein. Zwar ist TAD A4.8,1 schlecht erhalten, doch spricht der begrenzte für die Rekonstruktion zur Verfügung stehende Raum dafür, dass gegenüber der Vorlage in der späteren Abschrift[25] die Bezeichnung Bagohis als „Statthalter Jehuds" ausgelassen wurde:[26]

> Die Juden von Elephantine haben es mithin vorgezogen, an Bagohi nicht in seiner Eigenschaft als persischer Beamter zu schreiben und somit ihrem Brief einen offiziellen Anstrich zu geben, sondern eher als einen wohlgesonnenen, frommen Freund, dessen Hilfe man erwartet. Offenkundig war ihnen bewußt, daß sie sich mit ihrer Bitte an den persischen Statthalter von Juda, den Wiederaufbau des Tempels in Ägypten zu unterstützen, auf ein politisch schwieriges Gebiet begaben.[27]

Die persischen Vorbehalte gegenüber dem Wiederaufbau werden geschickt verschleiert („Sie lassen uns nicht bauen"), um Bagohis Bereitschaft, für die Judäer einzutreten, nicht zu schmälern. In diesem Sinne ist wohl auch die Notiz am Ende des Schreibens zu verstehen, dass Aršames von all dem, was den Judäern angetan wurde, nichts gewusst habe. Die Information, dass der Satrap nicht an der Verschwörung beteiligt war und somit nichts von der Zerstörung des Tempels wusste, trägt für die akute Problematik der noch fehlenden Genehmigung zum Wiederaufbau wenig aus. Insgesamt entsteht so jedoch abschließend der Eindruck, dass der Satrap dem Projekt gegenüber grundsätzlich positiv eingestellt war.

Der weitere Verlauf der Korrespondenz bestätigt die auf der Grundlage des Schreibens rekonstruierten politischen Hintergründe des Bittgesuchs. Mit TAD A4.9 liegt ein Memorandum einer Botschaft von Bagohi und Delaja an Aršames vor, in dem sie ihm, wie von den Judäern erwünscht, die Genehmigung des Wiederaufbaus empfehlen.

Die erhaltenen Dokumente dieser Korrespondenz liefern somit durchaus belastbare Informationen über die Stellung der Judäer in Elephantine und beleuchten die politischen Hintergründe des Wiederaufbaus ihres Tempels. Rätselhaft bleibt gemessen daran jedoch der Rekurs auf eine frühere Korrespondenz in TAD A4.7,18 f. //

---

24 Kratz, Judentum, 74.
25 Diese dürfte dem letztendlich gesendeten Dokument näher kommen oder mit diesem identisch sein.
26 Vgl. Porten, Elephantine Papyri, 145; Kottsieper, Religionspolitik, 161, mit Anm. 45; Rohrmoser, Götter, 403.
27 Kottsieper, Religionspolitik, 162.

A4.8,16 – 18, die unter Umständen Aufschluss über die Stellung des Hohepriesters in Jerusalem bzw. innerhalb der Provinz Jehud geben könnte.

Jedanja berichtet hier, dass die Judäer offenbar direkt im Anschluss an die Zerstörung („zu jener Zeit, als uns dieses Böse getan wurde") einen Brief an „unseren Herrn" sowie eine Reihe von Jerusalemer Autoritäten („an Jochanan, den Hohepriester, und seine Kollegen, die Priester aus Jerusalem, und an Ostanes, den Bruder des Anani, und die Adligen der Judäer") geschickt haben. Nicht nur der Inhalt des Briefes und seine Bedeutung im Rahmen der Bemühungen der Judäer von Elephantine um den Wiederaufbau des Jahu-Tempels liegen im Dunkeln, unklar sind auch die Identität der als „unser Herr" bezeichneten Person sowie die Rolle und Kompetenzen der Jerusalemer Autoritäten in dieser Angelegenheit.

Meist wird davon ausgegangen, dass es sich bei dem erwähnten Brief um ein früheres Bittschreiben handelt, das unbeantwortet blieb, und daher nun wiederholt wird. In diesem Zusammenhang wäre freilich zu erklären, warum sich der Adressatenkreis ändert. Selbst wenn man „unseren Herrn" mit Bagohi identifiziert,[28] ändern sich zumindest die Co-Adressaten. Anstelle der Jerusalemer Funktions- und Würdenträger werden nun die persischen Beamten in Samaria adressiert. Zu berücksichtigen ist außerdem der Zeitpunkt des Schreibens: Es wurde „vor diesem" (TAD A4.7,17), d. h. vor der Bestrafung Widrangas und der Chnum-Priester geschickt. Geht man davon aus, dass diese aus der Beschwerde der Judäer bei Aršames (TAD A4.5) resultierte, ist anzunehmen, dass der geänderte Adressatenkreis etwas mit dem fortgeschrittenen Stand des Verfahrens zu tun hat. Eine offizielle Reaktion der Perser auf das Schreiben TAD A4.5 ist bereits erfolgt, die Genehmigung zum Wiederaufbau des Tempels wurde aber nicht erteilt. Über den Inhalt des ersten Schreibens sagt dies freilich nichts aus.

Weiter verkompliziert wird die Sache dadurch, dass die Identität des erstgenannten Adressaten („unser Herr") uneindeutig ist. Es handelt sich mit Sicherheit um einen persischen Beamten, doch kommen zumindest zwei Individuen in Frage. Entweder ist der Satrap Aršames gemeint,[29] dann wäre die Stelle als Referenz auf das erste Gesuch (TAD A4.5) zu verstehen, oder aber es ist der Adressat von TAD A4.7 selbst, Bagohi.[30]

Dass hier auf einen früheren Brief an Aršames rekurriert wird, ist aus verschiedenen Gründen unwahrscheinlich. Identifizierte man das erwähnte Schreiben in dieser Deutung mit TAD A4.5, wäre zunächst die Feststellung merkwürdig, dass das Schreiben unbeantwortet geblieben sei. Die Verwendung des Zahlwortes חד in

---

28 S. dazu im Folgenden.

29 So Kottsieper, Religionspolitik, 163 f.; Joisten-Pruschke, Leben, 68; Rohrmoser, Götter, 400.

30 Vgl. Cowley, Papyri, 116 f.; Porten, Elephantine Papyri, 142, Anm. 58; Granerød, Dimensions, 41. Kratz, Judentum, 66, bleibt in dieser Frage unentschlossen.

TAD A4.7,19 dürfte hier emphatische Funktion haben („Nicht einen [einzigen] Brief sandten sie uns").[31] Soll somit betont werden, dass kein einziges Antwortschreiben in Elephantine ankam,[32] ist es wenig naheliegend, das Ausbleiben der Antwort allein auf die Jerusalemer Autoritäten zu beziehen.[33] Vielmehr dürfte impliziert sein, dass keiner der zuvor erwähnten Adressaten auf das Gesuch aus Elephantine reagiert hat. Das trifft auf Aršames jedoch nicht zu, wie man dem weiteren Verlauf des Briefes entnehmen kann. Offensichtlich erfolgte eine Reaktion auf die Beschwerde der Judäer: Die Verantwortlichen wurden bestraft. In der Frage des Wiederaufbaus des Jahu-Tempels blieb zwar eine positive Reaktion aus. Die Feststellung „Sie lassen uns nicht bauen" belegt aber, dass die Judäer eine Antwort auf ihr Gesuch erhalten haben, nur dürfte diese indirekt gewesen sein und darin bestanden haben, dass eine Genehmigung verweigert wurde: „Auch eine Verweigerung ist als Verwaltungs*akt* und somit als Antwort zu verstehen."[34]

Gegen die Identifikation des erstgenannten Adressaten mit Aršames spricht sodann, dass dieser am Ende des Schreibens (TAD A4.7,30) noch einmal, und zwar dieses Mal namentlich, genannt wird.

Als „Herr" wird hingegen innerhalb des Schreibens selbst an einigen Stellen Bagohi bezeichnet,[35] auf den sich darum auch „unser Herr" in TAD A4.7,18 beziehen dürfte. Gegen die Identifikation des erstgenannten Adressaten des früheren Schreibens mit Bagohi spricht lediglich die ausführliche Schilderung der Ereignisse in TAD A4.7 // A4.8, die kein Vorwissen beim Empfänger vorauszusetzen scheint.[36] Die detaillierten Ausführungen könnten jedoch auch einfach damit zusammenhängen, dass die Absender mit der Möglichkeit rechneten, dass ihr erstes Schreiben, auf das sie keine Antwort erhalten hatten, verlorengegangen war.

---

31 Vgl. Porten, Elephantine Papyri, 142, Anm. 63.

32 Über die Gründe für das Ausbleiben der Antworten auf das erste Schreiben lässt sich nur spekulieren. Vielleicht war das Gebot der Kultzentralisation in Jerusalem bereits in Geltung und führte zu einer ablehnenden Haltung der Jerusalemer Autoritäten; vgl. Meyer, Papyrusfund, 81; Briant, From Cyrus, 587; Knauf, Elephantine, 187; Albertz, Controversy, 491. Vielleicht führten Konflikte zwischen Bagohi und Jochanan dazu, dass das Gesuch nicht berücksichtigt wurde; vgl. Kottsieper, Religionspolitik, 164 f. und 171 f., mit Verweis auf Ant. 11,297 ff. Vielleicht ist das Schreiben in der ein oder der anderen Richtung auch einfach „im Gestrüpp der Bürokratie hängen geblieben" (Kratz, Judentum, 67). Aus dem Memorandum TAD A4.9 geht jedenfalls hervor, dass Bagohi in der Sache nichts (mehr) gegen das Bittgesuch einzuwenden hatte.

33 Vgl. aber Kottsieper, Religionspolitik, 163.

34 Kottsieper, Religionspolitik, 163.

35 Und zwar nicht nur im Präskript, sondern in TAD A4.7,18 durchaus vergleichbarer Weise auch in TAD A4.7,23 („Wenn es unserem Herrn gut erscheint").

36 Vgl. Kottsieper, Religionspolitik, 163.

Somit ist davon auszugehen, dass zuvor ein Brief (identischen Inhalts) jeweils an Bagohi und die Jerusalemer Autoritäten gesendet worden war.[37] Zwar verlautet nichts über den Inhalt des Briefes, doch ist angesichts der Zuständigkeit der persischen Beamten in Ägypten in dieser Angelegenheit wie auch im Fall von TAD A4.7 // A4.8 von einem Informationsschreiben auszugehen, vielleicht verbunden mit der Bitte um eine positive Einschätzung oder ein Empfehlungsschreiben an die Ägypter, nicht jedoch von einem offiziellen Gesuch um Erlaubnis zum Wiederaufbau. Der Statthalter Jehuds und die Jerusalemer Autoritäten, allen voran der Hohepriester, wurden in ihrer Funktion als Experten für den Jahu-Kult konsultiert, denn die judäischen Autoritäten hatten

> im persischen Reich sicher eine größere Bedeutung als die kleine periphere Gemeinschaft von Elephantine, und mit ihrem Votum hätte eine Verweigerung der Zustimmung für Aršames ein größeres Problem dargestellt als eine solche allein gegenüber den Juden von Elephantine.[38]

Aufschlussreich ist diese Referenz auf den früheren Brief u. a. im Hinblick auf die Zusammensetzung der judäischen Leitungsorgane in Jerusalem.[39] Über die Stellung des Hohepriesters innerhalb der Provinz Jehud und sein Verhältnis zum Statthalter sagt sie jedoch wenig aus. Rückschlüsse auf ein gleichrangiges Nebeneinander oder

---

37 Erging somit auch das erste Schreiben bereits an Bagohi, trifft die Beurteilung von Goodblatt, Principle, 8, nicht zu: „One imagines that the Judeans in Elephantine first turned to the native Judean authorities, and only when the latter failed to respond did they turn for help to the Persian authorities in Judah and Samaria." Die lange Auflistung der Co-Adressaten des aktuellen Schreibens trägt in diesem Zusammenhang nicht viel aus. Sie könnte zum einen den Zweck haben, zu demonstrieren, dass die Bittsteller bereits viel unternommen haben, um Unterstützung für ihr Anliegen zu bekommen, zum anderen kaschiert die lange Liste von Co-Adressaten die Tatsache, dass auch Bagohi bislang tatenlos geblieben ist. Kottsieper, Religionspolitik, 165 f., zieht in Erwägung, dass Anani, der Bruder des Ostanes, der in TAD A4.3 erwähnte Zuständige für judäische Belange in Elephantine sein könnte, und kommt zumindest in Bezug auf die Erwähnung des Ostanes zu dem Schluss: „Mit dem Hinweis, daß sie diesen Weg schon ergebnislos gegangen seien, kommen die Absender also dem möglichen Einwand Bagohis entgegen, daß doch für solche Fragen andere Kreise eher ‚zuständig' waren." (166).
38 Kottsieper, Religionspolitik, 166.
39 Das Nebeneinander von Hohepriester/Priester und laikalem Führungsgremium stimmt mit dem Bild überein, das die biblischen Texte zeichnen (vgl. etwa Neh 2,16), und das sich auch in späteren außerbiblischen Quellen aus der ptolemäischen und seleukidischen Zeit spiegelt. Vgl. dazu u. 4.2.2 und 4.2.3, insbesondere 4.2.3.1 und 4.2.3.2. Dass in TAD A4.7,18 f. // A4.8,16 – 18 die Aufzählung der in einer kultischen *causa* konsultierten Autoritäten mit dem Hohepriester beginnt, ist erwartbar und sollte darum nicht zum Anlass genommen werden, über eine mögliche Hierarchie der Jerusalemer Autoritäten zu spekulieren. Vgl. jedoch Goodblatt, Principle, 8 f.: „ [T]he mention of ‚our lord the high priest' in first place could indicate that he stood at the apex of the internal Judean leadership."

gar eine Dyarchie lassen sich daraus jedenfalls nicht ziehen.[40] Die Referenz belegt lediglich, dass die Judäer von Elephantine den Statthalter *und* die Jerusalemer Autoritäten als kompetente Urteilsinstanzen in Fragen des judäischen Kultes ansahen. Gegenüber der Annahme einer allzu großen politischen Einflussnahme des Hohepriesters scheinen hingegen grundsätzlich Zweifel angebracht. Dass die Absender selbst in Angelegenheiten, die den judäischen Kult betreffen, letzten Endes die größte Autorität und Entscheidungskompetenz bei dem Statthalter von Jehud (und den persischen Beamten aus Samaria) sehen, belegt spätestens das aktuelle Schreiben TAD A4.7 ∥ A4.8. Da sich die Umstände geändert haben – die ägyptischen Perser haben sich in der Angelegenheit positioniert, eine Baugenehmigung wurde jedoch nicht erteilt – benötigen die Elephantiner Judäer umso dringender ein Empfehlungsschreiben, wenden sich mit diesem Gesuch aber ausschließlich an die persischen Beamten ihrer Heimatprovinz und der benachbarten Provinz, denen offenbar ebenfalls Autorität und Kompetenz in Angelegenheiten des judäischen Kultes zugetraut wird.[41]

Will man aus der Erwähnung eines vorherigen Schreibens in TAD A4.7 ∥ A4.8 also historische Schlüsse ziehen, bleibt nur die Annahme, dass die Jerusalemer Autoritäten den verzichtbaren Teil der Erstadressaten darstellten. Ihr Fehlen in TAD A4.7[42] wäre somit darauf zurückzuführen, dass ihr Votum zumindest in diesem Stadium des Verfahrens keine Urteilskraft mehr gehabt hätte.[43]

---

40 Vgl. aber etwa Lemaire, Das Achämenidische Juda, 218; Granerød, Dimensions, 42.

41 Die gemeinsame Adressierung ist sicher aufschlussreich im Hinblick auf die Bedeutung Samarias und das Verhältnis Samarias und Jehuds in der späten Perserzeit, doch kann dieser Aspekt hier nicht vertieft werden. Mit Sicherheit ist aber in der Perserzeit von einem regen Austausch und einer engen Kooperation zwischen Samaria und Jehud auch in religiösen Angelegenheiten auszugehen. Vgl. dazu Hensel, Juda, 168 f.; Rhyder, Cult, 77 f. Die Erweiterung des Adressatenkreises um die Söhne des Statthalters von Samaria konnte vielleicht den Druck auf Bagohi erhöhen, die *causa*, die in erster Linie Jerusalem betrifft, nicht völlig aus der Hand zu geben. Vor allem dürfte sie jedoch den Zweck haben, die Chance auf eine Antwort zu verdoppeln. Warum Delaja und Schelemja adressiert werden und nicht Sanballat selbst, lässt sich nicht eruieren. Vielleicht vertreten sie ihn in Abwesenheit. Jedenfalls besteht kein Anlass, daran zu zweifeln, dass sie als die offiziellen Vertreter der Provinz Samaria adressiert werden.

42 Es ist nicht anzunehmen, dass ein Schreiben an sie erging, das aber nicht erhalten ist. Dagegen spricht, dass das Schreiben an Delaja und Schelemja in TAD A4.7 selbst explizit erwähnt wird.

43 Vgl. Rooke, Heirs, 182: „[T]he fact that following the first unsuccessful appeal a second appeal was made to the provincial governor, even though he too apparently failed to reply the first time, implies that he was the most important and authoritative figure in the Judean community." Ob sich der Statthalter dennoch mit den judäischen Autoritäten abgestimmt hat, bevor er sein Urteil traf (vgl. Kratz, Judentum, 67), wird sich kaum erhellen lassen.

Hat bereits die Analyse einschlägiger biblischer Texte zu dem Ergebnis geführt, dass in der Perserzeit literarische Konzepte einer dyarchischen Organisation Jehuds oder eines politisch starken Hohepriestertums fehlen, kann die Elephantine-Korrespondenz somit umso weniger die Beweislast für ein faktisch politisch starkes Hohepriesteramt in der Perserzeit tragen. Dass der Hohepriester in einer Reihe von Jerusalemer Funktions- und Würdenträgern von den Judäern in Elephantine gemeinsam mit dem Statthalter der Provinz Jehud adressiert wird, belegt zunächst einmal nur, dass diese ihn (wie alle anderen Genannten) zu den Jerusalemer Autoritäten rechnen,[44] die fähig sind, sich in Angelegenheiten des Jahu-Kultes qualifiziert zu äußern. Die Elephantine-Korrespondenz mag somit eine gewisse Kompetenz und Autorität des Jerusalemer Hohepriesters in einigen den Kult betreffenden judäischen Angelegenheiten bezeugen, sagt jedoch über das Verhältnis von Statthalter und Hohepriester nichts aus. Dass der Hohepriester im zweiten Bittgesuch der Elephantiner Judäer nicht mehr berücksichtigt wird, dürfte jedoch für einen (im Vergleich zum Statthalter Jehuds) begrenzten politischen Einfluss sprechen.

4.1.2.2 Die Jehud-Münzen

Einige Jahrzehnte nach dem Briefwechsel zwischen den Judäern aus Elephantine und den Autoritäten in Jehud und Samaria begann man in Jehud, Silbermünzen zu prägen. Sie stellen für die Rekonstruktion der politischen und wirtschaftlichen Situation Jehuds zweifellos eine wichtige Quelle dar. Da einige Münzen Legenden mit Namen oder sogar Namen und Titeln der prägenden Autoritäten tragen, gibt der numismatische Befund ferner Aufschluss über die soziopolitische Struktur und Organisation der Provinz Jehud. Vereinzelte Münzen werden häufig als hohepriesterliche Prägungen klassifiziert, sodass aus dem numismatischen Befund darüber hinaus bisweilen Rückschlüsse auf die Stellung des Jerusalemer Hohepriesters und des Tempels innerhalb der Provinz Jehud bzw. im Kontext des persischen Provinzsystems gezogen werden.

Um die Aussagekraft der Jehud-Münzen mit Blick auf die Autorität und die Stellung von Hohepriester und Tempel beurteilen zu können, sind bei der Interpretation des numismatischen Befundes einige Aspekte zu berücksichtigen, die eng miteinander verbunden, in der Forschung jedoch bereits je für sich genommen umstritten sind. Dazu gehören die Datierung der relevanten Münzen, ihr Bildpro-

---

44 Reflexionen über die Funktionen dieses Amtes (Sach 3) oder seine Bedeutung (Gen 14,18 – 20) sind daher in dieser Zeit naheliegend.

gramm, die Identität der namentlich genannten prägenden Autoritäten[45] sowie die wirtschaftlichen und politischen Hintergründe der Prägungen, wie etwa die Einbettung der Lokalprägungen in den Kontext der persischen Münzpolitik.

4.1.2.2.1 Datierung

Die Münzprägung in Jehud begann frühestens um 380 v. Chr. und erstreckte sich bis in die frühe ptolemäische Zeit. Die wohl am meisten diskutierte Münze, eine Drachme, die 1814 publiziert wurde und sich seitdem im British Museum befindet (TJC 1; Abb. 5),[46] steht nicht nur am Beginn der Erforschung der Jehud-Münzen, sondern wahrscheinlich auch der Münzprägung selbst. Für den vorliegenden Zusammenhang ist sie vor allem in chronologischer Hinsicht relevant: Die zusätzlich zu der Darstellung auf der Rückseite befindliche Legende *yhd* in aramäischer Schrift erlaubt es, die Drachme früher anzusetzen als die allermeisten übrigen Münzen der Provinz, die sich von ihr durch die Verwendung paläo-hebräischer Schrift in den Legenden unterscheiden.

Diese kleinen und massenhaft ausgestoßenen Nominale, zu denen auch die hier zu besprechenden Münzen gehören, unterteilt Mildenberg anhand des Bildprogramms und der Legenden in persische Prägungen, Prägungen am Übergang von der persischen zur makedonischen Zeit und ptolemäische Prägungen, die er zur Zeit Ptolemaios I. ansetzt.[47] Metrologische Studien legen jedoch nahe, dass neben Bildprogramm und Legenden vor allem auch der Gewichtsstandard der Münzen aus-

---

45 Konkret handelt es sich um die sog. Jehezkia-Münzen, die mit und ohne Titel *hphh* (*yh[d]*) vorkommen, sowie zwei Münzen, die Prägungen des Hohepriesters darstellen könnten. Eine trägt die Aufschrift „Jaddua" (*ydw*) und wird mit dem gleichnamigen Hohepriester aus Neh 12 in Verbindung gebracht, die andere „Jochanan, der Priester" (*ywḥnn hkhn*).
46 Diskutiert wird die Münze u. a. bei Pilcher, Coin; Cook, Zeus, Bd.1, 232 ff.; Kanael, Ancient Jewish Coins; Kienle, Gott. Sie zeigt auf der Rückseite eine bärtige Gestalt in langem Gewand, die auf einem Flügelrad sitzt und meist als Gottheit identifiziert wird, entweder als Jahwe selbst oder als eine andere Gottheit (z. B. Zeus, Dionysos oder Ahuramazda; vgl. etwa Edelman, Observance, 190 f.).
47 Vgl. Mildenberg, Yehud I; daneben auch Rappaport, Coinage, 5. Meshorer, TJC, 20, hingegen datiert die ptolemäischen Jehud-Münzen nicht in die Zeit Ptolemäus' I., sondern Ptolemäus' II. (285–246 v. Chr.). Er hält es für unwahrscheinlich, dass Ptolemäus I. Judäa Münzautorität gewährt haben sollte. Die Darstellung des Kopfes der Berenike sei zudem zuerst unter Ptolemäus II. geprägt worden. Gegen diese Deutung wendet Mildenberg, yĕhūd und šmryn, 123, ein: „Sie [*sc.* die ptolemäischen Jehud-Münzen] Ptolemaios II und III zuzuschreiben, geht schon deshalb nicht, weil unter ihnen das Kleingeld aus Bronze hergestellt wurde, und die rege königliche Prägetätigkeit von Alexandria und in der Levante keinen Raum mehr für das Kleinsilber von Juda ließ." Auch Barag, Silver Coin, 7, hält Meshorers Datierung für „very unlikely".

sagekräftig für die chronologische Beurteilung ist.[48] Insbesondere bei Münzen, die über das Bildprogramm nicht klar der frühen oder der späten Phase zugewiesen werden können, sowie im Bereich derjenigen Münzen, die am Übergang von der Perserzeit zur makedonischen Zeit situiert werden, ist der metrologische Befund aufschlussreich und kann zu signifikanten Verschiebungen gegenüber der Zuordnung durch Mildenberg führen.

Während den perserzeitlichen Münzen der Schekel als Gewichtseinheit zugrunde liegt (es handelt sich um die Divisionen *gerah* bzw. Halb-*gerah*, d.h. 1/24 [= 0,48 g] bzw. 1/48 [= 0,24 g] eines Schekels), basieren die ptolemäischen Münzen auf der attischen Tetradrachme (Halb- und Viertelobolen, d.h. 1/48 [= 0,36 g] bzw. 1/96 [= 0,18 g] einer Tetradrachme).[49] Wann genau und aus welchem Grund sich der Gewichtsstandard der Jehud-Münzen geändert hat, ist nicht klar auszumachen. Spätestens im Zusammenhang mit der restriktiveren Münzpolitik der Ptolemäer erschiene eine Anpassung an das attische System, vielleicht sogar aufgrund einer Zentralisierung des Gewichtsstandards, plausibel. Grundsätzlich ist jedoch in Betracht zu ziehen, dass der Wechsel nicht zwingend politische Gründe gehabt haben muss, sondern auch ökonomisch motiviert gewesen sein kann. Immerhin ermöglichte die Ersetzung des *gerah* durch die leichtere Obole einen größeren Ausstoß von Münzen aus derselben Menge ungemünzten Silbers.

Auch die Datierungen einiger für die vorliegende Fragestellung relevanten Münzen, der Jehezkija-Münzen sowie der Jochanan-Münze, könnten durch einen Wechsel des Gewichtsstandards beeinflusst werden. Dieser Aspekt ist darum für die weitere Untersuchung im Blick zu behalten.

4.1.2.2.2 Vergleich der Jehud-Münzen mit den Samaria-Münzen

Für die Interpretation der Jehud-Münzen ist ein Vergleich mit der Situation in Samaria aufschlussreich, die sich in einigen Aspekten von Jehud unterscheidet.[50] Die samarischen Münzen folgen einem lokalen Gewichtsstandard, den auch Sidon be-

---

48 Zu erwähnen sind hier vor allem die Studien Ronens: Ronen, Weight Standards; ders., Some Observations.

49 Diese Erkenntnis basiert auf der Untersuchung Ronens (vgl. Ronen, Some Observations) und wurde insbesondere von Gitler/Lorber, A New Chronology, für die Datierung der Statthalter-Münzen zugrunde gelegt.

50 Die Münzprägung in der Nachbarprovinz im Norden dürfte etwa gleichzeitig mit Jehud oder etwas früher begonnen haben und kam anders als in Jehud mit dem Ende des Perserreichs zum Erliegen. Meshorer/Qedar, Samarian Coinage, gehen von einem Zeitraum 375–333/2 v.Chr. aus. Tal, Negotiating Identity, nimmt einen früheren Beginn an (ab 400 v.Chr.); vgl. auch Wyssmann, Coinage Imagery, 225, Anm. 14. In jedem Fall ist somit von einer längeren Zeitspanne der simultanen Münzprägung in Jehud und Samaria auszugehen.

nutzt,[51] und die Denominationen sind im Vergleich zu Jehud etwas größer.[52] Vor allem aber zeichnet sich das Bildprogramm der Samaria-Münzen durch eine Vielfalt aus, die den judäischen Münzen fremd ist. Es umfasst persische und griechische Motive und steht stark unter dem Einfluss phönizischer und kilikischer Münzprägung. Weit verbreitet sind Bes-Darstellungen und andere pagan-religiöse Elemente (neben Athena z.B. auch Zeus und Herakles, Sphingen, geflügelte Greife, Ankh-Zeichen, geflügelte Sonnenscheiben).[53]

Verglichen mit diesem reichhaltigen Repertoire ist das Bildprogramm der Jehud-Münzen deutlich restriktiver. Zwar begegnen auch hier persische und griechische Motive, wie etwa ein Kopf mit Zackenkrone,[54] ein Falke,[55] die athenische Eule, der Kopf der Athena oder mythologische Wesen (gehörnte und geflügelte Tiere), doch fällt zunächst auf, dass religiöse Motive sehr viel weniger intensiv verwendet werden als auf den samarischen Münzen. Belegt sind Adaptionen eines attischen Typs mit Athena und Eule (TJC 2–4; Abb. 6), auf einigen (späteren) Münzen wird Athena jedoch durch ein anderes Symbol ersetzt, beispielsweise den königlichen Kopf (TJC 6a; Abb. 7) oder eine Lilie (TJC 14; Abb. 8). Darüber hinaus weist das Bildprogramm der Jehud-Münzen im Vergleich zu den samarischen Pendants eine größere Fülle an originellen Elementen auf, von denen einige als genuin judäische Symbole interpretiert werden, vor allem die Lilie (TJC 14–15; Abb. 8 und 9), das Ohr (TJC 18; Abb. 10) oder ein Horn (TJC 19; Abb. 11), das bisweilen als Schofar interpretiert wird.[56] Als typisch judäisch sind sicher das Ohr und, wenn die Interpretation zutreffen sollte, der Schofar anzusprechen. Bei diesen beiden Symbolen liegt zudem eine religiöse Interpretation nahe. Meshorer interpretiert das Ohr als „Ohr Jahwes"[57] und bezeichnet den Schofar auf TJC 19 als „partner of Coin 18 [...] since by blowing the *shofar* one makes heard one's call to God".[58] Die Deutung der Lilie, die

---

51 Vgl. Tal, Coin Denominations, 20.

52 Die Samaria-Münzen stammen zu einem großen Teil aus zwei Hortfunden, dem sog. Nablus-Hort und dem sog. Samaria-Hort. Da beide nicht *in situ* gefunden wurden, sondern wie die Jehud-Münzen überwiegend über den Antikenmarkt in Umlauf kamen, bleibt die Provenienz, zumindest zu einem gewissen Grad, ungeklärt; vgl. dazu etwa Wyssmann, Coinage Imagery, 223 f.

53 Vgl. Wyssmann, Coinage Imagery, und ders., Vielfältig geprägt.

54 Das Motiv wird meist als Darstellung des persischen Königs gedeutet; vgl. etwa Mildenberg, Yehud I, 186; anders Betlyon, Government, 367, der von einer Darstellung des Jerusalemer Hohepriesters ausgeht.

55 Auch hierbei handelt es sich wohl um ein persisches Symbol; vgl. Wyssmann, Coinage Imagery, 248, Anm. 83. Mildenberg, Yəhūd-Münzen, 723, geht von ägyptischem Einfluss aus.

56 Vgl. Meshorer, TJC, 13 f.

57 Meshorer, TJC, 14. Vgl. auch Gerson, Fractional Coins, 110, und Wyssmann, Coinage Imagery, 250 („a symbol of a god acting as hearer of a prayer and a wish for the god to give an ear to a plea").

58 Meshorer, TJC, 13.

wie der Falke serienmäßig geprägt wurde, ist stärker umstritten. Meshorer hält sie für ein Jerusalemer Symbol,[59] Goldmann sogar für ein Symbol des Hohepriesters.[60] Rappaport hingegen bezweifelt dies: „[N]o real evidence indicates that the Fleur-de-Lis was a symbol of Jerusalem."[61] Dennoch zeigt die Verwendung des Motivs auch jenseits der Münzen,[62] dass es sich um ein Motiv handelt, das verstärkt lokal in Gebrauch war. Spätestens in hasmonäischer Zeit wird die Lilie zu einem Symbol der jüdischen Kunst, was sich auch im Bildprogramm der Münzen dieser Zeit niederschlägt.[63]

Auch wenn die Unterschiede auffällig sind und eine Erklärung verlangen, sollten weder das Bildprogramm der Samaria-Münzen noch das der Jehud-Münzen vorschnell und einseitig mit religiösen Kategorien in Verbindung gebracht werden.

Die vielfältigen heidnisch-religiösen Symbole auf den samarischen Münzen spiegeln sicherlich die lokalen kultischen Gepflogenheiten der seit dem 4. Jh. v. Chr. unter hellenistischem Einfluss stehenden multikulturellen und multiethnischen Bevölkerung,[64] sind aber zugleich Ausdruck der wirtschaftspolitischen Interessen der Provinz. Indem sie sich an phönizischer oder kilikischer Praxis orientieren, demonstrieren die Samarier ihr Eingebundensein in die entsprechenden kulturellen Kreise.[65] Griechische und phönizische Einflüsse auf die Münzprägungen könnten zudem ein Indiz dafür sein, dass die Provinz in überregionale Handelsbeziehungen involviert war.[66] Das Bildprogramm der Münzen spiegelt somit den natürlichen Wandel der (religiösen) Kultur durch internationale Beziehungen.

Auch im Bereich der Jehud-Münzen sollte die Motivik nicht im Sinne eines religiösen Programms überinterpretiert werden. Schaper etwa klassifiziert das

---

59 Meshorer, Ancient Jewish Coinage I, 29 f.; ders., TJC, 8–10.
60 Vgl. Goldmann, Symbol der Lilie.
61 First Judean Coinage, 8. Vgl. auch Wyssmann, Coinage Imagery, 250 („three-leaved blossoms are a frequent element of the pictorial art in the ancient Near Eastern").
62 Lilienförmige Kapitelle wurden etwa an der Balustrade eines Palastes in Ramat-Rahel gefunden und Liliendarstellungen begegnen auch auf Alltagsgegenständen; vgl. Meshorer, TJC, 8–10.
63 Die Lilie begegnet auf Münzen von Johannes Hyrkanos und Alexander Jannäus sowie auf Bullen.
64 Vgl. Schroer/Lippke, Beobachtungen, 364.
65 Vgl. Hensel, Juda, 130: „Die Münzbilder mit den achämenidischen Hoheitszeichen ließen die persischen Herrscher als diejenigen erscheinen, aus deren Händen die lokalen Eliten ihre Macht und Gunst empfingen. Diesem Umstand verdankt sich wohl auch der Befund, dass sich verstärkt an kilikischer Motivik orientiert wurde. Denn die Satrapie Kilikien (mit ihrem Satrapen Mazdai) war das administrative Zentrum der Perser im Mittelmeerraum."
66 Man wird Samaria darum nicht als „global player" verstehen und überbewerten dürfen. Während phönizische Münzen in Samaria gefunden wurden, fehlt persisches Reichsgeld, sodass nicht von einem Handel mit den Persern auszugehen ist. Auch die Denominationen sind verhältnismäßig klein. Überwiegend wurden Obolen und Halbobolen produziert, nur vereinzelt Drachmen.

Bildprogramm der Jehud-Münzen im Verhältnis zu den Samaria-Münzen als „vergleichsweise ‚orthodox'"[67] und nimmt an, dass dieses

> gut in die religiöse Gesamtentwicklung der Provinz hineinpass[e] und darauf hinweis[e], wie die Distanz zu Samaria immer größer wurde und die Tatsache, daß die judäischen Hohepriester bei der Regierung der Provinz Jehud ein gewichtiges Wort mitzureden hatten, sich bis hin in die Gestaltung der von ihnen autorisierten Münzprägungen auswirkte.[68]

Bereits die Einordnung des numismatischen Befundes in eine „Gesamtentwicklung" Jehuds hin zu einer sich ausbildenden „Orthodoxie" ist problematisch. Im Hintergrund steht die von Stern etablierte Hypothese, dass es in Jehud eine „religious revolution" im Sinne einer „purification" hin zum Monotheismus gegeben habe.[69] Angesichts der materialen Evidenz bewährt sich die Annahme bereits grundsätzlich nicht[70] und auch der Münzbefund lässt sich kaum in diesem Sinne auswerten. Originelle Symbole, die als judäisch interpretiert werden können (oder sich zumindest zu judäischen/jüdischen Symbolen entwickelten, z. B. die Lilie), begegnen kombiniert mit (religiös-)paganen Motiven wie der athenischen Eule, dem Kopf der Athena oder persischen Symbolen. Es handelt sich daher nicht um dezidiert „jüdische" Münzen.[71] Schapers Vermutung, die heidnischen Symbole wie die Eule oder der Kopf der Athena seien von den Judäern nicht als Provokation empfunden worden, da sie „religiös depotenziert"[72] gewesen seien, bleibt spekulativ.

Die im Vergleich zu Samaria starken lokalen Einflüsse passen zu der begrenzten Reichweite der Jehud-Münzen. Der Fundkontext weist auf eine Verwendung ausschließlich innerhalb der Provinz. Es handelt sich somit um „Provinzkleingeld", das für den provinzinternen Handel bestimmt gewesen sein dürfte. Das vergleichsweise restriktive und von lokalen Elementen bestimmte Bildprogramm ist somit kein Zeichen für Orthodoxie, sondern, im wahren Sinn des Wortes, für Provinzialität. Jehud war geographisch, kulturell und wirtschaftlich isolierter als Samaria, was sich auch im Bildprogramm der Münzen spiegelt.

---

67 Schaper, Priester und Leviten, 161.
68 Schaper, Priester und Leviten, 161. Ähnlich auch Gerson, Fractional Coins, 119.
69 Stern, Religious Revolution, 201.
70 Vgl. die Beiträge in Frevel/Pyschny/Cornelius, Religious Revolution.
71 Vgl. Rappaport, Coinage, 3: „It is obvious that the pattern of these coins is ‚less Jewish' than any other coins which may be defined as ‚Jewish'." In die zuletzt genannte Kategorie fallen die hasmonäischen Münzen. Auf ihnen ist die Lilie immer noch vertreten, anthropomorphe Darstellungen fehlen nun aber vollständig. Die hasmonäischen Münzen sind somit die einzigen, die dem biblischen Bilderverbot entsprechen.
72 Schaper, Priester und Leviten, 161.

Zwar zeigen einige der lokalen Elemente, wie etwa das Ohr oder der Schofar, durchaus eine gewisse Nähe zu religiösen Traditionen, und auch der Rückgang der Athena-Darstellungen auf den späteren Münzen könnte religiös motiviert sein bzw. als Indiz für einen steigenden religiös-nationalen Charakter der Münzen gewertet werden. Allerdings sagt dies, gegen Schaper, eher allgemein etwas über den Geist der Provinz Jehud aus, in der auch die einheimischen Statthalter als prägende Instanzen den religiösen Traditionen verpflichtet gewesen sein dürften,[73] als konkret über den Einfluss des Tempels auf die Münzpolitik.[74] Auch Altmann kommt zu der Einschätzung:

> Some of the iconography displayed a connection with the biblical symbols [...], which could also suggest economics as an important realm for religious-communal symbolism, though without any necessary connection to the Jerusalem temple in the Persian period.[75]

Die Gestaltung der Münzen gibt somit eher Aufschluss über den Stellenwert religiöser Traditionen in der Gesellschaft und ihre Relevanz für die Ausbildung einer kollektiven judäischen Identität als über die Stellung des Hohepriesters innerhalb der Provinz Jehud.[76] Das Bildprogramm der Münzen kann somit implizit religiös motiviert gewesen sein, ohne dass dies eine Beteiligung des Tempels oder des Hohepriesters an der Münzprägung erforderte oder auch nur nahelegte. Aussagekräftiger mit Blick auf die Beteiligung des Tempels an der Münzprägung und, damit einhergehend, den politischen Einfluss des Hohepriesters innerhalb der Provinz Jehud könnten indes diejenigen Münzen sein, die über ihre Legenden in der Regel als hohepriesterliche Prägungen identifiziert werden. Konkret betrifft dies zwei Münzen. Eine davon trägt die Aufschrift „Jaddua", die andere „Jochanan, der Priester". Da insbesondere die Jochanan-Münze enge Entsprechungen mit den zahlreicher belegten Jehezkija-Münzen aufweist,[77] die mit und ohne den Titel

---

73 Die Statthalter Jehuds tragen sämtlich judäische Namen, bis auf den bereits erwähnten Bagohi. Wenn der Bericht des Josephus an dieser Stelle zuverlässig ist, wäre davon auszugehen, dass er kein Judäer war: Er entweiht den Tempel, indem er ihn betritt (Ant. 11, 297).

74 Vgl. aber auch Goldmann, Symbol der Lilie, der die Lilie für ein Symbol des Hohepriesters hält und davon ausgeht, dass die entsprechenden Münzen hohepriesterliche Prägungen sind.

75 Altmann, Economics, 173.

76 Vgl. auch Gerson, Fractional Coins, 119: „It would be my thesis that the restriction of types, as well as the relatively greater prominence of sacred ‚Jewish' iconography on Yehud coins (the ear and the lily), suggest the Judean valuation of a more intense connection between the religious and the political." Er setzt dann allerdings mit der Vermutung fort „perhaps, too, the priests had more political power in Yehud", die sich anhand des Bildprogramms der Münzen nicht verifizieren lässt.

77 Carter, Emergence, 273, geht von mindestens zehn bekannten Münzen dieses Typs aus.

„Statthalter" geprägt wurden, sind auch diese im Folgenden mit in den Blick zu nehmen.

4.1.2.2.3 Die Hohepriester- und die Statthalter-Münzen: Der Befund

Ein Teil der Jehud-Münzen weist die Besonderheit auf, dass sie durch Namen und teilweise auch durch Titel[78] bestimmten Autoritäten zugewiesen werden können. Die Interpretationsspanne bei sämtlichen dieser Münzen ist breit, sowohl was die Datierung als auch, damit zusammenhängend, was die Zuordnung zu konkreten Personen betrifft.

Am zahlreichsten belegt sind unter diesen Münzen jene, die den Namen Jehezkija tragen. Sie lassen sich in zwei Typen unterscheiden: Einige Münzen zeigen auf einer Seite einen Kopf in Frontalansicht und auf der anderen eine Eule und eine Legende in paläo-hebräischer Schrift, bestehend aus Namen und dem hebräischen Titel „Statthalter" (*hphh*) (TJC 22 und 23; Abb. 12); andere stellen einen männlichen Kopf und ein geflügeltes Tier dar und enthalten nur den Namen in paläo-hebräischer Schrift, nicht aber den Titel *hphh* (TJC 24 und 25; Abb. 13).[79]

Eine weitere Münze (TJC 20; Abb. 15), die auf der Rückseite in hebräischer Schrift und Sprache die Legende „Jochanan, der Priester" aufweist, gehört zu demselben Typ wie die Jehezkija-Münzen mit Kopf in Frontalansicht und Eule. In den frühen Publikationen wurde die Schrift der Legende als undeutlich klassifiziert und die Münze den Jehezkija-Münzen zugeschlagen.[80] Barag hat schließlich die Deutung vorgeschlagen, die heute allgemein akzeptiert ist.[81]

Traditionell werden die Jehezkija-Münzen und die Jochanan-Münze in die ausgehende Perserzeit datiert.[82] Mildenberg hat dafür votiert, diejenigen Jehezkija-Münzen, bei denen der Titel fehlt, in makedonischer Zeit anzusetzen.[83] Besagter Jehezkija sei unter Alexander Gouverneur gewesen und habe daher weiterhin

---

78 Die Verwendung von Titeln stellt ein Spezifikum dieser Münzen dar. Die Praxis ist in Samaria z.B. nicht belegt. Ihre Bedeutung ist schwer zu erhellen.
79 TJC 26 (= Abb. 14) ist etwas komplexer: Die Münze zeigt auf einer Seite einen gehörnten Luchs, auf der anderen ein geflügeltes Tier mit dem Kopf des persischen Königs und den Namen Jehezkija.
80 Vgl. Mildenberg, Yehud I, 187; gefolgt von Meshorer, Ancient Jewish Coinage I, 116.
81 Vgl. Barag, Some Notes; ders., Silver Coin; gefolgt von Meshorer, Ancient Jewish Coinage Addendum 1, und letztlich auch Mildenberg, Yəhūd-Münzen, 724f., wobei dieser noch 1984 in einer persönlichen Korrespondenz mit Betlyon Bedenken gegenüber der Interpretation Barags geäußert hatte (zitiert bei Betlyon, Government, 639, Anm. 26): „I had noted ‚careless lettering.' Now, Professor D. Barag of the Hebrew University believes to read Johanan left of the owl and Hakohen right. The difference of the two *he* disturbs me very much, but it seems that Barag's reading has been approved by others."
82 Vgl. etwa Mildenberg, Yehud II, 71f.; Meshorer, Ancient Jewish Coinage I, 34; Betlyon, Government.
83 Vgl. Mildenberg, Yehud II, 72f.; gefolgt von Meshorer, TJC, 16.

Münzen geprägt, doch sei der Titel „Statthalter" in makedonischer Zeit eben nicht mehr relevant gewesen. Auch die Jehezkija-Münzen mit Titel sind jedoch im Kontext der perserzeitlichen Münzprägung auffällig. Erstens werden sonst keine Titel auf Münzen erwähnt, zweitens ist der absolut gebrauchte Titel *hphh* zur Bezeichnung des Statthalters von Jehud unüblich, da er sonst in allen perserzeitlichen Dokumenten in Kombination mit dem Provinznamen begegnet.[84]

Zudem weist in diesem Fall auch der metrologische Befund in eine andere Richtung: Gerade diejenigen Jehezkija-Münzen, die den Titel tragen, folgen dem attischen Gewichtsstandard und dürften daher später anzusetzen sein. Der Wechsel des Gewichtsstandards bei den Münzen ein und derselben prägenden Autorität könnte mit dem Ende der Perserherrschaft in Verbindung stehen.[85] Zu einer hellenistischen Ansetzung passt auch die Abfassung der Legenden in hebräischer Sprache, die ebenfalls als Reflex auf die veränderten politischen Umstände gesehen werden kann. Hebräische Legenden begegnen sonst nur noch auf einer Münze, die den Provinznamen in aramäischer und hebräischer Sprache enthält (TJC 21; Abb. 16) und von Gitler und Lorber ebenfalls hellenistisch datiert wird,[86] sowie auf der „Jochanan, der Priester"-Münze, die aufgrund der Ähnlichkeiten mit den „Jehezkija, der Statthalter"-Münzen (Gewichtsstandard,[87] Verwendung der hebräischen Sprache, Verwendung des Titels, Bildprogramm) kontemporär mit dieser anzusetzen sein dürfte.[88]

---

84 Vgl. Kottsieper, Linguistic Change, 107.

85 Vgl. Gitler/Lorber, A New Chronology. Bremer, Gott, 278, datiert die Jehezkija-Münzen und die Jochanan-Münze sämtlich hellenistisch; vgl. auch Altmann, Economics, 172. Wyssmann, Coinage Imagery, 251, bezeichnet die Jehezkija-Münzen und die Jochanan-Münze als „transitional phenomenon between the Persian period and the Ptolemaic epoch, which finds its expression not only in the changed monetary standard, but also in the changing iconography".

86 Vgl. Gitler/Lorber, A New Chronology. Gegen Meshorer, TJC, 15, der *yhwdh* als Eigennamen interpretiert, wertet Kottsieper, Linguistic Change, 108, *yhwdh* als Namen der Provinz in Hebräisch. Die bilinguale Münze markiert somit den Übergang von der Verwendung des Aramäischen zum Hebräischen. Auch von den ptolemäischen Münzen enthalten einige den Provinzamen in hebräischer Sprache; vgl. Mørkholm, Ptolemaic Coins.

87 Gitler/Lorber, A New Chronology, 69, Anm. 40, weisen darauf hin, dass das Gewicht der Münze von Ronen zunächst falsch angegeben und die Münze daher anhand des metrologischen Befundes irrtümlicherweise der Perserzeit zugerechnet wurde.

88 Auch Gitler/Lorber, A New Chronology, 69 f., rechnen die Münze zu den hellenistischen Prägungen, ebenso Altmann, Economics, 172. Kottsieper räumt jedoch der Jochanan-Münze einen Sonderstaus ein, indem er sie mit Meshorer u. a. in der Mitte des 4. Jh. v. Chr. datiert. Der Verwendung des Hebräischen auf der Münze bereits in der Perserzeit misst er religiösen Charakter bei und wertet sie als Indiz für die wirtschaftliche Bedeutung des Tempels zur Zeit der Prägung. Die Jaddua-Münze belegt jedoch, dass auch die hohepriesterlichen Prägungen in der Perserzeit aramäische Legenden trugen. S. dazu im Folgenden.

Die Jaddua-Münze ist nur einmal belegt. Sie zeigt als Aufschrift einzig den Namen Jaddua. Während der Großteil der Jehud-Münzen aramäische Legenden in paläo-hebräischer Schrift trägt und bei einem Teil der Jehezkija-Münzen sowie der Jochanan-Münze die Titel sogar die Verwendung hebräischer Sprache in paläo-he-bräischer Schrift erkennen lassen, hat die Jaddua-Münze, wie auch die Drachme mit dem „Gott auf dem Flügelrad" (TJC 1), die mutmaßlich älteste der gefundenen Jehud-Münzen, eine Legende in aramäischer Kursivschrift. Sie wird daher in der Regel für älter gehalten als die perserzeitlichen Prägungen, die paläo-hebräische Schrift verwenden. Mit Sicherheit ist sie jedenfalls früher geprägt worden als die Jehezkija-Münzen und die Jochanan-Münze.[89] In der Regel wird eine Entstehung im zweiten Viertel des 4. Jh. v. Chr. angenommen.[90]

Im Folgenden soll zunächst nach der Identität der erwähnten Individuen gefragt werden, die in allen drei Fällen umstritten ist.

4.1.2.2.4 Die Jehezkija-Münzen

Was die Identität des auf den Münzen genannten Jehezkija angeht, liegen die Dinge vergleichsweise einfach. Der Genannte wurde früher häufig mit dem Hohepriester Hiskia aus ptolemäischer Zeit identifiziert, den Josephus in C. Ap. 1,187–189 nennt.[91] Die Zuschreibung der Jehezkija-Münzen an jenen Hohepriester wurde dadurch begünstigt, dass auf denjenigen Münzen, deren Legenden neben dem Namen noch einen Titel enthalten, zunächst nur der Name, nicht aber der Titel entziffert werden konnte. Dies gelang erst Rahmani im Jahr 1971, der sich damit zugleich gegen die Identifikation mit dem bei Josephus erwähnten Hohepriester aussprach.[92] Zwar weist Meshorer darauf hin, dass eine Identifikation mit dem Hiskia aus Contra Apionem zeitlich dennoch möglich wäre – wenn besagter Hohepriester in früher ptolemäischer Zeit betagt war, wie es Josephus voraussetzt, könnte er ohne Probleme bereits vor der Mitte des 4. Jh. v. Chr. aktiv gewesen sein.[93] Dass er zur Zeit der Prägung bereits Hohepriester gewesen sein soll und in ptolemäischer Zeit immer

---

89 Vgl. etwa Spaer, Jaddua, 2, der als weiteres Indiz die verhältnismäßig intensive, tiefe Prägung der Münze anführt: „Comparison with the flat fabric of the coins of ‚Yeḥezqiyah the Governor' or the coin of ‚Yoḥanan the Priest' dating from the end of the Persian period, shows that our coin must have been struck substantially earlier. It fits much better into the earlier coinage of similar Athenian type bearing the inscription ‚Yehud' or variations thereof, though it may precede these also."
90 Vgl. Spaer, Jaddua; Mildenberg, yĕhūd und šmryn, 128.
91 Vgl. Sellers, Citadel, 73 f.; Kanael, Ancient Jewish Coins, 41; Galling, Studien, 182; Avigad, Bullae and Seals, 28 f.
92 Vgl. Rahmani, Silver Coins, 158–160.
93 Vgl. Meshorer, TJC, 15 f.; daneben auch Kottsieper, Linguistic Change, 107, Anm. 33.

noch, ist jedoch angesichts der sicheren Bezeugung weiterer Hohepriester in dieser Zeit auszuschließen.[94] Dass er ein Mitglied der hohepriesterlichen Familie war und die Ämter des Statthalters und des Hohepriesters nacheinander bekleidete, ist nicht auszuschließen, lässt sich aber auch nicht weiter plausibilisieren. Es könnte zudem erwogen werden, ob der Titel ἀρχιερεύς nicht den Hohepriester bezeichnet, sondern nur ein Mitglied der hohepriesterlichen Familie.[95] Da der Name Jehezkija sehr geläufig ist,[96] sollten aus der Namensgleichheit jedoch keine großen Schlüsse gezogen werden. Der numismatische Befund legt nahe, dass es sich bei Jehezkija um den letzten Statthalter der Provinz Jehud handelt, der auch unter Alexander noch das Amt des Gouverneurs ausübte.[97] Alles andere bleibt spekulativ.

4.1.2.2.5 Die „Jochanan, der Priester"-Münze und die Jaddua-Münze

Sowohl die Jaddua-Münze als auch die Jochanan-Münze werden vornehmlich mit Hohepriestern in Verbindung gebracht,[98] doch ist diese Sicht in beiden Fällen nicht über jeden Zweifel erhaben. Im Fall der weniger prominenten Jaddua-Münze liegt dies auf der Hand, enthält die Legende doch lediglich den Namen, aber keinen Titel, der Aufschluss über den priesterlichen Rang des besagten Jaddua geben könnte. Die Identifikation des Genannten mit dem in Neh 12,10f.22 gelisteten Hohepriester gleichen Namens bleibt daher für sich genommen zunächst hypothetisch.

Die „Jochanan, der Priester"-Münze gibt zwar Aufschluss über die priesterliche Herkunft des Prägeherrn. Da der entsprechende Titel fehlt, wird jedoch bisweilen bezweifelt, dass es sich dabei tatsächlich um den amtierenden Hohepriester gehandelt haben sollte. Mildenberg zufolge etwa könnte die Bezeichnung als „Priester" einfach nur anzeigen, dass Jochanan aus einer priesterlichen Familie stammte.[99] Jochanan sei dann entweder selbst Statthalter oder ein diesem untergeordneter Beamter gewesen. Mildenberg kommt zu dem Schluss: „Daß in der persischen Zeit den Juden oder ihrem Hohen Priester oder einem anderen ihrer Würdenträger das Prägerecht zustand, dafür gibt es keinen Anhaltspunkt."[100]

---

94 Zu nennen sind hier die Jochanan-Münze, Ant. 11 und Neh 12. S. dazu im Folgenden. Vgl. auch Bedford, Temple Restoration, 206 f., Anm. 57.

95 Vgl. Thackeray, Josephus I. Against Apion, 238, Anm. 1; Rappaport, Coinage, 15 f.

96 Vgl. Rappaport, Coinage, 16; Meshorer, Ancient Jewish Coinage I, 33.

97 Vgl. Mildenberg, Yəhūd-Münzen, 724.

98 Vgl. Barag, Silver Coin, 7 f.; Spaer, Jaddua.

99 Vgl. Mildenberg, Yəhūd-Münzen, 725; Rooke, Heirs, 230 ff.

100 Mildenberg, Yəhūd-Münzen, 726. Vgl. ders., Münzbildnisse, 381: „Die Münzherren der Provinz-Emissionen sind eindeutig die Gouverneure der beiden persischen Provinzen Samaria und Juda, ihre Produktion Silber-Kleingeld für den lokalen, täglichen Gebrauch." Vgl. auch Rappaport, Coinage.

Barag hingegen identifiziert den Genannten mit dem Hohepriester und führt als Argument dafür an, dass auch im Alten Testament die Bezeichnung „Priester" häufig für den Hohepriester verwendet werde.[101] Der biblische Befund ist in dieser Hinsicht jedoch wenig belastbar. Das häufige Fehlen des Titels im Pentateuch dürfte narratologische Gründe haben und dem Umstand Rechnung tragen, dass das Hohepriesteramt erst am Zweiten Tempel entstanden ist. Hinter der fehlenden Erwähnung des Titels in Esr 3 und Esr 5 dürften konzeptionelle Gründe stehen, wie oben dargelegt wurde.[102] Barag führt daneben noch Neh 13,4 an, wo Eljaschib, der aus Neh 3,1 und 12,28 als Hohepriester bekannt ist, einfach nur „Priester" genannt wird. Vielleicht wäre dies ein dünner Beleg für die Hypothese, es sei denn, Williamsons Vermutung trifft zu, „Eljaschib, der Priester" werde so genannt, um ihn von „Eljaschib, dem Hohepriester" unterscheiden zu können.[103] Dafür könnte jedenfalls sprechen, dass Eljaschib, wie auch Jochanan, ein für Priester überaus geläufiger Name war.[104]

Argumentatives Gewicht gewönne die Identifikation der beiden auf den Münzen genannten Individuen mit Hohepriestern indes, wenn sich die Chronologie der Münzen mit anderen Quellen korrelieren ließe. Infrage kommen hier in erster Linie Neh 12[105] und ferner Ant. 11. Während Ant. 11 am Übergang von der persischen zur hellenistischen Zeit die Abfolge Jaddua – Onias (= Jochanan) bezeugt, erwähnt die Liste in Neh 12 Jaddua als letzten Hohepriester und Jochanan als dessen Vater.

Problemlos verbinden lässt sich der numismatische Befund mit der Rekonstruktion einer erweiterten Liste von Hohepriestern, die vor allem Cross ausgearbeitet hat.[106] Es verwundert daher nicht, dass bei der Interpretation der Münzen und dem Versuch, die auf ihnen genannten Individuen zu identifizieren, häufig das Cross'sche Modell zugrunde gelegt (Spaer) oder aber der numismatische Befund als zusätzlicher Beleg für die Richtigkeit dieser Rekonstruktion gewertet wird (Barag).

---

101 Vgl. Barag, Silver Coin; grundlegend auch Stegemann, Entstehung der Qumrangemeinde, A 80, Anm. 328, der aus der Bezeichnung des „Lehrers der Gerechtigkeit" als „Priester" schlussfolgert, dass es sich um einen Hohepriester gehandelt habe. Kritisch dazu: Burgmann, Intersacerdotium, 173 ff.; Wise, Teacher, 590 ff.

102 S. o. 2.3.

103 Vgl. Williamson, Ezra, Nehemiah, 153 f.

104 Vgl. VanderKam, Jewish High Priests, 79 f.

105 Hohepriester werden in Neh 12,10 f. und Neh 12,22 gelistet. Die Liste in Neh 12,22 ist kürzer (die ersten zwei Glieder fehlen) und unterscheidet sich in einem weiteren Detail von Neh 12,10 f.: Anstelle von Jonathan heißt der Sohn Jojadas in V.22 Jochanan. Da ein Hohepriester Jochanan im 5. Jh. v. Chr. aus TAD A4.7 ∥ A4.8 bekannt ist, wird in der Regel von einem Schreibfehler in Neh 12,11 ausgegangen; vgl. VanderKam, Jewish High Priests, 68 f.

106 Vgl. im Folgenden Cross, Reconstruction.

Die Liste in Neh 12,11 f. beginnt mit Joschua und endet mit Jaddua. Nimmt man dem biblischen Bericht folgend ein Wirken Joschuas während des Tempelbaus (oder kurz nach dessen Vollendung) an[107] und schenkt der Darstellung von Ant. 11 Glauben, wonach Jaddua ein Zeitgenosse Alexanders war, der jedoch noch vor dessen Tod gestorben sei, umfasst die Liste einen Zeitraum von maximal knapp 200 Jahren. Dass diese Zeitspanne von den sechs in Neh 12 gelisteten Hohepriestern abgedeckt werden sollte, hält Cross für ausgeschlossen.

Er ergänzt die Liste daher an zwei Stellen um jeweils zwei Hohepriester (Eljaschib und Jochanan I. im 5. Jh. v. Chr.; Jochanan III. und Jaddua III. im 4. Jh. v. Chr.). Die Rekonstruktion ist äußerst voraussetzungsreich und bleibt am Ende hypothetisch. Sie basiert auf den Annahmen, dass bereits im 5. und 4. Jh. v. Chr. die bei den Oniaden bezeugte Praxis der Papponomie, die Benennung des Enkels nach dem Großvater, vorauszusetzen sei und dass ferner aufgrund von zweimaliger Haplographie zwei Vater-Sohn-Kombinationen ausgefallen seien. Relevant für den vorliegenden Zusammenhang ist die Rekonstruktion der Hohepriesterabfolge im 4. Jh. v. Chr., d. h. die Ergänzung von Jochanan III. und Jaddua III., die insgesamt auch in der Forschung nach Cross mehr Zustimmung gefunden hat als dessen Rekonstruktion der im 5. Jh. v. Chr. amtierenden Hohepriester. Entscheidend für Cross' Lösung ist sein Verständnis von Neh 12,22. Er identifiziert „Darius, den Perser" in Neh 12,22 mit Darius II. (423–405 v. Chr.) und nimmt an, dass die Liste der Hohepriester mit dem Ende der Regierung Darius' II. zum Abschluss kommt. Entsprechend müsste die Amtszeit des letztgenannten Hohepriesters Jaddua vor dem Ende der Regierung Darius' II., also vor 405 v. Chr., begonnen haben und folglich könnten der Jaddua aus Neh 12 und der, den Josephus erwähnt (zur Zeit der Eroberung Alexanders), nicht dieselbe Person sein, da sonst eine Amtszeit von über 70 Jahren anzunehmen wäre. Bei ersterem handelt es sich nach Cross um Jaddua II., geboren ca. 420 v. Chr., den Enkel von Jojada,[108] beim zweiten um Jaddua III., geboren ca. 370 v. Chr., den Vater von Onias I. (= Jochanan IV.). Cross rekonstruiert die Liste der Hohepriester im 4. Jh. v. Chr. somit wie folgt: Jochanan II. (geb. ca. 445 v. Chr. = Jochanan aus TAD A4.7 ∥ A4.8 = Jochanan in Neh 12); Jaddua II. (geb. ca. 420 v. Chr. =

---

107 Auch wenn sich die Darstellung in Hag (und Esr), wonach Joschua zu den Rückkehrern aus dem Exil gehört und sein Wirken an der Seite von Serubbabel im zweiten Regierungsjahr des Darius (= 520 v. Chr.) begann, nicht verifizieren lässt, ist davon auszugehen, dass das Amt des Hohepriesters spätestens bald nach Beendigung der Bauarbeiten entstanden sein dürfte. Auch die Analyse der entsprechenden Passagen in Hag/Sach hat ergeben, dass zumindest für die älteste Erwähnung Joschuas in Sach 3 von einem relativ frühen redaktionsgeschichtlichen Ort ausgegangen werden kann.

108 Cross interpretiert Jaddua als hypokoristische Form von Jojada und wertet Jojada entsprechend als ersten Hohepriester dieses Namens, Jaddua I.

Jaddua in Neh 12); Jochanan III. (geb. ca. 395 v.Chr. = Jochanan in Ant. 11); Jaddua III. (geb. ca. 370 v.Chr. = Jaddua in Ant. 11); Onias I. = Jochanan IV. (geb. ca. 345 v.Chr. = Onias in Ant. 11).

Die Vorteile, die diese von Cross rekonstruierte Liste bezüglich der Korrelation mit dem numismatischen Befund bietet, sind offensichtlich: Der numismatische Befund legt eine Amtszeit eines Jaddua vor Jochanan nahe, die sich nur aus Cross' erweiterter Liste, nicht aber aus Neh 12 in der vorliegenden Form ergibt. Spaer etwa, der die Jaddua-Münze 1986 erstmals als hohepriesterliche Prägung interpretierte,[109] übernahm von Cross die Unterscheidung zwischen dem Jaddua aus Neh 12 und dem in Ant. 11 erwähnten Jaddua. Die Jaddua-Münze datiert er in das zweite Viertel des 4. Jh. v.Chr. und identifiziert entsprechend den Jaddua der Münze mit Jaddua II. und den Jochanan der Münze mit Jochanan III.

Die im selben Band des *Israel Numismatic Journal* erschienene Interpretation der Jochanan-Münze durch Barag kommt zu einem ähnlichen Ergebnis.[110] Barag lehnt zwar die von Cross vorgeschlagene Ergänzung von Hohepriestern im 5. Jh. v.Chr. (Eljaschib und Jochanan) ab,[111] folgt aber der Rekonstruktion dahingehend, dass er im 4. Jh. v.Chr. ebenfalls zwei Hohepriester namens Jochanan (II.) und Jaddua (II.) ergänzt.[112] Wie Cross identifiziert er den Jochanan aus Neh 12 mit dem gleichnamigen Hohepriester aus TAD A4.7 // A4.8 (= Jochanan I., gefolgt von dessen Sohn Jaddua I.), nimmt aber an, dass es sich bei den in Ant. 11 erwähnten Personen desselben Namens um andere Hohepriester handelt, nämlich Jochanan II. und Jaddua II. Den Umstand, dass entsprechend Bagoses/Bagohi und Jochanan in Ant. 11 nicht identisch sind mit den namensgleichen Personen der Elephantine-Korrespondenz, wertet Barag für die Interpretation der Münzen aus. Er identifiziert Bagoses mit dem Eunuchen Bagoas unter Artaxerxes III.[113] und bringt die Bagoses-

---

109 Vgl. Spaer, Jaddua.
110 Vgl. Barag, Silver Coin.
111 Vgl. auch Mor, High Priests, 57–67.
112 Vgl. auch Betlyon, Government, 640f.
113 Zu demselben Schluss wie Barag kommen auch Williamson, Historical Value, und Schaper, Numismatik, 157. Die Gründe, die Barag für seine These anführt, sind jedoch schwach. Bagoses aus Ant. 11 sei ein General (στρατηγός), wohingegen Bagohi aus der Elephantine-Korrespondenz Statthalter gewesen sei. Gerade in der ersten Hälfte des 4. Jh. v.Chr., das im Zeichen der Unabhängigkeit und Rückeroberung Ägyptens stand, ist durchaus vorstellbar, dass der Statthalter der Grenzprovinz Jehud militärische Funktion gehabt hat; vgl. auch Fried, Priest, 229f. Außerdem hat VanderKam, Jewish High Priests, 83f., auf das breite semantische Spektrum des Wortes στρατηγός in der LXX hingewiesen. Trotz der militärischen Grundbedeutung kommt er zu dem Schluss: „[T]he word renders a title that has a primarily civil rather than a military nature." Er weist zudem darauf hin, dass das Wort an anderen Stellen bei Josephus ebenfalls in diesem Sinn gebraucht wird. Barag führt weiter an, der Bagoses in Ant. 11 sei offensichtlich kein Judäer, da er den Tempel durch Betreten

Jochanan-Affäre aus Ant. 11 mit der Tennes-Rebellion, einem vom sidonischen König angeführten phönizischen Aufstand im Anschluss an die erfolglose Ägyptenexpedition Artaxerxes' III. 351/350 v. Chr., in Zusammenhang.[114] Den Jochanan der Münze identifiziert er mit jenem Jochanan II. aus Ant. 11 und wertet die Jochanan-Münze entsprechend als (weiteren) Beleg für die Existenz eines Hohepriesters Jochanan Mitte des 4. Jh. v. Chr. Die Jaddua-Münze schreibt er dem Sohn Jochanans I. und Vater Jochanans II., Jaddua I., zu.

Die Interpretationen Spaers und Barags basieren auf einer unter methodischen Gesichtspunkten unsicheren und somit insgesamt spekulativen Rekonstruktion der Liste von Hohepriestern im 4. Jh. v. Chr. und sind daher problematisch. Doch auch auf der Basis der These VanderKams, wonach die Hohepriesterliste in Neh 12 vollständig sei und sich in der vorliegenden Form sowohl mit TAD A4.7 ∥ A4.8 als auch der Darstellung bei Josephus problemlos korrelieren lasse, können die auf den Münzen genannten Individuen Jaddua und Jochanan plausibel als Hohepriester identifiziert werden, wie zuletzt Kratz gezeigt hat.[115]

Der entscheidende Punkt ist die Interpretation von Neh 12,22. Versteht man den Vers im Sinne Cross', hätte Jaddua sein Amt noch vor dem Tod Darius' II. angetreten, d. h. zwischen 410 v. Chr. (als Jochanan ausweislich der Elephantine-Korrespondenz

---

entweiht, wohingegen der Statthalter Bagohi Judäer gewesen sein könnte, da auch alle anderen Statthalter Judäer waren. VanderKam hat jedoch darauf hingewiesen, wie wenig der Bagoses aus Ant. 11 zu dem General Bagoas unter Artaxerxes III. passt, der nach Diodorus' Bericht noch zu Lebzeiten zum einflussreichsten Mann im Perserreich avancierte und die Thronfolge nach Artaxerxes und Arses maßgeblich mitbestimmte (vgl. auch Olmstead, Persian Empire, 437 f., 489 – 492, der jenem Bagoses die Verantwortung für den Untergang des Perserreichs zuschreibt, indem er die Ermordung des blutrünstigen, aber fähigen Artaxerxes III. veranlasst haben soll). „There is no historical evidence for any contact between Bagoas and the Jews and certainly not for his friendship with Jeshua and the fine which he levied on sacrifices in the Jerusalem temple." (VanderKam, Jewish High Priests, 86.). Vgl. auch Achenbach, Satrapie, 134, Anm. 112.
114 Vgl. auch Barag, Effects. Von einer Beteiligung Jehuds an der Tennes-Rebellion geht auch Betlyon, Government, 638 f., aus. Schaper, Numismatik, 157, bleibt in dieser Frage unentschlossen. Ein Zusammenhang zwischen der Prägung der Jochanan-Münze und der Tennes-Rebellion ist indes schwer vorstellbar. Selbst wenn man mit Barag annehmen wollte, dass die Münze in der Mitte des 4. Jh. v. Chr. geprägt wurde, und Ant. 11 als Beleg für einen Hohepriester namens Jochanan zur Zeit der Prägung der Münze heranzöge, passt das Szenario aus Ant. 11 denkbar schlecht zur Annahme, dass der Jerusalemer Hohepriester eine politisch einflussreiche Figur war. Der Hohepriester ist klar dem persischen Beamten untergeordnet. Hätte dieser Jochanan nun angefangen, Münzen zu prägen, wäre es wohl als rebellischer Akt zu verstehen gewesen, zumal im 4. Jh. v. Chr., das für das Perserreich einige Unruhen mit sich brachte. Nach Josephus blieb er aber im Amt, was zeigt, dass er nicht als Gefahr wahrgenommen wurde.
115 Vgl. Kratz, Judentum, 108.

noch im Amt war) und 404 v. Chr. (Regierungsantritt Artaxerxes III.). Entsprechend
brächte eine Identifikation mit dem in Ant. 11 erwähnten Jaddua in der Tat eine zu
lange Amtszeit von über 70 Jahren mit sich. Diese Interpretation von Neh 12,22 ist
aber keineswegs zwingend. Erstens könnte der genannte „Darius, der Perser" mit
Darius III., statt mit Darius II. identifiziert werden. Zweitens ist die Struktur des
Verses zu beachten. Abgesehen davon, dass die Präposition על an dieser Stelle
merkwürdig ist, da eine temporale Bedeutung („bis") keineswegs geläufig ist, bringt
der Vers eine Liste von nicht namentlich erwähnten Priestern mit der Herrschaft
des Darius in Verbindung, nicht aber das Ende der Liste der Hohepriester.[116]

Nimmt man versuchsweise einen späteren Amtsantritt Jadduas an, gibt es
erstens keinen Grund, von der Existenz mehrerer Hohepriester dieses Namens
auszugehen: Der Jaddua aus Neh 12 ist der Jaddua aus Ant. 11. Zweitens kann auch der
in Neh zuvor genannte Jochanan nicht nur mit dem gleichnamigen Hohepriester aus
TAD A4.7 // A4.8 identifiziert werden, sondern auch, da er nach 410 v. Chr. noch eine
erhebliche Zeit amtiert haben kann, mit dem in Ant. 11 erwähnten Jochanan zur Zeit
Artaxerxes' II. Zwar wäre immer noch von einer längeren Amtsperiode dieser
beiden Hohepriester auszugehen, doch lägen die Amtszeiten durchaus im Bereich
des Möglichen. Jochanan war 410 v. Chr. im Amt, Jaddua ein Zeitgenosse Alexanders.
Die Amtszeiten der beiden Hohepriester decken also insgesamt mindestens 78 Jahre
ab (410 v. Chr. [= frühestmöglicher Amtsantritt Jochanans] bis 332 v. Chr. [= frühest-
mögliches Sterbedatum Jadduas]). Dies ist nach VanderKam unproblematisch: Die
Berechnung anhand von Generationen (= 25 Jahre), die Cross als Maßstab anlegt, ist
irrelevant, da das Hohepriesteramt ein lebenslanges Amt war, in dem der älteste
lebende Sohn auf den Vater folgte. Wenn Jochanan nicht allzu lange vor 410 v. Chr.
ins Amt kam und vielleicht noch bis etwa 370 v. Chr. amtierte, kann sein Sohn Jaddua
ihm gut und gerne noch für 40 Jahre im Amt gefolgt sein.

Der Sohn Jadduas wird in der Liste Neh 12 nicht mehr erwähnt. Dass es sich um
einen weiteren Jochanan (= Onias) gehandelt hat, lässt sich allerdings Ant. 11 entnehmen. Der numismatische Befund fügt sich dann hervorragend zu dieser Abfolge
von Hohepriestern im 4. Jh. v. Chr. Die Jaddua-Münze wurde von besagtem Hohepriester geprägt, vielleicht relativ zu Beginn seiner Amtszeit.[117] Jedenfalls würde
dies zu der etablierten Datierung der Münze noch vor der Mitte des 4. Jh. v. Chr.

---

116 Vgl. VanderKam, Jewish High Priests, 80.
117 Zwar bleibt die numismatische Evidenz im Fall der Jaddua-Münze begrenzt belastbar. Die
Tatsache, dass sie sich passgenau in die Hohepriester-Liste des 4. Jh. v. Chr. einfügt, erlaubt es dennoch, den Genannten mit dem Jerusalemer Hohepriester zu identifizieren.

passen. Die Prägung der „Jochanan, der Priester"-Münze geht auf dessen Sohn Onias I. (= Jochanan II.) zurück, was zu der vermuteten hellenistischen Datierung passt.[118]

Hält man die Jochanan- und die Jaddua-Münze demnach gegen Mildenberg für hohepriesterliche Emissionen, ist damit zumindest für die makedonische oder frühe ptolemäische Zeit die Praxis simultaner Münzprägung von Hohepriester und Statthalter belegt. Die Jaddua-Münze weist darauf, dass der Hohepriester bereits zuvor Münzen geprägt hat. Münzen, die explizit dem Statthalter zugewiesen werden, sind zwar für dieses Stadium der persischen Zeit nicht belegt, doch muss das nicht viel heißen, da die Verwendung von Namen, geschweige denn von Titeln, auf den Jehud-Münzen nicht geläufig ist. Man weiß aus Samaria, dass die Satrapen Pharnabazos und Mazaios Münzen geprägt haben.[119] Einige der Personennamen auf den samarischen Münzen können zudem mit großer Wahrscheinlichkeit Statthaltern zugeordnet werden, z. B. *dy/d* (Delaja), *šl* (Schelemja), *sn* (Sanballat).[120] Für Jehud ist von denselben Voraussetzungen auszugehen.[121] Dass neben dem Hohepriester und dem Statthalter auch andere Autoritäten Münzen geprägt haben, kann freilich nicht ausgeschlossen werden.

---

118 Singulär ist der Vorschlag von Fried, Silver Coin, die den Jochanan der Münze und den Jochanan aus Elephantine identifizieren, indem sie die Jochanan-Münze etwa 30 Jahre früher (378–368 v. Chr.) ansetzt. Die Datierung ist unwahrscheinlich, sodass in der Regel mit zwei Hohepriestern gerechnet wird, die den Namen Jochanan tragen.
119 Vgl. Wyssmann, Vielfältig geprägt, 56.
120 Vgl. Wyssmann, Vielfältig geprägt, 61.64 f.67.
121 Für das ausgehende 6. Jh. v. Chr. und das 5. Jh. v. Chr. ist die Organisation und Kontrolle der Wirtschaft Jehuds durch den Statthalter auch durch Bullen und Siegel belegt, die Namen und Titel von Statthaltern tragen: (Elnatan), Jehoezer, Achzai (jeweils mit Titel). Eine Reihe von Namen begegnen ohne Titel, aber mit beigefügtem Provinznamen. Über Rang und Funktion dieser Personen lässt sich nur spekulieren. Der Beleg eines Jehoezer-Siegels ohne Titel zeigt jedenfalls, dass der Statthalter-Titel nicht notwendig war. Es könnte sich daher auch bei den übrigen namentlich Genannten um Statthalter handeln, sicher ist dies jedoch nicht. Möglicherweise handelt es sich auch um andere Verwaltungsbeamte. Kratz, Judentum, 98: „Die Funktion der Bullen und Siegel ist aus sich heraus schwer zu bestimmen und folglich umstritten, doch darf man sie aufgrund der Analogie zu den späteren Münzen vielleicht am ehesten mit dem innerjudäischen (Zwischen-)Handel oder dem Eintreiben von Steuern in Verbindung bringen." Vgl. auch z. B. Achenbach, Satrapie, 117. Die als *pḥh* bezeichneten Beamten kontrollierten somit die judäische Wirtschaft und waren sicher den übergeordneten Stellen, vor allem dem persischen Satrapen, verantwortlich.

4.1.2.2.6 Die Aussagekraft der Jehud-Münzen mit Blick auf die Stellung und Funktion des Hohepriesters

Ein Münzmonopol des Tempels?

Können sowohl die Jaddua-Münze als auch die Jochanan-Münze als hohepriesterliche Emissionen gewertet werden, stellt sich die Frage, was dies über die Stellung und Funktion des Hohepriesters innerhalb der Provinz Jehud aussagt. Häufig wird der numismatische Befund mit der Frage nach der administrativen, wirtschaftlichen und/oder politischen Funktion des Jerusalemer Tempels resp. des Hohepriesters innerhalb der Provinz Jehud oder im Perserreich verquickt, was bisweilen zu folgenreichen Annahmen führt. Schaper etwa meint, dass sich am Jerusalemer Tempel die einzige Einschmelzstelle der Provinz befunden habe und dieser folglich die zentrale Stätte der Münzproduktion in Jehud gewesen sei.[122] Oben wurde bereits Schapers These infrage gestellt, dass sich aus dem Bildprogramm der Jehud-Münzen ein Einfluss des Jerusalemer Tempels und des Hohepriesters auf die Regierung der Provinz Jehud ableiten lasse.[123] Auch die weitreichende Annahme, dass die Münzprägung in Jehud zentralisiert gewesen und der Tempel somit als einzige Prägestätte anzusehen sei, lässt sich weder auf der Grundlage des numismatischen noch des archäologischen noch des biblischen Befundes plausibilisieren. Zwar kann aus Sach 11,13 mit einer gewissen Wahrscheinlichkeit geschlossen werden, dass der Tempel über die technischen Mittel zur Silberverarbeitung verfügte,[124] sodass die technischen Voraussetzungen für die Münzprägung in der Tat gegeben gewesen sein dürften. Da mit der Jaddua- und der Jochanan-Münze zudem hohepriesterliche Emissionen belegt sind, spricht ferner nichts dagegen, von einer Münzprägung am Jerusalemer Tempel auszugehen. Dass der Tempel die *einzige* Prägestätte der Provinz war, ist hingegen eher unwahrscheinlich. Schapers einziges Argument für diese These ist die relativ geringe Größe der Provinz. „In der winzigen Provinz Jehud dürfte es neben diesem [sc. dem Tempel] keine weitere Institution gegeben haben, die mit den nötigen technischen Vorrichtungen ausgestattet gewesen wäre."[125] Da das Prägen von Münzen technisch nicht sonderlich aufwändig war, ist dieser Schluss

---

122 Vgl. Schaper, Priester, 159 f.
123 S. o. S. 318 f.
124 S. dazu o. S. 203, Anm. 246.
125 Schaper, Numismatik, 159, Anm. 83. Mit der begrenzten Größe der Provinz argumentiert auch Rooke, Heirs, 231, die freilich andere, nachgerade entgegengesetzte Schlüsse daraus zieht: Da es in Jehud nicht zwei prägende Autoritäten nebeneinander gegeben haben könne, hätten die auf den Münzen genannten Autoritäten Jochanan und Jehezkija die Münzen nicht zeitgleich geprägt. Die Münzen seien daher kein Beleg für die Gleichrangigkeit von Statthalter und Hohepriester. Vielmehr handele es sich bei den Genannten um zwei aufeinanderfolgende Statthalter.

jedoch keineswegs zwingend.[126] Eine zentralisierte Münzproduktion kann in der Antike zudem nicht als Standard vorausgesetzt werden[127] und liegt gerade im Fall der Jehud-Münzen, die im Kontext der eher liberalen Münzpolitik der Perser zu interpretieren sind,[128] nicht eben nahe. Darüber hinaus muss schließlich im Licht der archäologischen Evidenz das Urteil Rappaports – „The strongest argument for attributing the YHD coins to a mint in Jerusalem is [...] that there is no better alternative"[129] – revidiert werden. Nicht Jerusalem, sondern Ramat-Rahel dürfte das administrative Zentrum der Provinz gewesen sein. Sowohl die Monumentalarchitektur, insbesondere der Palast, als auch die quantitative Verteilung der Jehud-Stempelabdrücke[130] führen Lipschits zu dem Schluss: „[I]t appears that Ramat Raḥel had become one of the central government's most important – if not *the* most important administrative tax collection centers during the existence of the province of Judea."[131] Vor diesem Hintergrund sollte Jerusalem als Sitz des Statthalters der Provinz gegenüber Ramat-Rahel zumindest nicht vorschnell der Vorzug gegeben werden. Der Palast in Ramat-Rahel erscheint als Residenz des Statthalters[132] und entsprechend auch als Prägestätte (eines Teils) der Jehud-Münzen[133] durchaus geeignet.

Gegenüber der Annahme einer zentralisierten Münzproduktion am Jerusalemer Tempel ist somit Skepsis angebracht. Wenn die Hohepriestermünzen die Praxis der Münzprägung sogar in Jerusalem belegen, spricht viel dafür, dies auch für andere Orte in der Provinz anzunehmen. Keinesfalls kann also die Münzprägung in Jehud *per se* als Beleg für die wirtschaftlich-politische Relevanz von Tempel und Hohepriester auf Provinzebene herangezogen werden.

Eine Dyarchie von Statthalter und Hohepriester?
Auch jenseits der Hypothese eines Münzmonopols des Tempels werden aus dem simultanen Ausstoß von Statthalter- und Hohepriestermünzen bisweilen weitrei-

---

126 Vgl. etwa Rappaport, Coinage, 9: Es ist möglich, dass die Münzen in Jerusalem geprägt wurden, aber „there is no definite proof for this assumption".
127 Vgl. Howgego, Geld, 32.
128 S. dazu im Folgenden.
129 Rappaport, Coinage, 8, Anm. 39.
130 S. dazu o. S. 204, Anm. 252.
131 Lipschits, Palace, 36.
132 Vgl. etwa Altmann, Economics, 164, der in diesem Zusammenhang festhält: „[W]hile there is certainly no decisive evidence in favor of such a conclusion, the grandeur of the site does tend to imply it." Skeptisch diesbezüglich bleiben hingegen Lipschits/Vanderhooft, Yehud Stamp Impressions, 80.
133 Vgl. Altmann, Economics, 183.

chende Schlüsse gezogen, indem etwa angenommen wird, dass sich darin die gleichwertige Führungskompetenz und -autorität und somit faktisch eine Dyarchie von Statthalter und Hohepriester in Jehud spiegelt.[134]

Mitunter wird in diesem Zusammenhang angenommen, dass die Münzprägungen des Hohepriesters auf einer Ermächtigung durch eine übergeordnete persische Instanz basieren. Eine maximale Position diesbezüglich formuliert Goldmann, der mit Blick auf die Hohepriester-Münzen festhält:

> Das Prägen von Münzen im Altertum ist das Vorrecht der obersten staatlichen Autorität gewesen, d.h. fast immer des Königs. Dieses Recht konnte in gewissen Fällen an partikulare Herrscher oder auch an Stadtstaaten, wie die phönizischen Städte z.B., übertragen werden. Eine solche Übertragung der Prärogative des Königs an von ihm abhängige Gewalten stellt einen „Staats-Akt" dar, der fast immer mit Rangerhöhung des betreffenden Herrschers und mit der Ernennung zum Vertreter des Königs verbunden war.[135]

In abgeschwächter Weise kommt auch Achenbach in Bezug auf die Jaddua-Münze zu dem Schluss: „[S]ie [...] belegt, dass offensichtlich im 4. Jh. neben dem Provinzstatthalter auch dem Tempel die Einführung einer eigenen Münze genehmigt wurde, und damit wohl auch einer Teilautonomie der Tempel-Ökonomie!"[136] Als Ausdruck einer Teil-Autonomie der Tempelökonomie kann die Prägung von Hohepriestermünzen sehr wohl verstanden werden. Ob dies auf eine formelle Autorisierung durch die persische Regierung zurückgeführt werden kann und muss, ist jedoch fraglich, wie ein Blick auf die persische Münzpolitik zeigt.

---

134 Vgl. etwa Schaper, Priester, 157: „Man kann diesen Befund als Hinweis darauf sehen, daß die politische und die religiöse Führung im Jehud der spätachämenidischen Zeit gleichberechtigt waren, da sie beide Münzautorität besaßen." Vgl. ders., Numismatik, 157: „Bemerkenswert ist jedenfalls, daß in Juda im selben Zeitraum die religiöse und die staatliche Führung unter jeweils eigener Autorität Münzen prägen und in Umlauf bringen ließen. Das läßt, falls es sich bei der Münzprägung durch Jochanan nicht um einen aufrührerischen Akt des Hohenpriesters gehandelt haben sollte, auf die (vielleicht nicht völlige, aber doch wohl annähernde) Gleichberechtigung beider Autoritäten und damit auf eine Art Dyarchie schließen." Ähnlich auch Kratz, Judentum, 107 („So oder so deutet sich in dem Nebeneinander der Jehezkija- und der Jochanan-Münze eine Art Dyarchie und mit ihr die Entwicklung zur Hierokratie an, die das judäische Gemeinwesen in der hellenistischen Zeit genommen hat."), und Hieke, Leadership, 78 („Practically one could speak of a kind of dyarchy of the governor and the high priest."). Betlyon, Government, 637ff., geht davon aus, dass die Jerusalemer Hohepriester grundsätzlich als Statthalter fungierten, was einen großen politischen Einfluss bezeugen würde: „The high priest had assumed some measure of civil authority himself, perhaps when local governors were weak or when the high priest was specifically appointed to fulfill both religious and civil functions by Persia." (641).

135 Goldmann, Symbol der Lilie, 261.

136 Achenbach, Satrapie, 137.

Die Hohepriestermünzen im Licht der persischen (Münz-)Politik
„Lokale Belange in Religion, Recht und Wirtschaft waren Sache der lokalen Autoritäten, nicht der Verwaltung in Susa. Das Perserreich war kein zentralistischer Nationalstaat, sondern eine Konföderation."[137] Dieser Umstand wirkte sich auch auf die Münzpolitik aus, die, anders etwa als später die der Ptolemäer, nicht zentralisiert war.[138] Neben dem persischen Reichsgeld (Golddareiken und Silbersigloi) wurden Fremdwährungen integriert, zudem gab es diverse Lokalprägungen. Dabei darf das dezentralisierte Münzwesen keineswegs als politische Schwäche des Perserreichs interpretiert werden:

> Die Großkönige haben mit der Prägung ihres Reichsgeldes achämenidischer Art sehr wohl von ihrem Prärogativ Gebrauch gemacht, wenn es notwendig war, aber auch gleichzeitig mit der Zulassung des Münzimportes, der Schaffung von Silberkleingeld durch die Provinzgouverneure und vor allem durch die Duldung der allgegenwärtigen Lokalprägungen verschiedenster Art eine gute Geldversorgung ermöglicht. [...] Die persische Münzpolitik als Schwäche auszulegen, wäre ebenso unstatthaft wie die Vermutung zu äußern, man habe dort die Regeln des Geldwesens nicht begriffen oder vernachlässigt. Man hat vielmehr bewußt entschieden, wichtige, ergänzende Funktionen den lokalen Körperschaften zu überlassen.[139]

Vor diesem Hintergrund darf die Prägung der Jehud-Münzen durch verschiedene Autoritäten nicht überinterpretiert werden: „Die Möglichkeit zur lokalen Geldschöpfung war überall dort gegeben, wo die finanziellen, organisatorischen und technischen Voraussetzungen vorhanden waren. [...] Gesetze oder Verordnungen des Großkönigs wurden dafür nicht benötigt."[140]

Die liberale persische Münzpolitik lässt es im Übrigen gänzlich unplausibel erscheinen, dass die im 4. Jh. v.Chr. einsetzende Münzprägung in Jehud insgesamt oder die hohepriesterlichen Emissionen im Besonderen im Zusammenhang mit einer Revolte der Provinz oder bestimmter Kreise gegen die lokalen oder übergeordneten persischen Instanzen stehen, wie bisweilen erwogen wird.[141] Häufig steht

---

137 Mildenberg, Münzbildnisse, 387.
138 Vgl. Howgego, Ancient History, 46 f.: „Numismatic evidence demonstrates the freedom of production and circulation of a wide variety of issues within the empire. The Persians did not even intervene to standardize weights."
139 Mildenberg, Münzwesen, 29.
140 Mildenberg, Münzwesen, 14. Vgl. auch ders., Münzbildnisse, 377. Zugleich tangierten die lokalen Münzprägungen in keiner Weise die Autorität der persischen Herrschaft über die Gebiete. Cataldo, Theocratic Yehud, 85, Anm. 89, etwa stellt fest: „In light of the fact that money continues to be weighed, rather than the weight accepted by virtue of a seal, I do not see a reason why the Persian authorities would be overly concerned with the practice of minting in local provinces."
141 Barag etwa nimmt an, dass die Herstellung der Jochanan-Münze mit der Tennes-Rebellion (351/350 v.Chr.) in Zusammenhang steht; vgl. Barag, Effects, 6–12; ders., Silver Coin, 17. Er datiert die

im Hintergrund dieser These die Annahme, dass es vor der Eroberung durch Alexander eine wirtschaftliche und/oder politische Schwäche des Perserreiches gegeben habe,[142] was jedoch eher unwahrscheinlich ist.[143]

Die Herstellung von Münzen belegt somit keine zunehmende Autonomie der prägenden Autoritäten gegenüber den persischen Herrschern. Einerseits ist nicht mit einer Zunahme der lokalen Autonomie in Opposition zu den persischen Autoritäten zu rechnen.[144] Gleichzeitig dürfte die lokale Münzprägung als generell von den Persern autorisierte Praxis anzusehen sein,[145] sodass es andererseits auch

---

Jochanan-Münze auf 345–343 v. Chr. (nach ihm die Jahre, in denen Jehud sich der Rebellion anschloss). Betlyon, Government, sieht sogar einen mehrstufigen engen Zusammenhang zwischen der Münzprägung in Jehud und diversen lokalen Revolten. Auf denjenigen Münzen, deren Abbildung Mildenberg als Perserkönig mit Zackenkrone identifiziert (TJC 16), erkennt er den Herrscher Jehuds (= Hohepriester als Statthalter [!]), der sich in der Weise des persischen Königs darstellt (analog zu ähnlichen Prägungen in Sidon während einer vom Pharao Tachos 359 v. Chr. angeführten Revolte gegen die Perser, an der Sidon und Zypern beteiligt waren), und schließt daraus, dass auch Jehud an der Revolte beteiligt war. Nach einer Pause der lokalen Münzprägung, während der die Münzhoheit bei den persischen Autoritäten gelegen habe (362–358 v. Chr.; TJC 1 verortet er hier), hätten die Perser bis zur Beteiligung Jehuds an der Tennes-Rebellion wieder Lokalprägungen genehmigt (ab 358 v. Chr. bis 346 v. Chr.). Im Zusammenhang der Tennes-Rebellion verortet Betlyon die Jehezkija-Münzen. Nachdem der Aufstand niedergeschlagen worden sei, sei es nach einer erneuten kurzen Pause wieder zu lokalen Münzprägungen gekommen (ab 345 v. Chr.), zu denen Betlyon die Jochanan-Münze rechnet.

Grundsätzlich ist eine Beteiligung Jehuds an diesen lokalen Rebellionen (oder ein nennenswerter Einfluss derselben auf die Provinz) nicht nachweisbar; vgl. etwa Mildenberg, yĕhūd und šmryn, 133, mit Anm. 57. Ein Zusammenhang zwischen den Jehezkija-Münzen/der Jochanan-Münze und besagten Aufständen ist allein schon aufgrund derer anzunehmenden hellenistischen Provenienz ausgeschlossen.

142 Betlyon, Government, 635, etwa vermutet als Grund für den Beginn der Münzprägung in Jehud eine wirtschaftliche Flaute des Perserreiches: „The empire was decaying rapidly, and aid from the economic sector was necessary."

143 Vgl. Wiesehöfer, Achaemenid Empire, 23: „[T]here was no downhill slide and no existential crisis of authority, but there were tensions in the imperial structure that in certain circumstances could grow into regional instability or temporary weakness of royal power. None of these crises threatened the existence of the Achaemenid Empire. Even the loss of Egypt for approximately 60 years did not really change anything with regard to the excellent position of the Great King in the power structure of the Eastern Mediterranean and the Near East."

144 Auch Altmann, Economics, 68, steht der Annahme, dass die Jehud-Münzen eine Autonomie Jehuds gegenüber dem Perserreich belegen, kritisch gegenüber: „Yehud's minting of coins need not signify the assertion of Yehudite independence from Persia (this view arises from a mistaken generalizing assumption for the dynamics involved in minting of coins)." Vgl. auch Bedford, Temple Restoration, 202 f.

145 Etwas offener formuliert Rappaport, Coinage, 14: „Partially it may even have been unauthorized minting, something not yet strictly defined from the political and legal standpoint. [...] They may not

keiner formellen Ermächtigung der prägenden Autoritäten seitens der persischen Herrscher bedurfte. Der jeweilige Prägeherr der Münzen „may have acted without formal authorization but never in his own right".[146]

Ist in wirtschaftlichen Angelegenheiten somit von einer relativen Autonomie der Provinz auszugehen, sind die simultanen Münzprägungen von Hohepriester und Statthalter grundsätzlich als interne Angelegenheit zu bewerten.[147] Doch auch hinsichtlich des Verhältnisses von Provinzverwaltung und Tempeladministration ist der numismatische Befund vor dem Hintergrund der Erwägungen zur persischen Münzpolitik nur bedingt aussagekräftig. Wenn weder ein Autonomiestreben im Hintergrund steht noch eine formale Autorisierung im Sinne der Verleihung eines Prägerechts anzunehmen ist, belegen die simultanen Prägungen verschiedener Autoritäten jedenfalls nicht *per se* deren (in etwa) gleichrangige exekutive Gewalt, sondern erst einmal nur deren Bedarf und technische Fähigkeit zur Münzprägung. Die im 4. Jh. v. Chr. einsetzende Münzprägung in Jehud sollte also nicht vorschnell als Politikum aufgefasst werden. Sie könnte schlicht wirtschaftlich-pragmatische Gründe gehabt haben.

Dies erscheint nicht zuletzt vor dem Hintergrund plausibel, dass der Beginn der Münzprägung in Jehud in eine „Blütezeit des Geldwesens im Reich der Achämeniden um 350"[148] fällt. Mit dem Königs- oder Antalkidas-Frieden von 387/386 v. Chr. setzte eine rege Münzproduktion ein, „die sich unter Artaxerxes III Ochos zu einer regelrechten Münzexplosion in weiten Gebieten des Reiches und an seinen Grenzen steigerte".[149] Diese Münzentwicklung kann als Zeichen für einen wirtschaftlichen Aufschwung im Perserreich gewertet werden,[150] an dem auch Jehud partizipiert haben könnte.

Die Produktion der Jehud-Münzen liegt zum einen im Trend und entspricht der allgemeinen Entwicklung hin zu einer zunehmend stärker münzbasierten Wirt-

---

have been fully authorized by the central Persian government without, at the same time, being considered as an act of rebellion or disloyalty." Und in einer Anmerkung dazu: „It is possible that the Persian government [...] did not supervise every minting activity."
146 Mildenberg, Yehud II, 75.
147 Vgl. auch Rappaport, Coinage, 14. Dafür sprechen auch die ausschließlich kleinen Denominationen: Es handelt sich um Kleingeld, das außerhalb des unmittelbaren Prägebereichs keine Relevanz hatte.
148 Mildenberg, yĕhūd und šmryn, 124. Vgl. auch ders. Münzbildnisse, 377: „Nie und nirgends hat es – vor Alexander – eine solche Münzfülle gegeben wie um 350."
149 Mildenberg, yĕhūd und šmryn, 131.
150 Vgl. Mildenberg, yĕhūd und šmryn, 132.

schaft[151] – Münzen vereinfachen und beschleunigen jede Art von Handel, auch dyadische Tauschgeschäfte zwischen Personen, die keinen Zugang zu den regionalen Märkten hatten (z. B. Gebrauchsgüter, ggf. auch Arbeitsleistung).[152] Zum anderen könnte der massenhafte Ausstoß der Münzen darüber hinaus auf eine gewisse wirtschaftliche Prosperität in der Region weisen, was angesichts der politischen Entwicklungen im Perserreich auch grundsätzlich plausibel erscheint. Der Beginn der Münzprägung in Jehud fällt in die Zeit der Unabhängigkeit Ägyptens. Nachdem Kleinasien durch den Antalkidas-Frieden befriedet war, wendeten sich die Perser verstärkt Ägypten zu, das jedoch nach mehreren erfolglosen Expeditionen erst unter Artaxerxes III. im Jahr 343 v. Chr. zurückerobert werden konnte. Die wiederholten Expeditionen nach Ägypten dürften mit einer verstärkten Präsenz persischer Truppen im Auf- und Durchmarschgebiet Jehud einhergegangen sein.[153] Zur Versorgung des Militärs wurden etliche Getreidespeicher in der südlichen Shephelah errichtet, die von den Bewohnern der Provinz gefüllt werden mussten. Die Stationierung des Militärs dürfte also eine Steigerung der agrarischen Produktion nach sich gezogen haben, sodass innerhalb der Provinz in größerem Umfang Handel stattfand als zuvor. Dass sich in diesem Zeitraum die den Handel vereinfachende Münzprägung etabliert bzw. intensiviert, erscheint grundsätzlich plausibel.[154]

Die Hohepriester-Münzen belegen eine Beteiligung des Tempels an dieser wirtschaftlichen Entwicklung. Welche Implikationen dies für die Stellung des Hohepriesters innerhalb der Provinz hatte, bleibt indes schwer zu beurteilen. Vorstellbar ist, dass der Tempel selbst in geringem Umfang in den lokalen Handel involviert war (etwa durch die Bewirtschaftung kleinerer Landbesitze). Vor allem

---

151 Vgl. Altmann, Economics, 171: „[T]he rise of coinage could also have been more of a result of widespread economic developments [...] in which coinage simply had come to play a larger role in the society through the presence of an increased number of coins." Vgl. auch Rappaport, Coinage, 14: „This coinage was motivated mainly by economic needs: the development of money-economy demanded small change, and this was supplied in Judea by the tiny YHD coins."

152 Vgl. Altmann, Economics, 175.

153 Vgl. Tal, Negotiating Identity, 449, Anm. 7: „It seems, however, that the beginning of Judahite coin minting should be understood against the Achaemenid imperial policy and the reorganization of the southern frontier of the fifth Persian satrapy once domination of Egypt came to an end, circa 400 – 343 B.C.E., that is, the administrative role of the (new border) province of Judah in the Achaemenid Empire." Vgl. auch Lipschits/Vanderhooft, Yehud Stamp Impressions, 87: „Palestine, and especially its southern part, therefore became one of the most important border zones of the Empire for more than 50 years."

154 Vgl. etwa Machinist, First Coins, 373: „[T]here must have been numbers of soldiers moving through Palestine in the fourth and early third centuries, and the need to deal with them, and the traders and others associated with them, must have been a considerable stimulus to monetary production."

aber dürfte die Regulierung der Abgaben an den Tempel[155] sowie der Tempelausgaben[156] durch Münzen vereinfacht worden sein.[157]

Die Aussagekraft der Münzen im Hinblick auf das Verhältnis von Hohepriester und Statthalter ist somit insgesamt begrenzt. Ein steigender Anspruch oder Einfluss des Hohepriesters in wirtschaftlich-politischen Angelegenheiten innerhalb der Provinz Jehud kann nicht ausgeschlossen werden, ist aber durch die Münzen allein nicht belegbar. Zumindest fehlt jede Evidenz, sie als Ausdruck der Machtzunahme des Hohepriesters *zu Lasten* der Autorität des Statthalters zu verstehen.[158] Das Urteil Achenbachs,

> [d]as Nebeneinander von *Pæḥāh*-Münze und Tempel-Münze bedeutet aber, dass gegenüber dem Wirtschaftssystem der Achämeniden die hierokratische Tempelwirtschaft eine gewisse Autonomie gewonnen hat und einen eigenen Rechtsanspruch erhob, die nun in eine Konkurrenz zu dem Anspruch des *Pæḥāh* auf die staatliche Aufsicht über die Versammlung der *Ḥōrîm* und *Seganîm* eintrat,[159]

dürfte die Aussagekraft des numismatischen Befunds somit überstrapazieren: Weder lässt sich aus diesem schließen, dass sich die „hierokratische Tempelwirtschaft" in Opposition zu dem persischen Wirtschaftssystem entwickelt hat – naheliegender ist es, nicht zuletzt aufgrund des homogenen Bildprogramms, die Hohepriester-Münzen als Teil desselben zu sehen – noch geht damit ein mit dem Anspruch des Statthalters konkurrierender Rechtsanspruch auf die Aufsicht über laikale Autoritäten einher.

---

155 Vgl. etwa Neh 10,33 f. und Ex 30,13.15.

156 Nach Altmann, Tithes, 227, könnten die Münzen vornehmlich den Zweck gehabt haben, Tempelausgaben damit zu decken. Als Analogie für diese Praxis führt er die Verwendung von Münzgeld im Bereich des Tempels in Babylonien im 6. Jh. v. Chr. an. Weil die Tempel nicht über die nötige Menge an Naturalien verfügten, wurden Personalkosten der Tempelangestellten in Münzwährung gedeckt.

157 Damit geht nicht zwingend ein bedeutender wirtschaftlicher Aufschwung des Tempels in dieser Zeit einher. Die etwa zeitgleich anzusetzenden literarischen Fundraising-Strategien (z. B. Gen 14,18 – 20) belegen die bleibende Schwierigkeit der Finanzierung von Kult und Priestern.

158 Vgl. Pyschny, Führung, 308.

159 Achenbach, Satrapie, 137 f. Ähnlich optimistisch urteilen Machinist, First Coins, 376 („[T]he hints suggest a connection between the change from governor to priestly rule and closeness to, or independence from, the central Achaemenid administration."), und Betlyon, Government, 641 („These priests [*sc.* die für die Prägung der Münzen verantwortlichen Hohepriester] took on great authority by the end of Persian rule, including the minting of coinage [...]. The high priest had assumed some measure of civil authority himself, perhaps when local governors were weak or when the high priest was specifically appointed to fulfill both religious and civil functions by Persia.").

Selbst wenn man die Hohepriester-Münzen mit etwas Optimismus als Indiz für eine gewisse Autonomie des Tempels in wirtschaftlichen Angelegenheiten werten wollte, war aufgrund der liberalen Münzpolitik im Perserreich an die Prägung der Münzen keine besondere Autorität gebunden. Da ansonsten in sämtlichen Quellen der ausgehenden Perserzeit, die Aufschluss über die politische Organisation Jehuds geben (TAD A4.7 // A4.8; Neh), der Statthalter als die ausschlaggebende Instanz dargestellt wird, kann nicht einmal die Möglichkeit ausgeschlossen werden, dass der Hohepriester vom Statthalter beauftragt oder ermächtigt wurde, Münzen zu prägen.[160] Somit bleibt nur mit Bedford festzuhalten: „At most one can say that ‚the priest' [sc. die prägende Autorität der Jochanan-Münze] was an important enough official to have minted a coin, but the nature of his authority remains unclear."[161]

4.1.2.3 Josephus
Auch der Bericht des Josephus steht dem bisherigen Befund nicht entgegen. Aus der insgesamt eher uninformiert wirkenden Darstellung der Perserzeit in Ant. 11 lassen sich drei Begebenheiten hervorheben, die das Verhältnis von Statthalter und Hohepriester tangieren und somit Aufschluss über die Stellung des Hohepriesters in der Perserzeit geben könnten.

Ant. 11,297–301 berichten von einem Konflikt zwischen dem Statthalter Bagoses (= Bagohi) und dem Hohepriester Joannes (= Jochanan).[162] Joannes, der Enkel von Eljaschib und amtierender Hohepriester, wird von seinem Bruder Jesus (= Joschua) angefochten, dem der Statthalter Bagoses das Amt des Hohepriesters versprochen hatte. Joannes tötet Jesus daraufhin im Tempel. Zur Strafe dafür erhebt Bagoses eine Opfersteuer für sieben Jahre. Unabhängig von der Frage, ob die berichtete Bege-

---

160 Vgl. Cataldo, Theocratic Yehud, 85: „The coins, which are mostly of small denomination, may have been minted to provide for local economic needs, such as providing day wages to soldiers and other workers. To facilitate this, the governor may have permitted local authorities to produce mints of small denomination." Vgl. auch Bedford, Temple Restoration, 206: „The priest minting the coin need not denote the expulsion of the governor since the priest may have been an official under the authority of the governor."
161 Bedford, Temple Restoration, 206.
162 Jochanan und Bagoses sind mit den Adressaten des Bittschreibens Jedanjas aus Elephantine identisch. Nach Ant. 11 ist Bagoses der General „des anderen Artaxerxes", während die Elephantine-Korrespondenz noch zu Zeiten Darius' II. datiert. Der Zwischenfall wäre also nach dem Regierungswechsel von Darius II. auf Artaxerxes II. (404 v.Chr.) und somit einige Jahre nach der Elephantine-Korrespondenz anzusetzen. Damit ist zugleich unwahrscheinlich, dass die ausgebliebene Antwort des Hohepriesters auf das Bittschreiben der Elephantiner Judäer mit dem Konflikt in Jerusalem in Zusammenhang steht; vgl. Fried, Priest, 228. Erwogen wird diese Option indes von Kottsieper, Religionspolitik, 164 f. und 171 f.

benheit historisch ist oder nicht,[163] scheint Josephus aus seinem Studium der Quellen den Eindruck gewonnen zu haben, dass persische Beamte die Autorität hatten, auch in Tempelangelegenheiten Entscheidungen zu treffen (vgl. etwa auch die Elephantine-Korrespondenz oder Neh 13) und sogar in die hohepriesterliche Sukzession einzugreifen.

Die anderen beiden Episoden treffen teils recht vollmundige Aussagen über den Hohepriester, sind historisch jedoch von geringem Wert.

Die Darstellung in Ant. 11,302–312 ist deutlich tendenziös. Jaddus, der Sohn des Joannes, wird Hohepriester an seines Vaters Statt. Manasses, der Bruder des Jaddus, heiratet die Tochter von Sanballat, dem Statthalter von Samaria, der hofft, sich mit dieser Allianz das dauerhafte Wohlwollen der unbequemen Judäer zu sichern. Manasses zieht damit den Unmut von Jaddus und den Ältesten auf sich. Sanballat verspricht, von Darius die Erlaubnis einzuholen, einen Tempel auf dem Garizim zu errichten und Manasses dort zum Hohepriester und zum Statthalter von Samaria zu machen. Offenbar geht es Josephus hier stärker darum, die Entstehung der Samaritaner und ihres separatistischen Kultes (polemisch) zu erklären, als darum, eine historische Begebenheit mitzuteilen.[164] Über Rang und Einfluss des Jerusalemer Hohepriesters lässt sich der kurzen Episode entsprechend nichts entnehmen.

Die dritte Episode, Ant. 11,326–339, berichtet, wie der Hohepriester Jaddus Alexander entgegenzieht, die Stadt aufgibt und dafür von Alexander sehr wohlwollend behandelt wird. Auch dieser Bericht gehört sicher in den Bereich der Legenden, zumal die Darstellung der Perserzeit in den Antiquitates auf diese Weise gerahmt wird durch das zuvorkommende Verhalten ausländischer Könige gegenüber den Juden (vgl. das Kyros-Edikt zu Beginn in Ant. 11,1–4).[165]

4.1.2.4 Fazit

Die Jehud-Münzen spiegeln ca. 50 bis 80 Jahre nach der Elephantine-Korrespondenz kein gänzlich neues Bild der politischen Strukturen innerhalb der Provinz. Wie die Referenz auf ein früheres, unter anderem an den Hohepriester adressiertes Schreiben in TAD A4.7 // A4.8 dokumentieren auch die Hohepriestermünzen unzweifelhaft, dass der Hohepriester unter den Jerusalemer Autoritäten rangiert. Während der erhaltene Teil der Korrespondenz zwischen den Judäern in Ele-

---

163 Optimistisch urteilt in dieser Angelegenheit Rooke, Heirs, 222: „Certainly there is an intrinsic probability that this narrative is based on fact, since what it describes is so scandalous that it would hardly be invented or included by such a pro-Jewish writer as Josephus if it were not true." Vgl. ähnlich auch Albertz, Controversy, 484 f.

164 Vgl. u. a. Grabbe, Judaism, 174; Rooke, Heirs, 222.

165 Vgl. Rooke, Heirs, 221.

phantine und dem Statthalter Bagohi recht eindeutig die Verantwortlichkeit und Entscheidungskompetenz desselben belegt, sagen die Münzen über das Verhältnis von Statthalter und Hohepriester wenig aus. Anhand der Elephantine-Korrespondenz und der Jehud-Münzen kann daher nicht auf ein politisch einflussreiches Hohepriestertum in Jerusalem geschlossen werden. Allenfalls belegen die außerbiblischen Quellen eine gewisse und freilich wenig überraschende Urteilskompetenz des Hohepriesters in kultischen/religiösen Angelegenheiten sowie eine Teilautonomie in (tempel-)ökonomischen Belangen.

Speziell den Jehud-Münzen lassen sich Hinweise auf ein in steigendem Maß religiös geprägtes Milieu der Provinz entnehmen. Das (zunehmend restriktive) Bildprogramm sowie die Verwendung hebräischer Legenden auf den späten Münzen[166] sprechen für einen hohen Stellenwert der religiösen Traditionen und für eine Zunahme national-religiöser Tendenzen am Übergang von der Perserzeit zur hellenistischen Zeit. Dies dürfte prinzipiell ein guter Nährboden für die Entstehung hierokratischer Konzepte und die Entwicklung eines politisch starken Hohepriestertums gewesen sein. Jedoch zeichnet sich diese am Übergang von der Perserzeit zur hellenistischen Zeit noch nicht ab. Der Befund zu den außerbiblischen perserzeitlichen Quellen entspricht darin dem Ergebnis der literarischen Analyse. Komplettiert wird das Bild, das die Quellen vom Jerusalemer Hohepriesteramt in der Perserzeit und am Übergang von der Perserzeit zur hellenistischen Zeit entwerfen, durch den Blick auf eine Handvoll pentateuchischer Texte, die im Zusammenhang der Diskussion um die Entwicklung des Amtes häufig herangezogen werden. Sie können hier nicht im Detail besprochen werden, scheinen jedoch *prima vista* dem bisherigen Befund nicht zu widersprechen.

---

166 Aus der Verwendung der paläo-hebräischen Schrift allein, die einen Großteil der Münzen betrifft, kann kaum auf ein gehobenes nationales und/oder religiöses Bewusstsein geschlossen werden; vgl. Kottsieper, Linguistic Change, 108 f. (gegen z. B. Barag, Silver Coin, 18): „[T]he appearance of Hebrew script can easily be explained as the southern Palestine tradition of using the local script on coins." Anders verhält es sich freilich mit denjenigen Münzen, die den Provinznamen *yhwdh* (TJC 21) bzw. die Titel Statthalter (*hphh*, TJC 22–23) und „Priester" (*hkwhn*, TJC 20) in hebräischer Sprache enthalten. Rappaport, Coinage, 9, bemerkt zum Wechsel von aramäischer zu hebräischer Sprache: „It may point to a stronger national sentiment in Judea after the fall of the cosmopolitan empire of Persia with its Aramaic lingua franca, and before the full organization of the Hellenistic empires and the powerful influence of Hellenistic culture occurring in the course of the Third Century."

4.1.3 Der Hohepriester im Pentateuch

Diskurse über die (ideale) Verfasstheit des judäischen Gemeinwesens prägen den Pentateuch. Neben Mose als zentraler Leitungsfigur, die verschiedene Aspekte von Führung in komplexer Weise vereint, und der Idealkonzeption der 12 Stämme in der Erzelternerzählung sticht insbesondere die auf den Kult zentrierte priesterliche Konzeption hervor. In ihr hängen das Wohlergehen und in letzter Konsequenz das Überleben der Gemeinschaft am *rite* ausgeführten Kult. Verdeutlichen lässt sich dies z. B. anhand von Levitikus: Die minutiösen Kultregelungen in Lev 1–7 etablieren die Priester als Säulen der Gemeinschaft, insofern diese durch den Kult Kommunikation mit Gott und Sühne ermöglichen. In Lev 8 mündet dies schließlich in das Konzept des einen, gesalbten Priesters Aaron (vgl. auch Lev 21,10). Dieser führende Priester vollzieht in Lev 16 den Jom-Kippur-Ritus und erwirkt dadurch einmal jährlich die Reinigung des Heiligtums sowie Sühne für alle Sünden. Der Kult ist somit eine Art Lebensversicherung für die judäische Gemeinschaft. Mit den Worten Willi-Pleins: „Kult ist Lebenserhaltung".[167] Der *rite* durchgeführte Kult zielt auf die Prävention von Chaoseinbrüchen, indem er verhindert, dass Unreinheit und Tod die Gesellschaft infiltrieren. Ist der sühneschaffende Kult exklusiv an das Amt des Hohepriesters gebunden, ist jenes zugleich unverzichtbar für Wohlergehen und Überleben der Gemeinschaft. Dass dieser Konzeption verpflichtete priesterliche Texte eine herausragende gesellschaftliche Stellung des Hohepriesters voraussetzen oder begründen, steht daher außer Frage. Sie propagieren bzw. reflektieren die Institutionalisierung des Amtes und die damit verbundenen Funktionen und Zuständigkeiten. Dabei sind die Hohepriesteraussagen im Pentateuch zunächst strikt im Rahmen der priesterlichen Kultkonzeption zu verstehen: Die Führungsrolle des Hohepriesters resultiert aus seiner Autorität in kultisch-religiösen Angelegenheiten; säkulare Machtansprüche des Hohepriesters oder priesterlicher Kreise sind davon zu unterscheiden und gehen nicht automatisch damit einher.

Im Folgenden sollen einige der pentateuchischen Texte zur Sprache kommen, die des Öfteren als Belege für ein den kultischen Bereich transzendierendes und in den politischen Bereich ausgreifendes Hohepriestertum angeführt werden: Ex 28; Lev 16; Num 16 f. und Num 27.[168]

Die Ausstattung Aarons mit dem hohepriesterlichen Ornat in Ex 28 wird bisweilen im Sinne einer Übertragung königlicher Attribute auf den Hohepriester gedeutet.[169]

---

167 Willi-Plein, Opfer und Ritus, 155.
168 Zu Num 35 als weiterem möglichen Beleg für ein politisch agierendes Hohepriestertum s. o. S. 199, Anm. 238.
169 Vgl. etwa Noth, Amt und Berufung, 11 ff.

Auch wenn einige Elemente an den königlichen Ornat erinnern und von daher übernommen worden sein können (z. B. der Kopfbund),[170] dürfte die Beschreibung des hohepriesterlichen Ornates nicht darauf zielen, dessen Träger als politische, quasi-königliche Führungsfigur zu kennzeichnen. MacDonald etwa stellt mit Blick auf die verwendeten kostbaren Materialien fest: „These are not just signs of wealth. They are the same materials used to construct the Tabernacle, a forceful reminder of the close connection between the priests and the Tabernacle."[171] So wird Leinen (שש) auch zur Herstellung der Vorhänge im Tempel verwendet, ebenso wie die Farbstoffe blauer Purpur (תכלת), roter Purpur (ארגמן) und Karmesin (תלעת שני) (Ex 26,1).[172] Ex 28,5 nennt zusätzlich Gold als einen elementaren Bestandteil des Ornates, der an Kerubim, Lade, Tisch und Leuchter erinnert und zum Ausdruck bringt, dass die Kleidung des Hohepriesters in engem Bezug zu dem Inventar des Allerheiligsten steht. Durch seine Kleidung wird der Hohepriester gewissermaßen zu einem Teil des Allerheiligsten,[173] sie ermöglicht ein schadloses Betreten desselben. Mit anderen Worten: Die Kleidung des Hohepriesters ermöglicht den Kult:

> [T]he fabrics used for Aaron's vestments do not merely symbolize his privileged access to, and unique agency within, the sanctuary: in the priestly conception, they literally enable it. While the mixture of various fabrics for the confection of the curtains and the veils of the sanctuary marks off this space as being particularly holy, and therefore inaccessible to humans, the donning of such vestments grants Aaron a permanent right of entry within that space.[174]

Die Bekleidungsvorschriften symbolisieren somit im Rahmen einer tempel- und kultzentrierten priesterlichen Konzeption die zentrale Stellung des Hohepriesters und seine Bedeutung für die Gesellschaft: Ohne den Hohepriester gibt es keinen Kult, ohne Kult keine Vermittlung zwischen Volk und Gottheit und, *ergo*, keine Sühne. Im Rahmen dieser Konzeption etabliert Ex 28 den Hohepriester als die zentrale Führungsfigur, aber nicht als *politischen* Führer. Seine Stellung beruht nicht

---

170 Vgl. dazu etwa Nihan/Rhyder, Aaron's Vestments, 61; ferner MacDonald, Priestly Vestments, 441: „A number of the individual items of the priestly vestments appear to reflect the dress worn by the aristocratic class. The robe, מעיל, was worn by figures of status, such as the king (1 Sam. 15:27; 24:4, 11) or those in his family (1 Sam. 18:4; 2 Sam. 13:18). In Ezek. 26:16 the princes of Tyre are dressed in robes and embroidered garments. The turban, מצנפת, is associated with a crown in Ezek. 21:26, and the rosette, ציץ, that adorns it is identified as a diadem, נזר, in Exod. 29:6."
171 MacDonald, Priestly Vestments, 441 f. Vgl. auch Nihan/Rhyder, Aaron's Vestments, und Rhyder, Cult, 154 f.
172 Zu den Farbstoffen vgl. Ben-Yehuda, Textile Production, 63 ff.
173 Diesen Umstand verdeutlicht auch die am Kopfbund des Hohepriesters angebrachte Gravur קדש ליהוה (Ex 28,36), die den Hohepriester als heiligen Besitz Jahwes kennzeichnet. Vgl. Nihan/Rhyder, Aaron's Vestments, 50.
174 Nihan/Rhyder, Aaron's Vestments, 50.

auf politischer Macht und Autorität, sondern auf seiner Fähigkeit zur Mediation zwischen dem durch ihn vertretenen Volk und Jahwe. Die Frage, wer als politischer Anführer an die Stelle des ehemaligen judäischen Königs treten soll, ist keine, die die Verfasser umtreibt. „[T]he high priest does not merely substitute the king, but, rather, embodies a distinct post-monarchic *temple* paradigm, in which a king is no longer needed."[175] Die Reflexion der Rolle des Hohepriesters bleibt im Rahmen eines innovativen, tempel- und kultzentrierten Konzepts und transzendiert nicht in den Bereich eines politischen Führungsanspruchs.

Ähnlich gelagert ist Lev 16, der Ritus des Jom Kippur. Allein der Hohepriester hat an diesem Festtag Zutritt zum Allerheiligsten und kann Sühne für Priester, Volk und Heiligtum erwirken. Wieder resultiert die gesellschaftliche Führungsrolle des Hohepriesters aus seiner exklusiven kultischen Funktion. Eine Überschreitung der Kompetenzen und Zuständigkeiten des Hohepriesters vom kultischen Bereich hin zum Politischen lässt sich auch diesem Text nicht entnehmen.[176]

Auch das Stabordal in Num 17,16–26 wird zuweilen im Sinne einer Qualifizierung Aarons als politischer Führungsfigur verstanden:

> Aaron's leadership role goes beyond his cultic function as the foremost priest. One must not forget the reason and aim of the ordeal: to end the murmuring against Moses and Aaron (Num 17:20; cf. 17:6; 16:3). Had it been Aaron alone, this issue could have been narrowed to the cultic service, but since the murmur is against both of them [...] the „political" and the „cultic" level are intermingled. As the murmur against the leadership of Moses and Aaron is terminated by approving Aaron only, the tendency to the priestly top position within a hierocratic conception is implicitly given already.[177]

In der Tat fällt auf, dass der Fokus einseitig auf Aaron liegt. Seinen Grund dürfte dies jedoch in dem konkreten Anlass des Murrens des Volkes haben. Die Erzählung um den Aufruhr Korachs, Datans und Abirams, an deren Ende das Stabordal platziert ist, kommt dadurch in Gang, dass das Volk die Rechtmäßigkeit des Anspruchs Moses und Aarons auf eine Sonderstellung innerhalb der Gemeinschaft anzweifelt. Auf

---

175 Nihan/Rhyder, Aaron's Vestments, 62. Elemente des hohepriesterlichen Ornates, die royal konnotiert sind, insbesondere der Kopfbund, werden im Sinne des kultbasierten Konzeptes umgedeutet: „[T]he diadem worn by Aaron becomes the signifier of a form of power that is now exclusively defined in terms of the cult and the sanctuary, as the description of Exod 28:36–38 makes clear." (Nihan/Rhyder, Aaron's Vestments, 61).
176 Vgl. aber Frevel, High Priest, 159, der davon ausgeht, dass die Rolle des Hohepriesters in Lev 16 in den politischen Bereich ausgreift.
177 Frevel, High Priest, 151.

den vorgebrachten konkreten Einwand hin, alle Mitglieder der Versammlung seien heilig und Jahwe befände sich in ihrer Mitte, kündigt Mose an, dass Jahwe kundtun werde, wer heilig und erwählt sei und ihm nahen dürfe. Auch wenn Mose und Aaron gemeinsam als Anführer des Volkes adressiert werden, bewegt sich die Problematik somit von vornherein im kultischen Bereich. Entschieden wird diese Angelegenheit erst im Rahmen des Stabordals in Num 17,16 ff. Jahwe wird den Stab seines Erwählten grünen lassen und damit dem Murren des Volkes Einhalt gebieten. Am Ende der kurzen Episode ist Aarons grünender Stab das sichtbare Zeichen für die exklusive Stellung des aaronidischen Priestertums und zugleich die Widerlegung des eingangs als Alternative vorgebrachten Ideals der priesterlosen Theokratie.

Natürlich kann der Stab grundsätzlich als königliches Insignium verstanden werden. So weist etwa Achenbach darauf hin, dass der Stab im Pentateuch häufig „zum Nachweis der göttlichen Autorisierung im politischen Kontext"[178] dient. Dennoch ist fraglich, ob diese Deutung hier zutrifft. Erstens ist der Kontext kein politischer, sondern ein kultischer: Derjenige, dessen Stab erwählt wird, *darf sich Jahwe nähern*. Zweitens spricht eher gegen eine royal-symbolische Aufladung des Motivs, dass Num 17,16 ff. mit dem vorgegebenen Material aus Num 1 f. arbeiten, wonach Israel in „Stäbe" eingeteilt ist.[179] Und drittens legt die Tatsache, dass jeder Stammesführer einen Stab besitzt, nahe, diesen hier als Symbol für die Würde der Stammesführer zu deuten. Auch dass Aaron den Stab nicht als Insignie *verliehen* bekommt, steht einer Deutung im Sinne einer „Übertragung eines politischen Symbols auf das Amt des Hohepriesters"[180] eher entgegen.

Dass Aaron in Num 17,16 ff. in besonderer Weise als Anführer qualifiziert wird, kann kaum bestritten werden. Durch die Zuteilung eines Stabes wird Aaron zunächst als Oberhaupt des Stammes Levi ausgewiesen; das Grünen des Stabes zeigt sodann, dass er unter allen Oberhäuptern des Volkes der Erwählte ist. Dem Murren des Volkes, das aus dem Zweifel an Aarons Legitimation resultiert, wird damit der Grund genommen. Das Sprossen des Stabes könnte darüber hinaus die aaronidische Dynastie symbolisieren, sodass das Stabordal darauf zielen würde, eine Priesterhierarchie zu etablieren und die Aaroniden als Priester zu legitimieren. Mit Blick auf die Frage nach der implizierten gesellschaftlichen Stellung Aarons ist zu beachten, dass die Erwählung Aarons vor allen Oberhäuptern Israels nicht pauschal erfolgt und somit keinen grundsätzlichen Charakter hat, sondern auf einen be-

---

178 Achenbach, Vollendung, 126.
179 Aus dem Kontext klingt zudem der (Gottes-)Stab Moses und Aarons an, mit dem sie allerlei Wunder wirken. Ein weiteres Wunder am Stab Aarons beendet nun das Murren gegen die Anführer.
180 Achenbach, Vollendung, 127.

stimmten Zweck begrenzt ist: Die Legitimierung der exklusiven Stellung Aarons im Kult. Besonders deutlich wird dies durch die dauerhafte Deponierung des grünenden Stabes im Allerheiligsten, die den Zutritt Aarons zu diesem symbolisiert.

Schließlich wird auch Num 27 hin und wieder als Beleg für eine Politisierung des Hohepriesteramtes herangezogen.[181] Angesichts der Spannung zwischen der Darstellung Josuas als politischer Führungsgestalt einerseits[182] und der herausragenden Rolle des Hohepriesters im vorliegenden Text andererseits erscheint die Annahme, dass der Text nachträglich im Sinne des theokratischen Ideals geprägt wurde, naheliegend.[183]

Dem Text in seiner vorliegenden Form liegt die traditionelle Vorstellung zugrunde, dass Josua als militärischer Anführer auf Jahwes Geheiß hin auszieht.[184] Das innovative Moment besteht dabei in der exklusiven Rolle des Hohepriesters als Verwalter der Urim.[185] Der Hohepriester wird zu einer für das Geschehen unverzichtbaren Größe, da der militärische Anführer von dessen divinatorischen Praktiken abhängig ist. Dies ist jedoch nicht gleichzusetzen mit dem Anspruch auf politische Autorität seitens des Hohepriesters selbst.[186] Seine Kompetenzen bleiben auch hier auf den kultischen Bereich beschränkt. Das Ideal, das Num 27 (ähnlich wie Num 16 f.) entwirft, ist also nicht das eines politisch starken Hohepriestertums (im Sinne einer Hierokratie), sondern das einer (identitären) Theokratie, die Assmann wie folgt definiert:

> Die Regierungsgewalt wird vom Priestertum stellvertretend ausgeübt, aber im Einvernehmen mit Gott als dem eigentlichen Herrscher, dessen Wille bei jeder wichtigen Entscheidung durch Techniken der Orakelbefragung („Urim und Thummim") eingeholt wird. Solange die Priester nicht als Herrscher auftreten [...], kann man diese Form als „identitäre Theokratie" bezeichnen. Das Kennzeichen einer identitären Theokratie ist, daß Gott selbst herrscht und die Stelle des Herrschers anderweitig unbesetzt bleibt.[187]

---

181 Vgl. etwa Frevel, High Priest, 159: „Leaving the theocratic idea of the divine oracle aside, the priest with the highest rank has the superior political power."
182 Josuas Funktion gegenüber dem Volk wird mit derjenigen des Hirten verglichen, ein Teil von Moses Hoheit (הוד) geht auf ihn über, was zur Folge hat, dass ihm die ganze Versammlung gehorchen wird.
183 Vgl. Frevel, Leadership. Die Fortschreibung, die den Hohepriester als Führungsfigur etabliert, umfasst nach Frevel, Leadership, 104 f., V.17aα.21.23b.
184 Vgl. etwa auch 1 Sam 28,6.
185 Vgl. auch Ex 28,30.
186 Rooke, Heirs, 38, bringt den Unterschied auf den Punkt: „[B]eing required to fulfil a religious function alongside the community's leader is not the same as being the community's leader."
187 Assmann, Ägypten, 332 f.

Zusammenfassend lässt sich somit sagen, dass das Hohepriesteramt in diesen priesterlich beeinflussten Texten des Pentateuch durchweg als herausragendes Führungsamt charakterisiert wird. Im Rahmen einer kult- und tempelzentrierten Konzeption fungiert der Hohepriester als exklusive Mittlergestalt zwischen dem Volk (inklusive dessen Anführern) und Jahwe. Die Basis der zugrunde liegenden identitären Theokratie ist die Erfüllung der rituellen Pflichten, die der Hohepriester exklusiv und stellvertretend für das Volk wahrnimmt. Im Zentrum steht der Gedanke, dass Kult Leben ermöglicht. Dass die Unverzichtbarkeit des Hohepriesters für das Überleben der Gemeinschaft betont wird, steht nicht im Dienst einer „Politisierung" des Hohepriesteramtes, sondern ist eher als eine Art priesterliche Überlebensstrategie aufzufassen, die darauf zielt, den Tempel und das Kultpersonal wirtschaftlich abzusichern.[188]

> Ritual standardization may therefore have been a powerful new strategy for positioning the priestly families in Jerusalem at the center of the Israelite cult and community. In the absence of traditional forms of central authority such as monarchic sponsorship or significant financial resources, the priests in Jerusalem articulated a new right to centrality on the basis of their (self-appointed!) responsibility for producing and transmitting the god's central ritual standard.[189]

Innerhalb des theokratischen, kult- und tempelzentrierten Entwurfs bleiben die Funktionen und Zuständigkeiten des Hohepriesters auf den kultisch-rituellen Bereich beschränkt. Der Hohepriester wird nicht als politische, geschweige denn königliche Führungsfigur gekennzeichnet.

4.1.4 Fazit

Für die Perserzeit stützen die außerbiblischen Quellen den literargeschichtlichen Befund zu den biblischen Texten. Ein politisch starkes Hohepriesteramt ist weder biblisch belegt, noch liefern die externen Quellen Hinweise auf die Existenz eines solchen. Zwar werden punktuell bereits in perserzeitlichen biblischen Texten königliche Funktionen oder Attribute auf den Hohepriester übertragen (z. B. Sach 3,7; Ex 28). Allerdings zielt dies nicht darauf, ein Konzept eines politischen bzw. „royalen" Hohepriesteramtes zu etablieren, sondern steht im Zusammenhang mit der Ausbildung und Legitimierung eines souveränen Priesteramtes. Königliche Attribute und Funktionen werden auf den Hohepriester übertragen, um die Ausübung

---

188 Vgl. die obigen Erwägungen zu den Schwierigkeiten, den Kult zu finanzieren, S. 202 ff.
189 Rhyder, Cult, 181.

des Kultes jenseits der Staatlichkeit zu ermöglichen (Sach 3,7) bzw. um im Rahmen einer tempel- und kultzentrierten Konzeption ein Bild des Hohepriesters als exponierter Führungsfigur zu evozieren (Ex 28). Auch wenn die Texte somit eine große Wertschätzung des Kultes und des Hohepriesters implizieren, bleiben die Funktionen und Zuständigkeiten des Hohepriesters auf den kultisch-rituellen Bereich beschränkt.

Dasselbe gilt für die Passage Gen 14,18–20, die unter den perserzeitlich entstandenen Texten auf den ersten Blick vielleicht am stärksten an ein Konzept eines politisch starken Hohepriestertums erinnert. Die implizierten wirtschaftlichen Hintergründe legen jedoch eine Einordnung auch dieses Textes als „Überlebensstrategie" priesterlicher Kreise nahe, die – ungeachtet der vorausgesetzten und darin zum Ausdruck gebrachten Hochschätzung von Kult und Hohepriester – nicht auf eine Politisierung des Hohepriesteramtes zielt, sondern, im Gegenteil, gegen einen relevanten politischen Einfluss des Hohepriesters spricht.

In der Perserzeit dürfte die politische Autorität klar bei den persischen Beamten Jehuds, insbesondere dem Statthalter der Provinz, gelegen haben. Diese Situation reflektieren nicht nur biblische Texte (vgl. etwa die die Prophetensprüche rahmenden narrativen Passagen in Hag sowie Neh 5 und Neh 13). Auch die Elephantine-Korrespondenz kann als Beleg für den großen politischen Einfluss der persischen Beamten Jehuds (und Samarias) auf der Ebene des persischen Provinzsystems gewertet werden. Sogar was Angelegenheiten des judäischen Kultes betrifft, nutzt ihr Votum den Elephantiner Judäern in der Auseinandersetzung mit den ägyptischen Persern letztendes mehr als das der judäischen Autoritäten.[190] Was die politische Organisation innerhalb der Provinz Jehud angeht, lassen sich aus der Elephantine-Korrespondenz keine sicheren Schlüsse ziehen.

Ähnliches gilt für die Jehud-Münzen. Dass neben dem Statthalter der Provinz auch der Jerusalemer Hohepriester Münzen geprägt hat, ist anzunehmen. Da es im Rahmen der liberalen persischen Münzpolitik keiner Ermächtigung von offizieller Seite bedurfte, um Kleingeld zu prägen, folgt daraus für die Frage nach dem Verhältnis des Hohepriesters zum Statthalter Jehuds sowie zu den persischen Autoritäten jenseits der Provinz allerdings nicht viel. Der Jerusalemer Tempel verfügte über die technischen Voraussetzungen zur Münzprägung und machte von diesen Gebrauch, was für eine gewisse Autonomie in wirtschaftlichen Angelegenheiten spricht. Nichts weist jedoch auf eine Aufwertung des Hohepriesteramtes zu Lasten des Statthalteramtes hin. Insgesamt kann somit auch der numismatische Befund

---

190 Sollte eine historische Begebenheit im Hintergrund stehen, könnten Ant. 11,297–310 als weiterer Beleg für eine Einmischung des Statthalters in innerjudäische kultische Angelegenheiten gewertet werden.

nicht als Beleg für eine Politisierung des Jerusalemer Hohepriesteramtes oder gar eine dyarchische Organisation der Provinz Jehud herangezogen werden.

Für die Perserzeit ist somit weder von einem nennenswerten faktischen politischen Einfluss des Hohepriesters auszugehen, noch liefern die biblischen Texte Hinweise auf das Vorliegen entsprechender literarischer Konzepte eines politisch starken bzw. royalen Hohepriestertums. Biblische wie außerbiblische Quellen belegen, dass der Jerusalemer Hohepriester in der Perserzeit zumindest in bestimmten Kreisen hohes Ansehen genoss. Auch über die Grenzen der Provinz hinaus zählte er zu den Jerusalemer Autoritäten. Wenig überraschend wurde ihm in Angelegenheiten, die den judäischen Kult betrafen, eine gewisse Urteilskompetenz zugetraut. In wirtschaftlichen Zusammenhängen ist von einer teilweisen Autonomie auszugehen, die jedoch nicht mit wirtschaftlicher Prosperität gleichzusetzen ist. Sowohl Gen 14,18–20 (und das komplexe System von Tempelabgaben) als auch die priesterlich geprägten pentateuchischen Texte, die den Hohepriester als unverzichtbare kultische Führungsfigur profilieren, belegen die Notwendigkeit, das eigene Überleben mit Hilfe literarischer Strategien zu sichern.

4.2 Der Jerusalemer Hohepriester in der hellenistischen Zeit

4.2.1 Der literarische Befund aus den untersuchten Texten

Im Gegensatz zu den perserzeitlich entstandenen biblischen Texten, die für die Frage nach der Entwicklung des Jerusalemer Hohepriesteramtes zu einem politischen Führungsamt kaum etwas austragen konnten, liefern zumindest einige der untersuchten Texte, die der hellenistischen Zeit zugerechnet wurden, belastbare Indizien für eine Politisierung des Amtes. Sie belegen entweder das Konzept eines königlichen Hohepriestertums oder setzen sich kritisch mit einem solchen auseinander. Allerdings gilt dies nicht flächendeckend für sämtliche in der hellenistischen Zeit entstandenen Texte.

Mit Esr 1–6 war ein literarisch komplexer Text Gegenstand der Untersuchung, dessen älteste Teile aus der (vielleicht nicht allzu weit fortgeschrittenen) hellenistischen Zeit stammen. Esr 1–6 entwerfen einen alternativen Tempelbaubericht zu Hag und Sach und übernehmen von dort schließlich auch die Führungspersönlichkeiten. Was die Organisation und Verfasstheit der judäischen Gesellschaft angeht, verfolgen Esr 1–6 jedoch in sämtlichen Stadien der Entstehung eine eigene Agenda, die am Hohepriesteramt keinerlei Interesse zu haben scheint. Den ältesten Teil von Esr 1–6 bildet die aramäische Tempelbauchronik in Esr 5,1–6,14*. Wie in Hag und Sach werden auch hier anhand der Frage, wer für den Wiederaufbau des Tempels verantwortlich ist, Führungsfragen thematisiert. Die aramäische Tempelbauchronik unterbreitet diesbezüglich einen originellen Vorschlag: Die Verantwortung für den Tempelbau liegt bei den Ältesten, die auch die Korrespondenz mit den transeuphratenischen Vertretern übernehmen und somit offenbar als Repräsentanten der Gesellschaft vorzustellen sind. Esr 1–3 wurden der aramäischen Tempelbauchronik redaktionell als eine Art Vorspann vorangestellt. Die Kapitel bieten eine alternative Version der frühen Ereignisse des Wiederaufbaus bis zur Grundsteinlegung des Tempels zur Zeit des Kyros, die auch in Esr 5,11–16a rekapituliert wird. Was die Struktur der Gesellschaft angeht, vertritt der Bericht in Esr 1–3 ein anderes Ideal als Esr 5f. Die aus der Gola Heimgekehrten organisieren sich als souveränes Gottesvolk, in dem Sippenoberhäupter, Priester und Leviten eine exponierte Stellung beanspruchen. Gerade angesichts dieser zumindest implizit priesterlichen Agenda überrascht die Abwesenheit des Hohepriesters in dem Entwurf.

Die Protagonisten aus Hag und Sach 1–8 wurden im Zuge einer weiteren, Esr 1–6 umspannenden Bearbeitung eingetragen. Neben den Erwähnungen Joschuas und Serubbabels in Esr 3 und Esr 5f. werden in diesem Zusammenhang auch Haggai und Sacharja in Esr 5f. ergänzt sowie Esr 4 zwischen Esr 1–3 und Esr 5f. geschaltet. Insgesamt entsteht durch diese Fortschreibung der Eindruck, als sei der Wiederaufbau des Tempels in zwei Phasen verlaufen, in denen Serubbabel und Joschua jeweils führend am Projekt beteiligt waren. In Esr 3 bauen sie den Brandopferaltar wieder auf und legen anschließend den Grundstein, in Esr 5f. sind sie, nachdem der durch Gegner erwirkte Baustopp beendet ist, für den Tempelbau verantwortlich. Anders als in Hag und Sach geht es dieser Redaktion nicht darum, Serubbabel und Joschua als Führungspersönlichkeiten zu qualifizieren. Vielmehr steht sie im Dienst einer prophetischen Agenda, was vor allem vom Ende des Berichts her deutlich wird, wo der Erfolg des Projektes explizit auf die Unterstützung der Propheten Haggai und Sacharja zurückgeführt wird (Esr 6,14). Das Fehlen der Titel „Statthalter" und „Hohepriester" passt zu der Annahme, dass die Eintragung der aus Hag und Sach bekannten Individuen ein reines Mittel zum Zweck ist, um die beiden Bauphasen zu kontrastieren. Ohne die prophetische Unterstützung mündet das von Serubbabel und Joschua verantwortete Projekt in einem Baustopp. Erst durch die prophetische Initiative (Esr 5,1f.) und mit prophetischem Beistand findet es einen glücklichen Abschluss.

Während Esr 1–6 somit zwar eine große Vielfalt an Führungskonzepten bieten, tragen die Kapitel für die Frage nach der Entwicklung des Hohepriesteramtes wiederum nichts aus. Dies ändert sich jedoch mit Sach 6,9–15, wo das Konzept eines dezidiert politisch orientierten Hohepriesteramtes in der Grundschicht eindeutig belegt ist. Sach 6,9–11.13a übertragen königliche Attribute und Funktionen auf den Hohepriester, um ihn als politischen Herrscher zu charakterisieren: Joschua wird gekrönt, sitzt auf einem Thron und trägt die Verantwortung für den Tempelbau.

Eine Bearbeitung der älteren Hohepriester-Vision in Sach 3 kombiniert in ganz ähnlicher Weise die königliche Kopfbedeckung des Hohepriesters – צָנִיף in Sach 3,5a.bα weckt königliche Assoziationen – mit dessen Zuständigkeit für den Tempelbau – Sach 3,9 überträgt ihm die Verfügungsgewalt über den aus Sach 4,10 bekannten Stein und symbolisiert somit die Verantwortung des Hohepriesters für den Tempelbau – und kann daher demselben Redaktor zugeschrieben werden. Terminologisch und konzeptionell weist die Fortschreibung enge Verbindungen mit Sir auf: צָנִיף begegnet als königliche Kopfbedeckung in Sir 11,5; 40,4; 47,6; die Vorstellung einer Krönung des Hohepriesters kehrt in Sir 45,12 wieder; von einer Zuständigkeit des Hohepriesters für den Bau des Tempels wissen schließlich auch Sir 50,1–4. Sach 3,5a.bα.9 und Sach 6,9–11.13a liefern innerhalb der untersuchten Texte den einzigen Beleg für das Konzept eines dezidiert politisch orientierten, königlichen Hohepriestertums, das den perserzeitlichen Texten noch durchgängig fremd ist. Es liegt daher nahe, die Parallelen zu Sir als Indiz dafür zu werten, dass die Texte in etwa kontemporär und in ähnlichen Verfasserkreisen entstanden sind.

Das Konzept des königlichen Hohepriestertums blieb innerhalb von Hag und Sach 1–8 nicht unwidersprochen. In Sach 3,8(.10) und Sach 6,12.13b.14 wird die Erwartung eines davidischen „Sprosses" eingetragen, um die Vorrangstellung des Hohepriesters zu korrigieren. Zu derselben Bearbeitung gehört auch die messianische Verheißung an Serubbabel in Hag 2,20–23. Diese „Serubbabel-Spross-Redaktion" umspannt Gegenwart und Zukunft – die messianische Zeit ist mit Serubbabel bereits angebrochen, auch wenn ihre Vollendung unter dem Spross noch aussteht – und schließt hohepriesterliche Herrschaftsambitionen somit für alle Zeiten aus. Die kritische Zurückweisung von Herrschaftsansprüchen des Hohepriesters durch die Etablierung eines messianischen Ideals als Gegenkonzept setzt ein politisch starkes Hohepriestertum faktisch voraus. Da der gekrönte Hohepriester aus Sach 6 vor dem Hintergrund der Hasmonäerherrschaft zwangsläufig als Symbol für diese verstanden werden musste, liegt es nahe, die „Serubbabel-Spross-Redaktion" als eine anti-hasmonäische Delegitimierungsstrategie zu interpretieren. Sie bringt zum Ausdruck, dass die politische Herrschaft eines Hohepriesters nicht Gottes Heilsplan entspricht, der einen Messias aus dem Haus Davids vorsieht. So verstanden zeigt die „Serubbabel-Spross-Redaktion" deutliche Parallelen zu Ps Sal 17, wo der in der Tradition verankerte davidische Messias in ähnlicher Weise gegen die Herrschaft der Hasmonäer mobilisiert wird.

Eine vergleichbare anti-hasmonäische Intention hat sich für den in den Zusammenhang des messianischen Psalms nachgetragenen Vers Ps 110,4 nahegelegt, der in singulärer Weise das „Priestertum nach der Weise Melchisedeks" auf den davidischen Messias überträgt. Die Hasmonäer hatten sich zuvor auf den Jerusalemer Priesterkönig berufen, um der innovativen Form ihrer Herrschaft, welche die Hohepriesterwürde mit politischen Führungsämtern und letztlich sogar dem Königsamt verband, eine biblische Grundlage zu geben. Indem das Priestertum Melchisedeks exklusiv an die davidische Abstammung gebunden wird, entzieht Ps 110,4 einer Vereinnahmung desselben durch die Hasmonäer den Boden. Als analog funktionierender kontemporärer Entwurf wurde eine Levi-Redaktion in Jub 30 – 32 beurteilt, die das von den Hasmonäern beanspruchte „Priestertum El Eljons" an die levitische Abstammung knüpft.

Für die Frage nach der Entwicklung des Jerusalemer Hohepriesteramtes zu einem politischen Führungsamt ist der biblische Befund somit auch für die hellenistische Zeit insgesamt überschaubar. Die diversen Entwürfe einer Verfassung und Ordnung der judäischen Gesellschaft in Esr 1–6, die sämtlich ohne das Hohepriesteramt auskommen, belegen zumindest eindeutig, dass es Alternativen zu einem tempel- und hohepriesterzentrierten Ideal gab. Der Befund ließe sich auch durch die Annahme erklären, dass sich die Verfasser und Redaktoren von Esr 1–6 noch nicht mit einem politisch starken Hohepriestertum auseinandersetzen mussten, weil es ein solches, vielleicht sogar ein entsprechendes Konzept, zur Zeit der Abfassung noch nicht gab. In methodischer Hinsicht ist ein solches Argument *ex negativo* freilich problematisch.

Ein politisch starkes, royal konnotiertes Hohepriesteramt ist nur in einer Sach 3 und Sach 6 umfassenden Bearbeitung greifbar, die starke Parallelen zu Sir aufweist. Ein derart punktueller Beleg für das Konzept eines politisch orientierten, königlich geprägten Hohepriesteramtes ist isoliert betrachtet historisch kaum zu beurteilen. Die übrigen untersuchten Texte, die ein politisch starkes Hohepriestertum (nicht nur als literarisches Konzept, sondern auch faktisch) voraussetzen, indem sie sich kritisch damit auseinandersetzen, stammen sämtlich aus der hasmonäischen Zeit, lassen sich also für die Frage nach der *Entwicklung* eines politischen Führungsanspruchs des Hohepriesteramtes nicht auswerten.

Angesichts der aus den bislang untersuchten biblischen Quellen nur sehr lückenhaft und unzureichend rekonstruierbaren Entwicklung des Hohepriesteramtes stellt sich nun die Aufgabe, den Befund mit einer Analyse weiterer relevanter externer und biblischer Quellen aus der hellenistischen Zeit zu konfrontieren. Insgesamt besteht, was die Frage nach einer politischen Prägung und Orientierung des Hohepriesteramtes angeht, großes Zutrauen in die Aussagekraft der Quellen aus der vor-hasmonäischen hellenistischen Epoche. Wird nicht bereits zum Ende der Perserzeit mit der Existenz eines politisch einflussreichen Hohepriesteramtes gerechnet, begegnet häufig die Annahme, dieses habe sich relativ früh in der hellenistischen Zeit entwickelt.[191] Die fragmentarischen und häufig tendenziösen Quellen

---

191 Vgl. etwa Pyschny, Führung, 306: „Während ein Hohepriesteramt mit politischer Autorität und religiöser Autonomie für die hellenistische Zeit […] als gesichert gelten kann, verhält es sich mit

sind jedoch gerade in Bezug auf die Rolle des Hohepriesters im judäischen Gemeinwesen und im Gegenüber zu den ptolemäischen oder seleukidischen Königen nur begrenzt aussagekräftig und erschweren zudem eine Unterscheidung zwischen Historie und Ideologie.[192] Hinzu kommt, dass die Provinz (Koile-)Syrien und Phönizien sehr viel stärker den Wechselfällen der Geschichte unterworfen war als seinerzeit die persische Provinz Jehud. Die Quellen beleuchten somit punktuell die politische Situation in Jerusalem oder Judäa, belegen aber nicht unbedingt eine kontinuierliche Entwicklung des Hohepriesteramtes. Die Rekonstruktion der Geschichte des Hohepriesteramtes bleibt somit über das Ende der Perserzeit hinaus auch in vor-hasmonäischer hellenistischer Zeit ein schwieriges und notwendig hypothetisches Unterfangen.[193]

4.2.2 Septuaginta und außerbiblische Quellen

4.2.2.1 Die makedonische Zeit

Vergleichsweise festen Grund betritt man zunächst am Übergang von der persischen zur hellenistischen Zeit. Bereits der numismatische Befund legte nahe, dass nach der Eroberung Alexanders von einer weitgehenden Kontinuität der Verhältnisse in der Region ausgegangen werden kann.[194] Gestützt wird diese Annahme durch den Befund zu den Stempelsiegeln am Übergang von der Perserzeit zur hellenistischen Zeit.[195] Die Zeit der Herrschaft Alexanders scheint für Judäa also grundsätzlich nicht mit großen Umbrüchen oder einschneidenden Änderungen einhergegangen zu sein.[196]

---

einer historischen Rekonstruktion des Hohepriesteramtes in vorhellenistischer Zeit bekanntlich sehr schwierig."

192 Vgl. Brutti, Development, 302 („difficulty of separating historical from ideological data"). Dies gilt in besonderer Weise für Josephus als Hauptquelle für die ptolemäische und seleukidische Zeit. Seine Darstellung ist episodenhaft und häufig tendenziös, was den Schluss VanderKams nahelegt: „Apparently, Josephus did not have at his disposal adequate sources for writing a cohesive report about the Judeans during Ptolemaic and early Seleucid times." (Joshua, 112).

193 Vgl. auch Bickerman, Jews, 126: „The most important lacuna in our knowledge of the Jewish polity under the Ptolemies and the Seleucids [...] is our ignorance of the political role of the High Priest."

194 S.o. 4.1.2.2.

195 Vgl. Lipschits, Persian-Period Judah, 207: „As can be seen from the *yhwd* stamp impressions there is a clear continuity in administration and economy from the late Persian to the early Hellenistic period from nearly every aspect." Vgl. auch Schwartz, On the Autonomy.

196 Vgl. Aitken, Judaic National Identity, 31: „Although the period of Alexander the Great has traditionally been seen as a new political era and an important time for Greek history, for the history of

Was die politische Organisation des judäischen Gemeinwesens angeht, bleibt für die makedonische Zeit jedoch vieles im Dunkeln. Im Zusammenhang mit der Annahme, das Statthalteramt sei mit der makedonischen Eroberung verschwunden,[197] wird bisweilen vermutet, der Hohepriester habe neben seinen religiösen Funktionen nun mehr und mehr auch die politischen Aufgaben des Statthalters übernommen. Diejenigen hellenistischen Münzen aus Jehud, die keinen Namen oder Titel enthalten, werden dann als hohepriesterliche Prägungen klassifiziert und als Beleg für die politische Autorität des Hohepriesters gewertet.[198] Diese Hypothese steht jedoch auf wackligem Grund, wie die Besprechung der Jehud-Münzen gezeigt hat. Zwar dürfte es in der frühen hellenistischen Zeit durchaus hohepriesterliche Münzprägungen gegeben haben, doch stammen sehr wahrscheinlich auch die *qua* Legende eindeutig dem Statthalter Jehezkija zuzuweisenden Münzen aus ebendieser Zeit. Für die Zuordnung der makedonischen Münzen, die keinen Namen, sondern nur den Provinznamen in hebräischer Sprache enthalten, gibt es somit mehrere Alternativen. Selbst wenn es sich um hohepriesterliche Prägungen handeln sollte – was sich weder belegen noch widerlegen lässt –, wäre dies zudem, wie auch bei den perserzeitlichen Münzen, nicht zwangsläufig mit einer Zunahme der säkularen Macht verbunden. Eine plötzliche Steigerung des politischen Einflusses des Hohepriesters am Übergang von der persischen zur hellenistischen Zeit lässt sich dem numismatischen Befund somit nicht entnehmen. Aufgrund der Kontinuität in administrativen und wirtschaftlichen Angelegenheiten ist sie insgesamt wenig plausibel.

4.2.2.2 Die ptolemäische Zeit

Mit dem Sieg des ptolemäischen Feldherren Lysimachos über Antigonus I. Monophtalmos bei Ipsos im Jahr 301 v. Chr. begann die Zeit der ptolemäischen Herrschaft über die südliche Levante. Über die Organisation der Provinz geben die Quellen keinen gesicherten Aufschluss.[199] Zumindest der numismatische Befund, der in

---

the Jews it is perhaps not a time of any great change, the rule over Palestine passing from Persia to the Ptolemies through the hands of Alexander without any noticeable effect on the conditions there."

197 Vgl. Tcherikover, Palestine, 59; Hengel, Judentum und Hellenismus, 46.

198 Vgl. Rappaport, Coinage, 11; VanderKam, Joshua, 123 f.

199 Wahrscheinlich gab es einen militärischen Oberbefehlshaber (στρατηγός) und einen obersten Finanzbeamten (τοῦ διοικοῦντος τὰς κατὰ Συρίαν καὶ Φοινίκην προσόδους). Die Provinz war vermutlich unterteilt in Verwaltungseinheiten, sog. Hyparchien, eine davon wohl Judäa (vgl. Hengel, Judentum und Hellenismus, 36 f.), von denen jede ihren eigenen militärischen Führer (ὕπαρχος) und Finanzbeamten (οἰκονόμος) sowie als weiteres administratives Amt den Komarchen (κωμάρχης, eine Art Bürgermeister über jedes der κῶμαι = Dörfer) hatte. Vgl. dazu Rooke, Heirs, 251 f.

Kontinuität zur Perserzeit und der makedonischen Zeit steht, lässt jedoch für Judäa auch zu Beginn der ptolemäischen Herrschaft noch keinen Wechsel der Verhältnisse erkennen. Oben wurde bereits darauf hingewiesen, dass die Fortsetzung der Prägung lokaler Münzen in Judäa zu Beginn der Ptolemäerzeit eine Besonderheit darstellt, die erklärt werden muss. Aussagekräftig ist das Vorliegen ptolemäischer Lokalprägungen jedoch allenfalls mit Blick auf die Stellung Judäas im Ptolemäerreich, nicht aber mit Blick auf die Stellung des Hohepriesters innerhalb Judäas. Möglicherweise sprechen die ptolemäischen Münzen für eine relative Autonomie Judäas oder zumindest gewisse Privilegien zu Beginn der Ptolemäerzeit.[200] Wie auch die aus dieser Zeit stammenden Emissionen aus Judäa selbst,[201] wäre dieser Zustand jedoch in jedem Fall auf die Herrschaft Ptolemäus' I. begrenzt gewesen. Denn seit Ptolemäus II. war das Münzwesen zentralisiert.[202]

Große Aussagekraft im Hinblick auf die Stellung des Jerusalemer Hohepriesters als politischer Führungsfigur am Übergang zur ptolemäischen Zeit wird zuweilen einer Passage über die Juden aus der Feder des Hekataios von Abdera attestiert,[203] die dieser noch knapp vor dem Ende des 4. Jh. v. Chr. verfasst haben könnte.[204] Ursprünglich wohl als Exkurs in seiner monumentalen Ethnographie über Ägypten (*Aegyptiaca*) platziert, ist die nämliche Passage über die Juden nur in einem Zitat in der Universalgeschichte des Diodorus Siculus erhalten (40.3,1–6).

Der relevante Abschnitt des Zitats beginnt in 40.3,5 mit einer Beschreibung der Tätigkeiten der Priester, die mit biblischen Informationen übereinstimmen und somit zunächst unverdächtig sind: Zu den Aufgaben der Priester gehören der Tempeldienst, die Rechtsprechung und die Überwachung (φυλακή) des Gesetzes und der Bräuche. Die Ausführungen setzen dann jedoch fort: „Aus diesem Grund

---

200 Vgl. Tcherikover, Hellenistic Civilization, 59; gegen Hengel, Judentum und Hellenismus, 44 ff.
201 S. dazu o. Anm. 47.
202 Vgl. Schwartz, On the Autonomy, 167: „Ptolemy II, though, seems to have suspended Judaean autonomy and to have tried to integrate Judaea along with the rest of Palestine in his highly centralized administrative system."
203 Vgl. etwa Tcherikover, Hellenistic Civilization, 58 f.: „This sentence [*sc.* Diod. 40.3,5] proves very clearly that in Hecataeus' time the High Priest was the central personality in Judaea and that the historic process of the transfer of the traditional authority from the king to the High Priest, which began in the time of Zerubbabel ben Shealtiel of royal descent, and of Joshua ben Jehozadak the High Priest, had ended with the decisive victory of the High Priest. [...] She [*sc.* Judäa] ceased to be subordinated to a special official placed over her, and the only mediator between her and the king was now the High Priest. Judaea's autonomy [...] made in the early Hellenistic epoch the first steps towards political independence, and the High Priest at the head of the people assumed the aspect of a petty monarch." Vgl. auch Goodblatt, Principle, 12: „I assume that by the time of Hecataeus, the priestly monarchy was firmly established in Jerusalem."
204 Vgl. Hengel, Judentum und Hellenismus, 465; Goodblatt, Principle, 10 f.

haben die Juden niemals einen König, [...] sondern die Vorstandschaft (προστασία) über das Volk wird demjenigen von den Priestern gegeben, der herausragend ist in Weisheit (φρόνησις) und Vorzüglichkeit (ἀρετή)." Des Weiteren wird berichtet, dass die Juden diesen Mann als „Hohepriester" bezeichnen und glauben, dass er ihnen die Gebote Gottes vermittelt. Er gibt Dinge in der Versammlung bekannt und die Juden werfen sich in Anbetung nieder, wenn er das Gesetz erläutert (40.3,5–6[205]).

Der Herausforderung einer historischen Interpretation des Berichts kann man sich nicht entziehen – weder indem man die Authentizität des Berichts in Zweifel zieht und darin eine judäische Fälschung vermutet,[206] noch indem man die Historizität des gesamten Berichts (inkl. der Aussagen zum Hohepriester) aufgrund des Vorliegens einiger historischer Fehlinformationen pauschal in Frage stellt.[207] Bereits die sehr eigenwillige Darstellung des Exodus eingangs des Berichts (40.3,1–2) schließt eine judäische Verfasserschaft aus: Die Plagen resultierten demnach aus dem göttlichen Zorn darüber, dass über den religiösen Praktiken der zahlreichen in Ägypten ansässigen Fremden der alteingesessene ägyptische Kult vergessen worden sei. Die Fremden seien daraufhin aus Ägypten vertrieben worden. Vermutlich hat Hekataios bei dieser originellen Schilderung aus ägyptischen Quellen geschöpft.[208]

Gegen eine Entstehung in judäischen Kreisen können prinzipiell auch die in dem Bericht auftretenden historischen „Fehler" angeführt werden.[209] Einige Details des Berichts sind jedenfalls ganz offensichtlich weder historisch noch sind sie durch biblische Traditionen gedeckt. Dies betrifft vor allem die Notiz, dass Mose, durch Einsicht und Tapferkeit (φρονήσει τε καὶ ἀνδρεία) ausgewiesen, Jerusalem und den Tempel gegründet habe, sowie die Überzeugung, Israel habe niemals einen König gehabt. Da sich diese Aussagen im Kontext des Berichts hinreichend erklären lassen, können sie jedoch nicht herangezogen werden, um die historische Zuverlässigkeit des gesamten Berichts und somit auch der den Hohepriester betreffenden Aussagen in Zweifel zu ziehen. Die Gründung Jerusalems könnte Mose etwa zugeschrieben worden sein, um ihn als Gründerfigur zu stilisieren, und somit seine große Relevanz innerhalb der judäischen Tradition im Spiegel einer *interpretatio graeca* reflektieren. Auch die historisch falsche Aussage, Israel habe niemals einen König gehabt, lässt sich im Kontext des Berichts relativieren. Es geht Hekataios allein darum, die aktuellen Verhältnisse zu schildern, wonach Israel keinen König hat, sondern vom Hohepriester geführt wird. Die beiläufige Aussage könnte sich schlicht einem in-

205 Für eine ausführliche Diskussion dieser Stelle und Literatur s. VanderKam, Joshua, 119 f.
206 So etwa Lebram, Idealstaat, 246 ff., der den Bericht als Propaganda aus der Regierungszeit Johannes Hyrkanos' einordnet.
207 Vgl. aber Rooke, Heirs, 247 ff.
208 Vgl. Bar-Kochva, Image, 116.
209 Vgl. zuletzt auch Grabbe, Hecataeus of Abdera.

korrekten Schluss von der Gegenwart auf die Vergangenheit verdanken, deren Rekonstruktion außerhalb des Interesses des Verfassers lag.[210]

Die historische Zuverlässigkeit der geschilderten gegenwärtigen Zustände lässt sich also anhand der vereinzelten historisch unzutreffenden Aussagen nicht widerlegen. Dies gilt umso mehr, als Hekataios an vielen Stellen durchaus Zutreffendes über die Juden zu berichten weiß, unter anderem, dass Mose sie aus Ägypten herausgeführt hat, ihr Gesetz auf Mose zurückgeht und ihr Kult bilderlos ist. „This suggests that his source of information (whatever it was) contained some authentic information – perhaps even a good deal of authentic information – on the Jews."[211]

Aufgrund der disparaten Informationen fällt es nicht leicht, die enthaltenen Aussagen über den Jerusalemer Hohepriester historisch zu beurteilen. Angesichts der biblischen Tradition erwartbare und prinzipiell plausible Aussagen stehen neben originellen Ansichten, die eher einem bestimmten Programm als der Realität verpflichtet zu sein scheinen. Die Auffassung, dass die edelsten und geeignetsten Männer als Priester auserwählt wurden und auch der Hohepriester aufgrund seiner besonderen Fähigkeiten ins Amt eingesetzt wurde, verdankt sich griechischem Einfluss. Sie ignoriert die biblisch fest verankerte genealogische Struktur des Priesteramtes und kann als Reflex eines aristokratische Züge tragenden Priesterideals verstanden werden.[212]

Das die Darstellung der Funktion der Priester und des Hohepriesters bestimmende Konzept ist ansonsten die Theokratie, wobei kultische Aufgaben und Funktionen des Hohepriesters im Vordergrund stehen.[213] In erster Linie reflektiert der Bericht somit die große Autorität des Hohepriesters in kultischen Zusammenhängen, die ihm u. a. auch die oben besprochenen, einem tempel- und kultzentrierten

---

210 Vgl. Bar-Kochva, Image, 122 f.

211 Grabbe, Hecataeus of Abdera, 625.

212 Wie stark eine solche ideale Tendenz die Darstellung prägt, ist umstritten. Hengel, Judentum und Hellenismus, 465, mit Literatur in Anm. 2, vermutet eine umfassende Charakterisierung des „jüdischen Staat[es] als echte ‚Aristokratie' im Sinne der platonischen Staatsutopie", wobei die Priester „den vollkommenen ‚Wächtern' oder ‚Regenten' in Platos Politeia" entsprächen. Zurückhaltender gegenüber der Annahme einer Beeinflussung durch eine spezifische griechische Tradition urteilt Bar-Kochva, Image, 120: „The excursus of Hecataeus was not written according to a uniform model, for there was no Greek theocracy." Zweifellos transportiert die Auswahl der jeweils besten und fähigsten Priester ein aristokratisches Ideal, doch sind Hengels Überlegungen am Ende vielleicht zu allgemein und weitreichend: „Despite the Greek ‚coloring' and adaptation, there is no need for us to get carried away by notions of conscious idealization in every detail and in the description as a whole. Hecataeus was doing little more than making the information he had at his disposal palatable to a Greek readership." (Bar-Kochva, Image, 134).

213 Einige kultische Praktiken, wie etwa die Proskynese, haben sich dem Verfasser offenbar nicht in Gänze erschlossen.

Ideal verpflichteten pentateuchischen Texte attestieren. Grundsätzlich passt dies zu der naheliegenden Annahme, dass Hekataios seine Informationen aus der Hand ägyptischer Judäer bezogen hat.[214]

Mit der Aussage, dem Hohepriester sei die Vorstandschaft (προστασία) gegeben, überschreitet seine Zuständigkeit den unmittelbar kultischen Bereich schließlich jedoch zumindest punktuell.[215] Rooke führt diese Vorstellung auf die judäischen Informanten des Hekataios zurück und kommt zu dem Schluss: „It is therefore more realistic to regard the basis of the passage as an expression of Diaspora priestly self-definition than as a reflection of an historical reality whereby the high priest was the political leader in the fourth-century Judah."[216] Zwar ist nicht anzunehmen, dass das Konzept eines politisch agierenden Jerusalemer Hohepriesters, das biblisch sehr wahrscheinlich noch nicht etabliert war, prägenden Einfluss auf die Judäer in der ägyptischen Diaspora gewonnen haben sollte. Um eine historisch zuverlässige Information muss es sich darum dennoch nicht handeln. Die Darstellung des Judentums bei Hekataios, die traditionelle und historisch fundierte Informationen mit originellen Elementen mischt, verrät einiges über sein Profil als Historiker. Sein Bericht ist nicht frei erfunden, sondern offensichtlich darum bemüht, den Kern des Wesens des Judentums zu erfassen. Dazu gehören als Basis die herausragende Rolle des Mose, der aufs Engste mit Exodus und Tora verbunden ist, sowie die das judäische Selbstverständnis in der Gegenwart prägende dominierende Rolle des Kultes mit dem Jerusalemer Hohepriester als zentraler Führungsfigur. Obwohl der Bericht der korrekten Wiedergabe judäischer Spezifika verpflichtet ist, verfasst Hekataios keinen historischen Tatsachenbericht, sondern passt die authentischen Kernaussagen in Konzepte ein, die für seine griechischen Adressaten verständlich waren. Um die hervorragende Rolle des Mose zum Ausdruck zu bringen, wird dieser daher kurzerhand zum Gründer Jerusalems ernannt. Auf derselben Linie dürfte die Darstellung des Hohepriesters liegen: Um die exponierte gesellschaftliche Stellung der Priester und des Hohepriesters in die Lebenswelt seiner Adressaten zu überführen, bemüht Hekataios ein aristokratisches Ideal, das sich zum einen in der Erwählung der Fähigsten zum Priesteramt konkretisiert, sodann aber auch in der

---

214 Vgl. Bar-Kochva, Image, 119, mit Literatur in Anm. 82.

215 In Abgrenzung von Bar-Kochva, Pseudo-Hecataeus, 297 f., der in dem Bericht des Hekataios keine Übertragung säkularer Macht auf den Hohepriester erkennen kann, kommt VanderKam, Joshua, 121, zu dem Schluss: „[T]his word, at times at least, seems to refer to a kind of political rule over the populace."

216 Rooke, Heirs, 250.

Übertragung der Vorstandschaft über das Volk auf den Höchsten der Priester.[217] In der Zuschreibung der προστασία an den Hohepriester zeigt sich somit das spezifische Profil des Hekataios, der die judäische Tradition in Vorstellungen überführt, die für griechische Leser anschlussfähig waren. Die Beweislast für einen politischen Führungsanspruch des Jerusalemer Hohepriesters in der ptolemäischen Zeit vermag der Bericht nicht zu tragen.

Der Befund aus den Quellen der Ptolemäerzeit ist somit insgesamt eindeutig. Sollte die Provinz zu Beginn der ptolemäischen Zeit weiterhin eine gewisse Autonomie genossen haben, und sollte das Statthalteramt irgendwann in dieser frühen Zeit aufgehört haben zu existieren, wäre zumindest theoretisch vorstellbar, dass die politischen Verhältnisse dem Hohepriester kurzfristig zu mehr Autorität und Einfluss verhalfen. Weder der numismatische Befund noch das Zitat von Hekataios bei Diodorus erlauben jedoch Rückschlüsse auf eine Entwicklung dieser Art. Kann man nicht mit einem politisch starken Hohepriesteramt *in Fortsetzung der Verhältnisse der Perserzeit* rechnen, liegt ein *Beginn dieser Entwicklung* (resp. eine Entstehung dieser Vorstellung) in der ptolemäischen Zeit daher nicht eben nahe.[218] Selbst aber wenn man von einer entsprechenden Entwicklung ausgehen wollte, müsste man einräumen, dass sich diese, soweit man aus den Quellen schließen kann, nicht fortgesetzt hat. Die Autonomie der Region, die ihr anfangs vielleicht noch teilweise gewährt worden sein mag, endete mit der Regierung Ptolemäus' I. Nach dessen Tod kam die Prägung der Jehud-Münzen zum Erliegen. Während die ptolemäischen Münzen bereits Zeichen einer Zentralisierung tragen,[219] dürfte der Abbruch der Münzprägung als Folge des Voranschreitens derselben zu verstehen sein. Anders als die Perser (und später auch die Seleukiden) setzten die Ptolemäer nicht auf eine dezentralisierte Verwaltung, sondern etablierten ein „zentral gelenktes, straff organisiertes Verwaltungssystem".[220] Eine zentralisierte Kontrolle breiter Teile des politischen und wirtschaftlichen Lebens in allen Teilen des Reiches von Alexandria aus war somit das Ideal der ptolemäischen Herrschaft, auch wenn dieses nicht

---

217 Vgl. auch Bar-Kochva, Image, 134: „[T]he characteristics attributed [...] to the priestly leaders and judges are no more than might be expected of a Greek author relating and old, unbiased foundation story."

218 Optimistisch votiert jedoch Albertz, Religionsgeschichte, 593, in dieser Angelegenheit: „Neu war jedoch, daß die Ptolemäer darauf verzichteten, einen Statthalter in Judäa einzusetzen. Dies führte dazu, daß der Hohepriester in die Position des politischen Repräsentanten des Gemeinwesens gegenüber dem König einrückte, seine Leitungsfunktion vom Priesterkollegium auf den Ältestenrat ausdehnte und nun auch die politische Führung übernahm."

219 Dies kommt etwa in der serienmäßigen Darstellung des Kopfes der Berenike zum Ausdruck.

220 Hengel, Judentum und Hellenismus, 32.

einmal in Ägypten vollständig erreicht worden sein mag.[221] Diese zentralisierte Politik der Ptolemäer brachte jedenfalls Strukturen in Judäa hervor, die wenig Spielraum für Autonomieansprüche ließen und für ein politisches Erstarken des Hohepriesters sicherlich alles andere als günstig waren.[222]

4.2.2.3 Die seleukidische Zeit

Die ptolemäische Vorherrschaft über die syro-palästinische Landbrücke währte bis 200 v.Chr., als Antiochus III. Megas im 5. Syrischen Krieg siegreich aus der Schlacht von Paneas gegen den ptolemäischen Feldherrn Skopas hervorging. Aus der seleukidischen Zeit liegen einige Quellen vor, die Aufschluss über die politische Entwicklung innerhalb der Provinz Koilesyrien und Phönizien, sowie die Stellung und Funktion des Jerusalemer Hohepriesters geben können. Sie zeichnen sich durch eine große Vielfalt und einen überwiegend tendenziösen Charakter aus, was ihre Interpretation erschwert.

4.2.2.3.1 Ein Brief Antiochus' III. an Ptolemäus (Ant. 12,138–144)

Über die Verhältnisse in Jerusalem nach der Machtübernahme durch die Seleukiden gibt zunächst ein bei Josephus überlieferter Brief Antiochus' III. an Ptolemäus, den στρατηγός und ἀρχιερεύς von Koilesyrien und Phönizien,[223] Auskunft (um 190 v.Chr.). Der Seleukide schildert darin die Unterstützung der Judäer und den freundlichen Empfang in Jerusalem durch die Gerusia, die in diesem Kontext zum ersten Mal überhaupt erwähnt wird. Zum Dank dafür gewährt er Jerusalem eine Reihe von Privilegien. So sollen die Stadt wiederbevölkert, die Kriegsschäden be-

---

221 Vgl. etwa Schwartz, On the Autonomy, 163: „[T]hough the government did intervene to an unusual extent in the economic and political lives of its subjects, there were practical limits."
222 Vgl. etwa Hengel, Judentum und Hellenismus, 46 f.: „In Jerusalem stand zwar der *Hohepriester* nominell an der Spitze des jüdischen ‚Ethnos' und des Tempels, doch wäre es mit den Prinzipien der ptolemäischen Herrschaft [...] unvereinbar gewesen, wenn dieser dort [...] wie ein unabhängiger Herrscher hätte regieren können. Palästina war ja kein Randgebiet, sondern von großer strategischer Bedeutung, grenzte es doch im Norden unmittelbar an das Gebiet des seleukidischen Erbfeindes und im Süden und Osten an die stets unruhigen Stämme der arabischen Wüste."
223 Dieser Ptolemäus wird häufig mit dem gleichnamigen „Sohn des Thraseas" identifiziert, der von den Ptolemäern übergelaufen war (Polyb. 5,65); vgl. Brutti, Development, 169. Inschriftlich ist er als στρατηγός bzw. στρατηγός und ἀρχιερεύς von Koilesyrien und Phönizien belegt (OGIS 230; SEG XLI 1547). Als königlicher Hohepriester ist er vor allem mit dem königlichen Kult verbunden (Zeus-Olympios; Apollo) und dürfte eine gewisse Autorität gehabt haben: „However, Ptolemy had authority in his satrapy over the non-dynastic temples. The high priests of the temples in Jerusalem and on Mt. Gerizim were no exception to the jurisdiction of this royal *archiereus*, even though they seem to have enjoyed certain autonomy." (Babota, Institution, 40).

seitigt und die Reparaturarbeiten am Tempel mit Material unterstützt werden. Antiochus genehmigt den Judäern, nach ihrem Gesetz zu leben, und sichert zudem dem Senat, den Priestern, den Sängern und Schreibern sowie allen aktuellen und zukünftigen Bewohnern Jerusalems Steuererleichterungen zu.

Trotz der umfangreichen Privilegien, die auf den ersten Blick verdächtig wirken, ist von einem authentischen Dokument auszugehen.[224] Die Gewährung der Selbstverwaltung aller zur Nation Gehörigen κατὰ τοὺς πατρίους νόμους dürfte im Sinne einer Bestätigung nicht nur der religiösen Elemente, sondern auch der politischen Institutionen zu verstehen sein.[225] Für Tcherikover bedeutet dies die Bestätigung der Hierokratie in Jerusalem und der Autorität des Hohepriesters.[226] Aus dem Brief selbst lässt sich das so freilich nicht schließen. Diese Interpretation wird im Gegenteil durch einige Details erheblich erschwert. Merkwürdig ist in diesem Zusammenhang vor allem die fehlende Erwähnung des Hohepriesters. Der Brief reiht sich damit zwar ein in sämtliche offiziellen Quellen vor der hasmonäischen Zeit, von denen keine den Hohepriester erwähnt, doch ist fraglich, ob man aus der Regelmäßigkeit einfach die Bedeutungslosigkeit dieses Umstands ableiten kann, wie etwa VanderKam dies tut.[227] Zweifel an dieser Sicht weckt insbesondere die Tatsache, dass der Brief durchaus ein führendes Gremium in Jerusalem erwähnt: Der seleukidische König wurde in Jerusalem von der Gerusia empfangen, was auf eine aristokratische Struktur hinweist.[228] Dass der Hohepriester ein Teil der Gerusia

---

224 Laut Bickerman handelt es sich bei den gewährten Privilegien um für die Seleukiden klassische Maßnahmen; vgl. Bickerman, La charte séleucide, 83 f. Von der Authentizität des Dokuments geht u. a. auch Grabbe, Hyparchs, 83 f., aus. Auch Hengel, Judentum und Hellenismus, 16, konstatiert, die Maßnahmen entsprächen „dem mehr ‚föderativen Aufbau' des seleukidischen Reiches". Die Bedeutung der Maßnahmen sollte nicht überschätzt werden, wie etwa Ameling, Seleukidische Religionspolitik, 354, betont: „Man spricht zwar gerne von der ‚structure politico-ethnique singulière' des Jerusalemer Heiligtums, aber das war nicht der Blickwinkel der Seleukiden. [...] Die Seleukiden glaubten, dieselben Rechte gegenüber dem Tempel in Jerusalem zu haben, die sie auch gegenüber allen anderen Tempeln hatten. Das berühmte πρόσταγμα Antiochos' III. beweist zwar die Großzügigkeit und Frömmigkeit des Königs [...], gibt aber keine Unabhängigkeit – erst recht keine dauerhafte Unabhängigkeit (AJ 12,138–144; 2Macc 2,3)."
225 Vgl. Tcherikover, Hellenistic Civilization, 83. Bickermans Deutung im Sinne des Mosaischen Gesetzes dürfte entsprechend zu kurz greifen; vgl. Bickerman, Jews, 125.
226 Vgl. Tcherikover, Hellenistic Civilization, 84 ff. Vgl. auch Fischer, Seleukiden und Makkabäer, 7; Schunck, Hoherpriester, 504.
227 So etwa VanderKam, Joshua, 188: „It may be, then, that Antiochus's failure to mention the high priest explicitly [...] ought not to surprise us; it follows the official practice of the time. For this reason, we should not draw large consequences from it regarding the ruling authority in Judea at the time."
228 Vgl. Bickerman, La charte séleucide. Vgl. auch Stern, Documents, 34; Regev, Hasmoneans, 106.

oder gar ihr Vorsteher war, ist keineswegs gesagt.[229] In der makkabäischen Zeit existierte dieses Gremium neben dem Hohepriester und es ist gut möglich, dass dies auch bereits in seleukidischer Zeit so war.[230] Am Ende gibt es viele mögliche Erklärungen für das Fehlen des Hohepriesters in dem Brief des Antiochus:

> Antiochus may have wanted to concentrate on the institutions (the „senate") or groups rather than individuals; Simon may have opposed Antiochus (but then why was he allowed to continue in office?); there was no high priest at the time of the invasion, or perhaps the high priest was killed in the fighting over Jerusalem, and Simon came in the office only after Antiochus had entered the city.[231]

Die einfachste und somit naheliegende Erklärung dürfte aber sein, dass Antiochus die Gerusia und eben nicht den Hohepriester als politische Repräsentanten der Stadt angesehen und adressiert hat.[232]

4.2.2.3.2 Der Tobiadenroman (Ant. 12,158–236)

Rückschlüsse auf eine politische Leitungsfunktion des Hohepriesters werden häufig auch aus dem bei Josephus überlieferten Tobiadenroman gezogen. Zu dessen Beginn wird berichtet, wie der Hohepriester Onias II., Sohn des Simon, dem Josephus

---

229 Vgl. aber Tcherikover, Hellenistic Civilization, 81; Hengel, Judentum und Hellenismus, 48 ff.; Schunck, Hoherpriester, 504; Jagersma, History II, 20.
230 Vgl. Goodblatt, Principle, 99.
231 Grabbe, Hyparchs, 84. Grundsätzlich vorstellbar, aber nicht weiter zu plausibilieren wäre auch eine Auslassung des im originalen Schreiben erwähnten Hohepriesters durch Josephus (oder seine Quelle). So erwogen von Babota, Institution, 41.
232 Ein ähnliches Szenario spiegelt 2 Makk 11,27 (König Antiochus entbietet eingangs eines Briefes „der Gerusia und den übrigen Judäern" seinen Gruß). Aufschlussreich sind ferner 3 Makk 1,8 ff.: Nach seinem Sieg über Antiochus III. in der Schlacht von Raphia (217 v. Chr.) kommt Ptolemäus IV. Philopator nach Jerusalem und wird dort von Vertretern der Gerusia und der Älteren (πρεσβύτεροι) empfangen (3 Makk 1,8). Diese scheinen die Repräsentanten der Stadt zu sein. Der amtierende Hohepriester Simon tritt in 3 Makk 2 nur betend in Aktion. Er bittet um Bestrafung des Ptolemäus, da dieser das Allerheiligste betreten will. Die Strafe tritt dann auch ein. Das Ganze ist offensichtlich religiöse Propaganda, doch spricht nichts gegen die Annahme, dass sich darin zumindest zum Teil verlässliche Informationen spiegeln; vgl. VanderKam, Joshua, 185. Jedenfalls gibt es keinen Grund, an der Historizität der implizierten politischen Organisation Jerusalems zu zweifeln. Anders sieht es im entgegengesetzten Fall in 2 Makk 3,9 aus, wonach der Kanzler Heliodor vom Hohepriester Onias III. empfangen wird. Da es das Ziel der Episode ist, die wundersame Bewahrung des Tempelschatzes mitzuteilen (V. 24 f.), müssen Heliodor und der Hohepriester auf schnellstem Wege zusammengebracht werden. Dies berichtet in verknappter Erzählweise V. 9, der daher kaum als historisch zuverlässige Notiz und als Beleg dafür gewertet werden kann, dass der Hohepriester der Repräsentant der Stadt war. S. u. 4.2.2.3.3.

den Beinamen „der Gerechte" verleiht, eine an den König Ptolemäus[233] zu entrichtende Steuer in Höhe von 20 Talenten Silber nicht bezahlt und diesen damit so erzürnt, dass er mit Strafmaßnahmen droht. Infolgedessen erbittet ein gewisser Joseph, Sohn von Tobias und Neffe des Hohepriesters (seine Mutter ist die Schwester Onias' II.), vom Hohepriester das Recht, zum König reisen und für sein Volk eintreten zu dürfen. In Alexandria erkauft er sich daraufhin mit Geld, das er von samarischen Freunden geliehen hat, die Steuerpacht für Koilesyrien und Phönizien, die er für 22 Jahre behält.

Umstritten ist nicht nur die Bedeutung der berichteten Ereignisse mit Blick auf die Stellung und die Funktion des Hohepriesters, sondern auch deren Datierung, und damit zusammenhängend ihre Historizität. Wellhausen etwa bestreitet aufgrund einiger historischer Inkonsistenzen des Berichts grundsätzlich die Historizität der Ereignisse.[234] Einer ptolemäischen Datierung stehe entgegen, dass der erwähnte Ptolemäus mit einer Kleopatra verheiratet gewesen sei (vgl. Ant. 12,127 ff.) und dies nicht auf Ptolemäus III., mit dem ein „alter Interpolator" den König eingangs des Berichts identifiziert habe (Ant. 12,158), sondern auf Ptolemäus V. (204–180 v. Chr.) zutreffe. Auch die zu Beginn des Berichts vorgenommene Situierung der Ereignisse im Zusammenhang des Heiratsabkommens zwischen Antiochus III. und Ptolemäus V. weist auf ein historisches Setting zu Beginn der seleukidischen Herrschaft über die Region (Ant. 12,154–155): Im Zuge der Heirat zwischen Ptolemäus V. und Kleopatra, der Tochter Antiochus' III., soll der Seleukide seiner Tochter Koilesyrien, Samaria, Judäa und Phönizien als Mitgift gegeben haben. Unter historischen Gesichtspunkten hält Wellhausen eine Ansetzung der Ereignisse in seleukidischer Zeit allerdings für ausgeschlossen:

> Unter Ptolemäus V. und Kleopatra (seit 193) konnte nun Joseph kein ägyptischer Steuerpächter in Cölesyrien sein; denn damals hatten die Seleuciden und nicht die Ptolemäer Cölesyrien zu besteuern; die Behauptung, daß sich die beiden Mächte in die Einkünfte des Landes geteilt hätten, ist eine Verlegenheitsauskunft des Josephus, die den Voraussetzungen der Erzählung selber nicht gerecht wird.[235]

---

233 Einige Handschriften ergänzen „Euergetes".
234 „Die Erzählung ist also im ganzen unhistorisch, wenngleich darum nicht wertlos." Wellhausen, Geschichte, 231.
235 Wellhausen, Geschichte, 231. Die Frage nach der Historizität der Ereignisse ist auch in der neueren Forschung noch umstritten. Gera, Credibility, steht der Annahme, es handle sich um historische Ereignisse, kritisch gegenüber. Optimistisch votiert hingegen Goldstein, Tales; vgl. auch Dušek, Inscriptions, 137 ff.

Auch dort, wo von einer (teilweisen) Historizität der berichteten Ereignisse ausgegangen wird, dominiert der Vorschlag, diese in die ptolemäische Zeit zu datieren.[236] Im Hintergrund steht dann die Zustimmung zu Wellhausens Einschätzung, wonach es sich bei dem Heiratsabkommen und dessen politischen Konsequenzen um eine „Verlegenheitsauskunft" des Josephus handele. Hat man jedoch mehr Zutrauen in den Bericht des Josephus und hält das Abkommen zwischen Antiochus und Ptolemäus für historisch,[237] spricht nichts gegen eine seleukidische Ansetzung.[238] Die Zuständigkeit des Ptolemäerkönigs für die Steuern von Koilesyrien in seleukidischer Zeit hätte somit in dem Heiratsabkommen ihren historischen Grund. Dabei ist davon auszugehen, dass nicht die Gebiete selbst der Kleopatra als Mitgift gegeben wurden, sondern die Steuern derselben, d. h. ihr Gemahl Ptolemäus V. war berechtigt, die Steuern zu verpachten.[239]

Der geschilderte Konflikt zwischen Onias II. und Joseph dürfte dann in der Zeit direkt nach dem Abkommen zwischen Antiochus III. und Ptolemäus V., also kurz nach 194/193 v. Chr., zu situieren sein.[240] Auch wenn eine starke pro-ptolemäische und pro-tobiadische Prägung der Darstellung nicht von der Hand zu weisen ist, stärken die historisch plausiblen Rahmenbedingungen ein Stück weit das Zutrauen in die historische Zuverlässigkeit zumindest der Eckpunkte des Romans. Zu diesen dürfte dann auch der Konflikt zwischen dem Hohepriester und dem Tobiaden Joseph gehören, der wiederum kaum ohne eine gewisse administrative Rolle des Hohepriesters in Gang gekommen wäre. Die historische Beurteilung der berichteten Ereignisse sowie ihrer Bedeutung für die Frage nach Stellung und Funktion des Jerusalemer Hohepriesters zu Beginn der seleukidischen Zeit wird allerdings durch die tendenziöse Darstellung erschwert. Diese betrifft auch die Charakterisierung des Hohepriesters selbst, der als Antagonist des tugendhaften Joseph geizig und habgierig dargestellt wird. Trotz allem könnten zwei den Hohepriester betreffende Aussagen Aufschluss über seine Stellung geben: Der Hohepriester hat die Aufsicht über das Volk (τοῦ λαοῦ ἡ προστασία) und er soll die Steuer für das Volk (ὑπὲρ τοῦ λαοῦ φόρον) entrichten. Zunächst einmal unabhängig von der Frage, ob es sich

---

236 Vgl. etwa Fuks, Josephus' Tobiads Again; auch Tcherikover, Hellenistic Civilization; Goldstein, Tales; VanderKam, Joshua, 174 ff.; Rooke, Heirs, 257 ff.; Frevel, Geschichte, 342.

237 Vgl. dazu ausführlich Dušek, Inscriptions, 123 ff.

238 Vgl. Schwartz, Josephus' Tobiads; Dušek, Inscriptions, 139 ff. Die Identifikation des Ptolemäerkönigs mit Ptolemäus III. Euergetes in einigen Handschriften ist dann entsprechend als späte Korrektur zu verstehen; vgl. Dušek, Inscriptions, 140 („a later addition whose aim was the elimination of the difficulty of the Ptolemaic rule over Seleucid territory by dating the events to the time of Ptolemy III Euergetes").

239 Vgl. Dušek, Inscriptions, 124 ff.

240 Zur Datierung des Abkommens vgl. Dušek, Inscriptions, 129 ff.

dabei um historisch zuverlässige Informationen handelt, bleiben innerhalb der Erzählung sowohl die Art der Abgabe[241] als auch die Gründe für die unterlassene Zahlung unklar.[242] Dies dürfte in erster Linie darauf zurückzuführen sein, dass sich der Verfasser des Tobiadenromans wenig für diese Hintergründe interessiert hat. Ihm ging es darum, zu berichten, wie Joseph als Steuerpächter zu großem Reichtum gekommen ist.

Es ist somit schwierig, von der unterlassenen Zahlung auf eine konkrete implizierte Funktion des Hohepriesters zu schließen.[243] Im Speziellen ist nicht davon auszugehen, dass der Hohepriester der Steuerpächter Jerusalems war.[244]

> It seems unlikely that the high priest was a tax farmer under the Ptolemies, not least because Onias' refusal to pay the tribute displays a degree of antipathy towards the Ptolemaic bureaucracy which would be quite out of place in a tax farmer who was supposedly working in tandem with the ruling powers.[245]

---

241 Vgl. Dušek, Inscriptions, 148: „The *phoros* was a tax paid by the cities and communes to the royal tax department, but the exact significance of the term is not clear." Tcherikover, Hellenistic Civilization, 459, Anm. 39, vermutet, dass es sich um eine spezielle und private Abgabe des Hohepriesters handelte, für die er die προστασία zugebilligt bekam. Vgl. auch VanderKam, Joshua, 180. Diese Annahme bleibt allerdings spekulativ.

242 Die im Roman selbst gegebene Begründung (Geldgier des Hohepriesters) dürfte auf die protobiadische Perspektive der Darstellung zurückzuführen sein. Schunck, Hoherpriester, 501, vermutet als Beweggrund die Solidarisierung des Hohepriesters mit der ärmeren Landbevölkerung, die die Steuererhöhungen unter den Ptolemäern als Ausbeutung empfanden.

243 Vgl. Rooke, Heirs, 259: „There is no need to assume that the high priest had major responsibility for all tax-gathering in the province, or that he was the major administrative officer in other areas, simply because of one item of tribute which he was known to pay." Die Summe von 20 Talenten dürfte außerdem für die von den Judäern an die Ägypter zu entrichtenden Steuern zu gering sein.

244 So etwa erwogen von Bickerman, Jews, 144; vgl. ferner Jagersma, History II, 27. Zum Phänomen der Steuerpacht unter den Ptolemäern vgl. Schwartz, On the Autonomy, 158: „The Ptolemies [...] subdivided areas under their control into small units and entrusted each to a tax-farmer – usually a wealthy native – who mediated between the subjects and the government without working through the traditional native hierarchy."

245 Rooke, Heirs, 259. Zwar wird im Fortgang berichtet, wie Joseph die Steuerpacht von Ptolemäus V. erwirbt, sodass durchaus der Eindruck entstehen könnte, dass ein Zusammenhang zwischen der zu leistenden Abgabe und der Steuerpacht besteht. Jedoch kann man dies nicht einfach auf Onias übertragen, zumal wenn davon auszugehen ist, dass sich die Zuständigkeiten kurz zuvor noch einmal geändert hatten und Onias nicht von Ptolemäus V., sondern noch von Antiochus III. mit der Verantwortung für die Steuer betraut worden war. Sollte dies zutreffen, könnte die ausgebliebene Zahlung darauf zurückzuführen sein, dass sich der Hohepriester gegenüber Ptolemäus V. nicht gebunden fühlte. Eine grundsätzlich pro-seleukidische Haltung könnte die Entscheidung begünstigt haben.

Dušek weist zudem darauf hin, dass der Hohepriester die Steuer „im Namen des Volkes" an Ptolemäus hätte entrichten sollen und dies nicht zur Rolle des Steuerpächters passt.[246]

Auch die Bedeutung der dem Hohepriester zugeschriebenen προστασία ist unklar. Grabbe benennt in diesem Zusammenhang ein grundlegendes Problem:

> Josephus refers to the high priest Onias as having „the governorship of the people" (τοῦ λαοῦ τὴν προστασίαν). This might suggest that the high priest held a formal office (*prostasia*) in the Ptolemaic administration, perhaps having to do with finance, and that this office was subsequently transferred to Joseph Tobiad. The difficulty is that literary writers may not have used such technical terms properly.[247]

Bei Josephus kommt hinzu, dass als ideale Staatsform die Theokratie, in der Gott dem Hohepriester aaronidischer Abstammung die Herrschaft überträgt, im Hintergrund steht und die Darstellung beeinflussen könnte.[248]

Auch wenn die Schilderung der Rolle des Hohepriesters zu Beginn des Tobiadenromans in Teilen historisch zuverlässig sein sollte, lässt sich daraus schwerlich ableiten, dass der Hohepriester in der frühen seleukidischen Zeit *qua Amt* der Repräsentant des judäischen Gemeinwesens war.[249] Offenbar gehörte er jedoch zu dem Kreis einflussreicher Personen, denen administrative Funktionen übertragen werden konnten. Hinter der Reaktion Onias' auf das Gesuch seines Neffen – er will nicht herrschen und auch nicht unbedingt Hohepriester sein (Ant. 12,163) – steht die Vorstellung, dass die προστασία grundsätzlich vom Hohepriesteramt getrennt werden kann. Die προστασία kann dem Hohepriester als einflussreicher Person übertragen werden, sie kann aber auch auf Joseph übergehen, weil sie eben nicht an das hohepriesterliche Amt gebunden ist. Dušek vergleicht die Rolle des Hohepriesters daher zutreffend mit der des προστάτης, „a supervisor and royal representative of local origin appointed by the Seleucid king in indigenous sanctuaries".[250]

---

246 Vgl. Dušek, Inscriptions, 147.
247 Grabbe, Hyparchs, 79.
248 D. Schwartz, Josephus on the Jewish Constitution, 40 ff., vertritt die These, die προστασία des Hohepriesters gehe auf Josephus zurück, der damit seine Vorstellung einer idealen Verfassung Judäas auf die Quellen übertrage. Vgl. auch S. Schwartz, On the Autonomy, 164.
249 Vgl. dagegen Goodblatt, Principle, 15: „Onias II did hold an official position, that of high priest. And his exercise of that office appears to have involved more than purely cultic matters."
250 Dušek, Inscriptions, 147. Eine ähnliche Rolle hatte auch Simon unter Seleukus IV. S. im Folgenden.

Was sich somit – bei aller gebotenen Vorsicht – aus dem Tobiadenroman schließen lässt, ist eine (zumindest punktuelle) Überschreitung der primär kultischen Zuständigkeiten des Hohepriesters in den politisch-administrativen Bereich. Der Hohepriester zählte zum Kreis der einflussreichen Jerusalemer Persönlichkeiten, die von den fremden Herrschern mit administrativen Aufgaben bedacht werden konnten. Eine dauerhafte Autorität oder die Übernahme politischer Funktionen *von Amts wegen* waren damit nicht verbunden.[251] Schien bereits der in Ant. 12,138–144 überlieferte Brief des seleukidischen Königs an den Beamten Ptolemäus die Gerusia als administratives Gremium in Jerusalem vorauszusetzen, so belegt der Tobiadenroman, dass neben den Oniaden inzwischen mindestens auch das Geschlecht der Tobiaden wichtig und einflussreich in Jerusalem war und ebenso wie der Hohepriester administrative Funktionen übernehmen konnte.[252]

Wie immer man die konkreten dem Hohepriester zugeschriebenen Funktionen historisch beurteilen mag, die Auseinandersetzung zwischen Oniaden und Tobiaden, die die im Tobiadenroman berichteten Ereignisse in Gang setzt und wohl grundsätzlich als historisch zu betrachten sein dürfte, könnte für die weitere Entwicklung des Jerusalemer Hohepriesteramtes relevant gewesen sein, insofern sich darin ein komplexes und instabiles Verhältnis der Kräfte im Judäa der Seleukidenzeit spiegelt. Für die weitere Untersuchung ist somit in jedem Fall die Frage im Blick zu behalten, welchen Einfluss das politische Erstarken der Tobiaden auf die Entwicklung des Hohepriesteramtes in der seleukidischen Zeit hatte. Relativ verbreitet ist die Annahme, dass es zu einem Abbruch der hohepriesterlichen Herrschaft führte.[253] Da sich bislang jedoch keine Indizien für eine Politisierung des

---

251 Vgl. Regev, Hasmoneans, 106: „It seems that during the Persian, Ptolemaic and early Seleucid periods the high priests did not hold civil governmental authority, at least not consistently. It is possible that specific high priests enjoyed a more prominent status [...]. But the historical evidence does not support the general claim of Hecataeus of Abdera and Josephus. The latter may have been misled by the civil authority of the Hellenized high priests following 175 BCE."

252 Schwartz, On the Autonomy, 167, nennt die Tobiaden „a new class of mediators between subjects and state".

253 Vgl. Schwartz, On the Autonomy, 165. Ferner auch Schunck, Hoherpriester, 500: „Judäa bildete innerhalb der Provinz ‚Syrien und Phönikien' nun als Hyparchie eine eigene Verwaltungseinheit, an deren Spitze wie schon in persischer Zeit der Hohepriester als Vorsitzender in einem Ältestenrat aus Priestern und begüterten Laien, der sog. Gerusia, stand. Er nahm damit die Funktion eines προστάτης als politischer Vertreter der Juden gegenüber dem Provinzstatthalter und dem ptolemäischen König wahr. [...] Diese Struktur und das darauf beruhende Verhältnis des jüdischen Hohenpriesters zum ptolemäischen König erfuhr eine folgenschwere Erschütterung und Veränderung durch das Eingreifen einer der angesehensten und einflußreichsten jüdischen Familien jener Zeit, der im Ostjordanland beheimateten Tobiadenfamilie, in die von den Hohepriestern bisher gegenüber den Ptolemäern verfolgte Politik." Vgl. auch Brutti, Development, 151, die angesichts der Bereitschaft des Onias, die προστασία aufzugeben, fragt: „[I]s this the beginning of a progressive de-

Jerusalemer Hohepriesteramtes bereits in vorseleukidischer Zeit ergeben haben, ist umgekehrt in Erwägung zu ziehen, dass der Konflikt mit den Tobiaden eine katalysierende Wirkung auf die Entwicklung des Hohepriesteramtes zu einem politischen Führungsamt hatte und die Ausprägung des Konzepts eines politisch orientierten und ambitionierten Hohepriesteramtes beförderte. Die Quellen, die für die folgende Zeit zur Verfügung stehen, könnten diese Annahme jedenfalls stützen. Auch die in 2 Makk 3 berichtete Auseinandersetzung zwischen Onias III. und einem gewissen Simon zeigt ein in komplexe innerjüdische Konflikte verwickeltes Hohepriesteramt. Literarisch verwirklicht ist das Konzept eines politisch orientierten, gar königlichen Hohepriesteramtes sodann in dem programmatischen Text Sir 50. Beide Texte werden daher nun nacheinander besprochen.

4.2.2.3.3 Der Konflikt Onias' III. mit dem Tempelvorsteher Simon und die Heliodor-Affäre (2 Makk 3)

2 Makk 3 berichtet von einem Konflikt zwischen dem Hohepriester Onias III. und einem gewissen Simon, der Vorsteher (προστάτης) über den Tempel ist (2 Makk 3,4).

Die genaue Herkunft Simons (und seines Bruders, dem späteren Hohepriester Menelaus) ist unsicher. Von einer Nähe zu den Tobiaden ist auszugehen, sei es, dass sie selbst tobiadischer Abstammung waren oder nur zu deren Unterstützern gehörten und dieselben politischen Interessen vertraten.[254] Jedenfalls ist die Haltung Simons offensichtlich pro-seleukidisch und er könnte bereits dadurch in Opposition zu dem mutmaßlich pro-ptolemäischen Hohepriester Onias III. getreten sein.[255]

---

crease in the high priest's authority, or is it just outright political propaganda?" Ähnlich positioniert sich auch Eckhardt, Ethnos, 164.

254 Vgl. dazu VanderKam, Joshua, 192. Unklar ist ferner, ob es sich um einen seleukidischen Beamten handelte; vgl. z. B. Brutti, Development, 264. Gegen VanderKam, Joshua, 190 f., der Simon für einen judäischen Funktionär hält (zweithöchster Priester nach dem Hohepriester).

255 Aus 2 Makk 3,10 f. erfährt man, dass der Tobiade Hyrkan, dessen pro-ptolemäische Haltung aus dem Tobiadenroman bekannt ist, Geld im Tempel gelagert habe. Dies stützt die Annahme einer pro-ptolemäischen Gesinnung des Hohepriesters; vgl. Tcherikover, Hellenistic Civilization, 159; Hengel, Judentum und Hellenismus, 495; VanderKam, Joshua, 192. Die pro-ptolemäische Haltung des Hohepriesters ist auch vor dem Hintergrund der politischen Entwicklungen im Seleukidenreich plausibel: Antiochus III. erlitt im Jahr 190 v. Chr. eine Niederlage gegen Rom. Die Seleukiden wurden daraufhin im Frieden von Apamea (188 v. Chr.) zu hohen Reparationszahlungen verpflichtet, die das Seleukidenreich empfindlich schwächten. Die Aufbringung der Kriegsentschädigung wurde auf die Untertanen abgewälzt, was anti-seleukidische Ressentiments in Jerusalem befördert haben dürfte. Gleichzeitig wuchsen die Hoffnungen der Ptolemäer auf eine Rückeroberung der Provinz, und auch in Jerusalem dürften die Sympathien für die Ptolemäer in bestimmten Kreisen wieder zugenommen haben.

Nachdem er wegen der „Aufsicht der Marktes" in Konflikt mit dem Hohepriester geraten war, denunzierte Simon diesen wegen des Tempelschatzes bei Apollonius, dem Statthalter von Koilesyrien und Phönizien. Simon berichtete von der exorbitanten Größe des Tempelschatzes, die den Opferbedarf bei Weitem übersteige, und stellte in Aussicht, dass der König über einen Teil des Tempelschatzes rechtmäßig verfügen könnte. Der durch hohe Reparationszahlungen an Rom gebeutelte König Seleukus IV. schickte daraufhin den Kanzler Heliodor, der sich der Sache anzunehmen gedachte. Heliodor wurde vom Hohepriester empfangen und erkundigte sich bei ihm, ob sich die Sache tatsächlich so verhielte, wie es dem König durch Apollonius zugetragen worden sei. Onias klärte ihn darüber auf, dass sich der Überhang des Tempelschatzes aus Hinterlegungen von Witwen, Waisen und dem Tobiaden Hyrkan zusammensetzte und sich zudem nur auf vierhundert Talente Silber und zweihundert Talente Gold beliefe. Heliodor indes ließ sich davon nicht beirren und bestimmte den Tag, an dem er in den Tempel gehen und den Tempelschatz in Augenschein nehmen wollte. Nach einem beispiellosen kollektiven Bittgebet von Priestern wie Laien wurde der Plan letzten Endes durch zwei wundersame Vorkommnisse vereitelt, als Heliodor bereits mitsamt seiner Gefolgschaft in der Schatzkammer stand. Von einem Pferd mit goldenem Reiter attackiert und von zwei prächtig gekleideten Männern mit Schlägen gegeißelt, sank Heliodor ohnmächtig zu Boden. Alle erkannten daraufhin die Macht Jahwes und der Tempel wurde von Freude und Wonne erfüllt. Aus Sorge, der König könne denken, die Juden hätten Heliodor dies angetan, trat der Hohepriester mit Opfern zur Rettung des in den letzten Zügen liegenden Heliodor ein. Der überraschend Genesene bekannte daraufhin die im Tempel wirkende Macht Gottes und empfahl dem König, künftig nur noch all jene nach Jerusalem zu entsenden, die er loswerden wolle.

Dass der Fokus des Berichts auf der wundersamen Bewahrung des Tempelschatzes liegt, ist offensichtlich. Die *particula veri* könnte die Erfolglosigkeit der Maßnahmen Heliodors darstellen. Der Grund für das Scheitern der Mission liegt jedoch im Dunkeln. Der Hohepriester ist zwar die zentrale Gestalt und wird sehr positiv dargestellt, doch lässt der Bericht kein besonderes Interesse erkennen, ihn als politischen Führer zu inszenieren. Die Indizien, die an dieser Stelle zuweilen für ein politisch starkes Hohepriestertum angeführt werden, sind entsprechend auch eher schwach. Dass der Hohepriester den Heliodor empfängt (2 Makk 3,9), belegt nicht zwingend, dass er der Repräsentant der Stadt ist,[256] sondern kann sich auch schlicht

---

256 Vgl. aber Babota, 47: „Onias III [...] acts not only as the head of the temple but apparently also as political representative of Jerusalem." Vgl. auch VanderKam, Joshua, 195. Selbst wenn man die Begebenheit in dieser Weise verstehen wollte, wäre fraglich, inwiefern dies im Rahmen des tendenziösen Berichts als Reflex auf die tatsächlichen Verhältnisse zu bewerten wäre.

dem Fokus des Berichts verdanken: Da Heliodor sich des Tempelschatzes bemächtigen will, wendet er sich direkt an den Hohepriester. Die Begegnung der beiden wird ohne Umschweife mitgeteilt.[257]

Aufschlussreich ist darüber hinaus bereits die bloße Existenz von Simon, einem wohl vom König eingesetzten Vorsteher des Tempels: „The quarrel between Onias III and Simon shows that the high priest had well-delimited rights as administrator of the temple treasury, but the king still kept him closely watched by one of his officials.“[258] Simon hat zwar keinen Zugriff auf den Tempelschatz, sodass u. U. von einer gewissen Autonomie des Hohepriesters in inneren, den Tempel betreffenden Angelegenheiten auszugehen ist. Die folgenden Ereignisse sprechen dennoch für einen großen Einfluss der Seleukiden selbst in internen Angelegenheiten und demonstrieren die Bereitschaft des Königs, sich am Gut des Tempels zu bereichern.

Der Streit mit Simon geht nach der gescheiterten Mission Heliodors weiter und eskaliert schließlich (2 Makk 4,1 ff.). Simon beschuldigt Onias, für das Heliodor widerfahrene Unheil verantwortlich zu sein.[259] Er macht gemeinsame Sache mit Apollonius und greift zu radikalen Maßnahmen, indem er unter anderem Morde verüben lässt. Onias wird daraufhin aktiv und geht zum König, damit dieser eingreife und den Frieden in Jerusalem wiederherstelle. Eventuell steht die Einsetzung eines gewissen Olympiodor damit in Zusammenhang.[260] Inschriftlich belegt ist dieser auf einer Stele, die in Maresha gefunden wurde und drei Briefe enthält. Einer der Briefe stammt von Seleukus IV. und richtet sich an den Kanzler Heliodor.[261] Darin wird erwähnt, dass Olympiodor als Aufseher über die Heiligtümer in Koilesyrien und Phönizien bestellt worden sei. Mehrheitlich wird angenommen, Olympiodor habe die Stellung des königlichen Hohepriesters innegehabt,[262] was mit ei-

---

257 Dass Onias in diesem Kontext in 2 Makk 3,9 „Hohepriester der Stadt“ heißt, besagt ebenfalls nicht viel. Die Bezeichnung könnte auch einfach zum Ausdruck bringen, dass der Einflussbereich des Onias auf die Stadt Jerusalem beschränkt ist (etwa weil es daneben noch einen anderen Hohepriester mit größerem Einflussbereich gab; s. dazu im Folgenden). VanderKam, Joshua, 193, mit Anm. 226, favorisiert zudem die Lesart „Hohepriester und Stadt“.
258 Brutti, Development, 264.
259 Wie genau der Vorwurf lautet, bleibt aufgrund des Uneindeutigkeit der Verbform ἐπισεσεικώς unklar – hat Onias den Gesandten des Königs „eingeschüchtert“ oder „aufgehetzt“? Vgl. zur Problematik VanderKam, Joshua, 196.
260 Vgl. Babota, Institution, 47. Dies erscheint plausibler als die Annahme, dass Olympiodor schon früher im Amt und Simon sein Untergebener gewesen sei (vgl. Ameling, Seleukidische Religionspolitik, 355; Eckhardt, Ethnos, 177), denn in diesem Fall könnte nicht erklärt werden, warum sich Simon an Apollonius und nicht an Olympiodor wendet.
261 Vgl. Ameling, Seleukidische Religionspolitik, 338 f.
262 Vgl. Ameling, Seleukidische Religionspolitik, 355; Babota, Institution, 45 f.

nigen Unannehmlichkeiten für den Jerusalemer Hohepriester einhergegangen sein dürfte:

> Olympiodorus was probably expected to reorganize the satrapy and „raise money." Seleucid appointments over local sanctuaries with the aim to have more efficient control of them are known from other sources. Such royal policy must have caused frustrations among the local (high) priests administering the treasuries of the individual temples, like that in Jerusalem.[263]

Wie immer sich die historischen Hintergründe von 2 Makk 3 im Einzelnen konkret erhellen lassen: Die Heliodor-Affäre mitsamt ihrer Vor- und ihrer Nachgeschichte legt nahe, dass die Macht des Jerusalemer Hohepriesters durch seleukidische Beamte begrenzt war.

Bisher lässt sich für die seleukidische Zeit somit festhalten, dass der Hohepriester in politische Angelegenheiten involviert war, wenn auch punktuell und in begrenztem Umfang.[264] Zwar wird weder im Tobiadenroman noch im Rahmen der Darstellung der Heliodor-Affäre in 2 Makk 3 f. das Hohepriesteramt als politisches Führungsamt charakterisiert. Sowohl der innere Konflikt mit den Tobiaden als auch die Beschränkung der Autonomie in Tempelangelegenheiten durch Beamte der Seleukiden, könnten jedoch die Konzeptionierung des Hohepriesteramtes als politisches Führungsamt *angeregt* haben. Zu dieser Annahme würde jedenfalls passen, dass mit dem etwa kontemporär entstandenen Lob des Hohepriesters Simon in Sir 50 ein Entwurf eines dezidiert royalen Hohepriestertums vorliegt.[265]

---

263 Babota, Institution, 46.

264 Brutti, Development, 303, stellt fest: „[I]n the Hellenistic age, the high priesthood begins to assume a different character: while in the Ptolemaic period the literary sources portray a high priest closely linked to worship and the religious sphere, in the following period the high priesthood seems to become a political office, not because of the authority inherent in the high priesthood itself, but due to the support of the Seleucids." Dies trifft besonders auf die Hohepriester Jason, Menelaus und Alkimus zu (s.u. 4.2.2.3.5), gilt in begrenzter Weise aber auch bereits für die frühe Phase der seleukidischen Herrschaft bis zur Amtszeit Onias' III. Die Ermächtigung des Hohepriesters in politisch-administrativen Zusammenhängen scheint jedoch zum einen punktuell gewesen zu sein. Zum anderen gab es mit dem wohlhabenden und einflussreichen „Clan" der Tobiaden immer auch alternative Kooperationspartner für die Seleukiden neben dem amtierenden Hohepriester.

265 Bisweilen wird auch der Aristeasbrief als weiterer Beleg für ein politisch starkes Hohepriestertum in der seleukidischen Zeit angeführt. Der Brief, bereits bei Philo v. Alexandrien belegt (Mos. 2,25–44) und bei Josephus paraphrasiert (Ant. 12,11–118), erwähnt an zahlreichen Stellen einen Hohepriester namens Eleazar als Gegenüber des Königs Ptolemäus II. (283–246 v.Chr.). Josephus kennzeichnet ihn als Bruder und Nachfolger Simons I., der ins Amt kam, da der Sohn Simons, der spätere Onias II., noch zu jung war, als sein Vater starb (Ant. 12,44). Der Aristeasbrief spricht sehr positiv von Eleazar. Betont wird die religiös-kultische Funktion des Hohepriesters (AR 96–99). Der

4.2.2.3.4 Das Lob des Hohepriesters Simon (Sir 50)

Sir 50,1–21 schließen das in Sir 44,1 beginnende Lob der Väter mit einer Charakterisierung des Hohepriesters als überragender Führungsgestalt ab.[266] Die Rede ist von Simon, dem Sohn des Onias, gemeint ist damit wohl Simon II., der Sohn Onias' II.[267]

Die Frage nach der Identität des Hohepriesters in Sir 50 ist in der Forschung eng mit derjenigen nach der Identität „Simons des Gerechten" verbunden. Moore bezweifelt die Zuverlässigkeit der Darstellung des Josephus, der zwei Hohepriester namens Simon bezeugt.[268] Neben Simon, dem Sohn von Onias II. (Simon II., 1. Hälfte des 2. Jh. v.Chr.), erwähnt Josephus einen Simon als Sohn Onias' I. (Simon I., 1. Hälfte

---

Hohepriester pflegt ein gutes Verhältnis zum ptolemäischen König, beide werden ebenbürtig dargestellt.

Sicherlich sind die geschilderten Ereignisse nicht historisch, sodass sich für die erzählte Zeit im frühen 3. Jh. v.Chr. daraus keine Erkenntnisse gewinnen lassen. Das heißt freilich nicht, dass sich darin nicht die politischen Zustände zur Zeit der Entstehung des Briefes spiegeln können. Die Datierung des Briefes ist indes sehr umstritten, was die Einschätzung erschwert. Entgegen gelegentlicher Vorschläge, den Aristeasbrief bereits Ende des 3. Jh. v.Chr. (vgl. Rappaport, Letter of Aristeas; ihm folgt Goodblatt, Principle, 13) oder Anfang des 2. Jh. v.Chr. (vgl. VanderKam, Joshua, 167) anzusetzen, dürfte von einer späteren Abfassung auszugehen sein (vgl. etwa Nickelsburg, Stories, 77 f., der von einer Abfassung in der zweiten Hälfte des 2. Jh. v.Chr. ausgeht.). Bickerman, Datierung, spricht sich aufgrund der in den Dokumenten verwendeten Formeln und einiger terminologischer Eigenheiten für eine Entstehung zwischen 145 und 127 v.Chr. aus. Auch Tilly, Aristeasbrief, datiert das Stück in die zweite Hälfte des 2. Jh. v.Chr.: „Dafür sprechen der Gebrauch von Titeln und formelhaften Wendungen, die in ptolemäischen Dokumenten erst nach 150 v.Chr. belegt sind (§§ 32.37.40 u. ö.), historische Irrtümer des Erzählers (§ 9) und die Betonung seiner Distanz gegenüber der erzählten Zeit (§§ 28.182)." Eventuell richtet sich die Charakterisierung Eleazars subtil gegen das hasmonäische Hohepriestertum, das eher politisch als religiös konnotiert war. Bei einer Ansetzung in der zweiten Hälfte des 2. Jh. v.Chr. fällt der Aristeasbrief als Quelle, die Aufschluss über das Hohepriestertum in vorhasmonäischer Zeit gibt, jedenfalls aus. Gegenüber VanderKams optimistischer Interpretation des Briefes sind daher Zweifel angebracht: „The high priest was without rival as the head of the Jewish state and his influence spread beyond the borders of Judea; the king naturally turned to him when he needed to communicate about the Pentateuch. Our second-century author apparently expected his audience to find it believable, or at least entertainingly plausible, that an otherwise obscure high priest [...] was a man of extraordinary stature and authority." (VanderKam, Joshua, 167).

266 Es gibt weder literarische noch konzeptionelle Gründe, Sir 50 als Nachtrag zum Lob der Väter zu betrachten (so Smend, Weisheit, 412; Hamp, Sirach, 708). Vielmehr ist Sir 50 als Höhepunkt der Komposition und integraler Bestandteil derselben zu betrachten. So auch Beentjes, Jesus Sirach, 167 ff.; Sauer, Jesus Sirach, 300; Mulder, Simon the High Priest; Schmitt, Lobgedicht, 890; Marböck, Hohepriester, 215 f.

267 Vgl. Olyan, Priesthood, 276; Mulder, Simon the High Priest, 107 f.345 ff.; Ueberschaer, Onias/Oniaden; Sauer, Ben Sira 50,22, 131.

268 Vgl. Moore, Simon the Righteous.

des 3. Jh. v. Chr.), der bei ihm den Beinamen „der Gerechte" trägt (Ant. 12,42–43; Ant. 12,157–158). Moore sieht für Simon I. keine historische Evidenz und nimmt eine fehlerhafte Verdopplung durch Josephus an. „Simon den Gerechten" identifiziert er entsprechend nicht mit Simon I., sondern mit Simon II. (= Sir 50).[269] VanderKam hält die Bezeugung von zwei Hohepriestern namens Simon bei Josephus für historisch zuverlässig, identifiziert den Simon aus Sir 50 jedoch mit dem bei Josephus bezeugten „Simon dem Gerechten", also Simon I. aus der 1. Hälfte des 3. Jh. v. Chr.[270] VanderKams Argument für diese These, der Simon, von dem die Rede sei, gehöre zu den Vätern und müsse daher schon geraume Zeit vor der Abfassung von Sir 50 gestorben sein, verfängt jedoch nicht. Zwar kann man durchaus erwägen, dass Sir 50 bereits den Tod des Hohepriesters reflektiert („in seinen Tagen", „in seinem Leben" etc.),[271] doch lassen sich aus der Darstellung kaum Rückschlüsse auf den Zeitpunkt des Todes ziehen. Moores Argument, Sir 50 erscheine wie ein Augenzeugenbericht, ist zwar, wie VanderKam zu Recht bemerkt,[272] angesichts der ähnlichen Darstellung der Taten anderer Väter wie Salomo oder Elia ebenfalls nicht übermäßig belastbar. Allerdings spricht nichts gegen die Annahme, dass der Verfasser seine Gegenwart und die jüngste Vergangenheit reflektiert. Wenn der Vorgänger Simons, Onias II., 193 v. Chr. noch im Amt,[273] aber bereits betagt war, und der Nachfolger Simons, Onias III., nach dem Regierungsantritt Antiochus' IV. 174 v. Chr. von Jason abgelöst wurde,[274] könnte die Amtszeit Simons etwa 190 v. Chr. oder kurz zuvor begonnen und u.U. nicht allzu lange gedauert haben. Der im ersten Drittel des 2. Jh. v. Chr. wirkende Verfasser von Sir 50 könnte daher durchaus sowohl das Leben als auch den noch nicht lange zurückliegenden Tod des Hohepriesters reflektieren. Zu einer Reflexion von Ereignissen im frühen 2. Jh. v. Chr. passen schließlich auch die dem Hohepriester Simon in Sir 50,1.4 zugeschriebenen Baumaßnahmen, die im Zusammenhang mit dem von Antiochus III. verfügten Wiederaufbau der von Skopas im 4. Syrischen Krieg zerstörten Stadt stehen könnten (Ant. 12,139).[275]

Die Frage nach der Identität des Hohepriesters verlöre für die Interpretation von Sir 50 etwas an Brisanz, sollte es im Lob des Hohepriesters nicht um die Mit-

---

269 Die zahlreichen Befürworter dieser These listet VanderKam, Joshua, 147, mit Anm. 97.
270 Vgl. VanderKam, Joshua, 147 ff.
271 Die Frage bleibt umstritten; vgl. Mulder, Simon the High Priest, 103 f.
272 Vgl. VanderKam, Joshua, 149.
273 S. dazu die Überlegungen o. 4.2.2.3.2.
274 Auch die Regierungszeit Onias' III. wäre damit verhältnismäßig kurz anzusetzen. Vgl. Dušek, Inscriptions, 149: „It seems that Onias III died at a relatively young age, after several years in the office."
275 Vgl. etwa Mulder, Simon the High Priest, 320: Sir 50,1–4 thematisieren Simons „political function in the realization of building projects in response to the remuneration provided by Antiochus III after his defeat of Jerusalem".

teilung der ruhmvollen Taten einer historischen Person gehen, sondern um die Qualifizierung eines Amtes, wie im Folgenden erwogen werden soll. Die Frage nach der Historizität der berichteten Ereignisse, insbesondere der in 50,1–4 erwähnten Baumaßnahmen, wäre in diesem Fall differenzierter zu stellen. Auch wenn Sir 50 ein ideales Konzept des Hohepriesteramtes entwerfen sollte, ist zwar keineswegs ausgeschlossen, dass die berichteten Bautätigkeiten eine *particula veri* enthalten. Dass die Übernahme der Herrschaft durch Antiochus III. Restaurationsmaßnahmen dieser Art zur Folge haben konnte, erscheint jedenfalls plausibel. Auch eine Beteiligung des amtierenden Hohepriesters oder seines Nachfolgers, also Onias II. oder Simon II., an der Umsetzung der Maßnahmen ist nicht auszuschließen. Nichtsdestotrotz dürfte die Zuschreibung dieser konkreten Tätigkeiten an den Hohepriester in Sir 50,1–4 in erster Linie in programmatischer Absicht erfolgt sein, was daran ersichtlich wird, dass die Passage von Anspielungen auf vorausgehende Passagen des Lobs der Väter lebt. Indem dem Hohepriester die Baumaßnahmen zugeschrieben werden, werden somit nicht bloß die kultischen Funktionen des Hohepriesters um eine politisch-administrative Dimension erweitert. Vielmehr fällt auf, dass alles, was hier Simon zugeschrieben wird, herausragenden Taten anderer „Väter" entspricht:[276] Das Thema „Tempelbau" parallelisiert Simon mit Salomo und Serubbabel/Joschua, die Restauration und Befestigung Jerusalems mit Hiskia und Nehemia. Am Ende des Lobs der Väter platziert, weist der Bezug auf frühere Passagen die Beschreibung der hohepriesterlichen Baumaßnahmen als Programm aus: Die Meriten vergangener Autoritäten werden auf den Hohepriester übertragen, mit dem Ziel, ihn umfassend als Führungsgestalt zu charakterisieren.[277]

Die Syntax von Sir 50,1–4 ist auffällig,[278] spricht aber letztlich nicht gegen die vorgeschlagene Deutung: Drei parallele Bikola, die jeweils mit אשר anheben (V.1–3), behandeln die Bauarbeiten an Tempel und Stadt zur Zeit Simons. Drei von vier Verbformen sind Perf. Nif., der Bezug zur Herrschaft Simons steht jeweils exponiert voran: In seiner Zeit wurde der Tempel renoviert (נפקד, V.1c), in seiner Zeit wurde

---

276 Vgl. etwa Schmitt, Lobgedicht, 894: „Der rühmende Verweis auf Simeons erfolgreiche Tätigkeit als Bauherr wirkt wie eine Bündelung gleichgearteter Angaben zur nämlichen Sparte im vorausgehenden Lob der Väter; denn auch dort werden herausragende Männer wegen bautechnischer Maßnahmen anerkannt und bewundert: Salomo (47,13); Hiskija (48,17); Serubbabel und Jeschua (49,11 f.); Nehemia (49,13)." Vgl. auch Sauer, Ben Sira 50, 118; Lee, Studies, 18 f.
277 Vgl. Aitken, Judaic National Identity, 42 f.: „Simon, whose predecessors are likewise each recalled in the book as taking care of the city (Hezekiah, Zerubbabel, Nehemiah), is presented as an established ruler, both a protector and benefactor and therefore the effective head of the Jewish state. First, he provides for the restoration of the city (*Sir* 50.2–3 […]) and then serves as its protector (50.4 […])."
278 Die Besprechung folgt hier der Reihenfolge des griechischen Textes. In MS B sind V.2 und V.3 vertauscht.

eine Mauer gebaut – vermutlich um das Tempelareal (נכדה, V.2) – in seinen Tagen wurde ein Reservoir angelegt (נבנה, V.3). Nur eine Form in V.1d (חזק) dürfte aktiv sein: „In seinen Tagen hat er den Tempel befestigt."[279] Vor allem aber V.4 zeichnet den Hohepriester als Akteur. Er sorgt für sein Volk und befestigt seine Stadt gegen den Feind. Das voranstehende determinierte Partizip (הדואג) legt sogar den Fokus auf die Aktivität des Hohepriesters. Zumindest V.4 lässt also klar die Intention erkennen, Simon als Bauherren und Beschützer der Stadt zu charakterisieren.

Sir 50,1–4 übertragen somit gebündelt Aufgaben auf den Hohepriester, die traditionell vornehmlich in den Zuständigkeitsbereich des Königs fallen und die vor allem im Lob der Väter bedeutenden Königen und politischen Führungsfiguren zugeschrieben werden. Es scheint daher gerechtfertigt, an dieser Stelle (erstmals?) von einem Konzept eines royalen Hohepriestertums auszugehen: „Ben Sira was careful not to claim the office of the ruler-king for Simon, but it is clear that he wished his readers to understand that the primary functions of the king – building and defense of the city and temple – were to be associated with him."[280]

Für diese Interpretation sprechen nicht nur V.1–4, sondern letztlich auch die gesamte Anlage von Sir 50. Mit V.5 wechselt zwar die Perspektive von den Baumaßnahmen in Jerusalem zur hohepriesterlichen Ausübung des Kultes. Dennoch erweckt Sir 50 in der vorliegenden Form den Eindruck einer geschlossenen Konzeption, was u.a. an der Rahmung durch das Leitwort „Ruhm" (תפארת) liegt: Nach V.1a ist Simon der Ruhm seines Volkes, in V.11 trägt er die ruhmvollen Priestergewänder (בגדי תפארת) und im Zuge seiner letzten Aktivität in Sir 50, dem hohepriesterlichen Segen (V.20), kommt der Ruhm zur Entfaltung (בשם יי התפאר).[281]

Anstatt einer Zeremonie für ein bestimmtes Fest[282] dürfte in V.5ff. eher der alltägliche kultische Vollzug geschildert und somit Grundsätzliches dargestellt werden:

> Es geht [...] um den Tempel in seiner festen Gründung und Einmaligkeit, ebenso um das Priestertum in seiner auf Aaron und Pinchas zurückgehenden Würde und Pracht [...]. Im Tempel ist Gott nahe. Der Hohepriester vermittelt diese Nähe dem Volke, indem er den Segen Gottes auf das Volk legt.[283]

---

279 Vgl. Mulder, Simon the High Priest, 104, der חזק als Perf. Pi. deutet.
280 Mack, Wisdom, 35.
281 Vgl. Mulder, Simon the High Priest, 107.
282 Bisweilen wird angenommen, „Haus des Vorhangs" weise auf die Jom-Kippur-Zeremonie; vgl. z.B. VanderKam, Joshua, 156.
283 Sauer, Ben Sira, 50.

Der Fokus liegt also auf der exklusiven Mittlerrolle des Hohepriesters im Kult, wie insbesondere die Beschreibung des Opfervollzugs zeigt (V.11 ff.). Zuvor wird der Hohepriester durch elf eindrucksvolle und symbolisch stark aufgeladene Vergleiche mit dem Kosmos, der Natur und dem Tempel (V.6 – 10) als Führungsfigur qualifiziert. Insbesondere die Vergleiche mit den Himmelskörpern, mit denen die Liste anhebt, dürften Aspekte der Königsideologie in die Beschreibung Simons einfließen lassen.[284] Auffällig ist in diesem Zusammenhang vor allem die exponierte Stellung des Vergleichs mit dem leuchtenden Stern (כוכב אור) in V.6a, der zu Beginn der Reihe Assoziationen an Num 24,17 (דרך כוכב מיעקב) weckt. Die Vergleiche mit Mond und Sonne schließen sich in V.6b und V.7a in sinnvoller Reihenfolge daran an, bevor in V.7b der Vergleich mit dem Regenbogen die Himmel und Erde verbindende Funktion des Hohepriesters versinnbildlicht.[285] Die folgenden drei Vergleiche mit der Natur in V.8 erinnern im Kontext des Sirachbuches vor allem an den Vergleich der Weisheit mit diversen Naturphänomenen in Sir 24, sodass es durchaus gerechtfertigt erscheint von „Simon as personification of wisdom"[286] zu sprechen. Nach drei Vergleichen mit kostbarem Tempelinventar (V.9) beschließt ein Vergleich mit einem üppigen Olivenbaum die Reihe, ebenfalls ein Symbol für den König, der die mit dem Amt des Hohepriesters verbundene und von diesem ausgehende Fruchtbarkeit zum Ausdruck bringt (V.10). Indem diese zentrale Aussage von den Vergleichen mit dem Tempelinventar (V.9) und der in V.11–15 anschließenden Beschreibung des Hohepriesters beim Opfer gerahmt wird, wird der enge Zusammenhang von Fruchtbarkeit und Kult betont.

V.11–15 etablieren eine klare Struktur und Hierarchie innerhalb des Priestertums beim kultischen Vollzug: Der Hohepriester nimmt die Opferteile von seinen Brüdern entgegen (V.12a) und steht dem Opfer vor (V.12b).[287] Beim Vollzug desselben umringen ihn die Priester wie eine Krone (סביב לו עטרת בנים, V.12c). Die hervorgehobene Stellung des Hohepriesters wird durch die Zuschreibung diverser herrscherlicher Attribute an ihn untermauert. V.11 qualifiziert zunächst den Ornat des Hohepriesters (בגדי תפארת / בגדי כבוד) und sodann seine Wirkstätte (מזבח הוד) mit Hilfe königlicher Attribute und konstatiert abschließend, dass er dem Heiligtum Glanz verleihe (וייהדר). Nachdem der Hohepriester das Opfer vollzogen hat (V.14 f.), wechselt in V.16 – 19 die Perspektive: Die Aaroniden rufen das Volk zum Gottes-

---

284 Vgl. Schmidt, Wisdom, 420, der hierfür die Parallelen zu David anführt: Ps 89,37 („Sonne"), Ps 89,38 („Mond"), 2 Sam 23,4 („Stern").

285 Vgl. auch Mulder, Simon the High Priest, 120.

286 Mulder, New Elements, 181. Vgl. auch Schmidt, Wisdom, 420.

287 Vgl. zu dieser Deutung von V.12b Mulder, Simon the High Priest, 156: „The term מערכות thus refers to the arrangement of the services [...]. The emphatic use of והוא points to Simon as bearing primary responsibility for the order of sacrifice."

dienst. Der Hohepriester kommt schließlich mit V.20 f. wieder in den Blick: Er spendet dem Volk den Segen und tut seinen Ruhm im Namen Jahwes kund (בשם ייי התפאר), woraufhin das Volk zum Empfang des Segens vor ihm niederfällt.

Die Darstellung lässt keinen Zweifel daran, dass Simon in Sir 50 als universale und königsgleiche Herrscherfigur gezeichnet werden soll, die kultische und politische Aspekte vereint.

Die Bedeutung dieses Konzepts erschließt sich erst in Gänze, wenn man berücksichtigt, dass Sir 50 nicht nur den Schlusspunkt des Lobs der Väter, sondern auch dessen kompositionellen Höhepunkt bildet. Im Zusammenhang der Konzeption des Lobs der Väter zeigt sich noch einmal deutlich, dass es nicht um die Qualifizierung Simons II. als historischer Person geht, sondern um die Qualifizierung des Amtes, das er bekleidet. Horsley und Tiller stellen mit Blick auf das gesamte Lob der Väter fest: „The great ancestors of Israel are praised not for their individual achievements but for the offices they held. It is the offices and not the individual persons which are glorious."[288] Zu einem ähnlichen Ergebnis kommt auch Mack:

> Office has become a generic category within which these roles are subsumed. These roles are constitutive for Ben Sira's characterization of Israel's great leaders. Taken as a set, they may also be constitutive for his view of the structure of Jewish society. As strange as it may seem, it is the office a given figure holds for which he can be praised. The greatness of these heroes is directly related to the great significance of these offices.[289]

Für das Verständnis dieser ämterbasierten Konzeption ist entscheidend, dass das *gesamte* Lob der Väter klar erkennbar auf das Hohepriesteramt als Klimax ausgerichtet ist. Schon in den vorderen Passagen nimmt das Priesteramt den größten Raum ein: Keiner anderen Person wird mehr Aufmerksamkeit zuteil als Aaron. Besonders auffällig ist dies im Vergleich mit Mose, dessen Würdigung nicht nur knapper ausfällt, sondern dessen Führungsqualitäten auch weniger stark profiliert werden. Herausgestellt werden in der Beschreibung des Mose das große Ansehen, das dieser bei Gott und Menschen genoss, die große Gottesnähe sowie seine Treue und Demut als positive charakterliche Eigenschaften und Erwählungsgrund. Erst der letzte Vers kommt auf die Funktionen des Mose zu sprechen (45,5): Jahwe hat ihm die Tora gegeben, damit er Israel seine Gebote lehre. Die Fortsetzung der Darstellung legt nahe, dass Mose diese Funktion sogar nur temporär zukam, denn

288 Horsley/Tiller, Ben Sira, 78.
289 Mack, Wisdom and the Hebrew Epic, 19.

Sir 45,17 schreibt die Toraunterweisung Aaron zu, nachdem dieser von Mose gesalbt und ein ewiger Bund mit ihm und seinen Söhnen geschlossen worden war.[290]

Anhand von Aaron als Stammvater der Priester wird zum ersten Mal im Lob der Väter die große Würde des Priestertums entfaltet. Die ausführliche Beschreibung des prunkvollen hohepriesterlichen Ornats entspricht dabei in vielen Elementen den Darstellungen in Ex 28 und Ex 39, geht jedoch beim Kopfschmuck in einem wichtigen Detail darüber hinaus. Während ein Turban auch in Ex 28 und Ex 39 zur Ausstattung des Hohepriesters gehört,[291] liegt der Fokus in Sir 45,12 auf der goldenen Krone, die sich über dem Turban befindet (עטרת פז מעל מצנפתו).[292] Durch die Ausstattung mit einem dezidiert königlichen Kopfschmuck wird also bereits Aaron als royale Herrscherfigur dargestellt. Dies wird durch die in V.12 daran anschließende Qualifizierung mittels weiterer königlicher Attribute (הוד, כבוד, עז) manifestiert.

Stehen Sir 45 und Sir 50 durch die königliche Schilderung Aarons und Simons bereits grundsätzlich in einem engen Zusammenhang, wird der Bezug zwischen beiden Texten durch Stichwortverbindungen weiter untermauert. Außer הוד und כבוד, die neben 45,12 auch in 45,7 vorkommen und in 50,11 aufgenommen werden, betrifft dies vor allem das Leitwort aus Sir 50, תפארת. Zum Auftakt der Beschreibung wird der hohepriesterliche Ornat in 45,8 im Rahmen eines synthetischen Parallelismus qualifiziert, in dem das Leitwort aus Sir 50 zweimal Verwendung findet: Jahwe hat Aaron mit Pracht bekleidet (וילבישהו כליל תפארת) und ihn mit herrlichen Kleidern geziert (ויפארהו בגדי עוז).[293]

Mehr Aufmerksamkeit als Aaron wird im gesamten Lob der Väter nur Simon zuteil. Das Lob der Väter weist also eine einheitliche Struktur auf, die am Amt orientiert ist, ein Konzept eines royalen Priestertums entwickelt, die gesellschaftliche Bedeutung des Kultes in den Vordergrund stellt und am Ende in die Darstellung des Hohepriesteramtes als „outgrowth and continuance of all the glorious offices and their incumbents"[294] mündet.

---

290 Auch die Würdigung Davids und Salomos in Sir 47 fällt verglichen mit Aaron knapp aus. Gemessen an der Knappheit der Darstellung fällt zudem auf, dass das Engagement beider Könige in kultischen Angelegenheiten recht stark betont wird (vgl. 47,8–10.13).

291 Vgl. Ex 28,4.37.39; 39,28.31. Aus Ex 28,39 und 39,31 geht hervor, dass der Turban aus Leinen gefertigt war (מצנפת שש).

292 Zur Rekonstruktion des Textes, die G gegen MS B folgt, vgl. Skehan/Di Lella, Wisdom of Ben Sira, 510.

293 Zur Rekonstruktion des Textes vgl. Skehan/Di Lella, Wisdom of Ben Sira, 509. MS B liest stattdessen בכבוד ועוז.

294 Horsley/Tiller, Ben Sira, 78.

Ideologische Interessen der Verfasser dürften die treibende Kraft hinter der Konzeption des Lobs der Väter gewesen sein.[295] Dass diese im ersten Drittel des 2. Jh. v. Chr. so entschieden für das Hohepriesteramt Partei ergriffen, erscheint angesichts der aus den Quellen zumindest in Umrissen rekonstruierbaren politischen Situation des Hohepriesters in dieser Zeit, der von innen und außen angefochten wurde und in komplexe Konflikte verwickelt war, plausibel. Wenn der Tod des Hohepriesters Simon II. zur Zeit der Abfassung ein Ereignis der jüngeren Vergangenheit darstellt, wird der Konflikt zwischen seinem Nachfolger Onias III. und Simon, dem (pro-)tobiadischen Vorsteher des Tempels unter Seleukus IV. Philopator (187–175 v. Chr.), eventuell auch die daraus resultierende Beschränkung der Autonomie des Hohepriesters durch die Seleukiden, gerade aktuell gewesen sein. Auch der seit der Amtszeit Onias' II. und dessen Auseinandersetzung mit Joseph, dem Sohn des Tobias,[296] schwelende Konflikt zwischen Oniaden und Tobiaden, der in einem relativ ausgewogenen Kräfteverhältnis zwischen Oniaden und Tobiaden bei unklaren bzw. wechselnden Zuständigkeiten mündete, dürfte Parteigänger beider Lager herausgefordert und veranlasst haben, Stellung zu beziehen. Sir 50 könnte, wie auch der Tobiadenroman, ein literarisches Produkt dieser Lobbyarbeit darstellen.

Die innovative Leistung des Lobs der Väter besteht somit darin, das Hohepriesteramt durch Rückgriff auf biblische Traditionen als politische und kultische Aspekte umfassendes Führungsamt zu charakterisieren. Das bereits zuvor als exklusives kultisches Führungsamt biblisch verankerte Hohepriesteramt wird durch die Übertragung königlicher Aufgaben in ein politisches Führungsamt transformiert. Während die Funktionen des Hohepriesters zuvor durch Autorisierung „von außen", also durch die seleukidischen Herrscher, punktuell und in begrenztem Umfang den religiös-kultischen Bereich hin zum politisch-administrativen Bereich überschritten, findet nun im Rahmen dieses literarischen Prozesses erstmals eine Politisierung des Amtes „von innen" statt, indem königstheologische Topik rezipiert wird.

Dass dies nicht die *opinio communis*, sondern eine Option unter mehreren, vielleicht gar eine Minderheitenmeinung darstellt, liegt auf der Hand. Aufschluss-

---

295 Vgl. etwa Halligan, Conflicting Ideologies, 111: „[S]uch a voice does not necessarily represent reality as everyone saw it. Ben Sira, and his masters, are not without their own ideological interests." Vgl. auch Horsley/Tiller, Ben Sira, 79: „We know from outside Ben Sira's hymn, of course, that the high priesthood in Jerusalem was politically and economically subject to the Seleucid imperial regime, as it had been previously to the Ptolemies and the Persians. But in Ben Sira's view, Simon is the ‚head of state' in a more awesome way than David and Solomon had been."

296 Mit Dušek, Inscriptions, wurde oben eine Datierung des Konflikts zu Beginn des 2. Jh. v. Chr. favorisiert. S. o. 4.2.2.3.2.

reich ist jedoch, dass die Konzeption des Lobs der Väter frappierende Parallelen zu den programmatischen Hohepriesteraussagen in Sach, namentlich dem Grundbestand von Sach 6,9–15 (V.9–11.13a) sowie der Redaktion von Sach 3 (V.5a.bα[1].9), aufweist, die auf ähnlich explizite Weise königliche Prädikate auf den Hohepriester übertragen. Eine enge Verbindung zwischen den Sach-Passagen und Sir besteht in der Ausstattung des Priesters mit einer königlichen Kopfbedeckung (Sach 3,5; 6,11 und Sir 45,12). Darüber hinaus stehen insbesondere in Sach 6,9–15* wie in Sir 50 die königlichen Aufgaben des Hohepriesters im Vordergrund. Eine besonders auffällige Parallele zwischen beiden Texten besteht ferner in der Übertragung königlicher *Bau*aufgaben auf den Hohepriester. Die Annahme liegt somit nahe, dass es sich bei Sir 50 und den entsprechenden Passagen aus Sach um kontemporäre Entwürfe handelt, die aus ähnlichen Verfasserkreisen stammen und denen dieselbe Agenda zugrunde liegt.

Dass der Hohepriester sowohl kultische als auch politische Aufgaben und Funktionen übernahm, stellte zur Zeit der Abfassung eine reale Gegebenheit dar, die die in Sach und Sir greifbaren literarischen Prozesse entscheidend angeregt haben dürfte. Deren Ziel scheint zu sein, das Hohepriesteramt im Lichte der biblischen Tradition als politisches Führungsamt zu profilieren, um die in der Auseinandersetzung mit Tobiaden und Seleukiden entwickelten Führungsansprüche des Jerusalemer Hohepriesters zu legitimieren – und zwar in Abgrenzung von diesen Kontrahenten, die sich nicht in gleicher Weise auf die Tradition berufen konnten. Es erscheint somit plausibel, die Entwürfe eines royalen Hohepriestertums als Offensive gegen die Beschränkung der Autonomie in inneren Angelegenheiten durch die Seleukiden zu beurteilen. Zeichen oder Auslöser grundsätzlicher Bestrebungen des Jerusalemer Hohepriesters, politische Unabhängigkeit gegenüber den Seleukiden zu erreichen, waren sie darum noch lange nicht. Ganz im Gegenteil erzielen die auf Onias III. folgenden Hohepriester eine Zunahme des politischen Einflusses durch eine noch engere Bindung an den seleukidischen König.

4.2.2.3.5 Die „Hellenisierer" Jason, Menelaus und Alkimus

Die Übernahme des Hohepriesteramtes durch Jason (175 v. Chr.) dürfte entscheidend dadurch begünstigt worden sein, dass politische Unruhen am seleukidischen Hof und die Abwesenheit des amtierenden Hohepriesters von Jerusalem zeitlich zusammenfielen.[297] Noch während Onias III. sich auf dem Weg zu Seleukus IV. befand,

---

[297] Josephus liefert einen von 2 Makk 4 abweichenden Bericht darüber, wie es zum Wechsel im Hohepriesteramt gekommen sei. Demnach habe nach dem Tod Onias' III. dessen Bruder Jason die Nachfolge angetreten, da der Sohn des Hohepriesters noch zu jung gewesen sei. VanderKam, Joshua,

um diesen in der *causa* der anhaltenden Auseinandersetzung mit dem Tempel-
vorsteher Simon zu ersuchen, wurde der König von Heliodor ermordet. Jason, der
Bruder Onias' III., ergriff die Gelegenheit und bot dem neuen Seleukidenherrscher
Antiochus IV. Geld, damit dieser ihn im Gegenzug zum Jerusalemer Hohepriester
machte (2 Makk 4,7 ff.).[298] Das Hohepriesteramt wurde dadurch zu einem Amt, das
von den fremden Herrschern besetzt wurde, der Hohepriester zum Agenten des
Seleukidenkönigs.[299] Die Stellung des Hohepriesters wurde durch die seleukidische
Unterstützung erheblich gestärkt, was den Amtsinhabern vor allem im politischen
Bereich neue Gestaltungsmöglichkeiten eröffnete. Jason etwa strebte danach, Jerusalem in ein antiochenisches πολίτευμα umzuwandeln.[300] Neben den 360 Talenten Silber, die er dem König für das Hohepriesteramt geboten hatte, investierte er
daher weitere 150 Talente Silber für die Erlaubnis, ein γυμνάσιον und ein ἐφηβεῖον
zu errichten, und damit die Hellenisierung der Stadt voranzutreiben.[301]

Mit der Transformation des Amtes in ein käufliches Amt war es nur eine Frage
der Zeit, bis Jason im Amt abgelöst wurde, weil ein Anderer Anspruch darauf erhob.
Drei Jahre später kam Menelaus, der Bruder von Simon, des Gegners Onias' III.,

---

200 ff., hält den Bericht aus 2 Makk für plausibler. Josephus' Darstellung sei in diesem Bereich
grundsätzlich wenig vertrauenswürdig und fehlerhaft, da er z. B. auch Menelaus für den jüngeren
Bruder Jasons halte.
298 Ab Jason ist das Amt des Jerusalemer Hohepriesters ein käufliches Amt, was in der hellenistischen Welt kein unbekanntes Phänomen ist; vgl. Fischer, Seleukiden, 19, und vor allem Wiemer,
Käufliche Priestertümer. Verbreitet ist das Phänomen vor allem in Westkleinasien, daneben aber
auch in Ägypten. Bei den Seleukiden, die dadurch ihre Staatskassen aufbessern konnten, war diese
Neuerung sicherlich willkommen. Es gab offenbar von keiner Seite Widerstand gegen dieses Vorgehen Jasons. Sein Hohepriesteramt wurde allgemein anerkannt.
299 Vgl. auch Rooke, Heirs, 274: „[T]his inevitably meant that the high priesthood became a compromise between Jews and Seleucids, and in becoming high priest Jason became a Seleucid agent
with the backing of the overlord to carry out what he wanted." Ähnlich Brutti, Development, 304:
„During the period prior to the establishment of the Hasmonean dynasty, therefore, we can observe
a rapid development of the figure of the high priest. From the role of mediator, or rather religious
leader, of the people, he turns into mediator, or rather official, of the foreign sovereign."
300 Vgl. Bickerman, Gott, 61 f.
301 Die Maßnahmen sind schwer zu beurteilen, doch kann dies hier weitgehend auf sich beruhen.
Da die Hellenisierung an sich in dieser Zeit denkbar wenig innovativ ist, sollte man sich jedenfalls
nicht vorschnell von der polemischen Darstellung in 2 Makk lenken lassen und ausschließen, dass
die Maßnahmen auf breitere Zustimmung in der Bevölkerung stießen. Vgl. etwa VanderKam, Joshua,
200: „Possibly Jason effected a change that powerful and wealthy Judeans had hoped for but could
not realize while Onias III, ‚a zealot for the laws' (2 Macc 4:2), reigned as high priest." Zur Komplexität des Phänomens vgl. auch Grabbe, The Jews and Hellenization; Babota, Institution, 48.

(eventuell mit Unterstützung der Tobiaden; vgl. Ant. 12,239) ins Amt,[302] nachdem er fast doppelt so viel dafür geboten hatte wie zuvor Jason.[303] Dass er im Lauf der Zeit Probleme bekam, die hohen Zahlungen zu erfüllen, wie 2 Makk 4,27 f. berichten, erscheint daher grundsätzlich plausibel. Vorstellbar ist auch, dass er in diesen finanziellen Nöten bereit war, sich am Tempeleigentum zu vergreifen (vgl. 2 Makk 4,32). Über die Amtszeit des Menelaus ist ansonsten nicht viel bekannt. Die offene Verachtung der Verfasser von 2 Makk für Menelaus könnte darauf zurückzuführen sein, dass er den umfassenden gegen Jerusalem gerichteten Maßnahmen Antiochus' IV. nach einem Putschversuch Jasons keinen Widerstand entgegenbrachte. Ob er Antiochus tatsächlich dabei geholfen haben sollte, den Tempelschatz zu plündern (vgl. 2 Makk 5,15), bleibt indes offen.[304]

Jason versuchte noch einmal, das Amt zurückzuerlangen, während Antiochus im Rahmen des 6. Syrischen Krieges gerade in Ägypten kämpfte (170/169 v. Chr.). Als ihm das Gerücht zu Ohren kam, dass Antiochus gefallen sei, soll er Jerusalem mit einem starken Heer attackiert haben (2 Makk 5,5). Der Putsch zwang Menelaus zur Flucht in die Akropolis. Antiochus IV., der unversehrt von seinem Ägyptenfeldzug zurückkehrte, interpretierte die Aktion als Rebellionsversuch und ahndete sie entsprechend. Der Seleukide bemächtigte sich des Tempelschatzes[305] und installierte kurz darauf ἐπιστάται in Jerusalem (Philipp) und auf dem Garizim (Andronicus) (2 Makk 5,22 f.). Dieser königliche Beamte in Jerusalem dürfte die Macht des Hohepriesters Menelaus erheblich beschnitten haben.[306]

Einige Zeit später sandte der König den Heerführer Apollonius mit Truppen nach Jerusalem.[307] Nach einem friedlichen Einzug in die Stadt (1 Makk 1,29 ff.; 2 Makk 5,34 ff.) „entweihte" dieser das Heiligtum (Dan 11,31; 1 Makk 1,37; 2 Makk 8,2). Anschließend wurden die Stadtmauern zerstört und die Einrichtung einer nicht-

---

302 Über die Herkunft des Menelaus kursieren verschiedene Angaben. Nach Ant. 12,238 f. ist er der Bruder von Jason, nach 2 Makk 4,23 der Sohn von Simon, dem Tempelvorsteher aus der Heliodor-Affäre, was plausibler erscheint (vgl. etwa VanderKam, Joshua, 200; Frevel, Geschichte, 347).
303 2 Makk 4 wertet den Vorgang als Bestechung. Eckhardt, Ethnos, 167, stellt infrage, ob „Bestechung" eine geeignete Kategorie ist, um das Vorgehen zu beschreiben. Es könne sich auch um ein geregeltes Verfahren handeln: „Lebenslange und genealogisch begründete Amtszeit von Priestern war in einer Polis nicht der Normalfall."
304 Vgl. Rooke, Heirs, 278: „However, the fact that he apparently managed to remain in office throughout the persecution implies that he did not actively oppose the measures taken by Antiochus, whether or not he actually co-operated with them or even instigated or suggested them."
305 Eine Plünderung des Tempelinneren, wie sie 1 Makk 1,21 ff. berichten, ist eher unwahrscheinlich; vgl. Babota, Institution, 56. Vgl. auch die Darstellung in Ant. 12,247.
306 Vgl. VanderKam, Joshua, 211 f.; Babota, Institution, 64.
307 Nach 1 Makk 1,29 und Ant. 12,248 fand der Einzug des Apollonius in Jerusalem zwei Jahre nach den ersten Maßnahmen des Antiochus statt, also frühestens 167 v. Chr.

jüdischen Garnison auf der Akra angeordnet (1 Makk 1,33 ff.; Ant. 12,252), um die aufrührerische Stadt besser kontrollieren zu können. Der Vorstoß führte zum Widerstand der Traditionalisten, was in bürgerkriegsähnlichen Zuständen gipfelte (2 Makk 5,24 f.). Es folgten weitere Hellenisierungsmaßnahmen, die Bräuche und Gesetze wie den Sabbat und die Beschneidung, aber auch die kultische Praxis betrafen: Die Installation eines „Gräuels der Verwüstung" auf dem Brandopferaltar, vermutlich ein „Altaraufsatz im Zusammenhang mit den neu eingeführten Schweineopfern",[308] führte zur Formierung des makkabäischen Widerstands im Untergrund; Judas Makkabäus gelang 164 v. Chr. der Einmarsch in Jerusalem. Nach einem Schulterschluss mit Menelaus wurde der Tempel feierlich wiedereingeweiht. Die Stellung des Judas Makkabäus in Jerusalem in der anschließenden Zeit ist unklar.[309] Er scheint jedoch in enger Verbindung mit dem Tempel gestanden zu haben, was die Macht des amtierenden Hohepriesters Menelaus beschnitten haben dürfte.[310] Sicher ist, dass Judas Makkabäus neben religiösen vor allem auch machtpolitische Interessen angetrieben haben. Nach einigen erfolgreichen Feldzügen, die durch kräftezehrende Auseinandersetzungen Antiochus' IV. mit den Parthern im Osten des Reiches begünstigt worden sein dürften, scheiterte er letztlich an der Eroberung der Akra. Der Versuch führte zu einem harten militärischen Durchgreifen des seleukidischen Statthalters Lysias (in Vertretung des minderjährigen Antiochus V.) gegen die Makkabäer. Nach der Ermordung Menelaus', die nach 1 Makk 13,3–7 durch Lysias veranlasst wurde, wurde 162 v. Chr. Alkimus als Kompromisskandidat eingesetzt, auf den sich konservative Hasidäer und Seleukiden einigen konnten.

Auch Alkimus blieb vollständig von den Seleukiden abhängig und benötigte angesichts des schwelenden Konflikts mit Judas Makkabäus, der weitere militärische Erfolge verzeichnen konnte, immer wieder deren Unterstützung.[311] „Alcimus

---

308 Frevel, Geschichte, 351.
309 Josephus berichtet sogar mehrfach, dass Judas nach dem Tod des Alkimus für drei Jahre Hohepriester gewesen sei (Ant. 12,414; 12,434; Judas fehlt aber in der Hohepriesterliste Ant. 20). 1 und 2 Makk wissen davon nichts. VanderKam hält die Angabe für historisch zuverlässig („rival high priest to Alcimus"; Joshua, 240), was jedoch eher unwahrscheinlich sein dürfte. Vgl. auch Regev, Hasmoneans, 110: „Josephus's assertion is indicative of how Judah was remembered long after his death." Zur Revolte der Hasmonäer und ihrem Einfluss auf das Hohepriesteramt des Menelaus vgl. ausführlich Babota, Institution, 67 ff.
310 Vgl. Babota, Institution, 77: „By occupying the temple the rebels took control of the religious and economic center of Judea. However, Menelaus did appear to remain high priest but only de jure."
311 S. dazu ausführlich Babota, Institution, 91 ff. U. a. schickt Demetrius I. 161 v. Chr. Nicanor nach Judäa und ernennt ihn zum στρατηγός, um gegen die Aufständischen vorzugehen und Alkimus als Hohepriester zu reinstallieren. Die Situation ähnelt derjenigen aus dem Jahr 169 v. Chr., als Antiochus

not only received his position from the king, but he also needed muscular royal support to maintain it. In fact, even with that backing, he could not hold it."[312] Der makkabäische Widerstand schränkte die Macht des Hohepriesters in politischen und administrativen Angelegenheiten empfindlich ein.[313] Kurz nach Judas Makkabäus (gest. 160 v. Chr.) starb Alkimus im Jahr 159 v. Chr. (1 Makk 9,54–57).

Die Amtszeiten der drei „Hellenisierer" Jason, Menelaus und Alkimus stellen eine durch eigene Charakteristika geprägte Phase in der Geschichte des Hohepriesteramtes dar. „All three aimed to rule the Judaean Jews, and not merely to stand at the head of the Temple cult."[314] Mit der Amtsübernahme durch Jason scheint sich somit eine Transformation des Hohepriesteramtes vollzogen zu haben:

> At this point the high priesthood could be said to have become a political office, but this was still not because of the nature of the office itself. Rather, it was because Jason had Seleucid backing, not because the high priesthood gave him intrinsic authority that he was able to put into practice the Hellenizing measures which so shocked the writer of 2 Maccabees. Jason had effectively combined the high priesthood with a measure of civil authority, but as can be seen from the fortunes of his successors Menelaus and Alcimus, that authority only lasted for as long as there was Seleucid support for it.[315]

Dies ändert sich allerdings unter den folgenden Hohepriestern, den Hasmonäern, die den schwachen Seleukiden als potente militärische Führer entgegentraten und sukzessive immer mehr Unabhängigkeit gewinnen konnten.

4.2.2.4 Die Hasmonäer
Nach dem Tod des Alkimus blieb das Amt vakant, bis Jonathan, der Bruder des Judas Makkabäus, von Alexander I. im Jahr 152 v. Chr. zum Hohepriester ernannt wurde.[316] Auch diesem spielten dabei die politischen Entwicklungen am seleukidischen Hof in die Karten. Bereits in der Zeit vor seiner Ernennung zum Hohepriester konnte Jonathan, begünstigt durch diverse Probleme des Königs Demetrius I., seine Macht

---

IV. Philipp als ἐπιστάτης entsandt hatte: Wieder steht der Hohepriester unter der Aufsicht eines seleukidischen Beamten.

312 VanderKam, Joshua, 229. Vgl. auch Brutti, Development, 260 f.

313 Vgl. Babota, Institution, 118: „The political and certain administrative powers of the high priest were significantly limited."

314 Regev, Hasmoneans, 106 f.

315 Rooke, Heirs, 325.

316 Vgl. dazu die Diskussion in Babota, Institution, 131 ff.; Eckhardt, Ethnos, 171 f. Stegemann, Entstehung der Qumrangemeinde, vertritt hingegen die These, dass in dieser Zeit der in Qumran „Lehrer der Gerechtigkeit" genannte Zadokide das Amt innehatte. Ihm folgt u. a. Bunge, Geschichte und Chronologie. Zum Phänomen des „Intersacerdotiums" vgl. auch Burgmann, Intersacerdotium.

ungestört ausbauen. Der seleukidische König war militärisch bei den Parthern und Babyloniern gebunden, was ihn von einer Kampagne nach Judäa abgehalten haben und Jonathan den zur Machtentfaltung nötigen Freiraum verschafft haben dürfte. Zudem wurde Demetrius von Alexander Balas der Thron streitig gemacht, einem jungen Mann ungewisser Abstammung aus Smryna, der von sich behauptete, ein Sohn Antiochus' IV. zu sein.[317] Unter dem Druck Alexanders wuchs die Bereitschaft des Königs zu Zugeständnissen an den Hasmonäer. Demetrios traf 153/152 v.Chr. eine Friedensvereinbarung mit Jonathan, um zu verhindern, dass dieser sich Alexander Balas anschloss, und erteilte ihm in diesem Zuge die Erlaubnis Truppen auszurüsten (1 Makk 10,3–6).[318] Jonathan wurde somit zu einem offiziellen Militärbeamten im Dienst des seleukidischen Königs.[319] Allerdings blieb auch der Usurpator nicht untätig und ernannte Jonathan zum „Hohepriester des Volkes" und „Freund des Königs" (ἀρχιερεύς τοῦ ἔθνους σου καὶ φίλος βασιλέως; 1 Makk 10,20). Das Buhlen um die Gunst des Hasmonäers belegt, dass Jonathan zu dieser Zeit bereits der wohl mächtigste Truppenführer des Landes war. Unklar ist hingegen, inwiefern sich das ihm verliehene Hohepriesteramt von dem seiner unmittelbaren Vorgänger unterschied. Babota etwa geht von einem fundamentalen Unterschied aus: „It [sc. das Jonathan verliehene Amt] implied a strong political connotation, similar to that of other *archiereis* in Hellenistic states. In addition, Jonathan had official military power."[320] Er vertritt die These, Alexander habe Jonathan als *seleukidischen* Hohepriester eingesetzt.[321] Sein Hauptargument ist die gleichzeitige Ernennung Jonathans zum „Freund des Königs" und die Übersendung von Purpur und einer goldenen Krone (1 Makk 10,20). Babota deutet Purpur und Krone als Insignien des seleukidischen Hohepriesters,[322] doch könnte es sich auch um Insignien des „Freunds des Königs" handeln,[323] die erst einmal nur die Zugehörigkeit Jonathans zu royalen Kreisen und die Loyalität Jonathans gegenüber Alexander symbolisieren. Gegen eine Einsetzung Jonathans zum seleukidischen Hohepriester spricht vielleicht auch, dass Jonathan anders als diese nur für ein einziges Heiligtum verantwortlich war und nicht mehrere Heiligtümer verwaltete.[324] Da zudem 1 Makk 10,21 noch einmal explizit berichtet, wie Jonathan den Ornat des judäischen Hohepries-

---

317 Vgl. Diod. 31,32; Iust. 35.1,6–8.
318 Militärische Macht hatten auch bereits Jason, der mit Truppen die Gewalt über Jerusalem zurückerlangte, und wohl auch Menelaus und Alkimus; vgl. Babota, Institution, 127.
319 Vgl. Babota, Institution, 138.
320 Babota, Institution, 157.
321 Vgl. Babota, Institution, 141ff.
322 Vgl. Babota, Institution, 157ff.
323 Vgl. etwa Keil, Makkabäer, 170.
324 Vgl. Eckhardt, Ethnos, 179.

ters anlegt,[325] ist eher davon auszugehen, dass er (wie seine Vorgänger) von Alexander als judäischer Hohepriester eingesetzt wurde.[326] Der Titel „Hohepriester" ist somit „eher ein lokaler Ehrentitel denn berücksichtigenswerte administrative Funktion; der Zusatz τοῦ ἔθνους σου dürfte das anzeigen".[327] Da der judäische Hohepriester in der seleukidischen Verwaltung keine Rolle spielte, war mit der Verleihung des Titels wohl keine zusätzliche Autorität innerhalb des Seleukidenreiches verbunden.[328] Die Ernennung zum Hohepriester dürfte somit eher auf die innerjudäische Legitimierung Jonathans zielen, denn in Jerusalem wird seine Stellung nicht unangefochten gewesen sein.[329] Eckhardt beschreibt die Personalunion von Hohepriesteramt und höchster politisch-militärischer Führungsposition in diesem Zusammenhang treffend als „Ergebnis eines doppelten Legitimationsbedarfs":[330]

> [D]ie Hasmonäer [brauchten] besonders in der Anfangszeit die Anerkennung sowohl der Seleukiden als auch der Judäer. [...] Die Seleukidenkönige schufen unter Berücksichtigung der lokalen Strukturen eine Kombination von Ämtern, von denen die politisch-militärischen der Eingliederung in die seleukidische Verwaltungshierarchie dienten, das religiöse dagegen der internen Herrschaftsrepräsentation der Hasmonäer, und damit – so die Berechnung – indirekt wieder der Seleukiden.[331]

Später verlieh Alexander Jonathan noch weitere hellenistische Titel (1 Makk 10,62–66 // Ant. 13,84–85): Er rechnete ihn unter die „ersten Freunde" des Königs (πρῶτοι φίλοι)[332] und ernannte ihn zum στρατηγός[333] und μεριδάρχης.[334] Mit der

---

325 Die Bezeichnung „heilige Gewänder" belegt eindeutig, dass es sich um den Ornat des judäischen und nicht des seleukidischen Hohepriesters handelt.
326 Dessen ungeachtet könnte natürlich die geläufige Übertragung sowohl religiöser als auch säkularer Ämter und Funktionen auf den seleukidischen Hohepriester als Vorbild im Hintergrund gestanden haben. Vgl. etwa Ptolemäus, der inschriftlich als στρατηγός und ἀρχιερεύς belegt ist; s.o. Anm. 223.
327 Eckhardt, Ethnos, 180.
328 Die Auseinandersetzung zwischen Onias III. und Simon (der nicht einmal Hohepriester, sondern nur Vorsteher des Tempels war) zeigt, dass der judäische Hohepriester eine untergeordnete Rolle spielte. Es gibt seleukidische Beamte, die über ihm stehen.
329 Es ist anzunehmen, dass die Schwäche der Seleukiden politische Ambitionen sowohl des führenden Personals des Tempels als auch der Akra weckte.
330 Eckhardt, Ethnos, 184.
331 Eckhardt, Ethnos, 184.
332 Zur Funktion vgl. Babota, Institution, 177: „Such a title likely enabled him to take part in the king's important meetings where political, military and other decisions had to be made."
333 Babota, Institution, 177: „This was the highest military title Jonathan could obtain."
334 Die exakte Bedeutung ist unklar, vgl. Babota, Institution, 178. Impliziert ist aber doch wohl eine Teilherrschaft über Koilesyrien.

Verleihung dieser Titel dürfte Alexander zum einen beabsichtigt haben, Jonathans Loyalität dem seleukidischen Hof gegenüber zu fördern, zum anderen, die innerjudäische Autorität Jonathans zu konsolidieren.

Die Ernennung Jonathans zum Hohepriester hatte zweifellos einen großen Einfluss auf die Entwicklung des Hohepriesteramtes. Dies liegt jedoch nicht primär an einer konzeptionellen Weiterentwicklung des Amtes (das etwa die Hasmonäer anders definiert hätten als ihre Vorgänger), sondern verdankt sich den Wechselfällen der Geschichte und liegt vor allem in der vorhohepriesterlichen Biografie Jonathans begründet. Während die Vorgänger Jonathans das Hohepriesteramt von den Seleukiden gekauft hatten, um durch die Unterstützung der fremden Herrscher politischen Einfluss zu erlangen, agierte Jonathan vor der Verleihung der Hohepriesterwürde bereits als militärisch potenter politischer Anführer, um dessen Gunst die geschwächten seleukidischen Könige buhlten. Die Könige profitierten also nicht, wie zuvor, finanziell davon, dass sie jemanden zum Hohepriester ernannten, sondern militärisch. Dass Jonathan mehr Autorität hatte als seine Vorgänger und die politische Dimension seiner Herrschaft stärker im Vordergrund stand, lag also in erster Linie an ihm selbst, nicht aber an dem ihm verliehenen Amt des Hohepriesters.[335]

Die schwachen seleukidischen Könige verliehen Jonathan zahlreiche Privilegien und Titel, um ihn an sich zu binden – darunter eben auch das Amt des Jerusalemer Hohepriesters, mit dem Ziel, den Bundespartner innerjudäisch zu legitimieren. Neuartig an dem Hohepriesteramt Jonathans ist also weder das Amt als solches noch die grundsätzliche Involvierung seines Inhabers in politisch-militärische Angelegenheiten, die spätestens seit der Amtszeit Jasons zu den Gegebenheiten des Amtes zählte, sondern die Kombination mit verschiedenen Ämtern und Funktionen, die die Stellung des Hohepriesters erheblich stärkte. Jonathan wird in einem Zug zum „Freund" Alexanders und judäischen Hohepriester ernannt. Zum ersten Mal in der Geschichte ist also ein judäischer Hohepriester zugleich „member of the royal hierarchy".[336] Während die Hohepriester vorher durch die Seleukiden und in Abhängigkeit von diesen zu politischer Führung ermächtigt wurden, sind bei Jonathan durch die Eingliederung in die seleukidische Hierarchie politische Führung und Hohepriesteramt grundsätzlich getrennt bzw. trennbar, werden dann aber in Personalunion auf ihn vereinigt. Mit zunehmender Autonomie der Hasmonäer gegenüber den Seleukiden wird daraus eine Ämterteilung des judäischen Herr-

---

335 Vgl. VanderKam, Joshua, 262: „There is no doubt that the Jewish high priest owed his office to the Seleucid monarch, but it is also clear that Jonathan's military powers permitted him wide latitude in dealing with weak kings, monarchs desperate to retain the throne."
336 Babota, Institution, 157.

schers. Die Herrschaft der Hasmonäer legt somit gewissermaßen die Basis für eine Trennung von Religiösem und Politischem.[337]

Die Autonomie wurde bereits unter dem Nachfolger Jonathans, Simon, erreicht. Jonathan wurde nach dem Tod Alexanders I. zunächst von Demetrios II. (vgl. 1 Makk 11,27) und danach von Antiochus VI. (vgl. 1 Makk 11,57) bestätigt. Letzterer ernannte den Bruder Jonathans, Simon, zum στρατηγός. Das Verhältnis zum König verschlechterte sich jedoch aufgrund des zunehmenden Autonomiestrebens Jonathans und dessen Verhandlungen mit Sparta und Rom. Nach der Entführung und anschließenden Ermordung Jonathans durch Tryphon, den Vertreter des jungen Antiochus VI., übernahm Simon die Macht. Nach 1 Makk 13,8 f. wurde er zunächst vom Volk, gemeint sein könnten die makkabäischen Soldaten, die soeben ihren Anführer verloren hatten,[338] zum ἡγούμενος gemacht. In 1 Makk 13,36 adressiert Demetrios II. ihn in einem Schreiben als Hohepriester und Freund des Königs.[339] Er sichert ihm Frieden zu und gewährt ihm Steuererleichterungen. Diese Anerkennung der Herrschaft Simons durch den seleukidischen König wird von den Verfassern als Befreiung vom Joch der Fremden gedeutet. Judäa wird damit faktisch zu einem autonomen Staat. Dazu passt, dass 1 Makk Simon als königlichen Herrscher zeichnet (1 Makk 14,27–49).[340] Auch wenn der Königstitel noch nicht verwendet wird, erscheint die Ergreifung der Königswürde durch die Hasmonäer von hier aus betrachtet als logische Konsequenz.

4.2.3 Fazit

In der makedonischen Zeit und der frühen ptolemäischen Zeit ist zunächst von einer großen Kontinuität der politischen Verhältnisse auszugehen. Zwar könnte ein eventueller Wegfall des Statthalteramtes theoretisch zu einer Stärkung der Position

---

337 Vgl. Schwartz, Temple, 387 ff.
338 Vgl. Regev, Hasmoneans, 113.
339 Eine Einsetzung Simons zum Hohepriester durch den seleukidischen König wird nicht berichtet. Nach 1 Makk 14,35 wurde Simon vom Volk zum Anführer (ἡγούμενος) und Hohepriester ernannt, und Demetrios hat es später bestätigt.
340 Vgl. Regev, Hasmoneans, 115, zu dieser Stelle: „Simon's authority did not fall short of that of a Hellenistic king. He was supreme civil governor and the army commander; his descendants were supposed to succeed him and, unlike the Seleucid kings, he was also the high priest, namely, a religious leader. The decree stresses that his leadership is beyond any dispute. [...] The purpose of this emphasis is not only to confront opposition. It aims at the institutionalization of Hasmonean rule. The decree marks the end of Hasmonean charisma and spontaneous calls for a leader to save the rebels from the Seleucids. It strives at political stability, granting almost any conceivable authority to a single person [...]."

des Hohepriesters geführt haben, doch fehlen Quellen, die dies eindeutig belegen. Der bei Diodorus zitierte Bericht über die Juden des Hekataios von Abdera belegt um den Wechsel vom 4. zum 3. Jh. v.Chr. die auch für die Perserzeit bereits anzunehmende Rolle des Jerusalemer Hohepriesters als exklusiver kultischer Führungsgestalt. Die dem Hohepriester zugeschriebene Vorstandschaft (προστασία) über das Volk dürfte, dem Profil des Hekataios als Historiker entsprechend, wie auch die aristokratische Charakterisierung des Moseˌ und der Priesterschaft, eher Ausdruck einer *interpretatio graeca* dieser Führungsfunktion des Hohepriesters sein, als dass sich darin historische Verhältnisse spiegeln. Faktisch dürfte jedenfalls nach dem Tod Ptolemäus' I. das Zentralisierungsstreben seines Nachfolgers Ptolemäus II. einem politischen Erstarken des Hohepriesters zunächst Einhalt geboten haben.

Etwas zahlreicher, aber auch vielfältiger und insgesamt tendenziöser und daher schwer zu interpretieren, sind die Quellen aus seleukidischer Zeit. Auch wenn es sich um einen punktuellen Befund handelt, und es u.U. auch andere Möglichkeiten gäbe, ihn zu erklären, spricht der um 190 v.Chr. in einem Brief Antiochus' III. an Ptolemäus, den Sohn des Thraseas, geschilderte Empfang des Königs durch die Gerusia von Jerusalem, gepaart mit der fehlenden Erwähnung des Hohepriesters, eher für eine aristokratische als für eine hierokratische Organisation des judäischen Gemeinwesens (Ant. 12,138–144). Eine Analogie hätte dies in dem Tempelbaubericht in Esr 1–6, der in zeitlicher Nähe dazu entstanden sein könnte. In zwei Anläufen (Esr 5f. und Esr 1–3) wird dort jeweils ein Entwurf für die Neukonsolidierung des judäischen Gemeinwesens in der hellenistischen Zeit gezeichnet. Die ältere aramäische Tempelbauchronik in Esr 5f. sieht dabei die Gerusia an der Spitze der Gesellschaft. Grätz vermutet hinter diesem Konzept eine anti-priesterliche Note. Zumindest der alternative Entwurf in Esr 1–3 würde dazu passen, der statt der Gerusia das Kollektiv der Israeliten, angeführt von den Priestern, in der Verantwortung sieht. Es ist vorstellbar, dass diese Entwürfe die durch den Wegfall der zentralen Leitung der Provinz durch einen Statthalter begünstigten Führungsansprüche verschiedener Gruppen und Organe spiegeln. Interessanterweise wird auch hier der Hohepriester nicht erwähnt.

Weitere Quellen aus dem 2. Jh. v.Chr. sprechen für eine dynamische Entwicklung des Jerusalemer Hohepriesteramtes in vorhasmonäischer Zeit. Der Tobiadenroman (Ant. 12,158–236) belegt für das frühe 2. Jh. v.Chr., dass der Hohepriester von den Seleukiden punktuell zur Übernahme politisch-administrativer Aufgaben ermächtigt werden konnte, lässt aber auch erkennen, dass dies zu einer Konkurrenz zwischen dem Hohepriester und dem erstarkenden Geschlecht der Tobiaden führte. Auch mit den ab 188 v.Chr. durch Reparationszahlungen an Rom geschwächten Seleukiden kam es kurze Zeit später zum Konflikt, als diese sich vermehrt in innere, den Tempel betreffende Angelegenheiten einmischten und versuchten, sich am Tempelschatz zu bereichern (2 Makk 3).

Bis ins 2. Jh. v. Chr. hinein hat die Untersuchung somit keine Hinweise darauf ergeben, dass dem Hohepriester *qua Amt* politische Autorität zukam.[341] Dass sich dies mit Sir 50, einem Text, der ein explizit königliches Bild des Hohepriesteramtes entwickelt, ändert, weist womöglich auf die katalytische Wirkung hin, die Konflikte mit den Tobiaden einerseits (Ant. 12,158–236) und die Beschränkung der Autonomie in inneren, den Tempel betreffenden Angelegenheiten durch seleukidische Beamte andererseits (2 Makk 3) auf die Politisierung des Amtes hatten. Auch Sach 6,9–15 im ursprünglichen Bestand sowie Sach 3 in der vorliegenden, gewachsenen Form sind nicht anders denn als Programmtexte für ein royales Hohepriestertum zu verstehen. Da die Texte signifikante Parallelen zum „Lob der Väter" aufweisen, ist eine Entstehung in ähnlichen Verfasserkreisen wahrscheinlich. Diese programmatischen Texte spiegeln nicht die Realität, gehen aber auch nicht gänzlich an dieser vorbei. Sie knüpfen an die faktische, durch Ermächtigung bewirkte politische Einflussnahme bestimmter Hohepriester an, weiten dies aber aus zu der Vorstellung, der Hohepriester stehe dem judäischen Gemeinwesen *qua* Amt als eine Art königliche Führungsgestalt vor. Die Rechtmäßigkeit dieses Anspruchs wird manifestiert, indem die Texte unter Rückgriff auf königstheologische Traditionen das Hohepriesteramt als königliches Führungsamt charakterisieren.

Der Trend zur Politisierung des Hohepriesteramtes setzte sich etwa zeitgleich zur Abfassung von Sir 50 unter den „Hellenisieren" Jason, Menelaus und Alkimus fort, ohne dass zwingend von einem Einfluss der Programmtexte auf die politische Entwicklung auszugehen ist. Das Hohepriesteramt wurde zu einem käuflichen Amt, was mit von den Seleukiden gewährten Privilegien und politischer Autorität einherging, nicht aber mit mehr Autonomie.

Die enge Bindung an die Seleukiden schürte Konflikte im Inneren. Zunächst im Untergrund formierte sich der Widerstand der Makkabäer, die als schlagkräftige militärische Truppe ihren Einfluss in Jerusalem und Judäa ausbauen konnten. Ein Aufeinandertreffen der starken Hasmonäer und der zunehmend schwächeren und durch innere Konflikte zerrütteten Seleukiden führte schließlich zu einer neuen Machtverteilung, die wiederum großen Einfluss auf die Entwicklung des Hohepriesteramtes hatte. Das innovative Moment des hasmonäischen Hohepriestertums war eine stärkere Politisierung nicht des Amtes, aber des Amtsinhabers, indem

---

341 Vgl. Brutti, Development, 257: „The sources depict the high priest at the beginning of the Hellenistic era – that is, before the dominion of Antiochus IV Epiphanes – primarily as an idealized figure, a mediator between God and his people, a benefactor of the people, guardian of the sanctuary and interpreter of the Torah." Vgl. auch Rooke, Heirs, 330: „Although there were leaders who had priestly duties, priesthood of itself did not bestow ex officio leadership prerogatives outside the cultic sphere, however important the priesthood was considered to be to the community's well-being."

dieser in die seleukidische Hierarchie eingebunden wurde. Mit zunehmender Autonomie der Hasmonäer gegenüber den Seleukiden wurden diese zu politischen und religiösen Führern des jüdischen Volkes. Die Ämterteilung blieb aber bestehen (vgl. 1 Makk 13,42; 14,41.47; Ant. 13,291.299), sodass die politische Führung zum Hohepriesteramt hinzutrat, ohne ein integraler Bestandteil desselben zu werden: „The political and governmental character of their position, however, was not inherent in the office, but resulted from their standing within the Jewish people and their diplomatic and military activities."[342] Zu einer stärkeren Politisierung auch des Amtes führten dann jedoch diverse Legitimierungsstrategien der Hasmonäer. Ihre durch die Personalunion von Hohepriesteramt und diversen politischen Funktionen und Ämtern charakterisierte Herrschaft legitimierten die Hasmonäer durch die Schaffung neuer *role models*, allen voran Pinchas und Melchisedek. Durch den Rückgriff auf biblische Figuren, die politische Funktionen mit ihrem Priesteramt verbanden, schufen sich die Hasmonäer eine biblische Legitimationsbasis. Die Entwicklung origineller Ansätze und die Schaffung neuer *role models* entspricht dabei der innovativen Form der Herrschaft der Hasmonäer. Die Strategie erinnert an Texte wie Sir 50 und Sach 3; 6, die den (vielleicht zunächst ideellen) Anspruch des Hohepriesters, souveräner, königsgleicher Anführer des Volkes zu sein, durch die Rezeption königstheologischer Traditionen legitimieren. Ob die Hasmonäer neben den originellen Strategien auch dieses bereits vorliegende Programm eines royalen Hohepriestertums zur Legitimierung ihrer Herrschaft herangezogen haben, lässt sich nicht eruieren. Die Tatsache, dass anti-hasmonäische Kreise u. a. in Sach 3; 6 ansetzten und dem royalen Hohepriester als einzig rechtmäßigen Herrscher den davidischen Messias entgegenstellten, zeigt zumindest, dass die programmatischen Hohepriestertexte als Texte wahrgenommen wurden, die es vor dem Hintergrund der Hasmonäerherrschaft zu neutralisieren galt.

---

342 Regev, Hasmoneans, 107.

5 Ertrag

Der literargeschichtliche Ansatz der vorliegenden Untersuchung hat den Blick auf eine langwierige Entstehung der Joschua- und Melchisedek-Texte freigegeben. Sie erstreckt sich von der Zeit der Restauration des Jerusalemer Tempels bis in die hasmonäische Zeit. Was die Aussagekraft und Bedeutung der Texte für die Rekonstruktion der Entwicklung des Jerusalemer Hohepriesteramtes betrifft, führt dies zu Ergebnissen, die sich in vielen Aspekten von bisherigen Tendenzen der Forschung, die durch konträre Positionen geprägt ist, abheben.

Viele Exegeten sehen (u. a.) in den Joschua- und/oder Melchisedek-Texten, die sie zumeist ohne weitere literarhistorische Differenzierung in der Perserzeit situieren, das Konzept eines politisch starken Hohepriestertums bereits umfassend realisiert.[1] Dagegen vertritt etwa Rooke die These, dass das Zweiprophetenbuch, das sie ebenfalls in Gänze perserzeitlich datiert, an keiner Stelle das Amt des Jerusalemer Hohepriesters als politisches Führungsamt qualifiziere.[2] Interessanterweise sehen beide Positionen den biblischen Befund durch die außerbiblischen Quellen mehr oder weniger gedeckt.

Der in dieser Studie gewählte literargeschichtliche Ansatz ermöglicht es, die *Entwicklung* der literarischen Vorstellungen des Jerusalemer Hohepriesteramtes genauer wahrzunehmen und stärker zu berücksichtigen. Dies führt zu einer eigenen, von den bisherigen Forschungslinien abweichenden Einschätzung, die mit beiden Ansätzen jedoch zumindest zum Teil übereinstimmt: *Einige* der behandelten Texte,[3] wenn auch längst nicht alle, die dafür in der Forschung in Anspruch genommen werden,[4] bezeugen ein politisch starkes Hohepriesteramt. Diese Texte sind allerdings nicht in der Perserzeit entstanden, sondern sämtlich späteren Ursprungs.

Die Hauptlinien der Entwicklung des Hohepriesteramtes, wie sie in dieser Arbeit rekonstruiert wurden, sollen im Folgenden noch einmal skizziert werden.

---

1 Vgl. u. a. die in der Einleitung referierten Positionen von Oswald, Achenbach, VanderKam, Cataldo.

2 Vgl. Rooke, Heirs.

3 Dies betrifft vor allem Sach 3 und Sach 6,9–15, die im Grundbestand (Sach 6,9–15) bzw. in einer redaktionell erweiterten Form (Sach 3) den Hohepriester Joschua als königliche Führungsgestalt charakterisieren. Als ähnlich gelagert hat sich der etwa gleichzeitig entstandene Text Sir 50 erwiesen.

4 Als nicht oder wenig aussagekräftig mit Blick auf die (ideale oder faktische) Politisierung des Jerusalemer Hohepriesteramtes wurden die Rahmenverse in Hag, die Grundschicht von Sach 3, Sach 4, Gen 14,18–20, Ps 110,4 sowie einige in diesem Zusammenhang häufig traktierte, hier nur am Rande behandelte priesterliche Texte im Pentateuch ausgewiesen.

https://doi.org/10.1515/9783110793451-005

5.1 Das Amt des Jerusalemer Hohepriesters als kultisches Leitungsamt in der Perserzeit

Für die Perserzeit haben die Untersuchungen ergeben, dass weder außerbiblische noch biblische Quellen ein politisch einflussreiches Hohepriesteramt bzw. die Existenz entsprechender biblischer Konzepte belegen.

5.1.1 Der Befund aus den externen Quellen

Zunächst einmal liefern die externen Quellen keine Hinweise darauf, dass die Perser der Provinz Jehud in irgendeiner Weise Autonomie zugebilligt hätten. Zwar schließt die fehlende Autonomie eine Entwicklung hierokratischer Tendenzen nicht zwangsläufig aus, sofern man Hierokratie als die Ausübung hegemonialer Macht des Hohepriesters im Rahmen der Fremdherrschaft versteht. Allerdings fehlen insgesamt Hinweise darauf, dass sich das Amt des Jerusalemer Hohepriesters bereits in der Perserzeit zu einem politischen Führungsamt entwickelte, sei es im Rahmen einer dyarchischen oder im Rahmen einer hierokratischen Struktur. Die externen Quellen aus der Perserzeit belegen, dass dem Hohepriester (neben anderen Jerusalemer Autoritäten) eine gewisse Urteilskompetenz in kultischen Angelegenheiten zugetraut wurde (Elephantine-Korrespondenz) und dass der Jerusalemer Tempel in der ein oder anderen Weise an der wirtschaftlichen Entwicklung der Provinz Jehud teilhatte (Jehud-Münzen). Konkrete Handlungskompetenzen des Hohepriesters im politisch-administrativen Bereich sind dabei jedoch ebenso wenig erkennbar wie ein relevanter wirtschaftlicher Einfluss des Tempels auf Provinzebene. Was die Quellen indes belegen, ist die unangefochtene politische Autorität des Statthalters der Provinz Jehud. Einen deutlichen Hinweis darauf liefert die Elephantine-Korrespondenz (bes. TAD A.4.7 ∥ A.4.8), die in der *causa* des Wiederaufbaus des Elephantiner Jahu-Tempels der Empfehlung des Statthalters von Jehud, Bagohi, (und der der persischen Vertreter der Provinz Samaria) am Ende größere Relevanz beimisst als dem Votum der übrigen Jerusalemer Autoritäten, an die das aktuelle zweite Bittgesuch gar nicht mehr ergeht. In ähnlicher Weise bezeugt auch Josephus in Ant. 11,297–301 – einem Bericht über einen Konflikt zwischen Statthalter und amtierendem Hohepriester, dessen Historizität schwer zu beurteilen, aber keineswegs ausgeschlossen ist – dass derselbe Statthalter, dort als Bagoses bezeichnet, sogar befugt ist, in Angelegenheiten einzugreifen, die den Jerusalemer Jahwe-Kult betreffen. Die Jehud-Münzen, die in der Forschung unter den externen Zeugnissen als belastbarster Beleg für ein politisch starkes Hohepriestertum in der Perserzeit gelten, widersprechen dem Befund grundsätzlich nicht. Bei der Jochanan- und der Jaddua-Münze handelt es sich zwar um hohepriesterliche Prägungen, doch ist ihre Aussagekraft hinsichtlich der Stellung des Hohepriesters und des Jerusalemer Tempels innerhalb der Provinz Jehud begrenzt. Anders als bisweilen angenommen wird, lässt sich der Befund weder im Sinne einer Dyarchie von Provinzstatthalter und Hohepriester noch allgemein als Indiz entweder für eine Ermächtigung des Hohepriesters durch die Perser oder für ein Autonomiestreben des Hohepriesters gegenüber den persischen Autoritäten verstehen. Im Kontext der liberalen persischen Münzpolitik sprechen die Hohepriester-Münzen erst einmal nur dafür, dass der Tempel über die technischen Voraussetzungen zur Münzprägung verfügte. Über das Verhältnis zum Statthalter sagen sie wenig aus. Angesichts der Hierarchie, die aus anderen Quellen erschlossen werden kann, ist nicht auszuschließen, dass der Hohepriester die Münzen im Auftrag des Statthalters geprägt hat.

5.1.2 Der Befund aus den biblischen Quellen

Die Analyse der Joschua- und Melchisedek-Texte sowie der Überblick zu einigen priesterlich geprägten pentateuchischen Texten haben nahegelegt, dass für die Perserzeit nicht mit hierokratischen oder dyarchischen Entwürfen zu rechnen ist. Diese Erkenntnis läuft einer der Haupttendenzen der bisherigen Forschung zu den biblischen Texten und zur Entwicklung des Jerusalemer Hohepriesteramtes zuwider, die, weitgehend unabhängig von der Frage, ob sich das Hohepriesteramt zu dieser Zeit bereits faktisch zu einem politischen Führungsamt entwickelt hatte, für die Perserzeit meist davon ausgehen, dass zumindest das *Ideal* eines politisch orientierten Hohepriesteramtes biblisch bereits realisiert war. Vorherrschend sind dabei die Konzepte „Dyarchie" (= mehr oder weniger gleichwertiges Nebeneinander von Statthalter und Hohepriester als politische Führungsfiguren) und „royales Hohepriestertum" (= Charakterisierung des Hohepriesters als monarchische Führungsfigur durch die Übertragung königlicher Attribute und Privilegien auf ihn).

Als biblische Belege für eine *dyarchische Form von Führung* in Jehud werden in der Forschung die Leuchtervision in Sach 4 und die Rahmenverse in Hag (Hag 1,1–3*.14.15a; 2,2) diskutiert. Beide Texte konnten literargeschichtlich zwar der Perserzeit zugewiesen werden, doch die Exegese hat ergeben, dass sie nicht im Sinne eines dyarchischen Ideals zu verstehen sind. Während dies für Sach 4 durchaus einem Trend der rezenteren Forschung entspricht, die eine dyarchische Interpretation zugunsten einer apersonalen Deutung der „Ölsöhne" vermehrt in Zweifel zieht, werden die Rahmenverse in Hag in der Regel als Beleg für eine Dyarchie von Statthalter und Hohepriester gesehen. Vor dem Hintergrund der sukzessiven redaktionsgeschichtlichen Entwicklung der Joschua und Serubbabel betreffenden Passagen im Zweiprophetenbuch hat sich jedoch eine Interpretation der

Rahmenverse im Sinne einer Statthalterprogrammatik nahegelegt, die das Amt des Provinzstatthalters in die judäische Tradition einbettet und das Amt somit als eines profiliert, das mit dieser kompatibel ist. Wie vergleichbare Texte in Neh 5 oder Neh 13, die in ähnlicher Weise das für gewöhnlich von Judäern bekleidete Amt des Statthalters als legitimes Führungsamt profilieren, dokumentieren die Rahmenverse in Hag somit, dass dem faktischen politischen Primat des Provinzstatthalters innerjudäisch ein großes Ansehen dieses Amtes korrespondierte. Als Belege für das *Konzept eines royalen Hohepriestertums* werden in der Forschung vor allem Sach 3 und Sach 6, daneben Gen 14,18–20 und bisweilen einige priesterlich geprägte Texte aus dem Pentateuch herangezogen.

Zweifellos und explizit belegt ist dieses Konzept in Sach 6,9–15. Die Grundschicht dieses Textes schildert die Krönung des Hohepriesters Joschua und schreibt ihm königliche Funktionen zu. Vor allem terminologische und konzeptionelle Parallelen zu Sir wurden in der vorliegenden Studie jedoch für eine Entstehung der Grundschicht von Sach 6,9–15 (weit) jenseits der Perserzeit veranschlagt. Aus dem Zweiprophetenbuch wird häufig außerdem Sach 3 als weiteres Zeugnis für das Konzept eines royalen Hohepriestertums gewertet. Im Gegensatz zu Sach 6,9–15 dürfte zumindest der Grundbestand dieses Textes (mindestens V.1a.3f.5bα².β.6f.), der die älteste Erwähnung des Hohepriesters Joschua im Zweiprophetenbuch enthält, noch in zeitlicher Nähe zu den berichteten Ereignissen zu situieren und somit perserzeitlich zu datieren sein. Im Rahmen der Vision, die sich als Ätiologie des noch relativ jungen Hohepriesteramtes präsentiert und die Vorstellung eines souveränen kultischen Leitungsamtes entwickelt, wird Joschua mit allerlei Privilegien ausgestattet. In diesem Zusammenhang werden auch einige Aufgaben auf den Hohepriester übertragen, die in den Zuständigkeitsbereich des Königs fielen, solange der Tempel Staatsheiligtum war (Rechtsprechung und Verwaltungshoheit am Tempel). Dies geht jedoch mit der Etablierung eines souveränen kultischen Führungsamtes aus pragmatischen Gründen zwangsläufig einher und geschieht daher nicht mit dem Ziel, den Hohepriester als königlichen Herrscher zu charakterisieren. Ersichtlich wird dies auch daraus, dass die Tätigkeiten auf den kultischen Bereich beschränkt bleiben.

Im weitesten Sinne findet auch in Ex 28 eine Übertragung königlicher Attribute auf den Hohepriester statt. Der Befund dürfte jedoch ähnlich zu deuten sein wie im Fall der Grundschicht von Sach 3. Der Text könnte perserzeitlich entstanden sein, steht aber ebenfalls im Dienst der Entwicklung eines innovativen Konzepts souveräner priesterlicher Führung, sodass auch hier die Annahme zu kurz greift, der Hohepriester solle als königliche Führungsfigur charakterisiert werden. Eingebunden in eine ideale tempel- und kultzentrierte „theokratische" Struktur vermag allein der Hohepriester als zentrale Figur durch die exklusive Verwaltung des Tempelkultes das Wohlergehen der Gesellschaft zu sichern – eine Vorstellung, die sich auch in anderen priesterlich geprägten Texten im Pentateuch spiegelt (vgl. etwa Lev 16, Num 16 f., Num 27). Konzeptionell hängt die Bedeutung des Hohepriesters in diesen Texten an der Bedeutung des Kultes, ist also aus Sicht der Verfasser dieser Texte zweifellos groß. Da die Funktionen und Zuständigkeiten jedoch den kultischen Bereich nicht überschreiten, findet keine Politisierung des Amtes statt. Versteht man die Texte als Ausdruck einer priesterlichen Überlebensstrategie, die den vom Hohepriester verwalteten Kult als eine Art Lebensversicherung für die Gemeinschaft etabliert, um den Einzelnen an das Heiligtum zu binden und zur Entrichtung der freiwilligen Abgaben für den Kult zu motivieren, könnten sie vielmehr sogar für eine wirtschaftlich fragile Lage des Tempels und seines Personals und somit einen faktisch noch sehr begrenzten Einfluss des Hohepriesters innerhalb der Provinz sprechen. Eine ähnliche Agenda dürfte schließlich auch hinter der Melchisedek-Episode in Gen 14,18–20 stehen, die in der Analyse als Einschub aus der ausgehenden Perserzeit ausgewiesen wurde. Was eine königliche Charakterisierung des Hohepriesters angeht, sind Gen 14,18–20 auf den ersten Blick expliziter als die übrigen Texte. Auch wenn Gen 14,18–20 Melchisedek, den Priester El Eljons, als „König" bezeichnen, übertragen sie jedoch keine Attribute oder Privilegien auf ihn, die sein Amt als ein königliches Amt qualifizieren würden. Stattdessen übt der Priesterkönig im Folgenden ausschließlich kultische Tätigkeiten aus. Der Fokus der Episode liegt mit dem Zehnten zudem ebenfalls klar auf dem kultischen Bereich. Es ist daher anzunehmen, dass der Königstitel Melchisedek in erster Linie verliehen wurde, um sein Amt an den Kontext anzugleichen, in dem reihenweise Stadtkönige genannt werden. Dass sich darin eine große Wertschätzung Melchisedeks spiegelt, der hier als Chiffre für den Jerusalemer Hohepriester steht, muss darum nicht bestritten werden. Ob dahinter jedoch die Absicht steht, das Amt des Hohepriesters als königliches Führungsamt zu qualifizieren, oder ob Gen 14,18–20 sogar bereits einen Reflex auf ein politisch starkes Hohepriestertum darstellen, ist fraglich. Denn eine solche Initiative würde nicht zuletzt die sozial- und wirtschaftsgeschichtlichen Hintergründe der Episode verkennen bzw. ihnen sogar zuwiderlaufen: Gen 14,18–20 präsentieren eine als Programmschrift angelegte Ätiologie des Zehnten, die zunächst darum bemüht ist, den *Kult* und damit die Kultausübung durch den Hohepriester zu konsolidieren. Indirekt dürfte sich darin die wirtschaftlich fragile Lage des Tempels spiegeln, was wiederum gegen einen großen Einfluss des Hohepriesters auf Provinzebene spräche.

Sämtliche perserzeitlich entstandenen Texte, die die gesellschaftliche Stellung des Hohepriesters thematisieren, belegen somit zwar, dass der Hohepriester als Führungsfigur im Rahmen der Reorganisation der judäischen Gesellschaft in der Perserzeit eine herausragende Rolle spielte, zeigen aber keine Ambitionen, ihn als politische Führungsfigur an die Stelle des ehemaligen Monarchen zu rücken.

5.2 Die Politisierung des Jerusalemer Hohepriesteramtes in der seleukidischen Zeit

Erstmals in seleukidischer Zeit lassen sich den Quellen Hinweise auf eine Politisierung des Jerusalemer Hohepriesteramtes entnehmen. Der Prozess dürfte extrinsisch motiviert gewesen sein: Die Seleukiden ermächtigten den Hohepriester zur Übernahme administrativ-politischer Funktionen. Die dadurch angestoßenen innerjüdäischen Konflikte zwischen Oniaden und Tobiaden, vielleicht auch ein verstärktes Eingreifen der finanziell geschwächten Seleukiden in wirtschaftliche Belange des Tempels, regten sodann die biblische Reflexion über das Hohepriesteramt als politisches Leitungsamt an.

Aus der Korrelation des biblischen Befunds mit den relevanten außerbiblischen Quellen lässt sich somit schließen, dass sich die verhältnismäßig späte Entstehung der biblischen Vorstellung eines politisch starken Hohepriestertums in etwa parallel zur historischen Entwicklung des Hohepriesteramtes zu einem politischen Führungsamt vollzogen haben könnte. Sie verläuft somit gleichzeitig bis leicht nachzeitig zur faktischen Politisierung des Hohepriesteramtes, geht dieser aber jedenfalls nicht, wie häufig angenommen wird, zeitlich voraus.

5.2.1 Die faktische Politisierung des Jerusalemer Hohepriesteramtes

Verglichen mit der bisherigen Forschung geht die vorliegende Untersuchung von einem relativ späten Beginn der Politisierung des Jerusalemer Hohepriesteramtes aus. Entgegen der Meinung Rookes vollzog sich diese jedoch nicht plötzlich mit dem Beginn der Amtszeit Jasons, sondern verlief als schleichender Prozess. Die zur Verfügung stehenden fragmentarischen Quellen erlauben zwar keine lückenlose Rekonstruktion dieser Entwicklung, doch ist von einem relativ komplexen Verlauf auszugehen: Judäa war in einen dynamischen Machtkampf zwischen Ptolemäern und Seleukiden eingebunden, was auch im Inneren eine dynamische Entwicklung unter Umständen kurzlebiger Ansprüche und Kompetenzen verschiedener Autoritäten begünstigt haben dürfte. Der Tobiadenroman (Ant. 12,158–236) belegt nicht nur, dass der Jerusalemer Hohepriester zu Beginn des 2. Jh. v.Chr. von den Seleukiden vorübergehend mit administrativen Aufgaben bedacht werden konnte, sondern auch, dass einflussreiche aristokratische Kreise, in diesem Fall der Clan der Tobiaden, ihrerseits Anspruch auf politische Autorität erhoben und damit in Konkurrenz zum Hohepriester traten. Es ist anzunehmen, dass sich innerjüdäische Konflikte dieser Art katalytisch auf die (faktische und konzeptionelle) Politisierung des Hohepriesteramtes auswirkten. Eine ähnliche Wirkung könnten die Versuche der durch hohe Reparationszahlungen an Rom finanziell geschwächten Seleukiden gehabt haben, sich am Eigentum des Jerusalemer Tempels zu bereichern. Die Existenz seleukidischer Beamter wie Simon, dem Tempelvorsteher (2 Makk 3), die in begrenztem Umfang in Tempelangelegenheiten eingreifen konnten, wird den Einfluss des Hohepriesters eher beschnitten denn gefördert haben. Derartige Interessenkonflikte könnten jedoch andererseits zu einer Distanzierung tempelnaher Kreise von den Seleukiden geführt haben, die wiederum die literarische Entwicklung eines Konzeptes eines politisch starken und autonomen Hohepriesteramtes angeregt haben könnte.

5.2.2 Das Konzept des royalen Hohepriestertums als biblische Reflexion der Politisierung des Hohepriesteramtes

Wie die untersuchten perserzeitlichen Texte keine Utopie entwerfen, sondern reale, dort vornehmlich wirtschaftliche, Interessen ihrer Verfasser spiegeln, verhält es sich *mutatis mutandis* in seleukidischer Zeit: Als sich in seleukidischer Zeit das Jerusalemer Hohepriesteramt nach und nach zu einem politischen Führungsamt entwickelt, wird dieser Prozess der faktischen Politisierung des Hohepriesteramtes durch die Etablierung entsprechender biblischer Konzepte legitimiert.

Dass dabei das Konzept eines royalen Hohepriestertums dominierte, mag dadurch begünstigt worden sein, dass dem Amt die Übertragung gewisser ehedem königlicher Attribute und Funktionen im Rahmen der Profilierung als souveränem kultischen Führungsamt in die Wiege gelegt war.[5] Besonders explizit ist das Ideal eines royalen Hohepriestertums in der Grundschicht von Sach 6,9 – 15 (V.9 – 11.13a) realisiert, die von der Krönung des Hohepriesters berichtet und ihm dezidiert königliche Aufgaben wie den Tempelbau überträgt. Das Konzept findet sich ferner in einer Fortschreibung von Sach 3 (V.5a.bα[1].9). Die Verse übertragen mit der Verfügungsgewalt über den aus Sach 4,10 bekannten und dort im Kontext des Tempelbaus situierten Stein eine dezidiert königliche Aufgabe und mit dem Turban (צניף) eine royal konnotierte Kopfbedeckung auf den Hohepriester und überformen somit die ursprüngliche Vision im Sinne des Ideals eines royalen Hohepriestertums. Konzeptionelle Analogien (königlicher Kopfschmuck und Verantwortung für den Tempelbau) legen nahe, dass die Grundschicht von Sach 6,9 – 15 und besagte Fortschreibung von Sach 3 von ein und demselben Verfasser stammen.

---

5 Vgl. Sach 3 und Ex 28, wobei diese Texte, wie dargelegt, nicht den Hohepriester als politische Führungsfigur charakterisieren, sondern ein souveränes kultisches Leitungsamt etablieren und reflektieren.

Von demselben Ideal geprägt ist das aus ähnlichen Verfasserkreisen stammende Lob der Väter in Sir, insbesondere Sir 50, wo als Abschluss der pro-priesterlichen Komposition in programmatischer Weise königliche Aufgaben auf den Hohepriester Simon II. übertragen werden.

5.3 Der Beginn einer Trennung von „Politik" und „Religion" in der hasmonäischen Zeit

Dass die Herrschaft der Hasmonäer historisch betrachtet einen Meilenstein und zugleich einen Wendepunkt in der Geschichte des Hohepriesteramtes darstellte, lässt sich nicht bestreiten. In literargeschichtlicher Perspektive hat sich gezeigt, dass auch diese Phase der Entwicklung des Jerusalemer Hohepriesteramtes die literarische Produktivität im Alten Testament noch erheblich angeregt hat: In späten Fortschreibungen wird der davidische Messias als Gegenspieler des königlichen Hohepriesters etabliert, um das Konzept des politisch starken Hohepriesteramtes in anti-hasmonäischer Absicht zu neutralisieren. In der Tat lässt sich somit, wie in der Forschung bisweilen angenommen wird,[6] das Verhältnis zwischen der Erwartung eines Messias und der Herrschaft des Hohepriesters als politischem Führer im Sinne eines Nacheinanders werten – allerdings in genau umgekehrter Reihenfolge: Die enttäuschte Erwartung einer Restauration der davidischen Dynastie unter Serubbabel hat nicht die (faktische oder literarische) Politisierung des Hohepriesteramtes vorangetrieben, sondern der davidische Messias wurde zur Abwehr politischer Ansprüche des Hohepriesters aus der Tradition heraus aktiviert.

5.3.1 Eine Transformation des Hohepriesteramtes unter den Hasmonäern?

Nachdem die Politisierung des Jerusalemer Hohepriesteramtes in seleukidischer Zeit begonnen hatte, entwickelte sich das Amt im 2. Jh v.Chr. dynamisch weiter. Die „Hellenisierer" Jason, Menelaus und Alkimus verfügten über größere politische Autorität, waren jedoch vollständig von den Seleukiden abhängig. Vorausgesetzt, die Entwicklung in früher hasmonäischer Zeit lässt sich aus den Makkabäerbüchern einigermaßen treffend rekonstruieren, wurde das Amt des Jerusalemer Hohepriesters auch den Hasmonäern von den Seleukiden verliehen. Im Unterschied zu ihren Vorgängern bekamen die Hasmonäer jedoch seleukidische Ämter (zur Stärkung der politischen Autorität) und das Amt des Jerusalemer Hohepriesters (mut-

---

6 Vgl. u.a. Jeremias, Nachtgesichte, 222 f.

maßlich zum Zweck der innerjudäischen Legitimation) verliehen, als sie bereits militärische Anführer waren, d. h. sie erhielten das Amt des Hohepriesters als politische Anführer (und nicht etwa das Hohepriesteramt als politisches Führungsamt).

5.3.2 Die Herrschaftslegitimation der Hasmonäer und die kritische Auseinandersetzung damit in der biblischen Literatur

Zur Legitimation ihrer Herrschaft griffen die Hasmonäer auf einzelne (Hohe-) Priesterfiguren zurück. Während Pinchas als *role model* herangezogen wurde, da dessen politisch motivierte Eifertat in Num 25 wohl dem Selbstverständnis der Hasmonäer entsprach, dürfte bei dem legitimatorischen Rückgriff auf Melchisedek die Verbindung von Königs- und Priesterwürde leitend gewesen sein. Beide Ansätze zielen somit darauf, das Spezifikum der Herrschaft der Hasmonäer, die Verbindung von (jeweils an ein Amt gebundener) politischer und kultischer Führung, zu legitimieren. Dass diese Verbindung durch engagierte Strategien eigens legitimiert werden musste, zeigt, dass sie keineswegs selbstverständlich war. Die originellen Ansätze könnten darüber hinaus indirekt darauf hinweisen, dass das Konzept eines politisch starken bzw. royalen Hohepriestertums noch nicht etabliert genug war, als dass die Hasmonäer sich zur Legitimation ihrer Herrschaft ohne Weiteres darauf hätten beziehen können. Jedenfalls ist nicht ersichtlich, dass die Hasmonäer sich neben den legitimatorischen Rückgriffen auf Pinchas und Melchisedek auch auf das bereits vorliegende Konzept eines royalen Hohepriestertums berufen haben.

Unabhängig von der Frage, ob die Hasmonäer das Konzept des royalen Hohepriestertums (= ein Hohepriester, der als König herrscht) aktiv zur Legitimierung ihrer Herrschaft genutzt haben, wurde es vor dem Hintergrund der Hasmonäerherrschaft offenbar im Sinne der Ämterkumulation verstanden und im Zuge der kritischen Auseinandersetzung mit der Herrschaft der Hasmonäer entsprechend korrigiert. Greifbar wird dies in einer späten Redaktion des Zweiprophetenbuchs, die die Stelle des monarchischen Herrschers wieder traditionell mit einem Davididen füllt (Serubbabel als Messias in Hag 2,20–23, bzw. ein für die Zukunft erwarteter davidischer „Spross" in Sach 3,8[.10]; 6,12.13b.14) und die Zuständigkeit des Hohepriesters dadurch wieder auf den kultischen Bereich beschränkt.[7] Die restaurativ-messianische Erwartung eines davidischen Herrschers stellt innerhalb der

---

7 In vergleichbarer Weise wird ein Herrscher aus davidischem Geschlecht in anti-hasmonäischer Absicht in Ps Sal 17 etabliert.

Literargeschichte des Zweiprophetenbuches als abwehrende Reaktion auf die unter den Hasmonäern realisierte Hierokratie somit ein spätes Produkt dar.

Eine etwas anders gelagerte Delegitimierungsstrategie liegt Ps 110,4 zugrunde. Auch sie stellt dem Herrschaftsanspruch der Hasmonäer den davidischen Messias entgegen, setzt aber beim legitimatorischen Rückgriff der Hasmonäer auf Melchisedek an und kennzeichnet den Anspruch der Hasmonäer auf das „Priesteramt nach der Weise Melchisedeks" als illegitim, indem sie dieses an die davidische Abstammung bindet.[8]

Indem die Hasmonäer politische und religiöse Führung *qua* Amt in Personalunion auf sich vereinen und dies die im literarischen Diskurs greifbare Gegenreaktion provoziert, wird eine Trennung von „Politik" und „Religion" konzeptionell theoretisch denkbar.

---

[8] Als Parallele dazu kann eine Jub 30–32 umfassende Redaktion gewertet werden, die den rechtmäßigen Anspruch auf das „Priestertum El Eljons" an die Abstammung von Levi bindet.

Anhang

Abbildungen

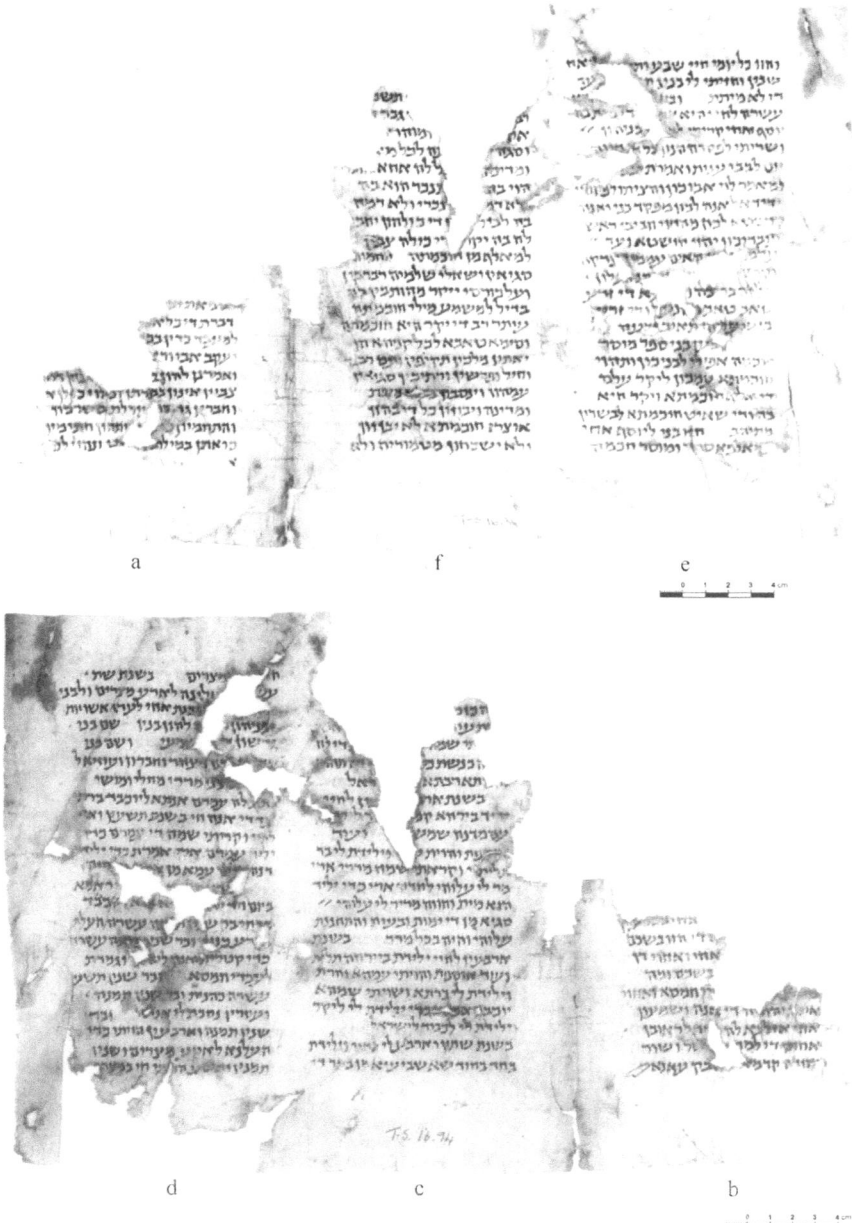

Abb. 1: ALD 1–2 (Cambridge a und b). Mit freundlicher Genehmigung der Cambridge University Library.

https://doi.org/10.1515/9783110793451-006

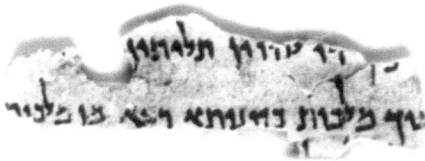

Abb. 2: ALD 4,7 (?) (1Q21 Fragment 1; Spuren d. Gottesnamens in Z.3). Mit freundlicher Genehmigung der Israel Antiquities Authority.

b   a

Abb. 3: ALD 5,4 (Bodleian a; Gottesname in Z.20). Mit freundlicher Genehmigung der Bodleian Libraries Oxford.

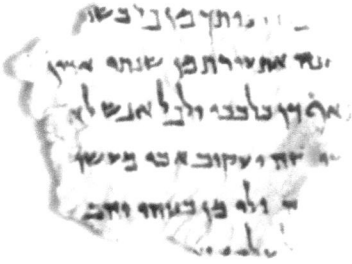

Abb. 4: ALD 5,4 (4Q213b, Spuren d. Gottesnamens in Z.6). Mit freundlicher Genehmigung der Israel Antiquities Authority.

Abb. 5: TJC 1 (Obv.: bärtiger Mann mit Kammhelm; Rev.: bärtige Gottheit auf Flügelrad).

(Abb. 5–17: Mit freundlicher Genehmigung der Israel Numismatic Society.)

2

3   4   4a

Abb. 6: TJC 2–4 (Obv.: Kopf d. Athena; Rev.: Eule).

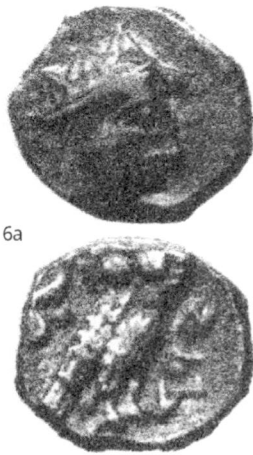

6a

14

15

Abb. 7: TCJ 6a
(Obv.: Kopf d. Königs; Rev.: Eule).

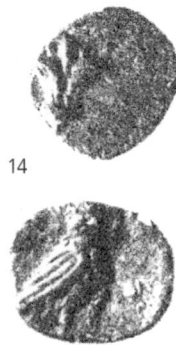

Abb. 8: TJC 14
(Obv.: Lilie; Rev.: Eule).

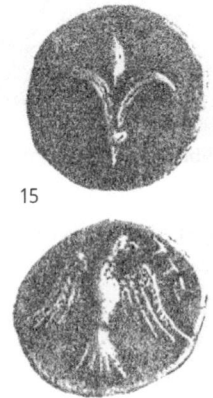

Abb. 9: TJC 15
(Obv.: Lilie; Rev.: Falke).

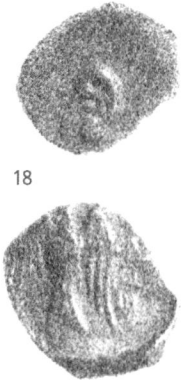

Abb. 10: TJC 18
(Obv.: Ohr; Rev.: Falke).

Abb. 11: TJC 19
(Obv.: Horn; Rev.: Falke).

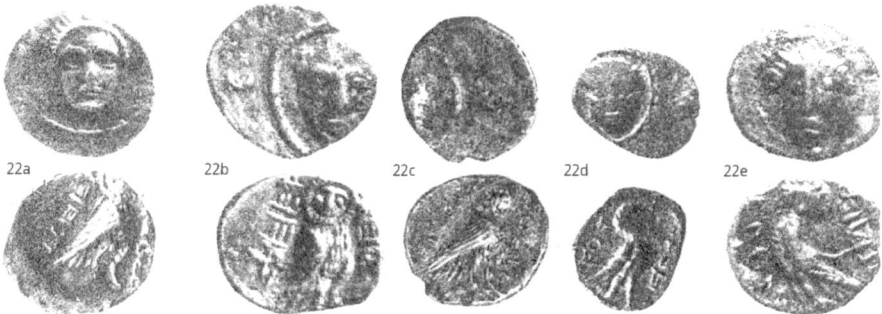

Abb. 12: TJC 22 und 23 (Obv.: Kopf frontal; Rev.: Eule; YḤZQYH HPḤH).

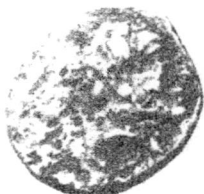

24   25

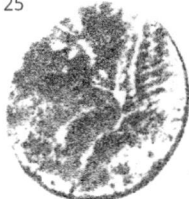

Abb. 13: TJC 24 und 25 (Obv.: männl. Kopf n. li; Rev.: geflügeltes Tier; YḤZQYH).

26

20

21

Abb. 14: TJC 26 (Obv.:   **Abb. 15:** TJC 20 (Obv.:   **Abb. 16:** TJC 21 (Obv:.
gehörnter Luchs; Rev.:   Kopf frontal; Rev.: Eule;   Kopf frontal; Rev.: Eule;
geflügeltes Tier; YḤZQYH).   YWḤNN [li.] HKWHN [re.]).   YHD [li.] YHWDH [re.]).

39

Abb. 17: „Jaddua-Münze" (Obv.: Kopf d. Athena; Rev.: Eule, AΘE, YDWʿ).
Meshorer/Qedar, Samarian Coinage, Plate 7, fig. 39.

Deutsche Textpräparation (in Auswahl)

Sach 4

1 Und der Bote, der mit mir redete, kam wieder und weckte mich wie einen Mann, der aus seinem Schlaf geweckt wird.
2 Und er sprach zu mir: Was siehst du? Und ich sagte: Ich sehe, und siehe, ein Leuchter ganz aus Gold und sein Ölgefäß oben auf ihm *und seine sieben Lampen auf ihm, je sieben Öffnungen für die Lampen, die oben auf ihm sind;*
3 und zwei Ölbäume neben ihm, einer zur Rechten des Ölgefäßes und einer auf seiner Linken.
4 Ich antwortete und sagte zu dem Boten, der mit mir redete: Was sind diese, mein Herr?
5 Und der Bote, der mit mir redete, antwortete und sprach zu mir: Hast du nicht erkannt, was diese sind? Und ich sagte: Nein, mein Herr.
6 Da antwortete er und sprach zu mir: **Dies ist das Wort Jahwes an Serubbabel: Nicht durch Macht und nicht durch Kraft, sondern durch meinen Geist, spricht Jahwe der Heerscharen.**
7 **Wer bist du, großer Berg? Vor Serubbabel werde zur Ebene! Und er wird den Anfangsstein herausbringen unter Rufen: „Gnade, Gnade für ihn!"**
8 **Und das Wort Jahwes geschah zu mir:**
9 **Die Hände Serubbabels haben den Grund dieses Hauses gelegt, und seine Hände werden es vollenden. Und du wirst erkennen, dass Jahwe der Heerscharen mich zu euch gesandt hat.**
10 **Denn wer hat den Tag kleiner Dinge verachtet? Und sie werden sich freuen und den Stein des Zinns (?) in der Hand Serubbabels sehen.** *Diese sieben sind die Augen Jahwes, sie schweifen auf der ganzen Erde umher.*
11 *Und ich antwortete und sagte zu ihm: Was sind diese zwei Ölbäume zur Rechten des Leuchters und zu seiner Linken?*
12 Und ich antwortete zum zweiten Mal und sagte zu ihm: Was sind die beiden Zweigspitzen der Ölbäume, die neben den zwei goldenen Röhren sind, die das Gold von sich ausfließen lassen?
13 *Und er sprach zu mir: Hast du nicht erkannt, was diese sind? Und ich sagte: Nein, mein Herr.*
14 Da sprach er: Dies sind die beiden Ölsöhne, die bei dem Herrn der ganzen Erde stehen.

Grundschicht: V.1.2a.bα^1.3 – 5.6aα.14a*(ohne „Da sprach er").b
Redaktion: V.2bα^2.β.10a* (nur „Diese sieben").10b.11.13.14a*(nur „Da sprach er")
Redaktion: 6aβ–10a*(ohne „Diese sieben")
Redaktion: V.12

https://doi.org/10.1515/9783110793451-007

Sach 3

1 Und er ließ mich den Hohepriester Joschua sehen, der vor dem Boten Jahwes stand; und der Satan stand zu seiner Rechten, um ihn anzuklagen.
2 Und Jahwe sprach zum Satan: Jahwe wird dich anschreien, Satan! [Jahwe, der Jerusalem erwählt hat, schreit dich an!] Ist dieser nicht ein Holzscheit, das aus dem Feuer herausgerissen ist?
3 Joschua aber war mit schmutzigen Kleidern bekleidet und stand vor dem Boten. 4 Und er hob an und sprach zu denen, die vor ihm standen: Nehmt ihm die schmutzigen Kleider ab! Und zu ihm sprach er: Siehe, ich habe deine Schuld von dir weggenommen und bekleide dich mit Feierkleidern.
5 *Und ich sprach: Man setze einen reinen Turban auf sein Haupt! Und sie setzten den reinen Turban auf sein Haupt* und sie zogen ihm Kleider an; und der Bote stand.
6 Und der Bote Jahwes versicherte dem Joschua:
7 So spricht Jahwe der Heerscharen: Wenn du in meinen Wegen gehst und wenn du meinen Dienst versiehst, dann sollst du sowohl mein Haus richten als auch meine Vorhöfe bewahren; und ich werde dir Zutritt geben zwischen diesen, die hier stehen.
8 **Höre doch, Joschua, Hohepriester, du und deine Gefährten, die vor dir sitzen – denn Männer des Vorzeichens sind sie! Denn siehe, ich will meinen Knecht Spross kommen lassen.**
9 *Denn siehe, der Stein, den ich vor Joschua gelegt habe – auf einem Stein sieben Augen –, siehe, ich will seine Gravur eingravieren, spricht Jahwe der Heerscharen, und will die Schuld dieses Landes entfernen an einem Tag.*
10 **An jenem Tag, spricht Jahwe der Heerscharen, werdet ihr einer den anderen einladen unter den Weinstock und unter den Feigenbaum.**

Grundschicht: V.1a(.1b.2?).3 f.5bα².β.6 f.
Redaktion: V.5a.bα¹.9
Redaktion: V.8(.10?)
[Glosse]: V.2aβ.γ

Sach 6,9 – 14

9 Und das Wort Jahwes geschah zu mir:
10 Nimm von den Weggeführten, von Heldai und von Tobija und von Jedaja! Und geh du an diesem Tag, geh in das Haus Josias, des Sohnes Zefanjas, wohin sie aus Babel gekommen sind!
11 Und nimm Silber und Gold und mach eine Krone! Und setze sie auf das Haupt Joschuas, des Sohnes Jehozadaks, des Hohepriesters!
12 **Und sage ihm: So spricht Jahwe der Heerscharen: Siehe, ein Mann, Spross ist sein Name! Und es wird von unter ihm sprossen, und er wird den Tempel Jahwes bauen.**
13 Ja, (/Denn) er wird den Tempel Jahwes bauen, und er wird Hoheit tragen und wird auf seinem Thron sitzen und herrschen. **Auch wird ein Priester auf (neben?) seinem Thron sein; und Friedensrat wird zwischen ihnen beiden sein.**
14 **Und die Krone soll für Helem (Heldai?), Tobija und Jedaja und für die Gnade des Sohnes Zefanjas zur Erinnerung im Tempel Jahwes sein.**

Grundschicht: V.9 – 11.13a
Redaktion: V.12.13b.14

Gen 14

1 **Und es geschah in den Tagen Amrafels, des Königs von Schinar, Arjochs, des Königs von El-lasar, Kedor-Laomers, des Königs von Elam, und Tidals, des Königs von Gojjim.**
2 *Sie führten Krieg mit Bera, König von Sodom, und mit Birscha, König von Gomorra, (nämlich) Schinab, König von Adma, und Schemeber, König von Zebojim, und (der) König von Bela,* [das ist Zoar].
3 **Alle diese verbündeten sich miteinander zur Ebene Siddim, das ist das Tote Meer.**
4 **Zwölf Jahre hatten sie Kedor-Laomer gedient, im dreizehnten Jahr aber rebellierten sie.**
5 **Und im vierzehnten Jahr kamen Kedor-Laomer und die Könige, die mit ihm waren,** und schlugen die Refaiter bei Aschterot-Karnajim und die Susiter bei Ham und die Emiter in der Ebene von Kirjatajim
6 und die Horiter auf ihrem Gebirge Seir bis El-Paran, das an der Wüste liegt.
7 Dann wandten sie sich und kamen nach En-Mischpat, das ist Kadesch; und sie schlugen das ganze Gebiet der Amalekiter und auch den Amoriter, der in Hazezon-Tamar wohnt.
8 **Und es zogen aus der König von Sodom und der König von Gomorra und der König von Adma und der König von Zebojim und der König von Bela,** [das ist Zoar]; *und sie ordneten sich zur Schlacht gegen sie im Tal Siddim:*
9 **gegen Kedor-Laomer, den König von Elam, und Tidal, den König von Gojjim, und Amrafel, den König von Schinar, und Arjoch, den König von Ellasar, vier Könige gegen die fünf.**
10 *Das Tal Siddim aber war voller Bitumengrube; und die Könige von Sodom und Gomorra flohen und fielen dort hinein, die Übrigen aber flohen ins Gebirge.*
11 *Da nahmen sie alle Habe von Sodom und Gomorra und ihre ganze Nahrung und zogen davon.*
12 Und sie nahmen Lot mit und seine Habe, den Sohn von Abrams Bruder, und zogen davon; **und er wohnte in Sodom.**
13 **Und es kam ein Entkommener und berichtete es Abram, dem Hebräer; er wohnte aber unter den Terebinthen Mamres, des Amoriters, des Bruders von Eschkol und des Bruders von Aner; die waren Abrams Bundesgenossen.**
14 Und als Abram hörte, dass sein Neffe gefangen weggeführt war, rüstete er seine trainierten Männer, die in seinem Haus Geborenen, 318, und jagte ihnen nach bis nach Dan.
15 Und nachts teilte er sich gegen sie, er und seine Knechte, und schlug sie **und jagte ihnen nach bis nach Hoba, das nördlich von Damaskus liegt.**
16 Und er brachte die ganze Habe zurück; und auch Lot, seinen Neffen, und dessen Habe brachte er zurück und auch die Frauen und das Volk.
17 Und der König von Sodom zog aus, ihm entgegen, **nachdem er zurückgekehrt war, als er Kedor-Laomer geschlagen hatte und die Könige, die mit ihm waren,** in das Tal Schawe, *das ist das Königstal.*
18 *Und Melchisedek, König von Salem, brachte Brot und Wein heraus; und er war Priester El Eljons.*
19 *Und er segnete ihn und sprach: Gesegnet sei Abram von El Eljon, der Himmel und Erde geschaffen hat!*
20 *Und gesegnet sei El Eljon, der deine Bedränger in deine Hand ausgeliefert hat! Und er gab ihm den Zehnten von allem.*
21 Und der König von Sodom sagte zu Abram: Gib mir die Leute, die Habe aber nimm dir!
22 Da sagte Abram zum König von Sodom: Ich hebe meine Hand auf zu Jahwe, *zu El Eljon, der Himmel und Erde geschaffen hat:*
23 Wenn ich vom Faden bis zum Schuhriemen, ja, wenn ich irgendetwas nehme von dem, was dein ist ...! Damit du nicht sagst: Ich war es, der Abram reich gemacht hat.

24 **Nichts für mich! Nur was die Knechte verzehrt haben, und der Anteil der Männer, die mit mir gezogen sind: Aner, Eschkol und Mamre, die sollen ihren Anteil nehmen.**

Grundschicht: V.2*(ohne „das ist Zoar").8b.10 f.12a.14.15a.16a.bα
Darin aufgenommene Quelle: V.2.8b.10.11
Redaktion: V.16bβ.17aα¹.bα.21.22a.b*(ohne „El Eljon, Schöpfer des Himmels und der Erde").23
Redaktion: V.17bβ.18 – 20.22b*(nur „El Eljon, Schöpfer des Himmels und der Erde")
Redaktion: V.1.3 f.5aα.8a* (ohne „das ist Zoar").9.12b(?).13(?).15b.17aα².β.24(?)
Redaktion: V.5aβ.γ.b.6 f.
[Glosse] in V.2 und V.8 („das ist Zoar")

Ps 110

1. Von David. Ein Psalm. *Spruch Jahwes für meinen Herrn: Setze dich zu meiner Rechten, während ich deine Feinde zum Schemel deiner Füße mache!*
2. Den Stab deiner Macht wird Jahwe aus Zion ausstrecken. *Herrsche inmitten deiner Feinde!*
3. *Mit dir sind freiwillige Opfergaben am Tag deiner Macht. In heiligem Schmuck habe ich dich aus (dem Schoß) der Morgenröte gezeugt.*
4. **Jahwe hat geschworen und wird es nicht bereuen: „Du bist Priester in Ewigkeit nach der Weise Melchisedeks!"**
5. Jahwe ist zu deiner Rechten. Er wird Könige zerschlagen haben am Tag seines Zorns,
6. er wird über Völker richten, der Anfüller von Leichen. [Er erschlägt Häupter auf der Erde, zahlreich.]
7. Aus einem Bach auf dem Weg wird er trinken, daher wird er das Haupt erheben.

Grundschicht: V.1 – 3.5.6a.7
Darin aufgenommener Hymnus: V.1*.2b.3
Redaktion: V.4
[Glosse]: V.6b

Literaturverzeichnis

Alle Abkürzungen richten sich nach SCHWERTNER, S. M., IATG[3] – Internationales Abkürzungsverzeichnis für Theologie und Grenzgebiete, Berlin/Boston 2014.

1 Quellen

1.1 Bibelausgaben

Elliger, Karl/Rudolph, Wilhelm (Hg.), Biblia Hebraica Stuttgartensia, Stuttgart 1977. (= BHS)

Nestle-Aland, Novum Testamentum Graece, begründet von Eberhard und Erwin Nestle, hrsg. von Barbara und Kurt Aland u. a., Stuttgart [28]2012.

Rahlfs, Alfred (Hg.), Septuaginta. Id est Vetus Testamentum graece iuxta LXX interpretes. Editio altera quam recognovit et emendavit Robert Hanhart. Duo volumina in uno, Stuttgart 2006.

Schenker, Adrian et al. (Hg.), Biblica Hebraica quinta editione cum apparatu critico novis curis elaborato. Fascicle 20: Ezra and Nehemia. Prepared by David Marcus, Stuttgart 2006. (= BHQ)

Schenker, Adrian et al. (Hg.), Biblica Hebraica quinta editione cum apparatu critico novis curis elaborato. Fascicle 13: The Twelve Minor Prophets. Prepared by Anthony Gelston, Stuttgart 2010. (=BHQ)

Schenker, Adrian et al. (Hg.), Biblica Hebraica quinta editione cum apparatu critico novis curis elaborato. Fascicle 1: Genesis. Prepared by Abraham Tal, Stuttgart 2015. (= BHQ)

Weber, Robert/Gryson, Roger (Hg.), Biblia sacra iuxta Vulgatam versionem, Stuttgart [5]2007.

1.2 Sonstige Quellen

Avigad, Nahman, Bullae and Seals from a Post-Exilic Judean Archive, Qedem 4, Jerusalem 1976.

Beentjes, Pancratius C., The Book of Ben Sira in Hebrew. A Text Edition of all Extant Hebrew Manuscripts and a Synopsis of all Parallel Hebrew Ben Sira Texts, VT.S 68, Leiden u. a. 1997.

Berger, Klaus, Das Buch der Jubiläen, JSHRZ 2, Gütersloh 1981.

Beyer, Klaus, Die aramäischen Texte vom Toten Meer 1, Göttingen 1984.

Charles, Robert H., The Assumption of Moses. Translated from the Latin Sixth Century ms., London 1897.

Charles, Robert H., The Book of Jubilees or the Little Genesis. From the Editor's Ethiopic Text, London 1902.

Cowley, Arthur E., Aramaic Papyri of the Fifth Century B.C., Oxford 1923.

De Jonge, Marinus, The Testaments of the Twelve Patriarchs. A Critical Edition of the Greek Text, PVTG 1, Leiden 1978.

Dietrich, Manfried/Loretz, Oswald/Sanmartín, Joaquín, Die keilalphabetischen Texte aus Ugarit, Ras ibn Hani und anderen Orten. KTU[3], AOAT 360/1, Münster [3]2013.

Donner, Herbert/Röllig, Wolfgang (Hg.), Kanaanäische und aramäische Inschriften. Mit einem Beitrag von O. Rössler, Band 1: Texte, Band 2: Kommentar, Wiesbaden 1962/1964. (= KAI)

Drawnel, Henryk, An Aramaic Wisdom Text from Qumran. A New Interpretation of the Levi Document, JSJ.S 86, Leiden u. a. 2004.

https://doi.org/10.1515/9783110793451-008

Feix, Josef (Hg.), Herodot. Historien 1. Bücher I–V. Griechisch–Deutsch, Düsseldorf ⁷2006.

Fitzmyer, Joseph A., The Aramaic Inscriptions of Sefîre, BibOr 19, Rom 1967.

Fitzmyer, Joseph A., The Genesis Apocryphon of Qumran Cave 1 (1Q20). A Commentary, BibOr 18, Rom 1966.

Garcia-Martinez, Florentino/Tigchelaar, Eibert J. C./van der Woude, Adam S. (Hg.), Qumran Cave 11. II. (11Q2–18, 11Q20–31), DJD 23, Oxford 1998.

Goukowsky, Paul (Hg.), Diodore de Sicile. Bibliotheque Historique Fragments. Livres XXXIII–XL, CUFr 502, Paris 2014.

Greenfield, Jonas C./Stone, Michael E./Eshel, Esther (Hg.), The Aramaic Levi Document. Edition, Translation, Commentary, SVTP 19, Leiden u.a. 2004.

Grossfeld, Bernard, The Targum Onqelos to the Torah: Genesis, ArBib 6, Edinburgh 1988.

Harrington, Daniel J./Saldarini, Anthony J., Targum Jonathan of the Former Prophets. Introduction, Translation and Notes, ArBib 10, Edinburgh 1987.

Janowski, Bernd/Wilhelm, Gernot (Hg.), Texte zum Rechts- und Wirtschaftsleben, TUAT.NF 1, Gütersloh 2004.

Janowski, Bernd/Schwemer, Daniel (Hg.), Weisheitstexte, Mythen und Epen, TUAT.NF 8, Gütersloh 2015.

Kautzsch, Emil (Hg.), Die Apokryphen und Pseudepigraphen des Alten Testaments, 2 Bde., Tübingen u.a. 1900.

Knudtzon, Jørgen A. (Hg.), Die El-Amarna-Tafeln 1. Die Texte, Leipzig u.a. 1915.

Lindenberger, James M., Ancient Aramaic and Hebrew Letters, WAW 14, Atlanta 2003.

McNamara, Martin, Targum Neofiti 1. Genesis, ArBib 1 A, Edinburgh 1991.

Porten, Bezalel/Yardeni, Ada, Textbook of Aramaic Documents from Ancient Egypt, vols. A–D, Jerusalem 1986–1999. (= TAD)

Porten, Bezalel, The Elephantine Papyri in English. Three Millenia of Cross-Cultural Continuity and Change, DMOA 22, Leiden u.a. 1996.

Pritchard, James Bennett (Hg.), The Ancient Near East in Pictures. Relating to the Old Testament, Princeton 1969. (= ANEP)

Renz, Johannes/Röllig, Wolfgang, Handbuch der althebräischen Epigraphik. Band 1. Die althebräischen Inschriften 1. Text und Kommentar, Darmstadt 1995.

Renz, Johannes/Röllig, Wolfgang, Handbuch der althebräischen Epigraphik. Band 2,1. Die althebräischen Inschriften 2. Zusammenfassende Erörterungen, Paläographie und Glossar, Darmstadt 1995.

Renz, Johannes/Röllig, Wolfgang, Handbuch der althebräischen Epigraphik. Band 2/2. Materialien zur althebräischen Morphologie. Siegel und Gewichte, Darmstadt 2003.

Seel, Otto (Hg.), M. Iuniani Iustini epitom Historiarum Philippicarum Pompei Trogi. Accedunt prologi in Pompeium Trogum, BSGRT *Teubner,* Stuttgart 1985.

Talmon, Shemaryahu et al. (Hg.), Qumran Cave 4. XVI Calendrical Texts, DJD XXI, Oxford 2007.

Thackeray, Henry St. John et al. (Hg.), Josephus, 9 vols, LCL, London/Cambridge 1926–1965.

Tromp, Johannes, The Assumption of Moses. A Critical Edition with Commentary, SVTP 10, Leiden u.a. 1993.

VanderKam, James C., The Book of Jubilees. A Translation, CSCO.Ae 88, Leuven 1989.

Walton, Francis R. (Hg.), Diodorus Siculus. Library of History, Volume 12, Fragments of Books 33–40, LCL, Cambridge 1967.

Weidner, Ernst F., Die Inschriften Tukulti-Ninurtas I. und seiner Nachfolger, AfO.B 12, Graz 1959.

Weippert, Manfred, Historisches Textbuch zum Alten Testament, GAT 10, Göttingen 2010.

Wright, Robert Bradley, The Psalms of Solomon. A Critical Edition of the Greek Text. Jewish and
    Christian Texts in Contexts and Related Studies 1, London/New York 2007.

2 Hilfsmittel

Barthélemy, Dominique, Critique textuelle de l'Ancien Testament. Volume 4: Psaumes, OBO 50/4,
    Fribourg 2005.
Brockelmann, Carl, Hebräische Syntax, Neukirchen 1956.
Gesenius, Wilhelm (Hg.), Hebräische Grammatik. Völlig umgearbeitet von E. Kautzsch, Hildesheim
    [28]1962. (=GK[28])
Gesenius, Wilhelm, Hebräisches und Aramäisches Handwörterbuch über das Alte Testament,
    bearbeitet von D. R. Meyer und H. Donner, Berlin [18]2013. (= Ges[18])
Jenni, Ernst, Die hebräischen Präpositionen, Band 1 (Beth), 2 (Kaph) und 3 (Lamed), Stuttgart 1992/
    1994/2000.
Joüon, Paul, Grammaire de l'hébreu biblique, Rom [2]1947.
Joüon Paul/Muraoka, Takamitsu, A Grammar of Biblical Hebrew, SubBi 27, Second Reprint of the
    Second Edition, Rom 2009.
Köhler, Ludwig/Baumgartner, Walter, Hebräisches und Aramäisches Lexikon zum Alten Testament,
    unveränderter Nachdruck der dritten Auflage (1967–1995), Leiden/Boston 2004. (= HALAT)
Liddell, Henry G./Scott, Robert, A Greek–English Lexicon, Revised and augmented throughout by H. S.
    Jones, Oxford [9]1968.
Lust, Johan/Eynikel, Erik/Hauspie, Katrin, A Greek–English Lexicon of the Septuagint, third corrected
    edition, Stuttgart 2015.

3 Sekundärliteratur

Achenbach, Reinhard, Die Vollendung der Tora. Studien zur Redaktionsgeschichte des Numeribuches
    im Kontext von Hexateuch und Pentateuch, BZAR 3, Wiesbaden 2003.
Achenbach, Reinhard, König, Priester und Prophet. Zur Transformation der Konzepte der
    Herrschaftslegitimation in Jesaja 61, in: Ders./Arneth, Martin/Otto, Eckart (Hg.), Tora in der
    hebräischen Bibel. Studien zur Redaktionsgeschichte und synchronen Logik diachroner
    Transformationen, BZAR 7, Wiesbaden 2007, 196–244.
Achenbach, Reinhard, Satrapie, Medinah und lokale Hierokratie. Zum Einfluss der Statthalter der
    Achämenidenzeit auf Tempelwirtschaft und Tempelordnungen, ZAR 16 (2010), 105–144.
Aejmelaeus, Anneli, Characterizing Criteria for the Characterization of the Septuagint Translators.
    Experimenting on the Greek Psalter, in: Hiebert, Robert J. V. (Hg.), The Old Greek Psalter. Studies
    in Honour of Albert Pietersma, JSOTS 332, Sheffield 2001, 54–73.
Aitken, James K., Judaic National Identity, in: Grabbe, Lester L./Lipschits, Oded. (Hg.), Judah between
    East and West. The Transition from Persian to Greek Rule (ca. 400–200 BCE), Library of Second
    Temple Studies 75, London 2011, 31–48.
Albertz, Rainer, Religionsgeschichte Israels in alttestamentlicher Zeit, 2 Bde., GAT 8,1/8,2, Göttingen
    1992.

Albertz, Rainer, Zur Wirtschaftspolitik des Perserreiches, in: Ders./Kottsieper, Ingo (Hg.), Geschichte und Theologie. Studien zur Exegese des Alten Testaments und zur Religionsgeschichte Israels, BZAW 326, Berlin/Boston 2003, 335 – 357.

Albertz, Rainer, Controversy about Judean versus Israelite Identity and the Persian Government. A New Interpretation of the Bagoses Story, in: Knoppers, Gary N./Lipschits Oded/Oeming, Manfred (Hg.), Judah and the Judeans in the Achaemenid Period. Negotiating Identity in an International Context, Winona Lake 2011, 483 – 504.

Albertz, Rainer/Becking, Bob (Hg.), Yahwism after the Exile. Perspectives on Israelite Religion in the Persian Era, STAR 5, Assen 2003.

Alt, Albrecht, Die Rolle Samarias bei der Entstehung des Judentums, in: Ders. (Hg.), Festschrift Otto Procksch. Zum sechzigsten Geburtstag am 9. August 1934 überreicht von Albrecht Alt, Leipzig 1934, 5 – 28.

Altmann, Peter, Tithes for the Clergy and Taxes for the King. State and Temple Contributions in Nehemia, CBQ 76 (2014), 215 – 229.

Altmann, Peter, Economics in Persian-Period Biblical Texts. Their Interactions with Economic Developments in the Persian Period and Earlier Biblical Traditions, FAT 109, Tübingen 2016.

Ameling, Walter, Seleukidische Religionspolitik in Koile-Syrien und Phönizien nach der neuen Inschrift von Maresha, in: Kreuzer, Siegfried (Hg.), Die Septuaginta. Entstehung, Sprache, Geschichte, WUNT 286, Tübingen 2012, 337 – 359.

Anderson, David R., The King-Priest of Psalm 110 in Hebrews, SBLit 21, New York u. a. 2001.

Anderson, George W., The History and Religion of Israel, NCB.OT 1, Oxford 1966.

Aptowitzer, Victor, Parteipolitik der Hasmonäerzeit im rabbinischen und pseudoepigraphischen Schrifttum, Veröffentlichungen der Alexander Kohut Memorial Foundation 5, Wien 1927.

Aschim, Anders, Melchizedek and Levi, in: Schiffman, Lawrence H./Tov, Emanuel/VanderKam, James C./Marquis, Galen (Hg.), The Dead Sea Scrolls. Fifty Years after their Discovery, Jerusalem 2000, 773 – 788.

Assis, Eliyahu, Haggai. Structure and Meaning, Bib. 87 (2006), 531 – 541.

Assmann, Jan, Ägypten. Eine Sinngeschichte, Frankfurt am Main ²2000.

Astour, Michael C., Political and Cosmic Symbolism in Gen 14 and its Babylonian Sources, in: Altmann, Alexander (Hg.), Biblical Motifs. Origins and Transformations, STLI 3, Cambridge 1966, 65 – 112.

Astour, Michael C., Art. Melchizedek, in: ABD 4, New York/London 1992, 684 – 686.

Atkinson, Kenneth, I Cried to the Lord. A Study of the Psalms of Solomon's Historical Background and Social Setting, JSJ.S 84, Leiden 2004.

Babota, Vasile, The Institution of the Hasmonean High Priesthood, JSJ.S 165, Leiden u. a. 2014.

Bail, Ulrike, Psalm 110. Eine intertextuelle Lektüre aus alttestamentlicher Perspektive, in: Sänger, Dieter (Hg.), Heiligkeit und Herrschaft. Intertextuelle Studien zu Heiligkeitsvorstellungen und zu Psalm 110, BThSt 55, Neukirchen-Vluyn 2003, 94 – 121.

Balmuth, Miriam S., The Critical Moment. The Transition from Currency to Coinage in the Eastern Mediterranean, World Archaeology 6 (1975), 293 – 298.

Baltzer, Klaus, Jerusalem in den Erzvätergeschichten der Genesis? Traditionsgeschichtliche Erwägungen zu Gen 14 und 22, in: Blum, Erhard (Hg.), Die Hebräische Bibel und ihre zweifache Nachgeschichte. Festschrift für Rolf Rendtorff zum 65. Geburtstag, Neukirchen-Vluyn 1990, 3 – 12.

Bar-Kochva, Betsalel, Judas Maccabeus. The Jewish Struggle Against the Seleucids, Cambridge 1989.

Bar-Kochva, Betsalel, Pseudo-Hecataeus, „On The Jews". Legitimizing the Jewish Diaspora, Hellenistic Culture and Society 21, Berkeley 1996.

Bar-Kochva, Betsalel, The Image of the Jews in Greek Literature. The Hellenistic Period, Hellenistic Culture and Society 51, Berkeley 2010.

Barag, Dan, The Effects of the Tennes Rebellion on Palestine, BASOR 183 (1966), 6–12.

Barag, Dan, Some Notes on a Silver Coin of Yohanan the High Priest, BA 48 (1985), 166–168.

Barag, Dan, A Silver Coin of Yohanan the High Priest and the Coinage of Judea in the Fourth Century B.C., INJ 9 (1986), 4–21.

Bartlett, John R., Zadok and his Successors at Jerusalem, JThS 19 (1968), 1–18.

Bateman, Herbert W., Psalm 110:1 and the New Testament, BS 149 (1992), 438–453.

Beck, Martin, Der „Tag YHWHs" im Dodekapropheton. Studien im Spannungsfeld von Traditions- und Redaktionsgeschichte, BZAW 356, Berlin/Boston 2005.

Becker, Jürgen, Untersuchungen zur Entstehungsgeschichte der Testamente der zwölf Patriarchen, AGJU 8, Leiden 1970.

Becker, Joachim, Zur Deutung von Ps 110,7, in: Haag, Ernst/Hossfeld, Frank-Lothar (Hg.), Freude an der Weisung des Herrn. Beiträge zur Theologie der Psalmen. Festgabe zum 70. Geburtstag von Heinrich Groß, SBB 13, Stuttgart 1986, 17–32.

Becker, Uwe, Jakob in Bet-El und Sichem, in: Hagedorn, Anselm C./Pfeiffer, Henrik (Hg.), Die Erzväter in der biblischen Tradition. Festschrift für Matthias Köckert, BZAW 400, Berlin/New York 2009, 159–185.

Becking, Bob, Yehudite Identity in Elephantine, in: Knoppers, Gary N./Lipschits, Oded/Oeming, Manfred (Hg.), Judah and the Judeans in the Achaemenid Period. Negotiating Identity in an International Context, Winona Lake 2011, 403–419.

Bedford, Peter R., Early Achaemenid Monarchs and Indigenous Cults. Toward the Definition of Imperial Policy, in: Dillon, Matthew (Hg.), Religion in the Ancient World. New Themes and Approaches, Amsterdam 1996, 17–39.

Bedford, Peter R., Temple Restoration in Early Achaemenid Judah, JSOTS 65, Leiden 2001.

Bedford, Peter R., The Economic Role of the Jerusalem Temple in Achaemenid Judah. Comparative Perspectives, in: Bar-Asher, Moshe/Rom-Shiloni, Dalit/Tov, Emanuel/Wazana, Nili (Hg.), Shai le-Sarah Japhet. Studies in the Bible, its Exegesis and its Language, Jerusalem 2007, 3–20.

Bedford, Peter R., Temple Funding and Priestly Authority in Achaemenid Judah, in: Stökl, Jonathan/Waerzeggers, Caroline (Hg.), Exile and Return. The Babylonian Context, BZAW 478, Berlin/Boston 2015, 336–351.

Beentjes, Pancratius C., Jesus Sirach en Tanach. Een onderzoek naar en een classificatie van parallellen, met bijzondere aandacht voor hun functie in Sirach 45:6–26, Nieuwegein 1981.

Begrich, Joachim, Die priesterliche Tora, in: Volz, Paul/Stummer, Friedrich/Hempel, Johannes (Hg.), Werden und Wesen des Alten Testaments, BZAW 66, Berlin/Boston 1936, 63–88 = Ders., Gesammelte Studien zum Alten Testament, hrsg. von Zimmerli, Walther, TB 21, München 1964, 232–260.

Ben-Yehuda, Nahum, Textile Production in the Iron Age Ancient Near East, in: Berner, Christoph et al. (Hg.), Clothing and Nudity in the Hebrew Bible, London/New York 2019, 53–86.

Benzinger, Immanuel, Zur Quellenscheidung in Gen 14, in: Budde, Karl (Hg.), Vom Alten Testament. Karl Marti zum siebzigsten Geburtstage gewidmet von Freunden, Fachgenossen und Schülern, BZAW 41, Gießen 1925, 21–27.

Berges, Ulrich, Das Buch Jesaja. Komposition und Endgestalt, HBS 16, Freiburg i. Br. 1998.

Berner, Christoph, Jahre, Jahrwochen und Jubiläen. Heptadische Geschichtskonzeptionen im antiken Judentum, BZAW 363, Berlin/New York 2006.

Berner, Christoph, Abraham Amidst Kings, Coalitions and Military Campaigns. Reflections on the Redaction History of Gen 14 and its Early Rewritings, in: Ders./Samuel, Harald (Hg.), The Reception of Biblical War Legislation in Narrative Contexts, BZAW 460, Berlin/Boston 2015, 23–60.

Berner, Christoph, Jacob or Levi – Who Is the Officiating Priest in Jubilees 30–32?, JSPE 26 (2016), 20–31.

Berquist, Jon L., Judaism in Persia's Shadow. A Social and Historical Approach, Minneapolis 1995.

Bertheau, Ernst, Die Bücher Esra, Nechemia und Ester, KEH 17, Leipzig 1862.

Bertholet, Alfred, Die Bücher Esra und Nehemia, KHC 19, Tübingen/Leipzig 1902.

Bertholet, Alfred, Das Geschlecht der Gottheit, SGV 173, Tübingen 1934.

Betlyon, John W., The Provincial Government of Persian Period Judea and the Yehud Coins, JBL 105 (1986), 633–642.

Beuken, Wim, Haggai – Sacharja 1–8. Studien zur Überlieferungsgeschichte der frühnachexilischen Prophetie, SSN 10, Assen 1967.

Bevan, Edwyn R., Jerusalem under the High Priests. Five Lectures on the Period between Nehemiah and the New Testament, London 1904.

Bezzel, Hannes, Art. Schealtiël, Das wissenschaftliche Bibellexikon im Internet, 2011. (https://www.bibelwissenschaft.de/stichwort/26401/) (Zugriff am 01.04.2021)

Bickerman, Elias J., Der Gott der Makkabäer. Untersuchungen über Sinn und Ursprung der makkabäischen Erhebung, Berlin 1937.

Bickerman, Elias J., Zur Datierung des Pseudo-Aristeas, ZNW 29 (1930), 280–298 = Ders., Studies in Jewish and Christian History. Part One, AGJU 9, Leiden 1976, 109–136.

Bickerman, Elias J., La charte séleucide de Jérusalem, in: Ders. (Hg.), Studies in Jewish and Christian History. Part Two, AGJU 9, Leiden 1980, 44–85.

Bickerman, Elias J., The Jews in the Greek Age, Cambridge 1988.

Billerbeck, Paul, Der 110. Psalm in der altrabbinischen Literatur. Zu Mt 22,43 ff. u. Hebr 5,6, in: Strack, Hermann/Billerbeck, Paul (Hg.), Kommentar zum Neuen Testament aus Talmud und Midrasch 4, München 1928, 452–465.

Blenkinsopp, Joseph, Ezra – Nehemiah. A Commentary, OTL, Philadelphia 1988.

Blum, Erhard, Die Komposition der Vätergeschichte, WMANT 57, Neukirchen-Vluyn 1984.

Boda, Mark J., Haggai. Master Rhetorician, TynB 51 (2000), 295–304.

Boda, Mark J., Haggai, Zechariah, The New International Version Application Commentary, Grand Rapids 2004.

Boda, Mark J., Oil, Crowns and Thrones. Prophet, Priest and King in Zechariah 1:7–6:15, in: Ben Zvi, Ehud (Hg.), Perspectives on Hebrew Scriptures I, Piscataway 2006, 379–404.

Böhler, Dieter, Literarischer Machtkampf. Drei Ausgaben des Esrabuches im Streit um das wahre Israel und die Legitimation von Herrschaft, in: Dahmen, Ulrich/Schnocks, Johannes (Hg.), Juda und Jerusalem in der Seleukidenzeit. Herrschaft – Widerstand – Identität. Festschrift für Heinz-Josef Fabry, BBB 159, Göttingen/Bonn 2010, 125–145.

Bongenaar, Arminius C. V. M., The Neo-Babylonian Ebabbar Temple at Sippar. Its Administration and its Prosopography, UNHAII 80, Istanbul 1997.

Bons, Eberhard, Die Septuaginta-Version von Psalm 110 (109 LXX). Textgestalt, Aussagen, Auswirkungen, in: Sänger, Dieter, (Hg.), Heiligkeit und Herrschaft. Intertextuelle Studien zu Heiligkeitsvorstellungen und zu Psalm 110, BThSt 55, Neukirchen-Vluyn 2003, 122–145.

Booij, Thijs, Psalm cx: „Rule in the Midst of Your Foes!", VT 41 (1991), 396–407.

Bortz, Anna M., Identität und Kontinuität. Form und Funktion der Rückkehrerliste Esr 2, BZAW 512, Berlin/Boston 2018.

Böttrich, Christfried, Gottesprädikationen im Jubiläenbuch, in: Albani, Matthias/Frey, Jörg/Lange, Armin (Hg.), Studies in the Book of Jubilees, TSAJ 65, Tübingen 1997, 221–241.

Bousset, Wilhelm, Die Religion des Judentums im späthellenistischen Zeitalter, hg. von Gressmann, Hugo, HNT 21, Tübingen ³1926.

Bowker, John, Psalm cx, VT 17 (1967), 31–41.

Bremer, Johannes, Wo Gott sich auf die Armen einlässt. Der sozio-ökonomische Hintergrund der achämenidischen Provinz Yehud und seine Implikationen für die Armentheologie des Psalters, BBB 174, Göttingen/Bonn 2016.

Briant, Pierre, From Cyrus to Alexander. A History of the Persian Empire, Winona Lake 2002.

Brunner, Hellmut, Die Geburt des Gottkönigs. Studien zur Überlieferung eines altägyptischen Mythos, ÄA 10, Wiesbaden 1964.

Brutti, Maria, The Development of the High Priesthood during the Pre-Hasmonean Period. History, Ideology, Theology, JSJ.S 108, Leiden/Boston 2006.

Budde, Karl, Zum Text der drei letzten kleinen Propheten, ZAW 26 (1906), 1–28.

Bunge, J. G., Zur Geschichte und Chronologie des Untergangs der Oniaden und des Aufstiegs der Hasmonäer, JSJ 6 (1975), 1–46.

Burgmann, Hans, Das umstrittene Intersacerdotium in Jerusalem 159–152 v. Chr., JSJ 11 (1980), 135–176.

Cargill, Robert R., Melchizedek, King of Sodom. How Scribes Invented the Biblical Priest-King, New York 2019.

Carmignac, Jean, Le document de Qumran sur Melkisédeq, RdQ 7 (1970), 343–378.

Carr, David M., Reading the Fractures of Genesis. Historical and Literary Approaches, Louisville 1996.

Carroll, Robert P., Textual Strategies and Ideology in the Second Temple Period, in: Davies, Philip. R. (Hg.), Second Temple Studies 1. Persian Period, JSOTS 117, Sheffield 1991, 108–124.

Carter, Charles E., The Emergence of Yehud in the Persian Period. A Social and Demographic Study, JSOTS 294, Sheffield 1999.

Caspari, Wilhelm, Der Geist des Herrn ist über mir, NKZ 40 (1929), 729–747.

Cassuto, Umberto, Biblical Literature and Canaanite Literature, Tarbiz 13 (1942), 1–10.

Cataldo, Jeremiah W., A Theocratic Yehud? Issues of Government in a Persian Province, LHBOTS 498, London/New York 2009.

Cazelles, Henri, „Royaume de Pretres et Nation Consacree" (Exode XIX,6), in: Ders. (Hg.), Autour de l'Exode. Études, SBi, Paris 1976, 289–294.

Charles, Robert H./Cowley, Arthur, An Early Source of the Testaments of the Patriarchs, JQR 19 (1907), 566–583.

Clements, Ronald E., God and Temple. The Idea of the Divine Presence in Ancient Israel, Oxford 1965.

Clines, David J. A., Haggai's Temple. Constructed, Deconstructed and Reconstructed, SJOT 7 (1993), 51–77.

Cody, Aelred, A History of Old Testament Priesthood, AnBib 35, Rom 1969.

Cook, Arthur B., Zeus. A Study in Ancient Religion 1. Zeus God of the Bright Sky, Cambridge 1914.

Cooke, Gerald, The Israelite King as Son of God, ZAW 73 (1961), 202–225.

Cordes, Ariane, Die Asafpsalmen in der Septuaginta. Der griechische Psalter als Übersetzung und theologisches Zeugnis, HBS 41, Freiburg/Basel/Wien 2004.

Cordes, Ariane, Spricht Ps 109 LXX von einem Messias oder nicht?, in: Knibb, Michael A. (Hg.), The Septuagint and Messianism, ETL 195, Leuven u. a. 2006, 253–260.

Cross, Frank M., Early History of the Qumran Community, McCQ 21 (1968), 249–264.

Cross, Frank M., A Reconstruction of the Judean Restoration, Int 29 (1975), 187–203 = Ders., A Reconstruction of the Judean Restoration, JBL 94 (1975), 4–18.

Cross, Frank M., Canaanite Myth and Hebrew Epic. Essays in the History of the Religion of Israel, Cambridge ⁴1980.

Crüsemann, Frank, Die Tora. Theologie und Sozialgeschichte des alttestamentlichen Gesetzes, München 1992.

Dahm, Ulrike, Opferkult und Priestertum in Alt-Israel. Ein kultur- und religionswissenschaftlicher Beitrag, BZAW 327, Berlin/Boston 2003.

Dahmen, Ulrich, „Gepriesen sei der Herr, der Gott Israels, vom Anfang bis ans Ende der Zeiten" (Ps 106,48). Beobachtungen zur Entstehungsgeschichte des Psalters im vierten und fünften Psalmenbuch, BZ NF 49 (2005), 1–25.

Dahmen, Ulrich/Fabry, Heinz-Josef, Melchisedek in Bibel und Qumran, in: Gaß, Erasmus/Stipp, Hermann-Josef (Hg.), „Ich werde meinen Bund mit euch niemals brechen!" (Ri 2,1). Festschrift für Walter Groß zum 70. Geburtstag, HBS 62, Freiburg i. Br. u. a. 2011, 377–398.

Davenport, Gene L., The Eschatology of the Book of Jubilees, StPB 20, Leiden 1971.

Davidson, Robert, Genesis 12–50. Commentary, Cambridge 1979.

Davis, Barry C., Is Psalm 110 a Messianic Psalm?, BS 157 (2000), 160–173.

Delcor, Mathias, Melchizedek from Genesis to Qumran Texts and the Epistle to the Hebrews, JSJ 2 (1971), 115–135.

Delkurt, Holger, Sacharjas Nachtgesichte. Zur Aufnahme und Abwandlung prophetischer Traditionen, BZAW 302, Berlin/New York 2000.

De Jonge, Marinus/van der Woude, Adam S., 11Q Melchizedek and the New Testament, NTS 12 (1966), 301–326.

De Savignac, Jean, Essai d'interpretation du Psaume cx a l'aide de la litterature egyptienne, Oudtestamentische studiën 9, Leiden 1951.

De Savignac, Jean, Théologie pharaonique et messianisme d'Israël, VT 7 (1957), 82–90.

De Vaux, Roland, Histoire ancienne d'Israël 1. Des origines à l'installation en Canaan, Paris 1971.

Deissler, Alfons, Die Psalmen 3. Ps. 90–150, WB 1,3, Düsseldorf ²1969.

Donner, Herbert, Der verläßliche Prophet. Betrachtungen zu 1 Makk 14,31ff und zu Ps 110, in: Ders. (Hg.), Aufsätze zum Alten Testament aus vier Jahrzehnten, BZAW 224, Berlin/Boston 1994, 213–223.

Donner, Herbert, Geschichte des Volkes Israel und seiner Nachbarn in Grundzügen 2. Von der Königszeit bis zu Alexander dem Großen, mit einem Ausblick auf die Geschichte des Judentums bis Bar Kochba, ATD Ergänzungsreihe 4, Göttingen ²1995.

Duhm, Bernhard, Die Psalmen, KHC 14, Tübingen ²1922.

Duhm, Bernhard, Anmerkungen zu den Zwölf Propheten 3, ZAW 31 (1911), 161–204.

Dürr, Lorenz, Psalm 110 im Lichte der neueren altorientalischen Forschung, Verzeichnis der Vorlesungen an der Staatl. Akademie zu Braunsberg. W. S. 1929/30, Kirchhain 1929.

Dušek, Jan, Aramaic and Hebrew Inscriptions from Mt. Gerizim and Samaria between Antiochus III and Antiochus IV Epiphanes, Culture and History of the Ancient Near East 54, Leiden/Boston 2012.

Dyck, Jonathan E., The Theocratic Ideology of the Chronicler, BiInS 33, Leiden 1998.

Eckhardt, Benedikt, PsSal 17, die Hasmonäer und der Herodompeius, JSJ 40 (2009), 465–492.

Eckhardt, Benedikt, Ethnos und Herrschaft. Politische Figurationen judäischer Identität von Antiochos III. bis Herodes I., SJ 72, Berlin/Boston 2013.

Edelman, Diana V., Tracking Observance of the Aniconic Tradition Through Numismatics, in: Dies., The Triumph of Elohim. From Yahwisms to Judaisms, CBET 13, Kampen 1995, 185–225.

Edelman, Diana V., The Origins of the ‚Second' Temple. Persian Imperial Policy and the Rebuilding of Jerusalem, BWo, London 2005.

Edelman, Diana V., Ezra 1–6 as Idealized Past, in: Ben Zvi, Ehud (Hg.), A Palimpsest. Rhetoric, Ideology, Stylistics, and Language Relating to Persian Israel, PHSC 5, Piscataway 2009, 47–59.

Eerdmans, Bernardus, Alttestamentliche Studien 1. Die Komposition der Genesis, Gießen 1908.

Elliger, Karl, Das Buch der zwölf Kleinen Propheten II. Die Propheten Nahum, Habakuk, Zephania, Haggai, Sacharja, Maleachi, ATD 25, Göttingen ⁵1964.

Emerton, John A., The Riddle of Genesis XIV, VT 21 (1971), 403–439.

Emerton, John A., Some Problems in Genesis XIV, Studies in the Pentateuch 41 (1990), 73–102.

Emerton, John A., The Site of Salem, the City of Melchizedek (Genesis XIV 18), Studies in the Pentateuch 41 (1990), 45–71.

Erzberger, Johanna, Kingship and Priesthood – Reloaded (Jer 33:14–26), in: Pyschny, Katharina/Schulz, Sarah (Hg.), Transforming Authority. Concepts of Leadership in Prophetic and Chronistic Literature, BZAW 518, Berlin/Boston 2021, 47–58.

Fabry, Heinz-Josef, Art. הדם, in: ThWAT II, Stuttgart u. a. 1974, Sp. 347–357.

Fabry, Heinz-Josef, Jesus Sirach und das Priestertum, in: Fischer, Irmtraud/Rapp, Ursula/Schiller, Johannes (Hg.), Auf den Spuren der schriftgelehrten Weisen. Festschrift für Johannes Marböck anlässlich seiner Emeritierung, BZAW 331, Berlin/New York 2003, 265–282.

Fabry, Heinz-Josef, „Wir wollen nun loben Männer von gutem Ruf" (Sir 44,1). Der Pinhas-Bund im „Lob der Väter", in: Dohmen, Christoph/Frevel, Christian (Hg.), Für immer verbündet. Studien zur Bundestheologie der Bibel. Festgabe für Frank-Lothar Hossfeld zum 65. Geburtstag, SBS 211, Stuttgart 2007, 49–60.

Fantalkin, Alexander/Tal, Oren, The Canonization of the Pentateuch. When and why? (Part I), ZAW 124 (2012), 1–18.

Fantalkin, Alexander/Tal, Oren, The Canonization of the Pentateuch. When and why? (Continued; Part II), ZAW 124 (2012), 201–212.

Feldmeier, Reinhard/Spieckermann, Hermann, Menschwerdung, Topoi Biblischer Theologie 2, Tübingen 2018.

Fischer, Alexander A., Die Saul-Überlieferung im deuteronomistischen Samuelbuch (am Beispiel von 1 Samuel 9–10), in: Gertz, Jan Ch./Schmid, Konrad/Witte, Markus (Hg.), Die deuteronomistischen Geschichtswerke. Redaktions- und religionsgeschichtliche Perspektiven zur „Deuteronomismus"-Diskussion in Tora und Vorderen Propheten, BZAW 365, Berlin/Boston 2006, 163–181.

Fischer, Thomas, Seleukiden und Makkabäer. Beiträge zur Seleukidengeschichte und zu den politischen Ereignissen in Judäa während der 1. Hälfte des 2. Jahrhunderts v. Chr., Bochum 1980.

Fisher, Loren R., Abraham and his Priest-King, JBL 81 (1962), 264–270.

Fitzmyer, Joseph A., Melchizedek in the MT, LXX, and the NT, Bib. 81 (2000), 63–69.

Flint, Peter W., Dead Sea Psalm Scrolls and the Book of Psalms, StTDJ 17, Leiden 1997.

Floyd, Michael H., The Nature of the Narrative and the Evidence of Redaction in Haggai, VT 45 (1995), 470–490.

Fournier-Bidoz, Alain, Des mains de Zorobabel aux yeux du Seigneur: Pour une lecture unitaire de Zacharie IV 1–14, VT 47 (1997), 537–542.

Frevel, Christian, Ending with the High Priest. The Hierarchy of Priests and Levites in the Book of Numbers, in: Ders. (Hg.), Torah and the Book of Numbers, FAT II 62, Tübingen 2013, 138–163.

Frevel, Christian/Pyschny, Katharina/Cornelius, Izak (Hg.), A „Religious Revolution" in Yehûd? The Material Culture of the Persian Period as a Test Case, OBO 267, Fribourg/Göttingen 2014.

Frevel, Christian, Geschichte Israels, KStTh 2, Stuttgart 2016.

Frevel, Christian, Leadership and Conflict. Modelling the Charisma of Numbers, in: Pyschny, Katharina/Schulz, Sarah (Hg.), Debating Authority. Concepts of Leadership in the Pentateuch and the Former Prophets, BZAW 507, Berlin/Boston 2018, 89–114.

Fried, Lisbeth S., A Silver Coin of Yohanan Hakkôhen, Transeuphratène 26 (2003), 65–85.

Fried, Lisbeth S., The Priest and the Great King. Temple-Palace Relations in the Persian Empire, Biblical and Judaic Studies from the University of California, San Diego 10, Winona Lake 2004.

Fried, Lisbeth S., Temple Building in Ezra 1–6, in: Boda, Mark J./Novotny, Jamie (Hg.), From the Foundations to the Crenellations. Essays on Temple Building in Ancient Near East and Hebrew Bible, AOAT 366, Münster 2010, 319–338.

Fried, Lisbeth S., Ezra's Use of Documents in the Context of Hellenistic Rules of Rhetoric, in: Kalimi, Isaac (Hg.), New Perspectives on Ezra-Nehemiah. History and Historiography, Text, Literature, and Interpretation, Winona Lake 2012, 11–26.

Fried, Lisbeth S., Ezra. A Commentary, Sheffield 2017.

Fuks, Gideon, Josephus' Tobiads Again. A Cautionary Note, JJS 52 (2001), 354–356.

Galling, Kurt, Studien zur Geschichte Israels im persischen Zeitalter, Tübingen 1964.

Gammie, John G., Loci of the Melchizedek Tradition of Genesis 14:18–20, JBL 90 (1971), 385–396.

Gera, Dov, On the Credibility of the History of the Tobiads (Josephus, Antiquities 12, 156–222, 228–236), in: Kasher, Aryeh/Rappaport, Uriel u. a. (Hg.), Greece and Rome in Eretz Israel. Collected Essays, Jerusalem 2000, 21–38.

Gerleman, Gillis, Psalm cx, VT 31 (1981), 1–19.

Gerson, Stephen N., Fractional Coins of Judea and Samaria in the Fourth Century BCE, NEA 64 (2001), 106–121.

Gerstenberger, Erhard S., Israel in der Perserzeit. 5. und 4. Jahrhundert v. Chr., BE(S) 8, Stuttgart 2005.

Gertz, Jan Ch., Abraham, Mose und der Exodus. Beobachtungen zur Redaktionsgeschichte von Gen 15, in: Ders./Schmid, Konrad/Witte, Markus (Hg.), Abschied vom Jahwisten. Die Komposition des Hexateuch in der jüngsten Diskussion, BZAW 315, Berlin/Boston 2002, 63–81.

Gese, Hartmut, Der bewachte Lebensbaum und die Heroen. Zwei mythologische Ergänzungen zur Urgeschichte der Quelle J, in: Ders. (Hg.), Wort und Geschichte. Festschrift für Karl Elliger zum 70. Geburtstag, AOAT 18, Neukirchen-Vluyn 1973, 77–85.

Gese, Hartmut/Höfner, Maria/Rudolph, Kurt, Die Religionen Altsyriens, Altarabiens und der Mandäer, Die Religionen der Menschheit 10,2, Stuttgart 1970.

Gilbert, Maurice/Pisano, Stephen, Psalm 110(109),5–7, Bib. 61 (1980), 343–356.

Gitler, Haim/Lorber, Catherine, A New Chronology for the Yehizkiyah Coins of Judah, Schweizerische Numismatische Rundschau 87 (2008), 61–82.

Goldmann, Zeev, Das Symbol der Lilie, AKuG 57 (1975), 247–299.

Goldstein, Jonathan A., The Tales of the Tobiads, in: Neusner, Jacob (Hg.), Christianity, Judaism and other Greco-Roman Cults. Studies for Morton Smith at Sixty. Part Three: Judaism before 70, SJLA 12, Leiden 1975, 85–123.

Goldstein, Jonathan A., I Maccabees. A New Translation with Introduction and Commentary, Garden City 1976.

Goldstein, Jonathan A., The Hasmonean Revolt and the Hasmonean Dynasty, in: Finkelstein, Louis (Hg.), The Cambridge History of Judaism. Volume 2. The Hellenistic Age, Cambridge 1989, 292–351.

Goodblatt, David, The Monarchic Principle. Studies in Jewish Self-Government in Antiquity, TSAJ 38, Tübingen 1994.

Görg, Manfred, Thronen zur Rechten Gottes. Zur altägyptischen Wurzel einer Bekenntnisformel, BN 81 (1996), 72 – 81.

Grabbe, Lester L., Judaism from Cyrus to Hadrian, London 1994.

Grabbe, Lester L., Judaic Religion in the Second Temple Period. Belief and Practice from the Exile to Yavneh, London/New York 2000.

Grabbe, Lester L., The Jews and Hellenization. Hengel and His Critics, in: Davies, Philip R./Halligan, John M. (Hg.), Second Temple Studies III. Studies in Politics, Class and Material Culture, JSOTS 340, Sheffield 2002, 52 – 66.

Grabbe, Lester L., Were the Pre-Maccabean High Priests „Zadokites"? in: Exum, J. Cheryl/Williamson, Hugh G. M. (Hg.), Reading from Right to Left. Essays on the Hebrew Bible in Honour of David J. A. Clines, JSOTS 373, London 2003, 205 – 215.

Grabbe, Lester L., A History of the Jews and Judaism in the Second Temple Period 1. Yehud: A History of the Persian Province of Judah, Library of Second Temple Studies 47, London/New York 2004.

Grabbe, Lester L., The „Persian Documents" in the Book of Ezra. Are they Authentic?, in: Lipschits, Oded/Oeming, Manfred (Hg.), Judah and the Judeans in the Persian Period, Winona Lake 2006, 531 – 570.

Grabbe, Lester L., Hecataeus of Abdera and the Jewish Law. The Question of Authenticity, in: Kottsieper, Ingo/Schmitt, Rüdiger/Wöhrle, Jakob (Hg.), Berührungspunkte. Studien zur Sozial- und Religionsgeschichte Israels und seiner Umwelt. Festschrift für Rainer Albertz zu seinem 65. Geburtstag, AOAT 350, Münster 2008, 613 – 626.

Grabbe, Lester L., Hyparchs, Oikonomoi and Mafiosi. The Governance of Judah in the Ptolemaic Period, in: Ders./Lipschits, Oded (Hg.), Judah between East and West. The Transition from Persian to Greek Rule (ca. 400 – 200 BCE), Library of Second Temple Studies 75, London 2011, 70 – 90.

Grabbe, Lester L., Introduction, in: Ders./Lipschits, Oded (Hg.), Judah between East and West. The Transition from Persian to Greek Rule (ca. 400 – 200 BCE), Library of Second Temple Studies 75, London 2011, 1 – 30.

Granerød, Gard, Abraham and Melchizedek. Scribal Activity of Second Temple Times in Genesis 14 and Psalm 110, BZAW 406, Berlin/New York 2010.

Granerød, Gard, Dimensions of Yahwism in the Persian Period. Studies in the Religion and Society of the Judean Community at Elephantine, BZAW 488, Berlin/Boston 2018.

Grätz, Sebastian, Das Edikt des Artaxerxes. Eine Untersuchung zum religionspolitischen und historischen Umfeld von Esra 7,12 – 26, BZAW 337, Berlin/Boston 2004.

Grätz, Sebastian, „Die Aramäische Chronik des Esrabuches und die Rolle der Ältesten in Esr 5 – 6*", ZAW 118 (2006), 405 – 422.

Grätz, Sebastian, Chronologie im Esrabuch. Erwägungen zu Aufbau und Inhalt von Esra 1 – 6, in: Kotjatko-Reeb, Jens (Hg.), Nichts Neues unter der Sonne? Zeitvorstellungen im Alten Testament. Festschrift für Ernst-Joachim Waschke zum 65. Geburtstag, BZAW 450, Berlin/Boston 2014, 213 – 225.

Greenfield, Jonas C./Stone, Michael E., Remarks on the Aramaic Testament of Levi from the Geniza, RB 86 (1979), 214 – 230.

Grelot, Pierre, Notes sur le Testament araméen de Lévi, RB 63 (1956), 391 – 406.

Grelot, Pierre, Sur Isaïe LXI. La première consécration d'un grand-prêtre, RB 97 (1990), 414 – 431.

Grohmann, Marianne, Bemerkungen zu Textkritik, Semantik und Rezeptionen von Psalm 110,3, in: Wagner, Thomas/Robker, Jonathan M./Ueberschaer, Frank (Hg.), Text – Textgeschichte – Textwirkung. Festschrift zum 65. Geburtstag von Siegfried Kreuzer, AOAT 419, Münster 2014, 245–262.

Guillaume, Philippe, Land, Credit and Crisis. Agrarian Finance in the Hebrew Bible, Sheffield 2012.

Gunkel, Hermann, Genesis, HK 1, Göttingen [7]1966.

Gunkel, Hermann, Die Psalmen, Göttingen [6]1986.

Gunneweg, Antonius H. J., Esra, KAT 19,1, Gütersloh 1985.

Gunneweg, Antonius H. J., Nehemia, KAT 19,2, Gütersloh 1987.

Gunneweg, Antonius H. J./Oeming, Manfred, Biblische Theologie des Alten Testaments. Eine Religionsgeschichte Israels in biblisch-theologischer Sicht, Stuttgart/Berlin/Köln 1993.

Ha, John, Genesis 15. A Theological Compendium of Pentateuchal History, BZAW 181, Berlin/Boston 1989.

Hallaschka, Martin, Haggai und Sacharja 1–8. Eine redaktionsgeschichtliche Untersuchung, BZAW 411, Berlin/New York 2011.

Hallaschka, Martin, Clean Garments for Joshua. The Purification of the High Priest in Zech. 3, in: Berner, Christoph et al. (Hg.), Clothing and Nudity in the Hebrew Bible, London/New York 2019, 525–542.

Halligan, John M., Conflicting Ideologies Concerning of the Second Temple, in: Davies, Philip. R./ Halligan, John M. (Hg.), Second Temple Studies III. Studies in Politics, Class and Material Culture, JSOTS 340, Sheffield 2002, 108–115.

Hamp, Vinzenz, Psalm 110,4b und die Septuaginta, in: Ders., Weisheit und Gottesfurcht. Aufsätze zur alttestamentlichen Einleitung, Exegese und Theologie, bearb. u. hrsg. von Schmuttermayr, Georg, St. Ottilien 1990, 138–148.

Hamp, Vinzenz, Zukunft und Jenseits im Buch Jesus Sirach, in: Ders., Weisheit und Gottesfurcht. Aufsätze zur alttestamentlichen Einleitung, Exegese und Theologie, bearb. u. hrsg. von Schmuttermayr, Georg, St. Ottilien 1990, 251–264.

Hanhart, Robert, Sacharja (1,1–8,23). Dodekapropheton 7,1. BK.AT 14, Neukirchen-Vluyn 1998.

Hanson, Paul D., Israelite Religion in the Early Postexilic Period, in: Miller, Patrick D./Hanson, Paul D./ McBride, S. Dean (Hg.), Ancient Israelite Religion. Essays in Honor of Frank Moore Cross, Philadelphia 1987, 485–508.

Hardy, Edward R., The Date of Psalm 110, JBL 64 (1945), 385–390.

Hay, David M., Glory at the Right Hand. Psalm 110 in Early Christianity, SBLMS 18, Nashville/New York 1973.

Hayward, Robert, El Elyon and the Divine Names in Ben Sira, in: Egger-Wenzel, Renate, (Hg.), Ben Sira's God. Proceedings of the International Ben Sira Conference, BZAW 321, Berlin/Boston 2002, 180–198.

Heckl, Raik, Neuanfang und Kontinuität in Jerusalem. Studien zu den hermeneutischen Strategien im Esra-Nehemia-Buch, FAT 104, Tübingen 2016.

Hengel, Martin, Judentum und Hellenismus. Studien zu ihrer Begegnung unter besonderer Berücksichtigung Palästinas bis zur Mitte des 2. Jh.s v. Chr., WUNT 10, Tübingen [3]1988.

Hensel, Benedikt, Art. Serubbabel, Das wissenschaftliche Bibellexikon im Internet, 2013. (https://www.bibelwissenschaft.de/stichwort/28453/) (Zugriff am 01.04.2021)

Hensel, Benedikt, Juda und Samaria. Zum Verhältnis zweier nach-exilischer Jahwismen, FAT 110, Tübingen 2016.

Herkenne, Heinrich, Das Buch der Psalmen, HSAT 5, Bonn 1936.

Hieke, Thomas, Art. Esra-Nehemia-Buch, Das wissenschaftliche Bibellexikon im Internet, 2005. (https://www.bibelwissenschaft.de/stichwort/11498/) (Zugriff am 01.04.2021)

Hieke, Thomas, Priestly Leadership in the Book of Leviticus. A Hidden Agenda, in: Pyschny, Katharina/Schulz, Sarah (Hg.), Debating Authority. Concepts of Leadership in the Pentateuch and the Former Prophets, BZAW 507, Berlin/Boston 2018, 68–88.

Hilber, John W., Psalm cx in the Light of Assyrian Prophecies, VT 53 (2003), 353–366.

Hilber, John W., Cultic Prophecy in the Psalms in the Light of Assyrian Prophetic Sources, BZAW 352, Berlin/Boston 2005.

Himmelfarb, Martha, A Kingdom of Priests. Ancestry and Merit in Ancient Judaism, Jewish Culture and Contexts, Philadelphia 2006.

Himmelfarb, Martha, Levi, Phineas, and the Problem of Intermarriage at the Time of the Maccabean Revolt, in: Dies., Between Temple and Torah. Essays on Priests, Scribes, and Visionaries in the Second Temple Period and Beyond, TSAJ 151, Tübingen 2013, 27–47.

Holm-Nielsen, Svend, Die Psalmen Salomos. Poetische Schriften, JSHRZ IV/2, Gütersloh 1977.

Horsley, Richard A./Tiller, P., Ben Sira and the Sociology of the Second Temple, in: Davies, Philip R./Halligan, John M. (Hg.), Second Temple Studies III. Studies in Politics, Class and Material Culture, JSOTS 340, Sheffield 2002, 74–107.

Horst, Friedrich, Die zwölf kleinen Propheten. Nahum bis Maleachi, HAT 1,14, Tübingen ²1954.

Horton, Fred L., The Melchizedek Tradition. A Critical Examination of the Sources to the Fifth Century A.D. and in the Epistle to the Hebrews, MSSNTS 30, Cambridge 1976.

Hossfeld, Frank-Lothar/Zenger, Erich, Psalmen 101–150, HThKAT, Freiburg/Basel/Wien 2008.

Howgego, Christopher, Ancient History from Coins, Approaching the Ancient World, London/New York 1995.

Howgego, Christopher, Geld in der Antiken Welt. Eine Einführung, Darmstadt ²2011.

Hübner, Ulrich, Jerusalem und die Jebusiter, in: Ders./Knauf, Ernst Axel (Hg.), Kein Land für sich allein. Studien zum Kulturkontakt in Kanaan, Israel/Palästina und Ebirnâri. Für Manfred Weippert zum 65. Geburtstag, OBO 186, Fribourg/Göttingen 2002, 31–42.

Hultgård, Anders, L'eschatologie des Testaments des Douze Patriarches I. Interprétation des Textes, AUU 6, Stockholm 1977.

Jacob, Benno, Das erste Buch der Tora. Genesis, Berlin 1934.

Jacobs, Bruno, Die Satrapienverwaltung im Perserreich zur Zeit Darius III., BTAVO.B 87, Wiesbaden 1994.

Jagersma, Hendrik, The Tithes in the Old Testament, in: Albrektson, Bertil (Hg.), Remembering all the Way. A Collection of Old Testament Studies Published on the Occasion of the Fortieth Anniversary of the Oudtestamentisch Werkgezelschap in Nederland, Oudtestamentische studiën 21, Leiden 1981, 116–128.

Jagersma, Hendrik, A History of Israel from Alexander the Great to Bar Kochba, London 1985.

Japhet, Sara, Sheshbazzar and Zerubbabel. Against the Background of the Historical and Religious Tendencies of Ezra-Nehemiah, ZAW 94 (1982), 66–98.

Japhet, Sara, Composition and Chronology in the Book of Ezra-Nehemiah, in: Eskenazi, Tamara Cohn/Richards, Kent H. (Hg.), Second Temple Studies 2. Temple Community in the Persian Period, JSOTS 175, Sheffield 1994, 189–216.

Jefferson, Helen G., Is Psalm 110 Canaanite?, JBL 73 (1954), 152–156.

Jenni, Ernst, Das Wort ʿōlām im Alten Testament, ZAW 64 (1952), 197–248.

Jenni, Ernst, Art. יום, in: THAT I, München/Zürich 1971, Sp. 707–726.

Jeremias, Christian, Die Nachtgesichte des Sacharja. Untersuchung zu ihrer Stellung im Zusammenhang der Visionsberichte im Alten Testament und zu ihrem Bildmaterial, FRLANT 117, Göttingen 1977.

Jericke, Detlef, Die Ortsangaben im Buch Genesis. Ein historisch-topographischer und literarisch-topographischer Kommentar, FRLANT 248, Göttingen 2013.

Joisten-Pruschke, Anke, Das religiöse Leben der Juden von Elephantine in der Achämenidenzeit, GOF.I NF 2, Wiesbaden 2008.

Jursa, Michael, Der Tempelzehnt in Babylonien. Vom siebenten bis zum dritten Jahrhundert v. Chr., AOAT 254, Münster 1998.

Jursa, Michael, Aspects of the Economic History of Babylonia in the First Millennium BC. Economic Geography, Economic Mentalities, Agriculture, the Use of Money and the Problem of Economic Growth, AOAT 377, Münster 2010.

Kaiser, Otto, Traditionsgeschichtliche Untersuchung von Genesis 15, ZAW 70 (1958), 107–126.

Kanael, Baruch, Ancient Jewish Coins and Their Historical Importance, BA 26 (1963), 38–62.

Karrer, Christiane, Ringen um die Verfassung Judas. Eine Studie zu den theologisch-politischen Vorstellungen im Esra-Nehemia-Buch, BZAW 308, Berlin/Boston 2001.

Keel, Othmar/Küchler, Max, Orte und Landschaften der Bibel. Ein Handbuch und Studienreiseführer zum Heiligen Land 2. Der Süden, Zürich/Köln 1982.

Keel, Othmar, Die Welt der altorientalischen Bildsymbolik und das Alte Testament. Am Beispiel der Psalmen, Göttingen ⁵1996.

Keel, Othmar, 1 Makk 2. Rechtfertigung, Programm und Denkmal für die Erhebung der Hasmonäer. Eine Skizze, in: Ders./Staub, Urs (Hg.), Hellenismus und Judentum. Vier Studien zu Daniel 7 und zur Religionsnot unter Antiochus IV., OBO 178, Fribourg/Göttingen 2000, 123–133.

Keel, Othmar, Die Geschichte Jerusalems und die Entstehung des Monotheismus. Teil 2, OLB 4, Göttingen 2007.

Keil, Carl F., Commentar über die Bücher der Makkabäer, BC Suppl., Leipzig 1875.

Kellermann, Ulrich, Nehemia. Quellen, Überlieferung und Geschichte, BZAW 102, Berlin/Boston 1967.

Kessler, John, The Book of Haggai. Prophecy and Society in Early Persian Yehud, VT.S 91, Leiden/Boston/Köln 2002.

Kessler, Rainer, Art. Zehnter, in: Das wissenschaftliche Bibellexikon im Internet, 2009. (http://www.bibelwissenschaft.de/stichwort/35262/) (Zugriff am 01.04.2021)

Kessler, Rainer, „When You See the Poor, Cover Them!" (Isa. 58:7). The Clothing of the Poor as an Act of Righteousness, in: Berner, Christoph et al. (Hg.), Clothing and Nudity in the Hebrew Bible, London/New York 2019, 331–342.

Kienle, Helmut, Der Gott auf dem Flügelrad. Zu den ungelösten Fragen der „synkretistischen" Münze BMC Palestine S. 181, Nr. 29, GOF.H 7, Wiesbaden 1975.

Kilian, Rudolf, Der „Tau" in Psalm 110,3. Ein Missverständnis?, ZAW 102 (1990), 417–419.

Kilian, Rudolf, Relecture in Psalm 110, in: Ders./Werner, Wolfgang (Hg.), Studien zu alttestamentlichen Texten und Situationen, SBAB 28, Stuttgart 1999, 237–253.

Kippenberg, Hans G., Religion und Klassenbildung im antiken Judäa. Eine religionssoziologische Studie zum Verhältnis von Tradition und gesellschaftlicher Entwicklung, StUNT 14, Göttingen 1978.

Kissane, Edward J., The Interpretation of Psalm 110, IThQ 21 (1954), 103–114.

Kittel, Rudolf, Die Psalmen, KAT 13, Leipzig 1914.

Klausner, Joseph, The Messianic Idea in Israel. From its Beginning to the Completion of the Mishnah, London 1956.

Kleer, Martin, „Der liebliche Sänger der Psalmen Israels". Untersuchungen zu David als Dichter und Beter der Psalmen, BBB 108, Bodenheim 1996.

Klein, Ralph W., Were Joshua, Zerubbabel and Nehemiah Contemporaries? A Response to Diana Edelman's Proposed Late Date for the Second Temple, JBL 127 (2008), 697–701.

Klinkott, Hilmar, Der Satrap. Ein achaimenidischer Amtsträger und seine Handlungsspielräume, Oikumene 1, Frankfurt am Main 2005.

Knauf, Ernst A., Psalm LX und Psalm CVIII, VT 50 (2000), 55–65.

Knauf, Ernst A., Elephantine und das vor-biblische Judentum, in: Kratz, Reinhard Gregor (Hg.), Religion und Religionskontakte im Zeitalter der Achämeniden, VWGTh 22, Gütersloh 2002, 179–188.

Knoppers, Gary N., Were the Jerusalem and Mt. Gerizim Temples the Economic Epicenters of Their Provinces? Assessing the Textual, Archaeological, and Epigraphic Evidence, in: Ders., Judah and Samaria in Postmonarchic Times. Essays on their Histories and Literatures, FAT 129, Tübingen 2019.

Kobelski, Paul J., Melchizedek and Melchireša, CBQMS 10, Washington, D.C. 1981.

Koch, Klaus, Der König als Sohn Gottes in Ägypten und Israel, in: Otto, Eckart/Zenger, Erich, „Mein Sohn bist du" (Ps. 2,7). Studien zu den Königspsalmen, SBS 192, Stuttgart 2002, 1–32.

Köckert, Matthias, Vätergott und Väterverheißungen. Eine Auseinandersetzung mit Albrecht Alt und seinen Erben, FRLANT 142, Göttingen 1988.

Köckert, Matthias, Die Geschichte der Abrahamüberlieferung, in: Lemaire, André (Hg.), Congress Volume Leiden 2004, VT.S 109, Leiden u. a. 2006, 103–128.

Koenen, Klaus, Ethik und Eschatologie im Tritojesajabuch. Eine literarkritische und redaktionsgeschichtliche Studie, WMANT 62, Neukirchen-Vluyn 1990.

Köhler, Ludwig, Archäologisches. Nr. 22. 23. ZAW 46 (1928), 213–220.

Körting, Corinna, Zion in den Psalmen, FAT 48, Tübingen 2006.

Kottsieper, Ingo, Die Religionspolitik der Achämeniden und die Juden von Elephantine, in: Kratz, Reinhard Gregor (Hg.), Religion und Religionskontakte im Zeitalter der Achämeniden, VWGTh 22, Gütersloh 2002, 150–178.

Kottsieper, Ingo, „And They Did not Care to Speak Yehudit". On Linguistic Change in Judah During the Late Persian Era, in: Lipschits, Oded/Knoppers, Gary N./Albertz, Rainer (Hg.), Judah and the Judeans in the Fourth Century B.C.E., Winona Lake 2007, 95–124.

Kratz, Reinhard G., Kyros im Deuterojesaja-Buch. Redaktionsgeschichtliche Untersuchungen zu Entstehung und Theologie von Jes 40–55, FAT 1, Tübingen 1991.

Kratz, Reinhard G., Translatio imperii. Untersuchungen zu den aramäischen Danielerzählungen und ihrem theologiegeschichtlichen Umfeld, WMANT 63, Neukirchen-Vluyn 1991.

Kratz, Reinhard G., Die Komposition der erzählenden Bücher des Alten Testaments. Grundwissen der Bibelkritik, UTB 2157, Göttingen 2000.

Kratz, Reinhard G., Das Judentum im Zeitalter des Zweiten Tempels, FAT 42, Tübingen 2004.

Kratz, Reinhard G., Reste hebräischen Heidentums am Beispiel der Psalmen, NAWG.PH 2, Göttingen 2004.

Kratz, Reinhard G., Temple and Torah. Reflections on the Legal Status of the Pentateuch between Elephantine and Qumran, in: Knoppers, Gary N./Levinson B. M., (Hg.), The Pentateuch as Torah. New Models for Understanding its Promulgation and Acceptance, Winona Lake 2007, 77–103.

Kraus, Hans-Joachim, Psalmen 2. Psalmen 60–150, BK 15, Neukirchen-Vluyn [5]1978.

Kreißig, Heinz, Die sozialökonomische Situation in Juda zur Achämenidenzeit, SGKAO 7, Berlin 1973.

Krüger, Thomas, Esra 1–6. Struktur und Konzept, BN 41 (1988), 65–75.

Krusche, Marcel, Göttliches und irdisches Königtum in den Psalmen, FAT II 109, Tübingen 2019.

Kugel, James L., Levi's Elevation to the Priesthood in Second Temple Writings, HTR 86 (1993), 1 – 64.

Kugel, James L., A Walk through Jubilees. Studies in the Book of Jubilees and the World of its Creation, JSJ.S 156, Leiden 2012.

Kugler, Robert A., From Patriarch to Priest. The Levi-Priestly Tradition from Aramaic Levi to Testament of Levi, SBLEJL 9, Atlanta 1996.

Kutsch, Ernst, Art. Melchisedek, in: RGG 4, Tübingen ³1960, 843 – 844.

Laato, Antti, Zachariah 4,6b–10a and the Akkadian Royal Building Inscriptions, ZAW 106 (1994), 53 – 69.

Laato, Antti, Temple Building and the Book of Zechariah, in: Boda, Mark J./Novotny, Jamie (Hg.), From the Foundations to the Crenellations. Essays on Temple Building in the Ancient Near East and Hebrew Bible, AOAT 366, Münster 2010, 381 – 398.

Lack, Rémi, Les origines de „Elyôn", le Très-Haut, dans la tradition cultuelle d'Israël, CBQ 24 (1962), 44 – 64.

Lau, Wolfgang, Schriftgelehrte Prophetie in Jes 56 – 66. Eine Untersuchung zu den literarischen Bezügen in den letzten elf Kapiteln des Jesajabuches, BZAW 225, Berlin/Boston 1995.

Lebram, Jürgen-Christian, Der Idealstaat der Juden, in: Betz, Otto (Hg.), Josephus-Studien. Untersuchungen zu Josephus, dem antiken Judentum und dem Neuen Testament. Otto Michel zum 70. Geburtstag gewidmet, Göttingen 1974, 233 – 253.

Lee, Thomas R., Studies in the Form of Sirach 44 – 50, SBLDS 75, Atlanta 1986.

Lehnart, Bernhard, Prophet und König im Nordreich Israel. Studien zur sogenannten vorklassischen Prophetie im Nordreich Israel anhand der Samuel-, Elija-, und Elischa-Überlieferungen, VT.S 96, Leiden 2003.

Lemaire, André, Das Achämenidische Juda und seine Nachbarn im Lichte der Epigraphie, in: Kratz, Reinhard Gregor (Hg.), Religion und Religionskontakte im Zeitalter der Achämeniden, VWGTh 22, Gütersloh 2002, 210 – 230.

Lemaire, André, Administration in Fourth-Century B.C.E. Judah in Light of Epigraphy and Numismatics, in: Lipschits, Oded/Knoppers, Gary N./Albertz, Rainer (Hg.), Judah and the Judeans in the Fourth Century B.C.E., Winona Lake 2007, 53 – 74.

Lescow, Theodor, Sacharja 1 – 8. Verkündigung und Komposition, BN 68 (1993), 75 – 99.

Leuenberger, Martin, Konzeptionen des Königtums Gottes im Psalter. Untersuchungen zu Komposition und Redaktion der theokratischen Bücher IV–V im Psalter, AThANT 83, Zürich 2004.

Leuenberger, Martin, Segen und Segenstheologien im alten Israel. Untersuchungen zu ihren religions- und theologiegeschichtlichen Konstellationen und Transformationen, AThANT 90, Zürich 2008.

Leuenberger, Martin, Segen (Hg.), Themen der Theologie 10, Tübingen 2015.

Leuenberger, Martin, Haggai, HThKAT, Freiburg/Basel/Wien 2015.

Levi Della Vida, Giorgio, El Elyon in Genesis 14:18 – 20, JBL 63 (1944), 1 – 9.

Levin, Christoph, Die Verheißung des neuen Bundes. In ihrem theologiegeschichtlichen Zusammenhang ausgelegt, FRLANT 137, Göttingen 1985.

Levin, Christoph, Der Jahwist, FRLANT 157, Göttingen 1993.

Levin, Christoph, Jahwe und Abraham im Dialog. Genesis 15, in: Witte, Markus (Hg.), Gott und Mensch im Dialog. Festschrift für Otto Kaiser zum 80. Geburtstag, BZAW 345, Berlin/Boston 2004, 237 – 257.

Levine, Baruch A., The JPS Torah Commentary 3. Leviticus. ויקרא, Philadelphia/New York/Berlin 1989.

Levinson, Bernard M., The Birth of a Lemma. The Restrictive Reinterpretation of the Covenant Code's Manumission Law by the Holiness Code (Leviticus 25:44 – 46), JBL 124 (2005), 617 – 639.

Lipiński, Edward, Recherches sur le livre de Zacharie, VT 20 (1970), 25 – 55.

Lipschits, Oded, Persian-Period Judah. A New Perspective, in: Jonker, Louis C. (Hg.), Texts, Contexts and Readings in Postexilic Literature. Explorations into Historiography and Identity Negotiation in Hebrew Bible and Related Texts, FAT II 53, Tübingen 2011, 187–211.

Lipschits, Oded et al., Palace and Village, Paradise and Oblivion. Unraveling the Riddles of Ramat Rahel, NEA 74 (2011), 1–49.

Lipschits, Oded/Vanderhooft, David S., The Yehud Stamp Impressions. A Corpus of Inscribed Impressions from the Persian and Hellenistic Periods in Judah, Winona Lake 2011.

Liver, Jacob, Sons of Zadok the Priests in the Dead Sea Sect, RdQ 6 (1967), 3–30.

Lohse, Eduard, Der König aus Davids Geschlecht. Bemerkungen zur messianischen Erwartung der Synagoge, in: Betz, Otto (Hg.), Abraham unser Vater. Juden und Christen im Gespräch über die Bibel. Festschrift für Otto Michel zum 60. Geburtstag, AGSU 5, Leiden 1963, 337–345.

Loretz, Oswald, Stichometrische und textologische Probleme in den Thronbesteigungs-Psalmen. Psalmenstudien (IV), UF 6 (1974), 211–240.

Loretz, Oswald, Die Psalmen 2. Psalm 90–150. Beitrag der Ugarit-Texte zum Verständnis von Kolometrie und Textologie der Psalmen, AOAT 207/2, Kevelaer 1979.

Lust, Johan, The Identification of Zerubbabel with Sheshbassar, ETL 63 (1987), 90–95.

Lux, Rüdiger, „Wir wollen mit euch gehen …". Überlegungen zur Völkertheologie Haggais und Sacharjas, in: Kähler, Christoph (Hg.), Gedenkt an das Wort. Festschrift für Werner Vogler zum 65. Geburtstag, Leipzig 1999, 107–133.

Lux, Rüdiger, Himmelsleuchter und Tempel. Beobachtungen zu Sacharja 4 im Kontext der Nachtgesichte, in: Meinold, Arndt (Hg.), Der Freund des Menschen. Festschrift für Georg Christian Macholz zur Vollendung des 70. Lebensjahres, Neukirchen-Vluyn 2003, 69–92.

Lux, Rüdiger, Das Zweiprophetenbuch. Beobachtungen zu Aufbau und Struktur von Haggai und Sacharja 1–8, in: Ders., Prophetie und Zweiter Tempel. Studien zu Haggai und Sacharja, FAT 65, Tübingen 2009, 3–26.

Lux, Rüdiger, Der zweite Tempel von Jerusalem. Ein persisches oder prophetisches Projekt?, in: Ders., Prophetie und Zweiter Tempel. Studien zu Haggai und Sacharja, FAT 65, Tübingen 2009, 122–143.

MacDonald, Nathan, Priestly Rule. Polemic and Biblical Interpretation in Ezekiel 44, BZAW 476, Berlin/ Boston 2015.

MacDonald, Nathan, The Priestly Vestments, in: Berner, Christoph et al. (Hg.), Clothing and Nudity in the Hebrew Bible, London/New York 2019, 435–448.

Machinist, Peter, The First Coins of Judah and Samaria. Numismatics and History in the Achaemenid and Early Hellenistic Periods, in: Sancisi-Weerdenburg, Heleen/Kuhrt, Amelie/Root, Margaret C. (Hg.), Continuity and Change. Proceedings of the Last Achaemenid History Workshop, April 6–8, 1990, AchH 8, Leiden 1994, 365–379.

Mack, Burton L., Wisdom and the Hebrew Epic. Ben Sira's Hymn in Praise of the Fathers, CSHJ, Chicago 1985.

Marböck, Johannes, Der Hohepriester Simon in Sir 50. Ein Beitrag zur Bedeutung von Priestertum und Kult im Sirachbuch, in: Calduch-Benages, Nuria/Vermeylen, Jacques (Hg.), Treasures of Wisdom. Studies in Ben Sira and the Book of Wisdom. Festschrift Maurice Gilbert, ETL 143, Leuven 1999, 215–229.

Marinković, Peter, Was wissen wir über den 2. Tempel aus Sach 1–8?, in: Bartelmus, Rüdiger/Krüger, Thomas/Utzschneider, Helmut (Hg.), Konsequente Traditionsgeschichte. Festschrift für Klaus Baltzer zum 65. Geburtstag, OBO 126, Fribourg/Göttingen 1993, 281–295.

Marti, Karl, Das Dodekapropheton, KHC 13, Tübingen 1904.

Martin, James D., Ben Sira's Hymn to the Fathers. A Messianic Perspective, in: de Moor, Johannes C. (Hg.), Crises and Perspectives. Studies in Ancient Near Eastern Polytheism, Biblical Theology, Palestinian Archaeology and Intertestamental Literature, OTS 24, Leiden 1986, 107–123.

Maul, Stefan M., Der assyrische König – Hüter der Weltordnung, in: Assmann, Jan/Janowski, Bernd/ Welker, Michael (Hg.), Gerechtigkeit. Richten und Retten in der abendländischen Tradition und ihren altorientalischen Ursprüngen, München 1998, 65–77.

McKay, John W., Helel and the Dawn-Goddess. A Re-Examination of the Myth in Isaiah XIV 12–15, VT 20 (1970), 451–464.

McNamara, Martin, Melchizedek. Gen 14,17–20 in the Targums, in Rabbinic and Early Christian Literature, Bib. 81 (2000), 1–31.

Meshorer, Yaakov, Ancient Jewish Coinage 1. Persian Period Through Hasmonaeans, New York 1982.

Meshorer, Yaakov, Ancient Jewish Coinage Addendum I. INJ 11 (1991), 104–132; plates 17–32.

Meshorer, Yaakov, A Treasury of Jewish Coins. From the Persian Period to Bar Kokhba, Jerusalem/New York 2001. (=TJC)

Meshorer, Yaakov/Qedar, Shraga, The Coinage of Samaria in the Fourth Century BCE, Jerusalem 1991.

Meshorer, Yaakov/Qedar, Shraga, Samarian Coinage, Numismatic Studies and Researches 9, Jerusalem 1999.

Metzger, Martin, Eigentumsdeklaration und Schöpfungsaussage, in: Geyer, Hans-Georg (Hg.), „Wenn nicht jetzt, wann dann?" Aufsätze für Hans-Joachim Kraus zum 65. Geburtstag, Neukirchen-Vluyn 1983, 37–51.

Meyer, Eduard, Der Papyrusfund von Elephantine. Dokumente einer jüdischen Gemeinde aus der Perserzeit und das älteste erhaltene Buch der Weltliteratur, Leipzig ³1912.

Meyer, Eduard, Die Entstehung des Judenthums. Eine historische Untersuchung, Halle a. d. Saale 1896.

Meyer, Rudolf, Levitische Emanzipationsbestrebungen in nachexilischer Zeit, OLZ 41 (1938), 721–728.

Meyers, Carol L./Meyers, Eric M., Haggai, Zechariah 1–8, AncB 25B, New York 1987.

Mildenberg, Leo, Yehud. A Preliminary Study of the Local Provincial Coinage of Judea, in: Mørkholm, Otto/Waggoner, Nancy M. (Hg.), Greek Numismatics and Archaeology. Essays in Honor of Margaret Thompson, Wetteren 1979, 183–196. (= Mildenberg, Yehud I)

Mildenberg, Leo, Yəhūd-Münzen, in: Weippert, Helga, Palästina in vorhellenistischer Zeit, Handbuch der Archäologie 2, München 1988, 719–728.

Mildenberg, Leo, yĕhūd und šmryn. Über das Geld der persischen Provinzen Juda und Samaria im 4. Jahrhundert, in: Schäfer, Peter (Hg.), Geschichte – Tradition – Reflexion 1. Judentum, Tübingen 1996, 119–146.

Mildenberg, Leo, Über das Münzwesen im Reich der Achämeniden, in: Ders./Hübner, Ulrich (Hg.), Vestigia Leonis. Studien zur antiken Numismatik Israels, Palästinas und der östlichen Mittelmeerwelt, NTOA 36, Fribourg/Göttingen 1998, 3–29.

Mildenberg, Leo, Über die Münzbildnisse in Palästina und Nordwestarabien zur Perserzeit, in: Uehlinger, Christoph (Hg.), Images as Media. Sources for the Cultural History of the Near East and the Eastern Mediterranean (1ˢᵗ Millenium BCE), OBO 175, Fribourg/Göttingen 2000, 375–391.

Mildenberg, Leo/Hübner, Ulrich/Knauf, Ernst A., Yehud. A Preliminary Study of the Provincial Coinage of Judaea, in: Mildenberg, Leo/Hübner, Ulrich (Hg.), Vestigia Leonis. Studien zur antiken Numismatik Israels, Palästinas und der östlichen Mittelmeerwelt, NTOA 36, Fribourg/Göttingen 1998, 67–76. (= Mildenberg, Yehud II)

Milik Józef T., Ten Years of Discovery in the Wilderness of Judaea, SBT 26, London 1959.

Milik Józef T., Milkî-ṣedeq et Milkî-rešae, JJS 23 (1972), 95–144.

Mitchell, Christopher W., The Meaning of BRK „To Bless" in the Old Testament, SBLDS 95, Atlanta 1987.

Möller, Hans, Der Textzusammenhang in Ps 110, ZAW 92 (1980), 287–289.

Monti, Ludwig, Attese messianiche a Qumran. Una comunità alla fine della storia, Hen. 26 (2004), 25–61.

Moore, George F., Simon the Righteous, in: Jewish Studies in Memory of Israel Abrahams. By the Faculty and Visiting Teachers of the Jewish Institute of Religion. Published under the Auspices of the Alexander Kohut Memorial Foundation, New York 1927, 348–364.

Mor, Menahem, The High Priests in Judah in the Persian Period, BetM 23 (1977), 57–67.

Mørkholm, Otto, A Group of Ptolemaic Coins from Phoenicia and Palestine, INJ 4 (1980), 4–7.

Mowinckel, Sigmund, Psalmenstudien 3. Kultprophetie und prophetische Psalmen, SVSK.HF 1922,1, Kristiania 1923.

Mulder, Otto, Simon the High Priest in Sirach 50. An Exegetical Study of the Significance of Simon the High Priest as Climax to the Praise of the Fathers in Ben Sira's Concept of the History of Israel, JSJ.S 78, Leiden 2003.

Mulder, Otto, Three Psalms or two Prayers in Sirach 51? The End of Ben Sira's Book of Wisdom, in: Egger-Wenzel, Renate, (Hg.), Prayer from Tobit to Qumran. Inaugural Conference of the ISDCL at Salzburg, DCLY 2004, Berlin/New York 2004, 171–201.

Mulder, Otto, New Elements in Ben Sira's Portrait of the High Priest Simon in Sirach 50, in: Corley, Jeremy/van Grol, Harm W. M. (Hg.), Rewriting Biblical History. Essays on Chronicles and Ben Sira in Honor of Pancratius C. Beentjes, Berlin/New York 2011, 273–290.

Müller, Reinhard, Königtum und Gottesherrschaft. Untersuchungen zur alttestamentlichen Monarchiekritik, FAT II 3, Tübingen 2004.

Najman, Hindy/Tigchelaar, Eibert J. C., Unity after Fragmentation, RdQ 26 (2014), 495–500.

Nickelsburg, George W. E., Stories of Biblical and Early Post-Biblical Times, in: Stone, Michael E. (Hg.), The Literature of the Jewish People in the Period of the Second Temple and the Talmud. Volume 2. Jewish Writings of the Second Temple Period. Apocrypha, Pseudepigrapha, Qumran Sectarian Writings, Philo, Josephus, CRINT 2/2, Assen 1984, 33–87.

Niehr, Herbert, Rechtsprechung in Israel. Untersuchung zur Geschichte der Gerichtsorganisation im Alten Testament, SBS 130, Stuttgart 1987.

Niehr, Herbert, Die Reform des Joschija. Methodische, historische und religionsgeschichtliche Aspekte, in: Böhler, Dieter/Groß, Walter (Hg.), Jeremia und die „deuteronomistische Bewegung", BBB 98, Weinheim 1995, 33–55.

Niehr, Herbert, Abgaben an den Tempel im Yehud der Achaimenidenzeit, in: Klinkott, Hilmar/Kubisch, Sabine/Müller-Wollermann, Renate (Hg.), Geschenke und Steuern, Zölle und Tribute. Antike Abgabenformen in Anspruch und Wirklichkeit, Culture and History of the Ancient Near East 29, Leiden 2007, 141–157.

Niehr, Herbert, Der höchste Gott. Alttestamentlicher JHWH-Glaube im Kontext syrisch-kanaanäischer Religion des 1. Jahrtausends v. Chr., BZAW 190, Berlin/Boston 2012.

Nihan, Christophe, From Priestly Torah to Pentateuch. A Study in the Composition of the Book of Leviticus, FAT II 25, Tübingen 2007.

Nihan, Christophe/Rhyder, Julia, Aaron's Vestments in Exodus 28 and Priestly Leadership, in: Pyschny, Katharina/Schulz, Sarah (Hg.), Debating Authority. Concepts of Leadership in the Pentateuch and the Former Prophets, BZAW 507, Berlin/Boston 2018, 45–67.

Nogalski, James, Literary Precursors to the Book of the Twelve, BZAW 217, Berlin/Boston 1993.

North, Robert, Art. עשׂר in: ThWAT VI, Stuttgart u. a. 1989, Sp. 432–438.

Noth, Martin, Amt und Berufung im Alten Testament. Rede zum Antritt des Rektorats der Rheinischen Friedrich-Wilhelms-Universität zu Bonn am 9. November 1957, BAR 19, Bonn 1958.

Noth, Martin, Überlieferungsgeschichtliche Studien. Die sammelnden und bearbeitenden Geschichtswerke im Alten Testament, Tübingen ³1967.

Nötscher, Friedrich, Zwölfprophetenbuch oder Kleine Propheten, EB.AT 4, Würzburg ²1954.

Nurmela, Risto, Prophets in Dialogue. Inner-Biblical Allusions in Zechariah 1–8 and 9–14, Åbo 1996.

Olmstead, Albert T., History of the Persian Empire, Chicago 1948.

Olyan, Saul M., Ben Sira's Relationship to the Priesthood, HTR 80 (1987), 261–286.

Oswald, Wolfgang, Staatstheorie im Alten Israel. Der politische Diskurs im Pentateuch und in den Geschichtsbüchern des Alten Testaments, Stuttgart 2009.

Oswald, Wolfgang, Der Hohepriester als Ethnarch. Zur politischen Organisation Judäas im 4. Jahrhundert v. Chr., ZAR 21 (2015), 309–320.

Oeming, Manfred/Vette, Joachim, Das Buch der Psalmen. Psalm 90–151, NSK.AT 33, Stuttgart 2016.

Otten, Heinrich, Ein kanaanäischer Mythos aus Bogazköy, MIO 1 (1953), 125–150.

Otto, Eckart, Programme der sozialen Gerechtigkeit. Die neuassyrische (an-)durāru-Institution sozialen Ausgleichs und das deuteronomische Erlaßjahr in Dtn 15, ZAR 3 (1997), 26–63.

Pagolu, Augustine, The Religion of the Patriarchs, JSOTS 277, Sheffield 1998.

Pakkala, Juha, Ezra the Scribe. The Development of Ezra 7–10 and Nehemiah 8, BZAW 347, Berlin/Boston 2004.

Pakkala, Juha, The Disunity of Ezra-Nehemiah, in: Boda, Mark J. (Hg.), Unity and Disunity in Ezra–Nehemiah. Redaction, Rhetoric, and Reader, HBM 17, Sheffield 2008, 200–215.

Patton, John H., Canaanite Parallels in the Book of Psalms, Baltimore 1944.

Paul, Mart J., The Order of Melchizedek (Ps 110:4 and Heb 7:3), WThJ 49 (1987), 195–211.

Perdue, Leo G., Wisdom and Cult. A Critical Analysis of the Views of Cult in the Wisdom Literatures of Israel and the Ancient Near East, SBLDS 30, Missoula 1977.

Peter, Michael, Wer sprach den Segen nach Gen 14,19 über Abraham aus, VT 29 (1979), 114–120.

Peter, Michael, Die historische Wahrheit in Genesis 14, in: Carrez, Maurice/Doré, Joseph/Grelot, Pierre (Hg.), De la Tôrah au Messie. Études d'exégèse et d'herméneutique bibliques offertes à Henri Cazelles pour ses 25 années d'enseignement à l'Institut Catholique de Paris, Paris 1981, 97–105.

Petersen, David L., Haggai and Zechariah 1–8. A Commentary, OTL, London 1985.

Petuchowski, Jakob J., The Controversial Figure of Melchizedek, HUCA 28 (1957), 127–136.

Petuchowski, Jakob J., Melchisedech. Urgestalt der Ökumene, VSOD, Freiburg i. Br. 1979.

Pilcher, E. J., A Coin of Gaza and the Vision of Ezekiel, PSBA 30 (1908), 45–52.

Pola, Thomas, Das Priestertum bei Sacharja. Historische und traditionsgeschichtliche Untersuchungen zur frühnachexilischen Herrschererwartung, FAT 35, Tübingen 2003.

Pomykala, Kenneth E., The Davidic Dynasty Tradition in Early Judaism. Its History and Significance for Messianism, EJIL 7, Atlanta 1995.

Poorthuis, Marcel, Enoch and Melchizedek in Judaism and Christianity. A Study in Intermediaries, in: Ders./Schwartz, Joshua (Hg.), Saints and Role Models in Judaism and Christianity, JCPS 7, Leiden/Boston 2004, 97–120.

Pope, Marvin H., El in the Ugaritic Texts, VT.S 2, Leiden 1955.

Porten, Bezalel, Archives from Elephantine. The Life of an Ancient Jewish Military Colony, Berkeley/Los Angeles 1968.

Priest, John F., Ben Sira 45:25 in the Light of the Qumran Literature, RdQ 5 (1964), 111–118.

Procksch, Otto, Die Genesis, KAT 1, 2. und 3. Auflage, Leipzig 1924.

Puech, Émile, Le „Testament de Lévi" en araméen de la Geniza du Caire, RdQ 20 (2002), 511–556.

Purcell, Richard, The King as Priest? Royal Imagery in Psalm 110 and Ancient Near Eastern Iconography, JBL 139 (2020), 275–300.

Pyschny, Katharina, Verhandelte Führung. Eine Analyse von Num 16–17 im Kontext der neueren Pentateuchforschung, HBS 88, Freiburg/Basel/Wien 2017.

Rahmani, Levi Y., Silver Coins of the Fourth Century B. C. from Tel Gamma, IEJ 21 (1971), 158–161.

Rappaport, Uriel, When Was the Letter of Aristeas Written?, in: Gilboa, Akiba (Hg.), Studies in the History of the Jewish People and the Land of Israel. Vol 1. In Memory of Zvi Avneri, Haifa 1970, 37–50.

Rappaport, Uriel, The First Judean Coinage, JJS 32 (1981), 1–17.

Redditt, Paul L., Zerubbabel, Joshua and the Night Visions of Zechariah, CBQ 54 (1992), 249–259.

Redditt, Paul L., Haggai, Zechariah and Malachi, NCBC, London 1995.

Regev, Eyal, The Hasmoneans. Ideology, Archaeology, Identity, JAJSup 10, Göttingen 2013.

Reinmuth, Titus, Der Bericht Nehemias. Zur literarischen Eigenart, traditionsgeschichtlichen Prägung und innerbiblischen Rezeption des Ich-Berichts Nehemias, OBO 183, Fribourg/Göttingen 2002.

Rendsburg, Gary A., Psalm cx 3b, VT 49 (1999), 548–553.

Rendtorff, Rolf, El, Baal und Jahwe. Erwägungen zum Verhältnis von kanaanäischer und israelitischer Religion, ZAW 78 (1966), 277–292.

Rendtorff, Rolf, El als israelitische Gottesbezeichnung, ZAW 106 (1994), 4–21.

Reventlow, Henning, Die Propheten Haggai, Sacharja und Maleachi, ATD 25, Neunte, völlig neu bearbeitete Auflage, Göttingen ⁹1993.

Rhyder, Julia, Centralizing the Cult. The Holiness Legislation in Leviticus 17–26, FAT 134, Tübingen 2019.

Rignell, Lars G., Die Nachtgesichte des Sacharja. Eine exegetische Studie, Lund 1950.

Ringgren, Helmer, Word and Wisdom. Studies in the Hypostatization of Divine Qualities and Functions in the Ancient Near East, Lund 1947.

Ringgren, Helmer, Art. יצחר, in: ThWAT III, Stuttgart u. a. 1982, Sp. 825f.

Robertson, John F./Baines, John/Sasson, Jack M., The Social and Economic Organization of Ancient Mesopotamian Temples, CANE 1 (1995), 443–454.

Rohrmoser, Angela, Götter, Tempel und Kult der Judäo-Aramäer von Elephantine. Archäologische und schriftliche Zeugnisse aus dem perserzeitlichen Ägypten, AOAT 396, Münster 2014.

Römer, Thomas, Gen 15 und Gen 17. Beobachtungen und Anfragen zu einem Dogma der „neueren" und „neuesten" Pentateuchkritik, DBAT 26 (1989/1990), 32–47.

Ronen, Yigal, The Weight Standards of the Judean Coinage in the Late Persian and Early Ptolemaic Period, NEA 61 (1998), 122–126.

Ronen, Yigal, Some Observations on the Coinage of Yehud, INJ 15 (2003–2006), 28–31.

Rooke, Deborah W., Zadok's Heirs. The Role and Development of the High Priesthood in Ancient Israel, OTM, Oxford 2000.

Rooke, Deborah W., Kingship as Priesthood. The Relationship between the High Priesthood and the Monarchy, in: Day, John, (Hg.), King and Messiah in Israel and the Ancient Near East. Proceedings of the Oxford Old Testament Seminar, JSOTS 270, Sheffield 1998, 187–208.

Rose, Wolter, Zemah and Zerubbabel. Messianic Expectations in the Early Postexilic Period, JSOTS 304, Sheffield 2000.

Rösel, Martin, Adonaj – warum Gott „Herr" genannt wird, FAT 29, Tübingen 2000.

Rothenbusch, Ralf, „… abgesondert zur Tora Gottes hin". Ethnisch-religiöse Identitäten im Esra/Nehemiabuch, HBS 70, Freiburg i. Br. 2012.

Rothstein, Johann W., Nachtgesichte des Sacharja. Studien zur Sacharjaprophetie und zur jüdischen Geschichte im ersten nachexilischen Jahrhundert, BWAT 8, Leipzig 1910.

Rowley, Harold H., Zadok and Nehushtan, JBL 58 (1939), 113–141.

Rowley, Harold H., Melchizedek and Zadok (Gen 14 and Ps 110), in: Baumgartner, Walter (Hg.), Festschrift Alfred Bertholet zum 80. Geburtstag, Tübingen 1950, 461–472.

Rowley, Harold H., Melchizedek and David, VT 17 (1967), 485.

Rückl, Jan, The Leadership of the Judean Community according to the Book of Haggai, in: Pyschny, Katharina/Schulz, Sarah (Hg.), Transforming Authority. Concepts of Leadership in Prophetic and Chronistic Literature, BZAW 518, Berlin/Boston 2021, 59–84.

Rudnig, Thilo A., Heilig und Profan. Redaktionskritische Studien zu Ez 40–48, BZAW 287, Berlin/Boston 2000.

Rudnig, Thilo A., „Und allen Kriegern versagten ihre Hände" (Ps 76,6). Gottes Völkerkampf in Ugarit und Israel, in: Hiepel, Ludger/Wacker, Marie-Theres (Hg.), Zwischen Zion und Zaphon. Studien im Gedenken an den Theologen Oswald Loretz, AOAT 438, Münster 2016, 357–378.

Rudolph, Wilhelm, Esra und Nehemia. Samt 3. Esra, HAT 1,20, Tübingen 1949.

Rudolph, Wilhelm, Haggai, Sacharja 1–8, Sacharja 9–14, Maleachi, KAT 13,4, Gütersloh 1976.

Ruppert, Lothar, Genesis. Ein kritischer und theologischer Kommentar. 2. Teilband: Gen 11,27–25,18, FzB 95, Würzburg 2002.

Ruppert, Lothar, Abraham und die Ostkönige (Gen 14), in: Selz, Gebhard J. (Hg.), Festschrift für Burkhart Kienast. Zu seinem 70. Geburtstage dargebracht von Freunden, Schülern und Kollegen, AOAT 274, Münster 2003, 423–446.

Salo, Reettakaisa S., Die judäische Königsideologie im Kontext der Nachbarkulturen. Untersuchungen zu den Königspsalmen 2, 18, 20, 21, 45 und 72, ORA 25, Tübingen 2017.

Salonen, Erkki, Über den Zehnten im Alten Mesopotamien. Ein Beitrag zur Geschichte der Besteuerung, StOr 43, Helsinki 1972.

Sasse, Markus, Geschichte Israels in der Zeit des Zweiten Tempels. Historische Ereignisse – Archäologie – Sozialgeschichte – Religions- und Geistesgeschichte, Neukirchen-Vluyn 2004.

Sauer, Georg, Serubbabel in der Sicht Haggais und Sacharjas, in: Maass, Fritz (Hg.), Das ferne und nahe Wort. Festschrift Leonard Rost zur Vollendung seines 70. Lebensjahres am 30. November 1966 gewidmet, BZAW 105, Berlin/Boston 1967, 199–207.

Sauer, Georg, Jesus Sirach (Ben Sira), JSHRZ 3 (2001), 483–644.

Sauer, Georg, Ben Sira 50,22 und der Lobpreis der feiernden Gemeinde, in: Ders./Kreuzer, Siegfried (Hg.), Studien zu Ben Sira, BZAW 440, Berlin/Boston 2013, 126–134.

Sauer, Georg, Ben Sira 50 – eine Festliturgie?, in: Ders./Kreuzer, Siegfried (Hg.), Studien zu Ben Sira, BZAW 440, Berlin/Boston 2013, 117–125.

Saur, Markus, Die Königspsalmen. Studien zur Entstehung und Theologie, BZAW 340, Berlin/Boston 2004.

Schäfer, Peter, Hellenistic and Maccabaean Periods, in: Hayes, John Haralson/Miller, James Maxwell (Hg.), Israelite and Judaean History, Philadelphia 1977, 539–604.

Schaper, Joachim, Eschatology in the Greek Psalter, WUNT II 76, Tübingen 1995.

Schaper, Joachim, The Jerusalem Temple as an Instrument of the Achaemenid Fiscal Administration, VT 45 (1995), 528–539.

Schaper, Joachim, The Temple Treasury Committee in the Times of Nehemiah and Ezra, VT 47 (1997), 200–206.

Schaper, Joachim, Der Septuaginta-Psalter. Interpretation, Aktualisierung und liturgische Verwendung der biblischen Psalmen im hellenistischen Judentum, in: Zenger, Erich (Hg.), Der Psalter in Judentum und Christentum. Norbert Lohfink zum 70. Geburtstag, HBS 18, Freiburg i. Br. 1998, 165–183.

Schaper, Joachim, Priester und Leviten im achämenidischen Juda. Studien zur Kult- und Sozialgeschichte Israels in persischer Zeit, FAT 31, Tübingen 2000.

Schaper, Joachim, Art. Hohepriester AT, in: RGG 4, Tübingen ⁴2000, 1835–1838.

Schaper, Joachim, Numismatik, Epigraphik, alttestamentliche Exegese und die Frage nach der politischen Verfassung des achämenidischen Juda, ZDPV 118 (2002), 150–168.

Scharbert, Josef, „Gesegnet sei Abram vom Höchsten Gott"? Zu Gen 14,19 und ähnlichen Stellen im Alten Testament, in: Groß, Walter (Hg.), Text, Methode und Grammatik. Wolfgang Richter zum 65. Geburtstag, St. Ottilien 1991, 387–401.

Schatz, Werner Carl, Genesis 14. Eine Untersuchung, EHS.T 23, Bern 1972.

Schenker, Adrian, Textkritik und Textgeschichte von Ps 110(109),3. Initiativen der Septuaginta und der protomasoretischen Edition, in: Kraus, Wolfgang/Munnich, Olivier (Hg.), La Septante en Allemagne et en France. Textes de la Septante à traduction double ou à traduction très littérale = Septuaginta Deutsch und Bible d'Alexandrie. Texte der Septuaginta in Doppelüberlieferung oder in wörtlicher Übersetzung, OBO 238, Fribourg/Göttingen 2009, 172–190.

Schmid, Herbert, Jahwe und die Kulttraditionen von Jerusalem, ZAW 67 (1955), 168–197.

Schmid, Konrad, Buchgestalten des Jeremiabuches. Untersuchungen zur Redaktions- und Rezeptionsgeschichte von Jer 30–33 im Kontext des Buches, WMANT 72, Neukirchen-Vluyn 1996.

Schmid, Konrad, Erzväter und Exodus, Untersuchungen zur doppelten Begründung der Ursprünge Israels innerhalb der Geschichtsbücher des Alten Testaments, WMANT 81, Neukirchen-Vluyn 1999.

Schmid, Konrad, Herrschererwartungen und -aussagen im Jesajabuch. Überlegungen zu ihrer synchronen Logik und zu ihren diachronen Transformationen, in: Ders. (Hg.), Prophetische Heils- und Herrschererwartungen, SBS 194, Stuttgart 2005, 37–74.

Schmidt, A. Jordan, Wisdom, Cosmos, and Cultus in the Book of Sirach, DCLS 42, Boston/Berlin 2019.

Schmidt, Hans, Die Psalmen, HAT 1,15, Tübingen 1934.

Schmidt, Uta, „Augen war ich für den Blinden ..." (Hi 29,15). Mensch, Körper und Gesellschaft in Hiob 29 und 30, VT 67 (2017), 87–104.

Schmitt, Armin, Ein Lobgedicht auf Simeon, den Hohenpriester (Sir 50,1–24), in: Witte, Markus (Hg.), Gott und Mensch im Dialog. Festschrift für Otto Kaiser zum 80. Geburtstag, Berlin/New York 2004, 873–896.

Schniedewind, William M., King and Priest in the Book of Chronicles and the Duality of Qumran Messianism, JJS 45 (1994), 71–78.

Schofield, Alison/VanderKam, James C., Were the Hasmoneans Zadokites?, JBL 124 (2005), 73–87.

Schökel, Alonso L./Carniti, Cecilia, Salmos 2: 73–150, Estella 1993.

Schott, Martin, Sacharja 9–14. Eine kompositionsgeschichtliche Analyse, BZAW 521, Berlin/Boston 2019.

Schöttler, Heinz-Günther, Gott inmitten seines Volkes. Die Neuordnung des Gottesvolkes nach Sacharja 1–6, TThSt 43, Trier 1987.

Schreiner, Stefan, Psalm cx und die Investitur des Hohenpriesters, VT 27 (1977), 216–222.

Schreiner, Stefan, „... dem Kaiser, was des Kaisers ist". Steuern, Zölle und Abgaben in der (früh-) rabbinischen Literatur, in: Klinkott, Hilmar/Kubisch, Sabine/Müller-Wollermann, Renate (Hg.), Geschenke und Steuern, Zölle und Tribute. Antike Abgabenformen in Anspruch und Wirklichkeit, Culture and History of the Ancient Near East 29, Leiden 2007, 159–186.

Schroer, Silvia/Lippke, Florian, Beobachtungen zu den (spät-)persischen Samaria-Bullen aus dem Wadi ed-Daliyeh. Hellenisches, Persisches und Lokaltraditionen im Grenzgebiet der Provinz Yehûd, in: Frevel, Christian/Pyschny, Katharina/Cornelius, Izak (Hg.), A „Religious Revolution" in Yehûd? The

Material Culture of the Persian Period as a Test Case, OBO 267, Fribourg/Göttingen 2014, 305–390.

Schubert, Friedemann, 'El 'Æljôn als Gottesname im Jubiläenbuch, FJMB 8 (1994), 3–18.

Schulz, Sarah, Die Anhänge zum Richterbuch. Eine kompositionsgeschichtliche Untersuchung von Ri 17–21, BZAW 477, Berlin/Boston 2016.

Schulz, Sarah, The Dancing David. Nudity and Cult in 2 Sam 6, in: Berner, Christoph et al. (Hg.), Clothing and Nudity in the Hebrew Bible, London/New York 2019, 461–475.

Schunck, Klaus-Dietrich, 1. Makkabäerbuch, JSHRZ 4, Gütersloh 1979.

Schunck, Klaus-Dietrich, Hoherpriester und Politiker? Die Stellung der Hohenpriester von Jaddua bis Jonatan zur jüdischen Gemeinde und zum hellenistischen Staat, VT 44 (1994), 498–512.

Schüpphaus, Joachim, Die Psalmen Salomos. Ein Zeugnis Jerusalemer Theologie und Frömmigkeit in der Mitte des vorchristlichen Jahrhunderts, ALGHJ 7, Leiden 1977.

Schürer, Emil, Geschichte des jüdischen Volkes im Zeitalter Jesu Christi 1. Einleitung und politische Geschichte, 3. und 4. Auflage, Leipzig 1901.

Schwartz, Daniel R., Josephus on the Jewish Constitution and Community, SCI 7 (1983/84), 30–52.

Schwartz, Daniel R., On Two Aspects of a Priestly View of Descent at Qumran, in: Schiffman, Lawrence H. (Hg.) Archaeology and History in the Dead Sea Scrolls. The New York University Conference in Memory of Yigael Yadin, JSPES 8/JSOTMS 2, Sheffield 1990.

Schwartz, Daniel R., Josephus' Tobiads. Back to the Second Century?, in: Goodman, Martin (Hg.), Jews in a Graeco-Roman World, Oxford 1998, 47–61.

Schwartz, Daniel R., One Temple and Many Synagogues. On Religion and State in Herodian Judaea and Augustan Rome, in: Jacobson, David M./Kokkinos, Nikos (Hg.), Herod and Augustus. Papers Presented at the IJS Conference, 21st – 23rd June 2005, IJS Studies in Judaica 6, Leiden 2009, 385–398.

Schwartz, Seth, Israel and the Nations Roundabout. 1 Maccabees and the Hasmonean Expansion, JJS 42 (1991), 16–38.

Schwartz, Seth, On the Autonomy of Judaea in the Fourth and Third Centuries B.C.E., JJS 45 (1994), 157–168.

Schwiderski, Dirk, Handbuch des nordwestsemitischen Briefformulars. Ein Beitrag zur Echtheitsfrage der aramäischen Briefe des Esrabuches, BZAW 295, Berlin/Boston 2000.

Seaford, Richard, Money and the Early Greek Mind. Homer, Philosophy, Tragedy, Cambridge 2004.

Seebass, Horst, Genesis 2,1. Vätergeschichte I (11,27–22,24), Neukirchen-Vluyn 1997.

Segal, Michael, The Book of Jubilees. Rewritten Bible, Redaction, Ideology, and Theology, JSJ.S 117, Leiden/Boston 2007.

Segal, Michael, The Responsibilities and Rewards of Joshua the High Priest According to Zechariah 3:7, JBL 126 (2007), 717–734.

Segal, Michael, Rewriting the Story of Dinah and Shechem. The Literary Development of Jubilees 30, in: Dávid, N. (Hg.), The Hebrew Bible in Light of the Dead Sea Scrolls, FRLANT 239, Göttingen u. a. 2012, 337–356.

Sellers, Ovid R., Citadel of Beth-Zur, Philadelphia 1933.

Sellin, Ernst, Melchisedek. Ein Beitrag zur Geschichte Abrahams, NKZ 16 (1905), 929–951.

Sellin, Ernst, Das Zwölfprophetenbuch, KAT 12, Leipzig 1922.

Sérandour, Arnaud, Réflexions à propos d'un livre récent sur Aggée – Zacharie 1–8, Transeuphratène 10 (1995), 75–84.

Sérandour, Arnaud, Les récits bibliques de la construction du second temple. Leurs enjeux, Transeuphratène 11 (1996), 9–32.

Seybold, Klaus, Poetik der Psalmen. Poetologische Studien zum Alten Testament 1, Stuttgart 2003.

Seybold, Klaus, Die Psalmen, HAT 15, Tübingen 2015.

Skehan, Patrick W./Di Lella, Alexander A., The Wisdom of Ben Sira. A New Translation with Notes, AncB 39, New York 1987.

Smend, Rudolf, Die Weisheit des Jesus Sirach, Berlin 1906.

Smend, Rudolf, Zu den von E. Sachau herausgegebenen aramäischen Papyrusurkunden aus Elephantine, ThLZ 32 (1907), 705–711.

Smith, Robert H., Abram and Melchizedek (Gen 14:18–20), ZAW 77 (1965), 129–153.

Soggin, Jan A., Abraham and the Eastern Kings. On Genesis 14, in: Zevit, Ziony/Gitin, Seymour/ Sokoloff, Michael (Hg.), Solving Riddles and Untying Knots. Biblical, Epigraphic, and Semitic Studies in Honor of Jonas C. Greenfield, Winona Lake 1995, 283–291.

Soggin, Jan A., Das Buch Genesis. Kommentar, Darmstadt 1997.

Spaer, Arnold, Jaddua the High Priest?, INJ 9 (1986), 1–3.

Spieckermann, Hermann, Heilsgegenwart. Eine Theologie der Psalmen, FRLANT 148, Göttingen 1989.

Steck, Odil H., Zu Haggai 1,2–11, ZAW 83 (1971), 355–379.

Steck, Odil H., Der Rachetag in Jesaja LXI 2. Ein Kapitel redaktionsgeschichtlicher Kleinarbeit, VT 36 (1986), 323–338.

Steck, Odil H., Studien zu Tritojesaja, BZAW 203, Berlin/Boston 1991.

Steck, Odil H., Zu jüngsten Untersuchungen von Jes 60–62, in: Ders., Studien zu Tritojesaja, BZAW 203, Berlin/Boston 1991, 119–139.

Steck, Odil H., Die Prophetenbücher und ihr theologisches Zeugnis. Wege der Nachfrage und Fährten zur Antwort, Tübingen 1996.

Stegemann, Hartmut, Entstehung der Qumrangemeinde, Bonn 1971.

Stern, Ephraim, The Religious Revolution in Persian-Period Judah, in: Lipschits, Oded/Oeming, Manfred (Hg.), Judah and the Judeans in the Persian Period, Winona Lake 2006, 199–205.

Stolz, Fritz, Strukturen und Figuren im Kult von Jerusalem. Studien zur altorientalischen, vor- und frühisraelitischen Religion, BZAW 118, Berlin/Boston 1970.

Stone, Michael E., Ideal Figures and Social Context. Priest and Sage in the Early Second Temple Age, in: Miller, Patrick D. et al. (Hg.), Ancient Israelite Religion. Essays in Honor of Frank Moore Cross, Philadelphia 1987, 575–586.

Stone, Michael E., Enoch, Aramaic Levi and Sectarian Origins, JSJ 19 (1988), 159–170.

Tal, Oren, Coin Denominations and Weight Standards in Fourth Century BCE Palestine, Israel Numismatic Research 2 (2007), 17–28.

Tal, Oren, Negotiating Identity in an International Context under Achaemenid Rule. The Indigenous Coinages of Persian-Period Palestine as an Allegory, in: Knoppers, Gary N./Lipschits, Oded/ Oeming, Manfred (Hg.), Judah and the Judeans in the Achaemenid Period. Negotiating Identity in an International Context, Winona Lake 2011, 445–459.

Tcherikover, Avigdor, Palestine under the Ptolemies. A Contribution to the Study of the Zenon-Papyri, Mizraim 4–5 (1937), 9–90.

Tcherikover, Avigdor, Hellenistic Civilization and the Jews. Translated by S. Applebaum, Philadelphia/ Jerusalem 1961.

Testuz, Michel, Les idées religieuses du Livre des Jubilés, Genf u. a. 1960.

Thoma, Clemens, The High Priesthood in the Judgement of Josephus, in: Feldman, Louis H./Hata, Gohei (Hg.), Josephus, the Bible, and History, Leiden 1989, 196–215.

Tiemeyer, Lena-Sofia, The Guilty Priesthood (Zech 3), in: Tuckett, Christopher M. (Hg.), The Book of Zechariah and its Influence, Aldershot/Burlington 2003, 1–19.

Tiemeyer, Lena-Sofia, Priestly Rites and Prophetic Rage. Post-Exilic Prophetic Critique of the Priesthood, FAT II 19, Tübingen 2006.

Tigchelaar, Eibert J. C., Prophets of Old and the Day of the End. Zechariah, the Book of Watchers and Apocalyptic, Oudtestamentische studiën 35, Leiden/New York/Köln 1996.

Tilly, Michael, Psalm 110 zwischen hebräischer Bibel und Neuem Testament, in: Sänger, Dieter, (Hg.), Heiligkeit und Herrschaft. Intertextuelle Studien zu Heiligkeitsvorstellungen und zu Psalm 110, BThSt 55, Neukirchen-Vluyn 2003, 146 – 170.

Tilly, Michael, Art. Aristesabrief, in: Das wissenschaftliche Bibellexikon im Internet, 2007. (https://www.bibelwissenschaft.de/stichwort/13793/) (Zugriff am 01.04.2021)

Tilly, Michael, 1 Makkabäer, HThKAT, Freiburg/Basel/Wien 2015.

Tollington, Janet E., Tradition and Innovation in Haggai and Zechariah 1 – 8, VT 47 (1997), 426 – 427.

Torrey, Charles C., The Foundry of the Second Temple at Jerusalem, JBL 55 (1936), 247 – 260.

Tournay, Raymond J., Le Psaume CX, RB 67 (1960), 5 – 41.

Tournay, Raymond J., Les relectures du Psaume 110 (109) et l'allusion à Gédéon, RB 105 (1998), 321 – 331.

Towner, W. Sibley, „Blessed Be YHWH" and „Blessed Art Thou, YHWH". The Modulation of a Biblical Formula, CBQ 30 (1968), 386 – 399.

Treves, Marco, Two Acrostic Psalms, VT 15 (1965), 81 – 90.

Tromp, Johannes, The Davidic Messiah in Jewish Eschatology of the First Century BCE, in: Scott, James M. (Hg.), Restoration. Old Testament, Jewish, and Christian Perspectives, JSJ.S 72, Leiden 2001, 179 – 201.

Ueberschaer, Frank, Art. Onias/Oniaden, in: Das wissenschaftliche Bibellexikon im Internet, 2006. (https://www.bibelwissenschaft.de/stichwort/11268/) (Zugriff am 01.04.2021)

Uehlinger, Christoph, Figurative Policy, Propaganda und Prophetie, in: Emerton, John Adney (Hg.), Congress Volume Cambridge 1995, VT.S 66, Leiden 1997, 297 – 349.

Vanderhooft, David S./Lipschits, Oded, A New Typology of the Yehud Stamp Impressions, TA 34 (2007), 12 – 37.

VanderKam, James C., Jubilees and the Priestly Messiah of Qumran, RdQ 13 (1988), 353 – 365.

VanderKam, James C., Jewish High Priests of the Persian Period. Is the List Complete?, in: Anderson, G./Olyan, S. (Hg.), Priesthood and Cult in Ancient Israel, JSOT 125, Sheffield 1991, 67 – 91.

VanderKam, James C., Joshua the High Priest and the Interpretation of Zechariah 3, CBQ 53 (1991), 553 – 570.

VanderKam, James C., Jubilees' Exegetical Creation of Levi the Priest, RdQ 17 (1996), 359 – 373.

VanderKam, James C., From Joshua to Caiaphas. High Priests after the Exile, Minneapolis 2004.

VanderKam, James C., Jubilees. A Commentary on the Book of Jubilees 2. Chapters 22 – 50, Hermeneia. A Critical and Historical Commentary on the Bible, Minneapolis 2018.

Van der Kooij, Arie, The Septuagint of Psalms and the First Book of Maccabees, in: Hiebert, Robert J. V. (Hg.), The Old Greek Psalter. Studies in Honour of Albert Pietersma, JSOTS 332, Sheffield 2001, 229 – 247.

Van der Kooij, Arie, The Greek Bible and Jewish Concepts of Royal Priesthood and Priestly Monarchy, in: Rajak, Tessa (Hg.), Jewish Perspectives on Hellenistic Rulers, Hellenistic Culture and Society 50, Berkeley/Los Angeles/London 2007, 255 – 264.

Van der Kooij, Arie, The Claim of Maccabean Leadership and the Use of Scripture, in: Eckhardt, Benedikt (Hg.), Jewish Identity and Politics between the Maccabees and Bar Kokhba. Groups, Normativity, and Rituals, JSJ.S 155, Leiden 2012, 29 – 49.

Van der Woude, Adam S., Die messianischen Vorstellungen der Gemeinde von Qumrân, SSN 3, Assen 1957.

Van der Woude, Adam S., Melchisedek als himmlische Erlösergestalt in den neugefundenen Midraschim aus Qumran-Höhle XI, OTS 14 (1965), 354 – 373.

Van der Woude, Adam S., Serubbabel und die messianischen Erwartungen des Propheten Sacharja, ZAW 100 (1988), 138 – 156.

Van der Woude, Adam S., Zion as Primeval Stone in Zechariah 3 and 4, in: Claassen, Walter T. (Hg.), Text and Context. Old Testament and Semitic Studies for F. C. Fensham, JSOTS 48, Sheffield 1988, 237 – 247.

Van Seters, John, Abraham in History and Tradition, New Haven 1975.

Veijola, Timo, Verheißung in der Krise. Studien zur Literatur und Theologie der Exilszeit anhand des 89. Psalms, AASF.H 220, Helsinki 1982.

Volz, Paul, Die Eschatologie der jüdischen Gemeinde im neutestamentlichen Zeitalter. Nach den Quellen der rabbinischen, apokalyptischen und apokryphen Literatur, Tübingen [2]1934.

Von der Osten-Sacken, Peter, Gott und Belial. Traditionsgeschichtliche Untersuchungen zum Dualismus in den Texten aus Qumran, StUNT 6, Göttingen 1969.

Von Nordheim, Miriam, Geboren von der Morgenröte? Psalm 110 in Tradition, Redaktion und Rezeption, WMANT 117, Neukirchen-Vluyn 2008.

Von Rad, Gerhard, Das erste Buch Mose. Genesis, ATD 2/4, Göttingen/Zürich [12]1987.

Wanke, Gunther, Die Zionstheologie der Korachiten in ihrem traditionsgeschichtlichen Zusammenhang, BZAW 97, Berlin/Boston 1966.

Wehmeier, Gerhard, Der Segen im Alten Testament. Eine semasiologische Untersuchung der Wurzel brk, ThDiss 6, Basel 1970.

Wehmeier, Gerhard., Art. עלה, in: THAT II, München/Zürich 1976, Sp. 272 – 290.

Weinberg, Joel, The Citizen-Temple-Community, JSOTS 151, Sheffield 1992.

Weinfeld, Moshe, Social Justice in Ancient Israel and in the Ancient Near East, Jerusalem/Minneapolis 1995.

Weippert, Manfred, Elemente phönikischer und kilikischer Religion in den Inschriften des Karatepe, in: Ders., Jahwe und die anderen Götter. Studien zur Religionsgeschichte des antiken Israel in ihrem syrisch-palästinischen Kontext, FAT 18, Tübingen 1997, 109 – 130.

Weippert, Manfred, Assyrische Prophetien der Zeit Asarhaddons und Assurbanipals, in: Ders., Götterwort in Menschenmund. Studien zur Prophetie in Assyrien, Israel und Juda, FRLANT 252, Göttingen u. a. 2014, 9 – 47.

Weiser, Artur, Die Psalmen, ATD 14/15, Göttingen [5]1959.

Wellhausen, Julius, Israelitische und jüdische Geschichte, Berlin [9]1958.

Wellhausen, Julius, Die kleinen Propheten. Übersetzt und erklärt, Berlin [4]1963.

Wellhausen, Julius, Prolegomena zur Geschichte Israels, Berlin [6]1927.

Wellhausen, Julius,/Robertson Smith, William, The Captivity and the Restoration, in: Black, J. Sutherland/Menzies, Allan (Trans.), Prolegomena to the History of Israel. With a Reprint of the Article „Israel" from the Encyclopaedia Britannica, Cambridge Library Collection – Religion, Cambridge 2013, 492 – 498.

Wenham, Gordon J., Genesis 1 – 15, WBC 1, Dallas 1987.

Werman, Cana, Levi and Levites in the Second Temple Period, DSD 4 (1997), 211 – 225.

Westermann, Claus, Genesis 12 – 50, BKAT 1,2, Neukirchen-Vluyn 1975.

Widengren, Geo, Psalm 110 und das sakrale Königtum in Israel (1941), in: Neumann, Peter H. A. (Hg.), Zur neueren Psalmenforschung, WdF 192, Darmstadt 1976, 185 – 216.

Wiemer, Hans-Ulrich, Käufliche Priestertümer im hellenistischen Kos, Chiron 33 (2003), 263–310.

Wiesehöfer, Josef, The Achaemenid Empire in the Fourth Century B.C.E. A Period of Decline?, in: Lipschits, Oded/Knoppers, Gary N./Albertz, Rainer (Hg.), Judah and the Judeans in the Fourth Century B.C.E., Winona Lake 2007, 11–30.

Wiesehöfer, Josef, Achaemenid Rule and its Impact on Yehud, in: Jonker, Louis C. (Hg.), Texts, Contexts and Readings in Postexilic Literature. Explorations into Historiography and Identity Negotiation in Hebrew Bible and Related Texts, FAT II 53, Tübingen 2011, 172–185.

Willi, Thomas, Juda – Jehud – Israel. Studien zum Selbstverständnis des Judentums in persischer Zeit, FAT 12, Tübingen 1995.

Willi-Plein, Ina, Opfer und Ritus im kultischen Lebenszusammenhang, in: Janowski, Bernd/Welker, Michael (Hg.), Opfer. Theologische und kulturelle Kontexte, Stw 1454, Frankfurt am Main 2000, 150–177.

Willi-Plein, Ina, Haggai, Sacharja, Maleachi, ZBK.AT 24,4, Zürich 2007.

Williamson, Hugh G. M., The Historical Value of Josephus' „Jewish Antiquities" XI. 297–301, JThS 28 (1977), 49–67.

Williamson, Hugh G. M., Ezra, Nehemia, WBC 16, Dallas 1985.

Wischnowsky, Marc, Tochter Zion. Aufnahme und Überwindung der Stadtklage in den Prophetenschriften des Alten Testaments, WMANT 89, Neukirchen-Vluyn 2001.

Wise, Michael Owen, The Teacher of Righteousness and the High Priest of the Intersacerdotium. Two Approaches, RdQ 14 (1990), 587–613.

Wöhrle, Jakob, Die frühen Sammlungen des Zwölfprophetenbuches. Entstehung und Komposition, BZAW 360, Berlin/Boston 2006.

Wöhrle, Jakob, Abschluss des Zwölfprophetenbuches. Buchübergreifende Redaktionsprozesse in den späten Sammlungen, BZAW 389, Berlin/New York 2008.

Wolff, Hans W., Dodekapropheton 6. Haggai, BK 14, Neukirchen-Vluyn ^{2}1986.

Wolters, Albert M., Zechariah, HCOT, Leuven u. a. 2014.

Wright, Jacob L., Rebuilding Identity. The Nehemiah-Memoir and its Earliest Readers, BZAW 348, Berlin/Boston 2004.

Wutz, Franz, Die Psalmen, München 1925.

Wyssmann, Patrick, The Coinage Imagery of Samaria and Judah in the Late Persian Period, in: Frevel, Christian/Pyschny, Katharina/Cornelius, Izak (Hg.), A „Religious Revolution" in Yehûd? The Material Culture of the Persian Period as a Test Case, OBO 267, Fribourg/Göttingen 2014, 221–266.

Wyssmann, Patrick, Vielfältig geprägt. Das spätperserzeitliche Samaria und seine Münzbilder, OBO 288, Leuven 2019.

Younker, Randall W., Art. Beth-Haccherem, in: ABD 1, New York 1992, 686–687.

Zapff, Burkard M., Redaktionsgeschichtliche Studien zum Michabuch im Kontext des Dodekapropheton, BZAW 256, Berlin/Boston 1997.

Ziemer, Benjamin, Abram – Abraham. Kompositionsgeschichtliche Untersuchungen zu Genesis 14, 15 und 17, BZAW 350, Berlin/New York 2005.

Zimmerli, Walther, Zur Sprache Tritojesajas, in: Alt, Albrecht (Hg.), Festschrift für Ludwig Köhler, Bern 1950, 62–74 = Ders., Gottes Offenbarung. Gesammelte Aufsätze zum Alten Testament, TB 19, München ^{2}1969, 217–233.

Zimmerli, Walther, Abraham und Melchisedek, in: Maass, F. (Hg.), Das ferne und nahe Wort. Festschrift Leonhard Rost zur Vollendung seines 70. Lebensjahres am 30. November 1966 gewidmet, BZAW 105, Berlin/Boston 1967, 255–264.

Zimmerli, Walther, Das „Gnadenjahr des Herrn", in: Kuschke, Arnulf (Hg.), Archäologie und Altes Testament. Festschrift für Kurt Galling zum 8. Januar 1970, Tübingen 1970, 321 – 332.

Zimmerli, Walther, 1. Mose 12 – 25. Abraham, ZBK.AT 1,2, Zürich 1976.

Zobel, Hans-Jürgen, Art. עליון, in: ThWAT VI, Stuttgart u. a. 1989, Sp. 131 – 151.

Index

Altes Testament

https://doi.org/10.1515/9783110793451-009

Apokryphen

Pseudepigraphen

Qumran

Neues Testament

Rabbinica